Adriano Luiz Batista **Messias**
Alana de Castro **Barbosa**
André Borges Coelho de Miranda **Freire**
Angela Vidal Gandra da Silva **Martins**
Carlos Augusto **Daniel Neto**
Cassiano **Menke**
Daniel Serra **Lima**
Diogo **Santesso**
Eduardo de Moraes **Sabbag**
Eduardo **Maneira**
Fabiana Del Padre **Tomé**
Fábio Ulhoa **Coelho**
Fernanda **Hernandez**
Flavia **Piovesan**
Giovani Agostini **Saavedra**

20 24

COORDENADORES

William **Douglas**

Kaiser Motta Lúcio de **Morais Júnior**

José Roberto Mello **Porto**

DIREITO, ECONOMIA E FILOSOFIA

UMA HOMENAGEM AO JURISTA **IVES GANDRA MARTINS**

Guilherme **Chambarelli**
Gustavo **Brigagão**
Gustavo Carvalho **Miranda**
Gustavo **Reis**
Halley **Henares Neto**
Janaina Conceição **Paschoal**
José Mauricio **Conti**
José Roberto de Castro **Neves**
Juliana Maria Cunha **Reis**
Leonardo Ribeiro **Pessoa**
Luciano Felício **Fuck**
Luiz Gustavo Antonio Silva **Bichara**
Marcela **Maia**
Marcos Correia Piqueira **Maia**
Marcos **Troyjo**
Modesto **Carvalhosa**
Nelson **Jobim**
Paulo de Barros **Carvalho**

Paulo Fernando Vianna da **Silva**
Paulo Henrique **Cremoneze**
Pedro Zanette **Alfonsin**
Rebeca **Azevedo**
Samantha Ribeiro Meyer-Pflug **Marques**
Sergio André **Rocha**
Shirley Neri de Aguiar **Oliveira**
Thales Maciel **Roliz**
Thaméa Danelon **Valiengo**
Thiago Faries **Dias**
Thiago Rafael **Vieira**
Vinicius Lima Mendes da **Cunha**

Dados Internacionais de Catalogação na Publicação (CIP) de acordo com ISBD

D598
    Direito, economia e filosofia: uma homenagem ao jurista Ives Gandra Martins / coordenado por William Douglas, Kaiser Motta Lúcio de Morais Júnior, José Roberto Mello Porto. - Indaiatuba, SP : Editora Foco, 2023.
    448 p. : 17cm x 24cm.
      Inclui bibliografia e índice.
      ISBN: 978-65-5515-966-0

      1. Direito. 2. Ives Gandra Martins. I. Douglas, William. II. Morais Júnior, Kaiser Motta Lúcio de. III. Porto, José Roberto Mello. IV. Título.

2023-3394   CDD 340   CDU 34

Elaborado por Vagner Rodolfo da Silva - CRB-8/9410
Índices para Catálogo Sistemático:
1. Direito 340
2. Direito 34

Adriano Luiz Batista **Messias**
Alana de Castro **Barbosa**
André Borges Coelho de Miranda **Freire**
Angela Vidal Gandra da Silva **Martins**
Carlos Augusto **Daniel Neto**
Cassiano **Menke**
Daniel Serra **Lima**
Diogo **Santesso**
Eduardo de Moraes **Sabbag**
Eduardo **Maneira**
Fabiana Del Padre **Tomé**
Fábio Ulhoa **Coelho**
Fernanda **Hernandez**
Flavia **Piovesan**
Giovani Agostini **Saavedra**

COORDENADORES

William **Douglas**

Kaiser Motta Lúcio de **Morais Júnior**

José Roberto Mello **Porto**

DIREITO, ECONOMIA E FILOSOFIA

UMA HOMENAGEM AO JURISTA **IVES GANDRA MARTINS**

Guilherme **Chambarelli**
Gustavo **Brigagão**
Gustavo Carvalho **Miranda**
Gustavo **Reis**
Halley **Henares Neto**
Janaina Conceição **Paschoal**
José Mauricio **Conti**
José Roberto de Castro **Neves**
Juliana Maria Cunha **Reis**
Leonardo Ribeiro **Pessoa**
Luciano Felício **Fuck**
Luiz Gustavo Antonio Silva **Bichara**
Marcela **Maia**
Marcos Correia Piqueira **Maia**
Marcos **Troyjo**
Modesto **Carvalhosa**
Nelson **Jobim**
Paulo de Barros **Carvalho**

Paulo Fernando Vianna da **Silva**
Paulo Henrique **Cremoneze**
Pedro Zanette **Alfonsin**
Rebeca **Azevedo**
Samantha Ribeiro Meyer-Pflug **Marques**
Sergio André **Rocha**
Shirley Neri de Aguiar **Oliveira**
Thales Maciel **Roliz**
Thaméa Danelon **Valiengo**
Thiago Farias **Dias**
Thiago Rafael **Vieira**
Vinicius Lima Mendes da **Cunha**

2024 © Editora Foco

Coordenadores: William Douglas, Kaiser Motta Lúcio de Morais Júnior e José Roberto Mello Porto

Autores: Adriano Luiz Batista Messias, Alana de Castro Barbosa, André Borges Coelho de Miranda Freire, Angela Vidal Gandra da Silva Martins, Carlos Augusto Daniel Neto, Cassiano Menke, Daniel Serra Lima, Diogo Santesso, Eduardo de Moraes Sabbag, Eduardo Maneira, Fabiana Del Padre Tomé, Fábio Ulhoa Coelho, Fernanda Hernandez, Flavia Piovesan, Giovani Agostini Saavedra, Guilherme Chambarelli, Gustavo Brigagão, Gustavo Carvalho Miranda, Gustavo Reis, Halley Henares Neto, Janaina Conceição Paschoal, José Mauricio Conti, José Roberto de Castro Neves, Juliana Maria Cunha Reis, Leonardo Ribeiro Pessoa, Luciano Felício Fuck, Luiz Gustavo Antonio Silva Bichara, Marcela Maia, Marcos Correia Piqueira Maia, Marcos Troyjo, Modesto Carvalhosa, Nelson Jobim, Paulo de Barros Carvalho, Paulo Fernando Vianna da Silva, Paulo Henrique Cremoneze, Pedro Zanette Alfonsin, Rebeca Azevedo, Samantha Ribeiro Meyer-Pflug Marques, Sergio André Rocha, Shirley Neri de Aguiar Oliveira, Thales Maciel Roliz, Thaméa Danelon Valiengo, Thiago Farias Dias, Thiago Rafael Vieira e Vinicius Lima Mendes da Cunha

Diretor Acadêmico: Leonardo Pereira
Editor: Roberta Densa
Assistente Editorial: Paula Morishita
Revisora Sênior: Georgia Renata Dias
Capa Criação: Leonardo Hermano
Diagramação: Ladislau Lima e Aparecida Lima
Impressão miolo e capa: FORMA CERTA

DIREITOS AUTORAIS: É proibida a reprodução parcial ou total desta publicação, por qualquer forma ou meio, sem a prévia autorização da Editora FOCO, com exceção do teor das questões de concursos públicos que, por serem atos oficiais, não são protegidas como Direitos Autorais, na forma do Artigo 8º, IV, da Lei 9.610/1998. Referida vedação se estende às características gráficas da obra e sua editoração. A punição para a violação dos Direitos Autorais é crime previsto no Artigo 184 do Código Penal e as sanções civis às violações dos Direitos Autorais estão previstas nos Artigos 101 a 110 da Lei 9.610/1998. Os comentários das questões são de responsabilidade dos autores.

NOTAS DA EDITORA:

Atualizações e erratas: A presente obra é vendida como está, atualizada até a data do seu fechamento, informação que consta na página II do livro. Havendo a publicação de legislação de suma relevância, a editora, de forma discricionária, se empenhará em disponibilizar atualização futura.

Erratas: A Editora se compromete a disponibilizar no site www.editorafoco.com.br, na seção Atualizações, eventuais erratas por razões de erros técnicos ou de conteúdo. Solicitamos, outrossim, que o leitor faça a gentileza de colaborar com a perfeição da obra, comunicando eventual erro encontrado por meio de mensagem para contato@editorafoco.com.br. O acesso será disponibilizado durante a vigência da edição da obra.

Impresso no Brasil (11.2023) – Data de Fechamento (11.2023)

2024
Todos os direitos reservados à
Editora Foco Jurídico Ltda.
Rua Antonio Brunetti, 593 – Jd. Morada do Sol
CEP 13348-533 – Indaiatuba – SP

E-mail: contato@editorafoco.com.br
www.editorafoco.com.br

PREFÁCIO

Os professores Kaiser Motta, William Douglas e José Roberto Mello Porto tomaram a bela iniciativa de coordenar a obra "Direito, Economia e Filosofia: Uma Homenagem ao Jurista Ives Gandra Martins" e gentilmente me convidaram para escrever o prefácio. Tarefa aparentemente simples, por conhecer o homenageado desde que nasci, mas na verdade desafiadora, por sempre estar descobrindo virtudes novas e aprendendo com meu pai, já beirando os 90 anos.

O livro que ora vem a público abrange três aspectos de sua atividade docente e profissional: Direito, Economia e Filosofia. Os quase quarenta artigos dos mais ilustres mestres nessas áreas do conhecimento são um tributo inestimável ao "velho liberal", como meu pai costuma se autodenominar, por retratarem muito do seu pensamento e comungarem dos mesmos valores e ideais que defende.

Tendo sido presidente do diretório paulistano do Partido Libertador antes da Revolução de 64, abandonou a política após essa data, mas não os ideais liberais e democráticos. No romance que escreveu na época, "O Advogado de Brasília", retratava os bastidores da Suprema Corte recém-instalada na nova capital federal, e aquela que seria sua vida profissional pelos próximos 60 anos, como advogado e professor, abandonada também a atividade de perfumaria na filial francesa da empresa que meu avô viera representar no Brasil.

O homenageado costuma dizer, ao falar de sua atividade profissional, que "o advogado sustenta o poeta". Vocacionado para a advocacia, como defensor das causas justas, e tendo composto o "decálogo do advogado", tem na poesia outra de suas vocações, somando sua obra poética quase 1.500 páginas. E segue "poetando" para minha mãe, amor de sua vida, nos sonetos semanais "À Espera do Tempo", dizendo: "Não sou viúvo, mas homem casado à espera do reencontro com a esposa".

A poesia, que o levou à Academia Paulista de Letras, da qual foi presidente, é uma destacada faceta de sua personalidade, mas, pela volumosa obra escrita, há muitas outras dimensões de seu pensamento, vida e ideais nela retratadas. Escreveu individualmente mais de 90 livros e coordenou ou colaborou com artigos em mais de 300, abrangendo direito, filosofia, economia, literatura, esporte, jornalismo, história, educação e religião.

Neste último campo, como filho espiritual de S. Josemaría Escrivá, lançou recentemente o livro "Minha Luta à Luz do *Caminho*", em que faz suas reflexões, a modo de oração, falando de suas lutas interiores para viver o ideal de perfeição cristã no trabalho e na família, conforme proposto pelo fundador do Opus Dei. Ler essas meditações ajuda muito a conhecer melhor quem é Ives Gandra Martins. A sinceridade e humildade com que fala de suas lutas, vitórias e derrotas, mostra, no fundo, a retidão de intenção de alguém que busca apenas servir a Deus e ao próximo com sua pena, voz e atuação.

E é nos campos do Direito, Economia e Filosofia, objetos da presente coletânea, que melhor tem servido a toda sociedade brasileira, ainda que seus livros também tenham sido editados em outros 24 países. Nesses campos, suas ideias, valores, princípios e ideais são bem conhecidos, uma vez que defendidos não somente em livros e artigos de jornal, mas em programas de TV e palestras que profere ou participa semanalmente, numa atividade impressionante e edificante.

Esses valores são os morais e humanos, cristãos e familiares, democráticos e republicanos. A liberdade religiosa e de expressão. A dignidade da pessoa humana frente às ideologias que a degradam. A harmonia dos Poderes do Estado, sem que algum se sobreponha aos demais. O valor do trabalho humano e como pode ser caminho de santificação pessoal e alheia. A defesa da família como célula "mater" da sociedade. O princípio da subsidiariedade como norteador da intervenção do Estado no domínio econômico e social. A defesa do contribuinte frente a uma carga tributária excessiva que transforma o tributo em confisco. O realismo filosófico, frente ao imanentismo que transforma fatos em narrativas. A objetividade da ordem moral frente ao relativismo moderno.

Justamente a defesa desses valores é objeto da presente coletânea, em que seus coordenadores e autores abordam temas atuais e controvertidos, buscando compreender as posições antagônicas no debate em busca da verdade, concebida desde Aristóteles, como a adequação da cabeça à realidade. O Prof. Ives Gandra, como presidente emérito do Centro de Extensão Universitária (CEU), nos Simpósios que lá organizava, costumava dizer: "Aqui a ciência se faz com a verdade e não com a vaidade". Ou seja, não permanecemos em nossas posições por serem nossas, mas estamos dispostos a mudar, se nos convencermos das melhores razões trazidas pelos outros.

O que faz do Prof. Ives Gandra Martins verdadeira reserva moral do país e um dos maiores juristas de nossa pátria não é apenas a sua coragem, invejável cultura geral e erudição multifacetada, capaz de discernir a essência dos problemas, vislumbrar os caminhos para suas soluções e sustentá-los. É a sua coerência de vida. Luta por viver todos os ideais, valores e princípios que defende.

Acusado de mentor de ilusória tentativa de golpe direitista, respondeu com a elegância que lhe é própria, pois sendo crítico das ideias, nunca das pessoas, mostrou, como professor emérito da Escola de Comando e Estado Maior do Exército, onde lecionou por mais de 35 anos, que as chances de uma intervenção militar na crise política brasileira de 2022 eram zero multiplicado por zero e dividido por zero. É que as Forças Armadas têm sido mais respeitadoras da Constituição do que a própria Suprema Corte, cujo ativismo judicial seria o verdadeiro ato antidemocrático, substituindo-se a vontade dos representantes eleitos do povo pela vontade de técnicos não eleitos.

Chama a atenção o fato de que sua exegese do art. 142 da Carta Política, manifestada em Comentários à Constituição de 88 escritos há mais de 20 anos junto com o Prof. Celso Bastos, em 16 volumes, pudesse ser vista como oportunismo político e mentor revolucionário. Calcado nos anais da Constituinte, defendeu sempre que as Forças Armadas poderiam intervir topicamente na defesa da lei e da ordem quando um dos Poderes do

Estado invadisse as competências de outro e houvesse requisição do Poder tolhido, não para destituição de qualquer deles, mas para se garantir o exercício livre desse Poder ameaçado. Seria como não se dar a força da espada à balança da justiça desequilibrada.

Em seu programa semanal de domingo, na Rede Vida, "Anatomia do Poder", tem debatido, em entrevistas com políticos, juristas e personalidades da cultura e da arte, os valores fundantes de nossa sociedade, buscando sempre os caminhos da justiça e da paz. Quanto tive a oportunidade de participar, falamos sobre o que realmente pode recolocar as coisas no lugar, tornando a sociedade próspera, em que se promova o bem comum e as pessoas possam encontrar a felicidade que buscam: colocar um pouco mais de Deus nas suas vidas, dando espaço e tempo à espiritualidade.

Talvez seja essa faceta a que melhor explique a personalidade do homenageado desta obra: a sua fé, que permeia todas as suas atividades. Fé adquirida de sua amada Ruth, minha mãe. Fé que dá a perspectiva tridimensional à captação da realidade, das pessoas e dos acontecimentos, com peso, volume e altura. Assim, o Prof. Ives Gandra Martins, na tríplice dimensão desta obra "Direito, Economia e Filosofia", caracteriza-se como um jusnaturalista, liberal e realista, que defende os direitos humanos fundamentais à luz do Direito Natural, que defende a economia de mercado e da livre iniciativa, e que defende a humilde submissão da mente à realidade, em face do moderno idealismo que coloca o homem no lugar de Deus.

Agradecendo, como filho, a Deus, pelo pai que me concedeu, e aos coordenadores e autores da presente obra, pela homenagem a ele prestada, espero que os estudos nela contidos possam servir de reflexão e fundamento para a transformação de nosso país numa sociedade mais justa, democrática, pacífica e solidária.

Brasília, 1º de julho de 2023.

Ives Gandra da Silva Martins Filho
Ministro do Tribunal Superior do Trabalho – TST

APRESENTAÇÃO

Foi com grande satisfação que recebi o convite para escrever a apresentação deste "Direito, Economia e Filosofia: uma homenagem ao jurista Ives Gandra Martins", dedicada ao renomado jurista, cuja distinta trajetória e admiráveis contribuições para as áreas do Direito, da Economia e da Filosofia falam por si só.

Ives Gandra Martins é uma figura de destaque no cenário jurídico brasileiro e internacional. Um dos maiores estudiosos de nossa Constituição, é conhecido por aliar erudição a um espírito questionador, qualidades que o destacam como um dos mais prestigiados profissionais da atualidade. Martins entregou-se durante toda sua carreira ao aprimoramento e ao ensino de disciplinas que transpassam diversas esferas do Direito.

Idealizada e organizada pelos talentosíssimos José Roberto Mello Porto, Kaiser Motta Júnior e William Douglas, esta coletânea de artigos reúne textos criteriosamente selecionados, escritos por renomados profissionais, que abordam analiticamente e com a profundidade correta os temas de maior relevância abordados pelo homenageado ao longo de sua notável trajetória.

O conteúdo encontrado nestas páginas é a expressão da gratidão e da admiração ao profundo conhecimento e à sagacidade jurídica de Ives Gandra Martins. Os escritores exploram desafios e questões relacionadas ao Direito Público, Tributário e Constitucional, bem como aos aspectos filosóficos, econômicos e sociais que permeiam o amadurecimento de uma sociedade mais justa e igualitária.

Ao aprofundar-se nas páginas deste livro, o leitor será levado diretamente aos conceitos defendidos pelo homenageado, assim como a reflexões sobre a interseção entre o Direito, a Economia e a Filosofia. Os artigos apresentados são um convite à reflexão crítica, ao diálogo construtivo e a uma viagem pela multidisciplinariedade do mundo jurídico.

Em suma, "Direito, Economia e Filosofia: uma homenagem ao jurista Ives Gandra Martins" é uma obra essencial para estudantes de Direito, acadêmicos, juristas e todos os interessados em compreender as complexidades e os desafios inerentes à rotina daqueles que tem nas veias a inquietude e o inconformismo, força motriz da busca por justiça. Uma merecida homenagem a um jurista de excepcional capacidade intelectual e que, ainda em plena atividade, já deixa um legado duradouro para as futuras gerações.

Luciano Bandeira Arantes
Presidente da OAB/RJ

SUMÁRIO

PREFÁCIO
Ives Gandra da Silva Martins Filho V

APRESENTAÇÃO
Luciano Bandeira Arantes IX

O DIREITO À RESTITUIÇÃO DO ICMS-ST NA HIPÓTESE DE BASE DE CÁLCULO EFETIVA INFERIOR À PRESUMIDA
André Borges Coelho de Miranda Freire e Vinicius Lima Mendes da Cunha 1

O INSTITUTO IVES GANDRA DE DIREITO, FILOSOFIA E ECONOMIA: GÊNESE E TRANSCENDÊNCIA
Angela Vidal Gandra da Silva Martins 11

A ULTRATIVIDADE DA ISENÇÃO DO IRPF NA VENDA DE PARTICIPAÇÕES SOCIETÁRIAS
Carlos Augusto Daniel Neto 17

O EXERCÍCIO DE "ATIVIDADES-MEIO" E A IMUNIDADE DAS INSTITUIÇÕES DE EDUCAÇÃO E DE ASSISTÊNCIA SOCIAL (ART. 150, VI, C, DA CF/88)
Cassiano Menke 29

A NÃO INCIDÊNCIA DO ICMS NA CESSÃO DO EXCEDENTE DE ENERGIA ELÉTRICA ADQUIRIDA NO AMBIENTE DE CONTRATAÇÃO LIVRE
Diogo Santesso 43

A IMUNIDADE TRIBUTÁRIA PARA A MÚSICA E A LIBERDADE DE EXPRESSÃO ARTÍSTICA
Eduardo de Moraes Sabbag 57

A ANTERIORIDADE COMO DIREITO FUNDAMENTAL DOS CONTRIBUINTES: ENTRE A SEGURANÇA ORÇAMENTÁRIA E A SEGURANÇA JURÍDICA
Eduardo Maneira e Daniel Serra Lima 77

REFLEXÕES ACERCA DA GUERRA FISCAL NO ICMS
Fabiana Del Padre Tomé e Adriano Luiz Batista Messias 93

O BREVE SÉCULO XX DO LIBERALISMO (1922-2008)
Fábio Ulhoa Coelho 105

O PAPEL DA ZONA FRANCA DE MANAUS E A CONCRETIZAÇÃO DO PRINCÍPIO DA REDUÇÃO DAS DESIGUALDADES REGIONAIS: UMA ANÁLISE À LUZ DO PENSAMENTO DE IVES GANDRA MARTINS
Fernanda Hernandez e Rebeca Azevedo 117

DIREITO AO DESENVOLVIMENTO: DESAFIOS CONTEMPORÂNEOS
Flavia Piovesan 133

CONSTITUCIONALISMO E DEMOCRACIA: DESAFIOS DA TEORIA DA CONSTITUIÇÃO CONTEMPORÂNEA
Giovani Agostini Saavedra 149

ORGANIZAÇÃO SOCIETÁRIA E PLANEJAMENTO TRIBUTÁRIO COMO FERRAMENTA DE DESENVOLVIMENTO ECONÔMICO
Guilherme Chambarelli e Alana de Castro Barbosa 163

OS CONTORNOS DA NÃO CUMULATIVIDADE DO PIS E DA COFINS À LUZ DA JURISPRUDÊNCIA DO STF
Gustavo Brigagão e Gustavo Reis 173

O CONCEITO JURÍDICO INDETERMINADO E A INTERPRETAÇÃO NO DIREITO TRIBUTÁRIO
Halley Henares Neto 187

CORREÇÃO DAS ELEIÇÕES: TEXTO HOMENAGEM A IVES GANDRA MARTINS
Janaina Conceição Paschoal 201

FEDERALISMO FISCAL, PARTILHA DE RECURSOS E FUNDOS DE PARTICIPAÇÃO: A DEPENDÊNCIA DE RECURSOS E A RIGIDEZ NO SISTEMA
José Mauricio Conti 213

O DIREITO COMO EDUCADOR
José Roberto de Castro Neves 221

A POSSIBILIDADE DA REMUNERAÇÃO DE DIRIGENTE ESTATUTÁRIO E SUA FUNDAMENTAÇÃO LEGAL
Juliana Maria Cunha Reis e Shirley Neri de Aguiar Oliveira 229

PERSPECTIVAS DA COBRANÇA DO CRÉDITO TRIBUTÁRIO NA RECUPERAÇÃO JUDICIAL DA EMPRESA: COMPATIBILIZAÇÃO COM A PRESERVAÇÃO DA EMPRESA, SUA FUNÇÃO SOCIAL E O ESTÍMULO À ATIVIDADE ECONÔMICA
Leonardo Ribeiro Pessoa.. 237

ESTADO FISCAL NA CONSTITUIÇÃO FEDERAL DE 1988
Luciano Felício Fuck.. 249

O CRÉDITO DE ICMS E O TRANSPORTE INTERESTADUAL DE COMBUSTÍVEIS
Luiz Gustavo Antonio Silva Bichara 265

SOCIEDADE POR AÇÕES SIMPLIFICADAS – SAS – *UNA MIRADA* PARA O DIREITO ARGENTINO
Marcela Maia e Gustavo Carvalho Miranda 275

LIMITES À DEFINIÇÃO DAS ALÍQUOTAS DO ICMS: ANÁLISE DO JULGAMENTO DA ADI 6152/MA
Marcos Correia Piqueira Maia e Thales Maciel Roliz 285

A ORDEM ECONÔMICA, MERCADO DE CAPITAIS E DESENVOLVIMENTO: A TUTELA DA INFORMAÇÃO NO MERCADO DE CAPITAIS COMO FERRAMENTA PARA A PROMOÇÃO DO DESENVOLVIMENTO SOCIAL
Modesto Carvalhosa 301

A JUSTIÇA E OS BANCOS
Nelson Jobim 311

INTERPRETAÇÃO COMO CONSTRUÇÃO DE SENTIDO (E OUTRAS ANOTAÇÕES)
Paulo de Barros Carvalho 319

O HISTÓRICO DAS IDEIAS LIBERAIS NA CONSTITUIÇÃO DE 1824 ATÉ 1988
Paulo Fernando Vianna da Silva e Marcos Troyjo 331

RERUM NOVARUM E ORA ET LABORA. O DIREITO NATURAL, A DIMENSÃO SOCIAL DA FÉ, A DIVISA BENEDITINA, A ORDEM ECONÔMICA E A RELAÇÃO ENTRE FÉ E RAZÃO PARA A MELHOR ORDENANÇA DO MUNDO
Paulo Henrique Cremoneze.. 339

INOVAÇÃO DA LEI DE LIBERDADE ECONÔMICA
Pedro Zanette Alfonsin 349

LIBERDADE DE EXPRESSÃO DO PENSAMENTO: ESSENCIAL PARA A DEMOCRACIA
Samantha Ribeiro Meyer-Pflug Marques 357

RECONSTRUINDO A CONFIANÇA NA RELAÇÃO FISCO-CONTRIBUINTE
Sergio André Rocha... 375

CORRUPÇÃO E SEUS IMPACTOS NA ECONOMIA E NOS DIREITOS HUMANOS
Thaméa Danelon Valiengo 393

O PODER JUDICIÁRIO E OS DIREITOS FUNDAMENTAIS SUBJETIVOS: REFLEXÕES SOBRE INTERVENÇÕES EM POLÍTICAS PÚBLICAS E LIMITAÇÕES ORÇAMENTÁRIAS
Thiago Farias Dias 407

A PANDEMIA INTERNACIONAL DE COVID-19 E SEUS EFEITOS NA LIBERDADE RELIGIOSA BRASILEIRA
Thiago Rafael Vieira... 423

O DIREITO À RESTITUIÇÃO DO ICMS-ST NA HIPÓTESE DE BASE DE CÁLCULO EFETIVA INFERIOR À PRESUMIDA

André Borges Coelho de Miranda Freire

Mestre e Doutorando em Direito Tributário pela Faculdade de Direito da USP. Procurador do Município de João Pessoa. Ex-procurador do estado de Sergipe. Advogado em João Pessoa/PB.

Vinicius Lima Mendes da Cunha

LL.M em Direito Tributário pela Fundação Getúlio Vargas. Pesquisador do NUPEM/IBDT. Advogado em São Paulo e no Rio de Janeiro.

Sumário: Introdução – 1. A repetição do indébito tributário. Natureza jurídica e o art. 166 do CTN; 1.1 A repetição do indébito e sua natureza publicística. Consequências; 1.2 O art. 166 do CTN – 2. ICMS-ST e o direito à restituição em caso de base de cálculo efetiva inferior à presumida; 2.1 Legitimidade ativa na restituição do ICMS-ST – Conclusão – Referências.

INTRODUÇÃO

O presente artigo, elaborado em homenagem ao ilustríssimo Professor Ives Gandra da Silva Martins, certamente um dos maiores juristas da história do país, aborda o direito à repetição do indébito daquilo que foi pago a título de ICMS-ST (Substituição Tributária) em razão da verificação de saída final de mercadoria por valor inferior àquele considerado na base de cálculo presumida.

Aborda-se em específico o argumento fazendário de que a repetição não é possível se não atendidos os requisitos do art. 166 do CTN, nomeadamente a prova da ausência de repasse do encargo econômico do tributo a terceiros ou a autorização de quem suportou o indigitado encargo.

Isso se faz a partir do seguinte percurso.

Primeiramente, aprecia-se o instituto da repetição do indébito tributário, em sua natureza jurídica e em seus requisitos constitucionais. Em seguida, analisam-se aspectos especiais da repetição em caso de ICMS-ST, notadamente os ligados ao julgamento pelo Supremo Tribunal Federal no Recurso Extraordinário 593.849/MG, para concluir se, à luz dessas especificidades e do regime jurídico da repetição do indébito tributário, é possível ou não negar a restituição com base no desatendimento aos requisitos do art. 166 do CTN.

1. A REPETIÇÃO DO INDÉBITO TRIBUTÁRIO. NATUREZA JURÍDICA E O ART. 166 DO CTN

1.1 A repetição do indébito e sua natureza publicística. Consequências

Conforme a lição do prof. Alcides Jorge Costa, as obrigações tributárias, em sua estrutura, não diferem das obrigações do Direito Privado. Os seus elementos (sujeito passivo, ativo, objeto, causa etc.) são em tudo equiparáveis.

A grande diferença, contudo, é que, para surgir a obrigação, exige-se previamente o ato da instituição (legislativa) do tributo. Passado este marco, deverão estar o Estado e o particular em pé de igualdade e submetidos ao mesmo Direito, que regerá para ambos a obrigação.[1]

Sem esse requisito constitucional, simplesmente não haverá tributo. Por esse motivo, a natureza da repetição do indébito é pública, pois simplesmente não poderia o Estado haver arrecadado tributo naquela situação.

A partir dessa ótica pública, não haveria qualquer causa para a arrecadação quando a tributação faticamente levada a efeito não é legal ou constitucionalmente devida.

Apesar dessa clareza, reconhecida pelo próprio Código Tributário Nacional, que trata o instituto como verdadeiramente tributário, há certa tergiversação denunciada por Brandão Machado na inserção de aspectos eminentemente privatísticos no bojo dessa relação, como a noção do enriquecimento sem causa.[2]

Com efeito, historicamente se verifica que foi a preocupação com o enriquecimento sem causa do particular e a tese civilística da *condictio* que levaram a impor restrições à possibilidade de repetição do indébito tributário.

Em certa manifestação de procurador da Fazenda Nacional por ocasião da edição do Código de 1972, apontou-se preocupação com a risível hipótese de contribuintes criarem uma indústria de pagar tributos a maior e os repassarem apenas para em seguida repetirem do Estado aquilo que fora pago e aumentarem o seu patrimônio. A pretensa lógica é a de que, se algum tributo foi arrecadado indevidamente e transferido a terceiro, entre enriquecer ilicitamente o Estado e o particular que transferiu o encargo, deve-se preferir a primeira opção.[3]

A falácia está precisamente em que o terceiro não contribuinte não paga tributo, mas preço.[4] Com efeito, a relação jurídica estatal dá-se apenas entre o Estado e aquele que é posto pela lei na posição de sujeito passivo da obrigação. Prova maior disso é que,

---

1. COSTA, Alcides Jorge. *Da extinção das obrigações tributárias*. São Paulo, 1991.
2. MACHADO, Brandão. Repetição do indébito no direito tributário. In: MACHADO, Brandão (Coord.). *Direito tributário*: estudos em homenagem ao Prof. Ruy Barbosa Nogueira. São Paulo: Saraiva, 1984, p. 61-106.
3. Ibidem.
4. ANDRADE, Leonardo Aguirra de; FRIDMAN, Rosa Sakata. As Impropriedades do Art. 166 do Código Tributário Nacional e a sua Inaplicabilidade ao Levantamento de Depósitos Judiciais de ICMS. *Revista Direito Tributário Atual*, n. 48, São Paulo, p. 252-288. jun./dez. 2021.

nem mesmo economicamente, há garantias do repasse do tributo pago, já que é perfeitamente possível revender por preço inferior ao de custo, mesmo nas situações em que o prosseguimento na cadeia de consumo assegura a transferência de um crédito.

Desse modo, se a relação jurídico-tributária se dá apenas entre o sujeito passivo e o Estado, a questão central a responder é justamente a de se é possível ao ente estatal manter em seus cofres tributação não prevista em lei ou não autorizada pela Constituição apenas porque se teria constatado uma suposta transferência do encargo econômico do tributo.

Segundo autores como Brandão Machado, a resposta à indagação é desenganadamente negativa, porque a eventual transferência do encargo não tem potencial para convolar em constitucional ou legal uma tributação que não o é, já que, faltando embasamento legal ou constitucional para certa exação, simplesmente faltará a única razão legítima para a cobrança.[5] Argumentos ligados ao enriquecimento sem causa dos particulares são de todo estranhos à relação obrigacional pública, pois nada serve como sucedâneo da necessária lei e lei constitucional para embasar qualquer tributação.

1.2   O art. 166 do CTN

Contudo, foi orientação diversa que conduziu os caminhos da jurisprudência anterior ao CTN e em seguida ao art. 166 do Código, o qual acolheu a chamada doutrina do Tesouro Nacional, em oposição a outras que afastavam o requisito do empobrecimento.

Primeiramente, editou-se o enunciado 71 da súmula da jurisprudência do Supremo Tribunal Federal, nos seguintes termos: "Embora pago indevidamente, não cabe restituição de tributo indireto". Adotava-se a precária classificação econômica entre tributos diretos e indiretos, para encampar a lógica do Tesouro. Ainda na ausência do CTN, argumentava-se em termos cíveis e entendia-se que, entre o enriquecimento ilícito do Estado e aquele pretensamente do contribuinte, dever-se-ia privilegiar o primeiro, que em princípio se reverteria em favor da coletividade.

Em seguida, abandonou-se a referida classificação e passou-se a centrar as atenções na transferência ou não do encargo tributário, consoante o enunciado 546 da súmula da jurisprudência da Suprema Corte: "Cabe a restituição do tributo pago indevidamente, quando reconhecido por decisão, que o contribuinte de jure não recuperou do contribuinte de facto o quantum respectivo".

O art. 166 do CTN adotaria a lógica do último enunciado e ainda permitiria a repetição por parte do contribuinte de direito em caso de prova de autorização para tanto daquele que tivesse suportado economicamente o tributo.

O texto original do anteprojeto, por outro lado, limitava o atual 166 do CTN aos casos de transferência facultada ou determinada legalmente (nos casos de transferências de créditos de não cumulatividade) e ainda atribuía expressamente legitimidade a

---

5. MACHADO, Brandão. Repetição do indébito no direito tributário. In: MACHADO, Brandão (Coord.). *Direito tributário*: estudos em homenagem ao Prof. Ruy Barbosa Nogueira. São Paulo: Saraiva, 1984, p. 61-106.

quem tivesse suportado o ônus econômico nesses casos, que se sub-rogaria no Direito à restituição. Ou seja, embora em determinados casos impusesse condições à repetição nas situações de transferência jurídica do encargo apontadas, ao fim e ao cabo, fornecia, através da sub-rogação os meios para que os tributos pagos indevidamente fossem efetivamente restituídos.[6]

A situação era muito diversa da orientação pela qual, salvo casos muito pontuais, como o da energia elétrica (REsp 1299303/SC), a jurisprudência, interpretando o art. 166 do CTN, vislumbra no contribuinte de direito a legitimidade exclusiva para a repetição (REsp 903.374/AL) e ainda condiciona a sua aplicação a requisitos de difícil verificação prática, quais sejam, a prova da não transferência do encargo ou a da autorização daquele a quem se transferiu.

Há quem, no entanto, na doutrina atual sustente que a transferência aí referida é apenas aquela prevista legalmente, tese não acolhida pelos tribunais e que limitaria o alcance do preceito ao atual desenho do ICMS e do IPI, visto ser pacífico, por exemplo, que o art. 166 também espraia seus efeitos para o ISS.[7]

Tem-se, nos termos atuais da lei e da jurisprudência, uma situação em que, para os ditos tributos indiretos, entendidos em geral como tributos sobre o consumo, ou bem se exige a prova da autorização daquele a quem se teria transferido o encargo (de dificílima aplicação prática), ou então, a prova da ausência de transferência, a qual, já denunciava Brandão Machado em grande parte dos casos se limita a uma análise formal da escrita contábil, para verificar se se considerava ou não o tributo em questão como custo.

A transferência econômica, ressalte-se, por fim, como apontam os estudiosos desse campo, é bastante incerta, mesmo nos chamados tributos indiretos e não se exclui nos chamados tributos diretos, pois há uma enormidade de fatores que fazem que os tributos afetem preços de salários, de bens e serviços e de lucros, e não apenas os preços de bens e serviços como parece supor equivocadamente alguns.[8] Basta pensar em produto vendido abaixo do preço de custo, situação em que naturalmente será o vendedor que absorverá o tributo cobrado a maior com redução de seu lucro.

2. ICMS-ST E O DIREITO À RESTITUIÇÃO EM CASO DE BASE DE CÁLCULO EFETIVA INFERIOR À PRESUMIDA

Feitas as considerações relacionadas ao art. 166, do Código Tributário Nacional, cumpre-nos, fazendo correlação com este dispositivo, abordar o tema da restituição do ICMS cobrado sob a sistemática da Substituição Tributária na hipótese em que a base de cálculo efetiva for inferior à presumida, o qual foi julgado pelo Supremo Tribunal Fede-

---

6. DE SOUSA, Rubens Gomes. *Trabalhos da comissão especial do Código Tributário Nacional*. Ministério da Fazenda, 1954.
7. MOREIRA, André Mendes. *A não cumulatividade dos tributos*. 4. ed. São Paulo: Noeses, 2020, p. 9-58. SCHOUERI, Luís Eduardo. *Direito tributário*. 10. ed. São Paulo: Saraiva, 2021, Capítulo XV, p. 707-711.
8. MUSGRAVE, Richard A. e MUSGRAVE, Peggy B. *Finanças Públicas*. Teoria e Prática. Rio de Janeiro: Campus: São Paulo: EDUSP. 1980, p. 245-256.

ral em 2016, com repercussão geral, no Recurso Extraordinário 593.849/MG, quando analisou o disposto no art. 150, § 7º, da Constituição Federal, cuja ementa e dispositivo ora se transcrevem, respectivamente:

> Recurso extraordinário. Repercussão geral. Direito tributário. Imposto sobre circuLação de Mercadorias e Serviços – ICMS. Substituição tributária progressiva ou para frente. Cláusula de restituição do excesso. Base de cálculo presumida. Base de cálculo real. Restituição da diferença. Art. 150, § 7º, da Constituição da República. Revogação parcial de precedente. ADI 1.851. 1. *Fixação de tese jurídica ao Tema 201 da sistemática da repercussão geral: "É devida a restituição da diferença do Imposto sobre Circulação de Mercadorias e Serviços – ICMS pago a mais no regime de substituição tributária para frente se a base de cálculo efetiva da operação for inferior à presumida"*.
>
> 2. A garantia do direito à restituição do excesso não inviabiliza a substituição tributária progressiva, à luz da manutenção das vantagens pragmáticas hauridas do sistema de cobrança de impostos e contribuições. 3. O princípio da praticidade tributária não prepondera na hipótese de violação de direitos e garantias dos contribuintes, notadamente os princípios da igualdade, capacidade contributiva e vedação ao confisco, bem como a arquitetura de neutralidade fiscal do ICMS. 4. O modo de raciocinar "tipificante" na seara tributária não deve ser alheio à narrativa extraída da realidade do processo econômico, de maneira a transformar uma ficção jurídica em uma presunção absoluta. 5. De acordo com o art. 150, § 7º, *in fine*, da Constituição da República, a cláusula de restituição do excesso e respectivo direito à restituição se aplicam a todos os casos em que o fato gerador presumido não se concretize empiricamente da forma como antecipadamente tributado. 6. Altera-se parcialmente o precedente firmado na ADI 1.851, de relatoria do Ministro Ilmar Galvão, de modo que os efeitos jurídicos desse novo entendimento orientam apenas os litígios judiciais futuros e os pendentes submetidos à sistemática da repercussão geral. 7. Declaração incidental de inconstitucionalidade dos artigos 22, § 10, da Lei 6.763/1975, e 21 do Decreto 43.080/2002, ambos do Estado de Minas Gerais, e fixação de interpretação conforme à Constituição em relação aos arts. 22, § 11, do referido diploma legal, e 22 do decreto indigitado. 8. Recurso extraordinário a que se dá provimento. (STF, Recurso Extraordinário 593.849/MG, Relator Ministro Edson Fachin, Tribunal Pleno, julgado em 19/10/2016). (Grifos nossos)
>
> Art. 150. Sem prejuízo de outras garantias asseguradas ao contribuinte, é vedado à União, aos Estados, ao Distrito Federal e aos Municípios: (...)
>
> § 7º A lei poderá atribuir a sujeito passivo de obrigação tributária a condição de responsável pelo pagamento de imposto ou contribuição, cujo fato gerador deva ocorrer posteriormente, *assegurada a imediata e preferencial restituição da quantia paga, caso não se realize o fato gerador presumido*. (Incluído pela Emenda Constitucional 3, de 1993) (Grifos nossos)

O texto do dispositivo mencionado estabelece o que se convencionou denominar, como destacado na ementa do julgamento supramencionado, de substituição progressiva ou para frente, na qual há a indicação, pelo legislador, de pessoa responsável pelo pagamento de tributo decorrente de fato gerador futuro e incerto, sendo a sistemática aplicada, sempre sob o fundamento da praticidade fiscal, a diversos produtos como combustível, refrigerante, cerveja, fumo, dentre outros.[9]

Ocorre que, como decidido pelo Supremo Tribunal Federal, a praticidade fiscal não pode prevalecer diante dos direitos e garantias fundamentais dos contribuintes, razão pela qual assegurou-se a restituição do ICMS oriundo da diferença entre a base de cálculo efetiva

---

9. PAULSEN, Leandro; MELO, José Eduardo Soares de. *Impostos federais, estaduais e municipais*. 11. ed. São Paulo: Saraiva, 2018, p. 270.

e presumida na hipótese de esta ter sido maior, além de reforçar, diante da clareza do dispositivo constitucional, a restituição imediata e preferencial do montante pago indevidamente.

Como visto, o Supremo Tribunal Federal fixou tese em que expressamente considera devida a restituição da diferença entre o ICMS efetivamente pago e aquele devido conforme o preço da operação efetivamente praticada.

Por consectário lógico, a Corte pressupõe que a mercadoria foi efetivamente vendida, vendida por alguém posterior ao substituto na cadeia e por preço inferior ao presumido e que, evidentemente, a restituição deve ser possível. Assim, devem-se cotejar essas pressuposições com a interpretação dada ao art. 166 do CTN no caso concreto.

Os complicadores em relação à substituição tributária são evidentes. Primeiramente a dificuldade em identificar o contribuinte de direito, já que, a rigor, a única relação com o Fisco é a do substituto, embora ele seja substituto de contribuintes de direito, cujas obrigações tributárias são meramente antecipadas na sua pessoa. Em segundo lugar, por outro lado, há um nítido distanciamento entre a incidência do tributo (no início da cadeia) e a definição final do preço, tanto que a origem do RE citado é o descasamento anômalo entre um e outro.

Para melhor elucidar a questão suponha-se que a base presumida para cálculo do ICMS-ST de refrigerantes tenha sido a de R$ 5,00 e que o varejista do fim da cadeia os tenha vendido efetivamente por R$ 4,00. Levando-se em conta uma alíquota de 20%, ter-se-ia um ICMS total na cadeia de R$ 1,00, ao passo que o efetivamente devido seria de R$ 0,80, o que enseja um indébito de R$ 0,20 por refrigerante.

Desse modo, mesmo tendo havido o pagamento de R$ 1,00 a título de ICMS, a venda foi feita por valor menor do que o correspondente ao valor de imposto pago, pelo que a alíquota efetiva do ICMS em questão foi de 25%, superior à legal.

Naturalmente, não há como fazer prova cabal de que o excesso pago foi reduzido da margem de lucro do vendedor final, que fixou o preço, ou se foi mantida a margem pretendida e aumentado o preço final para cobrir o excesso tributário. A questão não se resolve e é circular, porque exigiria que o fornecedor fixasse previamente qual é sua margem de lucro e a ela aderisse para sempre.

De toda forma, causaria muita estranheza compreender que o preço de venda final, inferior ao presumido pelo Estado, mesmo assim embute o repasse do ônus tributário, visto que se pratica um preço que não guarda relação com o ICMS efetivamente pago. Por essa razão, o STJ tem corretamente proclamado a inaplicabilidade do art. 166 às situações em análise:

> Na sistemática da substituição tributária para frente, quando da aquisição da mercadoria, o contribuinte substituído antecipadamente recolhe o tributo de acordo com a base de cálculo estimada, *de modo que, no caso específico de revenda por menor valor, não tem ele como recuperar o tributo que já pagou, decorrendo o desconto no preço final do produto da própria margem de lucro do comerciante, sendo inaplicável, na espécie, a condição ao pleito repetitório de que trata o art. 166 do CTN* (AgRg no REsp 630.966/RS , Relator Ministro Gurgel de Faria, Primeira Turma, DJe 22.05.2018).

No caso do ICMS-ST, é digno de nota que o único a quem se repassa tecnicamente o tributo é o primeiro adquirente após o substituto. Em seguida, há a natural formação do preço ao longo da cadeia, sem novas incidências tributárias e sem que possa haver um isolamento remoto, mas ainda virtualmente possível, nos casos em que há a cobrança em cada etapa da cadeia.

Desse modo, entender que o consumidor final arca com o ICMS-ST cobrado a maior, com base no art. 166 do CTN e, sob esse argumento, negar a repetição, é retirar do preceito consequências que lhe são alheias.

Além disso, ao correlacionar-se o art. 166, do CTN, o julgamento do STF e o art. 150, § 7º, da CF, percebe-se o total esvaziamento promovido pelo CTN quanto ao prescrito pela Carta Magna, bem como quanto à interpretação conferida ao dispositivo pela Corte Constitucional, pelos seguintes motivos.

Em primeiro lugar, diferentemente do que ocorre com a restituição do ICMS nas operações que não envolvam a sistemática da Substituição Tributária, nestas, quando uma mercadoria for comercializada ao consumidor final por valor inferior ao utilizado pelo substituto como base de cálculo para o recolhimento do ICMS-ST, não há que se introduzir no debate a legitimidade do consumidor final na restituição do tributo, uma vez que, pelo óbvio ululante, não houve "transferência do respectivo encargo financeiro". Para maior elucidação, no exemplo já dado, basta imaginar a hipótese de uma fabricante de bebidas, substituto, que presume que um refrigerante será vendido ao consumidor final, pelo substituído, por R$ 5,00, porém posteriormente a bebida é comercializada pelo valor de R$ 4,00. Nota-se que em tal hipótese o substituto sequer terá condições mínimas de ter ciência do valor pelo qual a mercadoria foi vendida pelo substituído, evidenciando-se, assim, a clara legitimidade deste para pleitear a restituição.

Em segundo lugar, ao exigir como requisito para a restituição a prova de ter assumido o encargo do tributo, contexto inerente ao contribuinte de direito, ou a autorização de terceiro a quem supostamente tenha sido transferido o ônus econômico, contexto inerente ao contribuinte de fato, cria-se circunstância assaz curiosa: a (quase) impossibilidade de se comprovar a ausência de repasse do encargo econômico, haja vista todo tributo poder ser repassado, sob o prisma econômico, a terceiro,[10] e a (quase) impossibilidade de um comerciante, o contribuinte de ICMS, conseguir autorização de seus clientes para a restituição.

Destaque-se ainda que o contribuinte de direito paga tributo, ao passo que o contribuinte de fato paga o preço da mercadoria, ainda que nesse esteja embutido o tributo.[11]

Em terceiro lugar, a Constituição Federal, e a conclusão a que chegou o STF, é clara no sentido de garantir a imediata e preferencial restituição ao contribuinte (de direito, por ser quem possui relação jurídica com o ente federado). Inclusive, não houve sequer

---

10. BALEEIRO, Aliomar. *Direito tributário brasileiro*. Atual. Misabel Abreu Machado Derzi. Rio de Janeiro: Forense, 2010, p. 1294.
11. MACHADO SEGUNDO, Hugo de Brito. *Manual de direito tributário*. 10. ed. São Paulo: Atlas, 2018, p. 218.

menção ao art. 166, do CTN, razão pela qual não se pode pretender estender a aplicabilidade deste às hipóteses por ele não abarcadas, sob o risco de estimular-se a perene inconstitucionalidade. Tem sido essa a firme orientação do STJ:

> Processual civil e tributário. Agravo interno no recurso especial. ICMS. Substituição tributária. Revenda de mercadoria por preço menor do que a base de cálculo presumida. Art. 166 do CTN. Inaplicabilidade. 1. Tendo sido o recurso interposto contra acórdão publicado na vigência do Código de Processo Civil de 2015, devendo ser exigidos os requisitos de admissibilidade na forma nele previsto, conforme Enunciado 3/2016/STJ. 2. *O acórdão recorrido está em conformidade com a jurisprudência desta Corte, segundo a qual, na sistemática da substituição tributária para frente, em que o contribuinte substituído revende a mercadoria por preço menor do que a base de cálculo presumida para o recolhimento do tributo, é inaplicável a condição prevista no art. 166 do CTN.* 3. Agravo interno não provido. (STJ – AgInt no REsp: 1968227 MG 2021/0333600-8, Data de Julgamento: 29.08.2022, T1 – Primeira Turma, Data de Publicação: DJe 1º.09.2022).

Feitas as considerações relacionadas à correlação entre o art. 166, do CTN, o art. 150, § 7º, Constituição Federal e o decidido pelo STF, faz-se necessário delimitar a legitimidade ativa para a restituição do tributo pago indevidamente, se do substituído ou do substituto.

2.1 Legitimidade ativa na restituição do ICMS-ST

Tendo sido fixada a premissa de ser o contribuinte de direito, e não o contribuinte de fato, o detentor do direito à restituição do ICMS-ST na hipótese de a base de cálculo efetiva utilizada pelo substituído ser inferior à base de cálculo presumida, utilizada pelo substituto, cumpre esclarecer, dentre ambos, o detentor da legitimidade ativa para a restituição do tributo.

Antes de tudo, entende-se que tal controvérsia se diferencia daquela associada à relação envolvendo o consumidor final, uma vez que há substituição de um verdadeiro contribuinte num tributo não cumulativo, qualidade não ostentada pelo consumidor.

Assim, muito embora na relação entre substituído e substituto também haja o repasse, pelo segundo, do ônus financeiro do tributo embutido no preço, pago pelo primeiro, há a diferença de ambos serem contribuintes do ICMS e elos necessários na cadeia econômica de circulação da mercadoria até o consumidor final. E a resposta à controvérsia pode ser alcançada a partir do instituto da Margem de Valor Agregado (MVA), criado pela Lei Complementar 87/1996 (Lei Kandir), que estabelece as normas gerais de ICMS, com o objetivo de aumentar a praticidade fiscal.

Para os propósitos deste breve trabalho, basta comentar que a MVA, nos termos do art. 8º, § 4º, da Lei Complementar 87/1996, será definida com base nos preços usualmente praticados no mercado, os quais devem ser alcançados com informações obtidas das entidades representativas dos diversos setores econômicos, chegando-se a uma média ponderada desses preços.

Assim, o substituto no momento do recolhimento do ICMS-ST, referente às etapas posteriores da cadeia econômica, aplica a MVA nos termos acima citados. Portanto, embora tenha a atribuição de pagar o ICMS que seria devido por outro contribuinte – substituído –, não há dúvidas de que esse é o efetivo pagador, porquanto além de pagar o ICMS embutido no preço quando da aquisição da mercadoria comercializada pelo substituto, seja ele responsável pela circulação da mercadoria até a entrega ao consumidor final.

Diante disso, a indagação quanto ao detentor da legitimidade ativa na restituição do tributo revela-se de fácil resposta, a qual pode ser alcançada pelo seguinte raciocínio lógico: se o substituído é elo da cadeia econômica de circulação da mercadoria até a entrega ao consumidor, e suporta o ônus financeiro do tributo, e o substituto tem a atribuição de recolher ICMS que não corresponde à sua etapa na cadeia apenas em razão de mecanismo criado para aumentar a praticidade fiscal – a MVA –, então na comercialização da mercadoria, pelo substituído, com valor menor do que o estimado pelo substituto, não há razão para afastar-se a legitimidade daquele em detrimento deste.

CONCLUSÃO

Todo o exposto permite que se chegue à conclusão de que, de um lado, o art. 166, do Código Tributário Nacional não pode servir de fundamento para que o Estado não devolva ao contribuinte de direito os tributos pagos indevidamente, uma vez que o argumento de repasse do encargo financeiro do tributo a terceiro não é capaz de mitigar a legalidade tributária, e, de outro lado, que o dispositivo do CTN, se aplicável ao instituto da substituição tributária progressiva, acabaria por sobrepor-se à Constituição Federal e ao decidido pelo Supremo Tribunal Federal no Recurso Extraordinário 593.849/MG.

REFERÊNCIAS

ANDRADE, Leonardo Aguirra de; FRIDMAN, Rosa Sakata. As Impropriedades do Art. 166 do Código Tributário Nacional e a sua Inaplicabilidade ao Levantamento de Depósitos Judiciais de ICMS. *Revista Direito Tributário Atual*, n. 48, São Paulo, p. 252-288. jun./dez. 2021.

BALEEIRO, Aliomar. *Direito tributário brasileiro*. Atual. Misabel Abreu Machado Derzi. Rio de Janeiro: Forense, 2010.

COSTA, Alcides Jorge. *Da extinção das obrigações tributárias*. São Paulo, 1991.

MACHADO SEGUNDO, Hugo de Brito. *Manual de direito tributário*. 10. ed. São Paulo: Atlas, 2018.

MACHADO, Brandão. Repetição do indébito no direito tributário. In: MACHADO, Brandão (Coord.). *Direito tributário*: estudos em homenagem ao Prof. Ruy Barbosa Nogueira. São Paulo: Saraiva, 1984.

MOREIRA, André Mendes. *A não cumulatividade dos tributos*. 4. ed. São Paulo: Noeses, 2020.

SCHOUERI, Luís Eduardo. *Direito tributário*. 10. ed. São Paulo: Saraiva, 2021.

MUSGRAVE, Richard A. e MUSGRAVE, Peggy B. *Finanças Públicas. Teoria e Prática*. Rio de Janeiro: Campus: São Paulo: EDUSP. 1980.

PAULSEN, Leandro; MELO, José Eduardo Soares de. *Impostos federais, estaduais e municipais*. 11. ed. São Paulo: Saraiva, 2018.

SOUSA, Rubens Gomes de. *Trabalhos da comissão especial do Código Tributário Nacional*. Ministério da Fazenda, 1954.

O INSTITUTO IVES GANDRA DE DIREITO, FILOSOFIA E ECONOMIA: GÊNESE E TRANSCENDÊNCIA

Angela Vidal Gandra da Silva Martins

Professora de Filosofia do Direito na Universidade Mackenzie. Ex-Secretária Nacional da Família do Ministério da Mulher, da Família e dos Direitos Humanos Sócia da Gandra Martins Advogados Associados.

Sumário: Introdução – 1. Reflexão para a ação – 2. Direito, filosofia e economia – 3. Iniciativa, liberdade e criatividade – Conclusão – Referências.

INTRODUÇÃO

A cinco anos atrás, o jurista Ney Prado, disse-me com ares proféticos, que meu pai – o Dr. Ives Gandra – não era uma pessoa física, mas jurídica, que precisava ser institucionalizada, por sua rica trajetória em termos de competência profissional, coerência de vida e luta pela justiça e democracia em nosso País, tornando-se uma sólida referência.

À época, à revelia de meu pai, fundamos o Instituto Ives Gandra de Direito, Filosofia e Economia, para fundamentar boa reflexão – um *productive thinking*[1] – que pudesse sustentar uma prática jurídica ética, eficaz e eficiente, encontrando e secundando, como afirma John Finnis, *sound reasons to act*.[2]

O Instituto tem crescido e é entusiasmante comprovar como o ser humano tende ao bem e à verdade – capacidade essa que não pode ser subestimada –, em seus diferentes aspectos, e de que é possível praticar um pluralismo saudável e respeitoso, através do debate, onde todos crescem, encontrando também caminhos práticos para desempenhar seu papel na conformação de uma sociedade mais justa, fraterna e efetivamente desenvolvida em termos socias e econômicos, a partir do florescimento integral de cada um.

De fato, uma luz oportuna que se transformou em um farol para iluminar o futuro de muitos. Dessa forma, o grupo de alunos que se reunia no escritório quinzenalmente para refletir sobre a Filosofia do Direito, e crescia a cada dia, constituiu a pré-história da empreitada, movida também pelas decisões éticas que iam tomando sobre a própria carreira.

---

1. MARTINS, Angela Vidal Gandra da Silva. *Direito, Economia e Política*: Ives Gandra, 80 anos do Humanista. São Paulo: IASP, 2019, p. 23.
2. FINNIS, John. Natural Law: The Classical Tradition. In Jules & Scott Shapiro. *The Oxford Handbook of Jurisprudence and Philosophy of Law*. Oxford: Oxford University Press, 2004, p. 23.

A título exemplificativo, algo que me ficou marcado foi a atitude de um aluno, que depois de nosso estudo, solicitou falar comigo, pedindo força para deixar um escritório que não agia corretamente. E assim, um segundo e um terceiro. Muito me alegra vê-los hoje, bem sucedidos, fazendo sua diferença, de forma pulcra e realmente servindo à justiça.

Faço um parênteses, para compartilhar que mais adiante, também fui me conscientizando de que fazia falta compartilhar a experiência jurídica prática que tive a oportunidade de vivenciar, tanto através da criação de um escritório de Advocacia, precisamente com os alunos que mais trabalharam comigo para consolidar o Instituto, destacando-se pela excelência profissional, como também pela sistematização de seu pensamento, a partir da teoria do *Legal Reasoning*, de Neil MacCormick,[3] como tema do Pós Doutorado na Universidade Mackenzie, onde ele foi o primeiro Doutor.

Hoje o Instituto Ives Gandra de Direito, Filosofia e Economia é um centro de pesquisa independente e sem fins lucrativos, cujo propósito é contribuir para a formação integral de seus membros e para a qualificação do debate público a partir da dupla vertente: educação nas virtudes e pesquisa acadêmica.

Nossa preocupação central é o florescimento humano e os princípios que regem nosso trabalho são a liberdade de pensamento, o respeito à dignidade humana e um profundo sentido de responsabilidade social.

Por outro lado, no atual cenário político da sociedade brasileira, vemos que urge inaugurar um debate que se afaste das discussões partidárias e convide a comunidade jurídica a reencontrar o verdadeiro sentido do Direito, a partir também da reflexão filosófica, e que, necessariamente impacta a Economia.

Embora estejamos ainda em nossos primeiros anos, os frutos contamos um a um: pessoas que vão transformando suas vidas, amizades que se estabelecem, muito estudo produtivo e a transformação social que desejamos, como demonstra a logo, plasticamente: uma montanha nevada que degelando rega os vales.

Esse é nosso ideal intelectual: refletir para agir.

1. REFLEXÃO PARA A AÇÃO

Tive a sorte de aprender a estudar desde pequena, ganhando um especial apreço à leitura, à cultura, ao estudo de idiomas e posteriormente ao que se referia à carreira profissional. Por outro lado, sempre vi meu pai estudar diariamente, com metas concretas e diversificadas, com intuito de utilizar a bagagem para servir melhor.

Percebia como a boa leitura e o estudo podem forjar uma pessoa – de certa forma, somos o que lemos – e oferecer recursos intelectuais para que não seja refém – em primeiro lugar de seu próprio imaginário –, ou manipulável, removendo, ao mesmo tempo, o interior para interpretar o próprio contexto de forma a projetá-lo devidamente.

---

3. MacCormick, Neil. *Legal Reasoning and Legal Theory*. Oxford: Claredon, 1979.

Ao idealizar o Instituto, tanto essa referência, quanto os grupos de estudos promovidos pelo Professor Luís Fernando Barzotto, na UFRGS, do qual participei ativamente, serviram-me para delinear o primeiro propósito de nosso empreendimento: o estudo e a reflexão, como mola propulsora da ação. Nesse sentido, a realidade que foi nos envolvendo nos últimos anos nos urgiu.

Como bem expôs a Professora Ana Luíza Braga, CEO do Instituto Ives Gandra, no evento que organizamos em março, na FECOMERCIO, sobre As Perspectivas da Liberdade Econômica no Brasil, durante o qual lançamos nossa primeira publicação: em homenagem a Roberto Campos:[4] "Conhecer os propósitos do Instituto Ives Gandra é o mesmo que responder à pergunta: "por que o Instituto existe?" ou ainda: "por qual razão ele é necessário?" Ora, há uma dupla carência de formação moral e uma carência de formação intelectual. A primeira diz respeito à falta de uma educação nas virtudes e à dificuldade de se identificar ambientes – sobretudo acadêmicos – em que essas virtudes possam ser experimentadas em conjunto. A segunda, que está ligada à primeira, refere-se à falta do repertório cultural adequado, capaz de fornecer aos estudantes o embasamento intelectual capaz de sustentar essas mesmas virtudes. O resultado dessas carências se faz sentir de maneira muito evidente no ambiente jurídico brasileiro: o contexto atual é de uma profunda insegurança jurídica e de uma descrença generalizada em nossas instituições. Isso, é claro, tem repercussões sociais e econômicas também em larga escala. O propósito do Instituto é, portanto, ser um *locus* em que essas carências são supridas, ao mesmo tempo em que se contribui para a qualificação do debate público a partir dessa dupla vertente: correção ética e rigor intelectual".

Transcrevo o texto, ainda que longo, pois resume muito adequadamente os propósitos mais profundos de nosso instituto, o que pode ser sistematizado em quatro patamares progressivos:

a) promover um "*productive thinking*" a partir de um estudo abrangente, organizado e compartilhado, de modo a que se aprenda a pensar por conta própria e tecer conclusões, ganhando ao mesmo tempo gosto por ler e aprofundar;

b) que a leitura e os debates possam esculpir a excelência de um *ethos* que vai se projetando naturalmente para uma melhora pessoal desde a intelectualidade à relacionalidade, tanto através do estudo como pela convivência saudável;

c) que a coerência ética possa nortear a atividade profissional, já que o *agir segue o ser*;[5]

d) estimular iniciativas pessoais que surjam a partir da reflexão, como um corolário, principalmente no que concerne à realidade social.

---

4. FLÁVIO, Amanda (Coord.). *Liberalismo Econômico*: Estudos em Homenagem a Roberto Campos. São Paulo: Noeses, 2023.
5. ARISTOTLE. *Nichomachean Ethics*. New York: Penguin Books, 2004.

Por fim, o *modus operandi*, ocasiona – como temos comprovado ao longo dos anos – um florescimento pessoal a partir da auto transcendência, já que a razão mais profunda para o agir é o outro, expressa positivamente na regra de ouro.[6]

Nesse sentido, o Instituto tem cumprido seu papel, como veremos mais adiante, porém, sempre tendo como pressuposto básico a liberdade, em todos os seus aspectos.

2. DIREITO, FILOSOFIA E ECONOMIA

Esses tópicos são precisamente os delineados no título dessa obra. De fato, essas foram sempre as principais vertentes integrantes nos estudos de meu pai, aliadas à história, que sempre contextualizou e orientou seu pensamento. Não posso negar que nos transmitiu a paixão por esses temas e tudo o que englobam, no meu caso até mesmo unindo Filosofia e Direito.

As questões de justiça sempre fizeram parte de nossos diálogos, já que minha mãe se casou com meu pai durante o Curso de Direito no Largo de São Francisco, e somos quatro os filhos advogados.

A economia, uma preocupação social e a filosofia, um pressuposto fundamental para a análise da realidade. Ao conceber o Instituto, vimos clara a conjugação dos temas para melhor análise rumo a soluções.

Começamos pela Filosofia do Direito, para estimular a leitura e penetração de textos mais densos e logo foram fluindo outras vertentes como o Direito Tributário, a Antropologia Filosófica, o Liberalismo Econômico, a Ciência Política, a Bioética, a Sociologia etc. Quanto mais aprofundamos, mais vão surgindo boas curiosidades, conduzindo a novas leituras e novos debates.

O conservadorismo, entendido em seu mais genuíno sentido[7] e projetado para a mudança, tem se apresentado como tema de interesse, bem como o Direito Natural.

O Direito Tributário vai sendo estudado muito além de um utilitarismo, de forma técnica, interdisciplinar e transcendente, de forma a buscar um benéfico impacto social.

Enfim, um mar sem margens, de profundidade oceânica. Como o Direito, o Instituto cresce com a vida e as necessidades sociais. Por outro lado, o clima de liberdade gera criatividade e novos grupos vão se lançando, já atingindo um vasto território de nosso país.

3. INICIATIVA, LIBERDADE E CRIATIVIDADE

O clima de liberdade e estímulo à responsabilidade a partir de uma sólida bagagem intelectual, foi conduzindo naturalmente a expansão do Instituto. Fomentar não só a

---

6. FINNIS, John. *Natural Law and Natural Rights*. Oxford: Oxford University Press, 2011, p. 134 et seq.
7. KIRK, Russel. *A Mentalidade Conservadora*. São Paulo. São Paulo: É Realizações Editora, 2020.

curiositas, mas a *studiositas* e a *caritas*[8] – no sentido de estudar para servir – vai revolvendo o melhor de cada um dos participantes, que por outro lado, vão se entusiasmando em fazer sua diferença, propondo ou se engajando em projetos que possam transformar seu entorno, bem como outras vidas. As virtudes que vão desenvolvendo, desde a pontualidade à humildade intelectual, com o constante desejo de aprender, também vão preparando cada aluno para trabalhar em equipe, com espírito aberto, democrático e complementar.

Por outro lado, os hábitos intelectuais, através da proposta de um estudo metódico e ordenado, vão também abrindo novos horizontes, sempre dentro de uma perspectiva otimista, que confia no bem e na verdade e na capacidade do ser humano para tal.

Nesse sentido, outras frentes foram surgindo, desde os primeiros grupos de estudo: os cursos livres, o Grupo de Membros, os Seminários de Inverno, o *blog* "Palavra", as Jornadas de Direito Natural, o documentário "Direito, Política e Liberdade" etc.

Voltando à origem, penso também como uma vida plena, no sentido aristotélico,[9] pode impactar, porque caminhou abrindo caminho; enfrentando desafios e obstáculos, sendo fiel à própria consciência e formando outros, principalmente através do exemplo, para que também abram alas através de seus passos firmes, e, assim por diante.

Dessa forma, o Instituto poderá iluminar novos atalhos, trilhas, veredas, autopistas, espaço cibernético e sideral... onde ética, justiça e fraternidade possam transitar livremente.

CONCLUSÃO

Esperamos seguir consolidando nosso trabalho, que parece justo não só como gratidão pelo legado, mas como justiça para com a Nação, destacando a vida de alguém que lutou por ela e por seus valores, delineados também em nossa Constituição.

Como bem expressou o Professor Luis Fernando Barzotto, o Dr. Ives foi uma das pessoas que mais lutou pelo Estado Democrático de Direito no Brasil.

Como testemunha ocular qualificada, não posso deixar de compartilhar nesta obra que leva no título precisamente – sem nenhuma combinação prévia – todos os nomes do Instituto criado também em homenagem ao querido Professor, este empreendimento que tanto bem vai fazendo, a partir de sua vida.

Por fim, friso mais uma vez nosso sonho, ao evocar uma lembrança recente de um evento do qual participei na Universidade de Edinburgh, sobre Virtudes e Argumentação.

Ao longo dos debates sobre o tema, comentamos que as discussões tão densas que realizamos não podem se restringir a uma espécie de "laboratório" acadêmico, mas têm que impactar a sociedade, que clama por caminhos mais éticos e justos.

---

8. AQUINAS, Thomas. *Summa Theologica*. Denver: New Advent, 1920. (*Secunda Secundae*, q. 167 et seq.)
9. ARISTOTLE, 2004.

Esse é nosso desejo, a partir da semente depositada em cada cabeça e em cada coração – sem a mais mínima intenção de *nudge* –, já que este é o modo mais real de mudar uma estrutura carente. Aprender a pensar por conta própria através da reflexão é navegar adentrando em um mar sem margens, atentos aos ventos das necessidades e prioridades sociais para fazermos nossa parte.

Inspiração não nos falta! Obrigada Ives Gandra!

REFERÊNCIAS

AQUINAS, Thomas. *Summa Theologica*. Denver: New Advent, 1920.

ARISTOTLE. *Nichomachean Ethics*. New York: Penguin Books, 2004.

FINNIS, John. *Natural Law and Natural Rights*. Oxford: Oxford University Press, 2011.

FLÁVIO, Amanda (Coord.). *Liberalismo Econômico*: Estudos em Homenagem a Roberto Campos. São Paulo: Noeses, 2023.

KIRK, Russel. *A Mentalidade Conservadora*. São Paulo: É Realizações Editora, 2020.

MACCCORMICK, Neil. *Legal Reasoning and Legal Theory*. Oxford: Claredon, 1979.

FINNIS, John. *Natural Law*: The Classical Tradition. In Jules & Scott Shapiro. The Oxford Handbook of Jurisprudence and Philosophy of Law. Oxford: Oxford University Press, 2004.

MARTINS, Angela Vidal Gandra da Silva. *Direito, Economia e Política*: Ives Gandra, 80 anos do Humanista. São Paulo: IASP, 2019.

A ULTRATIVIDADE DA ISENÇÃO DO IRPF NA VENDA DE PARTICIPAÇÕES SOCIETÁRIAS

Carlos Augusto Daniel Neto

Doutor em Direito Tributário pela Faculdade de Direito do Largo São Francisco – USP (2018). Mestre em Direito Tributário pela PUC/SP (2015). Advogado especialista em Direito Tributário e Aduaneiro (desde 2011). Ex-conselheiro titular do CARF com atuação nas 1ª e 3ª Seções do Tribunal (2015/2019). APCIT – Advanced Professional Certification in International Taxation, certificado pelo IBFD – International Bureau of Fiscal Documentation, em Amsterdã, Holanda.

Sumário: Introdução – 1. Tributação do ganho de capital nas pessoas físicas – 2. As isenções tributárias – 3. A isenção do art. 4º, "d", do Decreto-Lei 1.510/1976 – Conclusão – Referências.

INTRODUÇÃO

Foi com muita alegria que recebi o convite para homenagear, por meio de um artigo, a pessoa e a obra do Professor Ives Gandra da Silva Martins, cujo currículo e notoriedade dispensam maiores considerações. Nesse mister de reverência ao homenageado, parece-me ser o caminho mais apropriado andar sobre as sendas por ele já traçadas e, a partir delas, tentar avançar.

Para isso, escolhemos tratar sobre o tema do alcance temporal da isenção sobre o ganho de capital auferido na alienação de participações societárias, concedida pelo Decreto-lei 1.510/76 e revogada pela Lei 7.713/88. Ives Gandra publicou parecer exarado sobre o assunto,[1] no qual concluiu que caso atendidos os requisitos para o gozo desse benefício, o contribuinte manteria o seu direito à fruição, mesmo diante de norma revogadora, tendo se caracterizado direito adquirido, nos termos do art. 178 do Código Tributário Nacional (CTN).

No presente artigo, repisaremos a questão da eficácia temporal da referida isenção, para verificar como o entendimento em questão foi recebido no ambiente jurídico pátrio. Esperamos, com isso, trazer novas luzes a uma questão que já fora esgrimida por nosso homenageado.

---

1. MARTINS, Ives Gandra da Silva; MARTINS, Rogério Vidal Gandra. Alienação de Participações Societárias – Isenção Concedida pelo Decreto-Lei 1.510/76 – Revogação pela Lei 7.713 – Manutenção do direito à isenção, atendidos os requisitos da norma isencional, mesmo que a alienação tenha ocorrido sob a égide da lei revogadora – Direito Adquirido do Contribuinte. *Conceito Jurídico*, ano II, n. 24 dez. 2018.

1. TRIBUTAÇÃO DO GANHO DE CAPITAL NAS PESSOAS FÍSICAS

Inicialmente, deve-se pontuar que os ganhos de capital se subsomem às materialidades eleitas pelo CTN, em seu art. 43[2] (como possíveis hipóteses de incidência do imposto sobre a renda, por força do seu papel de lei complementar), bem como a forma pela qual o legislador da União tributou tal manifestação de capacidade contributiva.

A respeito dos dois incisos do art. 43, que dispõem sobre das materialidades tributáveis pelo Imposto sobre a Renda (IR), Alcides Jorge Costa assinala ter o *CTN* optado por atender, em seu inciso I, à *teoria da fonte*, adotando o conceito usual de renda, e, em seu inciso II, à *teoria do acréscimo patrimonial*. Isso teria sido feito para dar maior abrangência à tributação da renda, em ordem a escapar de possíveis falhas de ambos os conceitos, especialmente do primeiro (disponibilidade econômica), que, considerado isoladamente, não teria como alcançar os ganhos de capital.[3]-[4]

Ademais, em face do *princípio da universalidade*, presente no art. 153, § 2º, I, da Constituição Federal, soaria estranho que determinada categoria de ganhos seja excluída do conceito de renda, apenas em razão de determinadas características, que o tornam mais complexo, quanto à apuração e à graduação.

Ainda acerca da tributação dos ganhos de capital, há que se considerar o *princípio da realização*, que exige que a mais-valia seja considerada disponível – e, portanto, tributável, nos termos do art. 43, do CTN – apenas no momento da alienação dos bens ou direitos sobre quais venha efetivamente apurado o ganho, o que, de resto, é corroborado pelo art. 128, do Decreto 9.580/2018 (Regulamento do Imposto de Renda 2018 – RIR/2018).[5]

Como observa Henry Tilbery, há duas formas de se determinar a ocorrência do *fato imponível* (fato gerador *in concreto*) do *IR-ganho de capital*; a saber: *a)* no momento do *ganho realizado* (*realization basis*), isto é, da alienação do bem por um preço que ultrapasse a reposição do capital, ensejando, assim, a *mais-valia*; ou, *b)* ao cabo do *período do acréscimo de valor* (*accrual basis*), comprovado por meio de uma avaliação periódica. Nesse caso, o *fato imponível* se verifica no fim do ano, quando a valorização,

---

2. Código Tributário Nacional: "Art. 43. O imposto, de competência da União, sobre a renda e proventos de qualquer natureza tem como fato gerador a aquisição da disponibilidade econômica ou jurídica:
I – de renda, assim entendido o produto do capital, do trabalho ou da combinação de ambos;
II – de proventos de qualquer natureza, assim entendidos os acréscimos patrimoniais não compreendidos no inciso anterior".
3. . Conceito de Renda Tributável. In: MARTINS, Ives G. S. (Coord.). *Estudos sobre o Imposto de Renda (em memória de Henry Tilbery)*. São Paulo: Resenha Tributária, 1994. p. 21.
4. Do ponto de vista internacional, todavia, não é unânime a tributação dos ganhos de capital pelo Imposto sobre a Renda. Na Inglaterra, por exemplo, eles são excluídos da sua base de cálculo (salvo nos casos de especuladores profissionais) e tratados como meros ganhos casuais ou aumentos no capital Cfr. Henry C. Simons, *Personal income taxation*: the definition of income as a problem of fiscal policy. The University of Chicago Press: Chicago, 1955, p. 148.
5. "Art. 128. Está sujeita ao pagamento do imposto de que trata este Título a pessoa física que auferir ganhos de capital na alienação de bens ou direitos de qualquer natureza" (Lei 7.713, de 1988, arts. 2º e 3º, § 2º, e Lei 8.981, de 1995, art. 21).

do bem ou direito (experimentada ao longo do período), independentemente da sua realização, será tributada.[6]

Há que se ponderar, todavia, que os ganhos de capital não são ingressos *regulares e periódicos*, mas sim ganhos *únicos*, de modo que a adoção de um método de *apuração* (*accrual*), ao invés da *realização (realization)*, pode levar a problemas de *liquidez*, para o contribuinte. Isso, de fora a parte as dificuldades de avaliação periódica dos bens ou direitos, para se tributar o ganho de capital, assim que surja no patrimônio do contribuinte.

Por outro lado, a tributação apenas na realização abre margem ao diferimento dos ganhos, em benefício do contribuinte, que mantém o bem ou o direito consigo, sem que o aumento do patrimonial seja onerado, o que lhe possibilita uma vantagem, em termos de caixa (*lock-in effect*, ou *efeito de retenção*). Ademais, tal prática leva a que, parte do ganho de capital apurado na realização, seja composto de ganhos inflacionários, que não representam verdadeiro acréscimo patrimonial.[7]

Tradicionalmente, em razão de todas essas particularidades, há uma assimetria no tratamento das perdas e ganhos de capital, com a adoção, na maior parte das vezes, da técnica da *tributação exclusiva* (dos ganhos de capital), uma reminiscência dos antigos *modelos cedulares* de tributação da renda.

O Brasil, por exemplo, adota a forma *exclusiva* para os ganhos de capital apurados por pessoas físicas (cfr. art. 128, § 2º, do RIR/2018[8]), o que implica dizer que a apuração de ganhos e prejuízos, na alienação de bens e direitos, é tomada isoladamente e, não, com os demais fatores que influem na composição da renda. Portanto, quando da realização do bem, se for verificada a inexistência de ganho de capital, mas perda de valor, não é possível o aproveitamento deste prejuízo, com eventuais rendimentos auferidos de outras fontes.

Outro ponto problemático, na apuração do imposto de renda sobre o ganho de capital, consiste na determinação de sua efetiva base de cálculo. Como diz o ditado, "nem tudo que reluz é ouro". Deveras, é comum que parcela dos ganhos de capital apurados não tipifique propriamente aumento patrimonial, mas simples efeito da *inflação*, ao longo do tempo em que o bem ou o direito ficou em poder do contribuinte. Não é preciso fazer grande reflexão para se concluir que a tributação desses "ganhos inflacionários" viola o *princípio da capacidade contributiva* e o *direito de propriedade* do contribuinte.[9]

---

6. *A Tributação dos Ganhos de Capital*. São Paulo: Resenha Tributária/IBDT, 1977, p. 24.
7. Cfr. FREEDMAN. Treatment of Capital Gains and Losses. In: ESSERS, Peter e RIJKERS, Arie (Org.). *The Notion of Income from Capital*. Amsterdam: IBFD Publications, 2005, p. 200.
8. "Art. 128 ('omissis') § 2º Os ganhos serão apurados no mês em que forem auferidos e tributados em separado, não integrando a base de cálculo do imposto na declaração de rendimentos, e o valor do imposto pago não poderá ser deduzido do devido na declaração".
9. Nesse sentido, LANG, Joachim. The Influence of Tax Principles on the Taxation of Income from Capital. In: ESSERS, Peter e RIJKERS, Arie (Org.). *The Notion of Income from Capital*. Amsterdam: IBFD Publications, 2005, p. 14. Essa questão dos ganhos inflacionários, felizmente, já foi endereçada pelo Superior Tribunal de Justiça, que rechaçou a natureza de riqueza nova à correção monetária Cf. REsp 415761/PR; AgRg no REsp 636344/PB; REsp 409300/PR, AgRg no REsp 409384/PR, REsp 415761/PR, REsp 636344/PB, REsp 409384/PR.

Como se vê, há uma série de peculiaridades relacionadas à tributação dos ganhos de capital, que torna extremamente complexa a sua estruturação, dentro de uma sistemática normativa de tributação da renda, sobretudo em razão da adoção, no Brasil, por necessidades de ordem prática, do *regime de realização*.[10]

No Brasil, a tributação dos ganhos de capital se iniciou com o advento do Decreto-lei 9.330/1946, que criou o imposto sobre lucros imobiliário das pessoas físicas. De acordo com o art. 2º, deste ato normativo, *(i)* a alíquota da exação era de 8% sobre a diferença entre o valor de venda e o custo do imóvel para o vendedor, *(ii)* eram permitidas deduções de despesas relacionadas à transação (tributo sobre a transmissão onerosa, juros de empréstimos, benfeitorias realizadas e comissões de venda) e deduções progressivas na base de cálculo, de acordo com o tempo em que o imóvel permanecera sob o domínio do vendedor.

Como é fácil notar, o tributo ostentava a finalidade extrafiscal de desestimular o *efeito de retenção*, por meio da aplicação de bases de cálculo menores, para aqueles que detinham propriedades há muito tempo, com o que se favorecia *(i)* o fluxo de capital para usos mais produtivos e, *(ii)* a venda de parcelas das grandes propriedades para a ascendente burguesia, com o que se desestimulava a extrema concentração fundiária, então existente.[11] No entanto, a base de cálculo adotada desconsiderava os efeitos reais da inflação sobre o valor dos imóveis, que era proporcionalmente muito superior aos fatores de redução do montante tributável, estipulados em lei.

A tributação dos lucros imobiliários foi revogada pelo Decreto-lei 94/1966, mas reinstituída pelo Decreto-lei 1.641/1978, sob um modelo totalmente distinto do anterior, que manteve a tributação somente sobre as vendas realizadas por pessoas físicas e, ainda assim, apenas quando não realizassem operações imobiliárias e não fossem equiparadas a pessoas jurídicas, nos termos do Decreto-lei 1.381/1974. Buscava-se, com isso, atingir apenas as transações não habituais.

Também merecem destaque: *a)* a possibilidade de tributação conjunta dos lucros imobiliários e dos demais rendimentos do contribuinte, que deveriam ser registrados na declaração anual, na *cédula H* (utilizada de forma residual na *IRPF cedular*, que vigorava à época), ou poderia ser submetida a uma alíquota de 25%, sem direito a abatimentos e deduções (cfr. art. 2º, do Decreto-lei 1.641/1978[12]); e, *b)* a adoção do custo do imóvel

---

10. Cfr. SIMONS, Henry. Op. cit., p. 153.
11. Decreto-lei 9.330/1946 – "Art. 2º O imposto a que se refere o artigo anterior é devido pelas pessoas físicas, à razão da taxa de oito por cento (8%) sobre a diferença entre o valor da venda e o custo do imóvel para o vendedor, permitidos, mediante comprovação, as seguintes deduções: a) imposto de transmissão pago pelo vendedor, quando da aquisição do imóvel; b) benfeitorias e juros dos empréstimos para a sua realização; c) comissões pagas para efeito da transação. Parágrafo único. Além das deduções discriminadas neste artigo, poderá o vendedor abater as percentagens abaixo calculadas sobre a diferença entre o valor da venda e o custo do imóvel e das benfeitorias quando houver: 2% quando o imóvel tenha sido adquirido dentro dos dois últimos anos em que se realizar a transação; 5% quando esse prazo for superior a dois anos, não excedendo, porém, de cinco anos; 10% quando esse prazo for superior a cinco anos, não excedendo, porém, de dez anos; 15% Quando esse prazo for superior a dez anos".
12. Decreto-lei 1.641/1978 – "Art. 2º. O rendimento de que trata o artigo anterior será tributado na declaração de rendimentos, através de uma das formas seguintes, à opção do contribuinte: I – inclusão na cédula H; II – mediante aplicação da alíquota de 25% (vinte e cinco por cento), sobre os lucros apurados, sem direito a abatimentos e reduções por incentivos fiscais".

corrigido monetariamente, segundo a variação nominal das Obrigações Reajustáveis do Tesouro Nacional (*ORTN*), como forma de anular o efeito da inflação, na base de cálculo do imposto, o que permitia que se atingisse apenas o efetivo lucro imobiliário (cfr. § 1º, do Decreto-lei 1.641/1978[13]).

Por outro lado, o Decreto-lei 1.510/1976 determinou a tributação da mais-valia obtida por pessoas físicas, na *alienação de quaisquer participações societárias*. Ela também tinha que ser registrada na *cédula H* da declaração anual de rendimentos, e sua base de cálculo era diferença entre o custo de subscrição (ou aquisição da participação) e o valor da alienação, corrigido monetariamente pela variação das *ORTNs* (cfr., respectivamente, arts. 1º e 2º, do Decreto-lei 1.510/1976[14]).

Observe-se que, na dicção adotada pelo legislador, o reconhecimento da riqueza tributável se dava no momento da *alienação*, pois a tributação do ganho de capital ocorria, apenas, na transação do bem ou direito e, não, à medida em que seu valor fosse acrescido.

Todavia, a compreensão do real alcance dessa nova forma de tributação da renda, introduzida pelo Decreto-lei 1.510/1976, passa também pela análise das *hipóteses de isenção*, capituladas em seu art. 4º; *verbis*:

Art. 4º Não incidirá o imposto de que trata o artigo 1º:

a) nas negociações, realizadas em Bolsa de Valores, com ações de sociedades anônimas;

b) nas doações feitas a ascendentes ou descendentes e nas transferências "mortis causa";

c) nas alienações em virtude de desapropriação por órgãos públicos;

d) nas alienações efetivadas após decorrido o período de cinco anos da data da subscrição ou aquisição da participação.

Como explica Henry Tilbery, em clássica obra sobre o tema, a isenção dos ganhos de capital, nas negociações realizadas em Bolsa de Valores, com ações de sociedades anônimas (cfr. alínea *a*, do art. 4º, do Decreto-lei 1.510/1976), visa a fomentar as aplicações das poupanças em capital de risco e, assim, estimular o desenvolvimento do mercado de capitais (criado no mesmo ano da edição do Decreto-lei 1.510/1976, por meio da Lei 6.385/1976).[15]

Já, a isenção sobre as heranças (transmissões *mortis causa*) e as desapropriações por órgãos públicos (cfr. alíneas *b* e *c*, do art. 4º, do Decreto-lei 1.510/1976) se funda em razões de justiça fiscal, pois esses episódios não decorrem de atos de livre vontade negocial. Com isso, evita-se onerar o contribuinte que obtém uma riqueza (no caso da

---

13. Decreto-lei 1.641/1978 – "Art. 2º ('omissis') § 1º Considera-se lucro a diferença entre o valor de alienação e o custo corrigido monetariamente, segundo a variação nominal das Obrigações Reajustáveis do tesouro Nacional".
14. Decreto-lei 1.510/1976 – "Art. 1º O lucro auferido por pessoas físicas na alienação de quaisquer participações societárias está sujeito à incidência do imposto de renda, na cédula "H" da declaração de rendimentos.

    "Art. 2º O rendimento tributável de acordo com o artigo anterior será determinado pela diferença entre o valor da alienação e o custo de subscrição ou aquisição da participação societária, corrigido monetariamente segundo a variação das Obrigações Reajustáveis do Tesouro Nacional".
15. Op. cit., p. 113.

herança) ou uma indenização (no caso da desapropriação), sem haver tido qualquer comportamento, comissivo ou omissivo.

Por fim, *a isenção prevista na alínea "d", do art. 4º, do Decreto-lei 1.510/1976* – que é a que realmente nos interessa, no desenvolvimento desse artigo –, *excepciona o regime de tributabilidade dos ganhos de capital, relacionados à alienação de participações societárias*, estabelecido pelo Decreto-lei 1.510/1976, porquanto coloca fora do alcance do *IRPF-ganho de capital* as participações societárias que estejam de posse do contribuinte há mais de cinco anos.

Anote-se, ainda, por vir de molde, que a atual feição do *IRPF-ganho de capital* terminou de ser traçada com a entrada em vigor da Lei 7.713/1988, que promoveu diversas mudanças em seu regime jurídico, especialmente com *(i)* a *adoção de bases mensais de cobrança*, *(ii)* a declaração de ajuste, a ser prestada anualmente, *(iii)* a supressão da *tributação cedular* da renda e, *(iv)* a eliminação de parte das isenções previstas no Decreto-lei 1.510/1976.

O § 2º, do art. 3º, desta lei, redefiniu os ganhos de capital, para fins de *IRPF*, que agora advém, não apenas do lucro imobiliário, mas de todas as transmissões de bens ou direitos, que deverão ter seus custos de aquisição corrigidos monetariamente. Além disso, o art. 22, da mesma lei, ampliou a hipótese de isenção do *IRPF-ganhos de capital*, nas transferências *mortis causa* e doações a título de adiantamento de legítima, além de haver isentado a alienação de bens de pequeno valor.

A Lei 7.713/1988 também alterou a sistemática de integração com os demais rendimentos do contribuinte estrangeiro, estabelecendo, para residentes e domiciliados no exterior, a tributação *exclusiva* dos ganhos de capital (a uma alíquota de 25%), logo após serem obtidos.

De sua feita, a Lei 8.981/1995 reduziu a alíquota aplicável para os ganhos de capital, fixando-a em 15%, sem qualquer faixa de isenção, além de haver mantido a *exclusividade* da tributação, em relação à declaração dos demais rendimentos do contribuinte, com o que reconheceu as peculiaridades que o *princípio da realização* traz para os ganhos de capital. Mais recentemente, a Medida Provisória 692/2015, convertida na Lei 13.259/2016 instituiu um regime de progressividade de alíquotas, na tributação do ganho de capital apurado por pessoa física.

2. AS ISENÇÕES TRIBUTÁRIAS

A competência para tributar, vale dizer, a aptidão jurídica para criar "*in abstracto*" tributos, abrange, inclusive no Brasil, a competência para conceder *isenções tributárias*, consequência lógica daquela.

Nesse sentido, os clássicos ensinamentos de José Souto Maior Borges:

> O poder de isentar apresenta certa simetria com o poder de tributar. Tal circunstância fornece a explicação do fato de que praticamente todos os problemas que convergem para a área do tributo podem ser estudados sob o ângulo oposto: o da isenção. Assim como existem limitações constitucionais ao

poder de tributar, há limites que não podem ser transpostos pelo poder de isentar, porquanto ambos não passam de verso e reverso da mesma medalha.[16]

Portanto, a competência para tributar e a competência para isentar são como as duas faces da mesma moeda. De fato, a Constituição Federal, ao mesmo tempo em que discriminou as competências tributárias entre as pessoas políticas, deu-lhes a faculdade de não as exercitar, inclusive pela utilização do sistema de isenções (cfr. arts. 151, III, 155, § 2º, II, e 155, § 2º, XII, *e* e *g*).

Deixando de lado as inúmeras teorias que se construíram a respeito, temos para nós, na linha definida adotada por Roque Carrazza,[17] que *isenção tributária é uma limitação legal do âmbito de validade da norma jurídica tributária, que impede que o tributo nasça ou faz com que surja, no mundo fenomênico, de modo mitigado*. Ou, se preferirmos, é a nova configuração que a lei dá à norma jurídica tributária, que passa a ter seu âmbito de abrangência restringido, impedindo, assim, que o tributo nasça *in concreto* (evidentemente naquela hipótese descrita na lei isentiva).

As isenções tributárias podem ser *transitórias* ou *permanentes*, estas e aquelas concedidas de modo *condicional* ou *incondicional*.

As *isenções transitórias*, ou *com prazo certo*, têm seu termo final de existência prefixado na lei que as criou. Enquanto tal prazo não tiver transcorrido, o contribuinte tem o direito subjetivo de continuar gozando do benefício fiscal. Já, sendo com *prazo indeterminado* a isenção (*isenção permanente*), a pessoa política que a concede pode revogá-la, total ou parcialmente, a qualquer tempo, a seu alvedrio, desde que, naturalmente, o faça por meio de lei, respeitado, quando for o caso, o *princípio da anterioridade*.

Por outro lado, as *isenções condicionadas*, também conhecidas como *onerosas*, exigem uma contraprestação por parte do beneficiário para serem fruídas. A ele é que cabe decidir se vale a pena habilitar-se à vantagem fiscal. Em caso afirmativo, *bastará que cumpra o encargo posto pela lei isentiva, para desfrutar da desoneração*.

Pelo contrário, como é de compreensão intuitiva, as isenções incondicionadas (*isenções unilaterais* ou *gratuitas*) independem, para serem desfrutadas, do cumprimento de qualquer requisito especial, por parte do beneficiário. É suficiente que ele seja colhido pela hipótese de incidência da isenção. Portanto, não tem de suportar nenhum ônus em troca da vantagem fiscal. Noutras palavras, o isento não assume, no caso, nenhuma obrigação, em troca da outorga do benefício.

A partir desse arranjo de características, as leis podem criar isenções *(i) incondicionais e permanentes; (ii) incondicionais e transitórias; (iii) condicionais e permanentes*; e, *(iv) condicionais e transitórias*.

---

16. *Isenções Tributárias*. 2. ed. São Paulo: Sugestões Literárias, 1980, p. 2.
17. V. CARRAZZA, Roque Antonio. *Curso de Direito Constitucional Tributário*. 32. ed. São Paulo: Malheiros Editores, 2019, p. 766 a 775.

As *isenções incondicionais e permanentes* podem ser revogadas, a qualquer tempo, bastando que se observe, quando for o caso, o *princípio da anterioridade*. Isso vale também para as *isenções incondicionais e transitórias* e para as isenções *condicionais e transitórias*. Com efeito, elas também podem ser revogadas antes de expirado o tempo de duração da medida, porque o legislador do presente não pode vincular o legislador do futuro.

Ressalte-se, todavia, que se a isenção com prazo certo é *incondicional*, sua revogação prematura, além de não ser indenizável, não gera, para o contribuinte, qualquer direito adquirido, ou seja, de continuar gozando da vantagem que lhe fora conferida pela lei isentiva. Já, *a revogação prematura da isenção com prazo certo, condicional, faz nascer, para o contribuinte que experimentou ônus para ter jus ao benefício, o direito de prosseguir fruindo da vantagem que a lei desoneradora lhe dava*.

Em nosso entender, as vantagens da *isenção transitória condicional* incorporam-se ao patrimônio da pessoa que cumpriu o encargo, de tal modo que ela passa a ter o *direito adquirido* de continuar gozando da vantagem fiscal, até a expiração do prazo fixado na lei isentiva. A propósito, é sempre conveniente lembrar que "*a lei não prejudicará o direito adquirido*" (cf. art. 5º, XXXVI, da *CF/88*).

É evidente, porém, que *a lei revocatória nunca alcançará as isenções (seja as com prazo certo, seja as com prazo indeterminado) que se perfizeram juridicamente, produzindo os efeitos que lhes eram próprios*. Deveras, ela, em razão da norma constitucional que protege o ato jurídico perfeito, não poderá alterar ou destruir os benefícios fiscais auferidos sob o império da antiga lei isentiva.

3. A ISENÇÃO DO ART. 4º, "D", DO DECRETO-LEI 1.510/1976

Como dissemos anteriormente, o legislador optou por estabelecer, na alínea "*d*", do supramencionado art. 4º, uma condição para a fruição da isenção, qual seja, a permanência da *participação societária* por um período de, no mínimo, cinco anos, contados da sua subscrição ou aquisição.

Ao adotar tal condição, para a não incidência do IRPF sobre os ganhos de capital, seus objetivos foram dois, como exemplarmente aponta Henry Tilbery; *verbis*:

O primeiro: tributar as operações especulativas, partindo do pressuposto que a alienação após um período de posse não muito longo em muitas legislações é considerada como indício de intuito especulativo, justificando assim a imposição sobre o ganho de capital a curto prazo (Short Termo Capital Gain). Tal prazo no direito tributário comparado varia entre 1 a 2 anos, hipótese em que se pode falar em ganho a curto prazo. No caso do Decreto-lei 1.510/1976, que fixou um prazo bem maior, isto é, cinco anos, suponho que houve também um segundo motivo: A não incidência do imposto de renda sobre incorporação de lucros ao capital social, que havia se tornado um instituto permanente a partir do Decreto-lei 1.109/1970, fica sujeita à condição de não ocorrer redução do capital ou a extinção da pessoa jurídica nos 5 anos subsequentes, para evitar abusos. O mesmo resultado econômico que se procurou coibir com essa restrição podia-se alcançar por outra forma, isto é, a pessoa jurídica aumenta o capital com incorporação de lucros, distribuindo aos seus participantes ações ou quotas bonificadas sem ônus tributário. (...) Portanto, uma vez introduzido pelo Decreto-lei 1.510/1976, a tributação de lucro obtido por pessoas físicas na alienação de participações societárias, exceto aquelas possuídas por prazo mais longo, acho que o legislador, ao escolher o prazo de 5 (cinco) anos, visou a simetria com idêntico prazo em vigor para a condição resolutiva (redução do capital social ou extinção da pessoa jurídica), que prevalece em relação à não incidência do imposto sobre incorporação de lucros ou reservas ao capital social.[18]

Depreende-se do excerto acima reproduzido, que a adoção do critério de cinco anos de detenção da *participação societária* se justificava por dois motivos, *(i)* desestimular operações especulativas com quotas e ações, e, *(ii)* equiparar o tratamento da alienação das participações sociais, à isenção estabelecida no art. 3º, do Decreto-Lei 1.109/1970,[19] sobre a incorporação de lucros e reservas, ao capital social. Esta, por sua vez, era condicionada à não ocorrência de redução do capital ou extinção da pessoa jurídica no prazo de cinco anos, sob pena de ser sujeita à tributação, como lucro distribuído.[20]

A problemática em torno dessa isenção exsurge da promulgação e vigência da Lei 7.713/1988, que, em seu art. 58,[21] revogou os arts. 1º a 9º, do Decreto-Lei 1.510/1976 (e, com isso, a isenção a que aludia o art. 4º, do referido ato normativo).

A partir daí, passou-se a questionar a aplicação dessa regra para as alienações de *participações societárias* que, embora tenham *(i)* sido adquiridas ou subscritas durante a vigência da mencionada isenção, e, *(ii)* cumprido a condição lá estipulada (o prazo de cinco anos), foram alienadas após sua revogação.

Noutro giro verbal, especulou-se, se, em face da revogação da isenção, pela mencionada Lei 7.713/1988, persistiria o *direito adquirido* dos contribuintes de não recolher quaisquer valores, a título de *IRPF*, sobre o *ganho de capital*, apurado na sua alienação, se, até 31 de dezembro de 1988, detinham as participações societárias por, pelo menos, cinco anos. A discussão cingia-se à determinação do caráter *oneroso ou não* da referida isenção, bem como se, por não se estar diante de uma isenção concedida por prazo certo, poder-se-ia reconhecer tal *direito adquirido*.

Conforme demonstramos anteriormente, ao tratarmos das isenções condicionadas, a *lei revocatória nunca alcançará as isenções (seja as com prazo certo, seja as com prazo indeterminado) que se perfizeram juridicamente, produzindo os efeitos que lhes eram próprios*, na linha de proteção ao direto adquirido, de guarida constitucional, garantindo *ultratividade* da lei isentiva, em relação aos contribuintes que, quando revogada, tinham atendido aos requisitos para o desfrute da isenção.

Por outro lado, o *caráter oneroso ou condicionado* da isenção em análise é claríssimo: a exigência de manutenção da *participação societária*, por um prazo mínimo de

---

18. *A Tributação dos Ganhos de Capital* cit., p. 114 e *A Tributação dos Ganhos de Capital*: nas vendas de participações societárias pelas pessoas físicas. São Paulo: Resenha Tributária, 1978, p. 56 e 57.
19. Decreto-lei 1.109/1970 – "Art. 3º Os aumentos de capital das pessoas jurídicas mediante a incorporação de reservas ou lucros em suspenso não sofrerão tributação do imposto de renda".
20. Com isso, evitava-se que os contribuintes realizassem a incorporação de lucros e reservas ao capital social, sucedido de uma operação de sua redução, como forma de escapar da tributação existente sobre a distribuição de dividendos.
21. Lei 7.713/1988 – "Art. 58. Revogam-se o art. 50 da Lei 4.862, de 29 de novembro de 1965, os arts. 1º a 9º do Decreto-Lei 1.510, de 27 de dezembro de 1976 (...) e demais disposições em contrário".

cinco anos, é um *ônus* assumido pelo contribuinte, para que possa fazer jus ao *bônus*: a isenção sobre os ganhos de capital realizados na alienação.

Desse modo, podemos afirmar que, implementada a condição onerosa da isenção, com: *(i)* a aquisição ou subscrição comprovada da *participação societária* até o dia 31 de dezembro de 1983, e *(ii)* completado o prazo de cinco anos exigido pela lei, antes da entrada em vigor da Lei 7.713/1988, o contribuinte adquire o direito de aliená-las, gozando do benefício fiscal, ainda que tal operação ocorra posteriormente à revogação do art. 4º, do Decreto-Lei 1.510/1976 (o que tratava da isenção condicionada em tela).

Outro não foi o entendimento do Professor Ives Gandra, no seu artigo sobre o tema,[22] que também encontrou guarida no Conselho Administrativo de Recursos Fiscais (CARF)[23] e, sucessivamente, no Superior Tribunal de Justiça (STJ).[24] Nesse particular, pois, a questão está pacificada, inclusive com a anuência da Procuradoria da Fazenda Nacional e da Receita Federal do Brasil.

Por meio da análise dos precedentes do STJ, nota-se que a Primeira Seção fixou o entendimento favorável ao pleito do contribuinte (REsp 1.133.032/PR), reconhecendo seu *direito adquirido* à isenção, nos casos em que tenha alienado a *participação societária*, após mantê-la consigo por, pelo menos, cinco anos. E isso, desde que as condições de fruição da isenção já tenham sido atendidas, quando da revogação do Decreto-Lei 1.510/1976, pouco importando se a alienação ocorreu na vigência da Lei 7.713/1988.

Em razão da consolidação do entendimento favorável ao contribuinte, tanto na esfera administrativa quanto na judicial, a tese foi incluída no item 1.22, "*u*", "*Lista de Dispensa de Contestar e Recorrer*", da Portaria PGFN 502/2016; *verbis*:

> u) Alienação de participação societária – Decreto-lei 1.510/76 – Isenção – Direito adquirido
>
> Precedentes: REsp 1.133.032/PR, AgRg no REsp 1164768/RS, AgRg no REsp 1141828/RS e AgRg no REsp 1231645/RS.
>
> Resumo: A Primeira Seção do STJ fixou entendimento no sentido de que o contribuinte detentor de quotas sociais há cinco anos ou mais antes da entrada em vigor da Lei 7.713/88 possui direito adquirido à isenção do imposto de renda, quando da alienação de sua participação societária.

Na esteira do que foi decidido pela Procuradoria da Fazenda, a própria Receita Federal reconheceu a procedência da tese dos contribuintes, por meio da Solução de Consulta Cosit 505/2017.[25]

---

22. MARTINS, Ives Gandra da Silva; MARTINS, Rogério Vidal Gandra. Op. cit., p. 143.
23. V. Acórdão 04;00.215, j. 14.03.2006.
24. V. STJ – 1ª Turma – AgRg no REsp 1.164.768/RS, Rel. Ministro Benedito Gonçalves, j. 24.05.2011, DJe 1º.06.2011; e 2ª Turma – AgRg no REsp 1.141.828/RS, Rel. Ministro Herman Benjamin, j. 10.05.2011, DJe 16.05.2011.
25. "Assunto: Imposto Sobre a Renda De Pessoa Física – IRPF.
    Aquisição de participação societária sob a égide do Decreto-lei 1510, de 1976. Alienação na vigência de nova lei revogadora do benefício. Legislação aplicável.
    A hipótese desonerativa prevista na alínea "d" do art. 4º do Decreto-Lei 1.510, de 27 de dezembro de 1976, aplica-se às alienações de participações societárias efetuadas após 1º de janeiro de 1989, desde que tais participações já constassem do patrimônio do adquirente em prazo superior a cinco anos, contado da referida data.

Dando sequência a esse processo de pacificação da tese em todas as instâncias administrativas e judiciais, foram publicados, em junho de 2018, o Parecer SEI 74/2018/CRJ/ PGACET/PGFN-MF e o Ato Declaratório PGFN 12/2018, nos quais a Procuradoria-Geral da Fazenda Nacional foi autorizada a não contestar, a não interpor recursos e a desistir daqueles eventualmente já interpostos "nas ações judiciais que fixam o entendimento de que há isenção do imposto de renda no ganho de capital decorrente da alienação de participações societárias adquiridas até 31.12.1983 e mantidas por, pelo menos, cinco anos, sem mudança de titularidade, até a data da vigência da Lei 7.713, de 22 de dezembro de 1988, não sendo a referida isenção, contudo, aplicável às ações bonificadas adquiridas após 31/12/1983 (incluem-se no conceito de bonificações as participações no capital social oriundas de incorporações de reservas e/ou lucros)".[26]

Como se vê, o Parecer SEI citado acima reproduz a observação 1 que consta no item "u" da *Lista de Dispensa de Contestar e Recorrer*, da Procuradoria da Fazenda, que diz respeito às ações bonificadas adquiridas após 31.12.1983, que é uma questão bastante controversa.

Resta evidente que só gozarão da isenção estabelecida pelo art. 4º, *d*, do Decreto-lei 1.510/1976, as *participações societárias* adquiridas ou subscritas até 31 de dezembro de 1983 e mantidas, por cinco anos, na titularidade do contribuinte. Quanto às *participações* adquiridas após o início da produção de efeitos da Lei 7.713/1988 (momento em que a regra isentiva não mais vigorava em nosso sistema tributário), não há como se aplicar o benefício fiscal sobre o ganho de capital realizado, quando da sua alienação.

Todavia, a despeito da consolidação, já demonstrada, da natureza onerosa da isenção em análise, e do reconhecimento do *direito adquirido* do contribuinte à fruição do benefício fiscal (atendidos, é claro, os requisitos do art. 4º, '*d*', do Decreto-Lei 1.510/1976, quando de sua revogação pela Lei 7.713/1988), há controvérsia ainda sobre *a extensão da isenção às quotas ou ações bonificadas, recebidas pelo titular de participação societária adquirida ou subscrita até 31 de dezembro de 1983, que a manteve (a participação) por mais de cinco anos*, que não será abordada aqui.

CONCLUSÃO

Em seu artigo, o Professor Ives Gandra sustentou que uma vez atendidos os requisitos para o gozo da isenção, a sua posterior revogação não prejudicaria os direitos dos contribuintes, que poderiam alienar suas participações societárias gozando da não tributação sobre os ganhos de capital.

A isenção é condicionada à aquisição comprovada das ações até o dia 31.12.1983 e ao alcance do prazo de 5 anos na titularidade das ações ainda na vigência do Decreto-lei 1.510, de 1976, revogado pelo art. 58 da Lei 7.713, de 22 de dezembro de 1988.

Dispositivos Legais: art. 4º, alínea "d", do Decreto-lei 1.510, de 27 de dezembro de 1976; art. 178 da Lei 5.172, de 25 de outubro de 1966 – Código Tributário Nacional (CTN)."

26. O referido Ato Declaratório invoca os seguintes precedentes em sua fundamentação: REsp 1.133.032/PR, AgRg no REsp 1.164.768/RS, AgRg no REsp 1.231.645/RS, REsp 1.659.265/RJ, REsp 1.632.483/SP, AgRg no AgRg no AREsp 732.773/RS, REsp 1.241.131/RJ, EDcl no AgRg no REsp 1.146.142/RS e AgRg no REsp 1.243.855/PR.

A posição do autor, como se demonstrou acima, está alinhada com a nossa interpretação acerca das regras de isenção e o seu regime temporal de vigência, nas hipóteses em que concedida de forma *condicionada* e *permanente*. Esse entendimento, inclusive, recebeu ampla guarida dos tribunais pátrios, judiciais e administrativos, e dos próprios órgãos responsáveis pela cobrança de tributos – Receita Federal do Brasil – e defesa do Erário em juízo – Procuradoria da Fazenda Nacional.

A posição externada pelo homenageado, mais do que correta, demonstra uma adequada compreenda da relevância dos princípios da segurança jurídica e da boa-fé, aplicados ao Direito Tributário, e põe na posição adequada a proteção que o ordenamento dá ao *direito adquirido*, resguardando expectativas legitimamente construídas.

REFERÊNCIAS

BORGES, José Souto Maior. *Isenções Tributárias*. 2. ed. São Paulo: Sugestões Literárias, 1980.

CARRAZZA, Roque Antonio. *Curso de Direito Constitucional Tributário*. 32. ed. São Paulo: Malheiros Editores, 2019.

COSTA, Alcides Jorge. Conceito de Renda Tributável. In: MARTINS, Ives G. S. (Coord.). *Estudos sobre o Imposto de Renda (em memória de Henry Tilbery)*. São Paulo: Resenha Tributária, 1994.

FREEDMAN. Treatment of Capital Gains and Losses. In: ESSERS, Peter e RIJKERS, Arie (Org.). *The Notion of Income from Capital*. Amsterdam: IBFD Publications, 2005.

LANG, Joachim. The Influence of Tax Principles on the Taxation of Income from Capital. In: ESSERS, Peter e RIJKERS, Arie (Org.). *The Notion of Income from Capital*. Amsterdam: IBFD Publications, 2005.

MARTINS, Ives Gandra da Silva; MARTINS, Rogério Vidal Gandra. Alienação de Participações Societárias – Isenção Concedida pelo Decreto-Lei 1.510/76 – Revogação pela Lei 7.713 – Manutenção do direito à isenção, atendidos os requisitos da norma isencional, mesmo que a alienação tenha ocorrido sob a égide da lei revogadora – Direito Adquirido do Contribuinte. *Conceito Jurídico*, ano II, n. 24 dez. 2018.

SIMONS, Henry C. *Personal income taxation*: the definition of income as a problem of fiscal policy. The University of Chicago Press: Chicago, 1955.

TILBERY. Henry. *A Tributação dos Ganhos de Capital*. São Paulo: Resenha Tributária/IBDT, 1977.

O EXERCÍCIO DE "ATIVIDADES-MEIO" E A IMUNIDADE DAS INSTITUIÇÕES DE EDUCAÇÃO E DE ASSISTÊNCIA SOCIAL (ART. 150, VI, C, DA CF/88)

Cassiano Menke

Doutor em Direito Tributário pela UFRGS. Professor de Direito Tributário da Universidade Federal do Rio Grande do Sul (UFRGS). Professor do Curso de Pós-Graduação em Direito Tributário da PUCRS/IET. Professor de Direito Tributário na Escola da Magistratura Federal do RS (ESMAFE-RS) e na Escola Superior da Magistratura da Associação dos Juízes do Rio Grande do Sul – AJURIS. Sócio coordenador da área Tributária no Silveiro Advogados.

Sumário: Introdução – 1. A definição das atividades (meio) relacionadas aos fins essenciais das instituições de educação e de assistência social não lucrativas – 2. Da vedação à concorrência desleal e ao aumento arbitrário dos lucros: um critério adicional – 3. Algumas medidas práticas a serem observadas pelas instituições de educação e de assistência social no exercício de atividades-meio – Conclusões – Referências.

INTRODUÇÃO

Os efeitos da imunidade tributária sobre a renda, o patrimônio e os serviços das instituições de educação e de assistência social sem fins lucrativos (art. 150, VI, *c*, da CF/88) têm sido objeto de debates. Discute-se, mais precisamente, sobre se mencionada regra constitucional abrangeria as chamadas "atividades-meio" exercidas pelas referidas instituições. Isso já que a CF/88 estabelece que estão imunes "somente o patrimônio, a renda e os serviços relacionados com as *finalidades essenciais* das entidades nelas mencionadas" (art. 150, § 4º, da CF/88).

Tais discussões decorrem do fato de que diversas Universidades, por exemplo, vêm realizando, a cada dia mais, além do ensino, da pesquisa e da extensão (atividades-fim), outras operações econômicas. Trata-se de atividades como operação de restaurantes, teatros, estacionamentos, laboratórios de atendimento ao público em geral, comércio de livros e de material escolar/universitário, cessão de espaços para publicidade, dentre outras, tudo visando ao equilíbrio econômico-financeiro de tais instituições.

Em face dessa realidade, surgem algumas indagações importantíssimas de serem respondidas quanto ao presente tema: será que o exercício das chamadas "atividades-meio" pode, de alguma forma, expor referidas entidades ao risco de os órgãos de fiscalização tributária suspenderem os efeitos da imunidade tributária em relação à atividade-fim? Quais seriam os critérios jurídicos para se definir que certa atividade-meio está relacionada às atividades-fim das instituições de educação e de assistência social não lucrativas e, portanto, que seu exercício mantém o patrimônio, a renda e os serviços dessas entidades protegidos pela imunidade em questão? Ainda: quais seriam os cuidados que mencionadas instituições deveriam tomar visando a evitar possível autuação fiscal, tal como referido acima? O enfrentamento dessas questões é o objeto do presente trabalho.

Para responder as indagações acima, o artigo está dividido em três partes.

Na primeira parte, apresentam-se os critérios jurídicos baseados no art. 150, VI, c, e § 4º, da CF/88, assim como na legislação infraconstitucional, segundo os quais certa "atividade" pode ser definida como "relacionada às finalidades essenciais" das instituições de educação e de assistência social sem fins lucrativos.

Na segunda parte, propõe-se a adoção de critério jurídico adicional ao acima exposto, fundamentado no princípio da livre concorrência, para fins de delimitar o alcance da imunidade aqui examinada.

Na terceira parte, por último, apresentam-se algumas medidas práticas que podem vir a ser adotadas pelas instituições de educação e de assistência social imunes. Isso visando a minimizar os riscos de que essas instituições, ao operarem negócios não relacionados diretamente aos seus fins institucionais, tenham a imunidade tributária em questão suspensa.

1. A DEFINIÇÃO DAS ATIVIDADES (MEIO) RELACIONADAS AOS FINS ESSENCIAIS DAS INSTITUIÇÕES DE EDUCAÇÃO E DE ASSISTÊNCIA SOCIAL NÃO LUCRATIVAS

A imunidade em exame foi assegurada pelo artigo 150, VI, "c", da CF/88 e se destina, dentre outras, às instituições de educação e de assistência social sem fins lucrativos. Abrange, conforme estabelece expressamente o § 4º do aludido artigo constitucional, os impostos incidentes sobre o patrimônio, a renda e os serviços relacionados com as finalidades essenciais da instituição, tais como IRPJ, IPTU, IPVA, ITBI, ISS e ICMS.

No plano infraconstitucional, o Código Tributário Nacional (CTN) estabeleceu, de um lado, requisitos gerais para a fruição da mencionada imunidade, conforme se vê do texto do art. 14:

> Art. 14. O disposto na alínea c do inciso IV do artigo 9º é subordinado à observância dos seguintes requisitos pelas entidades nele referidas:
>
> I – não distribuírem qualquer parcela de seu patrimônio ou de suas rendas, a qualquer título; (Redação dada pela LCp 104, de 2001)
>
> II – aplicarem integralmente, no País, os seus recursos na manutenção dos seus objetivos institucionais;
>
> III – manterem escrituração de suas receitas e despesas em livros revestidos de formalidades capazes de assegurar sua exatidão.

Ainda no âmbito da legislação infraconstitucional, a Lei Ordinária 9.532/97, em seu art. 12, § 2º, alíneas a, b, c, d, e, g, h, e § 4º, detalhou, de outro lado, os requisitos a serem observados pelas entidades que pretendam fruir da imunidade tributária constitucional. Dentre os referidos dispositivos, destaca-se, especialmente, o disposto na alínea *b* do art. 12, § 2º, da Lei 9.532/97. O mencionado enunciado normativo, se analisado em conjunto com o art. 14, I, do CTN, exige que a instituição, para ser imune, aplique a totalidade das suas receitas em prol da promoção das suas finalidades estatutárias, sem distribuí-las a terceiros, a qualquer título.

A análise conjunta de todos esses dispositivos permite que já se lancem algumas conclusões preliminares, a saber: (I) toda receita obtida pela instituição, por força do exercício de qualquer atividade que seja, tem de ser integralmente aplicada nas finalidades estabelecidas pelos seus estatutos; (II) as imunidades tributárias em questão "protegem" as receitas, a renda e o patrimônio envolvidos na prestação de serviços de educação e de assistência social e, igualmente, envolvidos na prestação dos serviços que forem *relacionados* a essas finalidades essenciais.

No contexto dessas ligeiras constatações, indaga-se: quais seriam os critérios normativos que devem ser considerados para que se defina se o serviço prestado pela entidade imune é ou não relacionado às "finalidades essenciais" desta?

Para se responder essa pergunta, cumpre fazer *duas* considerações principais.

Em primeiro lugar, vale relembrar que, em matéria de imunidades, os dispositivos da CF/88 e da legislação infraconstitucional devem ser interpretados de acordo com o chamado "método teleológico-finalístico", conforme já decidiu o Supremo Tribunal Federal (STF).[1] Isso significa, em poucas palavras, o seguinte: como as imunidades tributárias são regras jurídicas que visam a promover certas finalidades constitucionais de alta relevância, como a educação e a assistência social, o conteúdo e a abrangência dessas regras devem ser definidos de modo a maximizar a promoção de tais finalidades constitucionais (educação e assistência social). Em outras palavras: já que as regras de imunidade se justificam, juridicamente, pela necessidade de promoção de fins estatais muito relevantes, os quais são estimulados, pela CF/88, por meio da "desoneração" tributária em exame, então as palavras do texto constitucional que servem à construção de tais regras devem ser interpretadas de tal modo a promover o mais intensamente possível a realização dessas finalidades.[2]

Com base nesse método interpretativo finalístico foi que o STF delimitou, por exemplo, o conteúdo da Súmula Vinculante 52:

> Ainda quando alugado a terceiros, permanece imune ao IPTU o imóvel pertencente a qualquer das entidades referidas pelo art. 150, VI, c, da Constituição Federal, desde que o valor dos aluguéis seja aplicado nas atividades para as quais tais entidades foram constituídas.

---

1. STF, RE 566.622, Min. Rel. Marco Aurélio, Tribunal Pleno, DJe 23.08.2017. Nesse sentido: MACHADO SEGUNDO, Hugo de Brito. *Manual de Direito Tributário*. 11. ed. São Paulo: Atlas, 2019, p. 884 e ss.
2. Nesse sentido, vide o voto do Min. Marco Aurélio no RE 566.622, de 2017, recém-mencionado: "*a linha jurisprudencial do Tribunal, nos últimos tempos, vem sendo* "decisivamente inclinada à interpretação teleológica das normas de imunidade tributária, de modo a maximizar-lhes o potencial de efetividade, como garantia ou estímulo à concretização dos valores constitucionais que inspiram limitações ao poder de tributar".

O Tribunal entendeu que o fato de a entidade imune, em vez de usar certo imóvel de sua propriedade para os seus fins estatutários, o alugar a terceiros, não a impede de fruir da imunidade de IPTU quanto ao aludido imóvel. Isso desde que a receita obtida por meio desse aluguel seja aplicada nas finalidades de educação e/ou de assistência social. Na mesma linha de raciocínio voltado às finalidades foi que o STF, recentemente, estendeu a imunidade dos livros em geral ao livro eletrônico,[3] já que esta espécie de livro também serve, por óbvio, à difusão do conhecimento e da cultura.

É com base nesse tipo de raciocínio voltado às finalidades que o STF vem examinando o alcance do § 4º do art. 150 da CF/88. O tribunal tem afirmado que a imunidade das entidades de educação e de assistência social (art. 150, VI, c) não se limita às atividades típicas desenvolvidas por tais instituições, vale dizer, não se limita às atividades de educação e de assistência social.[4] Nesse sentido, aliás, o STF decidiu que a operação, pela entidade imune, de estacionamento de veículos em seu pátio interno estava imune ao ISSQN,[5] já que se trata de atuação que facilita e/ou incrementa a operação da atividade principal da instituição.

Com relação ao tema, Ávila explica que "a imunidade das entidades de educação e assistência social não está condicionada ao exercício exclusivo da atividade de educação e assistência social".[6] É que o texto constitucional assegurou a mencionada imunidade não apenas com relação às prestações de serviço puramente de educação e de assistência social. Tal imunidade também foi garantida quanto aos serviços que são *relacionados* a essas finalidades constitucionais, conforme estabelece o § 4º do art. 150 da CF/88.

Em segundo lugar, tomando-se como premissa o método teleológico acima exposto, é correto afirmar que esse *relacionamento* entre a atividade-fim e a atividade-meio significa dizer, mais concretamente, que, se o serviço a ser examinado como "relacionado" aos fins institucionais da entidade de educação e de assistência social for executado por esta como um meio capaz de facilitar ou incrementar a fruição dos serviços típicos, então a prestação remunerada desse serviço-meio tende a estar coberta pelos efeitos da imunidade tributária em questão. Ou ainda: se o serviço-meio for uma atividade empiricamente vinculada com o ensino e/ou com a assistência social, de tal sorte que sua prestação guarde relação causal de adequação com o fim educacional e/ou assistencial a ser promovido, o mesmo pode ser afirmado: tal serviço tende a estar coberto pela imunidade. Neste último caso, trata-se, para simplificar a explicação, de serviço cuja realização, sem ser voltada diretamente à educação e/ou à assistência, é meio adequado ao impulsionamento destas.

Os exemplos ajudam a esclarecer o que se disse acima.

A Receita Federal do Brasil já se pronunciou no sentido de que a entidade recreativa ou, até mesmo educacional, que obtém lucro por meio da exploração da atividade de

---

3. STF, RE 330.817, Min. Rel. Dias Toffoli, Tribunal Pleno, DJe 31.08.2017.
4. Vide, novamente, o voto do Min. Marco Aurélio, no RE 566.622, de 2017.
5. STF, RE 144.900, 1ª Turma, Min. Rel. Ilmar Galvão, Dje 26.09.1997.
6. ÁVILA, HUMBERTO. *Sistema Constitucional Tributário*. 5. ed. São Paulo: Saraiva, 2012, p. 296.

bares e restaurantes, estes situados dentro do âmbito espacial das suas dependências, não está sujeita ao imposto de renda com relação à receita oriunda dessa atividade de venda de refeições.[7]

O mesmo pode ser dito, por exemplo, quanto aos espaços de estacionamentos de uma universidade ou de um hospital imune. Se a instituição prestar, por si própria, tal serviço e cobrar contrapartida financeira por isso, então essa contrapartida tende a estar imune, já que tais serviços auxiliam as pessoas quanto ao uso das atividades dominantes prestadas pela universidade ou pelo hospital.[8]

Note-se, nesses dois exemplos, que a execução das aludidas atividades (bar e restaurante, e estacionamento) facilita e incrementa a fruição dos serviços típicos que a entidade presta no âmbito da educação e/ou da assistência social. Ou, como afirmou a RFB, tais atividades-meio proporcionam "melhores condições de desfrute e utilização das dependências da organização, integrando-se, pois, nos seus objetivos".[9]

Algo semelhante pode ser dito, imagine-se, no caso de uma livraria que certa universidade mantém em sua titularidade, para venda de obras didáticas, dentro das dependências do seu *campus*. A venda dos livros em tal estabelecimento é atividade que, empiricamente, está vinculada com o ensino. Vale dizer, trata-se de atividade-meio que guarda relação causal de adequação no que se refere à promoção do fim educacional. Dito, ainda, de outro modo: vender livros em tal local é operação que, embora não seja propriamente de ensino, consiste em meio adequado para causar/impulsionar a realização deste, assim como para causar/impulsionar a pesquisa, fins buscados pela instituição. Sendo assim, tal atuação pode ser enquadrada na definição de "serviço relacionado à finalidade essencial" e, por isso, tende a estar coberta pela imunidade.

Raciocínio semelhante ainda pode ser feito com relação à sociedade religiosa que mantém, anexa ao templo, loja para venda de artigos alusivos à fé que tal instituição apregoa. A receita oriunda dessa operação tende a estar abrangida pelas imunidades tributárias em exame, haja vista as mesmas razões expostas acima.

Todas essas considerações conduzem à seguinte conclusão: para que o serviço-meio esteja coberto pelas imunidades tributárias em questão, não basta prestá-lo e, ato contínuo, destinar a totalidade da receita obtida por meio dele às finalidades essenciais da instituição. Quer dizer, não são quaisquer atividades ou serviços que, ao serem realizados, estão cobertos pela "desoneração" tributária em análise. Isso porque o critério decisivo para definição do vínculo de relacionamento entre o serviço e as finalidades acima referidas diz respeito à característica do serviço em si, e não às receitas que ele

---

7. Receita Federal do Brasil – RFB – Solução de Consulta COSIT 278, de 26 de setembro de 2019. Vide outra fonte sempre muito citada nos atos normativos da RFB quanto ao presente assunto: Parecer Normativo CST 162, de 11 de setembro de 1974.
8. STF, ARE 673606, Min. Rel. Luiz Fux, DJe 26.03.2012; RE 308.448, Min. Rel. Moreira Alves, 1ª Turma, DJ 02.05.2003. Ainda: STF, 1ª Turma, ED 345830-2/MG, Min. Ellen Gracie, 2002.
9. Receita Federal do Brasil – RFB – Solução de Consulta COSIT 278, de 26 de setembro de 2019. Vide outra fonte sempre muito citada nos atos normativos da RFB quanto ao presente assunto: Parecer Normativo CST 162, de 11 de setembro de 1974.

gera. Em outras palavras: o critério é, por assim dizer, preponderantemente "qualitativo", não financeiro, no sentido de verificar se o exercício da atividade-meio em exame, por si, facilita ou incrementa a fruição dos serviços típicos prestados pela entidade.

No contexto dessas considerações, é correto afirmar, em um esforço de exemplificação, que, se, todavia, uma universidade decide realizar a "atividade-meio" de venda a varejo de automóveis novos, tal como uma concessionária de veículos, referida operação tende a não estar coberta pelas imunidades tributárias em questão. Isso ainda que a totalidade da receita obtida por meio da venda dos mencionados veículos seja aplicada nos fins educacionais. É que, com base no que se disse anteriormente, tal atividade econômica – comércio de automóveis – não guarda relação causal de adequação para fins de promoção do ensino, tampouco é atividade que incrementa ou facilita, em prol dos alunos, a fruição do serviço de educação.[10]

Em face, pois, de tudo que foi dito até aqui, é certo concluir que o critério a ser considerado quanto à identificação das atividades-meio leva em conta, sobretudo, a função da aludida atividade. Deve-se verificar se ela é ou não adequada à facilitação e/ou incremento da promoção da atividade-fim. Se for, então estará protegida pela imunidade.

Chegado, portanto, a este ponto do trabalho, cumpre, agora, examinar outro aspecto importantíssimo, qual seja: o exercício da atividade-meio, ainda que conectado com a atividade-fim, não deve implicar concorrência desleal e aumento arbitrário dos lucros por parte da entidade educacional. Esse é o exame que se passa a fazer a seguir.

2. DA VEDAÇÃO À CONCORRÊNCIA DESLEAL E AO AUMENTO ARBITRÁRIO DOS LUCROS: UM CRITÉRIO ADICIONAL

O ponto a ser agora investigado é o seguinte: para preservação do direito à imunidade em questão, o exercício da atividade-meio deve se dar sem que represente prejuízo à ordem econômica nacional. Quer dizer, mais especificamente: além do relacionamento de causa e efeito demonstrado no tópico anterior, é proibido que a atividade-meio implique concorrência desleal no mercado, assim como que seu exercício provoque geração arbitrária de lucros, conforme se passa a demonstrar.[11]

Veja-se que as imunidades tributárias em questão visam, como se disse, a estimular que a iniciativa privada atue em certos setores socialmente estratégicos, em relação aos quais cabe, segundo a CF/88, ao poder público atuar. Esses são os casos da educação e da assistência social.

Não é, por óbvio, o exercício, pelo particular, de qualquer atividade que lhe assegura a imunidade tributária. A referida não oneração cobre, como mencionado anteriormente, as operações de educação e de assistência social e aquelas outras relacionadas a estas, desde que realizadas sem fins lucrativos. A lógica de tais desonerações é a seguinte: se o

---

10. MARTINS, Ives Gandra da Silva. *Imunidades Tributárias*. São Paulo: Ed. RT, 1998. Pesquisas Tributárias. Nova Série, n. 4, p. 32.
11. SCHOUERI, Luís Eduardo. *Direito Tributário*. 5. ed. São Paulo: Saraiva, 2015, p. 466.

particular fizer aquilo que ao Estado caberia fazer, então aquele terá um "incentivo" por parte deste. Já no que se refere às atividades econômicas "de mercado", cujo direito de exploração é, precipuamente, do particular e cuja exploração, pelo Estado, é permitida apenas como medida de exceção, conforme estabelece o art. 173, *caput*, da CF/88,[12] tais operações econômicas não estão, em geral, cobertas pelas imunidades ora analisadas.

Essa regra de afastar as atividades de mercado das imunidades visa a evitar violação ao princípio fundamental que assegura o direito à livre concorrência, estabelecido a partir do art. 170, IV, da CF/88.[13] Busca-se impedir que a imunidade tributária propicie desigualdades no mercado, já que a pessoa jurídica imune poderia concorrer com os demais agentes econômicos em situação privilegiada – de não pagar certos tributos.[14] Quer-se evitar, igualmente, o acúmulo arbitrário de lucros, prática vedada pelo art. 173, § 4º, da CF/88.[15] Daí porque é correto dizer que, para que o exercício de atividades baseadas no § 4º do art. 150 da CF/88 esteja realmente coberto pelas imunidades tributárias em análise, é vedado que desse exercício decorram os efeitos econômicos (nocivos) acima expostos.

A esse respeito, vale relembrar as palavras do homenageado Ives Gandra Martins:

> O § 4º, todavia, ao falar em atividades relacionadas, poderá ensejar a interpretação de que todas elas são relacionadas, na medida em que destinadas a obter receitas para a consecução das atividades essenciais.
>
> Como na antiga ordem, considero não ser esta a interpretação melhor na medida em que poderia ensejar concorrência desleal proibida pelo art. 173, § 4º, da Lei Suprema.
>
> Com efeito, se uma entidade imune explorasse atividade pertinente apenas ao setor privado, não houvesse a barreira e ela teria condições de dominar mercados e eliminar a concorrência ou pelo menos obter lucros arbitrários, na medida em que adotasse idênticos preços de concorrência, mas livre de impostos.
>
> Ora, o texto constitucional objetivou, na minha opinião, eliminar, definitivamente, tal possibilidade, sendo que a junção do princípio estatuído nos arts. 173, 4º, e 150, 4º, impõe a exegese de que as atividades, mesmo que relacionadas indiretamente com aquelas essenciais das entidades imunes enunciadas nos incs. b e c do art. 150, VI, se forem idênticos ou análogos às de outras empresas privadas, não gozariam de proteção imunitória.
>
> Exemplificando: Uma entidade imune tem um imóvel e o aluga. Tal locação não constitui atividade econômica desrelacionada de seu objetivo nem fere o mercado ou representa uma concorrência desleal. Tal locação do imóvel não exige, pois, incidência do IPTU, ou goza a entidade de imunidade para não pagar imposto de renda.

---

12. Art. 173. Ressalvados os casos previstos nesta Constituição, a exploração direta de atividade econômica pelo Estado *só será permitida* quando necessária aos imperativos da segurança nacional ou a relevante interesse coletivo, conforme definidos em lei (Destaque nosso).
13. Art. 170. A ordem econômica, fundada na valorização do trabalho humano e na livre iniciativa, tem por fim assegurar a todos existência digna, conforme os ditames da justiça social, observados os seguintes *princípios*: (...) IV – *livre concorrência*. (Destaques nossos).
14. PAULSEN, Leandro. *Constituição e Código Tributário comentados*. 18. ed. São Paulo: Saraiva, 2017, p. 242.
15. Art. 173. Ressalvados os casos previstos nesta Constituição, a exploração direta de atividade econômica pelo Estado só será permitida quando necessária aos imperativos da segurança nacional ou a relevante interesse coletivo, conforme definidos em lei. (...) § 4º A lei reprimirá o abuso do poder econômico que vise à dominação dos mercados, à *eliminação da concorrência* e ao *aumento arbitrário dos lucros* (Destaques nossos).

A mesma entidade, todavia, para obter recursos para suas finalidades decide montar uma fábrica de sapatos, porque o mercado da região está sendo explorado por outras fábricas de fins lucrativos, com sucesso. Nesta hipótese, a nova entidade, embora indiretamente referenciada, não é imune, porque poderia ensejar a dominação de mercados ou eliminação de concorrência sobre gerar lucros não tributáveis exagerados se comparados com os de seu concorrente.[16]

Nesse mesmo sentido, a RFB vem se pronunciando em suas Soluções de Consulta, cujo entendimento nelas exposto vincula toda administração tributária em nível nacional.[17] O referido órgão fazendário afirmou que a locação de espaço de titularidade de certa associação civil sem fins lucrativos para veiculação de publicidade por terceiros poderia contar com a desoneração tributária, desde que não caracterizada a concorrência com outras pessoas jurídicas que exploram, economicamente, esse mercado. Em tal situação concreta, a associação locava os espaços publicitários situados dentro das suas dependências físicas. Por isso, já que os referidos espaços não se situavam nas vias públicas, onde há outros locais disponíveis para locação em situação de concorrência, a RFB entendeu que não ficara caracterizada a concorrência desleal de mercado.[18]

Em outra situação, a RFB se manifestou por manter a imunidade sobre as receitas de certa Universidade que celebrou acordo com empresa privada lucrativa. Tal acordo visava a estabelecer parceria de ensino. Em tal processo, a RFB alertou para o seguinte: a atividade desenvolvida pela consulente está contemplada pela imunidade, desde que "não gere concorrência desleal no mercado".[19]

O STF, vale frisar, também tem entendimento em sentido semelhante, isto é, na linha de tutelar a livre concorrência e a obtenção razoável de lucros quando o assunto envolve os limites às imunidades tributárias.[20]

Ainda assim, não há, na legislação e nas decisões invocadas, uma definição precisa e objetivamente clara da atividade cujo exercício implica concorrência desleal e aumento arbitrário dos lucros. É certo afirmar, contudo, que alguns critérios podem ser extraídos das considerações acima expostas. Isso para fins de estabelecer parâmetros de previsibilidade quanto à atuação das autoridades fazendárias nesse tipo de situação.

---

16. MARTINS, Ives Gandra da Silva. *Imunidades Tributárias*. São Paulo: Ed. RT, 1998. Pesquisas Tributárias. Nova Série, p. 45-48.
17. É importante mencionar, nesse contexto, que o conteúdo desse tipo de Solução de Consulta vincula todos os órgãos de fiscalização da administração tributária federal, haja vista o disposto no art. 9º da Instrução Normativa RFB 1.396/2013. Tal vinculação significa, na prática, que, se os auditores da RFB vierem a se deparar com casos iguais ao que foi objeto da consulta, sejam casos do consulente, sejam casos de terceiros, tais autoridades devem adotar o entendimento contido na referida consulta. Sendo assim, é certo afirmar que, uma vez a RFB emitindo seu entendimento por meio desse tipo de ato normativo, tal entendimento passa a ser de adoção obrigatória por parte da RFB para todos os casos iguais ao solucionado. Por isso, aliás, é que essas Soluções de Consulta acabam servindo de parâmetro para avaliar futuras situações que se enquadrem na descrição fática objeto da consulta já examinada.
18. RFB, Solução de Consulta Cosit 320, de 27 de dezembro de 2018.
19. RFB, Solução de Consulta Cosit 278, de 26 de setembro de 2019.
20. STF, RE 375.715, 2ª Turma, Min. Rel. Ellen Gracie, DJe 24.09.2010; RE 221.395-8, 2ª Turma, Rel. Min. Marco Aurélio, DJ 12.05.2000.

É acertado afirmar que, se o serviço-meio em análise for realizado de acordo com os critérios antes examinados (facilitação e incremento das finalidades essenciais da instituição e adequação causal do meio com relação a essas finalidades) e, ainda, se esse serviço for prestado dentro das dependências da instituição de educação e de assistência social, então aumenta o grau de possibilidade de que os órgãos fazendários não ajam para restringir a fruição da imunidade pela entidade assistencial.

Vale dizer, o critério "espacial" é muito relevante para o presente tema. É que as atividades que são realizadas, por exemplo, dentro das dependências do *campus* de uma instituição educacional, tendem a desfrutar de "presunção" de relacionamento com as finalidades essenciais da entidade imune. Veja-se, por exemplo, o caso da exploração das atividades de bares e restaurantes antes mencionada. De um lado, o fato de tal atividade ser realizada dentro do *campus* universitário faz presumir o relacionamento de facilitação que esta operação mantém com o ensino. Dentro do *campus*, é mais fácil de se perceber que a existência do restaurante facilita a promoção das atividades de ensino a que se propõe a entidade educacional.

Já, por outro lado, se tal atividade é exercida, imagine-se, na praça de alimentação de um *shopping center*, então não haverá mais essa presunção. Pelo contrário, haverá, aí sim, claramente, presunção de que a entidade deseja concorrer economicamente com outros restaurantes situados no mesmo local, o que acaba por afastar tal operação da imunidade em exame. Logo, é recomendável que a atividade-meio examinada seja realizada em local no qual a entidade exerce suas funções típicas.

Ainda, outro ponto digno de registro é o seguinte: se a realização remunerada da atividade-meio se tornar tão importante ao ponto de a receita por meio dela obtida se sobrepor à receita do ensino, então pode haver o entendimento por parte dos órgãos fazendários de que o fim essencial da instituição foi alterado. E isso pode produzir efeitos negativos no que se refere à fruição da imunidade em questão.

É que o exercício habitual e rentável de outras atividades (atípicas) pode modificar a finalidade principal da instituição, já que a finalidade de uma entidade resulta, a rigor, do conjunto de todas as suas atividades. Nesse sentido, a atividade atípica deve consistir apenas em um meio para a promoção das finalidades de educação e assistência social. Quando, todavia, essas outras atividades (atípicas) passam a exercer a força-motriz da instituição, os efeitos da regra de imunidade tributária podem vir a ser suspensos pela administração tributária.[21] Isso porque, em síntese, para permanecer no exemplo da atividade no ramo dos restaurantes, a entidade deixa de ser de educação para ser, em vez disso, uma entidade "de comércio de bebidas e refeições". Este é o ponto essencial.

Tal análise quanto ao grau de importância da atividade-meio relativamente às finalidades da instituição é realizada, normalmente, com base na proporção que a receita de tal operação atípica representa em face da totalidade da receita da instituição. Ora, se

---

21. DELGADO, José Augusto. Imunidade tributária – Aspectos controvertidos. In: MARTINS, Ives Gandra da Silva (Coord.). *Imunidades Tributárias*. Pesquisas tributárias, nova série, n. 4, São Paulo: Ed. RT, p. 66.

a receita preponderante da entidade passa a ser aquela oriunda de tais atividades-meio, então a finalidade da instituição terá sido, como dito, alterada. E a imunidade tributária, portanto, não mais abrangerá a referida atividade atípica.

Ainda, cumpre esclarecer que, seja qual for a atividade-meio a ser realizada pela entidade de educação e/ou de assistência social, o certo é que esta deve, antes de exercê-la, tomar o cuidado para que o estatuto da entidade contemple, expressamente, a previsão de exercício da aludida operação. Lembre-se, nesse aspecto, que o STF produziu interpretação extensiva quanto ao significado da expressão "assistência social".[22] Esta contempla, segundo o Tribunal, atividades que envolvem a realização dos objetivos da ordem social brasileira, tais como a proteção da família, do idoso, da criança, a promoção da saúde, o desenvolvimento da tecnologia, dentre outros. Sendo assim, a recomendação é, como se disse, no sentido de que a entidade sempre exerça atividades compatíveis com seus objetivos estatutários, estes, por sua vez, relacionados às finalidades protegidas pela Ordem Social da CF/88.

Em face, pois, de todas as considerações precedentes, é correto afirmar que o critério espacial e o critério de preponderância da receita são elementos importantes de serem considerados para fins de assegurar a imunidade relativamente às atividades-meio. Se estas forem operadas, quanto mais possível, dentro dos espaços físicos de atuação da entidade de educação e de assistência social, assim como se o seu exercício propiciar a arrecadação de receita proporcionalmente menor do que a atividade principal, então aumenta o grau de probabilidade de que as referidas atividades estejam protegidas pela norma de imunidade tributária.

3. ALGUMAS MEDIDAS PRÁTICAS A SEREM OBSERVADAS PELAS INSTITUIÇÕES DE EDUCAÇÃO E DE ASSISTÊNCIA SOCIAL NO EXERCÍCIO DE ATIVIDADES-MEIO

Normalmente, as atividades-meio são realizadas pelas instituições de educação e de assistência social sem que haja respaldo para tanto no seu estatuto. Quer dizer, os atos constitutivos dessas entidades não costumam fazer menção às referidas atividades. Todavia, como se viu ao longo do presente artigo, o assunto sobre saber se o serviço-meio se relaciona ou não às finalidades da instituição é envolvido pela necessidade de interpretação e de argumentação. Logo, convém, como uma das primeiras medidas a serem adotadas, que a entidade deixe o mais claro possível em seus objetivos estatutários o respaldo para realização dessa atividade-meio, assim como a vincule aos serviços típicos que presta.

Nesse contexto, parece ser aconselhável que nos estatutos da instituição conste a atividade instrumental, mediante uma descrição mais precisa do seu conteúdo. Se, por exemplo, a instituição realiza atividades de laboratório de diagnóstico e atende o público em geral, então é recomendável que haja menção, no estatuto, à referida atuação. É im-

---

22. STF, ADI 2028, Min. Rel. Joaquim Barbosa, Tribunal Pleno, Dje 05.05.2017.

portante que, na alteração do estatuto, para se seguir no exemplo do laboratório, sejam introduzidas finalidades voltadas, também, à área da saúde e da formação educacional de profissionais da saúde. Isso para dar suporte ao exercício dos serviços laboratoriais como atividades-meio à educação e à assistência social.

Igualmente, é necessário que, na prática, os serviços-meio operados pelas instituições estejam envolvidos, de alguma forma, com as atividades de ensino e de pesquisa. Isso para que haja efetivo vínculo de relacionamento entre a atividade-meio e a educação. Lembre-se que esse relacionamento vem sendo reconhecido nos casos em que a atividade-meio facilita ou incrementa o exercício da atividade-fim. Ou, ainda, tal vínculo é reconhecido nos casos em que a atividade-meio é adequada à promoção da atividade-fim. Lembre-se, ainda, quanto ao ponto, que essa adequação não deve ser apenas demonstrada pela destinação da receita do serviço-meio para o serviço-fim, como se disse anteriormente. É necessário que haja, conforme demonstrado, relacionamento empírico no sentido de o serviço-meio auxiliar na promoção do serviço-fim.

Nesse sentido, voltando-se ao exemplo do laboratório, é aconselhável que sejam ofertadas oportunidades de estágio discente no âmbito da atividade laboratorial. Isso para alunos dos cursos de graduação e de pós-graduação oferecidos pela instituição, que tenham conexão material com os serviços prestados pelo laboratório (cursos de biologia, química etc.). Tende a ser recomendável, igualmente, que o corpo docente desses cursos realize algum tipo de atividade vinculada ao aludido laboratório. Tudo para que seja, de fato, estabelecida vinculação entre a atividade-meio (laboratório) e a atividade-fim (ensino, pesquisa, inovação etc.).

Quanto ao local em que o serviço é realizado, recomenda-se que tal se dê dentro das dependências físicas da instituição. Em tal local, há, como, se disse, presunção de relacionamento entre a atividade-meio e a atividade-fim. Ainda assim, caso a entidade deseje expandir a atuação do serviço-meio para outros locais que não em seu *campus*, então se recomenda que o faça em conjunto com alguma outra das suas atividades-fim. Aconselha-se, caso a entidade deseje fruir com segurança da imunidade tributária relativamente às receitas do aludido serviço-meio, que a entidade atue de forma a vincular, quanto ao local em que tais serviços-meio forem executados, a referida atividade instrumental ao ensino, à pesquisa e à inovação tecnológica. Uma forma para que isso ocorra é a criação de polos de ensino à distância juntamente com a instalação do serviço-meio em exame, polos estes que tendem a poderem ser instalados, inclusive, mediante a celebração de parcerias entre a instituição e empresas privadas que visam ao lucro.[23]

No que se refere à receita que as atividades-meio geram, é necessário que a entidade cuide da sua proporção relativamente às receitas da atividade-fim. É que, como se disse, o crescimento das receitas de atividades-meio, em comparação com as receitas do ensino, tende a expor a instituição, gradualmente, ao risco de que o serviço instrumental possa vir a ser excluído dos efeitos das imunidades tributárias. Para que isso não ocorra, ou,

---

23. Nesse sentido: RFB, Solução de Consulta Cosit 278, de 26 de setembro de 2019.

dito de outro modo, para que seja minimizado e/ou afastado o risco de esse problema vir a ocorrer (auto de infração tributário), sugere-se que as recomendações acima expostas sejam seguidas. Em outras palavras, se a atividade-meio estiver, de fato, envolvida com a educação e, ainda, se a instituição redesenhar os objetivos do seu estatuto, para que a atuação instrumental passe a dele constar com mais precisão, o risco acima mencionado será significativamente reduzido, senão, quem sabe, até evitado por completo. Enfim, cuida-se de medida que contribuirá para o aumento do grau de segurança jurídica (previsibilidade) no que se refere ao fato de a entidade não vir a ser autuada pelos agentes fiscais dos órgãos de arrecadação tributária locais, estaduais e federal.

Por fim, não é demais frisar que a matéria do presente artigo é, notadamente, envolvida com questões de interpretação. São muitas as expressões vagas da legislação, carentes de significado, tais como "serviços relacionados", "atividade-meio", "atividade-fim", "concorrência desleal", "lucros arbitrários". Os órgãos fazendários, em não raras vezes, atribuem a essas expressões o sentido que lhes parece mais adequado ao interesse de arrecadação de receitas públicas. Sendo assim, diante dessa realidade notadamente complexa e marcada por expressões e situações ambíguas e vagas, recomenda-se que a instituição sempre adote postura acompanhada de medidas de cautela com relação ao assunto. É recomendável que todos os aspectos acima destacados sejam observados cumulativamente, a saber: previsão estatutária da atividade-meio e seu relacionamento abstrato com a atividade-fim; relação concreta de adequação da atividade-meio como instrumento de promoção da atividade-fim; observância do critério espacial acima exposto para exercício da atividade-meio; reaplicação da totalidade das receitas da atividade-meio na sua manutenção e na promoção da atividade-fim; cuidado para que a atividade-meio não desnature, pelo critério da proporção das receitas, a atividade-fim.

CONCLUSÕES

Com base no acima exposto, eis as conclusões a serem lançadas:

1. A "atividade-meio" está relacionada com as finalidades essenciais da instituição de educação e/ou de assistência social, para fins da imunidade prevista no art. 150, VI, *c*, da CF/88, se seu exercício facilitar e/ou incrementar a fruição, pelos interessados, das atividades-fim oferecidas pela instituição, ou, ainda, se ela for meio adequado à promoção das finalidades essenciais da entidade.

2. O exercício de qualquer atividade-meio pela instituição imune não deve provocar concorrência desleal no mercado, tampouco acúmulo arbitrário de lucros, sob pena de suspensão dos efeitos das imunidades tributárias com relação, especificamente, a essa atividade-meio,

3. As atividades-meio tendem a implicar concorrência desleal no mercado nos casos em que são desvinculadas das finalidades de educação e de assistência social e, ainda, nos casos em que são realizadas como atividades típicas de mercado (compra e venda de bens e serviços de consumo, por exemplo).

4. É aconselhável que a instituição de educação e de assistência social sem fins lucrativos, se vier a manter e/ou iniciar a execução de atividade-meio remunerada, então que o faça de tal sorte que a referida atividade seja exercida, espacialmente, em local conjunto com outras atividades de educação e de assistência social, vale dizer, em local no qual também são realizadas essas atividades típicas da instituição, o que faz gerar presunção de relacionamento entre a atividade-meio e a atividade-fim.

5. É aconselhável que, se a entidade imune vier a operar a atividade-meio para outros locais que não os dos seus *estabelecimentos físicos*, então que o faça em conjunto com outras de suas atividades-fim. Sugere-se, nesse sentido, que a entidade atue de forma a vincular, quanto ao local em que tais serviços-meio forem executados, a referida atividade-meio ao ensino, à pesquisa e à assistência social.

REFERÊNCIAS

ÁVILA, HUMBERTO. *Sistema Constitucional Tributário*. 5. ed. São Paulo: Saraiva, 2012.

DELGADO, José Augusto. Imunidade tributária – Aspectos controvertidos. In: MARTINS, Ives Gandra da Silva (Coord.). *Imunidades Tributárias*. Pesquisas tributárias, nova série, n. 4, São Paulo; Ed. RT, 1998.

MACHADO SEGUNDO, Hugo de Brito. *Manual de Direito Tributário*. 11. ed. São Paulo: Atlas, 2019.

MARTINS, Ives Gandra da Silva. *Imunidades Tributárias*. São Paulo: Ed. RT, 1998. Pesquisas Tributárias. Nova Série, n. 4.

PAULSEN, Leandro. *Constituição e Código Tributário Comentados*. 18. ed. São Paulo: Saraiva, 2017.

SCHOUERI, Luís Eduardo. *Direito Tributário*. 5. ed. São Paulo: Saraiva, 2015.

A NÃO INCIDÊNCIA DO ICMS NA CESSÃO DO EXCEDENTE DE ENERGIA ELÉTRICA ADQUIRIDA NO AMBIENTE DE CONTRATAÇÃO LIVRE

Diogo Santesso

Pós-graduado em Direito Financeiro e Tributário pela Universidade Federal Fluminense
Bacharel em Direito pela Universidade Federal do Rio de Janeiro.

Sumário: Introdução – 1. Um resumo sobre o funcionamento do sistema elétrico brasileiro – 2. A incidência do ICMS sobre o fornecimento de energia elétrica – 3. A contabilização expressa no mapa de liquidação contendo os débitos e créditos de energia relativos a cada agente da CCEE – 4. A cessão da energia excedente pelos consumidores livres e suas implicações fiscais – 5. A não incidência de ICMS por não se tratar de operação de compra e venda de energia, mas sim de uma cessão de direitos – 6. A não incidência do ICMS nesta etapa, em virtude da substituição tributária – Conclusão.

INTRODUÇÃO

A contratação de fornecimento de energia elétrica no Ambiente de Contratação Livre – ACL já se tornou uma realidade de grande parte do empresariado brasileiro, mas como ocorre este processo e qual problema fiscal vem sendo enfrentado por alguns consumidores?

Sem pretensões de querer esgotar o tema, até mesmo em virtude da complexidade relacionada ao mesmo, este artigo busca discorrer de forma suscinta sobre o Sistema Elétrico Brasileiro, explicando como ocorre a comercialização de energia no Ambiente de Contratação Livre, para, por fim, explicar a hipótese de energia adquirida em excesso e a possibilidade de negociação deste excedente.

Para entender a sistemática envolvida, cabe esclarecer que o Ambiente de Contratação Livre é um segmento do mercado de energia elétrica que permite aos consumidores livres e especiais escolherem seus fornecedores de energia. Nele, os consumidores têm a possibilidade de negociar contratos diretamente com geradores, comercializadores e outras instituições do setor elétrico, estabelecendo as condições de suprimento e preço da energia elétrica.

No Ambiente de Contratação Livre, a energia elétrica é adquirida por meio de contratos bilaterais entre consumidores e fornecedores. Isso significa que as partes negociam e estabelecem as condições contratuais, incluindo volume de energia, período de suprimento, preço e forma de pagamento. Esses contratos podem ser de curto, médio ou longo prazo, permitindo aos consumidores planejar e gerenciar melhor seus custos energéticos.

Uma das principais vantagens do Ambiente de Contratação Livre é a possibilidade de obter preços mais competitivos em relação ao mercado regulado, conhecido como

Ambiente de Contratação Regulada – ACR. No Ambiente de Contratação Livre, há uma maior flexibilidade na negociação dos contratos, o que possibilita a busca por melhores condições comerciais e a utilização de estratégias de gestão de risco energético, como contratos indexados a índices de preços, contratos de energia renovável ou contratos flexíveis.

No Ambiente de Contratação Livre, grandes consumidores, como indústrias, comércios, hospitais e centros de dados, são os principais participantes, pois possuem maior demanda de energia e capacidade financeira para negociar contratos de longo prazo. No entanto, muitas vezes tais consumidores adquirem uma quantidade de energia superior àquela que efetivamente consome.

Nestes casos, a "venda" do excedente de energia "dentro" do mercado de curto prazo (mercado spot), através de contratos de cessão de energia elétrica, acaba sendo a prática mais utilizada.

Todavia, o fisco de inúmeros estados, amparados em posicionamento do Conselho Nacional de Política Fazendária – CONFAZ, entende que tal hipótese estaria sujeita ao campo de incidência do ICMS, o que gera inúmeros questionamentos judiciais e administrativos sobre o tema.

1. UM RESUMO SOBRE O FUNCIONAMENTO DO SISTEMA ELÉTRICO BRASILEIRO

Com o objetivo de alcançar uma melhor explanação sobre o tema objeto deste artigo, necessário se faz uma abordagem introdutória do funcionamento do Sistema Elétrico Brasileiro, que será posteriormente aprofundada quando da devida análise dos normativos que regem o setor.

De plano esclarecemos que o mercado onde ocorrem as transações com energia elétrica é dividido em dois grandes ambientes: o Ambiente de Contratação Regulada – ACR onde a maioria dos consumidores se encontra e o Ambiente de Contratação Livre – ACL que será mais retratada no decorrer deste artigo.

Com o objetivo de focar apenas no caso apresentado neste artigo, iremos analisar somente o Ambiente de Contratação Livre, no qual os consumidores livres e especiais podem comprar energia alternativamente ao suprimento da concessionária local.

No Ambiente de Contratação Livre, o consumidor negocia o preço da sua energia diretamente com os agentes geradores e comercializadores. Desta forma, o "cliente livre" pode escolher, desde que cumpra aos requisitos legais, qual será o seu fornecedor de energia.

Note-se que a Lei Federal 9.074/95, em seus artigos 15º e 16º, estabelece que uma unidade consumidora poderá optar por ser "livre" quando atender a uma das seguintes condições:

a) Consumidor Livre: ser atendido com tensão igual ou superior a 69 kV e ter demanda de, no mínimo, 3 MW;

b) Consumidor Livre: ter demanda de, no mínimo, 3 MW e ter sido ligado após 08 de Julho de 1995, independentemente da tensão de fornecimento;

c) Consumidor Especial: ter demanda de, no mínimo, 500 kW, com qualquer tensão de fornecimento, podendo comprar energia diretamente de "pequenas centrais hidrelétricas – PCHs" ou de outras fontes, tais como eólica, biomassa ou solar.

Cabe esclarecer que o foco deste artigo se dará em relação ao Consumidor Especial por este representar a maioria dos casos de venda de excedente de energia adquirida: consumidor com demanda entre 500 kW e 3MW, que tem o direito de adquirir energia de qualquer fornecedor, desde que a energia adquirida seja oriunda de fontes incentivadas especiais (Eólica, Pequenas Centrais Hidrelétricas – PCHs, Biomassa ou Solar).

Tal definição de Consumidor Especial também é tratada no Decreto Federal 5.163/2004, no inciso X do § 2º do art. 1º e em seu art. 48. Vejamos:

Art. 1º A comercialização de energia elétrica entre concessionários, permissionários e autorizados de serviços e instalações de energia elétrica, bem como destes com seus consumidores no Sistema Interligado Nacional – SIN, dar-se-á nos Ambientes de Contratação Regulada ou Livre, nos termos da legislação, deste Decreto e de atos complementares.

(...)

§ 2º Para fins de comercialização de energia elétrica, entende-se como:

(...)

X – consumidor especial é o consumidor livre ou o conjunto de consumidores livres reunidos por comunhão de interesses de fato ou de direito, cuja carga seja maior ou igual a 500 kW, que tenha adquirido energia na forma estabelecida no § 5º do art. 26 da Lei 9.427, de 26 de dezembro de 1996.

Os contratos de negociação de energia no Ambiente de Contratação Livre, por sua vez, podem ser de longo prazo ou de curto prazo (mercado spot). Além desses, o consumidor livre deve celebrar outros contratos essenciais para possibilitar a "entrega" dessa energia na sua unidade de consumo.

Essa "entrega" é feita por intermédio do sistema de distribuição/transmissão da concessionária local, operado pelo Agente de Distribuição ou Transmissão, conforme o caso.

Sabe-se que, neste ambiente de contratação, as partes envolvidas na compra e venda de energia (geradores, consumidores, comercializadores) devem ser agentes da Câmara de Comercialização de Energia Elétrica – CCEE, que é a responsável pela contabilização e liquidação financeira das operações de compra e venda de energia no mercado livre.

A Câmara de Comercialização de Energia Elétrica é responsável pelo registro e administração dos contratos firmados entre geradores, comercializadores, distribuidores e os denominados consumidores livres. Os montantes contratados e prazos dos contratos de compra de energia no ambiente livre são registrados na Câmara.

Os contratos de dados de medição são registrados na Câmara de Comercialização de Energia Elétrica pelos agentes no sistema de contabilização e liquidação. O Sistema de Contabilização e Liquidação efetua todos os cálculos previstos nas regras de comercialização, permitindo à CCEE contabilizar mensalmente as diferenças entre os montantes de energia produzidos ou consumidos e os montantes contratados. Essas diferenças, positivas ou negativas, são liquidadas ao Preço de Liquidação das Diferenças – PLD.

A Câmara de Comercialização de Energia Elétrica verifica o consumo, geração, compra e venda de energia, e faz um balanço de energia para cada agente. Os dados de consumo de energia são confrontados com o montante mensal contratado.

Se este consumo for maior que o contrato mensal, haverá déficit de energia contratada, e o agente poderá aditar ou celebrar novo contrato. Caso não o faça no prazo previsto, ficará exposto ao Preço de Liquidação das Diferenças – PLD determinado pela CCEE. Em contrapartida, se a quantidade contratada pelo agente for maior que o consumo, haverá sobra de energia e o mesmo poderá negociá-las, negociação esta que muitos Estados entendem como fato gerador do ICMS e que este artigo busca contestar.

2. A INCIDÊNCIA DO ICMS SOBRE O FORNECIMENTO DE ENERGIA ELÉTRICA

Após a exposição preliminar acima, cabe esclarecer que a legislação tributária previu no inciso III do § 1º do artigo 2º da Lei Complementar 87/96[1] que o imposto incide *sobre a entrada, no território do Estado destinatário, de energia elétrica*, quando não destinados à comercialização ou à industrialização, decorrentes de operações interestaduais, *cabendo o imposto ao Estado onde estiver localizado o adquirente*. Ou seja, a tributação do ICMS sobre a energia elétrica é regida pelo princípio do destino, de tal forma que o imposto incidente sobre sua circulação na condição de mercadoria é sempre devido ao Estado onde ocorrer o seu consumo.

Já o parágrafo único[2] do artigo 4º do mesmo normativo, define que *contribuinte é a pessoa física ou jurídica* que, mesmo sem habitualidade ou intuito comercial *adquira energia elétrica oriundos de outro Estado*, quando não destinados à comercialização ou à industrialização.

Em complemento, ficou definido como o local da operação, para os efeitos da cobrança do imposto e definição do estabelecimento responsável, tratando-se de mercadoria ou bem, o do Estado onde estiver localizado o adquirente, inclusive consumidor final, nas operações interestaduais com energia elétrica, quando não destinados à

---

1. § 1º O imposto incide também:
   III – *sobre a entrada, no território do Estado destinatário*, de petróleo, inclusive lubrificantes e combustíveis líquidos e gasosos dele derivados, e *de energia elétrica*, quando não destinados à comercialização ou à industrialização, decorrentes de operações interestaduais, cabendo o imposto ao Estado onde estiver localizado o adquirente.
2. Parágrafo único. É também contribuinte a pessoa física ou jurídica que, mesmo sem habitualidade ou intuito comercial:
   [...]
   IV – *adquira* lubrificantes e combustíveis líquidos e gasosos derivados de petróleo e *energia elétrica* oriundos de outro Estado, quando não destinados à comercialização ou à industrialização.

industrialização ou à comercialização, conforme a alínea "g" do inciso I do artigo 11 da mesma Lei Complementar.[3]

Assim, o fato gerador do ICMS ocorre no momento da entrada no território do Estado de energia elétrica oriunda de outro Estado, quando não destinados à comercialização ou à industrialização, nos termos do inciso XII do art. 12 da Lei Complementar 87/96:

> Art. 12. Considera-se ocorrido o fato gerador do imposto no momento:
> [...]
> XII – da entrada no território do Estado de lubrificantes e combustíveis líquidos e gasosos derivados de petróleo e energia elétrica oriundos de outro Estado, quando não destinados à comercialização ou à industrialização.

Observe, ainda, que na determinação da base de cálculo do ICMS, relativo à aquisição de energia elétrica, é obrigatória a inclusão do próprio imposto, conforme comando do inciso I, § 1º do art. 13 da Lei Complementar 87/96, *in verbis*:

> Art. 13. A base de cálculo do imposto é:
> [...]
> VIII – na hipótese do inciso XII do art. 12, o valor da operação de que decorrer a entrada;
> [...]
> § 1º Integra a base de cálculo do imposto, inclusive na hipótese do inciso V do caput deste artigo:
> I – o montante do próprio imposto, constituindo o respectivo destaque mera indicação para fins de controle.

Por sua vez, o Convênio ICMS 83/00 dispõe sobre o regime de substituição tributária nas operações interestaduais com energia elétrica não destinada à comercialização ou à industrialização, e por isso, atribui, nos termos da sua cláusula primeira, ao estabelecimento gerador ou distribuidor, inclusive o agente comercializador de energia elétrica, situados em outras unidades federadas, a condição de substitutos tributários, relativamente ao ICMS incidente sobre a entrada, nos territórios dos Estados, de energia elétrica não destinada à comercialização ou à industrialização.

Observe que, na aplicação do Convênio ICMS 83/00, regra geral, na hipótese de o remetente da energia elétrica, originalmente obrigado ao pagamento do ICMS na operação com substituição tributária, não efetue a retenção do ICMS ou efetue-a a menor, o destinatário fica solidariamente responsável pelo recolhimento do imposto a título de substituição tributária.

---

3. Art. 11. O local da operação ou da prestação, para os efeitos da cobrança do imposto e definição do estabelecimento responsável, é:
   I – tratando-se de mercadoria ou bem:
   [...]
   g) o do Estado onde estiver localizado o adquirente, inclusive consumidor final, nas operações interestaduais com energia elétrica e petróleo, lubrificantes e combustíveis dele derivados, quando não destinados à industrialização ou à comercialização.

Contudo, cumpre enfatizar que no Mercado de Curto Prazo o Convênio ICMS 83/00 é de difícil aplicação devido às características deste mercado. Desta forma, no Ambiente Livre de Contratação e mais especificamente no Mercado de Curto Prazo, temos como parâmetro o Convênio ICMS 15/07, norma de caráter especial, que afasta a aplicação do Convênio ICMS 83/00 (norma de caráter geral), em respeito ao Princípio da Especialidade.

O Convênio ICMS 15/07 dispõe sobre o cumprimento de obrigações tributárias em operações com energia elétrica, inclusive aquelas cuja liquidação financeira ocorra no âmbito da Câmara de Comercialização de Energia Elétrica – CCEE

Por conseguinte, o Convênio ICMS 15/07 ao disciplinar as operações referentes às liquidações no Mercado de Curto Prazo da CCEE, procurou se abstrair do tratamento tributário ordinariamente aplicado à hipótese, adotando um regime peculiar que equiparou as saídas e aquisições de energia elétrica relativamente às liquidações no Mercado de Curto Prazo na Câmara de Comercialização de Energia Elétrica às operações interestaduais em relação a determinados efeitos tributários.

Frise-se que, neste mercado, a comercialização de energia elétrica com consumidor livre é caracterizada pela dificuldade de identificar a origem de energia elétrica efetivamente consumida, na medida em que ela é gerada continuamente, no âmbito do Sistema Brasileiro, por um gerador diferente a cada momento, de acordo com a ordem sequencial de despacho estabelecida pelo Operador Nacional do Sistema – ONS (por este motivo, usualmente, esta operação de comercialização de energia elétrica com consumidor livre é considerada de natureza interna).

3. A CONTABILIZAÇÃO EXPRESSA NO MAPA DE LIQUIDAÇÃO CONTENDO OS DÉBITOS E CRÉDITOS DE ENERGIA RELATIVOS A CADA AGENTE DA CCEE

No âmbito operacional, uma das principais atribuições da CCEE no Mercado de Curto Prazo é contabilizar as operações de compra e venda de energia elétrica, apurando mensalmente as diferenças entre os montantes contratados e os montantes efetivamente gerados ou consumidos pelos agentes de mercado.

Isto é, a contabilização envolve o cálculo da diferença entre a energia medida e a contratada por agente, valorada ao Preço de Liquidação das Diferenças[4] – PLD para efeito de liquidação financeira na Câmara de Comercialização de Energia Elétrica.

---

4. Para a valoração dos montantes liquidados no MCP é utilizado o Preço de Liquidação de Diferenças – PLD, que é um valor determinado semanalmente para cada patamar de carga com base no Custo Marginal de Operação, limitado por um preço máximo e mínimo vigentes para cada período de apuração e para cada Submercado. Os intervalos de duração de cada patamar são determinados para cada mês de apuração pelo ONS e informados à CCEE, para que sejam considerados na CCEE. A base para cálculo do PLD é o Custo Marginal de Operação – (CMO)2, fruto dos modelos matemáticos utilizados pelo Operador Nacional do Sistema Elétrico (ONS) para definir a programação da operação do sistema, limitado por um preço mínimo e por um preço máximo, estabelecidos anualmente pela Agência Nacional de Energia Elétrica (ANEEL).

Para tanto, registra os contratos firmados entre compradores e vendedores. Portanto, é a Câmara de Comercialização de Energia Elétrica quem determina os débitos e créditos desses agentes com base nas diferenças apuradas, realizando a liquidação financeira das operações e, para valorar tais diferenças, a instituição calcula o Preço de Liquidação das Diferenças.

A etapa de contabilização é realizada com base nas Regras de Comercialização, levando em conta as exposições no mercado de curto prazo, o recebimento/pagamento de Encargos de Serviço de Sistema, o Mecanismo de Realocação de Energia e a consolidação dos resultados financeiros a serem liquidados, incluindo eventuais ajustes financeiros.

Quanto à liquidação no Mercado de Curto Prazo, ao final de um determinado período de operações, em base mensal, o Sistema de Contabilização e Liquidação, no processamento da contabilização, calcula qual a posição, devedora ou credora, de cada agente com relação ao Mercado de Curto Prazo.

Após o processamento da liquidação financeira, a Câmara de Comercialização de Energia Elétrica viabiliza os pagamentos e os recebimentos, respectivamente, dos débitos e créditos apurados no processo de contabilização, relativos às operações de compra e venda de energia elétrica realizadas por seus agentes no Mercado de Curto Prazo.

A liquidação financeira é realizada de forma multilateral, sem que haja identificação de parte e contraparte nas transações de créditos e débitos. A CCEE deve realizar a contabilização das operações de compra e venda, realizadas no Mercado de Curto Prazo, efetuar o cálculo do valor a ser liquidado e gerar o mapa de liquidação contendo os débitos e créditos relativos a cada agente da Câmara de Comercialização de Energia Elétrica.

Um relatório específico de pré-liquidação, contendo o percentual de rateio da inadimplência e o respectivo valor a liquidar, deve ser gerado e disponibilizado aos agentes da CCEE por meio do Sistema de Contabilização e Liquidação e, por meio eletrônico, aos agentes garantidores após a contabilização de cada mês. A posição devedora ou credora em determinado período é informada pela Câmara de Comercialização de Energia Elétrica, em relatório próprio denominado "pré-fatura", no qual são discriminados os valores financeiros correspondentes à pessoa jurídica como um todo, independentemente da quantidade de estabelecimentos de mesma titularidade.

Adicionalmente, percebe-se que as "Regras de Comercialização" seguem a mesma metodologia: o Módulo de Liquidação trata da apuração dos valores monetários que constarão do mapa de liquidação financeira do Mercado de Curto Prazo, e do rateio da eventual inadimplência observada nessa liquidação.

Dado que o processo de contabilização é feito por perfil de agente, torna-se necessário agrupar os valores referentes a todos os perfis de um determinado agente da CCEE para verificar a posição final desse agente para fins de liquidação. Nas operações realizadas no âmbito da CCEE, o sistema de contabilização, e por consequência o processo de liquidação, é multilateral, isto é, as transações são realizadas sem que haja indicação de parte e contraparte.

Dessa forma, ao final de um determinado período de operação, sempre em base mensal, o sistema calcula qual a posição, devedora ou credora de cada agente com relação ao Mercado de Curto Prazo, não sendo possível a identificação de pares de agentes referentes a cada transação.

A liquidação financeira é realizada por período pela Câmara de Comercialização de Energia Elétrica e marca o momento de pagamento e recebimento desses débitos e créditos apurados pelo processo de contabilização.

Por conseguinte, imprescindível esclarecer que o momento da liquidação financeira e o da respectiva emissão de Nota de Liquidação das Contabilizações (documento emitido pelo Agente de Liquidação para cada Agente da CCEE após a realização da Liquidação Financeira, que reflete os valores efetivamente liquidados) não se confundem com o momento da ocorrência do Fato Gerador da operação. Da mesma forma, a Nota de Liquidação das Contabilizações – NLC, que não possui natureza tributária, e sim financeira, não se confunde com a Nota Fiscal Eletrônica – NF-e.

Portanto, em síntese, temos: A CCEE realiza a contabilização das operações de compra e venda realizadas no Mercado de Curto Prazo, efetua o cálculo do valor a ser liquidado e gera o mapa de liquidação contendo os débitos e créditos relativos a cada agente da CCEE.

Os valores resultantes do processo de adequação de resultados na contabilização deverão ser divulgados aos Agentes da CCEE e considerados na Liquidação Financeira definitiva. Assim, os resultados obtidos no processo de contabilização e seus respectivos ajustes se unem para formar o mapa de liquidação das operações de âmbito da CCEE nos termos da Convenção de Comercialização. A Determinação do rateio da Inadimplência e seu respectivo cálculo, constantes do processo de liquidação financeira da CCEE corresponde à etapa final do módulo de regras "Liquidação".

Após o processamento da liquidação financeira, a CCEE viabiliza os pagamentos e os recebimentos, respectivamente, dos débitos e créditos apurados no processo de contabilização, relativos às operações de compra e venda de energia elétrica realizadas por seus agentes no Mercado de Curto Prazo. Um relatório específico de pré-liquidação, contendo o percentual de rateio da inadimplência e o respectivo valor a liquidar, deve ser gerado e disponibilizado aos agentes da Câmara de Comercialização de Energia Elétrica por meio do Sistema de Contabilização e Liquidação e, por meio eletrônico, aos agentes garantidores após a contabilização de cada mês.

Por fim, vale lembrar que não há emissão de notas fiscais referentes às saídas e/ou entradas de energia elétrica pela Câmara de Comercialização de Energia Elétrica aos agentes, e os resultados das operações são divulgados por meio de relatórios mensais.

4. A CESSÃO DA ENERGIA EXCEDENTE PELOS CONSUMIDORES LIVRES E SUAS IMPLICAÇÕES FISCAIS

Até 2014 não era possível para o consumidor livre comercializar seus excedentes de energia e a única alternativa para ajustar os créditos de energia, era através da liquidação de energia no Mercado de Curto Prazo – MCP.

Todavia, com o advento da Resolução Normativa Aneel 611 de 2014, em vigor desde 04.07.2014 passou a ser possível ceder a energia excedente para outros consumidores livres e especiais.

A venda de excedente de energia é uma alternativa interessante para consumidores que desejam reduzir seus custos de energia, tornar-se mais sustentáveis e, potencialmente, obter retorno financeiro com a venda do excedente. No entanto, é importante ressaltar que a viabilidade econômica desse sistema depende de vários fatores, como o custo de instalação do sistema de geração e a tarifa de energia vigente.

Nesse diapasão, passemos analisar especificamente a operação de alienação de excedente de energia elétrica adquirida no Ambiente de Contratação Livre e suas implicações fiscais no âmbito do ICMS.

Com o objetivo de difundir uma melhor compreensão quanto às questões fiscais no Ambiente de Comercialização Livre e no Mercado de Curto Prazo, a própria Câmara de Comercialização de Energia Elétrica apresenta a cartilha "Obrigações Fiscais na Comercialização de Energia – Consumidores Livres e Especiais".

Nela, podemos destacar a orientação quanto à emissão de notas fiscais por todos os agentes participantes do Mercado de Curto Prazo, independentemente da posição credora (venda de energia) ou devedora (compra de energia), nos termos do Convênio ICMS 15/2007. Além disso, a cartilha[5] também menciona a necessidade de inclusão dos dados da liquidação na CCEE, incluindo o valor total da liquidação financeira e o valor efetivamente liquidado, no quadro *Dados Adicionais* em informações complementares.

Em complemento, a própria cartilha de Obrigações Fiscais na Comercialização de Energia Elétrica da CCEE, dispõe que o ICMS deve incidir em tais operações:

---

5. (i) Descrição: o uso da expressão "Relativa à liquidação do MCP";
(ii) Dados do emitente: o número do CNPJ e dados do cadastro de contribuinte do ICMS do emitente;
(iii) Informações complementares: os dados da liquidação na CCEE, incluindo o valor total da liquidação financeira e o valor efetivamente liquidado, no quadro "Dados Adicionais"; e
(iv) Natureza da operação: indicação compra ou venda de energia elétrica, com indicação dos CFOP correspondentes.

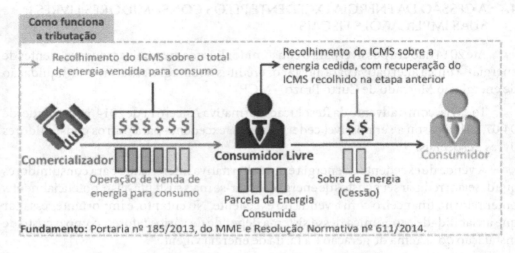

(file:///C:/Users/diogo/Downloads/cartilha_operacoes_fiscais_20210903_v4_interativo_-7-.pdf)

Tal cartilha se encontra amparada substancialmente no posicionamento atual do CONFAZ, expresso em solução de ofício, a qual determina que o ICMS deve ser destacado e recolhido em tal operação:

Solução – Ofício 202/2015/CONFAZ/MF-DF:

(…) chegou-se a um consenso de que a cessão não é bitributação, pois o ICMS é não cumulativo, permite o crédito da energia adquirida e exige o débito na saída. Os operadores de energia, para terem direito ao creditamento, precisam se cadastrar como contribuintes, precisa haver um alinhamento com a CCEE sobre a data de entrega de informações após o dia 12. A CCEE deverá sugerir uma data possível para o cumprimento do disposto no Convênio ICMS 77/11.

Em suma, sob a ótica do CONFAZ, o ICMS incide na cessão de créditos de energia excedente. Referido posicionamento está calcado no fundamento de que a cessão, nestes casos, configura-se como transferência de titularidade de mercadoria (energia elétrica) contida no campo de incidência do ICMS.

Nesta lógica, ao menos foi esclarecido que o cedente faz *jus* ao creditamento do tributo pago na operação anterior, em atendimento ao princípio da não cumulatividade, porém, sobre todo o excedente, objeto de cessão, de acordo com o CONFAZ o ICMS deve incidir.

5. A NÃO INCIDÊNCIA DE ICMS POR NÃO SE TRATAR DE OPERAÇÃO DE COMPRA E VENDA DE ENERGIA, MAS SIM DE UMA CESSÃO DE DIREITOS

Não obstante o posicionamento do CONFAZ e de diversos Estados Brasileiros, me alinho a tese de que a transferência da energia excedente, ocorre mediante contrato de cessão dos créditos, o que não se configura como circulação de mercadoria (energia elétrica), fato gerador do ICMS, mas sim como simples transferência de direitos, não estando sujeita, consequentemente, a incidência do ICMS.

Na cessão de direitos estamos diante de um negócio jurídico, pelo qual uma pessoa (cedente) transfere a outra (cessionária) os seus direitos sobre determinado bem ou contrato. Não há transferência de titularidade do bem, visto que a energia elétrica objeto de cessão nem ao menos foi entregue ao cedente, ou seja, trata-se de mero direito contratual. Essa transferência de direitos pode ocorrer em diversas áreas, como direitos autorais, propriedade intelectual, contratos de prestação de serviços e, na hipótese em análise, sobre créditos de energia elétrica.

A cessão de direitos, por si só, não envolve a circulação de mercadorias ou a prestação de serviços que se enquadrem na base de incidência do ICMS, pois não envolve a entrega física de bens.

Com base nesta linha de raciocínio, contribuintes que foram autuados pelos fiscos estaduais, sob o entendimento que o ICMS incidiria nas operações não apenas de cessão de excedente de energia, bem como na aquisição de excedente de energia, recorreram ao Judiciário, tendo a questão sido analisada incialmente pelo Superior Tribunal de Justiça – STJ em 20.02.2018, por intermédio do RESP 1.615.790, sob a Relatoria do Min. Gurgel de Faria, cuja Ementa apresenta o seguinte teor:

> Tributário. ICMS. Energia elétrica. Aquisição no mercado de curto prazo. Natureza jurídica da operação: cessão de direitos. Não incidência. 1. O Plenário do STJ decidiu que "aos recursos interpostos com fundamento no CPC/1973 (relativos a decisões publicadas até 17 de março de 2016) devem ser exigidos os requisitos de admissibilidade na forma nele prevista, com as interpretações dadas até então pela jurisprudência do Superior Tribunal de Justiça" (Enunciado Administrativo n. 2). 2. Apelo excepcional em que se discute a incidência do ICMS sobre as operações financeiras realizadas no Mercado de Curto Prazo da Câmara de Comercialização de Energia Elétrica (CCEE). 3. Hipótese em que empresa recorrente, em razão de demandar mais energia elétrica daquela bilateralmente contratada no mercado livre, recorreu à CCEE para adquirir as sobras de contratos realizados por outros consumidores, o que motivou a autuação pelo fisco estadual, pelo não recolhimento do imposto sobre essas operações e pela não emissão das notas fiscais correspondentes. 4. As operações do Mercado de Curto Prazo da Câmara de Comercialização de Energia Elétrica – CCEE envolvem as sobras e os déficits de energia elétrica contratada bilateralmente entre os consumidores livres e os agentes de produção e/ou comercialização, tendo a CCEE o papel de intermediar, de forma multilateral, os consumidores credores e devedores, realizando a liquidação financeiras dessas posições, utilizando como parâmetro o Preço de Liquidação de Diferenças por ela apurado. 5. Tais operações não decorrem propriamente de contratos de compra e venda de energia elétrica, mas sim de cessões de direitos entre consumidores, intermediadas pela CCEE, para a utilização de energia elétrica adquirida no mercado livre cujo valor total já sofreu a tributação do imposto estadual. 6. O fato de os consumidores poderem operar no aludido Mercado de Curto Prazo não os transforma em agentes do setor elétrico aptos a realizar algumas das tarefas imprescindíveis ao processo de circulação física e jurídica dessa riqueza, relativas à sua geração, transmissão ou distribuição, de tal modo que nenhum deles, consumidor credor ou devedor junto ao CCEE, pode proceder à saída dessa "mercadoria" de seus estabelecimentos, o que afasta a configuração do fato gerador do imposto nos termos dos arts. 2º e 12 da Lei Complementar 87/1996. 7. Recurso especial provido (RESP 1615790-MG).

Explorando mais a fundo tal decisão judicial e adentrando na leitura do inteiro teor do voto proferido pelo Min. Gurgel de Faria, um dos pontos de maior relevância a ser destacado, consiste na afirmativa de que

O fato de os consumidores poderem operar no aludido Mercado de Curto Prazo não os transforma em agentes do setor elétrico aptos a realizar algumas das tarefas imprescindíveis ao processo de circulação física e jurídica dessa riqueza, relativas à sua geração, transmissão ou distribuição, de tal modo que nenhum deles, consumidor credor ou devedor junto ao CCEE, pode proceder à saída dessa "mercadoria" de seus estabelecimentos, o que afasta a configuração do fato gerador do imposto nos termos dos arts. 2º e 12 da Lei Complementar 87/1996.

Outro aspecto importante abordado no voto do Ministro, foi a constatação de que as

operações realizadas no Mercado de Curto Prazo não caracterizam propriamente contratos de compra e venda de energia elétrica, mas sim cessões de direitos entre consumidores, intermediadas pela CCEE, para utilização de energia elétrica adquirida no mercado livre, mediante a celebração de contratos bilaterais, e cujo valor total já sofreu a tributação do imposto estadual, o que permite inclusive concluir que nova tributação dessas obra implicaria indevido *bis in idem*.

Cabe ressaltar que tal decisão, apesar de abordar de forma precisa a questão da não incidência do ICMS sobre a cessão do excedente de energia adquirido no Ambiente de Contratação Livre, não foi apta para encerrar os conflitos existentes sobre o tema, motivo pelo qual, outros julgados do próprio STJ ocorreram nos anos subsequentes, reiterando o mesmo posicionamento e novos casos ainda surgem com regularidade.

6. A NÃO INCIDÊNCIA DO ICMS NESTA ETAPA, EM VIRTUDE DA SUBSTITUIÇÃO TRIBUTÁRIA

Caso superado o argumento de que a cessão de direito referente ao crédito de energia excedente não constitui fato gerador do ICMS e considerando a possibilidade de incidência de ICMS sobre tal operação estaríamos diante de outro entrave para sua cobrança, pois a legislação dos estados atribui a responsabilidade pelo destaque e recolhimento do ICMS à concessionária distribuidora local, pela sistemática de substituição tributária, o chamado ICMS-ST.

O ICMS-ST é um regime de recolhimento antecipado do ICMS que tem como objetivo antecipar e simplificar a arrecadação do imposto.

Desta forma, na eventualidade da cobrança de ICMS ser devida, a mesma apenas poderia ser aplicada na eventualidade de um Estado em que a responsabilidade pelo lançamento e pagamento do imposto incidente nas sucessivas operações internas não seja atribuída à empresa distribuidora de energia elétrica responsável pela rede de distribuição, por intermédio do ICMS-ST.

A cessão de energia elétrica de uma unidade localizada no Estado, aonde a legislação estadual atribui a responsabilidade pelo destaque e recolhimento do ICMS na sistemática de substituição tributária à concessionária distribuidora local, ainda que exigida a nota de cessão de transferência do crédito de energia, tal nota não deve sofrer o destaque do ICMS, uma vez que este tributo já foi recolhido na etapa anterior por intermédio da substituição tributária.

A título de exemplo temos o Estado do Rio de Janeiro, no qual tal entendimento já prevalece – de que a cessão do excedente de energia elétrica não deve ser tributada pelo ICMS, uma vez que tal tributo já incidiu na etapa anterior, por intermédio da sistemática da substituição tributária – conforme disposto no art. 20 da Resolução SEFAZ 177 de 22 de dezembro de 2017:

> Art. 20. A pessoa jurídica alienante da energia elétrica, de que trata o inciso III do art. 14, deverá:
>
> I – até o dia 12 (doze) de cada mês, emitir Nota Fiscal eletrônica – NF-e, modelo 55, sem destaque do ICMS, a título de simples faturamento da parcela de energia elétrica objeto de alienação correspondente ao fato gerador ocorrido no mês imediatamente anterior, na qual deverão constar, além dos demais requisitos previstos na legislação, as seguintes informações:
>
> a) quanto à pessoa jurídica destinatária da energia elétrica:
>
> 1. a denominação ou a razão social;
>
> 2. o endereço completo do estabelecimento ou domicílio, situado no território fluminense, ao qual a energia elétrica for destinada;
>
> 3. os números das inscrições no CAD-ICMS, se contribuinte do imposto, e no CNPJ, correspondentes ao estabelecimento ou domicílio referido no item 2 desta alínea;
>
> b) quanto à discriminação da operação:
>
> 1. o mês de referência do faturamento;
>
> 2. a quantidade, em MWh, de energia elétrica faturada ao estabelecimento ou domicílio referido no item 2 da alínea "a" deste inciso para consumo da pessoa jurídica destinatária no mês de referência, observado o disposto no parágrafo único deste artigo.
>
> 3. o preço unitário, por MWh, da energia elétrica faturada, conforme previsto no contrato de alienação firmado com a pessoa jurídica destinatária em ambiente de contratação livre;
>
> 4. o valor da operação, resultante da multiplicação da quantidade, em MWh, referida no item 2 pelo preço unitário, por MWh, indicado no item 3, desta alínea, já deduzido o montante do ICMS dele integrante a ser lançado e pago pela empresa distribuidora nos termos do disposto no inciso I, do art. 3º-A do Livro II do RICMS;
>
> 5. o valor total do documento fiscal, correspondente ao total da fatura a ser cobrada da pessoa jurídica destinatária da energia elétrica;
>
> 6. no campo "Informações Complementares", a expressão "ICMS a ser lançado e pago pela empresa distribuidora nos termos do disposto no inciso I do art. 3º-A do Livro II do RICMS".

A questão da não incidência do ICMS sobre a cessão do excedente de energia em virtude da substituição tributária, também chegou a ser brevemente abordado pelo Ministro Benedito Gonçalves em sua declaração de voto, nos autos do RESP 1.615.790 ao dispor que

> entendo que não incide o ICMS na espécie, comercialização de sobras de energia elétrica intermediada pela CCEE, por se caracterizar cessão de direito entre os consumidores livres, considerando que os consumidores já pagaram o imposto estadual devido quando da compra do contrato original de energia, podendo nova tributação configurar *bis in idem*.

CONCLUSÃO

Conforme explicado e exemplificado de forma detalhada no decorrer deste artigo, as operações ocorridas no Mercado de Curto Prazo são advindas de sobras de energia elétrica. Ainda que a cessão de um direito ao crédito de energia fosse fato gerador do ICMS, o que não é, sua contratação inicial se deu por meio de contrato bilateral com recolhimento do ICMS por meio da substituição tributária, o que revela que essas operações não representam nova operação de circulação de mercadoria e sim cessão de sobras de energia elétrica, não sujeitas ao ICMS.

Apesar da Primeira Turma do Superior Tribunal de Justiça já ter decido pela impossibilidade de cobrança de ICMS sobre cessão de direitos, por não se configurar hipótese de circulação da energia elétrica, nem de fato gerador e não ser o cedente contribuinte do referido imposto, inúmeros estados permanecem lavrando Autos de Infração sobre tal hipótese, visando a cobrança do ICMS sobre a cessão do excesso de energia elétrica.

Tais Estados mantém a narrativa de que a base de cálculo do ICMS deve compreender o valor da cessão do excedente de energia, que compõe, além da parcela de energia elétrica não consumida, outros valores pagos pelo fornecimento de energia.

Provavelmente, muito mais motivados por uma ânsia arrecadatório, do que pelo convencimento sincero que as Secretarias Estaduais de Fazenda e Procuradorias Estaduais possuem da matéria, alguns Estados acabam por contribuir para o aumento dos litígios tributários no pais, tornando este artigo, nada mais do que uma tentativa de disseminar o conhecimento sobre a sistemática ora debatida, no intuito de sincero de amparar as revisões das legislações estaduais, a fim de excluir em definitivo a hipótese de incidência do ICMS sobre a cessão dos excedentes de energia elétrica.

A IMUNIDADE TRIBUTÁRIA PARA A MÚSICA E A LIBERDADE DE EXPRESSÃO ARTÍSTICA

Eduardo de Moraes Sabbag

Doutor em Direito Tributário pela PUC/SP. Doutor em Língua Portuguesa pela PUC/SP. Mestre em Direito Público e Evolução Social pela UNESA/RJ. Coordenador e Professor dos Cursos de Pós-Graduação em Direito Tributário e em Comunicação Jurídica, na Faculdade CERS. Professor de Direito Tributário na Graduação da Universidade Presbiteriana Mackenzie, em São Paulo-SP. Professor de Direito Tributário na Graduação do Centro Universitário FAMETRO, em Manaus-AM. Professor e Autor de obras jurídicas. Advogado.

Sumário: Introdução – 1. Conceito de imunidade tributária – 2. A imunidade tributária para a música e a difusão da cultura – 3. A imunidade tributária para a música e o propósito inibitório da contrafação – 4. Os conceitos técnicos empregados no texto da norma do art. 150, VI, "e", CF – 5. Os impostos afastados por força da imunidade para a música – 6. A ressalva à imunidade: replicação industrial de mídias ópticas de leitura *a laser* – 7. A crítica ao texto da presente norma imunizante – 8. Uma tentativa de simulação da casuística – Conclusões – Referências.

INTRODUÇÃO

A Emenda Constitucional 75 – fruto da intitulada "PEC da Música" e publicada em 15 de outubro de 2013 – acrescentou a alínea "e" ao inciso VI do art. 150 da Carta Magna, prevendo, assim, a *imunidade para a música*. Segue o teor da nova alínea:

> Art. 150. Sem prejuízo de outras garantias asseguradas ao contribuinte, é vedado à União, aos Estados, ao Distrito Federal e aos Municípios: (...)
>
> VI – instituir impostos sobre:(...)
>
> e) fonogramas e videofonogramas musicais produzidos no Brasil contendo obras musicais ou literomusicais de autores brasileiros e/ou obras em geral interpretadas por artistas brasileiros bem como os suportes materiais ou arquivos digitais que os contenham, salvo na etapa de replicação industrial de mídias ópticas de leitura a *laser*.

O propósito do novel comando imunitório é desonerar de *impostos* os *fonogramas* (a obra artística da produção de *som*) e *videofonogramas* (a obra artística da produção de *imagem e som*), musicais ou literomusicais, produzidos no Brasil, sem prejuízo da extensão da imunidade tributária aos suportes ou arquivos que os contenham. Desse modo, a *obra intelectual* do artista musical, em sua inteireza, passa a ficar protegida da tributação.

Ademais, o poder constituinte derivado houve por bem ao ofertar proteção à *mídia física*, a qual veicula materialmente aquela obra intelectual. Trata-se dos suportes materiais ou arquivos digitais, a saber, os CDs, os DVDs, os *Blue-Rays* e os próprios celulares, *tablets* e similares.

Destaque-se que a norma imunizante em apreço, a par do objetivo de *reduzir a carga de impostos de tais produtos*, ou seja, propiciar a baixa de preços, tanto nos CDs, DVDs e *Blue-Rays* que contenham a obra artística musical, como também nas músicas comercializadas pela internet ou via telefonia, almeja, por certo, *desestimular a comercialização clandestina* de "cópias piratas". A propósito, em ambas as direções, a benesse constitucional vem ratificar axiologicamente o acesso à cultura e ao conhecimento, à semelhança da *Imunidade de Imprensa*, prevista na alínea anterior (art. 150, VI, "d", CF).

1. CONCEITO DE IMUNIDADE TRIBUTÁRIA

Logo que se pensa na acepção do vocábulo *imunidade*, tem-se a fácil constatação de que o termo corresponde a algo que é "livre de, dispensado de, resguardado de ou contra, isento, incólume, liberado".[1]

Tal conceito de exoneração pode ser naturalmente deslocado para o âmbito semântico das *imunidades tributárias*. Entretanto se faz necessário ter presente, de início, que a maioria das normas imunizadoras de tributos – contempladas sempre na Constituição Federal[2] – decorrem dos sublimes princípios e garantias constitucionais, os quais, dotados de expressiva carga axiológica, são vocacionados a limitar o poder de tributar das entidades impositoras.

Dessa forma, a norma imunizante, burilada pelo legislador constituinte em nome do *cidadão-destinatário*, na esteira de uma perspectiva finalística, visa preservar valores políticos, religiosos, educacionais, culturais, sociais e éticos, todos "considerados como de superior interesse nacional",[3]-[4] colocando a salvo da tributação certas situações e pessoas – físicas e jurídicas.

Assim, não há dúvida de que "a regra da imunidade é estabelecida em função de consideração de ordem extrajurídica",[5] equivalendo-se a afirmar que existem estruturas fundamentais ao regime que não poderão ser desafiadas pela tributação, em boa homenagem à perspectiva valorativa da norma imunitória. Em outras palavras, o ordenamento constitucional positivo, consagrando a incolumidade de determinados

---

1. No plano lexicográfico, o clássico *Aurélio* registra o verbete *imunidade* como a "condição de não ser sujeito a algum ônus ou encargo" (FERREIRA, Aurélio Buarque de Holanda. *Novo dicionário da língua portuguesa*. 2. ed., 24. impr. Rio de Janeiro: Ed. Nova Fronteira, 1986, p. 927, verbete "imunidade").
2. Sobre a necessidade de *previsão constitucional* para a norma de *imunidade tributária*, ver, por todos, o parecer de FALCÃO, Amílcar de Araújo (Imunidade e isenção tributária – Instituição de assistência social (Parecer). 9 de setembro de 1961. *Revista de Direito Administrativo*, v. 66, p. 367-375 / p. 368, out./dez. 1961), que assim categoriza: "Uma coisa é certa em qualquer que seja a hipótese: somente no texto constitucional são estabelecidas imunidades tributárias. É essa uma característica de ordem formal ou externa. Vale, pelo menos, como critério negativo para o intérprete e para o aplicador: se a hipótese não estiver prevista na Constituição, de imunidade não se tratará". Nas palavras do doutrinador, a Constituição, para a imunidade tributária, será a sua "fonte normativa", o seu "foco ejetor", a "norma capaz de instituí-la".
3. MELO, José Eduardo Soares de. *Curso de direito tributário*. 6. ed. rev. e atual. São Paulo: Dialética, 2005, p. 146.
4. Nesse sentido, *v.* CHIESA, Clélio. *A competência tributária do Estado brasileiro* – Desonerações nacionais e imunidades condicionadas. São Paulo: Max Limonad, 2002, p. 203.
5. MAIOR BORGES, José Souto. *Teoria geral da isenção tributária*. 3. ed., 3. tir. São Paulo: Malheiros, 2011, p. 221.

valores, mantém-nos livres de perturbações que possam ocorrer pela via oblíqua do tributo.[6]

No plano doutrinário, é possível encontrar inúmeras propostas conceituais para a *imunidade tributária*. Adiante – e de modo resumido –, mostraremos a coexistência dessas diretivas.

Costuma-se dizer que a imunidade para tributos representa uma *delimitação negativa da competência tributária*.[7] É que o legislador constituinte adotou a técnica de traçar, criteriosamente, as áreas que refutam a incidência das exações tributárias, levando-se em consideração nosso rígido sistema de distribuição de competências impositivas.

A propósito, a *competência tributária* apresenta-se como a aptidão jurídica para criar, *in abstracto*, tributos, descrevendo, legislativamente, suas hipóteses de incidência, seus sujeitos ativos, seus sujeitos passivos, suas bases de cálculo e suas alíquotas. Portanto, a Constituição disciplinou, rigorosa e exaustivamente, o exercício das *competências tributárias*, retirando do legislador ordinário a faculdade de definir, a seu talante, o alcance das normas jurídicas instituidoras dos tributos.

Sendo assim, há determinados *campos competenciais* – dotados de *intributabilidade*[8] e previstos em uma classe finita de normas jurídicas –, nos quais não pode subsistir a tributação. Desse modo, é comum defender-se que a norma imunizante afeta pela via negativa a competência tributária, conquanto se possam encontrar, no plano doutrinário, posicionamentos diversos, no sentido de que ocorreria, sim, uma verdadeira "supressão constitucional da competência impositiva".[9]-[10]

---

6. Sobre a índole nitidamente *política* da norma imunizante, *v.* o parecer de FALCÃO, Amílcar de Araújo. Imunidade e isenção tributária – Instituição de assistência social (Parecer), cit., p. 369. Para complemento, ver, ainda, BALEEIRO, Aliomar. *Limitações constitucionais ao poder de tributar*. 7. ed., 2. tir., rev. e atual. por DERZI, Misabel Abreu Machado, Rio de Janeiro: Forense, 1998, p. 232-234.
7. Sobre a definição de imunidade tributária no plano da *limitação à competência tributária (ou impositiva)*, entre outros, *v.* SOUSA, Rubens Gomes de. *Compêndio de legislação tributária*. Edição Póstuma. São Paulo: Resenha tributária, 1975, p. 186; MAIOR BORGES, José Souto. *Teoria geral da isenção tributária*, cit., p. 219; CANTO, Gilberto de Ulhôa. Algumas considerações sobre as imunidades tributárias dos entes públicos. *Revista de Direito Administrativo*, v. 52, abr./jun. 1958, p. 34-41 (p. 34); Ávila, Humberto Bergmann. *Sistema constitucional tributário*. São Paulo: Saraiva, 2004, p. 209; COSTA, Regina Helena. *Curso de direito tributário*: Constituição e Código Tributário Nacional. São Paulo: Saraiva, 2009, p. 80; MACHADO, Hugo de Brito. *Curso de direito tributário*. 29. ed. São Paulo: Malheiros, 2008, p. 282.
8. *V.* GRUPENMACHER, Betina Treiger. Competência tributária e imunidades dos livros e do papel. In: DERZI, Misabel Abreu Machado; ALVARENGA, Alessandra Isabela Drummond de et al (Coord.). *Competência tributária*. Belo Horizonte: Del Rey, 2011, p. 163.
9. Para a definição de imunidade tributária no plano da *exclusão ou supressão constitucional da competência impositiva (ou tributária)*, entre outros, *v.* NOGUEIRA, Ruy Barbosa. *Curso de direito tributário*. 14. ed. São Paulo: Saraiva, 1995, p. 167; FALCÃO, Amílcar de Araújo. *Fato gerador da obrigação tributária*. 6. ed. Rio de Janeiro: Forense, 2002, p. 64; DERZI, Misabel Abreu Machado. *Direito tributário, direito penal e tipo*. São Paulo: Ed. RT, 1988, p. 206; MELO, José Eduardo Soares de. *Curso de direito tributário*, cit., p. 146; e, ainda, MAIOR BORGES, José Souto. Interpretação das normas sobre isenções e imunidades. Hermenêutica no direito tributário. In: MORAES, Bernardo Ribeiro de et al. *Interpretação no direito tributário*. São Paulo: Saraiva; EDUC, 1975, p. 403-414 / p. 409-410.
10. Sobre o entendimento de que a imunidade *não* se mostra como "exclusão ou supressão do poder tributário", entre outros, cf. CARVALHO, Paulo de Barros. *Direito tributário, linguagem e método*. São Paulo: Noeses, 2008, p. 313-315), para quem a competência tributária é o resultado de uma conjunção de normas constitucionais (p.

A nosso ver, não se trata de "exclusão ou de supressão da competência tributária", mas de mero influxo negativo na própria norma de competência, como se esta fosse colocada às avessas, e é desse plano negativo da norma de competência que defluirá a positividade da norma de imunidade.[11]

Daí se assegurar que a norma imunizante se mostra, para alguns, como um verdadeiro sinalizador de "incompetência tributária"[12] – embora a expressão, diga-se, não desfrute de endosso generalizado[13] –, "colaborando, de uma forma especial, para o desenho da competência impositiva".[14]

Ademais, seguindo a linha argumentativo-conceitual, também se defende que a imunidade é uma *norma de não incidência*,[15]-[16] com vocação não juridicizante, tendo

---

315). Nesse sentido, v. CHIESA, Clélio (*A competência tributária do Estado brasileiro...*, cit., p. 109-110), para quem "defender que a imunidade é a supressão ou exclusão do *poder tributário* pressupõe admitir cronologia entre as normas que outorgam competência aos entes tributantes e às normas imunizantes. É como se primeiro ocorresse a incidência das normas imunizantes e, ato contínuo, ocorresse a supressão ou exclusão de parte dessa competência" (p. 110).

11. Sobre o entendimento de que a imunidade *não* se mostra como "limitação constitucional às competências tributárias", mas como *regra negativa de competência*, atuando dentro desta para reduzir-lhe o âmbito de eficácia (e, por isso mesmo, sendo "endógena" com relação à norma de competência), cf. CARVALHO, Paulo de Barros. *Curso de direito tributário*. 18 ed. rev. e atual. São Paulo: Saraiva, 2007, p. 182-184. A propósito, para o autor (CARVALHO, Paulo de Barros. *Direito tributário, linguagem e método*, cit., p. 310-313), a imunidade não pode ser uma "limitação constitucional às competências impositivas" porquanto não existe uma cronologia que estipule hoje o nascimento (da competência) e a mutilação dela (pela imunidade) no amanhã. Traduz-se, sim, em "esquema sintático proibitivo ou vedatório" (p. 312). Nessa esteira, cf., ainda, CHIESA, Clélio (*A competência tributária do Estado brasileiro...*, cit., p. 111), o qual afirma que a tese de que a "imunidade seria uma limitação constitucional às competências tributárias", conquanto cativante, padece de equívoco, pelo fato de pressupor "a existência de cronologia entre as normas de outorga de competência e as que contemplam hipóteses de imunidades".
12. A expressão *incompetência tributária* encontra menção nas seguintes obras de CARVALHO, Paulo de Barros: (1) *Curso de direito tributário*, cit., p. 195-196 e (2) *Direito Tributário, linguagem e método*, cit., p. 341-342. O registro da expressão e também o de seu idealizador foram igualmente feitos por MELO, José Eduardo Soares de. *Curso de direito tributário*, cit., p. 146.
13. Cf. GRUPENMACHER, Betina Treiger, segundo a qual o fenômeno da imunidade "não se trata, genuinamente, de uma regra de incompetência, mas de uma regra que impede o fenômeno da incidência" (*Competência tributária e imunidades dos livros e do papel...*, cit., p. 164). Na mesma direção, em artigo da própria autora, v. GRUPENMACHER, Betina Treiger. Imunidade tributária – Reflexões acerca de seu conceito e perfil constitucional. In: TÔRRES, Heleno Taveira (Coord.). *Teoria geral da obrigação tributária* – Estudos em homenagem ao professor José Souto Maior Borges. São Paulo: Malheiros, 2005, p. 844.
14. CARVALHO, Paulo de Barros. *Curso de direito tributário*, cit. p. 198. Nesse sentido, v. CHIESA, Clélio. *A competência tributária do Estado brasileiro...*, cit., p. 124.
15. Para a definição de imunidade tributária como *norma de não incidência* (*constitucionalmente qualificada*), entre outros, v. FALCÃO, Amílcar de Araújo. *Fato gerador da obrigação tributária*, cit., p. 64; ULHÔA CANTO, Gilberto de. *Temas de direito tributário*. Rio de Janeiro: Alba, 1964. v. 3, p. 190; NOGUEIRA, Ruy Barbosa. *Curso de direito tributário*, cit., p. 167; SOUSA, Rubens Gomes de. *Compêndio de legislação tributária*, cit., p. 96-97; MAIOR BORGES, José Souto. *Teoria geral da isenção tributária*, cit., p. 218; CARRAZZA, Elizabeth Nazar. Imunidade tributária das instituições de educação. *Revista de direito tributário*, n. 3, ano II, São Paulo: Ed. RT, jan./mar. 1978, p. 167-172 (p. 167-168); GRUPENMACHER, Betina Treiger. *Competência tributária e imunidades dos livros e do papel...*, cit., p. 163 e 165; AMARO, Luciano. *Direito tributário brasileiro*. 10. ed. São Paulo: Saraiva, 2004, p. 272; DERZI, Misabel Abreu Machado. *Direito tributário, direito penal e tipo*, cit., p. 206.
16. Sobre o entendimento de que a imunidade *não* se mostra como uma modalidade de "não incidência constitucionalmente qualificada", entre outros, cf. CARVALHO, Paulo de Barros (*Direito tributário, linguagem e método*, cit., p. 315-318), porquanto não se pode admitir, contraditoriamente, uma incidência de regra que não incida. Sobre a impropriedade, cf., ainda, Bernardo Ribeiro de Moraes *apud* CARVALHO, Paulo de Barros. Idem, p. 317; CHIESA, Clélio. *A competência tributária do Estado brasileiro...*, cit., p. 106-109; e, por fim, COÊLHO, Sacha Calmon Navarro. *Teoria geral do tributo e da exoneração tributária*. São Paulo: Ed. RT, 1982, p. 130.

em vista que não trata da problemática adstrita à "incidência do tributo", mas daquela afeta ao momento que a antecede na lógica temporal da relação jurídico-tributária, ou seja, ao momento da percussão tributária.[17] Nesse rumo, para Betina Treiger Grupenmacher,[18] "as normas de imunidade são assim 'normas vedatórias da incidência' com *status* constitucional".

A nosso sentir, o legislador ordinário, quando descreve essa norma jurídica, está impedido de inserir no polo passivo da relação jurídico-tributária as pessoas e situações guarnecidas pelo manto protetor de uma norma imunizante, sob pena de inafastável inconstitucionalidade. Por muito maior razão, não o poderá fazer a Administração Fazendária, que, interpretando e aplicando a lei, pretender furtar-se do dever de obediência às limitações imunitórias ao *poder de tributar do Estado*. Tudo isso porque, quanto à norma imunizante, "sua intronização no texto constitucional é índice da importância da decisão de não tributar".[19]

Observa-se, assim, um *efeito reflexo* resultante da norma jurídica que torna a tributação imune: tal norma, de um lado, impede que a entidade impositora avance no mister tributacional em detrimento da pessoa ou situação protegidas e, de outro, confere aos beneficiários da imunidade um direito público subjetivo[20] de não serem incomodados pela via do tributo. Assim, a norma imunizadora, nesse duplo papel, ao mesmo tempo em que delineia a competência tributária, restringindo-a negativamente, outorga a seu destinatário o direito de não sofrer a ação tributária do Estado – o que lhe dá o timbre de norma jurídica atributiva.[21]

Em tempo, é importante frisar que o STF já teve oportunidade de se manifestar no sentido de que as imunidades e os princípios tributários são *limitações constitucionais ao poder de tributar*, detendo a estatura de *cláusulas pétreas* – limites não suprimíveis por emenda constitucional,[22] uma vez asseguradores de direitos e garantias individuais (art. 60, § 4º, IV, CF) e aptos ao resguardo de princípios, interesses e valores, tidos como fundamentais pelo Estado.

Outrossim, não obstante a imunidade tributária se ponha como questão afeta ao direito positivo – em razão da outorga de competência pelo direito constitucional positivo

---

17. V. CARVALHO, Paulo de Barros. *Curso de direito tributário*, cit., p. 198.
18. GRUPENMACHER, Betina Treiger. Competência tributária e imunidades dos livros e do papel..., cit., p. 166; GRUPENMACHER, Betina Treiger. Imunidade tributária – Reflexões acerca de seu conceito e perfil constitucional..., cit., p. 847. (Grifos da autora).
19. CARVALHO, Rogério Tobias de. *Imunidade tributária e contribuições para a seguridade social*. Rio de Janeiro: Renovar, 2006, p. 107.
20. Para a associação de imunidade tributária a um *direito público subjetivo*, entre outros, v. CARRAZZA, Roque Antonio. *Curso de Direito Constitucional Tributário*, cit., p. 773; COSTA, Regina Helena. *Imunidades tributárias*: teoria e análise da jurisprudência do STF. 2. ed. rev. e atual. São Paulo: Malheiros, 2006, p. 51; e, por fim, TORRES, Ricardo Lobo. *Tratado de direito constitucional, financeiro e tributário* – Os direitos humanos e a tributação: imunidades e isonomia. Rio de Janeiro: Renovar, 1999, v. III, p. 61.
21. V. FERREIRA SOBRINHO, José Wilson. *Imunidade tributária*. Porto Alegre: SaFe, 1996, p. 102.
22. Acerca da imutabilidade das cláusulas pétreas, BRITTO, Carlos Ayres assim dispõe: "(...) As cláusulas pétreas são aquela parte da Constituição que não admite sequer a exceção das emendas (...)" (A Constituição e o monitoramento de suas emendas. *Direito do estado*: novos rumos. São Paulo: Max Limonad, 2001, t. 1, p. 66).

–, não se pode pretender isolá-la do espectro garantidor dos *direitos fundamentais*. Daí se assegurar que, entre os direitos fundamentais positivados no plano constitucional moderno, incluem-se, com importante destaque, as imunidades tributárias.[23]

Como se pôde notar, coexistem várias definições para a *imunidade tributária*, em diferentes perspectivas. Os teóricos tendem a mudar um elemento conceitual aqui, outro acolá, e as propostas demarcatórias do signo guerreado sobejam no arcabouço doutrinário.

Nesse ínterim, longe de buscar a fórmula conceitual perfeita[24] – até porque foi possível perceber, nas breves linhas em epígrafe, que o termo é plurívoco[25] –, e procurando manter a inflexível fidelidade aos parâmetros doutrinários, assim conceituamos *imunidade tributária*:

> Norma constitucional de exoneração tributária que, justificada no plexo de caros valores proclamados na Carta Magna, inibe negativamente a atribuição de competência impositiva e credita ao beneficiário o direito público subjetivo de não incomodação perante os entes tributantes.

Posto isso, a norma imunitória determina até onde o poder tributário pode agir, delineando os contornos da competência tributária das entidades políticas e, também, revelando um direito subjetivo impenetrável de todos aqueles que se põem, direta ou indiretamente, como destinatários de seus protetivos efeitos.

2. A IMUNIDADE TRIBUTÁRIA PARA A MÚSICA E A DIFUSÃO DA CULTURA

No que concerne à *imunidade tributária para a música*, o desiderato do legislador constituinte, ao vedar a cobrança de impostos sobre os fonogramas, videofonogramas e seus suportes materiais ou arquivos digitais, foi o de homenagear a cultura difundível por esses veículos.

Em nosso *Manual de Direito Tributário*, já tivemos oportunidade de destacar:

> Com efeito, o afastamento da tributação vem proteger a livre manifestação de pensamento e a expressão da atividade artística e intelectual, sem embargo de dar guarida à livre comunicação e ao

---

23. Para a associação de imunidade tributária a um *direito fundamental*, ver o artigo de GRUPENMACHER, Betina Treiger. Tributação e direitos fundamentais. In: FISCHER, Octavio Campos (Coord.). GRUPENMACHER, Betina Treiger et al. *Tributos e direitos fundamentais*. São Paulo: Dialética, 2004, p. 9-17; e, ainda, da mesma autora, Imunidade tributária – Reflexões acerca de seu conceito e perfil constitucional..., cit., p. 853-855.
24. Sobre a falta de consenso doutrinário quanto à real natureza da norma imunizante, v. MELO, José Eduardo Soares de. *Curso de direito tributário*, cit., p. 146. A propósito, com riqueza de detalhes, v. CARVALHO, Paulo de Barros, o qual faz análise densa e vasta do cabimento semântico das inúmeras possibilidades conceituais ofertadas pela doutrina (*Direito tributário, linguagem e método*, cit., p. 308-343), terminando por sugerir um conceito por ele elaborado (p. 341-343). E o mesmo autor adverte que "o estudo científico das imunidades jurídico-tributárias não encontrou ainda uma elaboração teórica metodologicamente adequada ao conhecimento de sua fenomenologia" (CARVALHO, Paulo de Barros. *Curso de direito tributário*, cit., p. 180). Por fim, v. TORRES, Ricardo Lobo (*Tratado de direito constitucional, financeiro e tributário*..., cit., p. 39), para quem "da mesma forma que a liberdade é indefinível, também são insuscetíveis de definição os direitos da liberdade e as imunidades que deles emanam, inclusive as imunidades tributárias."
25. V. CHIESA, Clélio. *A competência tributária do Estado brasileiro*..., cit., p. 113.

irrestrito acesso à informação. Não é demasiado perceber que toda essa liberdade almejada deságua, em última análise, no *direito à educação*, que deve ser fomentado pelo Estado, visando ao pleno desenvolvimento da pessoa e ao seu preparo, para o exercício da cidadania, e à sua qualificação para o trabalho, na atividade de aprender, ensinar, pesquisar e divulgar a arte, o pensamento e o saber (art. 5º, IV, IX, XIV, XXVII; arts. 205, 206, II, 215 e 220, §§ 2º e 6º, todos da CF).[26]

A propósito, a *cultura* pode ser considerada como toda manifestação do homem, seja artística, literária, musical, desportiva, religiosa, gastronômica, capaz de introduzi-lo no meio social. No plano lexicográfico, o verbete "cultura" encontra-se dicionarizado, representando o conjunto de características humanas que não são inatas, e que se criam e se preservam ou aprimoram através da comunicação e cooperação entre indivíduos em sociedade. [...] A parte ou o aspecto da vida coletiva, relacionados à produção e transmissão de conhecimento, a criação intelectual e artística. O processo ou estado de desenvolvimento social de um grupo, um povo, uma nação, que resulta do aprimoramento de seus valores, instituições, criações etc.; civilização e progresso. Atividade e desenvolvimento intelectuais de um indivíduo; saber, ilustração, instrução.[27]

Nessa esteira, como veículos difusores de informação, educação, lazer, entretenimento e liberdade de expressão – em resumo, da própria cultura musical de um povo –, os fonogramas, videofonogramas e os suportes materiais ou arquivos digitais que os contenham foram protegidos pela imunidade tributária por constituírem acervo do patrimônio da cultura nacional brasileira.

Em tempo, frise-se que a defesa da cultura nacional é de *competência comum* da União, Estados, Distrito Federal e Municípios, conforme dispositivo constitucional:

> Art. 23. É competência comum da União, dos Estados, do Distrito Federal e dos Municípios:
> V – proporcionar os meios de acesso à cultura, à educação e à ciência.

Com efeito, os meios de difusão da nossa cultura desfrutam de proteção constitucional e estatal, com o nobre propósito de fazê-la alcançar ilimitadamente todas as classes sociais. Aliás, os entes federados devem incentivar a educação e cultura, visando ao seu constante enriquecimento, o que servirá inexoravelmente como um dos meios de identificação de um povo entre a diferentes civilizações. Nessa medida, as manifestações culturais do nosso povo, de nossa gente, jungidas ao contexto artístico-musical, revelam-se como impenetráveis garantias, agora sob os efeitos protetores da imunidade tributária.

Segundo Leandro Paulsen, "a imunidade de impostos destinada aos meios de comunicação, culturais e educacionais lastreia-se (...) no mesmo princípio de uma vedação absoluta ao poder de tributar, objetivando permitir: a) liberdade de imprensa; b) liberdade de veiculação de ideias; c) liberdade de difusão cultural; d) liberdade no âmbito da educação".[28]

---

26. SABBAG, Eduardo. *Manual de Direito Tributário*. 15. ed. São Paulo: Saraiva, 2023, p. 402-403.
27. FERREIRA, Aurélio Buarque de Holanda. *Novo dicionário da língua portuguesa*. 2. ed. 24. impr. Rio de Janeiro: Ed. Nova Fronteira, 1986, p. 508, verbete "cultura".
28. PAULSEN, Leandro. *Direito tributário*: Constituição e código tributário nacional à luz da doutrina e da jurisprudência. 15. ed. Porto Alegre: Livraria do Advogado, 2013, p. 223.

Com a novel modificação no texto constitucional, houve por bem o nosso constituinte que, para além da decantada *imunidade de imprensa*, burilada na alínea "d" do inciso VI do art. 150 da CF, conferiu guarida à obra artística musical brasileira, no bojo da *imunidade para a música*.

3. A IMUNIDADE TRIBUTÁRIA PARA A MÚSICA E O PROPÓSITO INIBITÓRIO DA CONTRAFAÇÃO

Conforme já se assinalou, a recente previsão constitucional objetivou frear a contínua queda e enfraquecimento da indústria fonográfica brasileira, provocada em grande parte pelo deletério comércio paralelo de réplicas das obras musicais – sempre vendidas a preços reduzidos e com qualidade equivalente. Tal realidade é conhecida de todos como *pirataria*, cuja prática consiste na reprodução de obras sem a prévia autorização de seus autores.

O art. 5º, XXVII, da CF garante aos autores o direito de utilização, publicação e reprodução de suas obras, sendo assegurada a devida *proteção*, conforme disposto no inciso XXVIII do comando normativo supramencionado. Ocorre que essa proteção vem sendo desafiada acintosamente por contrafatores, os quais oferecem ao mercado produtos "pirateados", provocando uma concorrência desleal com os autores das obras originais.

Não é sem razão que, no Código Penal, o tema é tratado na perspectiva da violação de direito autoral (Título III. *Dos Crimes Contra a Propriedade Imaterial*; Capítulo I. *Dos Crimes Contra a Propriedade Intelectual*), consoante o disposto no art. 184, §§ 1º e 2º:

> Art. 184. Violar direitos de autor e os que lhe são conexos: (...)
>
> § 1º Se a violação consistir em reprodução total ou parcial, com intuito de lucro direto ou indireto, por qualquer meio ou processo, de obra intelectual, interpretação, execução ou fonograma, sem autorização expressa do autor, do artista intérprete ou executante, do produtor, conforme o caso, ou de quem os represente:
>
> Pena – reclusão, de 2 (dois) a 4 (quatro) anos, e multa.
>
> § 2º Na mesma pena do § 1º incorre quem, com o intuito de lucro direto ou indireto, distribui, vende, expõe à venda, aluga, introduz no País, adquire, oculta, tem em depósito, original ou cópia de obra intelectual ou fonograma reproduzido com violação do direito de autor, do direito de artista intérprete ou executante ou do direito do produtor de fonograma, ou, ainda, aluga original ou cópia de obra intelectual ou fonograma, sem a expressa autorização dos titulares dos direitos ou de quem os represente. (Grifos nossos)

É curioso notar que o STF já teve a oportunidade de indeferir *habeas corpus* em que a Defensoria Pública do Estado de São Paulo requeria, com supedâneo no *princípio da adequação social*, a declaração de atipicidade da conduta imputada a condenado – um vendedor de CDs e DVDs "pirateados", falsificados ou contrafeitos. Isso porque, no entender da douta Defensoria Pública, a referida conduta seria socialmente adequada, haja vista que a coletividade não recrimina, de fato, tal praticante, mas, ao contrário, estimula a sua prática em virtude dos altos preços desses produtos, insuscetíveis de serem adquiridos por grande parte da população. Como é sabido, entre as funções do *princípio da adequação* está a de restringir o âmbito de abrangência do tipo penal, limitando a sua exegese, e dele elidindo as condutas consideradas socialmente adequadas e aceitas pela sociedade.

Urge mencionar que o STF refutou a tese em epígrafe, sob o entendimento de que a "tolerância social" não convalida a conduta ilícita do contrafator. Na mesma esteira, seguiu o STJ, consoante se nota nas ementas abaixo reproduzidas:

> Ementa (I): Penal e processual penal. *Habeas corpus*. Crime de violação de direito autoral. Venda de cd's "piratas". *Alegação de atipicidade da conduta por força do princípio da adequação social. Improcedência.* Norma incriminadora em plena vigência. Ordem denegada. I. A conduta do paciente amolda-se perfeitamente ao tipo penal previsto no art. 184, § 2º, do Código Penal. II. Não ilide a incidência da norma incriminadora a circunstância de que a sociedade alegadamente aceita e até estimula a prática do delito ao adquirir os produtos objeto originados de contrafação. III. *Não se pode considerar socialmente tolerável uma conduta que causa enormes prejuízos ao Fisco pela burla do pagamento de impostos, à indústria fonográfica nacional e aos comerciantes regularmente estabelecidos.* IV. Ordem denegada. (HC 98.898, rel. Min. Ricardo Lewandowski, 1ª T., j. em 20.04.2010) (Grifos nossos)
>
> Ementa (II): (...) *esta Corte Superior firmou o entendimento de que a aceitação popular à contrafação de CDs e DVDs não imuniza seu autor contra as consequências penais da referida conduta, sendo vedada a aplicação dos princípios da insignificância e adequação social*. (...) (...) Em tais circunstâncias, não há como reconhecer o caráter bagatelar do comportamento imputado, não só pelo bem jurídico tutelado, mas pelas características do delito que, pela disseminação das mídias, animada pelo motivo de lucro, imprime à conduta reprovabilidade suficiente para concluir pela adequação social e necessidade de intervenção estatal. (...) (AgRg no AREsp 60.864-RS, rel. Min. Sebastião Reis Júnior, 6ª T., j. em 07.05.2013) (Grifo nosso)[29]

Posto isso, evidencia-se que a jurisprudência pátria orienta-se no sentido de considerar, típica, formal e materialmente, a conduta prevista no artigo 184, §§ 1º e 2º, do Código Penal, rechaçando, assim, a adoção do *princípio da adequação social*.

Da mesma forma, a jurisprudência acabou por demolir a tese da aplicação do *princípio da insignificância*. Com efeito, sabe-se que tal postulado não se vincula tão somente ao valor econômico dos bens apreendidos. Diferentemente, tal princípio carece de dimensionamento à luz do grau de reprovabilidade da conduta, o qual, nesses casos, é alto, tendo em vista as consequências deletérias para as artes, a cultura e a economia do país – o que comumente se noticia na mídia em geral. A propósito, é ilustrativo o excerto adiante reproduzido:

---

29. Ver, ainda, no mesmo sentido: (I) AgRg nos EDcl no AREsp 265.891-RS, rel. Min. Campos Marques (Desembargador convocado do TJ/PR), 5ª T., j. em 07.05.2013; (II) AgRg no AREsp 97.669-SC, rel. Min. Alderita Ramos de Oliveira (Desembargadora convocada do TJ/PE), 6ª T., j. em 05.02.2013; (III) AgRg no REsp/MS 1.306.420, rel. Min. Laurita Vaz, 5ª T., j. em 21.05.2013; (IV) AgRg no REsp 1.356.243/MS, rel. Min. Marco Aurélio Bellizze, 5ª T., j. em 12.03.2013; (V) HC 175.811/MG, rel. Min. Adilson Vieira Macabu (Desemb. Convocado do TJ/RJ), 5ª T., j. em 12.06.2012; (VI) HC 233.230/MG, rel. Min. Jorge Mussi, 5ª T., j. em 16.04.2013; (VII) HC 233.382/SP, rel. Min Og Fernandes, 6ª T., j. em 07.03.2013; e (VIII) REsp 1.193.196/MG, rel. Min. Maria Thereza de Assis Moura, 3ª T., j. em 26.09.2012.

Ementa: (...) II. No caso posto em análise, trata-se da exposição à venda de 74 (setenta e quatro) cópias contrafeitas de CDs e DVDs de títulos diversos, sem expressa autorização dos titulares dos direitos ou de quem os represente. III. Tal conduta não é dotada de uma mínima ofensividade, inexpressiva lesividade ao bem jurídico tutelado, tampouco de reduzido grau de reprovabilidade, porque, *além de violar seriamente o direito autoral, causa grandes prejuízos, não apenas aos artistas, mas também aos comerciantes regularmente estabelecidos, a todos os integrantes da indústria fonográfica nacional e, ainda, ao Fisco.* IV. A propagação do comércio de mercadorias "pirateadas", com o objetivo de lucro, revela alto grau de reprovabilidade da conduta do agente, que, embora rotineira, não a torna socialmente adequada e aceitável. (...) (HC 214.978/SP, rel. Min. Assusete Magalhães, 6ª T., j. em 06.09.2012) (Grifos nossos)

Da mesma forma, não se olvide do fato de que a comercialização de produtos "piratas" é – com certa tolerância estatal, reconhece-se – objeto de fiscalização e repressão do Estado, e vem sendo alvo de medidas de contenção. Observe a ementa que trata desse aspecto:

Ementa: (...) *O fato de, muitas vezes, haver tolerância das autoridades públicas em relação a tal prática, não pode e não deve significar que a conduta não seja mais tida como típica, ou que haja exclusão de culpabilidade, razão pela qual, pelo menos até que advenha modificação legislativa, incide o tipo penal, mesmo porque o próprio Estado tutela o direito autoral.* (...) Além do mais, não se pode considerar socialmente tolerável uma conduta que causa sérios prejuízos à indústria fonográfica brasileira e aos comerciantes legalmente instituídos, bem como ao Fisco, pelo não pagamento de impostos, sendo certo que, de acordo com o que se depreende da denúncia, no caso concreto, trata-se de várias dezenas de CD's e DVD's, de título variados, falsificados. *Destaque-se, ainda, que a "pirataria" é combatida por inúmeros órgãos institucionais, como o Ministério Público e o Ministério da Justiça, que fazem, inclusive, campanhas em âmbito nacional destinadas a combater tal prática.* (...) (AgRg no REsp 1.18.8810-MG, rel. Min. Maria Thereza de Assis Moura, 6ª T., j. em 17.04.2012) (Grifos nossos)

É nesse contexto que, em 23 de outubro de 2013, o STJ editou a Súmula 502, com o seguinte enunciado: "Presentes a materialidade e a autoria, afigura-se típica, em relação ao crime previsto no art. 184, § 2º, do CP, a conduta de expor à venda CDs e DVDs 'piratas'."

Diante do exposto, dando asas à interpretação sistemática do fenômeno, nota-se que a ciência penal já apresentava a todos o elevado grau de reprovabilidade da conduta, ofertando um favorável ambiente à modificação da Constituição. Afinal, à luz da *interpretação evolutiva*, faz-se mister a sistemática informal de reforma do texto constitucional, a qual se traduz na "atribuição de novos conteúdos à norma constitucional, sem modificação de seu teor literal, em razão de mudanças históricas ou de fatores políticos e sociais que não estavam presentes nas mentes dos constituintes", conforme se depreende das lições de Luís Roberto Barroso.[30]

Nessa medida, ao desonerar de impostos as obras musicais, o constituinte oportuniza ao consumidor contato com as obras originais por preços acessíveis, além desestimular o comércio paralelo de obras "pirateadas".

---

30. BARROSO, Luis Roberto. *Interpretação e aplicação da Constituição*: fundamentos de uma dogmática constitucional transformadora. 5. ed. rev., atual. e ampl. São Paulo: Saraiva, 2003, p. 146.

4. OS CONCEITOS TÉCNICOS EMPREGADOS NO TEXTO DA NORMA DO ART. 150, VI, "E", CF

O dispositivo em epígrafe apresenta inúmeros termos técnicos, com um certo viés esotérico, demandando uma precisa tradução. Notemos o preceptivo:

> Art. 150. Sem prejuízo de outras garantias asseguradas ao contribuinte, é vedado à União, aos Estados, ao Distrito Federal e aos Municípios: (...)
> VI – instituir impostos sobre:(...)
> e) fonogramas e videofonogramas musicais produzidos no Brasil contendo obras musicais ou literomusicais de autores brasileiros e/ou obras em geral interpretadas por artistas brasileiros bem como os suportes materiais ou arquivos digitais que os contenham, salvo na etapa de replicação industrial de mídias ópticas de leitura a *laser*.

Apenas para reforçar, observa-se que o dispositivo supracitado faz menção tão somente a uma espécie de tributo – o *imposto*. Assim, a *imunidade para a música* veda a incidência de impostos sobre os fonogramas, videofonogramas e os suportes materiais ou arquivos digitais que os contenham.

Fonograma é o "registro exclusivamente sonoro em suporte material, como disco, fita magnética etc."[31] Em termos simples, podemos dizer que *fonograma* é toda gravação de som. A propósito, o conceito encontra-se normatizado, consoante se observa no art. 5º, IX, da Lei sobre os Direitos Autorais 9.610/98:

> Art. 5º Para os efeitos desta Lei, considera-se:
> IX – fonograma – toda fixação de sons de uma execução ou interpretação ou de outros sons, ou de uma representação de sons que não seja uma fixação incluída em uma obra audiovisual;

Por sua vez, *videofonograma* é o "produto da fixação de imagem e som em suporte material".[32] A título de exemplificação, podemos citar a gravação da imagem e do som de um *show* em um DVD.

Os *suportes materiais*, tais como DVDs, CDs, *Blu-Ray*s, também serão objeto de desoneração de impostos. Da mesma forma, a desoneração alcançará os *arquivos digitais*, *v.g.*, músicas baixadas pela *internet* ou por meio de aplicativos de música para celular.

Registre-se que a imunidade deve alcançar fonogramas e videofonogramas que contenham obras musicais ou literomusicais. Desse modo, estarão abarcadas as gravações de som e, igualmente, aquelas que unem "som e letra", no bojo do processo de criação.

---

31. FERREIRA, Aurélio Buarque de Holanda. *Novo dicionário da língua portuguesa*. 2. ed., 24. impr. Rio de Janeiro: Ed. Nova Fronteira, 1986, p. 797, verbete "fonograma".
32. FERREIRA, Aurélio Buarque de Holanda. *Novo dicionário da língua portuguesa*. 2. ed., 24. impr. Rio de Janeiro: Ed. Nova Fronteira, 1986, p. 1775, verbete "videofonograma".

5. OS IMPOSTOS AFASTADOS POR FORÇA DA IMUNIDADE PARA A MÚSICA

A *imunidade para a música* possui característica *objetiva*, pois afeta apenas os objetos relacionados à música, a saber, o ICMS, entre outros. Aqueles tributos incidentes sobre a gravadora (IPTU, IPVA, taxas, contribuições) continuarão a incidir normalmente, porquanto a norma imunizante é clara ao desonerar apenas as obras musicais e os objetos afetos a ela.

Na fase preliminar de produção de CDs, DVDs e BDs (ou *Blu-rays discs*) – contratação de estúdio, músico, mixagem –, há a normal incidência de dois impostos: o IR e o ISS (este por força dos subitens 13.02 e 13.03 da lista anexa à LC 116/2003).[33] A nosso ver, a imunidade deve alcançar essa etapa, embora saibamos que os dois impostos desfrutem de razoável justificativa para a incidência: o IR, por onerar a pessoa jurídica, e não o bem musical; o ISS, por alcançar a prestação de serviço, e não o próprio bem. Estamos cientes de que, em nenhum dos casos, o imposto atinge diretamente o fonograma ou videofonograma. Não obstante, entendemos que tal etapa preambular de produção incorpora custos tributários no produto musical, o qual começará ali a percorrer as etapas de produção em direção ao consumidor final. Portanto, há de se desonerar o bem do custo dos impostos, tudo em homenagem ao vetor axiológico que a norma pretende realizar.

Após a elaboração da matriz, deverá ocorrer o processo de replicação da mídia – etapa que não está abrangida pela imunidade, conforme se detalhará no tópico seguinte.

Ao final do ciclo, na fase de distribuição e comercialização, é comum a incidência do IR e do ICMS. À semelhança do que se argumentou na fase preambular, explicada em parágrafo anterior, pugnamos pelo afastamento do IR e, fundamentalmente, do ICMS, até hoje exigido na sistemática da *substituição tributária progressiva* (ou *para frente*). Portanto, o CD/DVD/BD, ao deixar a fábrica e seguir para o lojista, não mais provocará a recolha pelo fabricante do ICMS-ST, uma vez prevalecente a imunidade tributária. Aliás, com a norma imunizante vigente, a sistemática da substituição tributária para este bem perde todo o sentido.

6. A RESSALVA À IMUNIDADE: REPLICAÇÃO INDUSTRIAL DE MÍDIAS ÓPTICAS DE LEITURA *A LASER*

O novo comando constitucional ressalva da imunidade para a música a replicação industrial de mídias ópticas de leitura *a laser*. Assim, a reprodução das obras musicais, a partir da matriz produzida, não será guarnecida pelo manto protetor da imunidade tributária. A ressalva foi defendida aguerridamente pela bancada amazonense, no processo de aprovação da PEC, no intuito de conferir proteção à etapa de reprodução do bem, comumente realizada pelas indústrias instaladas na Zona Franca de Manaus.

---

33. Subitem 13.02: Fonografia ou gravação de sons, inclusive trucagem, dublagem, mixagem e congêneres; Subitem 13.03: Fotografia e cinematografia, inclusive revelação, ampliação, cópia, reprodução, trucagem e congêneres.

Não foi sem razão que a EC 75/2013, logo na semana de sua "gestação", provocou reações adversas: em 18.10.2013, o Estado do Amazonas ingressou com uma Ação Direta de Inconstitucionalidade 5.058 para impugnar a validade da indigitada Emenda, sob a alegação de que a *imunidade para a música* provocaria prejuízos ao modelo de estímulo regional da Zona Franca de Manaus, bem como a violação aos art. 150, I da CF e 40 e 92 do ADTC.

Em termos resumidos, o Estado do Amazonas alega violação ao princípio da legalidade tributária e aduz que a norma desonerativa ocasionará perdas econômicas à região incentivada, desestabilizando um modelo que é responsável, de há muito, pela redução de desigualdades regionais e sociais nas terras amazonenses. À guisa de ilustração, cite-se o trecho ADI 5.058, o qual ilustra o cenário:

> Ao conceder a imunidade tributária aos fonogramas e videofonogramas e aos suportes materiais ou arquivos digitais que os contenham, a Emenda acaba por violar princípios e dispositivos que resguardam a Zona Franca de Manaus, causando grave desequilíbrio regional que constituinte originário pretendeu evitar. Isso porque a ressalva atinente às etapas de replicação industrial de mídias ópticas de leitura a *laser*, além de representar um casuísmo, não é suficiente para resguardar o Modelo da Zona Franca de Manaus.
>
> Por outro lado, demonstrar-se-á que a Emenda Constitucional 75/2013 merece, alternativamente, uma interpretação conforme que garanta a primazia da vontade do Constituinte Originário diante das características asseguradas à Zona Franca de Manaus por cláusula pétrea, enquanto perdurar o regime do art. 40 do ADCT, e, portanto, impassíveis de emenda (art. 60, § 4º, CF/88).

Com efeito, o novo dispositivo constitucional faz com que o Estado amazonense perca a exclusividade nas etapas da produção e distribuição dos CDs/DVDs/BDs no território nacional, competindo-lhe, de modo incentivado, apenas a fase de replicação. Nessa medida, as indústrias do segmento de produção e distribuição dos fonogramas e videofonogramas não precisam mais se instalar na Zona Franca de Manaus para usufruir os benefícios fiscais concedidos naquela região.

Em contrapartida, na Zona Franca de Manaus e nas demais regiões incentivadas, estão instaladas as empresas de replicação da obra musical, e, como a imunidade não afasta a incidência de impostos nessa fase, ainda remanesce um campo arrecadatório nesta etapa, por mais que sobre eles pese a força exonerativa dos incentivos fiscais.

7. A CRÍTICA AO TEXTO DA PRESENTE NORMA IMUNIZANTE

No plano textual, nota-se que a alínea "e" não foi prestigiada com a melhor técnica legislativa e, quiçá, estilística. A presença de lacunas e vícios, adiante demonstrados, tende a demandar grande esforço interpretativo dos operadores do Direito que precisarem decifrar a *mens legislatoris* com precisão.

De início, salta aos olhos a presença incômoda de um pleonasmo vicioso, no momento em que se repete, desnecessariamente, o qualificativo "musicais" para os fonogramas e videofonogramas: "(...) fonogramas e videofonogramas musicais produzidos no Brasil contendo obras *musicais* (...)".

Entretanto, problema maior exsurge nas expressões lacunosas que compuseram o texto. Vamos a elas:

1. Produzidos no Brasil ("Fonogramas e videofonogramas musicais produzidos no Brasil..."): a "produção" no Brasil quer significar que a edição do fonograma se deu em estúdio localizado no Brasil? Que a execução do *show* do músico, para fins de elaboração do videofonograma, deve ter ocorrido no Brasil? Ora, perguntar-se-ia, com grande curiosidade: e se a edição do fonograma (som gravado de música brasileira) ou do videofonograma (show de artista brasileiro) for feita em território estrangeiro (estúdio em *Miami*, EUA)? Isso seria motivação bastante para o afastamento da imunidade? São dúvidas que avocarão intensos debates;

2. Fonogramas e videofonogramas exclusivamente musicais ("Fonogramas e videofonogramas musicais produzidos no Brasil contendo obras musicais ou literomusicais ..."): se o vetor axiológico que a norma imunizante visa prestigiar é a cultura artística, esta não pode ser amesquinhada quanto ao "tipo" de arte. A música é arte, mas há fonogramas e videofonogramas não musicais que também o são. Citem-se os recitais, os documentários e, avançando um tanto no tema, as peças teatrais e espetáculos variados (circenses, *stand-ups* etc.). A demarcação dos limites artísticos dessa *imunidade cultural* também deverá provocar candentes discussões;

3. A utilização ambígua no texto das partículas e/ou ("Fonogramas e videofonogramas musicais produzidos no Brasil contendo obras musicais ou literomusicais de autores brasileiros e/ou obras em geral interpretadas por artistas brasileiros..."): de início, convém enfrentarmos o viés gramatical da sequência empregada "e/ou", para, só após, decifrarmos o sentido jurídico no texto. As duas conjunções ("e" e "ou") trouxeram ao texto mais dúvidas do que clareza, principalmente em razão do uso da "barra". Isso porque os estudos linguísticos já protagonizaram aquecidas discussões sobre o alcance da controvertida sequência "e/ou" – escorreita, para uns; desnecessária, para outros. O dilema, na verdade, surge na interpretação da ambígua conjunção "ou", a qual possui dois valores: um *inclusivo* (Cobram-se tributos *ou* multas) e outro *exclusivo* (Cobram-se tributos *ou* multas). No primeiro caso, a cobrança alcança, de modo concomitante, as duas prestações pecuniárias; no segundo caso, a exigência se refere, alternativamente, ao tributo ou à multa, vale dizer, cobram-se tributos (excluídas as multas) ou se cobram multas (excluídos os tributos). A partir desse breve explicação lógico-gramatical, temos condições de confrontá-la com a hipótese constitucionalmente normatizada, assegurando, desde já, que o legislador teria querido proteger dois tipos de fonogramas ou videofonogramas:

(1) aqueles que contêm *obras* musicais ou literomusicais de autores brasileiros *e obras* em geral interpretadas por artistas brasileiros; e

(2) aqueles que contêm *obras* musicais ou literomusicais de autores brasileiros *ou obras* em geral interpretadas por artistas brasileiros.

Partindo da fácil premissa de que a expressão "obras em geral" é mais abrangente que "obras musicais ou literomusicais", somos instados a concluir, lógica e semanticamente, que a frase 2 apresentou a conjunção "ou" com o valor *inclusivo*, equivalendo à partícula "e". Não teria sentido a exclusão do contexto anterior, se o elemento posterior (*obras em geral*) o engloba. Em outras palavras, "e/ou" significaria "*e ou ou*", uma coisa concomitante à outra. Posto isso, entendemos que a sequência empregada "e/ou" mostrou-se redundante e pleonástica, podendo ter sido plenamente substituída pela simples partícula "e".

A partir desse subsídio gramatical, a questão jurídico-tributária central que exsurge é a seguinte: se a obra protegida é *geral*, esta inclui a obra artística musical e outras tantas, as quais podemos detectar por força da interpretação – os recitais, os documentários, os espetáculos em si (teatrais, musicais, cinematográficos, circenses) etc. A *contrario sensu*, se o intuito era proteger tão somente a obra artística musical, qual teria sido a razão em se mencionar no texto a expressão "obras em geral"? Nem precisamos adivinhar o imbróglio que tal inconsistência textual poderá provocar no enfrentamento da questão. Faltaram zelo e gramaticalidade ao constituinte;

4. *A "imunidade tupiniquim" e seu viés protecionista (Fonogramas e videofonogramas (...) contendo obras (...) de autores brasileiros e/ou obras (...) interpretadas por artistas brasileiros):* a louvável intenção de proteger a obra artística doméstica poderá encontrar severas barreiras no âmbito do Direito Internacional. Isso porque o Brasil, sendo membro da OMC (Organização Mundial do Comércio), está vinculado ao *Protocolo de Marrakesh*, que altera o antigo Acordo Geral sobre Tarifas e Comércio (*General Agreement on Tariffs and Trade* ou GATT[34]), a que devemos subserviência. Com efeito, as normas tarifárias do GATT – a par das hodiernas regras da OMC –, visando harmonizar as políticas aduaneiras entre os Estados signatários e coibir as práticas protecionistas, proíbem qualquer discriminação tributária que venha a se estabelecer entre produtos nacionais e estrangeiros.

Desse modo, é crível imaginar que os países signatários do GATT que se sentirem prejudicados com a interna medida protecionista poderão promover severas retaliações ao Brasil, sem embargo das sanções extrajurídicas que soem ser impostas, nesses casos, pelos organismos internacionais.

É fato que o confronto entre a norma constitucional e o preceito convencional vem, de há muito, provocando incessantes discussões entre os internacionalistas.[35] E, por mais que o STF tenha iterativamente pugnado pela prevalência do texto constitucional sobre os tratados comuns, incorporados ao direito interno com o mesmo *status* das leis ordinárias, é cediço que o "veredicto no jogo internacional" tende a ser insidiosamente diverso: corre-se o risco de o STF entender que o novel preceito imunizante não viola a Carta Política, todavia, de outra banda, o Brasil agonizar os inúmeros ônus econômicos do inadimplemento de um tratado, por força do art. 27 da Convenção de Viena sobre o Direito dos Tratados (Decreto 7.030, de 14 de dezembro de 2009).

Diante de tais lacunas e incongruências, acreditamos que o tema da *imunidade para a música* não se mostra "imune" ao panorama de alterabilidade, à luz da vindoura

---

34. A propósito, lê-se em nosso *Manual*: "Um importante acordo internacional em matéria tributária ao qual o Brasil aderiu é o GATT (Acordo Geral sobre Tarifas e Comércio), substituído pela OMC (Organização Mundial de Comércio), que entrou em vigor em 1º.01.1995, regulando a tributação de mercadorias exportadas ou importadas e a bitributação. À guisa de curiosidade, o GATT (Acordo Geral sobre Tarifas e Comércio) é um acordo firmado em 1947, na Suíça, sendo dele o Brasil um

    Estado-parte. Caracteriza-se como pacto que visa estabelecer e administrar regras para o procedimento em comércio internacional, ajudar os governos a reduzir tarifas alfandegárias ou aduaneiras e abolir as barreiras comerciais entre as partes contratantes. Vale dizer que, na esteira do intitulado tratamento nacional, o GATT prevê uma equivalência de tratamento entre o produto nacional e o produto importado quando ingressa em nosso território (SABBAG, Eduardo. *Manual de Direito Tributário*. 15. ed. São Paulo: Saraiva, 2023, p. 761).

35. Sobre o tema, são de notável precisão as palavras de Valerio de Oliveira Mazzuoli: "O problema da concorrência entre tratados internacionais e leis internas de estatura infraconstitucional pode ser resolvido, no âmbito do direito das gentes, em princípio, de duas maneiras. Numa, dando prevalência aos tratados sobre o direito interno infraconstitucional, a exemplo das constituições francesa de 1958 (art. 55), grega de 1975 (art. 28, § 1º) e peruana de 1979 (art. 101), garantindo ao compromisso internacional plena vigência, sem embargo de leis posteriores que o contradigam. Noutra, tais problemas são resolvidos garantindo-se aos tratados apenas tratamento paritário, tomando como paradigma leis nacionais e outros diplomas de grau equivalente. Ou seja, havendo conflito entre tratado e lei interna a solução é encontrada aplicando-se o princípio *lex posterior derogat priori*. O Brasil, segundo a Egrégia Corte, enquadra-se nesse segundo sistema (monismo nacionalista moderado). Há mais de vinte anos (desde 1977, com o resultado do RE 80.004) vigora na jurisprudência do STF o sistema paritário, em que o tratado, uma vez formalizado, passa a ter força de lei ordinária, podendo, por isso, revogar as disposições em contrário, ou ser revogado (*rectius*: perder eficácia) diante de lei posterior" (MAZZUOLI, Valerio de Oliveira. A opção do judiciário brasileiro em face dos conflitos entre tratados internacionais e leis internas. *Revista Meio Jurídico*, ano IV, n. 41, p. 36-41, jan. 2001).

jurisprudência e doutrina que deverão, oscilando aqui e ali, firmar-se. Há de se acompanhar a constante evolução do tema.

8. UMA TENTATIVA DE SIMULAÇÃO DA CASUÍSTICA

Em uma tentativa de simulação da casuística, percebe-se, em princípio – com a devida ressalva das críticas feitas no tópico precedente –, que a *imunidade para a música* demandará o preenchimento das seguintes condições:

> "Fonogramas e videofonogramas musicais [(1ª Condição) produzidos no Brasil] contendo obras musicais ou literomusicais de [(2ª Condição) autores brasileiros e/ou obras em geral interpretadas por artistas brasileiros] (...)

Logo, teremos:

1ª Condição: a obra deve ser produzida no Brasil;

2ª Condição: a obra deve ser de autor brasileiro (*melodia* ou *letra*) *ou* a obra deve ser interpretada por artista brasileiro.

Conclusão: se a obra artística musical não for de autor brasileiro (*melodia* ou *letra*) – for, por exemplo, de Mozart –, para a garantia da imunidade, bastará que a interpretação seja feita por um artista brasileiro. E outro detalhe decisivo: se, por outro lado, a obra *não* for produzida no Brasil (logo, não se preenchendo a 1ª condição), cessará imediatamente a cogitação de imunidade tributária. É o caso, por exemplo, salvo melhor juízo, de um músico que produz um CD, solo, instrumental, na Itália, interpretando apenas melodias (sem letra) compostas por autores mineiros.

Passemos a um quadro mnemônico para facilitar a compreensão da norma no plano pragmático:

Quadro Mnemônico				
1ª condição	A obra deve ser...	Produzida no Brasil		
2ª condição	a obra deve ter...	autoria brasileira (letra)	ou	interpretação por artista brasileiro
		ou		
		autoria brasileira (melodia)		

Aplicando tais *parâmetros*, teremos presente a imunidade tributária nas seguintes hipóteses:

1. CD produzido em Curitiba-PR, contendo música brasileira (melodia e letra de artista brasileiro);
2. CD produzido em São Paulo-SP, contendo música brasileira (letra), mas melodia de artista chileno;
3. CD produzido no Rio de Janeiro-RJ, contendo música chilena (letra), mas melodia de artista brasileiro;
4. CD produzido em Porto Alegre-RS, contendo música estrangeira (de autoria de Mozart), mas sendo interpretada por pianista brasileiro.

E para reforçar um pouco mais, no plano da casuística, será possível admitir que haverá imunidade tributária nas seguintes hipóteses:

– se um grupo musical produzir, no Rio Grande do Sul, um CD com melodias de autoria de artistas gaúchos e letras criadas por artistas uruguaios.

– se um grupo musical produzir, no Piauí, um DVD com canções, cujas melodias foram compostas por autores brasileiros, mas as letras foram compostas por autores paraguaios.

CONCLUSÕES

A EC 75/2013 veio revitalizar a garantia de acesso à cultura, prestando homenagem à livre manifestação do pensamento, à liberdade de expressão, ao acesso à informação e, sobretudo, ao direito à educação.

A contrafação, ao prejudicar sensivelmente os autores das obras, os empresários e a sociedade, é responsável por prejuízos expressivos para a nação, na medida em que aumenta o desemprego e reduz o recolhimento de impostos. Por tudo isso, acreditamos que a desoneração prevista no art. 150, VI, "e", da CF deverá provocar reflexos positivos na indústria fonográfica nacional, a qual vem, conforme se evidenciou, claudicando diante do "fantasma da pirataria".

Nesse passo, anseia-se que a imunidade tributária seja concretizada em sua plenitude, de modo que o consumidor seja o verdadeiro beneficiário da norma imunizante, pois, caso a benesse seja utilizada em favor da indústria fonográfica ou de interesses escusos, estará esvaziada a norma constitucional. Desse modo, far-se-á mister que as gravadoras e indústrias repassem a não incidência para o preço final dos produtos, sob pena de se frustrar o desiderato exonerativo. Resta aguardar o encaminhamento da norma diante da realidade, sem embargo de um atento acompanhamento no deslinde da ADI 5.058 no STF.

No plano fiscalizatório, todos podem contribuir: a *sociedade*, certificando-se da redução de preços dos bens protegidos na fase final da cadeia de consumo; e o *Estado*, fortalecendo dia a dia as medidas de combate à "pirataria", no intuito de mitigar os efeitos perniciosos da prática criminosa.

Na perspectiva exegética (e interdisciplinar) das *imunidades culturais* – alíneas "d" e "e" do art. 150. VI, da CF –, o cenário deverá ser promissor. Com efeito, é sabido que tanto a *imunidade de imprensa* como a *imunidade para a música* vêm ao encontro de semelhantes vetores axiológicos (cultura, informação, educação etc.). A depender da interpretação que se dará à novel norma imunizante, elastecendo ou comprimindo os seus efeitos protetivos, será inafastável concluir que tal exegese poderá repercutir no deslinde de casos ainda pendentes no âmbito da *imunidade de imprensa* (alínea "d"), *v.g.*, a imunidade do livro digital, dos *e-books*, dos insumos diversos do papel, entre outros. Da mesma forma, conforme esses *cases* venham a ser encerrados, reflexos também poderão ocorrer no âmbito da incipiente análise da *imunidade para a música*. Por isso, o "capítulo" no qual se desdobra o clássico embate entre a *interpretação literal* e a *interpretação extensiva*, na busca da melhor exegese das imunidades tributárias, está longe do seu fim.

Por derradeiro, as inconsistências do texto veiculador da *imunidade para a música*, demonstradas neste artigo, devem ceder passo a uma interpretação capaz de realizar os altaneiros objetivos da norma desonerativa que imuniza a obra artística musical, até porque "as normas constitucionais não podem ser interpretadas considerando somente a interpretação chamada 'literal' ou 'gramatical'. Deve considerar todo o ordenamento jurídico e, principalmente, os princípios que o norteiam, para que se encontre o real sentido e alcance da norma jurídica".[36]

É nesse tom que se justifica a interpretação ampliativa para a imunidade,[37] "levando em consideração seus objetivos e os princípios e valores que a norma pretende albergar (interpretação teleológica), bem como os demais dispositivos do ordenamento jurídico (interpretação sistemática)".[38]

Sem a pretensão de termos esgotado o novidadeiro assunto, que se mostra vocacionado a multifacetadas análises, essa é a nossa modesta visão sobre o tema das *imunidades musicais*.

REFERÊNCIAS

AMARO, Luciano. *Direito tributário brasileiro*. 10. ed. São Paulo: Saraiva, 2004.

ÁVILA, Humberto Bergmann. *Sistema constitucional tributário*. Sao Paulo: Saraiva, 2004.

BALEEIRO, Aliomar. *Direito tributário brasileiro*. 11. ed., 23. tir., atual. por Misabel Abreu Machado Derzi. Rio de Janeiro: Forense, 2010.

BALEEIRO, Aliomar. *Limitações constitucionais ao poder de tributar*. 7. ed., 2. tir., rev. e atual. por DERZI, Misabel Abreu Machado, Rio de Janeiro: Forense, 1998.

BARROSO, Luis Roberto. *Interpretação e aplicação da Constituição*: fundamentos de uma dogmática constitucional transformadora. 5. ed. rev., atual. e ampl. São Paulo: Saraiva, 2003.

BRITTO, Carlos Ayres. A Constituição e o monitoramento de suas emendas. *Direito do estado: novos rumos*. São Paulo: Max Limonad, 2001.

CANTO, Gilberto de Ulhôa. Algumas considerações sobre as imunidades tributárias dos entes públicos. *Revista de Direito Administrativo*, v. 52, abr./jun. 1958.

CARRAZZA, Elizabeth Nazar. Imunidade tributária das instituições de educação. *Revista de direito tributário*, nSão Paulo: Ed. RT, . 3, ano II, jan./mar. 1978.

CARRAZZA, Roque Antonio. *Curso de direito constitucional tributário*. 27. ed. rev., ampl. e atual. São Paulo: Malheiros, 2011.

CARVALHO, Paulo de Barros. *Curso de direito tributário*. 18 ed. rev. e atual. São Paulo: Saraiva, 2007.

---

36. PAZELLO, Fernanda Ramos. *Desonerações tributárias das operações de exportação*: a imunidade das contribuições sociais e a isenção do ISS. São Paulo, 2008. 133f. Dissertação (Mestrado em Direito do Estado – Orientador: Estevão Horvath) – Pontifícia Universidade Católica de São Paulo, p. 58. (Grifos da autora)
37. Sobre a necessidade de uma interpretação orientada pelos valores e princípios constitucionais para a exegese das normas imunizantes, v. CARRAZZA, Roque Antonio. *Curso de direito constitucional tributário*. 27. ed. rev., ampl. e atual. São Paulo: Malheiros, 2011, p. 781-783; GONÇALVES, José Artur Lima. A imunidade tributária do livro. In: MACHADO, Hugo de Brito (Coord.). *Imunidade tributária do livro eletrônico*. 2. ed. São Paulo: Atlas, 2003, p. 139 a 163 (p. 146); ver, ainda, o parecer de FALCÃO, Amílcar de Araújo. Imunidade e isenção tributária – Instituição de assistência social (Parecer), cit., p. 372.
38. PAZELLO, Fernanda Ramos. *Desonerações tributárias das operações de exportação...*, cit., p. 62.

CARVALHO, Paulo de Barros. *Direito tributário, linguagem e método*. São Paulo: Noeses, 2008.

CARVALHO, Rogério Tobias de. *Imunidade tributária e contribuições para a seguridade social*. Rio de Janeiro: Renovar, 2006.

CHIESA, Clélio. *A competência tributária do Estado brasileiro* – Desonerações nacionais e imunidades condicionadas. São Paulo: Max Limonad, 2002.

COÊLHO, Sacha Calmon Navarro. *Teoria geral do tributo e da exoneração tributária*. São Paulo: Ed. RT, 1982.

COSTA, Regina Helena. *Curso de direito tributário*: Constituição e código tributário nacional. São Paulo: Saraiva, 2009.

COSTA, Regina Helena. *Imunidades tributárias*: teoria e análise da jurisprudência do STF. 2. ed. rev. e atual. São Paulo: Malheiros, 2006.

DERZI, Misabel Abreu Machado. *Direito tributário, direito penal e tipo*. São Paulo: Ed. RT, 1988.

FALCÃO, Amílcar de Araújo. *Fato gerador da obrigação tributária*. 6. ed. Rio de Janeiro: Forense, 2002.

FALCÃO, Amílcar de Araújo. Imunidade e isenção tributária – Instituição de assistência social (Parecer). 9 de setembro de 1961. *Revista de Direito Administrativo*. v. 66. p. 367-375, out./dez. 1961.

FERREIRA SOBRINHO, José Wilson. *Imunidade tributária*. Porto Alegre: SaFe, 1996.

FERREIRA, Aurélio Buarque de Holanda. *Novo dicionário da língua portuguesa*. 2. ed., 24. impr. Rio de Janeiro: Ed. Nova Fronteira, 1986.

GONÇALVES, José Artur Lima. A imunidade tributária do livro. In: MACHADO, Hugo de Brito (Coord.). *Imunidade tributária do livro eletrônico*. 2. ed. São Paulo: Atlas, 2003.

GRUPENMACHER, Betina Treiger. Competência tributária e imunidades dos livros e do papel. In: DERZI, Misabel Abreu Machado; ALVARENGA, Alessandra Isabela Drummond de et al. (Coord.). *Competência tributária*. Belo Horizonte: Del Rey, 2011.

GRUPENMACHER, Betina Treiger. Imunidade tributária – Reflexões acerca de seu conceito e perfil constitucional. In: TÔRRES, Heleno Taveira (Coord.). *Teoria geral da obrigação tributária* – Estudos em homenagem ao professor José Souto Maior Borges. São Paulo: Malheiros, 2005.

GRUPENMACHER, Betina Treiger. Tributação e direitos fundamentais. In: FISCHER, Octavio Campos (Coord.). GRUPENMACHER, Betina Treiger et al. *Tributos e direitos fundamentais*. São Paulo: Dialética, 2004.

MACHADO, Hugo de Brito. *Curso de direito tributário*. 29. ed. São Paulo: Malheiros, 2008.

MAIOR BORGES, José Souto. Interpretação das normas sobre isenções e imunidades. Hermenêutica no direito tributário. In: MORAES, Bernardo Ribeiro de et al. *Interpretação no direito tributário*. São Paulo: Saraiva; EDUC, 1975.

MAIOR BORGES, José Souto. *Teoria geral da isenção tributária*. 3. ed., 3. tir. São Paulo: Malheiros, 2011.

MAZZUOLI, Valerio de Oliveira. A opção do judiciário brasileiro em face dos conflitos entre tratados internacionais e leis internas. *Revista Meio Jurídico*, ano IV, n. 41, p. 36-41. jan. 2001.

MELO, José Eduardo Soares de. *Curso de direito tributário*. 6. ed. rev. e atual. São Paulo: Dialética, 2005.

NOGUEIRA, Ruy Barbosa. *Curso de direito tributário*. 14. ed. São Paulo: Saraiva, 1995.

PAZELLO, Fernanda Ramos. *Desonerações tributárias das operações de exportação*: a imunidade das contribuições sociais e a isenção do ISS. Dissertação de Mestrado em Direito do Estado. São Paulo: PUC, 2008 (Orientador: Estevão Horvath).

PAULSEN, Leandro. Direito tributário: *Constituição e Código Tributário Nacional à luz da doutrina e da jurisprudência*. 15. ed. Porto Alegre: Livraria do Advogado, 2013.

SABBAG, Eduardo. *Manual de Direito Tributário*. 15 ed. São Paulo: Saraiva, 2023.

SOUSA, Rubens Gomes de. *Compêndio de legislação tributária*. Edição Póstuma. São Paulo: Resenha tributária, 1975.

TORRES, Ricardo Lobo. *Tratado de direito constitucional, financeiro e tributário* – Os direitos humanos e a tributação: imunidades e isonomia. Rio de Janeiro: Renovar, 1999. v. III.

ULHÔA CANTO, Gilberto de. *Temas de direito tributário*. Rio de Janeiro: Alba, 1964. v. 3.

A ANTERIORIDADE COMO DIREITO FUNDAMENTAL DOS CONTRIBUINTES: ENTRE A SEGURANÇA ORÇAMENTÁRIA E A SEGURANÇA JURÍDICA

Eduardo Maneira

Mestre e Doutor em Direito pela UFMG. Professor Associado de Direito Tributário da UFRJ. Advogado.

Daniel Serra Lima

Mestre e Doutor em Direito pela USP. Professor de cursos de pós-graduação em Direito Tributário. Advogado.

Sumário: Introdução – 1. Considerações sobre o princípio da não surpresa – 2. A gênese e o conteúdo da anterioridade anual; 2.1 A extensão da anterioridade nonagesimal para os impostos – 3. Anterioridade como princípio e como regra; 3.1 A anterioridade como princípio; 3.2 A anterioridade como regra – 4. A irresponsabilidade orçamentária não pode prejudicar o contribuinte – Conclusão – Referências.

INTRODUÇÃO

Em sua longeva e consagrada carreira acadêmica, o Professor Ives Gandra Martins sempre foi um defensor intransigente dos direitos fundamentais dos contribuintes, notadamente o direito à segurança jurídica em matéria tributária.

De fato, garantir segurança jurídica à coletividade é papel fundamental do Estado e é o que permite adjetivá-lo de Estado de Direito. Carlos Campos afirmava que "o Direito é o domínio da máxima segurança e do mínimo arbítrio".[1]

A positivação da segurança jurídica em matéria tributária mereceu grande atenção nas Constituições pátrias, sendo que na Constituição de 1988 podemos identificá-la nos princípios da legalidade, anterioridade e irretroatividade. Tais princípios, que em conjunto, representaria o que denominamos de princípio da não surpresa, não garantem, por si só, segurança jurídica. A simples existência de um ordenamento jurídico não implica necessariamente em segurança jurídica.

No Brasil, temos um sistema tributário que vive constantes momentos de turbulência, que geram incerteza e, consequentemente, insegurança. Uma das razões dessas incertezas é certamente o fato de sermos contemporâneos de um tempo em que

---

1. CAMPOS, Carlos. *Sociologia e Filosofia do Direito*. 2. ed. Belo Horizonte: Cardal, 1961, p. 365.

a separação dos poderes se encontra em crise e é na seara do direito tributário que tal situação se destaca.

O Poder Judiciário, contudo, vem amesquinhando o princípio da não surpresa em suas várias facetas (legalidade, anterioridade e irretroatividade), e contribuindo para a insegurança jurídica para os contribuintes.

Em relação à legalidade, recentemente o Supremo Tribunal Federal convalidou dispositivo legal (art. 27, § 2º, da Lei 10.865/2004) que autoriza o poder executivo a reduzir e restabelecer as alíquotas das contribuições ao PIS/COFINS sobre receitas financeiras. A despeito da ausência de autorização constitucional expressa flexibilizando a legalidade em relação ao PIS/COFINS, entendeu o STF que "a medida em tela está intimamente conectada à otimização da função extrafiscal presente nas exações em questão".[2]

A decisão é criticável por diversos aspectos.

De mais grave, tem-se o amesquinhamento do princípio do autoconsentimento da tributação aliado à democracia representativa exige que os políticos consigam sopesar os diversos interesses em jogo para chegar a uma resposta satisfatória sobre a repartição das cargas tributárias. Contudo, tal prerrogativa foi retirada do parlamento em relação ao PIS/COFINS incidente sobre receitas financeiras.

A possibilidade de aumento de carga tributária sem deliberação legislativa, ou seja, por mero ato unilateral do Poder Executivo, já representa forte abalo ao princípio da não surpresa. Afinal, como lembra o Professor Ives Gandra, a legalidade tem íntima relação com a segurança jurídica, já que confere ao "sujeito passivo da obrigação tributária a segurança de apenas a lei pode obrigá-lo. A lei emanada de poder independente do beneficiário da aplicação da norma".[3]

A despeito de flexibilizar a legalidade em relação ao PIS/COFINS, em julgamento realizado na mesma sessão a Suprema Corte ressalvou que "a majoração da contribuição ao PIS/Pasep ou da Cofins por meio de decreto autorizado submete-se à anterioridade nonagesimal prevista no art. 195, § 6º, da CF/88, correspondente a seu art. 150, III, c".[4]

Ou seja, um aspecto mínimo da não surpresa seria garantido, pelo respeito à anterioridade nonagesimal.

Mais recentemente, contudo, a própria anterioridade nonagesimal do PIS/COFINS foi mitigada pela Suprema Corte no julgamento do referendo da medida cautelar na ADC 84, finalizado em 09.05.2023.

Relembrando: após convalidação, pelo STF, da constitucionalidade do art. 27, § 2º, da Lei 10.865/2004, as alíquotas das referidas contribuições, quando incidentes sobre receitas financeiras permanecerem regulamentadas pelo Decreto 8.426/2015, em 4% (COFINS) e 0,65% (PIS).

---

2. RE 1043313, Relator(a): DIAS TOFFOLI, Tribunal Pleno, julgado em 10.12.2020.
3. MARTINS, Ives Gandra. *Teoria da Imposição Tributária*. 2. ed. São Paulo: LTr, 1998, p. 54.
4. ADI 5277, Relator(a): Dias Toffoli, Tribunal Pleno, julgado em 10.12.2020.

Contudo, em final de 2022, o Governo Federal publicou o Decreto 11.322 de 30.12.2022,[5] que promoveu uma redução de 50% nas alíquotas das referidas contribuições incidentes sobre as receitas decorrentes das operações financeiras promovidas por pessoas jurídicas. Assim, a partir de 1º.01.2023, as alíquotas seriam reduzidas para 0,33% (PIS/Pasep) e 2% (COFINS).

Após o referido Decreto entrar em vigor, foi encerrado o Governo de 2019-2022 e tomou posse o novo presidente, que era da oposição ao governo anterior.

Assim, o recém empossado Poder Executivo expediu outro ato normativo (Decreto 11.374 de 01.01.2023, publicado em edição extra de 02.01.2023), o qual revogou as disposições do Decreto 11.322/2022, determinando expressamente a repristinação das alíquotas dispostas no Decreto 8.426/2015 e a sua vigência imediata.

Assim, as alíquotas de PIS e COFINS, que eram de 0,33% e 2%, respectivamente, no dia 01.01.2023, foram majoradas para 0,65% e 4% em 02.01.2023 (data da publicação do novo decreto), com a intenção de serem cobradas imediatamente.

Diante disso, diversos contribuintes ingressaram em juízo afirmando que tal pedida violaria justamente a anterioridade nonagesimal, e que os valores restabelecidos somente poderiam ser cobrados após noventa dias da vigência do Decreto 11.374/2023.

Diante da notícia de diversas liminares deferidas em favor dos contribuintes, a União ajuizou a Ação Declaratória de Constitucionalidade 84, tendo sido deferida medida cautelar para "suspender a eficácia das decisões judiciais que, de forma expressa ou tácita, tenham afastado a aplicação do Decreto 11.374/2023 e, assim, possibilitar o recolhimento da contribuição para o PIS/Cofins pelas alíquotas reduzidas de 0,33% e 2%, respectivamente, até o exame de mérito desta ação".

Em 09.05.2023, por maioria de votos (vencidos os Ministros André Mendonça, Edson Fachin e Rosa Weber, a Suprema Corte referendou a decisão provisória, adotando, para tanto, três principais linhas argumentativas:

1) Seria inaplicável a anterioridade pois o decreto que reduziu as alíquotas não teria entrado em vigor, já que revogado na mesma data em que as novas alíquotas passariam a gerar efeitos;

2) Não teria ocorrido violação ao "princípio da não surpresa", pois as alíquotas reduzidas sequer chegaram a vigorar, e o exíguo tempo de vigência do Decreto anterior não gerou expectativa nos contribuintes; e

3) A redução das alíquotas de PIS/COFINS a dias do encerramento do governo anterior representa medida irresponsável, que viola os preceitos elementares da administração pública.

---

5. Art. 1º O Decreto 8.426, de 1º de abril de 2015, passa a vigorar com as seguintes alterações: "Art. 1º Ficam *estabelecidas em 0,33% (trinta e três centésimos por cento) e 2% (dois por cento), respectivamente, as alíquotas da Contribuição para os Programas de Integração Social e de Formação do Patrimônio do Servidor Público – PIS/PASEP e da Contribuição para o Financiamento da Seguridade Social – COFINS* incidentes sobre receitas financeiras, inclusive decorrentes de operações realizadas para fins de hedge, auferidas pelas pessoas jurídicas sujeitas ao regime de apuração não cumulativa das referidas contribuições. Art. 2º Este Decreto entra em vigor na data de sua publicação e produz efeitos a partir de 1º de janeiro de 2023."

No presente estudo, vamos analisar a validade destes fundamentos, podendo adiantar, desde já, que nenhum deles justifica a flexibilização da anterioridade prevista para as contribuições.

1. CONSIDERAÇÕES SOBRE O PRINCÍPIO DA NÃO SURPRESA

Como dito inicialmente, garantir segurança jurídica à coletividade é papel fundamental do Estado e é o que permite adjetivá-lo de Estado de Direito. O primeiro passo em direção à segurança jurídica deve ser sempre dado pelo Estado de Direito ao submeter ou restringir o exercício do poder ao Direito, bem como na lealdade com que deve agir o Estado-legislador e o Estado-administrador para com os seus cidadãos.

Este ideal de segurança impõe a existência de um direito antecipadamente cognoscível, de modo que os particulares possam orientar sua conduta de acordo com regras preestabelecidas, tanto para evitar a imposição de sanções, como para gozar dos incentivos conferidos pelo ordenamento.

Em uma sociedade regida por normas jurídicas, o direito atua a todo o instante direcionando as condutas dos particulares[6] para convergirem com as normas existentes. Ao iniciarmos uma atividade econômica de forma organizada e duradoura, analisamos a carga tributária incidente sobre para concluir pela viabilidade econômica (capacidade de geração de lucros) da empresa.

Para todos os casos em que a livre atuação do particular é orientada pelas normas jurídicas, é fundamental que as condutas esperadas (e proibidas) sejam conhecidas de antemão, que sejam estáveis, e que as alterações sejam precedidas de um lapso temporal razoável para adequação.

A preocupação com a segurança jurídica esteve presente na elaboração da Constituição Federal de 1988 (bem como na elaboração das Cartas que lhe precederam), que contém diversos dispositivos que regulam o direito intertemporal, protegendo as expectativas dos particulares contra bruscas alterações no ordenamento jurídico.

Especificamente em relação ao direito tributário, as diversas aspirações da segurança jurídica, enquanto cognoscibilidade e confiabilidade do ordenamento jurídico, podem ser reunidas no princípio da não surpresa, segundo o qual o contribuinte deve poder conhecer de antemão a carga tributária incidente sobre seus atos.

Assim, o princípio da não surpresa está intimamente ligado aos princípios concretizadores do Estado de Direito: legalidade e segurança jurídica. A criação e a exigência do pagamento do tributo é matéria de lei em sentido formal e material. A não surpresa opera-se em relação à norma tributária. Ampara-se na legítima aspiração da sociedade em conhecer, com antecedência, o ônus tributário que lhe será exigido: segurança jurídica.

---

6. FOLLONI, André. *Ciência do direito tributário no Brasil*: críticas e perspectivas a partir de José Souto maior Borges. São Paulo: Saraiva, 2013, p. 235-242.

Analisando o histórico constitucional brasileiro, diversas regras e princípios foram introduzidas nas Constituições para proteger o contribuinte contra a surpresa fiscal. O princípio da não surpresa do contribuinte, em sentido estrito, foi inicialmente materializado na Constituição de 1988 pelo princípio da anterioridade anual (art. 150, III, b), aplicado aos tributos em geral, e pela fixação de um lapso temporal de 90 (noventa) dias para as contribuições sociais destinadas à seguridade social.

E, como decidido pelo STF no julgamento da ADIN 939/DF,[7] a anterioridade constitui garantia fundamental dos contribuintes, e, portanto, cláusula pétrea insuscetível de redução ou supressão nem mesmo por emenda constitucional. Nas palavras do Min. Sidney Sanches, "se não se entender assim [pela inconstitucionalidade], o princípio e a garantia individual que ele [anterioridade] encerra, ficariam esvaziados, mediante novas e sucessivas emendas constitucionais, alargando as exceções, seja para impostos previstos no texto originário, seja para os não previstos".

2. A GÊNESE E O CONTEÚDO DA ANTERIORIDADE ANUAL

O princípio da anterioridade teve origem na Emenda Constitucional 18, de 1º.12.1965, que o estabeleceu apenas em relação ao imposto sobre o patrimônio e a renda (art. 2º, II). O CTN, ao tratar da anterioridade, baseou-se na disposição do art. 2º, II, da EC 18/1965, e, nos mesmos moldes dessa norma constitucional então vigente, limitou-a (a anterioridade) aos impostos sobre o patrimônio e a renda (art. 9º, II, e art. 104, *caput*).

Sobreveio a Constituição de 1967, que restabeleceu a anualidade (art. 150, § 29), revogando o inciso II, do art. 2º, da EC 18/1965, e, em consequência, o CTN na parte em que tratava da matéria (art. 9º, II).

A Emenda Constitucional 1/1969 alterou novamente o sistema, ao restabelecer a anterioridade, sem, todavia, restringi-la aos impostos sobre o patrimônio e a renda. Determinou-a como regra geral e fez as exceções na própria Constituição, de acordo com o previsto no art. 153, § 29.

A Emenda Constitucional 8/1977 alterou o § 29 do art. 153, introduzindo a possibilidade de lei complementar apontar novas exceções à regra da anterioridade, cuja redação a partir da EC 8/1977 ficou assim:

> § 29. Nenhum tributo será [...] cobrado em cada exercício, sem que a lei que o houver instituído ou aumentado esteja em vigor antes do início do exercício financeiro, ressalvados a tarifa alfandegária e a de transporte, o imposto sobre produtos industrializados e outros especialmente indicados em lei complementar, além do imposto lançado por motivo de guerra e demais casos previstos nesta Constituição.

Percebe-se, em relação às exceções, que, além das constantes no próprio texto do § 29 (tarifa alfandegária e a de transporte e o imposto sobre produtos industrializados), tínhamos "os demais casos previstos na Constituição", que eram: o imposto de exportação

---

7. ADI 939, Relator(a): Sydney Sanches, Tribunal Pleno, julgado em 15.12.1993, DJ 18.03.1994.

(art. 21, II); o imposto único do art. 21, VIII, nas hipóteses de importação dos bens nele referidos e as chamadas contribuições parafiscais.

O princípio da anterioridade foi mantido na Constituição de 1988, nos seguintes termos:

> Art. 150. Sem prejuízo de outras garantias asseguradas ao contribuinte, é vedado à União, aos Estados, ao Distrito Federal e aos Municípios:
> III – cobrar tributos:
> b) no mesmo exercício financeiro em que haja sido publicada a lei que os instituiu ou aumentou.

Note-se que o Texto Constitucional utilizou a expressão "*é vedado cobrar tributo*". Ora, a impossibilidade de se cobrar tributo no mesmo ano da publicação da lei tributária que o cria ou o majora decorre da não incidência da norma sobre os fatos jurígenos que vierem a ocorrer entre a publicação da lei e o término do ano.

Se a norma não incide, é porque a lei que a contém não está vigente. Do contrário, ou seja, se pudéssemos imaginar a anterioridade desvinculada da vigência da lei, a norma necessariamente incidiria e, assim, o princípio iria se reduzir a uma simples prorrogação de cobrança. É inconcebível imaginar que um princípio constitucional tenha por objetivo único e exclusivo o *retardamento da cobrança do tributo*.

A redação do inciso III não pode ser interpretada de forma literal. Ao estabelecer ser vedado "cobrar tributos" em relação a determinados atos praticados pelo contribuinte, é de clareza solar que a vedação atinge não só o efetivo ato de cobrança, mas a geração de qualquer vínculo obrigacional entre o contribuinte e o Fisco em relação aos atos praticados antes da vigência ou eficácia da nova lei tributária. Vale dizer, a expressão 'cobrar' deve ser entendida como 'exigir', isto é, é vedada a exigência porque não há lei vigente que torne a norma apta a incidir.

Em reforço à nossa tese, há um argumento decisivo. O que revoga uma lei? A entrada de outra lei em vigor que seja com ela incompatível, ou quando regule inteiramente a matéria de que tratava a lei anterior (LICC, art. 2º, § 1º). A revogação pode ser expressa ou tácita, como também pode ser total (ab-rogação), ou parcial (derrogação).

Pois bem. Imaginemos uma lei publicada em julho que trate de majoração de alíquota do ISS. A exigência do tributo com a nova alíquota só poderá ocorrer a partir de 1º de janeiro do ano seguinte. Mas, se dissermos que em julho a lei nova já se encontra em vigor, estar-se-ia admitindo que a lei antiga foi revogada a partir de julho. E como fica a exigência do ISS de agosto a dezembro? Ampara-se na lei antiga "revogada", ou na lei nova em vigor? Uma vez admitida a vigência da nova lei, teríamos de admitir também a possibilidade de se cobrar a partir de 1º de janeiro a diferença resultante da majoração da alíquota.

Ocorre que não se trata nem de uma coisa nem de outra. A exigência do ISS de agosto a dezembro terá por base a lei antiga que continua em vigor até 31/12, porque, por força da anterioridade, só a partir de 1º de janeiro a lei nova entrará em vigor e, consequentemente, revogará a lei antiga.

O período compreendido entre a publicação da lei nova e sua entrada em vigor é o que se denomina de *vacatio legis*, que, em matéria tributária, possui tratamento especial por meio do princípio da anterioridade.

Outra situação ocorria com o princípio da anualidade. A exigência de prévia autorização orçamentária não implicava o diferimento da vigência da lei tributária. Nesse caso, a lei tributária tornava-se vigente, mas a falta da lei orçamentária conferia à norma da lei tributária eficácia mínima, tornando-a sem condições de produzir todos os efeitos jurídicos que iriam culminar com a cobrança do tributo.

2.1 A extensão da anterioridade nonagesimal para os impostos

A previsão de anterioridade anual não foi suficiente para garantir segurança jurídica aos contribuintes, ou seja, o princípio da não surpresa não foi capaz de impedir a "surpresa fiscal".

Na década de 1990 eram frequentes os "pacotes tributários de final de ano", em que a legislação de tributos federais (especialmente o imposto sobre a renda) eram modificadas para aumentar a carga tributária sobre o lucro apurado já no primeiro dia do ano seguinte.

Longe de constituir mera hipótese acadêmica, a publicação de leis alterando a legislação tributária (notadamente do imposto sobre a renda) nos últimos dias do ano civil foi uma constante durante a década de 1990, podendo-se citar a Lei 8.134 de 27.12.1990; a Lei 8.383 de 30.12.1991; a Lei 8.541 de 23.12.1992, a Lei 9.249 de 26.12.1995 e a Lei 9.430 de 27.12.1996.

Somado a isto, foi verificada enorme exacerbação no número de medidas provisórias atinentes à matéria tributária publicadas nos últimos dias de cada ano civil, podendo-se citar, a Medida Provisória 402 de 29.12.1993 (convertida na Lei 8.849 de 28.01.1994), a Medida Provisória 1.602 de 14.11.1997 (convertida na Lei 9.532 de 10.12.1997), a Medida Provisória 1.788 de 29.12.1998 (convertida na Lei 9.779 de 19.01.1999), dentre muitas, muitas outras. Além disso, o Professor Ives Gandra lembra que se tornou comum o curioso expediente de atrasar a veiculação do diário oficial para manter obediência "formal" à regra da anterioridade.[8]

Neste contexto, o Texto Constitucional de 1988, o princípio da anterioridade teria caráter limitado e retórico, pois, mesmo para os demais tributos, tornou-se permitido que uma lei publicada em 31.12 instituindo determinado tributo, passasse a incidir sobre os fatos geradores ocorridos a partir de 1º de janeiro imediatamente seguinte.

A insatisfação dos contribuintes gerou resultados, e o Poder Constituinte derivado movimentou-se para pôr fim à situação de completa insegurança jurídica que grassava no sistema tributário.

---

8. MARTINS, Ives Gandra. *Uma Teoria do Tributo*. São Paulo: Quartier Latin, 2005, p. 364.

Inicialmente, pela Emenda Constitucional 32/2001, que pretendeu compatibilizar o princípio da anterioridade com a possibilidade de se adotar medidas provisórias para a instituição de tributos, acrescentando-se o § 2º ao art. 62 da Constituição, que estabeleceu que "medida provisória que implique instituição ou majoração de impostos (...) só produzirá efeitos no exercício financeiro seguinte se houver sido convertida em lei até o último dia daquele em que foi editada".

A rigor, a nova regra constitucional transformou, positivamente, medida provisória que institui ou majora imposto em uma espécie de projeto de lei de iniciativa do executivo, mas, infelizmente, se referiu apenas a impostos e não a tributos, como parecia ser a intenção. Ou seja, pela redação do referido § 2º, as contribuições em geral podem ser instituídas e exigidas com base em medida provisória, o que é uma verdadeira afronta à não surpresa.

Posteriormente, a Emenda Constitucional 42/2003, que instituiu o princípio da anterioridade nonagesimal para os impostos, vedando a exigência de tributos antes de 90 dias da publicação da lei que os instituiu ou majorou.

De fato, lei publicada em dezembro para viger em janeiro do ano seguinte é lei que carrega um mínimo, quase nada, dos valores que a anterioridade pretende assegurar. Por isto, a anterioridade pura e simples do art. 150, III, b foi reforçada pela EC 42/2003, que, ao incluir o art. 150, III, c, estendeu para os tributos em geral o prazo nonagesimal, que até então era aplicável somente às contribuições destinadas à seguridade social.

Assim, com o advento da EC 42/2003, passou-se a exigir, a aplicação cumulativa da anterioridade prevista no art. 150, III, b, qual seja, a que veda a exigência de tributo no mesmo exercício financeiro em que haja sido publicada a lei que os instituiu ou aumentou, com o prazo de *vacatio legis* de noventa dias, previsto no art. 150, III, c.

Trata-se de norma similar ao art. 195, § 6º, existente desde a redação original da CF/88, que estabeleceu a anterioridade nonagesimal especificamente para as contribuições sociais.

A EC 42/2003 modificou, ainda, o § 1º, do art. 150, da Constituição de 1988, que trata das exceções à anterioridade, com a finalidade de acrescentar àquele dispositivo constitucional, as exceções à nova regra da noventena, que passou a ser aplicada aos tributos em geral.

Neste ponto, nos causou estranheza que as exceções à regra do art. 150, III, c, não contemplassem os mesmos impostos excepcionados da anterioridade tradicional, especialmente, pelo fato de ter-se excluído o IPI das exceções da *vacatio legis* de 90 dias, tendo em vista a forte conotação extrafiscal deste imposto, que exige rapidez no manejo de suas alíquotas e pelo fato dele ser excepcionado, neste ponto (alteração de alíquotas) até mesmo do princípio da legalidade. Não se justifica, de outro lado, o fato de ter-se incluído nas exceções, o imposto de renda, imposto que por excelência, deve estar protegido de qualquer surpresa.

Contudo, mesmo com os defeitos aqui apontados, não há dúvidas de que as alterações que ocorreram no texto da Constituição de 1988, pelas EC 32/2001 e 42/2003, fortaleceram a anterioridade e, consequentemente, a não surpresa.

Desse modo, atualmente a Constituição Federal prevê duas normas de anterioridade, a saber: *(i)* a anterioridade de exercício, consagrada no art. 150, III, alínea b, da CF/88, que proíbe os entes federativos de cobrar tributos no mesmo exercício financeiro em que haja sido publicada a lei que os instituiu ou aumentou; e *(ii)* a anterioridade nonagesimal, de que dispõe o artigo 150, III, alínea c, da CF/88, que proíbe também a cobrança antes de decorridos noventa dias da data em que haja sido publicada a lei que os instituiu ou aumentou, com exceção do Imposto sobre a Renda, do II, IE, IOF,[9] empréstimos compulsórios e Imposto Extraordinário de Guerra.

3. ANTERIORIDADE COMO PRINCÍPIO E COMO REGRA

Como visto, a anterioridade aplicável para as contribuições sociais (caso do PIS/COFINS) está prevista no art. 195, §6º, da CF/88, com a seguinte redação:

> Art. 195. (...) § 6º As contribuições sociais de que trata este artigo só poderão ser exigidas após decorridos noventa dias da data da publicação da lei que as houver instituído ou modificado, não se lhes aplicando o disposto no art. 150, III, b.

É de todos conhecida a afirmação segundo a qual de um mesmo dispositivo normativo pode ser extraído tanto um princípio quanto uma regra, a depender da função exercida. Segundo a tese amplamente festejada de Humberto Ávila, a distinção entre princípios e regras ocorre por três critérios: (i) pela *forma* como prescrevem comportamentos, (ii) pela *justificativa* exigida, e (iii) pelo *grau de contribuição* para a tomada de decisão no caso concreto.[10]

O primeiro critério diferencia como princípios e regras prescrevem comportamentos: as regras determinam o que fazer (ou não fazer), mas não o estado ideal de coisas que se pretende atingir. Trata-se de uma norma de *meios* e não de *fins*. Já os princípios estabelecem um estado ideal de coisas sem especificar quais condutas devem ser seguidas. Trata-se de uma norma de *fins* e não de *meios*.

O segundo critério diz respeito à natureza da justificação exigida para a aplicação da norma. No caso das regras, a argumentação é no sentido de verificar a subsunção da hipótese fática à hipótese normativa. Já em relação aos princípios, deve haver uma fundamentação de causa e efeito entre a conduta adotada e o estado ideal de coisas que deve ser realizado.

---

9. "Art. 150 (...); § 1º A vedação do inciso III, b, não se aplica aos tributos previstos nos arts. 148, I, 153, I, II, IV e V; e 154, II; e a vedação do inciso III, c, não se aplica aos tributos previstos nos arts. 148, I, 153, I, II, III e V; e 154, II, nem à fixação da base de cálculo dos impostos previstos nos arts. 155, III, e 156, I."
10. ÁVILA, Humberto. *Teoria dos Princípios*: da definição à aplicação dos princípios jurídicos. 18. ed. São Paulo: Malheiros, 2018, p. 102.

Por fim, o terceiro critério diz respeito ao grau de contribuição de princípios e regras para uma tomada decisão. Os princípios são normas complementares e que abrangem apenas parte dos aspectos relevantes para uma tomada de decisão. Por outro lado, as regras são decisivas e constituem fundamento suficiente para a aplicação da norma ao caso.

É importante destacar que a correta distinção entre princípios e regras não é meramente acadêmica. Caso o julgador aplique a regra da anterioridade como princípio, poderá incorrer no erro de ponderar as razões subjacentes e os meios adotados para promover um estado ideal de coisas, flexibilizando indevidamente a regra.

Lado outro, caso aplique indevidamente o princípio da anterioridade como regra, o julgador corre o risco de ignorar o estado ideal de coisas que deve ser promovido, efetivando uma análise reducionista do direito fundamental em jogo.

3.1 A anterioridade como princípio

A anterioridade (anual ou nonagesimal) pode ser vista como um princípio que estipula um estado ideal de estabilidade do sistema tributário, em que não se verificam mudanças bruscas sobre a carga tributária suportada pelos contribuintes. Ou, nas palavras de Humberto Ávila:[11] "como uma limitação positiva, porquanto impõe a adoção, pelo Poder Público, das condutas necessárias para a garantia ou manutenção dos ideais de previsibilidade, de controlabilidade, de inteligibilidade e de mensurabilidade". Desta forma, ainda que formalmente observada a regra da anterioridade anual, é preciso que os contribuintes tenham tempo hábil para se adequar às mudanças na legislação tributária, inclusive para avaliar a viabilidade econômica de seus negócios.

Desta forma, o respeito ao prazo da anterioridade anual para o imposto sobre a renda pode ser formalmente observado, mas a dimensão de princípio da anterioridade será violada se os contribuintes não tiverem tempo hábil para se preparar para uma grave mudança na alteração das regras do imposto, ou um grave aumento de carga tributária.

Um exemplo ajuda a ilustrar a questão: embora os princípios da anterioridade anual e nonagesimal se apliquem diretamente à *instituição e majoração de tributos*, a uma mudança brusca na forma de apuração dos tributos com vigência imediata pode violar a dimensão de princípio da anterioridade, pois será afetada a confiança dos contribuintes na estabilidade do sistema tributário.

Foi o que ocorreu com a Lei 13.670 de 30.05.2018 que, sem seu art. 6º, proibiu a compensação de débitos de estimativas mensais de IRPJ e CSLL. Ocorre que a forma de apuração do lucro real anual com antecipações mensais (adotado pelas grandes empresas) acarreta a formação de saldos negativos (pagamentos a maior) de IRPJ e CSLL, que eram compensados preferencialmente com débitos de antecipações mensais também de IRPJ e CSLL.

---

11. ÁVILA, Humberto. *Sistema Constitucional Tributário*. 5. ed. São Paulo: Saraiva, 2012. p. 212-213.

Em suma, a legislação estabelecia um conta corrente que minorava o peso das antecipações mensais sobre o caixa das empresas. Ao estabelecer a mudança no curso do ano-calendário com eficácia imediata (sendo certo que os contribuintes que já tinham optado pelo lucro real anual somente poderiam alterar o regime no ano seguinte), o Fisco violou a dimensão de princípio da anterioridade que proíbe alterações na legislação que geram efeitos graves sobre os contribuintes sem um prazo adequado para adequação. Ou seja, a observância da regra da anterioridade não foi capaz de proteger os contribuintes da surpresa fiscal.

Outro exemplo histórico: no ano de 1991 a legislação do imposto sobre a renda foi alterada pelo Congresso Nacional por meio de lei aprovada na noite de 31 de dezembro, quando não havia mais tempo hábil para a publicação do Diário Oficial. Não obstante, o Poder Executivo fez publicar uma única edição extra do diário oficial, que foi circulada para a população apenas no dia 02 de janeiro do ano de 1992. A despeito disso, o Supremo Tribunal Federal entendeu que estaria "formalmente" respeitada a regra da anterioridade anual, ainda que a população não tenha tido acesso à nova regra tributária antes de iniciado o novo ano.[12]

Embora se possa entender que "formalmente" foi observada a regra da anterioridade, isso não foi suficiente para a promoção de um estado de segurança dos contribuintes frente a uma profunda alteração no sistema tributário. Em outras palavras, foi seriamente violada a confiança dos contribuintes contra mudanças bruscas no sistema tributário, pois não foi possível ter ciência da nova legislação em prazo hábil para a aplicação em relação aos fatos geradores ocorridos a partir de 1º.01.1993.

Ao assim decidir, o Supremo Tribunal Federal ignorou que anterioridade tributária também atua como princípio, ao exigir previsibilidade da carga tributária, de modo a garantir a "legítima aspiração da sociedade em conhecer, com antecedência, o ônus tributário que lhe será exigido – segurança jurídica".[13]

3.2 A anterioridade como regra

Embora geralmente denominada de "princípio", a anterioridade – anual ou nonagesimal – também pode ser vista como uma regra que estabelece uma norma especial de *vacatio legis* para normas que elevem a carga tributária dos contribuintes. Socorrendo-nos novamente em Humberto Ávila, a dimensão de regra impõe "uma limitação negativa, na medida em que exige, na atuação legislativa de instituição e aumento de qualquer

---

12. "Agravo regimental. – Não tem razão a agravante quanto à data da entrada em vigor da Lei em causa, porquanto ela ocorre com sua publicação, e esta se deu à noite do dia 31 de dezembro de 1991 quando o Diário Oficial foi posto à disposição do público, ainda que a remessa dos seus exemplares aos assinantes só se tenha efetivado no dia 02 de janeiro de 1992, pois publicação não se confunde com distribuição para assinantes. Assim, os princípios da anterioridade e da irretroatividade foram observados. – As questões constitucionais invocadas no recurso extraordinário quanto à TR não foram prequestionadas. Agravo a que se nega provimento" (AI 282522 AgR, Relator(a): Moreira Alves, Primeira Turma, julgado em 26.06.2001, DJ 31.08.2001).
13. MANEIRA, Eduardo. *Direito Tributário*: princípio da não surpresa. Belo Horizonte: Del Rey, 1994, p. 22.

tributo, a publicação da lei no exercício anterior [noventa dias no caso das contribuições] àquele em que o tributo será exigido".[14]

Em outras palavras, qualquer norma que acarrete elevação da carga tributária somente poderá gerar efeitos sobre os fatos geradores ocorridos após o prazo estabelecido no art. 150, III, *b* (no ano seguinte) ou no art. 150, III, *b* ou art. 195, § 6º (após 90 dias), conforme o caso.

O relevante é que não cabe aqui qualquer ponderação sobre as razões políticas que justificam o aumento da carga tributária; sobre a existência de efetiva "surpresa" na majoração da carga tributária, ou, ainda, sobre o prazo de vigência da desoneração que está sendo revista. Qualquer aumento de tributo deve observar a anterioridade anual e/ou nonagesimal, salvo nas hipóteses expressamente excepcionadas pela CF/88.

Contudo, no julgamento da ADC 84 a dimensão de regra da anterioridade nonagesimal parece ter sido ignorada pela Suprema Corte.

Alegou-se que o Decreto 11.322/2022, que reduziu as alíquotas, *não chegou a estar vigente*, pois teria sido revogado *antes mesmo de produzir efeitos* – o que ocorreria a partir de 1º.01.2023 –, visto que o Decreto 11.374/2023 foi editado no mesmo dia 1º.01.2023, embora tenha sido publicado somente no dia seguinte, em 02.01.2023.

Sustentou-se, ainda, que, as alíquotas reduzidas não teriam sido aplicadas a nenhum fato gerador *in concreto* (pois a apuração do PIS/COFINS é mensal), e, como foi mantida a carga tributária já vigente desde 2015, não haveria confiança a ser protegida. Veja-se o voto-condutor do Min. Ricardo Lewandowski:

> No caso dos autos, o Decreto 8.426/2015 previa as alíquotas de 0,65% e 4%, respectivamente, para PIS/Cofins incidentes sobre receitas financeiras.
>
> Em 30/12/2022, foi publicado o Decreto 11.322 que reduziu pela metade as referidas alíquotas (0,33% e 2%), com efeitos a partir de 1º.01.2023.
>
> Ainda no primeiro dia do ano de 2023, o Presidente da República publicou o Decreto 11.374, com vigência imediata, revogando o supracitado Decreto 11.322/2022 e repristinando o Decreto 8.426/2015, ou seja, mantendo os índices que vinham sendo pagos pelo contribuinte desde 2015 (0,65% e 4%).
>
> Logo, verifico, ainda em juízo sumário, que o Decreto 11.374/2023 não pode ser equiparado a instituição ou aumento de tributo e, por isso, não viola os princípios da segurança jurídica e da não surpresa, na medida em que o contribuinte já experimentava, desde 2015, a incidência das alíquotas de 0,65% e 4%. Destarte, não há falar em quebra da previsibilidade ou que o contribuinte foi pego desprevenido. (...)
>
> Contudo, não se trata também, no caso sub judice, de restabelecimento de alíquota de PIS/Cofins incidentes sobre receitas financeiras, mas tão somente manutenção do índice que já vinha sendo pago pelo contribuinte.
>
> Como se vê, no seu exíguo prazo no ordenamento jurídico, o Decreto 11.322/2022 não foi aplicado ao caso concreto, pois não houve sequer 1 (um) dia útil a possibilitar auferimento de receita financeira – isto é, como não ocorreu o fato gerador, o contribuinte não adquiriu o direito de submeter-se ao regime fiscal que jamais entrou em vigência. (...)

---

14. ÁVILA, Humberto. *Sistema Constitucional Tributário*. 5. ed. São Paulo: Saraiva, 2012. p. 212-213.

Dito isso, embora ainda num exame prefacial, próprio das decisões cautelares, entendo que não houve aumento ou restabelecimento de alíquota de PIS/Cofins incidentes sobre receitas financeiras auferidas pelas pessoas jurídicas sujeitas ao regime de apuração não cumulativa, de modo a afastar a anterioridade nonagesimal.

Algumas observações devem ser feitas sobre o voto.

Em primeiro lugar, não estava em jogo a dimensão de princípio da anterioridade, hipótese em que até seria oportuna a análise da efetiva quebra de confiança pelo lapso temporal de vigência do Decreto revogado.

O grande problema é que a anterioridade foi violada em sua dimensão de regra, o que deveria impedir a livre ponderação, pelo julgador, sobre a existência de confiança a ser protegida pelo contribuinte.

A quebra de confiança se presume sempre que o legislador (ou, no caso, o Poder Executivo) pretender majorar a carga tributária de determinado tributo sem observância do prazo de *vacatio legis* especial entre a entrada em vigor da norma mais gravosa e o fato gerador submetido ao novo regramento mais gravoso.

Nas palavras da Ministra Rosa Weber no julgamento da ADC 84:

> não se pode transigir com o direito fundamental à anterioridade tributária, notadamente porque a Constituição da República, ao dispor sobre as limitações ao poder de tributar, o positivou sob a forma de regra, ou seja, a própria Carta Política realizou a ponderação dos valores contrapostos e elegeu, de forma legítima e coerente, a prevalência da segurança jurídica. Em outras palavras, o Poder Judiciário não está legitimado, conforme a lição doutrinária transcrita, a realizar qualquer tipo de ponderação no tocante à aplicabilidade das anterioridades tributárias.

A fundamentação é digna de aplausos, valendo um pequeno reparo. O Decreto 11.322/2022, publicado em 30.12.2022 entrou em vigor apenas em 01.01.2023 (e não na data da sua publicação). De todo modo, isso em nada desabona a conclusão da Ministra.

Ora, se o Decreto 11.374/2023 foi publicado somente em 02.01.2023, quando começou a produzir efeitos, necessariamente a revogação do Decreto 11.322/2022 deu-se somente em 02.01.2023. Logo, o decreto 11.322/2022 vigorou por um dia, e, portanto, sua revogação atrai a aplicação da anterioridade nonagesimal em sua dimensão de regra.

Em segundo lugar, há uma confusão sobre *incidência da norma jurídica* e o *período de apuração da obrigação tributária*.

No plano da lei, basicamente, importa saber se ela existe, se existe com validade e, se existindo com validade, está em vigor. A norma contida em lei existente, válida e vigente *incidirá automaticamente sobre o evento que venha a ocorrer no mundo fático e que tenha sido por ela (norma) descrito hipoteticamente*. Isto é, ocorrido o fato jurígeno, a norma necessariamente sobre ele incide como leciona Barros Carvalho.[15] Hugo de Brito Machado também afirma que se a lei é vigente e ocorre a situação nela prevista

---

15. Carvalho, Paulo de Barros. *Curso de Direito Tributário*, 1991, p. 66.

como hipótese de incidência, inevitavelmente incide. A incidência é automática.[16] Se invertermos o raciocínio, temos que, ocorrido o fato jurígeno, a norma contida em lei existente e válida sobre ele não incidirá somente se essa lei não estiver em vigor.

Assim, as receitas financeiras auferidas em 1º.01.2023 sofreram a incidência do Decreto 11.322/2022 que reduziu em 50% a alíquota das contribuições, ainda que a apuração do tributo seja mensal, o seu recolhimento se dê apenas em 25.02.2023. Lado outro, o Decreto 11.374/2023, embora editado no mesmo dia 1º.01.2023, não foi capaz de obstar a incidência do decreto anterior sobre os fatos geradores praticados naquele dia 01, pois a publicação do Decreto 11.374/2023 ocorreu apenas em 02.01.2023.

A vigência, por um dia, da norma tributária mais benéfica, já atrai a obrigação de observar o prazo de anterioridade nonagesimal para o restabelecimento da alíquota. Equivocado, portanto, afirmar que a norma mais benéfica do Decreto 11.322/2022 "não chegou a ter vigência".

4. A IRRESPONSABILIDADE ORÇAMENTÁRIA NÃO PODE PREJUDICAR O CONTRIBUINTE

Outro ponto do julgamento da ADC 84 que merece considerações diz respeito ao fato de a redução das alíquotas de PIS/COFINS sobre receitas financeiras ter sido reduzida nos últimos dias de mandado da administração anterior, o que poderia ser considerado como uma "sabotagem" ao orçamento da administração seguinte.

Tal ponto foi explorado pelo voto do Ministro Gilmar Mendes, que acompanhando o voto-condutor, destacou que: "a concessão de tão expressiva benesse fiscal, a um dia do fim do governo e consequente início daquele seguinte é, no mínimo, heterodoxa. Se esta Suprema Corte validar expedientes que tais, acaba por chancelar, no limite, condutas levadas a efeito com aptidão de inviabilizar o governo vindouro. Desnecessário esclarecer que as competências governamentais se esvaziam sem as condições materiais para o seu exercício".

Concluiu o Ministro que "a abrupta redução de alíquotas no 'apagar das luzes' trazida pela norma impugnada, com a consequente redução da arrecadação das contribuições sociais e o inevitável e imediato prejuízo à manutenção da seguridade social, não parece, em um primeiro juízo, estar em consonância com os princípios da Administração Pública".

Aqui, a situação se complica. Incluir os interesses arrecadatórios do novo Governo como justificativa adequada e suficiente para afastar a regra da anterioridade nonagesimal permitiria o total esvaziamento deste direito fundamental dos contribuintes. Bastaria argumentar que dada redução de carga tributária promovida pelo parlamento (na legislatura anterior ou não) impede a promoção de certas políticas públicas de interesse do Poder Executivo, que qualquer aumento de carga tributária poderia incidir

---

16. Machado, Hugo de Brito. *Curso de Direito Tributário*, 1993, p. 64.

imediatamente sem qualquer respeito pelo direito dos contribuintes à previsibilidade da carga tributária.

Em outras palavras, embora a anterioridade seja uma garantia individual dos contribuintes, insuscetível de alteração ou amesquinhamento mesmo por emenda constitucional, tal garantia poderia ser afastada pela conjuntura política.

Entendemos que tal a posição não pode ser admitida, pois, a pretexto de salvaguardar os princípios da administração pública (normas que estabelecem um estado ideal de coisas a ser perseguido), nega qualquer eficácia à regra da anterioridade, que pretendeu proteger os contribuintes de interesses políticos que acarretem mudanças abruptas na legislação tributária.

Como indica a Ministra Rosa Weber, embora se reconheça que "plantar atos normativos e administrativos com objetivo de inviabilizar, embaraçar ou atrapalhar a gestão ulterior merece a mais alta reprovabilidade política e jurídica", não se pode "mesmo reconhecendo, eventualmente, abuso de poder na edição do Decreto 11.322/2022, afastar a aplicabilidade da anterioridade nonagesimal, direito fundamental que é".

Além disso, há uma terrível injustiça consistente em punir um terceiro (o contribuinte) que não teve qualquer ingerência no ato supostamente ilegal (a redução de alíquotas pelo Poder Executivo nos estertores do mandato). Ora, o ato ilegal foi praticado pelo mesmo ente que agora pretende revogá-lo sob o argumento de que teriam sido violados princípios da administração pública.

Contudo, os malefícios da revogação de tal ato alegadamente ilegal recaem sobre os ombros dos contribuintes, que planejou seus negócios considerando uma carga tributária reduzida, e, agora, é penalizado com o restabelecimento da carga tributária sem qualquer prazo para adequação.

CONCLUSÃO

O princípio da anterioridade representa uma das mais expressivas garantias outorgadas ao contribuinte, e impõe um prazo específico entre a norma que instituiu ou aumentou um tributo e o início de sua vigência.

A Constituição Federal estabeleceu duas normas de anterioridade, a saber: (i) a anterioridade de exercício, consagrada no art. 150, III, alínea b, da CF/88, que proíbe os entes federativos de cobrar tributos no mesmo exercício financeiro em que haja sido publicada a lei que os instituiu ou aumentou; e (ii) a anterioridade nonagesimal, de que dispõe o artigo 150, III, alínea c, e art. 195, §6º, todos da CF/88, que proíbe também a cobrança tributária antes de decorridos noventa dias da data em que haja sido publicada a lei que os instituiu ou aumentou.

O Decreto 11.322/2022 reduziu as alíquotas de COFINS e PIS/Pasep incidentes sobre receitas financeiras foram reduzidas de 4% e 0,65%, para 2% e 0,33%, respectivamente, com vigência a partir de 1º.01.2023. Já o Decreto 11.374/2023, publicado em 02.01.2023 revogou o Decreto 11.322/2022, e restabeleceu as alíquotas de 4% e 0,65%, com vigência imediata.

Mesmo que se entenda que a alíquota reduzida para receitas financeiras é um benefício fiscal, fato é que a revogação de benefícios fiscais é modalidade de majoração de tributos de forma indireta, devendo ser submetida, da mesma forma, à regra de anterioridade nonagesimal.

Não há qualquer previsão constitucional que excepcione da aplicação da regra da anterioridade as "alíquotas vigentes há poucos dias" ou estabeleça um período de carência para que o chefe do recém-empossado do Poder Executivo possa majorar a carga tributária sem a observância da anterioridade. Pelo contrário, a Constituição é clara: havendo instituição ou majoração de tributos, há incidência das regras de anterioridade, salvo exceções previstas na própria Constituição.

De mais a mais, deve-se resguardar a legítima expectativa dos contribuintes em relação aos atos do Poder Público independentemente das trocas de governo inerentes ao sistema democrático: o ente federativo, como pessoa jurídica abstrata, deve agir conforme a boa-fé, a previsibilidade e a coerência – independentemente de ter havido troca de governo.

REFERÊNCIAS

ÁVILA, Humberto. *Sistema Constitucional Tributário*. 5. ed. São Paulo: Saraiva, 2012.

ÁVILA, Humberto. *Teoria dos Princípios*: da definição à aplicação dos princípios jurídicos. 18. ed. São Paulo: Malheiros, 2018.

CAMPOS, Carlos. *Sociologia e Filosofia do Direito*. 2. ed. Belo Horizonte: Cardal, 1961.

CARVALHO, Paulo de Barros. *Curso de direito tributário*. São Paulo: Saraiva, 1991.

FOLLONI, André. *Ciência do direito tributário no Brasil*: críticas e perspectivas a partir de José Souto maior Borges. São Paulo: Saraiva, 2013.

MACHADO, Hugo de Brito. *Curso de direito tributário*. 8. ed. São Paulo: Malheiros, 1993.

MANEIRA, Eduardo. *Direito Tributário*: princípio da não surpresa. Belo Horizonte: Del Rey, 1994.

MARTINS, Ives Gandra. *Teoria da Imposição Tributária*. 2. ed. São Paulo: LTr, 1998.

MARTINS, Ives Gandra. *Uma Teoria do Tributo*. São Paulo: Quartier Latin, 2005.

REFLEXÕES ACERCA DA GUERRA FISCAL NO ICMS

Fabiana Del Padre Tomé

Doutora e Mestre em Direito Tributário pela PUC/SP. Professora nos cursos de pós-graduação *stricto sensu* e *lato sensu* em Direito Tributário da PUC/SP-COGEAE e do Instituto Brasileiro de Estudos Tributários (IBET). Fundadora do Você Tributarista. Advogada.

Adriano Luiz Batista Messias

Mestre e Doutorando em Direito Tributário pela PUC/SP. Professor assistente nos cursos de pós-graduação *stricto sensu* e professor nos cursos de pós-graduação *lato sensu* em Direito Tributário da PUC/SP-COGEAE e do Instituto Brasileiro de Estudos Tributários (IBET). Advogado.

"Uma democracia só é plena, se cada Poder, no âmbito de suas atribuições, cumprir sua missão, com pleno respeito às competências alheias, colaborando com a sociedade na construção de uma nação poderosa e estável institucionalmente." (Ives Gandra da Silva Martins)

Sumário: Introdução – 1. Notas sobre a competência tributária – 2. Princípios da federação e da autonomia dos municípios: implicações no exercício da competência tributária – 3. Guerra fiscal e requisitos para a concessão de incentivos fiscais no ICMS – 4. Concessão unilateral de incentivos fiscais de ICMS e a manifestação do STF – 5. Consequências jurídicas da declaração de inconstitucionalidade dos incentivos fiscais concedidos unilateralmente – Conclusões – Referências.

INTRODUÇÃO

A denominada "Guerra Fiscal" é caracterizada pelo conflito entre os entes da Federação, provocado pela concessão de incentivos no âmbito fiscal que geram descompetitividade, ou seja, trata-se da disputa no âmbito federativo pela intensificação de práticas concorrenciais extremas e não cooperativas, mediante há manipulação da sua carga tributária, com a finalidade precípua de implementar políticas relacionadas à atração de empresas para seus territórios.

Nesse contexto, o presente trabalho tem como escopo demonstrar, a partir da definição do conceito do fenômeno "Guerra Fiscal", qual a perspectiva jurídica do tema, na busca de avaliação sobre seus principais efeitos, em correlação com seu o panorama jurisprudencial, tendo em vista que a competição nociva e ilegal põe em risco a Federação brasileira, na medida em que envolve não apenas o atrito entre os Estados da Federação, mas também afeta os contribuintes beneficiários de incentivos fiscais.

Como o sistema jurídico apresenta-se autorreferencial e autorreprodutivo de atos jurídicos, o viés adotado será, fundamentalmente, pela perspectiva das normas jurídicas. Pelo fato de as normas do sistema do direito encontrarem-se postas em uma estrutura hierarquizada, fundamentada ou derivada que opera tanto no aspecto material quanto no formal ou processual, imprimindo-lhe possibilidade dinâmica, autorregulatória de sua criação e transformações, o sistema empírico do direito é unitário e homogêneo.

Parte-se da premissa de que o direito, sendo objeto elaborado pelo ser humano, consiste em conjunto de normas que tipificam diversos fatos que ensejam na produção de outras normas, num movimento empírico-dialético contínuo, dentro do universo social cuja finalidade é disciplinar as condutas nas relações inter-humanas. A interpretação do texto jurídico implica, através da leitura, na compreensão do conteúdo linguístico contido no próprio texto para aplicá-lo ao caso concreto. Assim, o sentido do texto somente terá uma referência operativa na medida em que o intérprete compreender sua própria realidade em relação com a realidade linguística do texto, ou seja, o intérprete realiza um labor de indagação hermenêutica, cuja realidade é constituída por linguagem competente e admitida pelo sistema.

Nesse sentido, o tratamento dos textos, em qualquer perspectiva, supõe sempre e necessariamente uma atitude hermenêutica, ou seja, interpretativo-construtiva, em que a análise formal somente é possível sobre a base de compreensão inicial do texto, ou seja, para poder analisar uma simples frase e seus elementos gramaticais é preciso entender seu significado, ainda que de modo aproximado. Assim, a hermenêutica está, como método, sempre presente quando enfrentamos textos. Já que todo o Direito se manifesta em texto ou é reduzível a texto, chega-se à conclusão de que o método hermenêutico é onipresente.

A hipótese de incidência contém em seu núcleo a discriminação do fato jurídico, mediante descrição dos critérios que permitem a identificação do fato. Entretanto, o fato, ontologicamente falando, possui complexidade, impossibilitando à norma jurídica qualificá-lo em sua totalidade. Possibilita, somente, a indicação dos critérios que, uma vez verificados e vertidos em linguagem competente, ensejam a incidência da norma. A aplicação do direito se dá pela subsunção, considerando-se que o sistema jurídico se distingue das demais comunicações sociais ao adotar o código valorativo e binário lícito/ilícito, construindo seus próprios componentes, estabelecendo as normas reguladoras de suas operações, estruturas, processos.

Tais considerações permitem afirmar que o trato jurídico a respeito da "Guerra Fiscal" deve ter o enfoque nos enunciados prescritivos válidos no próprio sistema jurídico. Com esteio em tal premissa, empregando a metodologia hermenêutico-analítica com pesquisa bibliográfica, o presente artigo se imiscuirá na descrição acerca da competência tributária e correlatas espécies normativas, o cenário acerca da "Guerra Fiscal" em relação ao ICMS e requisitos para a concessão de incentivos fiscais, o patamar de análise jurisprudencial no âmbito do STF e respectivas consequências da declaração de inconstitucionalidade dos incentivos fiscais concedidos unilateralmente.

1. NOTAS SOBRE A COMPETÊNCIA TRIBUTÁRIA

O direito positivo apresenta-se como o conjunto de normas jurídicas válidas em determinadas coordenadas de tempo e de espaço, tendo por finalidade a regulação de condutas intersubjetivas.

Voltaremos nossa atenção, nesta oportunidade, mais especificamente às normas constitucionais de produção normativa tributária, ou seja, àquelas que dispõem acerca da criação, modificação ou extinção de tributos. Trata-se da chamada "competência tributária".

Competência consiste em atribuição de poder. No sistema do Direito positivo, cujas proposições são prescritivas, pode-se definir o conceito de competência como normas jurídicas que conferem poder aos entes políticos para expedir regras jurídicas voltadas a qualificar órgãos, regular procedimentos, indicar locais para sua ocorrência, o momento em que será realizado o processo e, no ordenamento jurídico, as normas da Constituição Federal regulam o procedimento legislativo, jurisdicional e administrativo, prescrevendo comandos gerais e abstratos que determinam como as autoridades competentes poderão produzir normas individuais e concretas ou gerais e concretas. A Constituição Federal é a carta das competências.

No que concerne ao conceito de competência tributária, Paulo de Barros Carvalho[1] entende ser "uma parcela entre as prerrogativas legiferantes de que são portadoras as pessoas políticas, consubstanciada na faculdade de legislar para a produção de normas jurídicas sobre tributos". Roque Antonio Carrazza[2] define-a como "a aptidão para criar, *in abstracto*, tributos". Há, por conseguinte, um consenso no sentido de que a competência tributária consiste na outorga de poderes às pessoas políticas de direito público interno para expedir normas jurídicas tributárias, inovando o ordenamento positivo e criando tributos.

A Constituição da República é minuciosa ao disciplinar a competência tributária. Com acuidade lembra José Artur Lima Gonçalves[3] que "a Constituição toma o espectro total das possibilidades de criação dos tributos e o reparte em três compartimentos estanques e inconfundíveis, segundo o critério material e territorial, outorgando-os à União, Estados, Distrito Federal e Municípios". É, portanto, rígida e exaustiva a repartição constitucional de competências impositivas tributárias.

Disso decorre a necessidade de que o legislador infraconstitucional de cada ente político, ao exercer as competências que lhe foram outorgadas, observe com rigor os requisitos constitucionalmente estabelecidos. É que a Carta Magna, ao conferir ao legislador a aptidão para criar tributos, impõe que ele o faça dentro de certos limites, observando-se os requisitos por ela impostos.

---

1. *Curso de direito tributário*, p. 156.
2. *Curso de direito constitucional tributário*, p. 302.
3. *Imposto sobre a renda*: pressupostos constitucionais, p. 89.

2. PRINCÍPIOS DA FEDERAÇÃO E DA AUTONOMIA DOS MUNICÍPIOS: IMPLICAÇÕES NO EXERCÍCIO DA COMPETÊNCIA TRIBUTÁRIA

Os princípios, tomados como normas jurídicas de forte conotação axiológica, podem ser encontrados em quaisquer espécies de textos integrantes do sistema do direito positivo. Os mais importantes, porém, são os princípios constitucionais, visto que hierarquicamente superiores aos demais, dirigindo a aplicação de todas as normas jurídicas, interferindo, inclusive, no exercício das competências constitucionalmente previstas.

Os enunciados principiológicos dizem respeito a núcleos significativos de grande magnitude que influenciam a orientação das cadeias normativas, servindo de alicerce em que será construído o sistema jurídico. No plano da definição do conceito de princípio, facilmente se encontram quatro usos para o vocábulo princípio, de acordo com Paulo de Barros Carvalho,[4] como norma jurídica privilegiada, com valor expressivo; norma privilegiada que estipula limites objetivos; valores insertos em normas de posição privilegiada, mas que valem por si mesmos; e como limite objetivo estipulado em regra de forte hierarquia, tomado sem levar em conta a estrutura da norma.

No âmbito tributário, os princípios constitucionais assumem especial relevância, configurando preceitos a serem observados pelo legislador infraconstitucional no momento da criação das normas jurídicas tributárias. De outro lado, há princípios constitucionais gerais, que influem na totalidade do ordenamento e, por decorrência, acarretam relevantes efeitos na esfera tributária. Por ora, interessam-nos os primados da *autonomia* e da *isonomia das pessoas políticas de direito constitucional interno*.

Referidos princípios decorrem do fato de ser o Brasil uma República Federativa (art. 1º da Constituição), assumindo a peculiar forma de Estado politicamente descentralizado. Em vista disso, União, Estados-membros, Distrito Federal e Municípios hão de conviver harmonicamente, exercendo suas competências com fundamento no Texto Constitucional. Sujeitam-se às autorizações e vedações ali prescritas, não havendo que falar em superioridade de quaisquer dessas unidades.

Em virtude da isonomia dessas pessoas políticas, as competências a elas conferidas precisam ser muito bem delimitadas pelo constituinte, impedindo-se, com isso, que um dos entes interfira no campo de atuação dos demais. O exercício das competências tributárias, por conseguinte, não pode ser realizado de forma indiscriminada.

Nesse cenário, o Conselho Nacional de Política Fazendária (Confaz) tem por atribuição promover a celebração de convênios, para efeito de concessão ou revogação de isenções, incentivos e benefícios fiscais do imposto de que trata o inciso II do art. 155 da Constituição, de acordo com o previsto no § 2º, inciso XII, alínea "g", do mesmo artigo e na Lei Complementar 24, de 7 de janeiro de 1975. Assim, cada Estado poderá aplicar alíquota interna para operações de ICMS, e alíquotas em operações interestaduais, que são variáveis para cada Estado.

---

4. *Direito Tributário*: linguagem e método, *passim*.

É bem certo que as entidades tributantes manifestam empenho para atrair investimentos com vistas a acelerar o desenvolvimento econômico e social, mediante concessão de benefícios mútuos à Administração e aos administrados. Contudo, tal ângulo não afasta os sérios detrimentos desencadeados pela "guerra fiscal", "tornando-se ameaça constante para o bom funcionamento do sistema normativo, sobre comprometer, decisivamente, a aplicabilidade de valores fundamentais para a instituição e administração das figuras impositivas".[5]

3. GUERRA FISCAL E REQUISITOS PARA A CONCESSÃO DE INCENTIVOS FISCAIS NO ICMS

Tem-se denominado de "Guerra Fiscal" a disputa travada entre as pessoas de direito constitucional interno para atrair investimentos dos particulares. Trata-se, segundo Gilberto Bercovici,[6] da "explicitação da falta de cooperação no federalismo brasileiro" decorrendo "da falta de uma política nacional de desenvolvimento". No mesmo sentido, afirma Guilherme Bueno de Camargo[7] que a guerra fiscal:

> nada mais é do que a generalização de uma competição entre entes subnacionais pela alocação de investimentos privativos por meio da concessão de benefícios e renúncia fiscal, conflito este que se dá em decorrência de estratégias não cooperativas dos entes da Federação e pela ausência de coordenação e composição dos interesses por parte do governo central.

Em homenagem ao ilustre Professor Ives Granda da Silva Martins,[8] cujas incursões adotam o tom da intertextualidade, complementa-se o presente estudo com posicionamentos das mais diversas matizes, dada a característica de que a expressão assume conotações políticas e econômicas. Carlos Eduardo G. Cavalcanti e Sérgio Prado,[9] assim definem:

> a 'Guerra Fiscal' é um caso de uma classe geral de fenômenos que emergem quando iniciativas políticas dos Governos subnacionais adquirem conotações negativas e geram efeitos econômicos perversos em decorrência do caráter insuficiente ou conjunturalmente inoperante do quadro político-institucional que regula os conflitos federativos, o qual se revela incapaz de garantir um equilíbrio mínimo entre interesses locais de forma a evitar efeitos macroeconômicos e sociais perversos.

Mário Henrique Simonsen[10] refere-se a "Guerra das Isenções" como os conflitos de natureza tributária existentes entre os estados, objetivando a atração de indústrias, a partir da concessão de isenções no imposto interestadual sobre o consumo. Já Ricardo

---

5. MARTINS, Ives Granda da Silva; CARVALHO, Paulo de Barros, *Guerra Fiscal*: reflexões sobre a concessão de benefícios no âmbito do ICMS. 2. ed. São Paulo: Noeses, 2014, p. 26.
6. *Desigualdades regionais, Estado e Constituição*, p. 183.
7. *A guerra fiscal e seus efeitos: autonomia X centralização*, p. 186-187.
8. Oportuna a brilhante exposição sobre o tema na obra conjunta com CARVALHO, Paulo de Barros. *Guerra Fiscal*: reflexões sobre a concessão de benefícios no âmbito do ICMS, publicada pela editora Noeses.
9. *Aspectos da guerra fiscal no Brasil*. Brasília: IPEA/ São Paulo: FUNDAP, 1998, p. 7.
10. *Reforma fiscal*: coletânea de estudos técnicos, 1992. p. 571.

Varsano[11] define "Guerra Fiscal" como uma situação de conflito na Federação em que, ao arrepio da Lei Complementar 24, de 1975, os estados utilizam-se de isenções e outros incentivos relacionados ao ICMS (seu principal tributo e atualmente o maior tributo consolidado do Brasil) como instrumentos ativos de suas políticas de atração de indústrias.

Esse embate, entretanto, traz indesejáveis consequências econômicas e sociais para o país, pois quando uma unidade política toma medidas indiscriminadas para atrair investidores, e, desse modo, elevar os recursos arrecadados, isso interfere na economia dos demais entes, que se veem prejudicados. Nem se argumente que essa disputa seria benéfica ao desenvolvimento nacional, proporcionando equilíbrio e crescimento dos Estados e Municípios menos favorecidos. É o que esclarece Gilberto Bercovici, em interessante trabalho sobre "Desigualdades regionais, Estado e Constituição":

> Não pode haver homogeneidade interestadual onde um Estado decide, unilateralmente, sobre incentivos que os outros não podem conceder. Desta maneira, quando um Estado ganha (isto se houver ganho de fato, o que na maioria das vezes não ocorre), os outros perdem. O processo de concessão de incentivos fiscais estaduais caracteriza-se pelo desperdício de dinheiro público, pois os possíveis ganhos em bem-estar não se comparam aos custos econômicos da atração dos investimentos e aos custos sociais da diminuição da atividade econômica nos Estados "perdedores". (...) A guerra fiscal foi acirrada com crise financeira dos Estados. Porém, conforme os incentivos vão se avolumando, perdem a capacidade de estimular o investimento, tornando-se mera renúncia de arrecadação. Além disso, os Estados mais pobres acabam perdendo a capacidade de investir em sua própria infraestrutura e serviços públicos.

Convém anotar que, não obstante a razão da existência dessa competição seja a autonomia e isonomia das pessoas de direito constitucional interno, inclusive no âmbito tributário, o próprio Texto Constitucional impõe limitações, procurando obstá-la. Exemplo disso pode ser observado em relação ao ISS, visto que os Municípios se utilizavam de alíquotas extremamente baixas para atrair os prestadores de serviços, deflagrando verdadeira guerra fiscal. Procurando minimizá-la, atuou o constituinte derivado, editando a Emenda Constitucional 37/2002, a qual, dentre outras prescrições, impôs a fixação de alíquota mínima por lei complementar, estabelecendo ser esta de 2% enquanto não advier o diploma apropriado. Essa Emenda Constitucional conferiu à lei complementar, também, a função de regular a forma e as condições como isenções incentivos e benefícios fiscais serão concedidos e revogados.

A guerra fiscal é mais acirrada, porém, entre os Estados-membros, mediante a concessão de incentivos fiscais que envolvem o ICMS. Tendo em vista, porém, seu caráter nacional,[12] a Constituição exige que os Estados e Distrito Federal deliberem, conjuntamente, sobre o assunto. Tércio Sampaio Ferraz Júnior[13] explica, com a costumeira propriedade, as razões de tal zelo:

---

11. *A evolução do sistema tributário brasileiro ao longo do século*: anotações e reflexões para futuras reformas. Brasília: IPEA, jan. 1996. p. 2.
12. CARVALHO, Paulo de Barros. *Curso de direito tributário*, p. 224.
13. *Guerra fiscal, fomento e incentivo na Constituição Federal*, p. 278.

Afinal, por ser o ICMS um imposto instituído por lei estadual, cuja receita se reparte entre Estado e municípios, mas que, pela própria natureza da circulação de mercadorias, repercute a economia das demais unidades estaduais da Federação, há um risco permanente de que, na disciplina de benefícios fiscais, uma unidade possa prejudicar outra unidade federativa. Para evitar prejuízos deste gênero, a Constituição Federal exigiu que a concessão de tais benefícios ficasse na dependência de deliberação, exigindo a Lei Complementar a realização de convênios entre Estados e Distrito Federal.

Acerca da natureza jurídica do ICMS, o lapidar opúsculo de Ives Granda da Silva Martins[14] a respeito:

> Trata-se de tributo que deveria ser, no Sistema Brasileiro, um tributo federal ou centralizado, como ocorre na esmagadora maioria dos países que adotam a técnica do valor agregado. Embora o regime adotado seja o da 'não cumulatividade' – que guarda apenas semelhanças com a técnica e com o princípio do valor agregado, para o fim de viabilizar a desoneração da tributação das operações anteriores nas posteriores – este tributo de 'vocação nacional' foi regionalizado, com a EC 18/65, o CTN e pelas Constituições de 67 e 88. Não adotou o país, a compensação de base contra base, mas o do imposto contra o imposto, em apuração periódica, conforme determina o artigo 155, § 2º, I, da CF.

O art. 155, § 2º, XII, "g", da Constituição impõe à lei complementar "regular a forma como, mediante deliberação dos Estados e do Distrito Federal, isenções, incentivos e benefícios fiscais serão concedidos e revogados". Diante da inércia do Congresso Nacional em disciplinar o assunto, vem sendo aplicada a Lei Complementar 24/75, editada sob a vigência da Constituição anterior. Referida Lei Complementar, por sua vez, exige que sejam celebrados convênios pelos Estados e pelo Distrito Federal para fins de concessão de isenções, bem como para (i) redução da base de cálculo, (ii) devolução total ou parcial, direta ou indireta, condicionada, ou não, do tributo, (iii) concessão de créditos presumidos e (iv) quaisquer outros incentivos ou favores fiscais ou financeiro-fiscais concedidos em relação ao ICMS, quando acarrete redução ou eliminação, direta ou indireta, do respectivo ônus.

4. CONCESSÃO UNILATERAL DE INCENTIVOS FISCAIS DE ICMS E A MANIFESTAÇÃO DO STF

A despeito da prescrição veiculada pela Lei Complementar 24/75, condicionando a concessão de incentivos fiscais à prévia celebração de convênio pelos Estados e pelo Distrito Federal, são numerosos os casos de inobservância a tal regra. Essa atitude, contudo, tem sido repudiada pelo Supremo Tribunal Federal, que, em reiteradas decisões, manifestou-se pela inconstitucionalidade da concessão unilateral de benefícios fiscais de ICMS. Nesse sentido, veja-se a ementa a seguir:

> Ação direta de inconstitucionalidade. Art. 2º da Lei Estadual 10.324, de 22.12.1994 do Estado do Rio Grande do Sul. ICMS. Isenção, serviço de transporte intermunicipal de passageiros efetuado mediante concessão ou permissão do Estado do Rio Grande do Sul. Alegada ofensa ao art. 155, § 2º, XII, G da CF. 1 – A concessão unilateral, por Estado-membro ou pelo Distrito Federal, de isenções, incentivos e benefícios fiscais relativos ao ICMS, sem a prévia celebração de convênio intergovernamental, nos

---

14. *Guerra Fiscal*: reflexões sobre a concessão de benefícios no âmbito do ICMS, p. 1-2.

termos do que dispõe a LC 24/75, afronta o art. 155, § 2º, XII, g, da Constituição Federal. Precedentes. 2 – Ação direta de inconstitucionalidade cujo pedido se julga procedente.[15]

É farta a jurisprudência da Suprema Corte, como se depreende do julgado abaixo:

ICMS:'guerra fiscal': concessão unilateral de desoneração do tributo por um Estado federado, enquanto vigorem benefícios similares concedidos por outros: liminar deferida. 1. A orientação do Tribunal é particularmente severa na repressão à guerra fiscal entre as unidades federadas, mediante a prodigalização de isenções e benefícios fiscais atinentes ao ICMS, com afronta da norma constitucional do art. 155, § 2º, g – que submete sua concessão à decisão consensual dos Estados, na forma de lei complementar (ADIn 84-MG, 15.2.96, Galvão, DJ 19.04.1996; ADInMC 128-AL, 23.11.89, Pertence, RTJ 145/707; ADInMC 902, 03.03.1994, Marco Aurélio, RTJ 151/444; ADInMC 1.296-PI, 14.06.1995, Celso; ADInMC 1.247-PA, 17.08.1995, Celso, RTJ 168/754; ADInMC 1.179-RJ, 29.02.1996, Marco Aurélio, RTJ 164/881; ADInMC 2.021-SP, 25.8.99, Corrêa; ADIn 1.587, 19.10.00, Gallotti, Informativo 207, DJ 15.08.1997; ADInMC 1.999, 30.6.99, Gallotti, DJ 31.03.2000; ADInMC 2.352, 19.12.2000, Pertence, DJ 09.03.2001). 2. As normas constitucionais, que impõem disciplina nacional ao ICMS, são preceitos contra os quais não se pode opor a autonomia do Estado, na medida em que são explícitas limitações. 3. O propósito de retaliar preceito de outro Estado, inquinado da mesma balda, não valida a retaliação: inconstitucionalidades não se compensam. 4. Concorrência do periculum in mora para a suspensão do ato normativo estadual que – posto inspirada na razoável preocupação de reagir contra o Convênio ICMS 58/99, que privilegia a importação de equipamentos de pesquisa e lavra de petróleo e gás natural contra os produtos nacionais similares – acaba por agravar os prejuízos igualmente acarretados à economia e às finanças dos demais Estados-membros que sediam empresas do ramo, as quais, por força da vedação constitucional, não hajam deferido benefícios unilaterais.[16]

São interativas e uniformes as decisões do STF, julgando inconstitucional toda espécie de incentivo fiscal de ICMS concedido sem fundamento em convênio celebrado pelos Estados e pelo Distrito Federal. Acrescente-se ainda que, como bem anotou Heron Arzua,[17] a Suprema Corte tem conferido interpretação ampla à noção de "incentivos fiscais", entendendo abranger não apenas a figura da isenção, da redução da base de cálculo, dos créditos presumidos, da dilação de prazos para pagamento dos impostos, bem como de quaisquer regras fiscais cujo objetivo seja a redução da carga tributária.

Não obstante, tomando como *leading case* o RE 851421, discutiu-se no âmbito do STF, à luz dos arts. 146, III, b, 150, § 6º, e 155, § 2º, XII, g, da Constituição Federal, a possibilidade de os Estados e o Distrito Federal, mediante consenso alcançado no Conselho Nacional de Política Fazendária – CONFAZ, perdoar dívidas tributárias surgidas em decorrência do gozo de benefícios fiscais, implementados no âmbito da chamada guerra fiscal do ICMS, reconhecidos como inconstitucionais. Foi fixada a tese do Tema 817, no sentido de que "é constitucional a lei estadual ou distrital que, com amparo em convênio do CONFAZ, conceda remissão de créditos de ICMS oriundos de benefícios fiscais anteriormente julgados inconstitucionais". Sobre essa temática, a Lei Complementar 160/2017 dispõe quanto aos requisitos a serem cumpridos para adoção de tal providência.

---

15. ADI 1308/RS, Tribunal Pleno, Rel. Min. Ellen Gracie, j. 12.05.2004, DJ 04.06.2004, p. 28.
16. ADI-MC 2377-MG, Tribunal Pleno, Rel. Min. Sepúlveda Pertence, j. 22.02.2002, DJ 07.11.2003, p. 81.
17. ICMS – caráter nacional – guerra fiscal e seus mecanismos de atuação: o regime dos incentivos fiscais no ICMS, *RDT* n. 81, p. 212.

5. CONSEQUÊNCIAS JURÍDICAS DA DECLARAÇÃO DE INCONSTITUCIONALIDADE DOS INCENTIVOS FISCAIS CONCEDIDOS UNILATERALMENTE

Convém recordar que a não cumulatividade é princípio constitucional de aplicação obrigatória ao ICMS (art. 155, II, § 2º, I), erigido com a finalidade de evitar a superposição de cargas tributárias, impedindo a incidência de um mesmo tributo mais de uma vez sobre valor que já serviu de base à sua cobrança em fase anterior do processo econômico.[18]

O Texto Constitucional assegura ao contribuinte a compensação do imposto devido em cada operação com o montante incidente nas anteriores, excepcionando, tão somente, as hipóteses de isenção e não incidência. Apenas se amplo e irrestrito o direito ao crédito, o tributo não se acumulará. Caso o tributo relativo a uma das etapas do ciclo não seja levando em conta nas subsequentes, haverá sobreposição do ônus tributário, sendo inadmissível falar-se em "não cumulatividade".

Ocorre que a Lei Complementar 24/75, além de dispor sobre a forma pela qual os Estados e o Distrito Federal estão habilitados a deliberar para fins de concessão de incentivos fiscais, dispôs, também, sobre sanções aos contribuintes envolvidos nas operações ilegitimamente beneficiadas. Estabeleceu, no art. 8º, ser ineficaz o crédito fiscal relativo às operações beneficiadas, autorizando, em consequência, a exigência do imposto reduzido em razão do incentivo tributário.

Entendemos, porém, que a declaração de inconstitucionalidade da lei concessiva do benefício fiscal não tem o condão de obstar o creditamento por parte do contribuinte. Se assim fosse, restaria maculado o princípio da não cumulatividade do ICMS. Ora, tendo em vista o caráter nacional do ICMS e o imperativo princípio da não cumulatividade desse imposto, a anulação da norma jurídica concessiva de benefício fiscal tem como efeito restabelecer a exigência dos valores dispensados ou devolvidos pela Administração Pública ao contribuinte, não podendo implicar a anulação do crédito de ICMS e a exigência, pelo Estado destinatário da mercadoria ou serviço, do imposto dispensado. Como manifestado por Gilberto Ayres Moreira,[19] a Constituição atribuiu ao legislador complementar a competência para fixar a forma de concessão das isenções, incentivos e benefícios fiscais, sem, no entanto, autorizar a imposição de sanções à sua inobservância. Com maior razão, não pode a lei complementar estabelecer sanção que acarrete a anulação de créditos, em manifesta violação ao princípio da não cumulatividade.

Consoante conclusão de Daniela de Andrade Braghetta:[20]

---

18. Cf. nosso *Contribuições para a seguridade social à luz da Constituição Federal*, p. 118.
19. A "guerra fiscal" e os limites ao princípio da não cumulatividade no ICMS, *RDT* n. 85, p. 235.
20. Aspectos atuais de guerra fiscal no âmbito administrativo bandeirante – rediscussões sobre ICMS. In: SOUZA, Priscila de (Coord.). *VIII Congresso de Estudos Tributários*, p. 346.

o contribuinte não tem o dever para fazer o controle de constitucionalidade dos benefícios fiscais editados por todo e qualquer ente da federação, seja quando firmam os acordos que concedem os créditos presumidos, seja quando adquirem mercadorias de outros estabelecimentos. Por derradeiro, a Constituição Federal é rígida e conta com o princípio da não cumulatividades, que exige, em operações futuras, o abatimento do valor pago do imposto em operações passadas. Não se trata de mera técnica ou norma deixada ao arbítrio dos sujeitos da relação jurídica: não se admite renúncia sem contrapartida (crédito presumido), porquanto levaria à cumulatividade do ICMS.

Ademais, vale registrar que a Lei Complementar 160/2017, aos referir-se as consequências da concessão de benefícios fiscais em desacordo com a Lei Complementar 24/1975, estabeleceu que tal situação implica a sujeição da unidade federada responsável aos impedimentos previstos nos incisos I, II e III do § 3º do art. 23 da Lei Complementar 101/2000 (Lei de Responsabilidade Fiscal), quais sejam, vedação ao (i) recebimento de transferências voluntárias, à (ii) obtenção de garantia, direta ou indireta, de outro ente, e à (iii) contratação de operações de crédito, ressalvadas as destinadas ao pagamento da dívida mobiliária e as que visem à redução de despesas com pessoal.

Por isso, entendemos que, havendo descumprimento da forma exigida para concessão de isenção, benefício ou incentivo fiscal, compete ao Judiciário apreciar sua constitucionalidade, e, sendo ela declarada inconstitucional, incumbe ao Estado de origem da mercadoria ou do serviço a exigência do tributo que este deixou de cobrar, sendo inadmissível a vedação ao aproveitamento do crédito do contribuinte ou a cobrança do ICMS pelo Estado destinatário do bem ou serviço.

CONCLUSÕES

A Constituição de 1988 conferiu aos Estados e ao Distrito Federal a competência para a instituição de impostos que incidam sobre as materialidades jurídicas prescritas no art. 155 da Constituição Federal, entre os quais está o ICMS (art. 155, II). Contudo, o exercício da competência para a instituição de impostos encontra limites delineados pelo Texto Constitucional, nas hipóteses em que o legislador complementar e o Senado Federal deverão legislar para estabelecer balizas à atuação dos Estados.

O potencial lesivo ao Pacto Federativo se concretiza quando Estados e Distrito Federal unilateralmente concedem benefícios fiscais para diminuir a carga tributária e atrair investimentos para seu território, sendo hipótese da denominada "Guerra Fiscal".

Tal cenário aumenta o nível de conflitos entre os entes da Federação, prejudicando as políticas nacionais e legítimas de desenvolvimento industrial e desconcentração de produção. Entretanto, a realocação de empresas a partir de incentivo fiscal local e desordenado produz ineficiência alocativa, acarretando maiores custos para a produção, o que resulta, de maneira geral, na troca de arrecadação dos impostos.

Quanto à previsão constitucional que determina a atuação do legislador complementar em relação ao ICMS, destaca-se o art. 155, § 2º, XII, g, da Carta Suprema. É a Lei Complementar 24/1975 o veículo normativo que regulamenta o dispositivo constitucional, cuja recepção pela Constituição de 1988 foi reconhecida pelo STF na ADPF 198, de relatoria da Min. Cármen Lúcia.[21]

Nesse aspecto, as isenções e demais benefícios fiscais do imposto sobre operações relativas à circulação de mercadorias serão concedidos ou revogados nos termos de convênios celebrados e ratificados pelos Estados e pelo Distrito Federal. Os convênios são, portanto, os instrumentos a serem utilizados para formalizar as deliberações entre os Estados e o DF em que sejam autorizados benefícios fiscais referentes ao ICMS.

A atuação do STF deve ocorrer de modo a coibir abusos que levem à corrosão do próprio pacto federativo. E não sendo essa a hipótese, deve abster-se de intervir na autonomia dos Estados e do Distrito Federal sob pena de ela mesma ser a responsável pela geração de desequilíbrio entre os entes.

Entrementes, o princípio da segurança jurídica é norteador para dirimir a controvérsia no que diz respeito à concessão de benefícios fiscais de ICMS. Aos contribuintes que se aproveitarem do direito ao crédito de ICMS, em obediência ao mandamento constitucional, a despeito da edição de lei que concedeu benefícios pelo Estado de origem, não há que se falar glosa. Assim, enquanto não declarada inconstitucional a norma jurídica concessiva do benefício fiscal, vige o mandamento da sua presunção de constitucionalidade, de modo que desfazer retroativamente todos os benefícios teria impacto imprevisível e possivelmente injusto em relação às partes privadas que cumpriram a lei tal como ela foi posta.

REFERÊNCIAS

ARZUA, Heron. ICMS – Caráter nacional – Guerra fiscal e seus mecanismos de atuação: o regime dos incentivos fiscais no ICMS. *Revista de direito tributário*, São Paulo: Malheiros, n. 81, p. 206-216, 2000.

BERCOVICI, Gilberto. *Desigualdades regionais, Estado e Constituição*. São Paulo: Max Limonad, 2003.

BRAGHETTA, Daniela de Andrade. Aspectos atuais de guerra fiscal no âmbito administrativo bandeirante – rediscussões sobre ICMS. In: SOUZA, Priscila de (Coord.). *VIII Congresso de Estudos Tributários*. São Paulo: Noeses, 2011.

CAMARGO, Guilherme Bueno de. A guerra fiscal e seus efeitos: autonomia x centralização. In: CONTI, José Maurício (Org.). *Federalismo fiscal*. São Paulo: Manole, 2004.

CARRAZZA, Roque Antonio. *Curso de direito constitucional tributário*. 34. ed. São Paulo: JusPodivm/Malheiros, 2023.

CARVALHO, Paulo de Barros. *Curso de direito tributário*. 32. ed. São Paulo: Noeses, 2022.

CARVALHO, Paulo de Barros. *Direito Tributário*: linguagem e método. 8. ed. São Paulo: Noeses, 2021.

---

21. "EMENTA: Arguição de descumprimento de preceito fundamental. § 2º do art. 2º e art. 4º da Lei Complementar 24/75. Normas anteriores à Constituição de 1988. Cabimento da ADPF. ICMS. Exigência de unanimidade entre os entes federados representados no CONFAZ para a celebração de convênio concessivo de benefício fiscal. Ratificação posterior do acordo por decreto local. Efetividade do disposto na al. g do inc. XII do § 2º do art. 155 da Constituição de 1988. Recepção das normas impugnadas pelo ordenamento constitucional vigente. Precedentes. Ausência de afronta ao princípio federativo e democrático. Arguição de descumprimento de preceito fundamental julgada improcedente" (STF, Tribunal Pleno, ADPF 198, Rel. Min. Cármen Lúcia, DJe 06.10.2020).

CAVALCANTI, Carlos Eduardo G.; PRADO, Sérgio. *Aspectos da guerra fiscal no Brasil*. Brasília: IPEA/ São Paulo: FUNDAP, 1998.

FERRAZ JÚNIOR, Tércio Sampaio. Guerra fiscal, fomento e incentivo na Constituição Federal. In: SCHOUERI, Luís Eduardo; ZILVETI, Fernando Aurélio (Coord.). *Direito tributário*: estudos em homenagem a Brandão Machado. São Paulo: Dialética, 1998.

GONÇALVES, José Artur Lima. *Imposto sobre a renda*: pressupostos constitucionais. São Paulo: Malheiros, 1997.

MARTINS, Ives Granda da Silva; CARVALHO, Paulo de Barros, *Guerra Fiscal*: reflexões sobre a concessão de benefícios no âmbito do ICMS. 2. ed. São Paulo: Noeses, 2014.

MOREIRA, Gilberto Ayres. A "guerra fiscal" e os limites ao princípio da não cumulatividade no ICMS. *Revista de direito tributário*. São Paulo: Malheiros, n. 85, p. 235-250, 2001.

SIMONSEN, Mário Henrique. In: MATTOS FILHO, Ary Oswaldo (Coord.). *Reforma fiscal*: coletânea de estudos técnicos São Paulo: DBA Dórea Books and Art, 1992.

TOMÉ, Fabiana Del Padre. *Contribuições para a seguridade social à luz da Constituição Federal*, Curitiba: Juruá, 2002.

VARSANO, Ricardo. *A evolução do sistema tributário brasileiro ao longo do século*: anotações e reflexões para futuras reformas. Brasília: IPEA, 1996.

O BREVE SÉCULO XX DO LIBERALISMO (1922-2008)

Fábio Ulhoa Coelho
Professor Titular da Pontifícia Universidade Católica de São Paulo.

Sumário: 1. Homenagem a Ives Gandra – 2. Os departamentos do liberismo – 3. Os marcos inicial e final – 4. O "adversário" da liberdade no século XXI – Referências.

1. HOMENAGEM A IVES GANDRA

Ives Gandra da Silva Martins é um dos importantes pensadores liberais do Brasil. Pensei, por isso, que apresentar um panorama do liberalismo ao longo do seu breve século XX seria um modo apropriado de celebrar o admirado jurista e dileto amigo. Eu não sou liberal e fiz este estudo sobre um recorte temporal do liberalismo como uma homenagem a Ives Gandra. As amizades que unem pessoas de pensamentos e visões de mundo diferentes são especialmente sólidas porque se alicerçam com maior firmeza no afeto, estima e respeito mútuos.

Quem chamou o século XX de breve foi o historiador Eric Hobsbawn, delimitando-o entre 1914, no início da Primeira Guerra, e 1991, o ano do desaparecimento da União Soviética. A referência a um século mais curto está no subtítulo do seu *A Era dos Extremos*. Esse livro foi publicado em 1994, o mesmo ano em que a *internet* deixou de ser uma acanhada comunidade de acadêmicos e militares e ganhou o mundo, graças à supressão da proibição de comércio na rede. Não havia mesmo como se prever, naquele tempo, aonde nos traria o incremento intencional da polarização patrocinado no ambiente das redes sociais com a finalidade de proporcionar ganhos tanto econômicos (monetização de perfis e lucro das *big techs*) como políticos (disseminação por robôs de ideias nem sempre fundadas em fatos verdadeiros).

O elevado grau da polarização na sociedade atual faz parecer um tanto ingênua a qualificação reservada por Hobsbawn para o século XX como a de Era dos extremos. Apesar de moderadamente marxista, o historiador talvez tivesse sido capturado pela difundida ilusão liberal, surgida após a queda do Muro de Berlim em 1989, de que a vitória dos Estados Unidos na Guerra Fria tornaria os extremismos a desconfortável marca de um passado incivilizado. Houve quem suspeitasse que a própria história poderia ter terminado com a afirmação definitiva, de um lado, da democracia como modelo de governo e, de outro, do liberalismo como forma de organização da economia.[1] Mas o

---

1. Francis Fukuyama escreveu, em 1898, um artigo defendendo a tese de que a combinação de democracia liberal e livre mercado havia se mostrado definitivamente a melhor alternativa para a organização política e econômica.

desenvolvimento exponencial da *internet* e principalmente o surgimento das redes sociais nos obriga a admitir que, se há uma Era verdadeiramente caracterizada por extremos, ela não terminou, ao contrário se iniciou na década de 1990.

O capítulo está organizado em quatro seções, sendo a primeira esta rápida introdução. Na segunda seção, apresentam-se os departamentos do liberalismo centrado na questão econômica. A terceira é dedicada aos marcos inicial e final do breve século XX do liberalismo: ele inicia quando ganha rosto um dos adversários da liberdade durante este período: a burocracia estatal e termina quando o quietismo estatal recomendado pelos neoliberais dá completamente errado com a crise de 2008. Na quinta seção, uma pequena referência à ameaça que os liberais identificam já passados alguns anos após o fim do breve século XX do liberalismo.

2. OS DEPARTAMENTOS DO LIBERISMO

O liberalismo se transforma de acordo com os obstáculos à liberdade propostos por cada época – se Locke no século XVII teve à frente a monarquia absolutista como ameaça à liberdade, Hayek enfrentou a da planificação econômica de inspiração soviética no século XX.[2] É por isso que, em reação à Revolução Russa de 1917, o liberalismo passa por um giro conceitual extraordinário, deixando de ser uma doutrina fundamentalmente política para se tornar essencialmente econômica. Passar a privilegiar a discussão econômica em detrimento da política não foi, porém, um movimento que os liberais fizeram sem turbulência. A inflexão pareceu a alguns empobrecer o liberalismo. Benedetto Croce, por exemplo, criticava-a por reduzir indagações essenciais a meras questões utilitárias sobre modos de otimização da felicidade.[3] Distinguiu-se, então, *liberismo* de liberalismo.[4]

Assim, se, antes do liberismo, aos liberais parecia suficiente garantir a plena liberdade política ínsita a um sistema de governo representativo para se ter a subsequente

---

Usou da hipérbole de "fim da história", causando com isso bastante polêmica. Hegel, Kojève e Marx já haviam usado antes a expressão. Para Hegel, a história terminou com o Espírito Absoluto encarnado na monarquia absolutista prussiana; para Kojève, a história terminou em 1806, quando Napoleão venceu os prussianos e teria com isso imposto o mundo burguês aos povos germânicos; para Marx, ela *terminará* quando sobrevier o comunismo superior. Em 2006, publicou um livro para contextualizar a tese numa visão mais ampla de identificação científica de uma história (uni)direcional (*The end of history and the last man*. 3. ed. London: Penguin Books, 2020. *E-book*).

2. Para José Guilherme Merquior: "uma vista geral [...] da história três vezes secular das ideias liberais mostra, acima de tudo, a impressionante variedade dos liberalismos: há vários tipos históricos de credo liberal e, não menos significantes, várias espécies de discurso liberal. Tal diversidade parece decorrer principalmente de duas fontes. Em primeiro lugar, há diferentes obstáculos à liberdade; o que assustava Locke – o absolutismo – já não era obviamente o que assustava Mil ou, ainda, Hayek. Em segundo lugar, há diferentes conceitos de liberdade, o que permite uma redefinição periódica do liberalismo" (*O liberalismo antigo e moderno*. 3. ed. Trad. Henrique de Araújo Mesquita. São Paulo: É Realizações, 2014, p. 262).
3. MERQUIOR, José Guilherme. *O liberalismo*... obra citada, p. 174.
4. Para os liberais que consideram a liberdade econômica uma condição indispensável para as demais, mas não para os críticos dessa tendência, o liberismo é uma espécie de liberalismo. Roberto Campos define "liberista" como "aquele que acredita que, se não houver liberdade econômica, as outras liberdades – a civil e a política – desaparecem" (CAMPOS, Roberto. Merquior, o liberista: prefácio. In: MERQUIOR, José Guilherme. *O liberalismo antigo e moderno*... obra citada, p. 27).

liberdade econômica, a partir de então a prioridade deles passou a ser a busca pela liberdade econômica, na crença de que ela levaria a um Estado mínimo e à consequente ampliação da liberdade política.[5]

O liberal é liberista quando entende a liberdade econômica (livre iniciativa e competição) como condição para as demais liberdades, a política principalmente. São pelo menos quatro os departamentos do liberismo: neoliberalismo, novo liberalismo, social-liberalismo e libertarianismo.

O neoliberal considera que as ações individuais das pessoas com a finalidade única de satisfazer objetivos egoístas articulam-se umas com as outras e, de modo totalmente inconsciente e espontâneo, resultam infalivelmente numa cooperação que atende de forma eficiente aos interesses de todos. Essa concepção fundamental sobre o funcionamento da economia leva a determinados postulados com os quais todo neoliberal concorda, entre os quais a ineficiência da intervenção na economia e o Estado mínimo.[6] São neoliberais Mises, Hayek e Friedman.

Os neoliberais não compõem uma categoria inteiramente homogênea. Os que se inserem na tradição da "escola austríaca" divergem dos da "escola neoclássica" em relação a muitas questões.[7] Numa das fundamentais, os austríacos rejeitam o *homo economicus*, figura assídua em argumentos neoclássicos.[8] Para o austríaco Hayek, o livre mercado não é o reino da racionalidade, mas o da ignorância: é exatamente por ignorarmos as finalidades buscadas por um indivíduo singular em suas ações, que não podemos interferir eficientemente nelas.[9] E há, ademais, diferenças entre os pensadores da mesma vertente: Hayek discorda de Mises, por exemplo, em relação ao estatuto epistemológico da economia:[10] embora esteja longe de ser um entusiasta da econometria,[11] ele não a vê como uma ciência lógica composta de conceitos *a priori* impermeáveis às investigações empíricas, como defendia Mises.[12]

---

5. FRIEDMAN, Milton. *Capitalismo e liberdade*. Trad. Afonso Celso da Cunha Serra. Rio de Janeiro: LTC, 2020, p. 17.
6. Cf., por todos, HAYEK, Friedrich A. *Law, legislation and liberty*: A new statement of the liberal principles of justice and political economy – Rules and order. Chicago: The University of Chicago Press, 1983. v. I, p. 5, 7, 60 *et passim*.
7. SOTO, Jesús Huerta de. *A escola austríaca*: mercado e criatividade empresarial. 2. ed. Trad. André Azevedo Alves. São Paulo: Instituto Ludwig von Mises Brasil, 2010. p. 17-26.
8. MISES, Ludwig von. *Ação humana*: um tratado de economia. 2. ed. Trad. Ana Parreira. Campinas: Vide Editorial, 2020, p. 69.
9. HAYEK. *Law, legislation and liberty...* obra citada, p. 14.
10. Manifestou suas reservas no discurso que fez ao receber o Prêmio Nobel de Economia em 11 de outubro de 1974 (*A pretensão do conhecimento*. Trad. Leandro Augusto Gomes Roque. São Paulo: LVM, 2019. p. 27-49). Cf., também, *Prices and production and other works on money, the business cycle and the gold standard*. Editado e com introdução de Joseph T. Salerno. Alburn: Ludwig von Mises Institute, 2008. p. 8-10 de 565. E-book.
11. De acordo com o registro de um de seus alunos, considerava o uso da matemática pelos macroeconomistas a "coisa mais próxima da prática da magia" (HAYEK, Friedrich A. *Os erros fatais do socialismo*. Trad. Eduardo Levy. Barueri: Faro, 2017, p. 136).
12. HAYEK. *O renascimento do liberalismo*. Editado por Peter G. Klein. Trad. Carlos Szlak. São Paulo: Faro, 2021, p. 145-146.

O novo liberal, por sua vez, considera que a cooperação espontânea gerada por ações individuais livres nem sempre é o modo mais eficiente de produzir e distribuir bens ou serviços. Há momentos de crise, em que a liberdade de iniciativa e concorrência falha. Nesse entendimento, compartilham da avaliação marxista. Mas a postura de um novo liberal em face dessa constatação está muito longe de ser a mesma do marxismo. Enquanto Marx não vê saída para a ineficiência da cooperação espontânea e antevê o completo desmonte dessa estrutura econômica com a expropriação dos bens de produção e o planejamento central pelo Estado, os novos liberais propõem que uma intervenção eficiente do Estado durante as crises econômicas (ou "ciclos", como alguns economistas liberais preferem) pode corrigir as falhas do livre mercado. Keynes é o nome mais destacado do novo liberalismo.[13]-[14]

O social-liberalismo, por sua vez, é o departamento do liberismo mais permeável à presença do Estado na economia. Diversos pensadores que se consideram liberais, por terem firme convicção nas liberdades democráticas e defenderem a propriedade privada e a livre iniciativa, não se sentem inteiramente à vontade com o Estado mínimo. Concordam que, além de produtor de segurança, ele cumpra outras funções em áreas como educação, saúde, meio ambiente e previdência. Adotam a oposição entre a ordem espontânea do *kosmos* e a ordem artificial da *taxis*, mas estão dispostos a aceitarem limites diferentes entre as duas ordens, com um pouco mais de espaço para a construída e menos para a espontânea. São, em geral, chamados de social-liberais.[15]

No quarto departamento do liberismo, enfim, se encontram os libertários, uma vertente radicalizada dos neoliberais. Malgrado a maioria neoliberal acabe se conformando com algumas ações do Estado na economia e faça concessão à igualdade de oportunidades, há a minoria libertária que defende a supressão do Estado (Murray Rothbard[16]) ou da igualdade de qualquer espécie (Robert Nozick[17]). Os libertários são

---

13. A inclusão dos keynesianos no liberismo não desfruta de unanimidade (cf. MERQUIOR, José Guilherme. *O liberalismo antigo e moderno...* obra citada, p. 210-214).
14. Entre esses dois modos de lidar com as relações entre Estado e economia, o marxista e o novo liberalismo, há outros possíveis. Por exemplo, o de Karl Polanyi, para quem o mercado autorregulado é uma utopia, que não se conseguiria realizar porque levaria à deterioração do tecido social. Já nos anos 1940, ele rejeitou a noção sustentada pelos liberais de que a liberdade econômica precederia o intervencionismo. Para Polanyi, sempre que um movimento tenta a ampliação ou o fortalecimento do mercado autorregulado, surge espontânea e necessariamente um contramovimento de limitação da liberdade econômica em defesa da organização da sociedade. Até mesmo os empresários defensores radicais do livre mercado clamam por medidas governamentais quando a liberdade econômica sem freios dá sinais de que produzirá efeitos deletérios (*A grande transformação*: as origens políticas e econômicas da nossa época. Trad. Vera Ribeiro. Rio de Janeiro: Contraponto, 2021. p. 211-229 *et passim*). Polanyi critica também a visão marxista de intervencionismo como realização dos interesses de uma classe (a dominante) e não como contramovimento destinado a garantir a própria existência da sociedade. Quando a lei inglesa obrigou a limpeza com sabão e água quente das padarias a cada seis meses, argumenta, não era nenhum interesse econômico peculiar da burguesia que estava sendo atendido, mas uma necessidade da civilização industrial (obra citada, p. 231-234).
15. Miguel Reale cunhou a expressão "liberalismo social" em *Pluralismo e liberdade* (São Paulo: Saraiva, 1963).
16. ROTHBARD. *O manifesto libertário*: por uma nova liberdade. Trad. Rafael de Sales Azevedo. São Paulo: Instituto Ludwig von Mises Brasil, 2013.
17. NOZICK, Robert. *Anarquia, Estado e utopia*. Trad. Fernando dos Santos. São Paulo: WMF Martins Fontes, 2018. p. 304-309.

os liberistas mais radicais. O radicalismo deles decorre, na verdade, do rigor lógico com que tomam a ordem espontânea como premissa de suas argumentações. Parecem dizer "pereça o mundo, mas não se desobedeçam às regras da lógica".

Os departamentos do liberismo formam alianças temporárias. Neoliberais austríacos, neoliberais neoclássicos e libertários, por exemplo, facilmente unem as forças na hora de criticar socialistas e intervencionistas.[18] Essas alianças de certo modo ocultam as enormes divergências internas do pensamento liberal.

Se a identidade do liberalismo é moldada em função das diferentes ameaças à liberdade que os liberais identificam, o liberismo moldou-se no enfrentamento ao marxismo (e às suas delirantes fórmulas de planificação econômica) e ao Estado capitalista intervencionista. Enquanto a experiência soviética ainda não havia fracassado, as armas teóricas dos liberais estavam prioritariamente focadas na crítica à planificação econômica de cunho marxista. Após o desmantelamento dessas economias centralizadas e o desaparecimento do risco de tomada do poder estatal por estratégias do tipo leninista-maoísta, as baterias do liberismo voltaram-se todas para o combate ao Estado intervencionista.

3. OS MARCOS INICIAL E FINAL

O breve século do liberalismo no meu recorte se inicia em 1922 com a publicação do último volume de *Economia e Sociedade* de Max Weber; e se encerra em 2008 com a crise do *subprime*.

O recorte inicial do breve século XX do liberalismo é a obra de Weber por ser a primeira crítica sistematizada e consistente ao poder da burocracia estatal.[19] Weber associou tipos de poder e aparato administrativo como objeto do conhecimento sociológico. Distinguiu três tipos ideais: o poder legal de legitimação racional, o legitimado pela tradição e o baseado no carisma de um líder. Apontou, em relação a cada um deles, a existência ou não de um aparato administrativo e, quando existente, listou as respectivas características. Ao poder legal Weber associou um corpo estável e racionalmente hierarquizado de funcionários, a que chamou de burocracia. O instrumento de superioridade do poder burocrático, tanto nas economias capitalistas como nas socialistas, é o saber especializado, indispensável em razão da evolução das técnicas e da economia. Weber

---

18. Os neoliberais chamam de socialistas (ou coletivistas) todos os que não compartilham com a otimista avaliação deles sobre a eficiência da cooperação espontânea nascida da multiplicidade das ações individuais. Mises, por exemplo, considerava que a Grã-Bretanha se tornou socialista durante o governo de Winston Churchill e que a atuação do governo norte-americano contra os cartéis estava levando os Estados Unidos para o socialismo (*As seis lições*. 9. ed. Trad. Maria Luiza X. de A. Borges. São Paulo: LVM, 2018. p. 96 e 100; ver também dele: *Crítica ao intervencionismo*: estudo sobre a política econômica e a ideologia atuais. Trad. Arlette Franco. 3. ed. São Paulo: LVM, 2019. p. 199). Desse modo, os neoliberais empurram para o mesmo campo opositor economistas de matizes muito variadas. Não faz o menor sentido, contudo, chamar Hobson, Keynes e Galbraith de socialistas, porque eles são muito diferentes de Luxemburgo, Bhukarin e Mandel; e nenhum deles concordaria integralmente com a economia nacionalista, militarista e autárquica desenhada pelo *Vierjahresplan* de Hitler.
19. Embora Max Weber também critique a burocracia empresarial, sua preocupação mais acentuada volta-se à limitação do poder dos governantes eleitos pela burocracia que domina a técnica de funcionamento do estado.

admitia que a burocracia era o núcleo do Estado ocidental moderno, mas desconfiava do crescente poder burocrático.[20-21]

O profissionalismo dos burocratas se sobrepõe facilmente ao amadorismo dos governantes. Simplesmente todos os "detentores de poder", que se acham investidos de poder político (Weber lista: o povo, o parlamento constituído em bases mais ou menos aristocráticas ou democráticas, o colégio da aristocracia, o presidente eleito diretamente pelo povo e o monarca absolutista ou constitucional), ao tentarem enfrentar o poder dos burocratas, perdem porque são *diletantes* diante de *especialistas*.[22] Os burocratas (funcionários públicos estáveis) acabam, no fim do dia, exercendo um poder bem maior do que o originado da investidura democrática, seja direta (chefe do Executivo e membros do Legislativo) ou indireta (profissionais nos cargos de confiança).

Mas os burocratas não usurparam o poder de ninguém. O poder burocrático surge e se amplia em razão do aumento da complexidade da máquina estatal, muitas vezes sobrecarregada por funções de que a iniciativa privada poderia cuidar e melhor. Com o poder aumentando conforme aumenta a complexidade do Estado, a burocracia alimenta-se de si mesma. Se dois órgãos públicos expandem as suas competências e elas se sobrepõem em parte, será necessária a intervenção de um terceiro órgão burocrático para arbitrar os conflitos entre eles. Se este órgão não existe, será preciso criá-lo ou estender a competência de um já existente.[23] Será, por isso, sempre um enorme desafio para os governantes democraticamente eleitos e para os agentes públicos temporários que eles nomeiam, conseguir contar com a cooperação dos burocratas na execução dos planos de governo.

Por sua vez, o breve século XX do liberalismo começou a acabar quando se deu uma chance aos liberais. O neoliberalismo reclamava que nunca tinha acontecido de o sistema de preços – elemento de coesão das ações individuais que as une na cooperação espontânea – ter sido inteiramente livre. Para eles, Adam Smith teve que lutar contra o mercantilismo; após uma breve e limitada experiência em dois únicos países (Inglaterra e Estados Unidos do século XIX), surgiram os economistas do historicismo alemão apoquentando Mises; depois, vieram os comunistas, socialistas e todas as tribos de marxistas; os coletivistas nazifascistas igualmente deram trabalho; os governantes prestaram atenção demasiada em Keynes e ignoraram os alertas de Hayek; o *welfare*

---

20. *Economia e società*. Trad. Tullio Bagiotti, Franco Casabianca e Pietro Rossi. Milão: Edizioni di comunità, 1981. v. 1, p. 207-260.
21. Para José Guilherme Merquior: "aos olhos de Weber, a modernidade também significava um crescimento de racionalidade *formal*, um número crescente de normas cuja aplicação exige competências específicas. Essa espécie de competência em normas era, tanto quanto a eficiência, a alma do vasto processo social de *burocratização*. Weber alimentava graves desconfianças quanto à marcha da racionalização porque ela poderia firmar um domínio dos meios sobre os fins, enquanto a burocracia poderia trancar a sociedade moderna numa 'gaiola de ferro' da servidão" (*O liberalismo antigo e moderno...* obra citada, p. 169).
22. *Economia e Società...* obra citada, v. 4, pp. 87-93.
23. FRIEDMAN, Milton e FRIEDMAN, Rose. *Livre para escolher*: um depoimento pessoal. 10. ed. Trad. Ligia Filgueiras. Rio de Janeiro: Record, 2021, p. 419-422. Curiosamente, o subtítulo fala em *um* depoimento pessoal de *duas* pessoas. Seria sexismo?

state da social-democracia não se rendia... Os neoliberais, em suma, consideravam que não teria havido um momento de sossego em que o livre mercado pudesse ser realmente posto à prova em sua pureza, a salvo de distorções políticas ou econômicas. Do mesmo modo que o liberalismo político (Bastiat clamava: que a liberdade "seja posta em prova!"[24]), o neoliberalismo clamava por uma chance para poder demonstrar que o sistema de preços verdadeiramente livres funcionaria melhor do que qualquer outro na organização da economia.

Os Estados Unidos decidiram atender ao apelo e deram uma chance ao neoliberalismo. Entre 1990 e 2008, a receita neoliberal norteou o quietismo do Estado em relação ao mercado de capital e ao setor financeiro norte-americano. O resultado foi um fiasco – nada menos que a segunda maior depressão da história do capitalismo.

Para o neoliberalismo, a Grande Depressão dos anos 1930 havia sido causado pela intervenção desastrosa do Estado, isto é, do Federal Reserve (FED). A autoridade monetária tinha uma única tarefa a desempenhar, na visão dos neoliberais: a de manter a economia suficientemente drenada por moeda para garantir recursos aos investidores e consumidores. Contudo, na avaliação neoliberal, o Estado falhou feio nessa solitária tarefa ao reduzir a moeda em circulação e ao deixar alguns bancos importantes falirem, o que diminuiu ainda mais a liquidez da economia.[25]

Em 2002, o FED se desculpou publicamente com Milton Friedman pela desastrosa atuação do órgão, nos anos 1930, causadora da contração da base monetária;[26] e Ben Bernanke, que tinha sido o porta-voz do pedido oficial de desculpas e prometera que nunca mais esse erro seria cometido, era o presidente da instituição quando a crise de 2008 eclodiu. Ele aplicou com zelo a receita neoliberal. Até mesmo encontrou novos caminhos para zelar pela liquidez da economia, como programas de compra maciças de títulos públicos e privados no mercado secundário (*quantitative easing*). A estratosférica liquidez, porém, não evitou os inadimplementos dos mutuários do crédito *subprime*, a falência dos secutirizadores, a irrecuperabilidade dos empréstimos na execução dos imóveis financiados, a repentina retração nas indústrias da construção civil e de mo-

---

24. BASTIAT, Frédéric. *A lei*. Trad. Pedro Sette-Câmara. São Paulo: LVM, 2019, p. 114.
25. Thomas Piketty concorda com Friedman e considera a ineficiência do FED em manter a liquidez da economia a causa da Grande Depressão; mas, ao contrário do neoliberal, não vê nisso nenhum fundamento para defender o quietismo estatal: "contrary to the monetarist doctrine, the fact that the Fed followed an unduly restrictive monetary policy in the early 1930s (as did the central banks of the other rich countries) says nothing about the virtues and limitations of other institutions" (*Capital in the Twenty-First Century...* obra citada, p. 547-549). Nesse diapasão, conclui que "the main reason why the crisis of 2008 did not trigger a crash as serious as the Great Depression is that this time the governments and central banks of the whealty countries did not allow the financial system to collpase and agreed toc reate the liquidity necessary to avoid the waves of bank failures that led the world to the brink of the abyss in the 1930s" (*Capital in the Twenty-First Century*. Trad. Arthur Goldhammer. Londres: Cambridge, 2014, p. 472).
26. "Let me end my talk by abusing slightly my status as an official representative of the Federal Reserve. I would like to say to Milton and Anna: Regarding the Great Depression. You're right, we did it. We're very sorry. But thanks to you, we won't do it again". Disponível em: www.federalreserve.gov/BOARDDOCS/SPEECHES/2002/20211108/. Acesso em: 27 jul. 2021.

biliários, o desemprego e a desaceleração geral da economia.[27] A intervenção mínima neoliberal não só não conteve a crise financeira de 2008 como contribuiu para ela com a insuficiente regulação bancária.[28]

A receita monetarista neoliberal supostamente ignorada na Grande Depressão teve a sua chance ao ser implantada fielmente pelo FED no início do século XXI. A recessão norte-americana de 2001 foi marcada pela desvalorização das ações das empresas ponto-com – as pioneiras no comércio eletrônico, arrogantemente chamado então de "nova economia", para as quais interessava apenas o crescimento e não a lucratividade. Houve também turbulências no financiamento imobiliário. Em 1996, o FED já tinha externado preocupação com a "exuberância irracional" espalhada no mercado, mas, fiel às diretrizes neoliberais, nada fizera a respeito.[29] A recessão durou pouco: iniciada em março terminou em novembro de 2001. Por isso, ela não foi suficiente para demonstrar de modo definitivo o quanto o FED estava sendo irresponsável em sua inércia neoliberal. Mais uma chance foi dada à cooperação espontânea e sobreveio a estonteante crise de 2008, deflagrada pelo colapso no financiamento imobiliário *subprime*; uma crise que só não ganhou a dimensão da Grande Depressão porque os bancos centrais e os Estados das principais economias repentinamente rasgaram a receita do neoliberalismo e providenciaram um gigantesco socorro a algumas empresas privadas do sistema financeiro.

Os neoliberais se calaram. Não se encontram análises tipicamente neoliberais sobre a crise de 2008. Já os libertários identificaram rapidamente o culpado por toda a desgraça: o Estado. De acordo com a avaliação libertária, a política de aumento da base monetária do FED levou os empresários a uma leitura distorcida dos juros baixos nos empréstimos de financiamento imobiliário – isso teria acontecido tanto no mercado *prime* (com taxas de juros variáveis) como no *subprime* (em que o financiador se considera devidamente protegido apenas pela hipoteca do imóvel). Repetiram o mantra: o ruído na informação que os preços deveriam transmitir induziu à avaliação equivocada sobre a real capacidade de compra dos consumidores. Em relação à exponencial alavancagem na securitização de recebíveis imobiliários, os libertários também culparam o Estado (mas não por seu quietismo diante da exuberância irracional). Ignorando as securitizadoras inteiramente privadas, concentraram as críticas nas securitizações feitas por duas *government-sponsored enterprises*: a Federal National Mortgage Association (Fannie Mae) e a Federal Home Loan Mortgage Corporation (Freddie Mac). À lista de

---

27. Ademais, como destacado por Steven Landsburg, "a oferta monetária aumentou dramaticamente desde a crise de 2008, porém os preços não responderam como a velha teoria quantitativa teria previsto. Isto está de acordo om a previsão de Keynes de que a teoria da quantidade tende a falhar (como nos anos seguintes a 2008) particularmente quando as taxas de juros estão muito baixas" (*O essencial de Milton Friedman*. Trad. Matheus Pacini. São Paulo: Faro, 2021. p. 44).
28. Cf., por todos, Joseph E. Stiglitz. *The price of inequality*. London: Peguin Books, sem data, p. 307-310 de 502 *et passim*. E-book.
29. STIGLITZ, Joseph. *Os exuberantes anos 90*: uma nova interpretação da década mais próspera da história. Trad. Sylvia Maria S. Cristovão dos Santos, Dante Mendes Aldrighi, José Francisco de Lima Gonçalves e Roberto Mazzer Neto. São Paulo: Companhia das Letras, 2003, p. 83-89.

intervenções desastrosas do governo norte-americano acrescentam outras, entre as quais ações afirmativas raciais e a política de construção de uma "sociedade de proprietários".[30]

Estamos todos concordando aparentemente que as entidades do Estado e o governo norte-americano não só não viam nenhum problema no expressivo aumento da base monetária por meio das securitizações imobiliárias como até mesmo a estimularam. Na avaliação dos estímulos é que surgem as divergências. Como o FED tinha prometido que nunca mais seriam ignoradas as recomendações deles, os neoliberais não poderiam criticar a inércia do órgão diante das ações individuais tateando atrás da cooperação espontânea. Já os libertários, por considerarem o Estado um mal em si, não conseguiriam sequer vislumbrar um cenário em que a autoridade monetária poderia ter tomado uma única decisão acertada (salvo declarar a própria extinção). De minha parte, por concordar com a avaliação de ter sido a falta de regulamentação bancária limitativa das alavancagens a causadora da crise, vejo no quietismo estatal o principal estímulo ao inebriante carnaval da securitização.[31]

Weber tinha em mente os riscos do fortalecimento da burocracia estatal nas democracias, mas o liberalismo expandirá as suas preocupações mirando sobretudo os burocratas das economias planificadas da experiência soviética. Os dois adversários da liberdade no breve século XX do liberalismo são os burocratas e os marxistas. Os liberais, no entanto, não venceram nenhum deles. O marxismo foi derrotado por si mesmo em 1989. Já os burocratas estatais e suas intervenções razoáveis na economia saíram fortalecidos do estupendo fiasco da receita neoliberal na crise de 2008.

4. O "ADVERSÁRIO" DA LIBERDADE NO SÉCULO XXI

Se no século XVII, a ameaça à liberdade identificada pelos liberais provinha da monarquia absolutista e no século XX era representada pelo marxismo e pela burocracia estatal, no nosso tempo ela é apontada no combate às desigualdades, em medidas como ações afirmativas e de empoderamento em favor de minorias patrocinadas pelo Estado.

Liberdade e igualdade não são valores sempre conciliáveis. Em muitas situações, quanto mais liberdade houver, menos igualdade haverá e vice-versa.[32] Na ação afirmativa

---

30. WOODS JR., Thomas E. *Meltdown. A free-market look at why the stock market collapsed, the economy tanked, and government bailouts still make things worse.* Washington: Regnery Pub., 2009. p. 13-32 *et passim*.
31. *Os livres podem ser iguais?* São Paulo: WMF Martins Fontes, 2022, *passim*.
32. Mário Vargas Llosa, ao falar de Isaiah Berlin, situa a percepção dessa oposição na Revolução Francesa: "os revolucionários franceses descobriram, assombrados, que a liberdade era uma fonte de desigualdades e que um país onde os cidadãos gozassem de uma total ou amplíssima capacidade de iniciativa e governo dos seus atos e bens seria, mais cedo ou mais tarde, um país cindido por numerosas diferenças materiais e espirituais. Assim, para estabelecer a igualdade não haveria outro remédio senão sacrificar a liberdade, impor a coação, a vigilância e a ação todo-poderosa e niveladora do Estado. Que a injustiça social seja o preço da liberdade e a ditadura, da igualdade – e que a fraternidade só possa se concretizar de forma relativa e transitiva, por causas mais negativas que positivas, como no caso de uma guerra ou cataclismo que aglutine a população num movimento solidário – é algo lamentável e difícil de aceitar" (*O chamado da tribo. Grandes pensadores para o nosso tempo*. Trad. Paulina Wacht e Ari Roitman. Rio de Janeiro: Objetiva, 2019. p. 165). Mas minhas pesquisas não encontraram a consciência da tensão entre liberdade e igualdade nos autores que refletiram sobre 1789 antes do século XX.

de inclusão de minorias negras no ensino superior (política de quotas de recorte racial), por exemplo, aumenta-se a igualdade à custa de uma porção da liberdade. A igualdade aumenta porque reduz a disparidade entre a proporção, de um lado, dos negros na população brasileira e, de outro, nos estratos com escolaridade superior. A liberdade dos não beneficiados pelas quotas é reduzida porque passarão a disputar vagas no ensino superior em menor quantidade.

Quando dois valores tão importantes, como igualdade e liberdade, não são simultaneamente realizáveis não há outra saída senão valorá-los, isto é, conceder-lhes pesos diferentes, sopesando o quanto será sacrificado de um para assegurar a realização do outro. Sopesar valores não é um conceito inédito ou contemporâneo. Ele é bastante assentado e antiquíssimo, embora nem sempre haja a explicitação. Pense na imposição de tributos: constrange-se uma parte da liberdade do cidadão ao obrigá-lo a destinar parte de sua renda ou riqueza ao Estado para que haja recursos ao atendimento de interesses públicos; pense no princípio da capacidade contributiva: os cidadãos com mais riqueza ou renda são constrangidos em sua liberdade numa medida proporcionalmente maior que os demais para que haja mais justiça no custeio e financiamento das despesas públicas. Como se vê, quando a liberdade conflita com esses valores, a limitação da primeira no contexto de uma sobrevalorização destes últimos é largamente difundida e aceita.

Quando, porém, a liberdade entra em conflito com a igualdade, há quem considere um despropósito qualquer ponderação entre esses valores, de modo a limitar aquela em favor desta. São os liberais. Para eles, um critério inflexível impede qualquer sacrifício mínimo da liberdade em prol da igualdade. Não vale a pena, para o liberalismo, os jovens brancos terem menos vagas a disputar na universidade nem mesmo se esta restrição da liberdade for o instrumento de resgate da imensa dívida que o Brasil tem com os brasileiros descendentes dos africanos escravizados. Constranger a liberdade para custear e financiar o interesse público não é visto como uma ameaça pelos liberais, mas constrangê-la para combate às desigualdades, sim.

Atualmente, já encerrado há mais de uma década o seu breve século XX, o liberalismo se define como a ideologia para a qual a liberdade sempre deve prevalecer quando conflitar com a igualdade. A igualdade, mas apenas quando conflita com a liberdade, tem sido a adversária identificada pelos liberais em seu nascente século XXI.

O rígido apego à liberdade como valor absoluto diante da igualdade, porém, representa um obstáculo ao enfrentamento do grande desafio atual da humanidade, que é a tentativa de reversão do colapso ambiental antropogênico. Sem uma drástica redução das desigualdades, representada pelo aumento dos impostos cobrados dos mais ricos e forte desaceleração do mercado de consumo de luxo de um lado e robustos investimentos públicos em saneamento básico, substituição de matrizes energéticas, reciclagem de resíduos e educação ambiental de outro, não há como se dar conta do desafio.

O liberalismo possui várias faces, como se viu na menção aos departamentos do liberismo. Diante do desafio de reversão do colapso ambiental antropogênico, o libertarismo provavelmente não mostrará nenhuma sensibilidade – os singularistas, que são essencialmente libertários, advogam a aceleração dos processos industriais baseados em derivados do petróleo no pressuposto de que os humanos evoluirão para programas de informática e não precisarão do ambiente natural para sobreviverem. Mas o sociais-liberalismo atentará para ela. Os liberais mais lúcidos, como Ives Gandra da Silva Martins, certamente irão dar a sua valiosa contribuição para o debate.

REFERÊNCIAS

BASTIAT, Frédéric. *A lei*. Trad. Pedro Sette-Câmara. São Paulo: LVM, 2019.

COELHO, Fábio Ulhoa. *Os livres podem ser iguais?* São Paulo: WMF Martins Fontes, 2022.

FUKUYAMA, Francis. *The end of history and the last man*. 3. ed. London: Penguin Books, 2020. *E-book*.

FRIEDMAN, Milton. *Capitalismo e liberdade*. Trad. Afonso Celso da Cunha Serra. Rio de Janeiro: LTC, 2020.

FRIEDMAN, Milton e FRIEDMAN, Rose. *Livre para escolher*: um depoimento pessoal. 10. ed. Trad. Ligia Filgueiras. Rio de Janeiro: Record, 2021.

HAYEK, Friedrich A. *Law, legislation and liberty*: A new statement of the liberal principles of justice and political economy – Rules and order. Chicago: The University of Chicago Press, 1983. v. I.

HAYEK, Friedrich A. *A pretensão do conhecimento*. Trad. Leandro Augusto Gomes Roque. São Paulo: LVM, 2019.

HAYEK, Friedrich A. *Prices and production and other works on money, the business cycle and the gold standard*. Editado e com introdução de Joseph T. Salerno. Alburn: Ludwig von Mises Institute, 2008. *E-book*.

HAYEK, Friedrich A. *Os erros fatais do socialismo*. Trad. Eduardo Levy. Barueri: Faro, 2017.

HAYEK, Friedrich A. *O renascimento do liberalismo*. Editado por Peter G. Klein. Trad. Carlos Szlak. São Paulo: Faro, 2021.

LANDSBURG, Steven. *O essencial de Milton Friedman*. Trad. Matheus Pacini. São Paulo: Faro, 2021.

LLOSA, Mário Vargas. *O chamado da tribo*. Grandes pensadores para o nosso tempo. Trad. Paulina Wacht e Ari Roitman. Rio de Janeiro: Objetiva, 2019.

MERQUIOR, José Guilherme. *O liberalismo antigo e moderno*. 3. ed. Trad. Henrique de Araújo Mesquita. São Paulo: É Realizações, 2014.

MISES, Ludwig von. *Ação humana*: um tratado de economia. 2. ed. Trad. Ana Parreira. Campinas: Vide Editorial, 2020.

NOZICK, Robert. *Anarquia, Estado e utopia*. Trad. Fernando dos Santos. São Paulo: WMF Martins Fontes, 2018.

PIKETTY, Thomas. *Capital in the Twenty-First Century*. Trad. Arthur Goldhammer. Londres: Cambridge, 2014.

POLANYI, Karl. *A grande transformação*: as origens políticas e econômicas da nossa época. Trad. Vera Ribeiro. Rio de Janeiro: Contraponto, 2021.

REALE, Miguel. *Pluralismo e liberdade*. São Paulo: Saraiva, 1963.

ROTHBARD. *O manifesto libertário*: por uma nova liberdade. Trad. Rafael de Sales Azevedo. São Paulo: Instituto Ludwig von Mises Brasil, 2013.

SOTO, Jesús Huerta de. *A escola austríaca*: mercado e criatividade empresarial. 2. ed. Trad. André Azevedo Alves. São Paulo: Instituto Ludwig von Mises Brasil, 2010.

STIGLITZ, Joseph E. *The price of inequality*. London: Peguin Books, sem data. *E-book*.

STIGLITZ, Joseph. *Os exuberantes anos 90*: uma nova interpretação da década mais próspera da história. Trad. Sylvia Maria S. Cristovão dos Santos, Dante Mendes Aldrighi, José Francisco de Lima Gonçalves e Roberto Mazzer Neto. São Paulo: Companhia das Letras, 2003.

VON Mises, Ludwig. *As seis lições*. 9. ed. Trad. Maria Luiza X. de A. Borges. São Paulo: LVM, 2018.

VON Mises, Ludwig. *Crítica ao intervencionismo*: estudo sobre a política econômica e a ideologia atuais. Trad. Arlette Franco. 3. ed. São Paulo: LVM, 2019.

WEBWE, Max. *Economia e società*. Trad. Tullio Bagiotti, Franco Casabianca e Pietro Rossi. Milão: Edizioni di comunità, 1981. v. 1.

WOODS JR., Thomas E. *Meltdown. A free-market look at why the stock market collapsed, the economy tanked, and government bailouts still make things worse*. Washington: Regnery Pub., 2009.

O PAPEL DA ZONA FRANCA DE MANAUS E A CONCRETIZAÇÃO DO PRINCÍPIO DA REDUÇÃO DAS DESIGUALDADES REGIONAIS: UMA ANÁLISE À LUZ DO PENSAMENTO DE IVES GANDRA MARTINS

Fernanda Hernandez

Doutora em Direito Tributário pela Faculdade de Direito da Universidade de São Paulo – USP (2010). Pós-Graduada em Advocacia nos Tribunais Superiores, pelo Centro de Especialização, Aperfeiçoamento e Extensão do Centro de Ensino Unificado de Brasília – CESAPE/UniCEUB, Brasília (1986)

Rebeca Azevedo

Bacharela em Direito, em 2019, pelo Centro Universitário de Brasília – UniCEUB. Pós-Graduada em Prática Processual nos Tribunais pelo Centro Universitário de Brasília – UniCEUB. Mestranda em Direito Constitucional pelo Instituto Brasiliense de Direito Público – IDP; Membra da Comissão de Precatórios da OAB/DF.

Sumário: Introdução – 1. O contexto histórico e jurisprudencial quanto à criação da Zona Franca de Manaus – 2. A importância da Zona Franca de Manaus (ZFM) para o desenvolvimento econômico e social da região amazônica, a concretização do princípio da redução das desigualdades regionais e a visão do STF – 3. A reforma tributária e a importância da preservação dos incentivos fiscais da Zona Franca de Manaus à luz dos princípios da segurança jurídica e da moralidade administrativa – Considerações finais – Referências.

INTRODUÇÃO

A Zona Franca de Manaus (ZFM), surgiu em 1967, por meio do Decreto-Lei 288/67[1] que, em seu artigo 1º estabeleceu ser ela uma área de livre comércio de importação e exportação e de incentivos fiscais especiais instituída com o objetivo de permitir o desenvolvimento econômico e social com a criação de polos comerciais, industriais e agropecuários na Amazônia.

O seu escopo sempre foi o de reduzir as desigualdades regionais, ao mesmo tempo em que atrair empresas para uma região à época pouco explorada no contexto econômico nacional. A área beneficiada compreende os estados do Acre, Amazonas, Rondônia, Roraima, bem como as cidades de Macapá e Santana, no Amapá.

---
1. BRASIL. Decreto-lei 288, de 28 de fevereiro de 1967. Altera as disposições da Lei 3.173, de 6 de junho de 1957 e regula a Zona Franca de Manaus. Brasília: Congresso Nacional, [1967]. Disponível em: https://www.planalto.gov.br/ccivil_03/decreto-lei/del0288.htm. Acesso em: 1º maio 2023.

A legislação estipula a concessão de incentivos fiscais a partir da sua criação, desde que sejam cumpridos os requisitos do processo produtivo básico, com o propósito de promover o desenvolvimento dessa região específica do país, dada a sua distância significativa dos grandes centros econômicos.

O presente estudo busca identificar, através da doutrina e jurisprudência, as principais características e desafios da ZFM, bem como se, nesse contexto, atualmente conseguimos vislumbrar se o referido regime de tributação diferenciado pode ser considerado como assecuratório do mecanismo de observância do princípio da redução das desigualdades regionais sociais, contribuindo para o desenvolvimento da Amazônia.

Inicialmente, analisar-se-á o contexto histórico para a criação da Zona Franca de Manaus. Cita-se a legislação relevante cronologicamente, bem como a jurisprudência quanto à problematização advinda das regras postas.

Posteriormente, busca-se reforçar o estudo quanto à importância da Zona Franca de Manaus para o desenvolvimento econômico e social da região amazônica, e verificar se foi possível implementar-se o princípio da redução das desigualdades regionais nesse cenário.

No quarto capítulo será examinada a importância da preservação dos incentivos fiscais da ZFM na conjuntura do debate acerca de eventual reforma tributária, à luz dos princípios da segurança jurídica, da moralidade administrativa e outros constitucionais.

A pesquisa adota metodologia que inclui a análise bibliográfica, tendo como marco teórico os ensinamentos Professor e Dr. Ives Gandra Martins sobre o referido tema, bem como a consulta a fontes primárias e secundárias, tais como leis, artigos e decisões judiciais.

Sinteticamente, o presente artigo procura oferecer uma reflexão sobre o tema no contexto histórico e atual, contribuindo para o debate acerca da ZFM e seu papel no âmbito socioeconômico nacional, aproveitando para prestar sincera homenagem ao pensamento jurídico do Professor e Dr. Ives Gandra Martins.

1. O CONTEXTO HISTÓRICO E JURISPRUDENCIAL QUANTO À CRIAÇÃO DA ZONA FRANCA DE MANAUS

A Zona Franca de Manaus foi criada em 1967, em meio a uma situação de busca por soluções para a questão da ocupação da Amazônia. Naquele momento, a região enfrentava problemas, como a falta de infraestrutura, a baixa densidade populacional, a escassez de empregos, além da segurança na fronteira, o que motivou o governo brasileiro a buscar formas de incentivar o desenvolvimento econômico e social da região. Portanto, surgiu como uma imposição da realidade ao governo da época – porque sem incentivos fiscais, não se conseguiria o desenvolvimento da Região Norte do País.

Nesse contexto,

[...] a ideia de centrar em Manaus este foco de desenvolvimento para atrair empresas, que compensariam a distância entre os centros de produção do país e dos mercados com os incentivos outorgados, desfazendo-se a imagem de que a Amazônia deveria ser apenas um "museu do índio" e limitar-se a trabalhar com produtos naturais ou artesanais, levou o governo militar à edição do Decreto-lei 288/1967, que é, de rigor, um diploma com um único intuito: outorgar incentivos fiscais em prol do progresso regional, todo o resto sendo decorrência (Martins, 2011).[2]

Nesse sentido, percebeu-se que o surgimento da ZFM representou uma importante ferramenta de fomento à atividade empresarial na região. O modelo consistia em uma área de livre comércio, onde empresas que ali se instalassem poderiam beneficiar-se de determinados incentivos fiscais e de isenções tributárias, tais como a não incidência de impostos de importação e exportação. É o que se verifica nos seguintes dispositivos constantes do "Capítulo II" do mencionado Decreto-Lei 288/67:

> Art 3º A entrada de mercadorias estrangeiras na Zona Franca, destinadas a seu consumo interno, industrialização em qualquer grau, inclusive beneficiamento, agropecuária, pesca, instalação e operação de indústrias e serviços de qualquer natureza e a estocagem para reexportação, será isenta dos impostos de importação, e sobre produtos industrializados.
>
> [...]
>
> Art. 4º A exportação de mercadorias de origem nacional para consumo ou industrialização na Zona Franca de Manaus, ou reexportação para o estrangeiro, será, para todos os efeitos fiscais constantes da legislação em vigor, equivalente a uma exportação brasileira para o estrangeiro, exceto a exportação ou reexportação de petróleo, lubrificantes e combustíveis líquidos e gasosos derivados de petróleo para a Zona Franca de Manaus.
>
> Art 5º A exportação de mercadorias da Zona Franca para o estrangeiro, qualquer que seja sua origem, está isenta do imposto de exportação.
>
> Art 6º As mercadorias de origem estrangeira estocadas na Zona Franca, quando saírem desta para comercialização em qualquer ponto do território nacional, ficam sujeitas ao pagamento de todos os impostos de uma importação do exterior, a não ser nos casos de isenção prevista em legislação específica.
>
> Art. 7º Os produtos industrializados na Zona Franca de Manaus, salvo os bens de informática e os veículos automóveis, tratores e outros veículos terrestres, suas partes e peças, excluídos os das posições 8711 a 8714 da Tarifa Aduaneira do Brasil (TAB), e respectivas partes e peças, quando dela saírem para qualquer ponto do Território Nacional, estarão sujeitos à exigibilidade do Imposto sobre Importação relativo a matérias-primas, produtos intermediários, materiais secundários e de embalagem, componentes e outros insumos de origem estrangeira neles empregados, calculado o tributo mediante coeficiente de redução de sua alíquota ad valorem, na conformidade do § 1º deste artigo, desde que atendam nível de industrialização local compatível com processo produtivo básico para produtos compreendidos na mesma posição e subposição da Tarifa Aduaneira do Brasil (TAB).
>
> [...]
>
> Art. 9º Estão isentas do Imposto sobre Produtos Industrializados (IPI) todas as mercadorias produzidas na Zona Franca de Manaus, quer se destinem ao seu consumo interno, quer à comercialização em qualquer ponto do Território Nacional.
>
> (Brasil, 1967)

---

2. MARTINS, Ives Gandra da Silva. Disciplina Tributária da Zona Franca de Manaus. *Revista Direito Tributário Atual*, São Paulo, n. 26, p. 246-252, 2011.

Importante destacar que a aceitação e aprovação de um projeto para gozar dos incentivos da Zona Franca passou a ser do Ministério do Interior[3] e de sua autarquia, Superintendência da Zona Franca de Manaus (SUFRAMA), conforme disposto no §3º do art. 2º do mencionado Decreto-Lei, *verbis*:

> Art. 1º A Zona Franca de Manaus é uma área de livre comércio de importação e exportação e de incentivos fiscais especiais, estabelecida com a finalidade de criar no interior da Amazônia um centro industrial, comercial e agropecuário dotado de condições econômicas que permitam seu desenvolvimento, em face dos fatores locais e da grande distância, a que se encontram, os centros consumidores de seus produtos.
>
> Art. 2º O Poder Executivo fará, demarcar, à margem esquerda dos rios Negro e Amazonas, uma área contínua com uma superfície mínima de dez mil quilômetros quadrados, incluindo a cidade de Manaus e seus arredores, na qual se instalará a Zona Franca.
>
> [...]
>
> § 2º A faixa da superfície dos rios adjacentes à Zona Franca, nas proximidades do porto ou portos desta, considera-se nela integrada, na extensão mínima de trezentos metros a contar da margem.
>
> § 3º O Poder Executivo, mediante decreto e por proposta da Superintendência da Zona Franca, aprovada pelo Ministério do Interior, poderá aumentar a área originalmente estabelecida ou alterar sua configuração dentro dos limites estabelecidos no parágrafo 1º deste artigo. (Brasil, 1967)

Desta forma, deve-se destacar que,

> [...] a função da Suframa, portanto, passou a ser de promotora dos investimentos, identificando todas as alternativas econômicas da região, atraindo empreendimentos e objetivando a geração de empregos e de renda. Nesta função, a autarquia criada pelo DL 288/1967 ganhou relevância de tal ordem que a Zona Franca, em todos os aspectos tributários, administrativos, financeiros e econômicos, tornou-se dependente da Superintendência criada por este diploma legislativo. Um aspecto diferenciador das funções pertinentes ao Ministério da Fazenda e ao Ministério do Interior, definindo quais as frentes de atuação de um e outro no aspecto essencial da criação da Zona Franca, ou seja, o usufruto de incentivos fiscais, de benefícios tributários, de estímulos vinculados a impostos e outras espécies fiscais. (Martins, 2011)[4]

Em síntese, a citada autarquia ganhou competência exclusiva para definir o projeto a ser aprovado (projeto produtivo básico), o estímulo a ser outorgado, a classificação fiscal relativamente ao produto a ser fabricado. Por sua vez, ao Ministério da Fazenda foi atribuída a competência de apenas fiscalizar e observar o cumprimento das condições estimuladas pela Suframa, para o gozo dos benefícios.

É de se ressaltar, ainda, que apesar das amplas vantagens advindas da atividade desenvolvida na ZFM, de início, elas não foram suficientes para implementar a pretendida igualdade regional, principalmente em decorrência dos custos adicionais relacionados à deficiência na infraestrutura.[5]

---

3. Ou seja, deixou de ser da competência do Ministério da Fazenda.
4. MARTINS, Ives Gandra da Silva. Disciplina Tributária da Zona Franca de Manaus. *Revista Direito Tributário Atual*, São Paulo, n. 26, p. 246-252, 2011.
5. APRIMORANDO a Zona Franca de Manaus: lições da experiência internacional. Rio de Janeiro: ICS, 2021. Disponível em: https://amazonia2030.org.br/wp-content/uploads/2021/05/AMZ2030-Aprimorando-a-Zona-Franca-de-Manaus-2.pdf. Acesso em: 10 maio 2023.

Neste cenário, a prorrogação do prazo de vigência dos incentivos fiscais se fez necessária, o que ocorreu por meio do art. 1º do Decreto 92.560/86, *verbis:*

> Art. 1º Fica prorrogado, por mais dez anos, o prazo de vigência das isenções tributárias concedidas à Zona Franca de Manaus, de que trata o Decreto-lei 288, de 28 de fevereiro de 1967, ressalvadas as exceções contidas no Decreto-lei 340, de 22 de dezembro de 1967. (Brasil, 1986)

Assim sendo, as isenções da ZFM restaram estendidas por dez anos (portanto, até o ano de 1997). Com a promulgação da Constituição Federal de 1988, o referido prazo foi novamente prorrogado, dessa vez pelo art. 40 do ADCT, por mais 25 anos, findando em 2013. Mas não apenas isto. Verificou-se uma verdadeira constitucionalização da ZFM. Com isso, a legislação pertinente a ela passou a gozar de um status constitucional. Nas palavras de Bastos (1998):

> [...] fica certo que a Zona Franca de Manaus ganhou um status constitucional, o que significa dizer, tornou-se um direito consagrado com força própria da supremacia constitucional, o que repele qualquer normatividade que a ofenda e até mesmo a interpretação que não leve em conta as diretrizes básicas da hermenêutica. Ao assim proceder, o art. 40 não beneficiou a Zona Franca de Manaus com uma mera formalidade, o que aconteceria se se entendesse que o que não se pode é expressamente suprimir a Zona Franca de Manaus. É que seria possível, na linha desse entendimento, suprimir os incentivos fiscais e a própria área de livre comércio. Isto seria a mais bárbara das interpretações constitucionais. Seria admitir que a Constituição brinca com as palavras, ou adota pseudopreceitos, que na verdade nada obrigam de substancial. É, portanto, forçoso aceitar-se que a Zona Franca de Manaus é, na verdade, um nome que encabeça uma realidade normativa e material caracterizada pela manutenção da área de livre comércio com os seus incentivos fiscais. (Bastos, 1998).[6]

A Emenda Constitucional 42, editada em 2003, por sua vez, acresceu mais dez anos ao referido prazo, estendendo-o, assim, até o ano de 2023. Dessa forma, de acordo com Martins (2011), os excelentes resultados que decorreram da implantação dessa política foram de tal ordem que os constituintes decidiram manter tais estímulos por 25 anos (CF 1988 – art. 40), prorrogados por mais 10 anos, com a EC 42/2003.[7]

O referido jurista, como advogado do Governo do Amazonas no julgamento da ADI 2.348 MC, sustentou perante o Supremo Tribunal Federal (STF) que a política estimuladora não se refere exclusivamente aos tributos existentes quando de sua implantação, mas a todos aqueles que viessem a ser criados com aspectos semelhantes. O STF, por unanimidade, reconheceu a procedência da tese. O aresto ficou assim ementado:

> Zona franca de Manaus – preservação constitucional. Configuram-se a relevância e o risco de manter-se com plena eficácia o diploma atacado se este, por via direta ou indireta, implica a mitigação da norma inserta no artigo 40 do Ato das Disposições Constitucionais Transitórias da Carta de 1988: Art. 40. É mantida a Zona Franca de Manaus, com suas características de área livre de comércio, de exportação

---

6. BASTOS, Celso Ribeiro. Incentivos Fiscais – Zona Franca de Manaus – Parecer. *Revista Tributária e de Finanças Públicas*. São Paulo: Ed. RT, v. 22, p. 167, jan./1998.
7. MARTINS, Ives Gandra da Silva. Disciplina Tributária da Zona Franca de Manaus. *Revista Direito Tributário Atual*, São Paulo, n. 26, p. 246-252, 2011.

e importação, e de incentivos fiscais, pelo prazo de vinte e cinco anos, a partir da promulgação da Constituição. Parágrafo único. Somente por lei federal podem ser modificados os critérios que disciplinaram ou venham a disciplinar a aprovação dos projetos na Zona Franca de Manaus. Suspensão de dispositivos da Medida Provisória 2.037-24, de novembro de 2000.

(ADI 2348 MC, Relator(a): Marco Aurélio, Tribunal Pleno, julgado em 07.12.2000, DJ 07.11.2003 PP-00082 EMENT VOL-02131-02 PP-00266) (Brasil, 2000)[8]

Na oportunidade, com a referida decisão, o STF ratificou decisão anterior, prolatada na ADI 1.799, a qual também contou com atuação do Professor Dr. Ives Gandra.[9]

Ou seja, o DL 288/1967, passou a ter força de norma constitucional, a partir do art. 40 do ADCT,[10] com vigência até 2023 em decorrência do art. 92 do ADCT, introduzido pela EC 42/2003.[11]

De acordo com o Professor Ives Gandra da Silva Martins (2011),

Tal exegese, repetidas vezes, foi confirmada pela Suprema Corte, reconhecendo-lhe caráter mais abrangente que o espectro dos benefícios fiscais concedidos quando de sua edição. Até 2023, portanto, permanece todo o arsenal de incentivos, pois passou a ter tratamento supra-administrativo, visto que nenhuma legislação complementar, ordinária ou regulamentar, poderá alterar sua consolidação, nos termos do que foi estabelecido pelos arts. 40 e 92 do ADCT.[12]

Posteriormente, para assegurar o progresso do Estado do Amazonas, constatou-se a necessidade de se outorgar maior prazo para o desenvolvimento de projetos que ali haviam sido implantados a partir do Decreto-Lei 288/1967. Sem isso, todo o esforço anteriormente empregado poderia ser ineficaz, com sérios riscos à própria estabilização do mencionado Estado e da região abrangida pela área de livre comércio.

---

8. BRASIL. Supremo Tribunal Federal. ADI 2348 MC. Relator(a): Marco Aurélio, Tribunal Pleno, julgado em 07.12.2000, DJ 07.11.2003 PP-00082 EMENT VOL-02131-02 PP-00266. Disponível em: https://redir.stf.jus.br/paginadorpub/paginador.jsp?docTP=AC&docID=347557. Acesso em: 10 maio 2023.
9. BRASIL. Supremo Tribunal Federal. ADI 1799 MC. Zona franca de Manaus – Manutenção – Incentivos fiscais. Ao primeiro exame, concorrem o sinal do bom direito e o risco de manter-se com plena eficácia medida provisória que, alterando a redação de dispositivo de lei aprovada pelo Congresso Nacional – do artigo 77 da Lei 9.532, de 10 de dezembro de 1997 – projeta no tempo a mitigação do quadro de incentivos fiscais assegurado relativamente à Zona Franca de Manaus, por vinte e cinco anos, mediante preceito constitucional" (ADI 1799 MC, Relator(a): Marco Aurélio, Tribunal Pleno, julgado em 18.03.1998, DJ 12-04-2002 PP-00051 EMENT VOL-02064-01 PP-00046 RTJ VOL-00182-03 PP-00885). Disponível em: https://redir.stf.jus.br/paginadorpub/paginador.jsp?docTP=AC&docID=347273. Acesso em: 10 maio 2023.
10. BRASIL. [Constituição (1988)]. Constituição da República Federativa do Brasil. Brasília: Congresso Nacional, 1988. Disponível em: http://www.planalto.gov.br/ccivil_03/constituicao/constituicao.htm. Acesso em: 10 jan. 2019.
    Art. 40. É mantida a Zona Franca de Manaus, com suas características de área livre de comércio, de exportação e importação, e de incentivos fiscais, pelo prazo de vinte e cinco anos, a partir da promulgação da Constituição. Parágrafo único. Somente por lei federal podem ser modificados os critérios que disciplinaram ou venham a disciplinar a aprovação dos projetos na Zona Franca de Manaus".
11. BRASIL. [Constituição (1988)]. Constituição da República Federativa do Brasil. Brasília: Congresso Nacional, 1988. Disponível em: http://www.planalto.gov.br/ccivil_03/constituicao/constituicao.htm. Acesso em: 10 jan. 2019.
    Art. 92. São acrescidos dez anos ao prazo fixado no art. 40 deste Ato das Disposições Constitucionais Transitórias" (Artigo acrescido pela Emenda Constitucional 42, de 2003).
12. MARTINS, Ives Gandra da Silva. Disciplina Tributária da Zona Franca de Manaus. *Revista Direito Tributário Atual*, São Paulo, n. 26, p. 246-252, 2011.

Assim, em 2014, o art. 1º da Emenda Constitucional 83/2014, que introduziu o art. 92-A no ADCT, prorrogou o efeito dos incentivos da ZFM por mais 50 anos, até o ano de 2073. Portanto, destaca-se o art. 1º do Ato das Disposições Constitucionais Transitórias, o qual passou a vigorar acrescido do seguinte art. 92-A: 'Art. 92-A. São acrescidos 50 (cinquenta) anos ao prazo fixado pelo art. 92 deste Ato das Disposições Constitucionais Transitórias".[13]

Com isso, instituiu-se uma forma de estimular a competitividade das empresas na região amazônica e criar um ambiente propício ao seu desenvolvimento – o qual, atualmente, está garantido até 2073 – sem comprometer a arrecadação fiscal do país, pois desde o início da ZFM verificavam-se os incentivos ainda vigentes.

2. A IMPORTÂNCIA DA ZONA FRANCA DE MANAUS (ZFM) PARA O DESENVOLVIMENTO ECONÔMICO E SOCIAL DA REGIÃO AMAZÔNICA, A CONCRETIZAÇÃO DO PRINCÍPIO DA REDUÇÃO DAS DESIGUALDADES REGIONAIS E A VISÃO DO STF

A ZFM, desde a sua constituição – conforme visto nos tópicos anteriores –, tem desempenhado um papel fundamental na economia da região, atraindo investimentos de empresas e promovendo o desenvolvimento de uma cadeia produtiva local. Com isso, inegavelmente, a ZFM propiciou incentivos fiscais estritamente relacionados com a redução da desigualdade regional efetivamente implementada.

No dizer do Professor Ives Gandra Martins (2012), o fato de a Constituição Federal encampar o desenvolvimento da Zona Franca de Manaus, constitucionalizando os dispositivos do Decreto-Lei 288/1967, transformou-os em verdadeiras normas constitucionais de exceção, fugindo, pois, à normatividade tributária constitucional estatuída no capítulo I do Título VII da Lei Suprema, que disponha diversamente.[14]

Entre os objetivos fundamentais da citada Carta Magna está o de construir uma sociedade livre, justa e solidária, garantir o desenvolvimento nacional, reduzir as desigualdades sociais e regionais, conforme artigo 3º da Lei Maior. Na lição de Derzi (2011), a República Federativa do Brasil está a serviço de um Estado Democrático de Direito que contém, além dos seus fundamentos (artigo 2º) e seus objetivos (artigo 3º) outros dados dela necessariamente integrantes, como a estrutura econômica e social, o desenvolvimento, a justiça e a igualdade, enfim, as metas a alcançar e os meios materiais utilizáveis.[15]

---

13. BRASIL. Constituição (1988). Constituição da República Federativa do Brasil. Brasília: Congresso Nacional, 1988. Disponível em: https://www.planalto.gov.br/ccivil_03/constituicao/emendas/emc/emc83.htm. Acesso em: 15 maio 2023.
14. MARTINS, Ives Gandra da Silva. Empresa sediada na Zona Franca de Manaus que usufrui benefícios fiscais. *RET*, São Paulo, n. 85/219-245, maio/jun. 2012.
15. DERZI, Misabel. Imunidade, Isenção e Não Incidência. In: MARTINS, Ives Gandra da Silva; NASCIMENTO, Carlos Valder; MARTINS, Rogério Gandra da Silva. *Tratado de direito tributário*. São Paulo: Saraiva, 2011. v. 2, p. 330.

Para eles, o Estado democrático é antes noção de sistema político – ou de regime político, como prefere referir-se Burdeau, o qual abrange não só instituições governamentais formalmente consideradas, como ainda valores e diretrizes adotadas pela Constituição.[16]

O inciso VII do art. 170 da Constituição Federal de 1988 trata exatamente do princípio da redução das igualdades regionais, *verbis*:

> Art. 170. A ordem econômica, fundada na valorização do trabalho humano e na livre iniciativa, tem por fim assegurar a todos existência digna, conforme os ditames da justiça social, observados os seguintes princípios: [...] VII – *redução das desigualdades regionais e sociais*; (Brasil, 1988). [Grifo nosso]

Relativamente ao mencionado princípio, o Professor Ives Gandra Martins (2012), ainda aduz o seguinte:

> [...] Na interpretação sistemática da Lei Maior há, ainda, no tocante as finanças públicas, o disposto no § 7º do art. 165, que estabelece que os orçamentos fiscal e de investimentos, compatibilizados com o plano plurianual, terão, entre suas funções, a de reduzir desigualdades inter-regionais, segundo critério populacional.
>
> Além disso, no art. 43 § 2º inciso III da Constituição Federal, estão os Incentivos Fiscais mencionados entre os instrumentos de ação do Estado para promover o desenvolvimento pátrio do país e promover a redução das desigualdades regionais.
>
> No mesmo sentido o disposto na parte final do art. 151, I da Constituição, no capítulo do sistema tributário, que prevê que a concessão de incentivos fiscais é instrumento para promover o equilíbrio do desenvolvimento socioeconômico entre as diferentes regiões do país, por intermédio, inclusive, da industrialização de regiões menos desenvolvidas incentivada pela redução ou eliminação de encargos fiscais e/ou aduaneiros sobre uma parte do território.[17]

O referido princípio já foi considerado pelo STF no julgamento do Tema 322,[18] no qual discutiu-se a possibilidade de Creditamento de IPI na entrada de insumos provenientes da Zona Franca de Manaus.

No RE 592.891, o qual deu origem ao tema supra, questionava-se o direito ao creditamento de IPI na entrada de insumos, matéria-prima e material de embalagem adquiridos junto à Zona Franca de Manaus sob o regime da isenção, considerada a previsão de incentivos regionais constante do art. 43, § 2º, III, da Constituição Federal, combinada com o comando do art. 40 do ADCT. Da ementa do aresto, destaca-se:

---

16. DERZI, Misabel. Imunidade, Isenção e Não Incidência. In: MARTINS, Ives Gandra da Silva; NASCIMENTO, Carlos Valder; MARTINS, Rogério Gandra da Silva. *Tratado de direito tributário*. São Paulo: Saraiva, 2011. v. 2, p. 330.
17. MARTINS, Ives Gandra da Silva. Lei 10.996/2004: Redução de alíquotas para aproveitamento de crédito de contribuições sociais: PIS e COFINS, inconstitucionalidades e momento de incidência. Disponível em: https://www.gandramartins.adv.br/project/ives-gandra/public/uploads/2014/10/29/ba032f4059505p.doc. Acesso em: 10 maio 2023.
18. BRASIL. Supremo Tribunal Federal. Tema 322 – Creditamento de IPI na entrada de insumos provenientes da Zona Franca de Manaus. Disponível em: https://portal.stf.jus.br/jurisprudenciaRepercussao/verAndamentoProcesso.asp?incidente=2638514&numeroProcesso=592891&classeProcesso=RE&numeroTema=322. Acesso em: 10 maio 2023.

Tributário. Repercussão geral. Imposto sobre produtos industrializados – IPI. Creditamento na aquisição direta de insumos provenientes da zona franca de Manaus. Artigos 40, 92 e 92-A do ADCT. Constitucionalidade. Artigos 3º, 43, § 2º, III, 151, I e 170, I e VII da Constituição Federal. Inaplicabilidade da regra contida no artigo 153, § 3º, II da Constituição Federal à espécie. O fato de os produtos serem oriundos da Zona Franca de Manaus reveste-se de particularidade suficiente a distinguir o presente feito dos anteriores julgados do Supremo Tribunal Federal sobre o creditamento do IPI quando em jogo medidas desonerativas. O tratamento constitucional conferido aos incentivos fiscais direcionados para sub-região de Manaus é especialíssimo. A isenção do IPI em prol do desenvolvimento da região é de interesse da federação como um todo, pois este desenvolvimento é, na verdade, da nação brasileira. A peculiaridade desta sistemática reclama exegese teleológica, de modo a assegurar a concretização da finalidade pretendida. À luz do postulado da razoabilidade, a regra da não cumulatividade esculpida no artigo 153, § 3º, II da Constituição, se compreendida como uma exigência de crédito presumido para creditamento diante de toda e qualquer isenção, cede espaço para a realização da igualdade, do pacto federativo, dos objetivos fundamentais da República Federativa do Brasil e da soberania nacional. Recurso Extraordinário desprovido.

(RE 592891, Relator(a): Rosa Weber, Tribunal Pleno, julgado em 25.04.2019, Acórdão Eletrônico Repercussão Geral – Mérito DJe-204 divulg 19.09.2019 public 20.09.2019)[19]

Verifica-se que, sob o ponto de vista do Direito Tributário, a ZFM apresenta importantes incentivos fiscais, e a imposição constitucional para a permanência dos referidos benefícios (que privilegiam a ZFM) é reconhecida pela jurisprudência pacífica do STF. Cita-se, a título exemplificativo, além dos anteriores acórdãos:

Instituição, pelo estado de São Paulo, de regime diferenciado de tributação em matéria de ICMS que culmina por instaurar situação de aparente "competição fiscal inconstitucional" lesiva ao Estado do Amazonas e a seu polo industrial [...]. (ADI 4635 MC-AgR-Ref, Relator(a): Celso De Mello, Tribunal Pleno, julgado em 11.12.2014, Processo Eletrônico DJe-029 Divulg 11.02.2015 Public 12.02.2015)[20]

Ação Direta de Inconstitucionalidade. Convênios sobre ICMS 01, 02 e 06 de 1990: revogação de benefícios fiscais instituídos antes do advento da ordem constitucional de 1998, envolvendo bens destinados à zona franca de Manaus. 1. Não se há cogitar de inconstitucionalidade indireta, por violação de normas interpostas, na espécie vertente: a questão está na definição do alcance do art. 40 do Ato das Disposições Constitucionais Transitórias, a saber, se esta norma de vigência temporária teria permitido a recepção do elenco pré-constitucional de incentivos à Zona Franca de Manaus, ainda que incompatíveis com o sistema constitucional do ICMS instituído desde 1988, no qual se insere a competência das unidades federativas para, mediante convênio, dispor sobre isenção e incentivos fiscais do novo tributo (art. 155, § 2º, inciso XII, letra 'g', da Constituição da República). 2. O quadro normativo pré-constitucional de incentivo fiscal à Zona Franca de Manaus constitucionalizou-se pelo art. 40 do Ato das Disposições Constitucionais Transitórias, adquirindo, por força dessa regra transitória, natureza de imunidade tributária, persistindo vigente a equiparação procedida pelo art. 4º do Decreto-Lei 288/1967, cujo propósito foi atrair a não incidência do imposto sobre circulação de mercadorias estipulada no art. 23, inc. II, § 7º, da Carta pretérita, desonerando, assim, a saída de mercadorias do território nacional para consumo ou industrialização na Zona Franca de Manaus. 3. A

---

19. BRASIL. Supremo Tribunal Federal. Tema 322 – Creditamento de IPI na entrada de insumos provenientes da Zona Franca de Manaus. Disponível em: https://portal.stf.jus.br/jurisprudenciaRepercussao/verAndamentoProcesso.asp?incidente=2638514&numeroProcesso=592891&classeProcesso=RE&numeroTema=322. Acesso em: 10 maio 2023.
20. BRASIL. Supremo Tribunal Federal. Referendo no AG. REG, na Medida Cautelar na Ação Direta de Inconstitucionalidade 4.635. São Paulo. Disponível em: https://redir.stf.jus.br/paginadorpub/paginador.jsp?docTP=-TP&docID=7734171. Acesso em: 10 maio 2023.

determinação expressa de manutenção do conjunto de incentivos fiscais referentes à Zona Franca de Manaus, extraídos, obviamente, da legislação pré-constitucional, exige a não incidência do ICMS sobre as operações de saída de mercadorias para aquela área de livre comércio, sob pena de se proceder a uma redução do quadro fiscal expressamente mantido por dispositivo constitucional específico e transitório. 4. Ação direta de inconstitucionalidade julgada procedente.

(ADI 310, Relator(a): Cármen Lúcia, Tribunal Pleno, julgado em 19.02.2014, Acórdão Eletrônico DJe-174 Divulg 08.09.2014 Public 09.09.2014)[21]

Voto do Ministro Carlos Velloso:

o constar de uma Constituição que é mantida a Zona Franca de Manaus é até inusitado. Demonstra, entretanto, o art. 40 do ADCT, a preocupação do constituinte com essa zona de livre comércio; demonstra a preocupação do constituinte em manter e proteger essa zona de livre comércio da ação do legislador ordinário.

Da leitura dos ensinamentos doutrinários e julgados retro, é de se concluir que o STF interpreta os incentivos fiscais concedidos à Zona Franca de Manaus como instrumento para a superação das dificuldades locais. Logo, verifica-se a concretização do princípio da redução das desigualdades regionais, eis que a ZFM se tornou uma importante ideia para o desenvolvimento da região amazônica, e a reflexão sobre seu papel deve estar presente em qualquer discussão relacionada ao desenvolvimento sustentável daquela.

3. A REFORMA TRIBUTÁRIA E A IMPORTÂNCIA DA PRESERVAÇÃO DOS INCENTIVOS FISCAIS DA ZONA FRANCA DE MANAUS À LUZ DOS PRINCÍPIOS DA SEGURANÇA JURÍDICA E DA MORALIDADE ADMINISTRATIVA

No Brasil, uma das maiores forças da economia, advém das indústrias que funcionam no país e, como notoriamente conhecido, o que geralmente atrai determinado empresário e empresa para certa região é a diferença de carga tributária. Portanto, conforme visto nos tópicos anteriores, relativamente à ZFM, as indústrias que lá funcionam pagam menos tributo do que se estiverem instaladas em qualquer outro lugar do Brasil.

São dois os Projetos de Emendas Constitucionais (PECs) que estão tramitando atualmente (2023) quanto à reforma tributária: a PEC 110/2019, do Senado Federal, e a PEC 45/2019, da Câmara dos Deputados. Ambos dão destaque ao futuro Imposto sobre Bens e Serviços (IBS), um tributo unificado nos moldes do Imposto sobre Valor Agregado (IVA), que hoje vigora em boa parte dos países de economia desenvolvida.

As referidas propostas sugerem que a alteração do Sistema Tributário Nacional tem como principal objetivo a simplificação e a racionalização da tributação sobre a produção e a comercialização de bens e a prestação de serviços, base tributável atualmente comparti-

---

21. BRASIL. Supremo Tribunal Federal. Ação Direta de Inconstitucionalidade. Convênios sobre ICMS 01, 02 e 06 de 1990. Revogação de benefícios fiscais instituídos antes do advento da ordem constitucional de 1988, envolvendo bens destinados à Zona Franca de Manais. Disponível em: https://redir.stf.jus.br/paginadorpub/paginador.jsp?docTP=TP&docID=6671640. Acesso em: 10 maio 2023.

lhada pela União, Estados, Distrito Federal e Municípios.[22] Em síntese, propõem a extinção de uma série de tributos, consolidando as bases tributáveis em dois novos impostos: (a) um imposto sobre bens e serviços (IBS), nos moldes dos impostos sobre valor agregado; e (b) um imposto específico sobre alguns bens e serviços (Imposto Seletivo).[23]

Longe de esgotar as inúmeras discussões atinentes aos mencionados projetos, e, relativamente ao objeto do presente estudo, é importante ter em mente que caso a ideia do citado tributo (IBS) seja efetivamente implementado no Brasil, precisará estar em consonância com os ditames ligados à superação das desigualdades regionais. Isto porque de nenhuma forma poderão ser suprimidas as vantagens tributárias das indústrias que estão funcionando na região amazônica, pois teríamos o impacto direto no comércio, nos prestadores de serviços e na economia de maneira geral.

Como visto nos tópicos anteriores, o perfil dos incentivos da ZFM foi prorrogado por mais 50 anos (até o ano de 2073), em razão do art. 92-A no ADCT.[24]

De acordo com os ensinamentos de Canotilho (1998), os postulados da segurança jurídica e da proteção da confiança são exigíveis perante qualquer ato de qualquer poder – legislativo, executivo e judicial.[25]

É de se verificar, portanto, que a segurança jurídica se revela como princípio constitucional informados do conteúdo do "Sistema Tributário Nacional" no Estado Democrático de Direito, mediante requisitos de certeza e de justiça, bem como subjetivamente pelo reconhecimento da proteção de expectativas de confiança legítima como medida de sua concretização.

Além disso, como afirmado pelo STF, o art. 40 do ADCT, ao incluir as regras relacionadas à ZFM na Constituição Federal de 1988, estabeleceu uma exceção às determinações introduzidas no Sistema Tributário, garantindo a sua vigência até 2073.

Mencionando o entendimento da Súmula 544/STF,[26] o Superior Tribunal de Justiça (STJ) também já se pronunciou sobre a aplicação e a observância do princípio da segurança jurídica quanto aos incentivos fiscais concedidos pela SUFRAMA na ZFM. Destacamos:

---

22. CORREIA NETO, Celso de Barros et al. *Reforma tributária*: PEC 110/2019, do Senado Federal, e PEC 45/2019, da Câmara dos Deputados. Brasília: Câmara dos Deputados, 2019. Disponível em: https://www2.camara.leg.br/atividade-legislativa/estudos-e-notas-tecnicas/fiquePorDentro/temas/sistema-tributario-nacional-jun-2019/reforma-tributaria-comparativo-das-pecs-em-tramitacao-2019. Acesso em: 10 maio 2023.
23. CORREIA NETO, Celso de Barros et al. *Reforma tributária*: PEC 110/2019, do Senado Federal, e PEC 45/2019, da Câmara dos Deputados. Brasília: Câmara dos Deputados, 2019. Disponível em: https://www2.camara.leg.br/atividade-legislativa/estudos-e-notas-tecnicas/fiquePorDentro/temas/sistema-tributario-nacional-jun-2019/reforma-tributaria-comparativo-das-pecs-em-tramitacao-2019. Acesso em: 10 maio 2023.
24. BRASIL. [Constituição (1988)]. Constituição da República Federativa do Brasil. Brasília: Congresso Nacional, 1988. Disponível em: http://www.planalto.gov.br/ccivil_03/constituicao/constituicao.htm. Acesso em: 10 jan. 2019.
Incluído pela Emenda Constitucional 83, de 2014.
25. CANOTILHO, José Joaquim Gomes. *Direito constitucional e teoria da Constituição*. 2. ed. Coimbra: Almedina, 1998. p. 250.
26. BRASIL. Supremo Tribunal Federal. Súmula 544: isenções tributárias concedidas, sob condição onerosa, não podem ser livremente suprimidas. Disponível em: https://portal.stf.jus.br/jurisprudencia/sumariosumulas.asp?base=30&sumula=2283. Acesso em: 10 maio 2023.

Tributário. Imposto de importação. Terminais móveis. Telefonia celular. Zona franca de Manaus. Tecnologia digital. Posterior reclassificação. Bem de informática. Benefício fiscal. Concessão sob condição onerosa. Revogação. Impossibilidade. 1. À luz do art. 5º, XXXVI, da Constituição Federal, os benefícios fiscais concedidos por prazo certo e em função de determinadas condições não podem ser revogados ou modificados por legislação superveniente, sob pena de violação do direito adquirido e do princípio constitucional da segurança jurídica. 2. Mutatis mutandis: "Isenções tributárias concedidas, sob condição onerosa, não podem ser livremente suprimidas" (Súmula 544 do STF). 3. Hipótese em que, mediante resolução do Conselho de Administração da SUFRAMA, foi concedido à fabricante de terminais portáteis de telefonia celular incentivo fiscal de redução de alíquota de imposto de importação (art. 7º, § 4º, do DL 288/1967), sem especificação da tecnologia a ser utilizada e em momento anterior à definição dos celulares digitais como bens de informática. [...] 6. Recurso da Fazenda Nacional não provido. (REsp 1.310.341/AM, relator Ministro Gurgel de Faria, Primeira Turma, julgado em 13.12.2018, REPDJe de 26.02.2019, DJe de 25.02.2019)[27]

Os projetos produtivos básicos aprovados pela SUFRAMA concedem incentivos específicos sob condições onerosas e por prazo certo, de modo que ingressam na esfera patrimonial do beneficiário, gerando direito adquirido, nos termos do art. 5º, inciso XXXVI, da CF, posto que a fruição daqueles depende de um ato normativo mediante o qual a Administração Pública constate que todas as condições estabelecidas na lei foram efetivamente cumpridas, credenciando o interessado a deles se beneficiar. Com isso, nasce a confiança legítima de que os citados incentivos terão vigor durante o prazo estipulado, sem risco de revogação ou modificação por parte da Administração Tributária.

Desse modo, na hipótese de ocorrer uma reforma no nosso sistema tributário que resultasse na revogação das vantagens em questão para as empresas instaladas na ZFM, haveria efetivamente uma violação à Constituição Federal, pelos fundamentos supra.

Acrescenta-se, que o princípio da moralidade administrativa estatuído no art. 37, *caput* da CF, se impõe sempre que se tratar do tema em apreço. Nas palavras do Professor Ives Gandra Martins (1998),

> O princípio da moralidade administrativa, portanto, é princípio essencial. O mais relevante, aquele que se destaca de forma absoluta. Que torna a Administração confiável perante a sociedade e que faz do administrador público um ser diferenciado.[28]

À luz do aludido princípio, é de se verificar que a pessoa jurídica que confiou na garantia da Administração para investir na região amazônica e teve seu processo produtivo básico aprovado pela Suframa. O conjunto de seus direitos, decorrentes de legislação especial (ZFM) constitucionalizada, precisa ser preservada em razão do seu

---

27. Instituto Brasileiro de Estudos Tributários. Imposto de importação. Terminais móveis. Telefonia celular. Zona franca de Manaus. Benefício fiscal. Concessão sob condição onerosa. Revogação. Impossibilidade. São Paulo: IBET, 2019. Disponível em: https://www.ibet.com.br/mposto-de-importacao-terminais-moveis-telefonia-celular-zona-franca-de-manaus-beneficio-fiscal-concessao-sob-condicao-onerosa-revogacao-impossibilidade/. Acesso em: 10 maio 2023.
28. MARTINS, Ives Gandra da Silva. *O princípio da moralidade no direito tributário*. 2. ed. atual. São Paulo: Ed. RT, 1998. p. 38.

direito adquirido à fruição dos benefícios conferidos àqueles instalados na Zona Franca de Manaus até 2073.

Pode-se concluir ser imprescindível que qualquer reforma tributária siga a legislação pré-Constituição de 1988, que foi constitucionalizada (art. 40 do ADCT), conforme a jurisprudência pacífica antes mencionada do STF. Consequentemente, revela-se inconstitucional eventual regra que objetive suprimir ou reduzir os incentivos estipulados sem, pelo menos, considerar algum tipo de compensação financeira.

CONSIDERAÇÕES FINAIS

O presente artigo teve como objetivo analisar o papel da Zona Franca de Manaus no desenvolvimento econômico e social da região amazônica e as repercussões tributárias, pós-Constituição de 1988, à luz do pensamento do jurista, Professor e Doutrinador, Dr. Ives Gandra da Silva Martins.

Para isso, *a priori*, nos primeiros capítulos foi analisado o contexto histórico para a criação da Zona Franca de Manaus, com base na legislação, bem como examinada jurisprudência do STF e do STJ relativas à matéria.

No terceiro capítulo foi aprofundado o estudo quanto à importância da Zona Franca de Manaus para se concluir pela efetiva satisfação do princípio da redução das desigualdades regionais, nesse contexto.

No último capítulo do desenvolvimento do presente trabalho, foi brevemente estudada a importância da preservação dos incentivos fiscais da Zona Franca de Manaus, no cenário de debate acerca de eventual reforma tributária, à luz dos princípios da segurança jurídica, da moralidade administrativa, do art. 40 do ADCT e em vista dos relevantes acórdãos do STF sobre o assunto.

Concluiu-se que a Zona Franca de Manaus é um importante instrumento de desenvolvimento econômico e social da região amazônica, e que seu modelo tributário diferenciado, aliado a um planejamento estratégico bem executado, pode trazer benefícios significativos para a região, dentre eles a constitucionalmente instituída redução das desigualdades regionais.

Por fim, verificou-se que eventual regra que vise suprimir ou reduzir os benefícios estipulados sem, pelo menos, considerar algum tipo de compensação financeira, revela-se incompatível com o texto da Constituição Federal (art. 40 do ADCT), conforme a jurisprudência referida no presente estudo.

REFERÊNCIAS

APRIMORANDO a Zona Franca de Manaus: lições da experiência internacional. Rio de Janeiro: ICS, 2021. Disponível em: https://amazonia2030.org.br/wp-content/uploads/2021/05/AMZ2030-Aprimorando-a-Zona-Franca-de-Manaus-2.pdf. Acesso em: 10 maio 2023.

BASTOS, Celso Ribeiro. Incentivos Fiscais – Zona Franca de Manaus – Parecer. *Revista Tributária e de Finanças Públicas*. São Paulo: Ed. RT, v. 22, p. 167, jan./1998.

BRASIL. [Constituição (1988)]. Constituição da República Federativa do Brasil. Brasília: Congresso Nacional, 1988. Disponível em: http://www.planalto.gov.br/ccivil_03/constituicao/constituicao.htm. Acesso em: 10 maio 2023.

BRASIL. Decreto 92.560, de 16 de abril de 1986. Prorroga nos termos do Decreto-Lei 288, de 28 de fevereiro de 1967, o prazo de vigência das isenções tributárias nele previstas e dá outras providências. Brasília: Congresso Nacional, 1986. Disponível em: https://www.planalto.gov.br/ccivil_03/decreto/1980-1989/1985-1987/D92560.htm. Acesso em: 10 maio 2023.

BRASIL. Decreto-lei 288, de 28 de fevereiro de 1967. Altera as disposições da Lei 3.173, de 6 de junho de 1957 e regula a Zona Franca de Manaus. Brasília: Congresso Nacional, [1967]. Disponível em: https://www.planalto.gov.br/ccivil_03/decreto-lei/del0288.htm. Acesso em: 1º maio 2023.

BRASIL. Supremo Tribunal Federal. Ação Direta de Inconstitucionalidade. Convênios sobre ICMS 01, 02 e 06 de 1990. Revogação de benefícios fiscais instituídos antes do advento da ordem constitucional de 1988, envolvendo bens destinados à Zona Franca de Manais. Disponível em: https://redir.stf.jus.br/paginadorpub/paginador.jsp?docTP=TP&docID=6671640. Acesso em: 10 maio 2023.

BRASIL. Supremo Tribunal Federal. ADI 1799 MC. Zona franca de Manaus – Manutenção – incentivos fiscais. (ADI 1799 MC, Relator(a): Marco Aurélio, Tribunal Pleno, julgado em 18.03.1998, DJ 12.04.2002 PP-00051 EMENT VOL-02064-01 PP-00046 RTJ VOL-00182-03 PP-00885). Disponível em: https://redir.stf.jus.br/paginadorpub/paginador.jsp?docTP=AC&docID=347273. Acesso em: 10 maio 2023.

BRASIL. Supremo Tribunal Federal. ADI 2348 MC. Relator(a): Marco Aurélio, Tribunal Pleno, julgado em 07/12/2000, DJ 07-11-2003 PP-00082 EMENT VOL-02131-02 PP-00266. Disponível em: https://redir.stf.jus.br/paginadorpub/paginador.jsp?docTP=AC&docID=347557. Acesso em: 10 maio 2023.

BRASIL. Supremo Tribunal Federal. Referendo no AG. REG, na Medida Cautelar na Ação Direta de Inconstitucionalidade 4.635. São Paulo. Disponível em: https://redir.stf.jus.br/paginadorpub/paginador.jsp?docTP=TP&docID=7734171. Acesso em: 10 maio 2023.

BRASIL. Supremo Tribunal Federal. RMS 14101. Isenção fiscal. Concedida por prazo certo com caráter contratual, não pode o Governo suprimi-la invocando nova lei. Mas isso, no pressuposto de que a isenção tenha sido concedida licitamente, sem ofensa à lei então vigente. Os atos administrativos não podem ser revogados, mesmo quando discricionários, se deles nasceu um direito público subjetivo, salvo se o ato não obedeceu à lei". (RMS 14101, Relator(a): Evandro Lins, Relator(a) p/ Acórdão: Luiz Gallotti, Tribunal Pleno, julgado em 29.04.1965, DJ 23.06.1965 PP-01518 EMENT VOL-00623-02 PP-00473 RTJ VOL-00033-03 PP-00291) Disponível em: https://www.jusbrasil.com.br/jurisprudencia/stf/14573546/inteiro-teor-103013836. Acesso em: 10 maio 2023.

BRASIL. Supremo Tribunal Federal. Súmula 544: isenções tributárias concedidas, sob condição onerosa, não podem ser livremente suprimidas. Disponível em: https://portal.stf.jus.br/jurisprudencia/sumariosumulas.asp?base=30&sumula=2283. Acesso em: 10 maio 2023.

CANOTILHO, José Joaquim Gomes. *Direito constitucional e teoria da Constituição*. 2. ed. Coimbra: Almedina, 1998.

CORREIA NETO, Celso de Barros et al. *Reforma tributária*: PEC 110/2019, do Senado Federal, e PEC 45/2019, da Câmara dos Deputados. Brasília: Câmara dos Deputados, 2019. Disponível em: https://www2.camara.leg.br/atividade-legislativa/estudos-e-notas-tecnicas/fiquePorDentro/temas/sistema-tributario-nacional-jun-2019/reforma-tributaria-comparativo-das-pecs-em-tramitacao-2019. Acesso em: 10 maio 2023.

DERZI, Misabel. Imunidade, Isenção e Não Incidência. In: MARTINS, Ives Gandra da Silva; NASCIMENTO, Carlos Valder; MARTINS, Rogério Gandra da Silva. *Tratado de direito tributário*. São Paulo: Saraiva, 2011. v. 2, p. 330.

INSTITUTO BRASILEIRO DE ESTUDOS TRIBUTÁRIOS. Imposto de Importação. Terminais móveis. Telefonia celular. Zona franca de Manaus. Benefício fiscal. Concessão sob condição onerosa. Revogação.

Impossibilidade. São Paulo: IBET, 2019. Disponível em: https://www.ibet.com.br/mposto-de-importacao-terminais-moveis-telefonia-celular-zona-franca-de-manaus-beneficio-fiscal-concessao-sob-condicao-onerosa-revogacao-impossibilidade/. Acesso em: 10 maio 2023.

MARTINS, Ives Gandra da Silva. Disciplina Tributária da Zona Franca de Manaus. *Revista Direito Tributário Atual*. n. 26, p. 246-252, 2011.

MARTINS, Ives Gandra da Silva. Empresa sediada na Zona Franca de Manaus que usufrui benefícios fiscais. *RET, São Paulo*, n. 85/219-245, maio/jun. 2012.

MARTINS, Ives Gandra da Silva. *Lei 10.996/2004*: Redução de alíquotas para aproveitamento de crédito de contribuições sociais: PIS e COFINS, inconstitucionalidades e momento de incidência. Disponível em: https://www.gandramartins.adv.br/project/ives-gandra/public/uploads/2014/10/29/ba032f4059505p.doc. Acesso em 10 maio 2023.

MARTINS, Ives Gandra da Silva. *O princípio da moralidade no direito tributário*. 2. ed. atual. São Paulo: Ed. RT, 1998.

DIREITO AO DESENVOLVIMENTO: DESAFIOS CONTEMPORÂNEOS

Flavia Piovesan

Professora doutora em Direito Constitucional e Direitos Humanos da PUC-SP. Professora dos Programas de Graduação e Pós-Graduação da PUC-SP. *Visiting fellow* do Human Rights Program da Harvard Law School (1995 e 2000). *Visiting fellow* do Centre for Brazilian Studies da University of Oxford (2005). *Visiting fellow* do Max Planck Institute for Comparative Public Law and International Law (Heidelberg – 2007; 2008; 2015-2022); Humboldt Foundation Georg Forster Research Fellow no Max Planck Institute (Heidelberg – 2009-2014); e Lemman *visiting scholar* do David Rockefeller Center for Latin America Studies da Harvard University (2018). Procuradora do Estado de São Paulo. Foi membro da UM High Level Task force for the implementatiton of the right to development e do OAS Working Group para o monitoramento do Protocolo de San Salvador em matéria de direitos econômicos, sociais e culturais. Foi membro da Comissão Interamericana de Direitos Humanos (2018 a 2021) e ex Vice-presidente da Comissão Interamericana (2020-2021). Em 2022 recebeu o Georg Forster Humboldt Research Award. Coordenadora Científica da Unidade de Monitoramento e Fiscalização das Decisões da Corte Interamericana no Conselho Nacional de Justiça (UMF/CNJ).

Sumário: Introdução – 1. A construção dos direitos humanos e o direito ao desenvolvimento – 2. Direito ao desenvolvimento: desafios e perspectivas – Referências.

INTRODUÇÃO

Como compreender o direito ao desenvolvimento sob a perspectiva da concepção contemporânea de direitos humanos? Quais são seus principais atributos? Qual é a principiologia aplicável ao direito ao desenvolvimento? Qual é o alcance de sua proteção nos sistemas internacional e regionais? Quais são os principais desafios para a sua efetiva implementação?

São essas as questões centrais a inspirar este estudo, que tem por objetivo maior enfocar a proteção do direito ao desenvolvimento sob o prisma internacional e regional, com ênfase em sua principiologia, no marco da concepção contemporânea de direitos humanos.

1. A CONSTRUÇÃO DOS DIREITOS HUMANOS E O DIREITO AO DESENVOLVIMENTO

Os direitos humanos refletem um construído axiológico, a partir de um espaço simbólico de luta e ação social. No dizer de Joaquín Herrera Flores,[1] compõem uma racionalidade de resistência, na medida em que traduzem processos que abrem e consolidam espaços de luta pela dignidade humana. Invocam uma plataforma emancipatória

---

1. FLORES, Joaquín Herrera. *Direitos humanos, interculturalidade e racionalidade de resistência*, mimeo, p. 7.

voltada à proteção da dignidade humana. No mesmo sentido, Celso Lafer,[2] lembrando Danièle Lochak, realça que os direitos humanos não traduzem uma história linear, não compõem a história de uma marcha triunfal, nem a história de uma causa perdida de antemão, mas a história de um combate.

Considerando a historicidade dos direitos humanos, destaca-se a chamada concepção contemporânea de direitos humanos, que veio a ser introduzida pela Declaração Universal de 1948 e reiterada pela Declaração de Direitos Humanos de Viena de 1993.

A Declaração de 1948 inova a gramática dos direitos humanos, ao introduzir a chamada concepção contemporânea de direitos humanos, marcada pela universalidade e pela indivisibilidade desses direitos. Universalidade porque clama pela extensão universal dos direitos humanos, sob a crença de que a condição de pessoa é o requisito único para a titularidade de direitos, considerando o ser humano como um ser essencialmente moral, dotado de unicidade existencial e dignidade, esta como valor intrínseco à condição humana. Indivisibilidade porque a garantia dos direitos civis e políticos é condição para a observância dos direitos sociais, econômicos e culturais e vice-versa. Quando um deles é violado, os demais também o são. Os direitos humanos compõem, assim, unidade indivisível, interdependente e inter-relacionada, capaz de conjugar o catálogo de direitos civis e políticos com o catálogo de direitos sociais, econômicos e culturais. Sob essa perspectiva integral, identificam-se dois impactos: a) a inter-relação e a interdependência das diversas categorias de direitos humanos; e b) a paridade em grau de relevância de direitos sociais e de direitos civis e – políticos.

A concepção contemporânea de direitos humanos caracteriza-se pelos processos de universalização e internacionalização desses direitos, compreendidos sob o prisma de sua indivisibilidade.[3] Ressalte-se que a Declaração de Direitos Humanos de Viena, de 1993, reitera a concepção da Declaração de 1948, quando, em seu § 5º, afirma: "Todos os direitos humanos são universais, interdependentes e interrelacionados. A comunidade internacional deve tratar os direitos humanos globalmente de forma justa e equitativa, em pé de igualdade e com a mesma ênfase".

Logo, a Declaração de Viena de 1993, subscrita por 171 Estados, endossa a universalidade e a indivisibilidade dos direitos humanos, revigorando o lastro de legitimidade da chamada concepção contemporânea de direitos humanos, introduzida pela Declaração de 1948. Note-se que, enquanto consenso do "pós-Guerra", a Declaração de 1948 foi adotada por 48 Estados, com 8 abstenções. Assim, a Declaração de Viena de 1993 estende, renova e amplia o consenso sobre a universalidade e a indivisibilidade

---

2. LAFER, Celso. Prefácio ao livro *Direitos humanos e justiça internacional* (Flávia Piovesan). 9. ed. São Paulo: Saraiva, 2012, p. 22.
3. Notese que a Convenção sobre a Eliminação de Todas as Formas de Discriminação Racial, a Convenção sobre a Eliminação da Discriminação contra a Mulher, a Convenção sobre os Direitos da Criança, a Convenção para a Proteção dos Direitos dos Trabalhadores Migrantes e dos Membros de suas Famílias e a Convenção sobre os Direitos das Pessoas com Deficiência contemplam não apenas direitos civis e políticos, mas também direitos sociais, econômicos e culturais, o que vem a endossar a ideia da indivisibilidade dos direitos humanos.

dos direitos humanos. A Declaração de Viena afirma ainda a interdependência entre os valores dos direitos humanos, da democracia e do desenvolvimento.

Não há direitos humanos sem democracia, nem tampouco democracia sem direitos humanos. Vale dizer, o regime mais compatível com a proteção dos direitos humanos é o regime democrático. Atualmente, 140 Estados, dos quase 200 Estados que integram a ordem internacional, realizam eleições periódicas. Contudo, apenas 82 Estados (o que representa 57% da população mundial) são considerados plenamente democráticos. Em 1985, esse percentual era de 38%, compreendendo 44 Estados.[4] O pleno exercício dos direitos políticos pode implicar o "empoderamento" das populações mais vulneráveis, o aumento de sua capacidade de pressão, articulação e mobilização políticas.

Quanto ao direito ao desenvolvimento, como afirma Celso Lafer, a consequência de um sistema internacional de polaridades definidas – Leste/Oeste, Norte/Sul – foi a batalha ideológica entre os direitos civis e políticos (herança liberal patrocinada pelos EUA) e os direitos econômicos, sociais e culturais (herança social patrocinada pela então URSS). Nesse cenário surge o "empenho do Terceiro Mundo de elaborar uma identidade cultural própria, propondo direitos de identidade cultural coletiva, como o direito ao desenvolvimento".[5]

É, assim, adotada pela ONU a Declaração sobre o Direito ao Desenvolvimento, em 1986, por 146 Estados, com um voto contrário (EUA) e 8 abstenções. Para Allan Rosas: "A respeito do conteúdo do direito ao desenvolvimento, três aspectos devem ser mencionados. Em primeiro lugar, a Declaração de 1986 endossa a importância da participação. (...) Em segundo lugar, a Declaração deve ser concebida no contexto das necessidades básicas de justiça social. (...) Em terceiro lugar, a Declaração enfatiza tanto a necessidade de adoção de programas e políticas nacionais, como da cooperação internacional".[6]

O direito ao desenvolvimento contempla, assim, três dimensões centrais:

a) Justiça social

De acordo com o art. 28 da Declaração de Direitos Humanos: "Toda pessoa tem direito a uma ordem social e internacional em que os direitos e liberdades estabelecidos na Declaração possam ser plenamente realizados".

A justiça social é um componente central à concepção do direito ao desenvolvimento. A realização do direito ao desenvolvimento, inspirado no valor da solidariedade, há de prover igual oportunidade a todos no acesso a recursos básicos, educação, saúde, alimentação, moradia, trabalho e distribuição de renda.

---

4. Consultar UNDP, Human Development Report 2002: Deepening democracy in a fragmented world, New York/Oxford: Oxford University Press, 2002.
5. LAFER, Celso. *Comércio, desarmamento, direitos humanos*: reflexões sobre uma experiência diplomática, São Paulo: Paz e Terra, 1999.
6. ROSAS, Allan. The right to development. In: EIDE, Asbjorn; KRAUSE, Catarina e ROSAS, Allan. *Economic, social and cultural rights*. Dordrecht, Boston, London: Martinus Nijhoff Publishers, 1995, p. 254255.

Para a Declaração sobre o Direito ao Desenvolvimento, o desenvolvimento compreende um processo econômico, social, cultural e político, com o objetivo de assegurar a constante melhoria do bem-estar da população e dos indivíduos, com base em sua ativa, livre e significativa participação nesse processo, orientada pela justa distribuição dos benefícios dele resultantes. Reconhece o art. 2º da Declaração que: "A pessoa humana é o sujeito central do desenvolvimento e deve ser ativa participante e beneficiária do direito ao desenvolvimento".

Na promoção do desenvolvimento, igual consideração deve ser conferida à implementação, promoção e proteção dos direitos civis, políticos, econômicos, sociais e culturais. Medidas efetivas devem ser ainda adotadas a fim de proporcionar às mulheres um papel ativo no processo de desenvolvimento.

b) Participação e *accountability*

Além do componente de justiça social, o componente democrático é essencial ao direito ao desenvolvimento.

É dever dos Estados encorajar a participação popular em todas as esferas como um importante fator ao direito ao desenvolvimento e à plena realização dos direitos humanos. Estados devem promover e assegurar a livre, significativa e ativa participação de indivíduos e grupos na elaboração, implementação e monitoramento de políticas de desenvolvimento.

Para Amartya Sen, os direitos políticos (incluindo a liberdade de expressão e de discussão) são não apenas fundamentais para demandar respostas políticas às necessidades econômicas, mas centrais para a própria formulação dessas necessidades econômicas.[7] Realça ainda Amartya Sen que "political liberties and democratic rights are among the constituent components of development (...) The protective power of political liberty reveals that 'no famine has ever taken place in the history of the world in a functioning democracy'".[8] Daí a relação indissociável entre o exercício dos direitos civis e políticos e o exercício dos direitos sociais, econômicos e culturais.

Nesse contexto, os princípios da participação e da *accountability* são centrais ao direito ao desenvolvimento.

c) Programas e políticas nacionais e cooperação internacional

O direito ao desenvolvimento compreende tanto uma dimensão nacional como uma dimensão internacional.

Prevê a Declaração sobre o Direito ao Desenvolvimento que os Estados devem adotar medidas – individual e coletivamente – para criar um ambiente a permitir, nos planos internacional e nacional, a plena realização do direito ao desenvolvimento. Ressalta a Declaração que os Estados devem adotar medidas para eliminar os obstáculos ao desenvolvimento

---

7. SEN, Amartya. Prefácio ao livro *Pathologies of power* (Paul Farmer). Berkeley: University of California Press, 2003.
8. SEN, Amartya. *The idea of justice*. Cambridge: Harvard University Press, 2009.

resultantes da não observância de direitos civis e políticos, bem como da afronta a direitos econômicos, sociais e culturais. Ainda que a Declaração reconheça serem os Estados os responsáveis primários na realização do direito ao desenvolvimento, enfatiza a importância da cooperação internacional para a realização do direito ao desenvolvimento.

Adiciona o art. 4º da Declaração que os Estados têm o dever de adotar medidas, individual ou coletivamente, voltadas a formular políticas de desenvolvimento internacional, com vistas a facilitar a plena realização de direitos, acrescentando que a efetiva cooperação internacional é essencial para prover aos países em desenvolvimento meios que encorajem o direito ao desenvolvimento.

O direito ao desenvolvimento demanda uma globalização ética e solidária. No entender de Mohammed Bedjaqui: "Na realidade, a dimensão internacional do direito ao desenvolvimento é nada mais que o direito a uma repartição equitativa concernente ao bem-estar social e econômico mundial. Reflete uma demanda crucial de nosso tempo, na medida em que os quatro quintos da população mundial não mais aceitam o fato de um quinto da população mundial continuar a construir sua riqueza com base em sua pobreza".[9] As assimetrias globais revelam que a renda dos 1% mais ricos supera a renda dos 57% mais pobres na esfera mundial.[10]

Como atenta Joseph E. Stiglitz: "The actual number of people living in poverty has actually increased by almost 100 million. This occurred at the same time that total world income increased by an average of 2.5 percent annually".[11] Para a World Health Organization: "poverty is the world's greatest killer. Poverty wields its destructive influence at every stage of human life, from the moment of conception to the grave. It conspires with the most deadly and painful diseases to bring a wretched existence to all those who suffer from it".[12]

Um dos mais extraordinários avanços da Declaração de 1986 é lançar o *human rights-based approach* ao direito ao desenvolvimento. Sob a perspectiva dos direitos humanos, o direito ao desenvolvimento compreende como relevantes princípios:[13]

---

9. BEDJAQUI, Mohammed. The right to development. In: BEDJAOUI, M. (Ed.). *International law*: achievements and prospects, 1991, p. 1182.
10. A respeito, consultar Human Development Report 2002, UNDP, New York/Oxford: Oxford University Press, 2002, p. 19.
11. STIGLITZ, Joseph E. *Globalization and its discontents*. New York/London: WW Norton Company, 2003, p. 6. Acrescenta o autor: "Development is about transforming societies, improving the lives of the poor, enabling everyone to have a chance at success and access to health care and education" (op. cit., p. 252).
12. FARMER, Paul. *Pathologies of power*. Berkeley: University of California Press, 2003, p. 50.
    De acordo com dados do relatório "Sinais vitais", do Worldwatch Institute (2003), a desigualdade de renda se reflete nos indicadores de saúde: a mortalidade infantil nos países pobres é 13 vezes maior que nos países ricos; a mortalidade materna é 150 vezes maior nos países de menor desenvolvimento com relação aos países industrializados; a falta de água limpa e saneamento básico mata 1,7 milhão de pessoas por ano (90% crianças), ao passo que 1,6 milhão de pessoas morrem de doenças decorrentes da utilização de combustíveis fósseis para aquecimento e preparo de alimentos. O relatório ainda atenta para o fato de que a quase totalidade dos conflitos armados se concentra no mundo em desenvolvimento, que produziu 86% de refugiados na última década.
13. Sobre o tema, ver ROBINSON, Mary. What rights can add to good development practice. In: ALSTON, Philip e ROBINSON, Mary (Ed.). *Human rights and development*: towards mutual reinforcement, Oxford: Oxford University Press, 2005, p. 37. Para Mary Robinson: "Lawyers should not be the only voice in human rights and, equally, economists should not be the only voice in development" (op. cit.).

a) o princípio da inclusão, igualdade e não discriminação (especial atenção deve ser dada à igualdade de gênero e às necessidades dos grupos vulneráveis);

b) o princípio da *accountability* e da transparência;

c) o princípio da participação e do empoderamento (*empowerment*), mediante livre, significativa e ativa participação; e

d) o princípio da cooperação internacional.

Esses são também os valores que inspiram os princípios fundamentais do Direito aos Direitos Humanos. O *human rightsbased approach* é uma concepção estrutural ao processo de desenvolvimento, amparada normativamente nos parâmetros internacionais de direitos humanos e diretamente voltada à promoção e à proteção dos direitos humanos. O *human rights-based approach* ambiciona integrar normas, *standards* e princípios do sistema internacional de direitos humanos nos planos, políticas e processos relativos ao desenvolvimento. A perspectiva de direitos endossa o componente da justiça social, realçando a proteção dos direitos dos grupos mais vulneráveis e excluídos como um aspecto central do direito ao desenvolvimento.

No dizer de Mary Robinson: "The great merit of the human rights approach is that it draws attention to discrimination and exclusion. It permits policy makers and observers to identify those who do not benefit from development. (…) so many development programmes have caused misery and impoverishment – planners only looked for macro-scale outcomes and did not consider the consequences for particular communities or groups of people".[14]

O desenvolvimento há de ser concebido como um processo de expansão das liberdades reais que as pessoas podem usufruir, para adotar a concepção de Amartya sem.[15] A Declaração de Viena de 1993 enfatiza ser o direito ao desenvolvimento um direito universal e inalienável, parte integral dos direitos humanos fundamentais, reconhecendo a relação de interdependência entre a democracia, o desenvolvimento e os direitos humanos.

Feitas essas considerações a respeito da concepção de direitos humanos e o modo pelo qual se relaciona com o direito ao desenvolvimento, com realce aos componentes

---

14. ROBINSON, Mary. What rights can add to good development practice. In: ALSTON, Philip e ROBINSON, Mary (Ed.). *Human rights and development*, cit., p. 36.

15. Ao conceber o desenvolvimento como liberdade, sustenta Amartya Sen: "Neste sentido, a expansão das liberdades é vista concomitantemente como 1) uma finalidade em si mesma e 2) o principal significado do desenvolvimento. Tais finalidades podem ser chamadas, respectivamente, como a função constitutiva e a função instrumental da liberdade em relação ao desenvolvimento. A função constitutiva da liberdade relaciona-se com a importância da liberdade substantiva para o engrandecimento da vida humana. As liberdades substantivas incluem as capacidades elementares, como a de evitar privações como a fome, a subnutrição, a mortalidade evitável, a mortalidade prematura, bem como as liberdades associadas com a educação, a participação política, a proibição da censura... Nesta perspectiva constitutiva, o desenvolvimento envolve a expansão destas e de outras liberdades fundamentais. Desenvolvimento, nesta visão, é o processo de expansão das liberdades humanas" (op. cit., p. 35, 36 e 297). Sobre o direito ao desenvolvimento, ver também VASAK, Karel. *For third generation of human rights*: the rights of solidarity, International Institute of Human Rights, 1979.

essenciais do direito ao desenvolvimento e à sua principiologia, transita-se à análise dos desafios centrais à sua implementação na ordem contemporânea.

2. DIREITO AO DESENVOLVIMENTO: DESAFIOS E PERSPECTIVAS

1) *Elaboração de indicadores para mensurar a implementação do direito ao desenvolvimento*

Uma das maiores fragilidades do sistema internacional de direitos humanos atém-se às dificuldades de implementação de direitos – o chamado "implementation gap". Nesse sentido, destaca-se o desafio de implementação do direito ao desenvolvimento.

A UN High Level Task Force on the Implementation of the Right to Development dedicou esforços substantivos ao processo de produção de indicadores e critérios voltados a avaliar e mensurar a implementação do direito ao desenvolvimento. A UN High Level Task Force reconhece ser imperativo elaborar critérios, *standards* e *guidelines* para a implementação do direito ao desenvolvimento com base em uma rigorosa base conceptual e metodológica.

Para Katarina Tomasevski: "The creation of indicators provides an opportunity to extend the rule of law, and thereby international human rights obligations, to the realm of economics which has thus far remained by and large immune from demands of democratization, accountability and full application of human rights standards. Indicators can be conceptualized on the basis of international human rights treaties because these lay down obligations for governments".[16]

A criação de indicadores para mensurar a implementação do direito ao desenvolvimento permitirá reforçar a responsabilidade dos Estados em respeitar, proteger e implementar esse direito. Permitirá ainda que políticas e programas sejam avaliados à luz do direito ao desenvolvimento.

2) *Adoção de um tratado internacional para a proteção do direito ao desenvolvimento*

Esta proposta tem causado uma polaridade e uma tensão político-ideológica entre Estados favoráveis apenas à Declaração sobre o Direito ao Desenvolvimento e Estados que ambicionam o fortalecimento da proteção jurídica do direito ao desenvolvimento mediante a adoção de um instrumento que tenha força jurídica vinculante (sob a roupagem de um tratado internacional). Esse debate envolve a controvérsia entre a dimensão nacional e a internacional do direito ao desenvolvimento. Em geral, os países desenvolvidos enfatizam a dimensão nacional desse direito, defendendo que sua tutela seja mantida mediante *soft law* (no caso, a Declaração de 1986), sem a necessidade de adotar um tratado para esse fim, ao passo que os países em desenvolvimento enfatizam a dimensão internacional desse direito, defendendo a adoção de um tratado para sua melhor proteção.

---

16. TOMASEVSKI, Katarina. Indicators. In: KRAUSE, Eide, A., C. and ROSAS, A. (Ed.). *Economic, social and cultural rights*: a textbook. 2nd revised edition, Dordrecht: Martinus Nijhoff Publishers, 2001, p. 531532.

Nesse contexto, são favoráveis à adoção de um tratado para a proteção do direito ao desenvolvimento fundamentalmente os Estados membros do Non-Aligned Movement (NAM), envolvendo os países integrantes do G77 e a China. São esses os atores mais ativos na defesa de uma Convenção para a proteção do Direito ao Desenvolvimento com força jurídica vinculante. Contudo, Canadá, União Europeia e Austrália expressam sua resistência e oposição à proposta. Note-se que 53 Estados votaram contra a proposta relativa à Convenção, incluindo sobretudo os países desenvolvidos (todos os membros da OECD e EC), cujo empenho mostra-se essencial à cooperação internacional.

Os países em desenvolvimento, no entanto, enfatizam que a maioria dos Estados membros da Assembleia Geral da ONU é favorável à adoção de um instrumento com força jurídica vinculante – o que fortaleceria a dimensão internacional do direito ao desenvolvimento.

Argumentam que um instrumento vinculante representaria a cristalização e consolidação de um regime jurídico de direitos aplicável ao direito ao desenvolvimento, adicionando que na história de afirmação dos direitos humanos no plano internacional o primeiro passo de proteção envolve a adoção de uma declaração e posteriormente a de um tratado – o que aprimora o grau de proteção jurídica do direito. Acrescentam que a existência de um tratado internacional pode ter ainda um elevado impacto no âmbito doméstico, propiciando uma especial oportunidade para a fixação de parâmetros para a implementação do direito.

3) *Ratificação do Protocolo Facultativo ao Pacto Internacional dos Direitos Econômicos, Sociais e Culturais*

Uma das maiores lacunas do aparato legal a obstar os órgãos de monitoramento dos tratados de direitos humanos (os chamados *treaty bodies*) a tutelar o direito ao desenvolvimento correspondia à inexistência do mecanismo de direito de petição para a proteção dos direitos econômicos, sociais e culturais. Na percepção de Asbjorn Eide, "social rights refer to rights whose function is to protect and to advance the enjoyment of basic human needs and to ensure the material conditions for a life in dignity". Pobreza, enfermidades e analfabetismo impedem o livre e pleno desenvolvimento das potencialidades humanas.

Diversamente do Pacto dos Direitos Civis e Políticos, o Pacto dos Direitos Econômicos, Sociais e Culturais não estabelece o mecanismo de comunicação interestatal nem tampouco, mediante Protocolo Facultativo, permite a sistemática das petições individuais. Atente-se que, mediante as comunicações interestatais, um Estado-parte pode alegar haver outro Estado-parte incorrido em violação aos direitos humanos enunciados no tratado, enquanto por meio do direito de petição, na hipótese de violação de direitos humanos e respeitados determinados requisitos de admissibilidade (como o esgotamento prévio dos recursos internos e a inexistência de litispendência internacional), é possível recorrer a instâncias internacionais competentes, que adotarão medidas que restaurem ou reparem os direitos então violados.

A respeito do monitoramento dos direitos econômicos, sociais e culturais e seu impacto na justiciabilidade desses direitos, afirma Martin Scheinin: "The intimate relationship between the existence of a functioning system of international complaints, giving rise to an institutionalized practice of interpretation, and the development of justiciability on the domestic level, has been explained very accurately by the Committee on Economic, Social and Cultural Rights: 'As long as the majority of the provisions of the Convenant are not subject of any detailed jurisprudential scrutiny at the international level, it is most unlikely that they will be subject to such examination at the national level either'".[17]

Somente em 10 de dezembro de 2008 foi finalmente adotado o Protocolo Facultativo ao Pacto dos Direitos Econômicos, Sociais e Culturais, que introduz a sistemática das petições individuais, das medidas de urgência (*interim measures*), das comunicações interestatais e das investigações *in loco* em caso de graves e sistemáticas violações a direitos sociais por um Estado-parte. Em 1996, o Comitê de Direitos Econômicos, Sociais e Culturais já adotava um projeto de Protocolo, contando com o apoio dos países da América Latina, África e Leste Europeu e com a resistência de Reino Unido, EUA, Canadá, Austrália, entre outros.

Desde 1966 os direitos civis e políticos contam com o mecanismo das petições individuais, mediante a adoção do Protocolo Facultativo ao Pacto Internacional dos Direitos Civis e Políticos, o que fortaleceu a justiciabilidade desses direitos nas esferas global, regional e local. Já os direitos sociais, apenas em 2008 passam a contar com tal sistemática, que virá a impactar positivamente o grau de justiciabilidade desses direitos.

O Protocolo Facultativo é uma relevante iniciativa para romper com a proteção desigual conferida aos direitos civis e políticos e aos direitos econômicos, sociais e culturais na esfera internacional.

Observam-se nos sistemas regionais de proteção dos direitos humanos as mesmas ambivalências no tocante à diversidade de trato dos direitos civis e políticos e dos direitos econômicos, sociais e culturais. No sistema interamericano, enquanto os direitos civis e políticos foram consagrados exaustivamente pela Convenção Americana de Direitos Humanos em 1969 (contando em 2022 com 24 Estadospartes), os direitos econômicos, sociais e culturais só vieram consagrados pelo Protocolo de San Salvador em 1988 – quase 20 anos depois, contando com apenas 17 Estados-partes em 2022. A mesma ambivalência há no sistema europeu, em que a Convenção Europeia de Direitos Humanos, que prevê exclusivamente direitos civis e políticos, apresenta 47 Estados-partes, ao passo que a Carta Social Europeia revisada apresenta somente 36 Estados-partes (dados de 2022).

Para a implementação do direito ao desenvolvimento, é fundamental encorajar os Estados à ratificação do Protocolo Facultativo ao Pacto Internacional dos Direitos

---

17. SCHEININ, Martin. Economic and social rights as legal rights. In: KRAUSE, Eide, A., C. and ROSAS, A. (Ed.). *Economic, social and cultural rights*, cit., p. 49. Ver também UN doc A/CONF.157/PC/62/Add.5/, par. 24.

Econômicos, Sociais e Culturais,[18] que poderá contribuir extraordinariamente para a proteção, acionabilidade e justiciabilidade desses direitos nas esferas internacional, regional e local.

4) *Reforma das instituições financeiras internacionais*

A atuação das instituições financeiras internacionais – especialmente no que se refere ao comércio, à dívida e à transferência tecnológica – mostrase vital à realização do direito ao desenvolvimento.

Desde sua primeira sessão, a UN High Level Task Force tem considerado a dívida como um obstáculo central aos países pobres em desenvolvimento no que se refere ao cumprimento das obrigações decorrentes do Pacto Internacional dos Direitos Econômicos, Sociais e Culturais, comprometendo o direito ao desenvolvimento.[19] O Comitê dos Direitos Econômicos, Sociais e Culturais, em seu General Comment n. 02, acerca do art. 22 do Pacto, atenta: "international measures to deal with the debt crisis should take full account of the need to protect economic, social and cultural rights through, *inter alia*, international cooperation. In many situations, this might point to the need for major debt relief initiatives". Para a UN High Level Task Force as iniciativas de alívio da dívida têm contribuído de forma significativa para a realização do direito ao desenvolvimento. Contudo, apenas o cancelamento da dívida não é medida suficiente para a implementação do direito ao desenvolvimento. Tal medida deve vir acompanhada do fortalecimento do Estado, de sua governabilidade, do respeito aos direitos humanos e da promoção do crescimento equitativo. Por isso, há uma relevante conexão entre o direito ao desenvolvimento e as iniciativas de alívio da dívida com desafios de natureza não econômica, particularmente aqueles concernentes à instabilidade política, conflitos armados e precária governança – que são fatores impeditivos do direito ao desenvolvimento. Estados que se beneficiem do cancelamento da dívida devem também estabelecer mecanismos que assegurem um processo de planejamento orçamentário transparente e participativo.

O Comitê dos Direitos Econômicos, Sociais e Culturais e o *Special Rapporteur on the Effects of Foreign Debt* advertem ainda que as políticas das instituições financeiras internacionais e da Organização Mundial do Comércio são determinadas pelos mesmos Estados que assumiram obrigações jurídicas vinculantes ao ratificar o Pacto dos Direitos Econômicos, Sociais e Culturais em matéria de direitos humanos, incluindo o direito à alimentação, à saúde, aos serviços sociais e demais áreas.[20]

---

18. O Protocolo Facultativo ao Pacto Internacional dos Direitos Econômicos, Sociais e Culturais foi aprovado pela Resolução da Assembleia Geral A/RES/63/117, em 10 de dezembro de 2008. Até 2022, contava com 26 Estados-partes, tendo entrado em vigor em 5 de maio de 2013.
19. A respeito, ver E/CN.4/2005/WG.18/2, par. 48.
20. Ver Maastricht guidelines on violations of economic, social and cultural rights, ao considerar violação de direitos humanos pelo Estado, quando há "the failure of a State to take into account its international legal obligations in the field of economic, social and cultural rights when entering into bilateral or multilateral agreements with other States, international organizations or multinational corporations".

O Banco Mundial e o Fundo Monetário Internacional têm operado com diligência para reduzir o impacto da dívida e têm introduzido programas inovadores.[21] Todavia, a perspectiva dos direitos humanos demanda que, em nenhuma circunstância, seja reduzida a receita de Estados a ponto de propiciar a violação de direitos, como o direito à alimentação, à saúde, à educação, à previdência social. Isto é, há que assegurar que ao menos um orçamento mínimo e básico seja mantido para a salvaguarda desses direitos.

Ademais, verifica-se a crescente pressão para que as agências financeiras internacionais, como o FMI e o Banco Mundial, atuem com maior transparência, democratização e *accountability*. Enfatiza-se que o princípio das responsabilidades compartilhadas entre devedores e credores é o vértice de um sistema financeiro internacional justo. Os princípios da participação, inclusão, transparência, *accountability*, *rule of law*, igualdade e não discriminação devem ser observados por ambos (devedores e credores).

Com relação às agências financeiras internacionais, há o desafio de que os direitos humanos possam permear a política macroeconômica, de forma a envolver a política fiscal, a política monetária e a política cambial. As instituições econômicas internacionais devem levar em grande consideração a dimensão humana de suas atividades e o forte impacto que as políticas econômicas podem ter nas economias locais, especialmente em um mundo cada vez mais globalizado.[22]

Há que romper com os paradoxos que decorrem das tensões entre a tônica includente voltada para a promoção dos direitos humanos, consagrada nos relevantes tratados de proteção dos direitos humanos da ONU (com destaque ao Pacto Internacional dos Direitos Econômicos, Sociais e Culturais) e, por outro lado, a tônica por vezes excludente ditada pela atuação do Fundo Monetário Internacional, na medida em que a sua política, orientada pela chamada "condicionalidade", submete países em desenvolvimento a modelos de ajuste estrutural incompatíveis com os direitos humanos. Além disso, deverá se fortalecer a democratização, a transparência e a *accountability* dessas instituições.[23] Note-se que 48% do poder de voto no FMI concentra-se nas mãos de 7 Estados (Estados Unidos, Japão, França, Inglaterra, Arábia Saudita, China e Rússia) e no Banco Mundial

---

21. A respeito, destacam-se a Heavily Indebted Poor Countries Initiative (HIPC), lançada em 1996 pelo Banco Mundial e pelo FMI, e a Multilateral Debt Relief Initiative (MDRI), lançada em 2005, a fim de assistir os Heavily indebted poor countries na satisfação dos MDG (millenium development goals).
22. Cf. ROBINSON, Mary. *Constructing an international financial, trade and development architecture*: the human rights dimension, Zurich, 1º July 1999, www.unhchr.org. Adiciona Mary Robinson: "A título de exemplo, um economista já advertiu que o comércio e a política cambial podem ter maior impacto no desenvolvimento dos direitos das crianças que propriamente o alcance do orçamento dedicado à saúde e educação. Um incompetente diretor do Banco Central pode ser mais prejudicial aos direitos das crianças que um incompetente Ministro da Educação" (op. cit.).
23. A respeito, consultar STIGLITZ, Joseph E. *Globalization and its discontents*. New York/London: WW Norton Company, 2003. Para o autor: "When crises hit, the IMF prescribed outmoded, inappropriate, if standard solutions, without considering the effects they would have on the people in the countries told to follow these policies. Rarely did I see forecasts about what the policies would do to poverty. Rarely did I see thoughtful discussions and analyses of the consequences of alternative policies. There was a single prescription. Alternative opinions were not sought. Open, frank discussion was discouraged – there is no room for it. Ideology guided policy prescription and countries were expected to follow the IMF guidelines without debate. These attitudes made me cringe. It was not that they often produced poor results; they were antidemocratic" (op. cit., p. XIV).

46% do poder de voto concentra-se nas mãos também desses Estados.[24] Na percepção crítica de Joseph E. Stiglitz: "(...) we have a system that might be called global governance without global government, one in which a few institutions – the World Bank, the IMF, the WTO – and a few players – the finance, commerce, and trade ministries, closely linked to certain financial and commercial interests – dominate the scene, but in which many of those affected by their decisions are left almost voiceless. It's time to change some of the rules governing the international economic order (...)".[25]

5) *Promover a cooperação e a assistência internacionais*

Observa Thomas Pogge que, "em 2000, os países ricos gastaram em média US$ 4,650 bilhões em assistência ao desenvolvimento dos países pobres; contudo, venderam aos países em desenvolvimento, em média, US$ 25,438 bilhões em armamentos – o que representa 69% do total do comércio internacional de armas. Os maiores vendedores de armas são: EUA (com mais de 50% das vendas), Rússia, França, Alemanha e Reino Unido".[26] No mesmo sentido, afirma Amartya Sen: "Os principais vendedores de armamentos no mercado global são os países do G8, responsáveis por 84% da venda de armas no período de 1998 a 2003. (...) Os EUA sozinhos foram responsáveis pela venda de metade das armas comercializadas no mercado global, sendo que dois terços destas exportações foram direcionados aos países em desenvolvimento, incluindo a África".[27]

Nesse contexto, é fundamental que os países desenvolvidos invistam 0,7% de seu Produto Interno Bruto em um "Vulnerability Fund" para socorrer os países em desenvolvimento, satisfazendo os compromissos assumidos na Conferência de Monterrey de 2002 (Monterrey Conference on Financing for Development – "Monterrey Consensus").

Atualmente, cerca de 80% da população mundial vive em países em desenvolvimento. Dois deles – Índia e China – totalizam quase 1/3 da população mundial. Contudo, os 15% mais ricos concentram 85% da renda mundial, enquanto os 85% mais pobres concentram apenas 15%, sendo a pobreza a principal *causa mortis* do mundo. Instaura-se um círculo vicioso em que a desigualdade econômica fomenta a desigualdade política no exercício do poder no plano internacional e vice-versa.[28]

---

24. A respeito, consultar Human Development Report 2002, UNDP, New York/Oxford: Oxford University Press, 2002.
25. STIGLITZ, Joseph E. Op. cit., p. 2122. Para Joseph Stiglitz: "We have a chaotic, uncoordinated system of global governance without global government" (Stiglitz, Joseph E. *Making globalization work*. London: Penguin Books, 2007. p. 21). O autor defende um pacote de mudanças, compreendendo: "1) changes in voting structure at the IMF and the World Bank, giving more weight to developing countries; 2) changes in representations (who represents each country); 3) adopting principles of representation; 4) increase transparency (since there is no direct democratic accountability for these institutions; 5) improving accountability; and 6) ensuring a better enforcement of the international rule of law" (Stiglitz, Joseph E. *Making globalization work*, cit., p. 21).
26. POGGE, Thomas. *World poverty and human rights*. Cambridge: Polity Press, 2002.
27. SEN, Amartya. *Identity and violence*: the illusion of destiny. New York/London: W.W. Norton & Company, 2006, p. 97.
28. Para Jeffrey Sachs: "eight milion people around the world die each year because they are too poor to stay alive" (Sachs, Jeffrey. *The end of poverty*: economic possibilities for our time. New York: The Penguin Press, 2005, p. 1). Adiciona o autor que: "One sixth of the world remains trapped in extreme poverty unrelieved by global economic growth and the poverty trap poses tragic hardships for the poor themselves and great risks for the rest of the world" (SACHS, Jeffrey. *Common wealth*: economics for a crowed planet. London: Penguin Books, 2008, p. 6).

É essencial que a cooperação internacional seja concebida não como mera caridade ou generosidade, mas como solidariedade, no marco do princípio de responsabilidades compartilhadas (*shared responsibilities*) na ordem global.

6) *Fomentar a atuação dos atores privados na promoção dos direitos humanos*

No que se refere ao setor privado, há também a necessidade de acentuar sua responsabilidade social, especialmente das empresas multinacionais, na medida em que se constituem nas grandes beneficiárias do processo de globalização, bastando citar que das 100 maiores economias mundiais, 69 são empresas multinacionais e 31 são Estados nacionais. Por exemplo, importa encorajar empresas a adotarem códigos de direitos humanos relativos à atividade de comércio; demandar sanções comerciais a empresas violadoras dos direitos sociais; adotar a "taxa Tobin" sobre os investimentos financeiros internacionais, entre outras medidas.

Faz-se, pois, fundamental que o setor privado, particularmente as corporações transnacionais, ampliem sua responsabilidade na promoção dos direitos humanos, com respeito aos direitos trabalhistas (*social responsibility*); ao meio ambiente (*environmental responsibility*); e a outros direitos diretamente impactados por suas atividades (*ethical responsibility*).

7) *Consolidação das* best practices

Para a implementação do direito ao desenvolvimento é ainda crucial identificar, intercambiar e promover as *best practices*, conferindo-lhes um efeito catalisador.

Por fim, conclui-se que a implementação do direito ao desenvolvimento envolve desafios de natureza jurídica e cultural; política; e econômica.

No âmbito jurídico e cultural, vislumbrase que o direito ao desenvolvimento abarca uma multiplicidade de atores, que transcende os atores envolvidos na realização de outros direitos humanos.

O direito ao desenvolvimento requer a ruptura da visão tradicional a inspirar a arquitetura protetiva internacional, na qual as violações de direitos humanos apontam, de um lado, ao Estado (como agente violador) e, de outro, ao indivíduo singularmente considerado (como vítima). Em sua complexidade, ao compreender tanto uma dimensão nacional como uma dimensão internacional, o direito ao desenvolvimento tem como violador não apenas o Estado e como vítima não apenas o indivíduo, mas comunidades e grupos. Vale dizer, o direito ao desenvolvimento invoca um padrão de conflituosidade diverso do padrão clássico e tradicional que inspira o sistema de proteção internacional dos direitos humanos.

Em sua essência, o direito ao desenvolvimento traduz o direito a um ambiente nacional e internacional que assegure aos indivíduos e aos povos o exercício de seus direitos humanos básicos, bem como de suas liberdades fundamentais.

Não bastando tal desafio jurídico e cultural, soma-se ainda o desafio de natureza política. Como enfocado por este artigo, o processo de implementação do direito ao desenvolvimento tem sido caracterizado por tensões ideológicas e ambivalências políticas. Destaca-se a recusa de Estados em conferir aos direitos econômicos, sociais e culturais o mesmo tratamento dado aos direitos civis e políticos. Nesse sentido, merece menção a resistência de Estados em ratificar o Protocolo Facultativo ao Pacto Internacional dos Direitos Econômicos, Sociais e Culturais, bem como em adotar uma Convenção sobre o Direito ao Desenvolvimento.

A esses desafios conjugase o desafio de natureza econômica, considerando que a crise financeira e econômica global afeta primariamente os mais pobres e vulneráveis. Enquanto países desenvolvidos introduzem *counter-cyclical policies* e planos de incentivos, os países mais pobres não dispõem de recursos para adotar medidas similares. Estados enfrentam, assim, o desafio de adotar medidas e ações individuais e coletivas para a implementação do direito ao desenvolvimento no âmbito nacional e no internacional.

Em uma arena cada vez mais complexa, fundamental é avançar na afirmação do direito ao desenvolvimento e da justiça global nos campos social, econômico e político, a compor uma nova arquitetura, capaz de responder aos desafios da agenda contemporânea, da nova dinâmica de poder no âmbito internacional e da necessária transformação das organizações internacionais, em um crescente quadro de responsabilidades compartilhadas.

A Declaração de 1986 sobre o Direito ao Desenvolvimento deve ser compreendida como um instrumento vivo e dinâmico (*dynamic and living instrument*) capaz de responder aos desafios lançados pela ordem contemporânea. A defesa do princípio da dignidade humana demanda prioridade e urgência na implementação do direito ao desenvolvimento, a fim de assegurar o direito de povos, coletividades e indivíduos a exercer seu potencial humano de forma livre, autônoma e plena.

REFERÊNCIAS

BEDJAQUI, Mohammed. The right to development. In: BEDJAOUI, M. (Ed.). *International law*: achievements and prospects, 1991.

FARMER, Paul. *Pathologies of power*. Berkeley: University of California Press, 2003, p. 50.

HUMAN DEVELOPMENT REPORT 2002. UNDP, New York/Oxford: Oxford University Press, 2002.

LAFER, Celso. *Comércio, desarmamento, direitos humanos*: reflexões sobre uma experiência diplomática, São Paulo: Paz e Terra, 1999.

LAFER, Celso. Prefácio ao livro *Direitos humanos e justiça internacional* (Flávia Piovesan). 9. ed. São Paulo: Saraiva, 2012.

POGGE, Thomas. *World poverty and human rights*. Cambridge: Polity Press, 2002.

ROBINSON, Mary. *Constructing an international financial, trade and development architecture*: the human rights dimension, Zurich, 1º July 1999, www.unhchr.org.

ROBINSON, Mary. What rights can add to good development practice. In: ALSTON, Philip e ROBINSON, Mary (Ed.). *Human rights and development*: towards mutual reinforcement, Oxford: Oxford University Press, 2005.

ROSAS, Allan. The right to development. In: EIDE, Asbjorn; KRAUSE, Catarina e ROSAS, Allan. *Economic, social and cultural rights*. Dordrecht, Boston, London: Martinus Nijhoff Publishers, 1995.

SACHS, Jeffrey. *Common wealth*: economics for a crowed planet. London: Penguin Books, 2008

SEN, Amartya. *Identity and violence*: the illusion of destiny. New York/London: W.W. Norton & Company, 2006.

SEN, Amartya. Prefácio ao livro *Pathologies of power* (Paul Farmer). Berkeley: University of California Press, 2003.

SEN, Amartya. *The idea of justice*. Cambridge: Harvard University Press, 2009.

STIGLITZ, Joseph E. *Globalization and its discontents*. New York/London: WW Norton Company, 2003.

STIGLITZ, Joseph E. *Making globalization work*. London: Penguin Books, 2007.

TOMASEVSKI, Katarina. Indicators. In: KRAUSE, Eide, A., C. and ROSAS, A. (Ed.). *Economic, social and cultural rights*: a textbook. 2nd revised edition, Dordrecht: Martinus Nijhoff Publishers, 2001.

UNDP, Human Development Report 2002: Deepening democracy in a fragmented world, New York/Oxford: Oxford University Press, 2002.

VASAK, Karel. *For third generation of human rights*: the rights of solidarity, International Institute of Human Rights, 1979.

CONSTITUCIONALISMO E DEMOCRACIA: DESAFIOS DA TEORIA DA CONSTITUIÇÃO CONTEMPORÂNEA[1]

Giovani Agostini Saavedra

Doutor em Direito e Filosofia pela Johann Wolgang Goethe – Universidade de Frankfurt. Mestre e bacharel em Direito pela PUCRS. Professor Universidade Presbiteriana Mackenzie – SP. Sócio fundador do Saavedra & Gottschefsky – Sociedade de Advogados.

Sumário: 1. O tipo ideal de interpretação constitucional contemporâneo: o método Hércules – 2. Hermenêutica constitucional e o papel da democracia: a crítica habermasiana ao método Hércules – 3. Constitucionalismo digital e democracia: o paradoxo da democracia revisitado – Conclusão – Referências.

No final da década de 90, o debate internacional contemporâneo sobre constitucionalismo era dominado por dois confrontos teóricos em particular: (1) Comunitarismo e Liberalismo e (2) *Precommitment and the Paradox of Democracy* que também é denominado com os termos: *Constitutionalism and Democracy* (Elster/Slagstad, 1988). Ao se posicionar perante este debate Habermas mostrou que as diferenças entre comunitarismo e liberalismo estavam centradas basicamente na forma como essas posições concorrentes compreendem o processo democrático de formação da vontade e da esfera pública. Por outro lado, Habermas mostrou de maneira definitiva que o aparente conflito entre democracia e constitucionalismo não passa de aparência de conflito. Na verdade, ambos estariam intrinsecamente interligados em função da conexão interna entre Estado de direito e democracia (Habermas, 1999: 277 e 293).[2]

---

1. A primeira versão do argumento desenvolvido aqui foi publicada na Revista Brasileira de Direito Constitucional: Saavedra, Giovani. Hermenêutica Constitucional, Democracia e Reconhecimento: Desafios da Teoria da Constituição Contemporânea. *Revista Brasileira de Direito Constitucional*, n. 7, v 1, p. 265-290, jan./jun., 2006. No espaço que separa a publicação desse primeiro artigo e o que agora se apresenta ao público, as mudanças seja no debate sobre hermenêutica e teoria da constituição, seja na própria sociedade com uma aceleração incrível de uma dimensão digital do espaço social, tornaram necessário revistar as teses lá defendidas para se adequar aos desafios contemporâneos. Nesse sentido, o artigo que se apresenta agora ao público é uma versão revisitadas e atualizada dos argumentos publicados em 2006.
2. Nesse período, o trabalho de Jürgen Habermas contribuiu decisivamente para renovar o debate em novos termos. Os principais autores e obras, que contribuíram para a definição das principais posições são especialmente os seguintes: HABERMAS, Jürgen. *Faktizität und Geltung. Beiträgre zur Diskurstheorie des Rechts und des demokratischen Rechtsstaats*. Frankfurt a.M.: Suhrkamp, 1992 [Trad. Português: Habermas, Jürgen. *Direito e Democracia entre facticidade e validade*. Rio de Janeiro: Tempo Brasileiro, 1997]; MICHELMAN, Frank. *Brennan and Democracy*. Princeton, NJ: Princeton University Press, 1999; Dworkin, Ronald. *Law's Empire*. Cambridge, MA: Harvard University Press, 1996 [Trad. Português: DWORKIN, Ronald. *O império do direito*. São Paulo: Martins Fontes, 1999]; DWORKIN, Ronald. *Freedom's Law: The Moral Reading of the American Constitution*. Cambridge, MA: Harvard University Press, 1996; POST, Robert. *Constitutional Domains*: Democracy,

Do ponto de vista da evolução da jurisprudência constitucional brasileira, esse debate pareceu perder força pelas simples evidência prática de que a visão neoconstitucionalista, de certa forma, tornou-se lugar comum na forma como magistrados(as) passaram a compreender sua função: com a justificativa da busca pela "justiça" no caso concreto, aos poucos, os compromissos com o positivismo, aplicação da lei e das conquistas do princípio da legalidade próprios de um Estado Democrático de Direito, deram lugar a uma visão de que o(a) julgador(a) deve ter liberdade e se "libertar" das amarras das "formalidades" excessivas de um "positivismo retrógrado" para dar mais espaço para que o magistrado possa, de fato, "fazer justiça" no caso concreto. De uma maneira geral, pode-se dizer que, no Brasil, a realidade dos tribunais mostra que o modelo de juiz Hércules (Dworkin) venceu e se tornou o padrão na atuação prática dos tribunais brasileiros.

Desde há muito tempo, os riscos dessa tendência têm sido diagnosticados,[3] mas parece que as evoluções recentes e desafios democráticos oriundos da "sociedade em rede"[4] os potencializaram ainda mais: o problema se torna especialmente relevante perante a ampliação das possíveis "ameaças à democracia", em especial tem crescido a percepção de que a disseminação de *fake news* pode ser um catalizador de movimentos antidemocráticos, ou seja, se antes, a preocupação com as *fake news* estava restrita a uma possível influência dos resultados das eleições, após os atentados, fala-se em ameaça à democracia e às instituições democráticas.[5] De um lado, tem surgido de maneira cada vez mais intensa a pergunta sobre se estamos diante de uma nova corrente do constitucionalismo: o constitucionalismo digital.[6] E, de outro, sobre o substrato material de um Estado Democrático de Direito.[7]

Community, Management. Cambridge, MA: Harvard University Press, 1995; RAWLS, John. *Political Liberalism*. Nova Iorque: Columbia University Press, 2005; GUTMAN, Amy. *Multiculturalism*: examining the Politics of Recognition. Princeton: Princeton University Press, 1994; HONNETH, Axel. *Kampf um Anerkennung. Zur moralischen Grammatik sozialer Konflikte*. Frankfurt a.M.: Suhrkamp, 1992 [Trad. Português: Honneth, Axel. *Luta por Reconhecimento. A gramática moral dos conflitos sociais*. São Paulo: Ed. 34, 2003].

3. Ver, a esse respeito: SAAVEDRA, Giovani. *Jurisdição e Democracia. Uma análise a partir das teorias de Jürgen Habermas, Robert Alexy, Ronald Dworkin e Niklas Luhmann*. Porto Alegre: Livraria do Advogado, 2006.
4. CASTELLS, Manuel. *A Sociedade em Rede*. Rio de Janeiro: Paz & Terra, 2021.
5. Ver referências citadas nas notas 5 e 6. As preocupações com os desafios da democracia na era digital não são novas. Moore sistematizou os principais desafios em seu já clássico livro: Moore, Martin. *Democracy hacked. political turmoil and information warfare in the digital age*. Londres: Oneworld, 2018. Ver, a esse respeito também: MORELOCK, Jeremiah; NARITA, Felipe Ziotti. *The Society of the Selfie Social Media and the Crisis of Liberal Democracy*. Londres: University of Westminster Press, 2021. O'NEIL, Cathy. *Weapons of math destruction*: how big data increases inequality and threatens democracy. Nova Iorque: Crown Publishers, 2016.
6. Ver, a esse respeito: SAAVEDRA, Giovani; Borges, Gabriel Oliveira de Aguiar. Constitucionalismo Digital Brasileiro. *Revista da Ajuris*, Porto Alegre, v. 49, n. 152, p. 157-180, Jun. 2022; SOUSA, Simão Mendes de. *Constitucionalismo Digital*: uma introdução. Coimbra: Almedina, 2022; CELESTE, Edoardo. *Digital Constitucionalism. The Role of Internet Bill of Rights*. Londres/Nova Iorque: Routledge, 2023 e GAVIÃO FILHO, Anizio Pires; MOTTA, Francisco José Jorge; PAULO, Lucas Moreschi. *O Constitucionalismo Digital e a Crise das Democracias Liberais*. São Paulo: Dialética, 2023.
7. Esse debate foi renovado recentemente em duas vertentes: uma desenvolvida por Axel Honneth e vinculada a uma reatualização da filosofia do direito e da teoria do reconhecimento de Hegel e outra desenvolvida por Frank Michelman a partir da teoria de John Rawls. Ver a esse respeito: HONNETH, Axel. *Das Recht der Freiheit. Grundriß einer demokratischen Sittlichkeit*. Frankfurt a.M.: Suhrkamp, 2013 [Trad. Português: HONNETH, Axel.

O presente artigo tem, portanto, como objetivo principal fazer uma revisão teórico-conceitual desse debate. Num primeiro momento, o modelo do juiz hércules de Dworkin será utilizado como tipo ideal do neoconstitucionalismo, que domina a realidade dos tribunais brasileiros.[8] A seguir, será feita crítica desse modelo com base na teoria habermasiana, para então, num último momento, apresentar o paradoxo da democracia revisitado.

1. O TIPO IDEAL DE INTERPRETAÇÃO CONSTITUCIONAL CONTEMPORÂNEO: O MÉTODO HÉRCULES

Dworkin usa como recurso argumentativo para explicar a sua teoria da interpretação constitucional a ideia de um jurista de capacidade, sabedoria, paciência e sagacidade sobre-humanas, a quem chama de Hércules (Dworkin, 1978: 105). Hércules aparece pela primeira vez na obra de Dworkin, no artigo Casos Difíceis ("hard cases") (Dworkin, 1978: 81-130) tendo como rival o juiz Herbert, que aceita a teoria da decisão judicial e se propõe a aplicá-la em suas decisões (Dworkin, 1978: 125). Hércules aparece novamente no livro "O Império do Direito" ("Law's Empire") tendo como rival o juiz Hermes que defende a interpretação das leis conforme a intenção do legislador (Dworkin, 1986).

Dworkin utiliza este artifício para explicar, passo a passo, como deveria acontecer toda a prática interpretativa. Dworkin supõe que Hércules seja juiz de alguma jurisdição norte-americana representativa. Considera que ele aceita as principais regras não controversas que constituem e regem o direito em sua jurisdição. Em outras palavras, ele aceita que as leis têm o poder geral de criar e extinguir direitos jurídicos, e que os juízes têm o dever geral de seguir as decisões anteriores de seu tribunal ou dos tribunais superiores, cujo fundamento racional aplica-se ao caso em juízo (Dworkin, 1978: 105).

Para Hércules, o direito real contemporâneo consiste nos princípios que proporcionam a melhor justificativa disponível para as doutrinas e dispositivos do direito como um todo. Ele guia sua interpretação pelo princípio da integridade na prestação jurisdicional, que o força a ver, na medida do possível, o direito como um todo coerente e estruturado (Dworkin, 1986: 373). Hércules deve descobrir a série coerente de princípios capaz de justificar a história institucional de um determinado sistema de direitos, do modo como é exigido pela equidade e deve ampliar sua teoria de modo a incluir a ideia de que uma justificação da história institucional pode apresentar uma parte dessa história como um erro (Dworkin, 1978: 121).

O Direito da Liberdade. São Paulo: Martins Fontes, 2015] e MICHELMAN, Frank. *Constitutional Essentials*: On the Constitutional Theory of Political Liberalism. Oxford: Oxford University Press, 2022. Ver, também, a esse respeito: GAVIÃO FILHO, Anizio Pires; MOTTA, Francisco José Jorge; PAULO, Lucas Moreschi. *O Constitucionalismo Digital e a Crise das Democracias Liberais*. São Paulo: Dialética, 2023.

8. O modelo „tipológico" tem inspiração weberiana e foi utilizado de maneira muito produtiva para analisar os tipos ideias de democracia e constituição por Barzotto. O modelo utilizado aqui inspira-se nesse modelo utilizado pelo autor em: BARZOTTO, Luis Fernado. *A Democracia na Constituição*. São Leopoldo: UNISINOS, 2003, p. 13 e ss.

Dworkin, traça uma distinção entre as duas dimensões principais desse juízo interpretativo: (a) adequação e (b) justificação. Assim, a atividade pós-interpretativa do juiz (sentença) deve ser extraída de uma interpretação que se adapte aos fatos anteriores e os justifique. Porém, o direito, a exemplo da literatura, apresenta uma interação complexa entre essas duas dimensões. Hércules, então, é chamado para executar a tarefa de expor essa complexa estrutura da interpretação jurídica (Dworkin, 1986: 238-39).

Dworkin se valerá de Hermes para provar que a teoria da intenção do legislador não se sustenta, principalmente, sob um viés de análise realista do processo legislativo, que evidencia o fato de que não temos como identificar quem a representa. Devemos considerar como representantes da intenção do legislativo: os parlamentares que votaram a favor ou aqueles que votaram contra o projeto? Os lobistas, as pessoas que mandaram cartas aos parlamentares, o Presidente que assinou o projeto, ou os funcionários que elaboraram o projeto inicial? Dworkin aprofunda essas críticas com argumentos psicológicos que tornam a empreitada do juiz Hermes mais complexa, pois não temos como identificar qual é realmente a intenção de uma pessoa. Hermes, então, acaba, por força descobrindo que deve aceitar os métodos que inicialmente descartou, ou seja, aqueles elaborados e aplicados pelo juiz Hércules (Dworkin, 1986: 317-337) e nesse ponto: "Podemos deixar Hermes. Seu novo método precisa de uma minuciosa elaboração, mas ela não será feita por ele, uma vez que se tornou gêmeo de Hércules" (Dworkin, 1986: 337).

Hércules entende que as leis precisam ser lidas de algum modo que decorra da melhor interpretação do processo legislativo como um todo. Para ler a lei Hércules, usa, em grande parte, as mesmas técnicas de interpretação que utiliza para decidir casos de "common law". Tratará o Congresso como um autor anterior a ele na cadeia do direito, embora um autor com poderes e responsabilidades diferentes dos seus e, fundamentalmente, vai encarar seu próprio papel como o papel criativo de um colaborador que continua a desenvolver, do modo que acredita ser o melhor, o sistema legal iniciado pelo Congresso (Dworkin, 1986: 313). Ele irá se perguntar qual interpretação da lei mostra mais claramente o desenvolvimento político que inclui e envolve essa lei. Seu ponto de vista sobre como a lei deve ser lida dependerá em parte daquilo que certos congressistas disseram ao debatê-la. Mas dependerá, por outro lado, da melhor resposta a dar a determinadas questões políticas, por exemplo: até que ponto o Congresso deve submeter-se à opinião pública em questões do tipo do caso em tela, e se seria absurdo, em termos políticos, proteger uma espécie que, na opinião de Dworkin, é tão insignificante à custa de tanto capital (Dworkin, 1986: 313).

Quando Dworkin fala da distinção entre princípio e "política" ("policy"), ele diz que o juiz não poderá se guiar por argumentos de "política" somente de princípio (em sentido estrito). Porque, então, Dworkin aceita, em vários casos que descreve em suas obras, que Hércules utilizasse um argumento de política para fundamentar sua decisão? Dworkin responde da seguinte forma: quando Hércules interpretar uma lei, ele poderá utilizar argumentos de política para determinar quais os direitos devem ter sido criados por lei.

Essa fundamentação utilizada por Dworkin, está na base do neoconstitucionalismo que domina os tribunais brasileiro. Na prática, o resultado prático dessa teoria é absurdamente amplo, tendo em vista que o juiz acaba decidindo questões políticas e de justiça social em função da juridificação das relações sociais. Porém essas questões acabam sendo decididas pelo juiz de forma individual com base nas suas concepções de forma de vida para uma determinada comunidade. Ainda que ele procure reconstruir uma comunidade ideal, essa reconstrução é sempre a expressão da opinião de um indivíduo.

Dworkin apresenta ainda um argumento que rejeita a concepção que ele o chama de argumento da democracia. Este consiste na ideia de que as decisões políticas devem ser tomadas por pessoas eleitas pelo povo. Este argumento inclui no seu conceito de decisão política tanto a ideia de princípio em sentido estrito quanto à de política ("policy"). Portanto não seriam consideradas corretas as decisões de um juiz que recorresse a argumentos de princípio, muito menos aquelas que recorressem a argumentos de política ("policy").

Dworkin aplica então ao argumento democrático as mesmas objeções que fez aos métodos psicológicos e semânticos para então concluir que o juiz deve se perguntar sobre quais princípios poderia presumir que um legislador endossou ao votar a favor da lei, de modo que a decisão num caso controverso pudesse ser governada por esses princípios (Dworkin, 2001: 25). Dworkin critica ainda o argumento democrático sob dois prismas (a) o da exatidão e (b) o da (equidade): (a) ele se pergunta se é razoável que se pense que uma decisão legislativa tem maior probabilidade de ser mais exata que uma decisão judicial. E ele mesmo responde dizendo que não. Segundo Dworkin há mais argumentos no sentido de se perceber que os juízes têm maiores técnicas e preparo para dar respostas certas do que os legisladores ou a massa de cidadãos que elegem os legisladores. Os legisladores estão mais vulneráveis a pressões que os juízes e, portanto, gozam de uma posição institucional mais segura para fundamentar suas decisões, questões sobre direitos (Dworkin, 2001: 26-27). (b) há razões de equidade além das razões de exatidão. O legislativo dificilmente tomará uma decisão contrária a um setor influente politicamente, já o judiciário não tem essa pressão direta, tendo em vista que os setores da sociedade não podem "se vingar" do juiz, não votando nele. Por decorrência, Dworkin entende que se pode afirmar que há mais chances de um juiz agir de forma equânime do que o legislador. Dworkin sustenta finalmente que aqueles que defendem o argumento democrático falham porque supõem que o público faz distinção entre as decisões políticas tomadas pelo legislativo e aquelas tomadas pelos tribunais, e acreditam que as primeiras são legítimas e as outras não. Ele entende que o senso público de ilegitimidade desapareceria se os juristas e outras autoridades reconhecessem que tais decisões são compatíveis com a democracia e o Estado de direito constitucional.

Para Dworkin todos os temas são propostos de acordo com o filtro de um procedimento argumentativo em que o juiz tem um papel central. A ideia luhmanniana de sistema autopoiético acaba tendo Dworkin como um grande aliado, pois, a partir da teoria de Dworkin, se percebe que direito é o que o juiz considera um meio adequado a um fim. Este meio, por sua vez, somente é direito se o juiz realiza a sua determinação dentro da sua competência, ou seja, somente enquanto juiz de direito ele pode determinar no caso concreto o direito (Luhmann, 1997: 203 e ss.). Hércules seria, portanto, o símbolo da inevitabilidade da liberdade de interpretação judicial – quando não da geração do direito pelo juiz. Hércules é um exemplo de que, na teoria de Dworkin, o juiz interpreta o papel central. Mais do que isso, o juiz atua como um intérprete, não só da lei, mas do "ethos" de uma comunidade de princípios. Dworkin sustenta uma espécie de interpretação judicial monológica a partir da qual definir os princípios e as formas de vida de uma comunidade não é tarefa de uma esfera pública, de um debate público em que todos os atingidos possam se manifestar e se entender ao mesmo tempo como destinatários e autores das leis.[9]

2. HERMENÊUTICA CONSTITUCIONAL E O PAPEL DA DEMOCRACIA: A CRÍTICA HABERMASIANA AO MÉTODO HÉRCULES

Segundo a interpretação Habermasiana da teoria de Dworkin, a utilização dos princípios no processo de aplicação do direito só é possível, porque eles foram inseridos como critérios de decisão, a partir do processo democrático de formação da legislação. Ao se transformarem em jurídicos, esses critérios adquirem um caráter deontológico. A constitucionalização dos direitos humanos seria um exemplo deste fato. Portanto Habermas não aceita que surjam "novos" princípios extraídos unicamente da necessidade de um processo de aplicação (Habermas, 1998: 250, 256 e ss.).

Dessa forma, deve-se diferenciar entre os discursos de fundamentação e discursos de aplicação. Enquanto as regras têm uma adequação direta, ou seja, dado o fato se dá a regra. Os princípios passam a integrar um sistema de validade "prima facie" de tal modo que, num discurso de aplicação, é preciso examinar se eles podem encontrar aplicação numa situação concreta ainda não prevista no processo de fundamentação. O fato de a norma valer "prima facie" significa que ela foi fundamentada de modo imparcial. Para que se chegue a uma decisão válida, ela deve ser aplicada de modo imparcial. O que passa a valer como fundamentação neste caso é a adequação de uma norma à determinada situação. Só sabemos qual a norma que é aplicável a determinado caso quando se consegue referir todas as características relevantes de uma descrição da situação a normas aplicáveis. Assim quando se fala de colisão de princípios, o que está em jogo não é a validade da norma, e sim a sua adequação a uma circunstância de fato.

Porém aqui não se resolveu ainda o problema da segurança jurídica. Para solucionar este problema, Habermas novamente insere a teoria de Dworkin dentro de um pano de fundo que garante uma determinação para a ação do juiz. Ao invés de um ideal a ser seguido, se adota um paradigma que será compartilhado pelos especialistas do direito e todos os demais parceiros do direito. O pano de fundo pode ser o Estado Liberal burguês, ou o Estado social, por exemplo. Estes paradigmas protegem a atividade interpretativa do risco de transformarem-se em ideologias e mantém o processo hermenêutico aberto.

---

9. As teses do presente parágrafo, principalmente a interpretação do método Hércules desenvolvido por Dworkin a partir da teoria dos sistemas de Niklas Luhmann, eu desenvolvi exaustivamente no meu livro Jurisdição e Democracia (Saavedra, 2006).

Habermas sustenta esta abertura a partir da "compreensão procedimentalista do direito". Se esses paradigmas se fecham à história, à possibilidade de mudança, eles se transformam em ideologias. Os paradigmas fechados se estabilizam através de "monopólios de interpretação, judicialmente institucionalizados, e que podem ser revistos internamente, somente de acordo com medidas próprias" (Habermas, 1997: 266-67).

Essa concepção implode o princípio monológico que Dworkin aplica ao juiz, em particular, o seu juiz Hércules. O princípio da integridade que Dworkin sustenta é reinterpretado aqui a partir do princípio do discurso e dessa forma liberta Hércules de sua vida de eremita. Com esse passo Hércules rompe o "véu da ignorância" e passa a enxergar que o princípio da integridade que ele sustenta em suas decisões não aponta para si mesmo, mas sim para "sociedade aberta dos intérpretes da constituição". Ele descobre que, apesar dos poderes sobrenaturais, não tem um acesso privilegiado à verdade (e não poderia ser diferente! Hércules não é um Deus, ele é um "semideus"). Logo ele deve se contentar em ter que depender do diálogo e da ajuda de seus concidadãos para se aproximar da verdade. Portanto Dworkin deve centrar as exigências feitas à teoria do direito neste ideal político "ao invés de apoiá-las no ideal da personalidade de um juiz, que se distingue pela virtude e pelo acesso privilegiado à verdade" (Habermas, 1997: 278). E, dessa maneira, introduz sua concepção de solução do chamado "Paradoxo da Democracia".

3. CONSTITUCIONALISMO DIGITAL E DEMOCRACIA: O PARADOXO DA DEMOCRACIA REVISITADO

O Paradoxo da Democracia é um tema antigo da filosofia do direito, que esteve no centro dos debates na década de noventa.[10] Frank Michelman o descreve a partir da tese de que a democracia é composta de "two clashing commitments": o do constitucionalismo, ou seja, do governo limitado pela lei e pela constituição e o outro do ideal do "governo pelo povo".[11] Segundo o autor, esses dois princípios parecem mutuamente excludentes tendo em vista, que se a vontade do povo fosse limitada de maneira externa de qualquer forma, deixaria de ser soberana e, por outro lado, se a vontade do povo pudesse colocar em discussão os fundamentos da democracia, esse regime entraria em contradição, dado que por meio de uma decisão soberana da vontade do povo, poder-se-ia abolir o sistema e as instituições democráticas. A reflexão sobre esse paradoxo passou a ter relevância internacional, especialmente depois de 1945, dado que até 1945 somente os EUA tinham controle de constitucionalidade dos direitos fundamentais (*Bill of Rights*).[12] O constitucionalismo como o entendemos hoje, portanto, só foi difundido internacionalmente após 1945.[13]

---

10. Ver, a esse respeito nota 3 acima.
11. MICHELMAN, Frank. *Brennan and Democracy*. Princeton, NJ: Princeton University Press, 1999, posição 72 [versão Kindle].
12. CALABRESI, Steven G. The Global Rise of Judicial Review Since 1945. *Catholic Law Review*, v. 69, issue 3, p. 403. 2020 (Disponível em: https://scholarship.law.edu/lawreview/vol69/iss3/6. Acesso em: 31 mar. 2023).
13. CALABRESI, Steven G. The Global Rise of Judicial Review Since 1945. *Catholic Law Review*, v. 69, issue 3, p. 417 e ss. 2020 (Disponível em: https://scholarship.law.edu/lawreview/vol69/iss3/6. Acesso em: 31 mar. 2023).

Habermas apresentou como solução para o presente paradoxo a sua tese da "co-originalidade"[14] e de uma "coesão interna" entre Estado de Direito e Democracia[15] que Ferrara descreve como "one of the innovative political-philosophical ideas of the 1990s".[16] Habermas demonstra de maneira convincente que o paradoxo não passa de uma aparência de paradoxo: os (as) cidadãos(os) de um determinado estado de direito somente poderão fazer uso da sua autonomia pública se lhe forem garantidos direitos políticos, que lhe assegurem suficiente independência para exercer sua autonomia privada na sua conduta de vida.[17] Em outras palavras, todo poder emana do povo e os cidadãos devem ter garantida sua participação na formação pública da vontade que inspira e direciona políticas públicas, mas as condições de participação no debate da esfera pública não podem elas mesma estar abertas ao debate, porque isso inviabilizaria o próprio debate.[18]

Habermas tem aqui por base sua "razão comunicativa", que é desenvolvida a partir da teoria dos "atos de fala" de Austin e Searle.[19] Tendo essa teoria como pressuposto de sua fundamentação de democracia, Habermas demonstra que o procedimento democrático para ser legítimo tem como pressuposto que todos os atingidos precisam, ao mesmo tempo compreender a si mesmos como autores e destinatários das normas resultado do processo democrático. Não há democracia sem que todos os participantes de uma determinada sociedade sejam reconhecidos como cidadãos com iguais direitos fundamentais.[20] A democracia somente será concreta se houver um sistema institucionalizado da proteção das condições de participação na esfera pública, de uma proteção, portanto, das condições de legitimidade da ação estatal seja ela na forma de poder executivo ou legiferante.

A importância do paradoxo da democracia fica mais evidente, se levamos em conta os desafios contemporâneos postos à democracia, em especial aqueles colocados pelos recentes movimentos antidemocráticos. Esses grupos têm duas características muito peculiares que tornam necessário revisar o paradoxo acima descrito: de um lado pretendem fundamentar suas demandas numa separação entre os dois ideais apresentados

---

14. HABERMAS, Jürgen. Constitutional Democracy. A Paradoxical Union of Contradictory Principles? *Political Theory*, v. 29, n. 6, p. 766-781. December, 2001.
15. HABERMAS, Jürgen. Sobre a Coesão interna entre Estado de Direito e democracia. In: HABERMAS, Jürgen. *A Inclusão do Outro*: estudos de teoria política. São Paulo: Edições Loyola, 2002, p. 285-298.
16. FERRARA, Alessandro. Of Boats And Principles. Reflections on Habermas's "Constitutional Democracy". *Political Theory*, v. 29, n. 6, p. 784. December, 2001.
17. HABERMAS, Jürgen. Constitutional Democracy. A Paradoxical Union of Contradictory Principles? *Political Theory*, v. 29, n. 6, p. 767. December, 2001.
18. Para uma visão geral sobre a teoria da democracia de Jürgen Habermas, ver: SAAVEDRA, Giovani. *Jurisdição e Democracia. Uma análise a partir das teorias de Jürgen Habermas, Robert Alexy, Ronald Dworkin e Niklas Luhmann*. Porto Alegre: Livraria do Advogado, 2006.
19. HABERMAS, Jürgen. *Warheit und Rechtigfertigung. Philosophische Aufsätze*. Frankfurt a.M: Suhrkamp, 2004, p. 95 [Trad.: Habermas, Jürgen. Verdade e Justificação. Ensaios Filosóficos. São Paulo: Edições Loyola, 2004, p. 91]; HABERMAS, Jürgen. *Theorie des kommunikativen Handelns*. Band 1. Frankfurt a.M: Suhrkamp, 1983, p. 369-452 e HABERMAS, Jürgen. *Theorie des kommunikativen Handelns*. Band 2. Frankfurt a.M: Suhrkamp, 1983, p. 182-205.
20. HABERMAS, Jürgen. Constitutional Democracy. A Paradoxical Union of Contradictory Principles? *Political Theory*, v. 29, n. 6, p. 766 e ss. December, 2001.

acima (1). De outro, a maneira como articulam suas demandas é completamente nova: a "revolução digital"[21] tem propiciado uma mudança completa da esfera pública, dando um alcance e uma capacidade destrutiva sem precedentes para a difusão de "fake news"[22] (2).

(*ad* 1) As tentativas de justificação de seus atos violentos recorrem sempre a uma identificação da democracia apenas como "poder do povo", ou seja, recorrem a uma falácia: sustentam que somente devem seguir normas que "emanam do povo", mas, ao mesmo tempo, não são o povo, ou seja, a fundamentação invalida a própria tese. Isso acontece, porque, naturalmente, entendem-se como representantes do povo e só conseguem fundamentar a democracia dessa maneira, porque estão compreendendo-a sem a sua outra: o ideal do constitucionalismo. Essa visão unilateral de democracia só acontece, porque os participantes de um movimento antidemocrático não têm por pressuposta a ideia básica de que todos(as) cidadãos(as) tem iguais direitos de participação na definição do que é adequado para a sociedade em que vivem. Suas demandas deveriam ser canalizadas pelos procedimentos democráticos institucionalizados, mas, como sabem que por essas vias suas demandas não terão sucesso, dado que suas demandas não são compartilhadas com os demais cidadãos da sociedade em que vivem, recorrem a procedimentos violentos com o objetivo de abolir o Estado Democrático de Direito para impor um regime autoritário em que a vontade de seu grupo será imposta aos demais pela força. Como se pode ver, a análise do paradoxo da democracia demonstra claramente, que a tutela das instituições democráticas aparece como um elemento fundamental de um Estado democrático de direito: sem uma proteção das condições de possibilidade da democracia não há legitimidade, não se pode falar em sistema jurídico legítimo, nem ação estatal legítima. As instituições democráticas são bens jurídicos fundantes dos Estado democrático de direito e, por isso, figuram em nossa Constituição, assim como os direitos fundamentais, como cláusulas pétreas.

(*ad* 2) O problema acima descrito se torna especialmente relevante perante a ampliação das possíveis "ameaças à democracia": casos recentes de atentados à democracia chamaram a atenção de todos para o fato de que a simples disseminação de *fake news* pode ser um catalizador de movimentos antidemocráticos, ou seja, se antes, a preocupação com as *fake news* estava restrita a uma possível influência dos resultados das eleições, após os atentados, fala-se em ameaça à democracia e às instituições democráticas.[23] Porém, quando se tem um fenômeno tão amplo e difuso como *fake news* sendo considerado como um potencial catalizador de atentados contra as instituições democráticas, o risco

---

21. Ver, a esse respeito: CELESTE, Edoardo. *Digital Constitutionalism. The Role of Internet Bill of Rights*. Londres/Nova Iorque: Routledge, 2023, p. 10 e ss.
22. Ver, a esse respeito: RAIS, Diogo. *Fake News. A conexão entre desinformação e direito*. São Paulo: Thompson Reuters, 2022.
23. Ver referências citadas nas notas 5 e 6. As preocupações com os desafios da democracia na era digital não são novas. Moore sistematizou os principais desafios em seu já clássico livro: MOORE, Martin. *Democracy hacked. political turmoil and information warfare in the digital age*. Londres: Oneworld, 2018. Ver, a esse respeito também: MORELOCK, Jeremiah; NARITA, Felipe Ziotti. *The Society of the Selfie Social Media and the Crisis of Liberal Democracy*. Londres: University of Westminster Press, 2021. O'NEIL, Cathy. *Weapons of math destruction*: how big data increases inequality and threatens democracy. Nova Iorque: Crown Publishers, 2016.

que se corre é desenvolver uma nova faceta do acima descrito "paradoxo da democracia": se não houver uma reflexão adequada dos mecanismos constitucionalmente adequados da tutela penal da democracia, essa pode acabar, rapidamente, por ser instrumento de violação dos próprios fundamentos da democracia.[24] O risco que se corre é de, com o objetivo de se proteger a democracia, recorrer a velhos métodos antidemocráticos típicos de períodos autoritários.

O chamado „Estado de Vigilância" (*Surveillance State*) ou a „Sociedade de Vigilância" (*Surveillance Society*) não é, de maneira alguma, uma novidade específica da „Era Digital".[25] Porém, as novas tecnologias que geraram essa sociedade digital, também geraram uma assimetria na relação de poder entre indivíduos e estado. Por outro lado, a "revolução digital introduziu novos atores, para além dos Estados-nação, que desempenham um papel dominante no ecossistema constitucional e essas circunstâncias subvertem a existência do equilíbrio constitucional".[26] Novos desafios constitucionais surgem como o impacto da eficácia horizontal dos direitos fundamentais no âmbito privado das plataformas digitais.[27]

CONCLUSÃO

Em função do que nunca, mais do nunca, os acontecimentos recentes, demonstram a importância de o judiciário, em especial o Supremo Tribunal Federal, ter consciência de sua função precípua que é a de ser guardião da democracia. Mais importante do que ideais inatingíveis de "justiça no caso concreto", o judiciário precisa manter consciência de sua função contramajoritária de proteger os direitos fundamentais e garantir as condições de possibilidade da formação democrática da vontade pública. Se algum ativismo judicial é desejável em um Estado Democrático de Direito é apenas aquele focado na preservação e proteção dos fundamentos da democracia de arroubos autoritários e antidemocráticos.

---

24. CIRENER, Gabriele; RADTKE, Henning; RISSING-VAN SAAN, Ruth; RÖNNAU, Thomas; SCHLUCKEBIER, Wilhelm. *Strafgesetzbuch. Leipziger Kommentar*. 13. ed. Berlin/Boston: Walter der Gruyter, 2021, v. 07. p. 11.
25. CELESTE, Edoardo. *Digital Constitucionalism. The Role of Internet Bill of Rights*. Londres/Nova Iorque: Routledge, 2023, p. 13 e ss. Ver, a esse respeito também: LYON, David. *The Eletronic Eye: The Rise of Surveillance Society*. Cambridge: Polity Press, 1994.
26. Ver, a esse respeito: CELESTE, Edoardo. *Digital Constitucionalism. The Role of Internet Bill of Rights*. Londres/Nova Iorque: Routledge, 2023, p. 15.
27. MENDES, Gilmar Ferreira; FERNANDES, Victor Oliveira. Eficácia dos direitos fundamentais nas relações privadas da internet: o dilema da moderação de conteúdo em redes sociais na perspectiva comparada Brasil-Alemanha. *Revista de Direito Civil Contemporâneo*, v. 21, v. 31, p. 33-68. abr./jun. 2022, HARTMANN, Ivar A. Regulação da Internet e os novos desafios da proteção dos direitos constitucionais. O caso da *revenge porn*. *RIL Brasília*, a. 55, n. 219, p. 13-26, jul./set. 2018; LEAL, Luziane de Figueiredo Simão; MORAES FILHO, José Filomeno de. Inteligência Artificial e democracia: os algoritmos podem influenciar uma campanha eleitoral? Uma análise do julgamento sobre impulsionamentos de propaganda eleitoral na internet do Tribunal Superior Eleitoral. *Revista Direitos Fundamentais & Justiça*, Belo Horizonte, ano 13, n. 40, p. 343-356, jul./dez. 2019; SARLET, Ingo Wolfgang. Liberdade de Expressão e o Problema da Regulação do Discurso de Ódio nas Mídias Sociais. *Revista Estudos Institucionais*, v. 5, n. 3, p. 1207-1233, set./dez. 2019.

REFERÊNCIAS

BARZOTTO, Luis Fernado. *A Democracia na Constituição*. São Leopoldo: UNISINOS, 2003.

CALABRESI, Steven G. The Global Rise of Judicial Review Since 1945. *Catholic Law Review*, v. 69, issue 3, p. 401-444. 2020 (Disponível em: https://scholarship.law.edu/lawreview/vol69/iss3/6. Acesso em: 31 mar. 2023).

CELESTE, Edoardo. *Digital Constitucionalism. The Role of Internet Bill of Rights*. Londres/Nova Iorque: Routledge, 2023.

DWORKIN, Ronald. *Taking rights seriously*. Cambridge: Harvard University Press, 1978.

DWORKIN, Ronald. *Law's Empire*. Cambridge: Harvard University Press, 1986.

DWORKIN, Ronald. *O império do direito*. São Paulo: Martins Fontes, 1999.

DWORKIN, Ronald. *Uma questão de princípio*. São Paulo: Martins Fontes, 2001.

DWORKIN, Ronald. *Levando os direitos à sério*. São Paulo: Martins Fontes, 2002.

ELSTER, Jon/ SLAGSTAD, Rune (Org.). *Constitutionalism and Democracy*. Cambridge: Cambridge University Press, 1988.

FERRARA, Alessandro. Of Boats And Principles. Reflections on Habermas's "Constitutional Democracy". *Political Theory*, v. 29, n. 6, p. 782-791. December, 2001.

FLICKINGER, Hans-Georg. Direito de cidadania: uma faca de dois gumes. *Em nome da liberdade*: elementos da crítica ao liberalismo contemporâneo. Porto Alegre: EDIPUCRS, 2003.

FRASER, Nancy e HONNETH, Axel. *Umverteilung oder Anerkennung. Eine politisch-philosophische Kontroverse*. Frankfurt am Main: Suhrkamp, 2003.

GAVIÃO FILHO, Anizio Pires; MOTTA, Francisco José Jorge; Paulo, Lucas Moreschi. *O Constitucionalismo Digital e a Crise das Democracias Liberais*. São Paulo: Dialética, 2023.

GUTMAN, Amy. *Multiculturalism*: examining the Politics of Recognition. Princeton: Princeton University Press, 1994.

HABERMAS, Jürgen. *Theorie des kommunikativen Handelns*. Band 1. Frankfurt a.M: Suhrkamp, 1983.

HABERMAS, Jürgen. *Theorie des kommunikativen Handelns*. Band 2. Frankfurt a.M: Suhrkamp, 1983.

HABERMAS, Jürgen. *Pensamento pós-metafísico*. Rio de Janeiro: Tempo Brasileiro, 1990.

HABERMAS, Jürgen. *Direito e democracia*: entre facticidade e validade. Rio de Janeiro: Tempo Brasileiro, 1997. v. 1. 354 p. (Biblioteca Tempo Universitário, 101).

HABERMAS, Jürgen. *Faktizität und Geltung*: Beiträge zur Diskurstheorie des Rechts und des demokratischen Rechtssaats. Frankfurt: Suhrkamp, 1998.

HABERMAS, Jürgen. *Die Einbeziehung des Anderen*: Studien zur politischen Theorie. Frankfurt: Suhrkamp, 1999.

HABERMAS, Jürgen. Constitutional Democracy. A Paradoxical Union of Contradictory Principles? *Political Theory*, v. 29. n. 6, p. 766-781. December, 2001.

HABERMAS, Jürgen. Sobre a Coesão interna entre Estado de Direito e democracia. In: HABERMAS, Jürgen. *A Inclusão do Outro*: estudos de teoria política. São Paulo: Edições Loyola, 2002.

HABERMAS, Jürgen. Kulturelle Gleichbehandlung – und die Grenzen des Postmodernen Liberalismus. *Deutsche Zeitschrift für Philosophie*. n. 51 (3), p. 367-394. Berlin: Akademie Verlag GmbH, 2003..

HABERMAS, Jürgen. *Warheit und Rechtigfertigung. Philosophische Aufsätze*. Frankfurt a.M: Suhrkamp, 2004.

HABERMAS, Jürgen. *Verdade e Justificação. Ensaios Filosóficos*. São Paulo: Edições Loyola, 2004.

HARTMANN, Ivar A. Regulação da Internet e os novos desafios da proteção dos direitos constitucionais. O caso da *revenge porn*. *RIL Brasília*, a. 55, n. 219, p. 13-26, jul./set. 2018.

HEIDEGREN, Carl-Göran. Anthropology, Social Theory, and Politics: Axel Honneth's Theory of Recognition. *Inquiry*, v. 45, n. 4, p. 433-446. 2002.

HONNETH, Axel/JOAS, Hans. *Soziales Handeln und menschliche Natur. Anthropologische Grundlagen der Sozialwissenschaft*. Frankfurt/New York: Campus, 1980.

HONNETH, Axel. *Antworten auf die Beiträge der Kolloquiumsteilnehmer*. In: HALBIG, Christoph; QUANTE, Michael. *Axel Honneth*: Sozialphilosophie zwischen Kritik und Anerkennung. Münster: Lit Verlag, 2004.

HONNETH, Axel. *Leiden an Unbestimmtheit. Eine Reaktualisierung der Hegelschen Rechtsphilosophie*, Stuttgart: Reclam, 2001.

HONNETH, Axel. *Kampf um Anerkennung. Zur moralischen Grammatik sozialer Konflikte*. Frankfurt: Suhrkamp, 2003.

HONNETH, Axel. *Luta por Reconhecimento. A gramática moral dos conflitos sociais*. São Paulo: Ed. 34, 2003.

HONNETH, Axel. *Das Recht der Freiheit. Grundriß einer demokratischen Sittlichkeit*. Frankfurt a.M.: Suhrkamp, 2013.

HONNETH, Axel. *O Direito da Liberdade*. São Paulo: Martins Fontes, 2015.

LEAL, Luziane de Figueiredo Simão; MORAES FILHO, José Filomeno de. Inteligência Artificial e democracia: os algoritmos podem influenciar uma campanha eleitoral? Uma análise do julgamento sobre impulsionamentos de propaganda eleitoral na internet do Tribunal Superior Eleitoral. *Revista Direitos Fundamentais & Justiça*, Belo Horizonte, ano 13, n. 40, p. 343-356, jul./dez. 2019, .

LUHMANN, Niklas. *Das Recht der Gesellschaft*. Frankfurt: Suhrkamp, 1997.

LUHMANN, Niklas. *Luhmann, Habermas e o Estado de direito*. São Paulo: Lua Nova, n. 37, p. 93-106. 1996.

MENDES, Gilmar Ferreira; FERNANDES, Victor Oliveira. Eficácia dos direitos fundamentais nas relações privadas da internet: o dilema da moderação de conteúdo em redes sociais na perspectiva comparada Brasil-Alemanha. *Revista de Direito Civil Contemporâneo*, v. 21, v. 31, p. 33-68. abr./jun. 2022.

MICHELMAN, Frank. *Brennan and Democracy*. Princeton, NJ: Princeton University Press, 1999.

MICHELMAN, Frank. *Constitutional Essentials*: On the Constitutional Theory of Political Liberalism. Oxford: Oxford University Press, 2022.

MOORE, Martin. *Democracy hacked. political turmoil and information warfare in the digital age*. Londres: Oneworld, 2018.

MORELOCK, Jeremiah; NARITA, Felipe Ziotti. *The Society of the Selfie Social Media and the Crisis of Liberal Democracy*. Londres: University of Westminster Press, 2021.

NEVES, Marcelo. *Verfassung und Positivität des Rechts in der peripheren Moderne*: eine theoretische Betrachtung und eine Interpretation des Falls Brasillien. Berlin: Duncker & Humboldt, 1992.

O'NEIL, Cathy. *Weapons of math destruction*: how big data increases inequality and threatens democracy. Nova Iorque: Crown Publishers, 2016.

POST, Robert. *Constitutional Domains*: Democracy, Community, Management. Cambridge, MA: Harvard University Press, 1995.

RAIS, Diogo. Fake News. *A conexão entre desinformação e direito*. São Paulo: Thompson Reuters, 2022.

RAWLS, John. *Political Liberalism*. Nova Iorque: Columbia University Press, 2005.

SAAVEDRA, Giovani Agostini. *Juridição e democracia*: uma análise a partir das teorias de Jürgen Habermas, Robert Alexy, Ronald Dworkin e Niklas Luhmann. Porto Alegre: Livraria dos Advogados, 2006.

SAAVEDRA, Giovani; Borges, Gabriel Oliveira de Aguiar. Constitucionalismo Digital Brasileiro. *Revista da Ajuris*, Porto Alegre, v. 49, n. 152, p. 157-180, jun. 2022.

SARLET, Ingo Wolfgang. Liberdade de Expressão e o Problema da Regulação do Discurso de Ódio nas Mídias Sociais. *Revista Estudos Institucionais*, v. 5, n. 3, p. 1207-1233, set./dez. 2019.

SOUSA, Simão Mendes de. *Constitucionalismo Digital*: uma introdução. Coimbra: Almedina, 2022;.

TAYLOR, Charles. A política do reconhecimento. *Argumentos filosóficos*. São Paulo: Loyola, p. 241-274. 2000.

ORGANIZAÇÃO SOCIETÁRIA E PLANEJAMENTO TRIBUTÁRIO COMO FERRAMENTA DE DESENVOLVIMENTO ECONÔMICO

Guilherme Chambarelli
Professor de Direito Tributário do Ibmec e da Fundação Getúlio Vargas. Sócio do Chambarelli Advogados.

Alana de Castro Barbosa
Especialista em Direito Societário e Novos Negócios. Sócia do Chambarelli Advogados.

Sumário: Introdução – 1. A ordem econômica: livre concorrência e propriedade privada – 2. Organização societária: conceitos e importância econômica – 3. Planejamento tributário: conceitos e estratégias – 4. Considerações éticas e filosóficas – Referências.

INTRODUÇÃO

É uma honra participar do livro "Direito, Economia e Filosofia: uma homenagem ao jurista Ives Gandra Martins" e contribuir com um artigo que aborda um tema de extrema relevância para o desenvolvimento econômico. Estar ao lado de outros autores brilhantes também é uma honra sem tamanho, a qual só temos a agradecer o gentil convite feito pelos organizadores desta estimada obra.

Nesse contexto, o presente artigo tem como objetivo explorar a intersecção entre a organização societária e o planejamento tributário como ferramentas fundamentais para impulsionar o desenvolvimento econômico.

A organização societária refere-se às estruturas e formas legais adotadas pelas empresas para se constituírem e atuarem no mercado. Por sua vez, o planejamento tributário engloba estratégias e ações que buscam a redução da carga tributária de forma lícita, considerando as normas fiscais vigentes. Ambas as áreas são de extrema importância para o funcionamento e crescimento das empresas, influenciando diretamente sua capacidade competitiva e sua contribuição para a economia.

A conexão entre o tema em questão, Direito, Economia e Filosofia, é de fundamental importância para uma compreensão abrangente das questões envolvidas. O Direito atua como um arcabouço normativo que orienta a organização societária e estabelece as regras do jogo no que diz respeito às relações empresariais e tributárias. A Economia traz a análise dos impactos econômicos das decisões de organização societária e planejamento tributário, buscando o crescimento econômico e a eficiência produtiva. E a Filosofia provê o embasamento ético e moral para a reflexão sobre a justiça fiscal e a responsabilidade social das empresas.

Neste contexto, a presente pesquisa busca aprofundar a compreensão sobre como a organização societária adequada e o planejamento tributário estratégico podem contribuir para o desenvolvimento econômico de um país. Serão analisados aspectos legais, econômicos e filosóficos relacionados ao tema, com o intuito de destacar a importância dessas ferramentas como instrumentos de fomento à atividade empresarial, ao investimento e à geração de riquezas.

Ao trazer à tona essa discussão no contexto deste livro em homenagem ao renomado jurista Ives Gandra Martins, buscamos contribuir para o enriquecimento do debate e para o avanço do conhecimento nas áreas de Direito, Economia e Filosofia. A partir dessa perspectiva multidisciplinar, esperamos promover uma reflexão aprofundada sobre o papel do Direito Societário e Tributário como impulsionadores do desenvolvimento econômico, proporcionando benefícios para a sociedade como um todo.

1. A ORDEM ECONÔMICA: LIVRE CONCORRÊNCIA E PROPRIEDADE PRIVADA

A ordem econômica está prevista no Art. 170, da Constituição, nos termos abaixo:

> Art. 170. A ordem econômica, fundada na valorização do trabalho humano e na livre iniciativa, tem por fim assegurar a todos existência digna, conforme os ditames da justiça social, observados os seguintes princípios:
>
> I – soberania nacional;
>
> II – propriedade privada;
>
> III – função social da propriedade;
>
> IV – livre concorrência;
>
> V – defesa do consumidor;
>
> VI – defesa do meio ambiente, inclusive mediante tratamento diferenciado conforme o impacto ambiental dos produtos e serviços e de seus processos de elaboração e prestação;
>
> VII – redução das desigualdades regionais e sociais;
>
> VIII – busca do pleno emprego;
>
> IX – tratamento favorecido para as empresas de pequeno porte constituídas sob as leis brasileiras e que tenham sua sede e administração no País.
>
> Parágrafo único. É assegurado a todos o livre exercício de qualquer atividade econômica, independentemente de autorização de órgãos públicos, salvo nos casos previstos em lei.

Assim, um dos principais pressupostos da ordem econômica é a livre iniciativa, que busca garantir, dentre outros objetivos, a redução das desigualdades regionais e sociais e a geração de emprego e renda.

Para Eros Roberto Grau,[1] a ordem econômica compõe uma parcela da ordem jurídica, mas que, ainda assim, as duas são opostas. Em relação à ordem social, esta é

---

1. GRAU, Eros Roberto. *A Ordem Econômica na Constituição de 1988*. 18. ed. São Paulo: Malheiros, 2017. p. 57.

composta por uma ordem pública, uma ordem privada, uma ordem econômica e uma ordem social.

Dito isso, Vital Moreira[2] entende que o conceito de "ordem econômica" pode ser dividido em três momentos:

> – em um primeiro sentido, "ordem econômica" é o modo de ser empírico de uma determinada economia concreta; a expressão, aqui, é termo de um conceito de fato (é conceito do mundo do ser, portanto);o que o caracteriza é a circunstância de referir-se não a um conjunto de regras ou a normas reguladoras de relações sociais, mas sim a uma relação entre fenômenos econômicos e matérias, ou seja, relação entre fatores econômicos concretos; conceito do mundo do ser, exprime a realidade de uma inerente articulação do econômico como fato;
>
> – em um segundo sentido, "ordem econômica" é expressão que designa o conjunto de todas as normas (ou regras de conduta), qualquer que seja a sua natureza (jurídica, religiosa, moral etc.), que respeitam à regulação do comportamento dos sujeitos econômicos; é o sistema normativo (no sentido sociológico) da ação econômica;
>
> – em um terceiro sentido, "ordem econômica" significa ordem jurídica da economia.

Retomando a análise do Art. 170, da Constituição, Eros Grau diz que este indica o modo de ser da economia, isto é, a ordem econômica como conjunto das relações econômicas. Como porção da ordem jurídica que é, afirma também é o mundo do "dever-ser".

Isto é, a relação econômica ou as atividades econômicas deverão ser "fundadas na valorização do trabalho humano e na livre iniciativa, tendo por fim (fim delas, relações econômicas ou atividade econômica) assegurar a todos a existência digna, conforme os ditames da justiça social, observados os seguintes princípios...".[3]

E continua Eros Grau:

> É que a expressão "ordem econômica", ao ser utilizada como termo de conceito de fato, para conotar o modo de ser empírico de determinada economia concreta, apresenta essa mesma economia, realidade do mundo do ser, como suficientemente normatizada. Como o vocábulo "ordem", no seu amplo arco de denotações, significa, também, um conjunto ou mesmo um sistema de normas, a realidade do mundo do ser, quando referida pela expressão, é antecipadamente descrita (na síntese que a expressão encerra) como adequadamente "ordenada", isto é, normatizada e, portanto, regulada.

Em relação a dicotomia entre o mundo do "ser" e o do "dever-ser", Eros Grau leciona que "a ordem econômica, parcela da ordem da jurídica (mundo do dever-ser), não é senão o conjunto de normas que institucionaliza uma determinada ordem econômica (mundo do ser)".

Em outras palavras, a ordem econômica constitucional somente institucionaliza algo que já ocorre no estado natural das coisas. Por isso que, no Estado Liberal, as Cons-

---

2. MOREIRA, Vital apud. GRAU, Eros Roberto. *A Ordem Econômica na Constituição de 1988*. 18. ed. São Paulo: Malheiros, 2017. p. 63.
3. Idem. p. 64.

tituições não precisam trazer em seu bojo disposições acerca da ordem econômica. Para Grau, "a ordem econômica existente no mundo não merecia reparos".[4]

Com efeito, Grau separa a classificação das Constituições entre estatutárias e diretivas. As primeiras se limitam em definir um estatuto de poder, concebendo-se como mero instrumento de governo, enunciadoras de competência e reguladoras de processos. Já as últimas vão além e anunciam diretrizes, programas e fins a serem atingidos pelo Estado e pela sociedade.

Assim sendo, a Constituição Econômica estatutária define os estatutos da propriedade dos meios de produção, dos agentes econômicos, do trabalho, da coordenação da econômica, das organizações do capital e do trabalho. A Constituição Econômica diretiva, por sua vez, define o quadro de diretrizes das políticas públicas, coerentes com determinados objetivos também por ela enunciados.

Desse modo, é justamente nas Constituições Econômicas diretivas que surgem as novas ordens econômicas do mundo do dever-ser.

Um dos instrumentos para o Estado buscar atender as diretrizes da ordem econômica, com o fim de assegurar a todos uma existência digna, conforme os ditames da justiça social, além de reduzir desigualdades regionais e sociais, é através da tributação.

A tributação desempenha um papel crucial na concretização dos objetivos da ordem econômica, estabelecidos na Constituição. O planejamento tributário, como uma estratégia legal e ética, permite que as empresas atendam às suas obrigações fiscais de forma eficiente, garantindo a justa contribuição para o desenvolvimento econômico do país. Ao adotar práticas de planejamento tributário adequadas, as empresas podem otimizar sua carga tributária, direcionando recursos para investimentos produtivos, inovação e geração de empregos.

2. ORGANIZAÇÃO SOCIETÁRIA: CONCEITOS E IMPORTÂNCIA ECONÔMICA

A organização societária desempenha um papel fundamental na estruturação e no funcionamento das empresas. Ela envolve a escolha do tipo societário, a definição da estrutura de governança e as relações entre os sócios, dentre diversas outras atividades empresariais. A forma societária adotada por uma empresa tem impactos significativos em sua operação, governança, financiamento e relacionamento com terceiros.

Começando pela escolha do tipo societário, importante ressaltar que existem diferentes tipos societários que podem ser escolhidos por um empreendedor ao formalizar o seu negócio, sendo que os mais comuns são as Sociedades Anônimas (S.A.) e as Sociedades Limitadas (Ltda.). Por exemplo, as Sociedades Anônimas são mais adequadas para empresas de grande porte e com objetivo de captação de recursos no

---

4. Idem. p. 69.

mercado de capitais, enquanto as Sociedades Limitadas são mais flexíveis e adequadas para pequenas e médias empresas.

A escolha do tipo societário adequado requer análise cuidadosa dos objetivos da empresa, seu modelo de negócio, a relação entre os sócios e a forma como a empresa pretende se posicionar no mercado. Uma estrutura societária bem definida pode oferecer vantagens como a separação patrimonial entre a empresa e seus sócios, limitando a responsabilidade destes últimos em relação às obrigações da empresa. Além disso, a estrutura societária pode influenciar a atratividade para investidores, a distribuição de lucros, a tomada de decisões e a transferência de ações ou quotas sociais.

A Sociedade Limitada é o tipo societário mais utilizado pelos empreendedores, principalmente pelo fato de limitar a responsabilidade do sócio até o limite de sua participação no capital e por ser menos custosa e burocrática em relação à Sociedade Anônima.

O ato constitutivo da Sociedade Limitada é o seu contrato social, no qual deve constar, dentre outras cláusulas importantes, a denominação da empresa, o valor do capital social e a forma como será integralizado, a qualificação dos sócios e a respectiva participação societária, o objeto social, a sede e o seu prazo de vigência.

Com a alteração da Lei de Liberdade Econômica, passou a ser permitida a criação da Limitada de um sócio apenas, sem exigência de capital social mínimo. Anteriormente, as empresas de um único sócio eram constituídas sob a forma da EIRELI (Empresa Individual de Responsabilidade Limitada), que exigia um capital social mínimo de 100 salários-mínimos, o que não ocorre com as Sociedades Limitadas Unipessoais.

Por ser menos burocrática, costuma ser o tipo societário mais recomendado para as empresas em fase inicial de operação.

Já o tipo societário das Sociedades Anônimas costuma ser mais utilizado pelas empresas em fase de maturação intermediária ou mais avançada, na medida em que a legislação que as rege (Lei das S.A.) exige uma série de obrigações.

Em vez do contrato social, o ato constitutivo das Companhias é o Estatuto Social, que deve ser registrado na Junta Comercial do Estado de sede. O instrumento deve constar basicamente as mesmas questões do Contrato Social, como também informações acerca da assembleia geral, conselho administrativo, diretoria e conselho fiscal.

O Estatuto Social não prevê a composição societária da Companhia, que deve ser feito através da escrituração dos livros societários. Por conta disso, o registro da transferência de ações nas Sociedades Anônimas é mais fácil do que nas Limitadas.

Para empresas que pretendem captar investimentos, a S.A. pode ser uma boa opção do ponto de vista tributário, pois a legislação permite que as sociedades por ações se aproveitem de isenção na subscrição de ações com ágio. Por outro lado, há de se ter em mente que as Sociedade Anônimas não podem aderir ao regime tributário do Simples Nacional, que é um regime extremamente atrativo para empresas no início de operação.

Observe-se, portanto, que a opção pelo tipo societário adequado pode resultar em economia de tributos, uma vez que as diferentes formas de tributação podem afetar a carga tributária das empresas. O planejamento tributário deve considerar não apenas a estrutura societária, mas também outras estratégias fiscais, como a utilização de incentivos fiscais, a localização geográfica e a gestão eficiente dos tributos.

A repercussão tributária da escolha do tipo societário requer uma análise cuidadosa das obrigações fiscais, das alíquotas de impostos e das possibilidades de planejamento tributário. O planejamento tributário consiste em identificar alternativas legais para reduzir a carga tributária, por meio da escolha do tipo societário mais vantajoso, da utilização de regimes fiscais especiais e da otimização da estrutura societária. No entanto, é importante ressaltar que o planejamento tributário deve ser realizado de forma lícita e em conformidade com as normas fiscais vigentes.

A organização societária e o planejamento tributário devem ser vistos como ferramentas estratégicas para o crescimento sustentável das empresas. Através de uma estrutura societária adequada e de um planejamento tributário eficiente, as empresas podem otimizar seus recursos, reduzir custos, atrair investimentos e gerar resultados positivos. Isso não apenas beneficia os empresários e investidores, mas também contribui para a geração de empregos, o aumento da arrecadação de tributos e o desenvolvimento da economia como um todo.

Sabe-se que o Brasil possui uma taxa de mortalidade altíssima de empresas. E parte dessa estatística certamente fica por culpa da complexidade do nosso ordenamento jurídico, que afugenta investimentos e tira os cabelos dos empreendedores.

Logo, ter uma organização societária não é só importante, mas essencial. Sem ela, a empresa não sobrevive. Com ela, o empresário tem segurança jurídica, facilidade no acesso a financiamentos e atrai investidores. Esses elementos são fundamentais para o desenvolvimento econômico do país.

No próximo capítulo, iremos explorar mais detalhadamente o planejamento tributário como ferramenta de desenvolvimento econômico, abordando estratégias e aspectos relevantes para a redução da carga tributária e a maximização dos resultados das empresas.

3. PLANEJAMENTO TRIBUTÁRIO: CONCEITOS E ESTRATÉGIAS

O planejamento tributário para empresas é tão importante quanto negligenciado pelos empreendedores. Isso ocorre porque as empresas, com recursos escassos, tendem a focar seus investimentos em desenvolvimento de produtos ou serviços, deixando de lado questões tributárias.

No entanto, os empresários devem estar cientes de que o Brasil possui uma das legislações tributárias mais complexas do mundo, com obrigações acessórias e uma carga tributária elevada. Isso também contribui para a estatística de empresas que não sobrevivem nos primeiros anos de operação, como já mencionado anteriormente.

Dessa forma, o planejamento tributário se revela uma peça fundamental para a sobrevivência e o sucesso do negócio. Ele consiste em identificar estratégias e ações legais para reduzir o impacto fiscal sobre a atividade empresarial, aproveitando os benefícios fiscais previstos na legislação e evitando a incidência desnecessária de tributos.

O objetivo principal do planejamento tributário é otimizar a carga tributária da empresa, permitindo que ela atue de forma competitiva no mercado, alcance a sua sustentabilidade financeira e direcione seus recursos para investimentos e crescimento. Para isso, é necessário adotar estratégias personalizadas, considerando a natureza do negócio, a estrutura societária, o regime de tributação e as particularidades de cada empresa.

A seguir, serão apresentadas algumas estratégias comuns de planejamento tributário que podem auxiliar na redução do impacto fiscal sobre as empresas:

Escolha do Regime Tributário: A legislação brasileira oferece diferentes regimes de tributação, como o Simples Nacional, o Lucro Presumido e o Lucro Real. Cada regime possui suas peculiaridades e alíquotas específicas. É fundamental analisar o perfil da empresa, seu faturamento, atividades desenvolvidas e despesas dedutíveis para escolher o regime mais adequado, que resulte em menor carga tributária.

Aproveitamento de Incentivos Fiscais: O ordenamento jurídico prevê uma série de incentivos fiscais, que podem ser explorados pelas empresas de acordo com sua atividade, localização geográfica e segmento de atuação. Esses incentivos podem incluir reduções de alíquotas, isenções ou postergações de pagamentos de tributos. É necessário identificar e aproveitar esses benefícios, garantindo sua correta aplicação e cumprimento dos requisitos legais.

Estruturação Societária e Planejamento Patrimonial: A reestruturação societária e o planejamento patrimonial podem ser estratégias eficientes para reduzir a carga tributária. Por meio da constituição de holdings, por exemplo, é possível realizar uma gestão mais eficiente dos ativos e passivos da empresa, minimizando a incidência de tributos e protegendo o patrimônio dos sócios.

Análise de Créditos Tributários: É importante realizar uma análise minuciosa das obrigações fiscais para identificar possíveis créditos tributários que podem ser aproveitados pela empresa. Os créditos podem advir de recolhimentos indevidos, pagamentos a maior ou da aplicação de regimes especiais. Essa revisão pode resultar em restituições ou compensações que contribuem para a redução da carga tributária.

Monitoramento da Legislação: O cenário tributário está em constante mudança, com atualizações na legislação, interpretações judiciais e posicionamentos dos órgãos fiscais. É fundamental manter-se atualizado sobre as alterações e buscar assessoria jurídica especializada para interpretar e aplicar corretamente as normas tributárias, evitando erros e prejuízos fiscais.

O planejamento tributário para empresas é uma ferramenta essencial para minimizar o impacto fiscal sobre as atividades empresariais. Ao adotar estratégias adequadas, observando as peculiaridades de cada negócio, é possível otimizar a carga tributária, direcionar recursos para investimentos e contribuir para o desenvolvimento econômico da empresa. Portanto, é imprescindível que os empreendedores valorizem e priorizem o planejamento tributário como parte integrante da gestão empresarial.

Em resumo, o planejamento tributário eficiente pode contribuir para o desenvolvimento econômico do país ao permitir que as empresas utilizem seus recursos de forma mais produtiva, estimulando o investimento, a geração de empregos e a inovação.

4. CONSIDERAÇÕES ÉTICAS E FILOSÓFICAS

Além dos aspectos legais e econômicos, o planejamento tributário na organização societária também levanta importantes considerações éticas e filosóficas. A forma como uma empresa lida com suas obrigações fiscais não se resume apenas a uma questão de conformidade legal, mas também reflete seus valores, responsabilidade social e seu papel na sociedade como um todo.

Uma empresa, ao realizar o planejamento tributário, deve considerar não apenas seus interesses financeiros, mas também sua responsabilidade social. Isso implica em refletir sobre o impacto de suas ações na sociedade, na comunidade em que está inserida e nos serviços públicos que dependem da arrecadação tributária.

Ética empresarial envolve a busca do equilíbrio entre a maximização dos lucros e a contribuição para o bem-estar social. Dessa forma, o planejamento tributário ético busca garantir que a empresa cumpra com suas obrigações fiscais de forma justa e proporcional, considerando os recursos e benefícios que recebe da sociedade.

A discussão sobre o planejamento tributário também levanta questões relacionadas à justiça fiscal. A filosofia política e ética nos instiga a refletir sobre a distribuição justa dos ônus e benefícios fiscais.

O planejamento tributário agressivo, que busca aproveitar brechas legais e mecanismos de elisão fiscal para minimizar a carga tributária, pode ser questionado em termos de equidade.

Nesse sentido, é importante considerar o princípio da capacidade contributiva, que defende que aqueles com maior capacidade econômica devem arcar com uma proporção maior dos tributos. O planejamento tributário ético deve buscar equilibrar os interesses da empresa com a justiça fiscal, evitando práticas que possam resultar em uma distribuição desigual do ônus tributário.

Por fim, o planejamento tributário ético deve considerar a contribuição para o desenvolvimento social e econômico do país. O pagamento de tributos é uma forma de financiar os serviços públicos e os investimentos necessários para o crescimento e bem-estar da sociedade. Uma empresa ética não apenas cumpre com suas obrigações fiscais, mas também busca contribuir de forma proativa para o desenvolvimento social, seja por meio de iniciativas de responsabilidade social corporativa, investimentos em comunidades locais ou apoio a projetos sociais. O planejamento tributário ético deve ser guiado pela noção de que as empresas têm um papel ativo na construção de uma sociedade mais justa e sustentável.

REFERÊNCIAS

GRAU, Eros Roberto. *A Ordem Econômica na Constituição de 1988*. 18. ed. São Paulo: Malheiros, 2017.

MOREIRA, Vital apud. GRAU, Eros Roberto. *A Ordem Econômica na Constituição de 1988*. 18. ed. São Paulo: Malheiros, 2017.

OS CONTORNOS DA NÃO CUMULATIVIDADE DO PIS E DA COFINS À LUZ DA JURISPRUDÊNCIA DO STF

Gustavo Brigagão

Professor na pós-graduação de Direito Tributário da Fundação Getúlio Vargas – FGV. Presidente nacional do Centro de Estudos das Sociedades de Advogados (CESA). Presidente honorário da Associação Brasileira de Direito Financeiro (ABDF). Vice-presidente do Fórum Permanente de Direito Tributário da Escola da Magistratura do Rio de Janeiro. Former member of the Executive Committee of The International Fiscal Association (IFA). Membro do Conselho de Altos Estudos de Finanças e Tributação – CAEFT, da Associação Comercial de São Paulo. Membro do Conselho de Administração da Câmara Britânica (BRITCHAM). Diretor da Federação das Câmaras de Comércio do Exterior (FCCE). Sócio do escritório Brigagão, Duque Estrada Advogados.

Gustavo Reis

Pós-graduado em Direito Tributário pela Fundação Getúlio Vargas. Advogado tributarista. Membro da ABDF. advogado do escritório Brigagão, Duque Estrada Advogados

Sumário: 1. Breves palavras ao professor homenageado, Ives Gandra Martins – 2. Introdução – 3. Exame de julgados – Conclusões.

1. BREVES PALAVRAS AO PROFESSOR HOMENAGEADO, IVES GANDRA MARTINS

O Professor Ives Gandra Martins dispensa apresentações no universo do Direito Tributário. Falar dele é discorrer sobre um legado que transcende o seu tempo, impactando a sua própria geração e as que se seguiram.

Os coautores deste artigo exemplificam as gerações subsequentes à do Professor Ives que beberam da fonte dos seus profícuos ensinamentos para moldar suas trajetórias profissionais.

O primeiro coautor, Gustavo Brigagão, conheceu o Prof. Ives Gandra quando trabalhava, ainda muito jovem, com os seus mentores Gilberto de Ulhôa Canto e Condorcet Rezende.

A interação que Gustavo Brigagão teve com o Prof. Ives, bem como o estudo da sua obra, foram uma experiência transformadora na sua vida profissional. A clareza de pensamento do ilustre professor, aliada à sua habilidade em explicar conceitos complexos de maneira acessível, sempre foi – e continua sendo – muito inspiradora para Brigagão.

Para o segundo coautor, Gustavo Reis, o Prof. Ives Gandra representa mais do que uma mera referência. Ele é um marco. Sua compreensão profunda da matéria jurídica, sob o enfoque constitucional e econômico, e a capacidade de aplicá-la em cenários práticos tornaram-se uma bússola para Gustavo Reis e todos os que navegam por essas águas.

Mas o que faz Ives Gandra ser verdadeiramente especial não é apenas sua competência profissional, mas o caráter humano por trás de todo esse inigualável conhecimento jurídico. Sua preocupação genuína com as pessoas e o compromisso com a justiça são aspectos que amplificam ainda mais o seu legado.

Esse emérito professor é um farol para todos que atuam no Direito Tributário, cujo brilho ilumina o caminho das atuais e futuras gerações. Sua contribuição é de valor incalculável.

Os coautores manifestam a sua profunda admiração pelo Prof. Ives Gandra Martins e parabenizam os organizadores desta obra por prestar ao grande mestre esta justa e merecida homenagem.

2. INTRODUÇÃO

Com o advento da Leis 10.637/02 (conversão da MP 66/02) e 10.833/03 (conversão da MP 135/03), o ordenamento brasileiro passou a prever sistemática de apuração não cumulativa das contribuições para o PIS e a COFINS.

Conforme exposição de motivos das medidas provisórias em referência, essa nova sistemática de apuração teve o objetivo declarado de "corrigir distorções relevantes decorrentes da cobrança cumulativa do tributo, como por exemplo a indução a uma verticalização artificial das empresas, em detrimento da distribuição da produção por um número maior de empresas mais eficientes – em particular empresas de pequeno e médio porte, que usualmente são mais intensivas em mão de obra".[1]

Ou seja, entendeu-se por estender a sistemática da não cumulatividade também a essas contribuições, tendo em vista os notórios efeitos nocivos inerentes à tributação cumulativa/em cascata. Com isso, o legislador majorou expressivamente a alíquota das referidas contribuições, de 3,65% para 9,25%, com a promessa de que o aproveitamento de créditos da não cumulatividade faria com que essa nova sistemática não representasse qualquer majoração de carga tributária.[2]

Com a aprovação da Emenda Constitucional (EC) 42, de 19.12.2003, a não cumulatividade do PIS/COFINS passou a ter sede constitucional, nos termos do § 12, art. 195 da Constituição Federal (CF/88), segundo o qual a "lei definirá os setores de atividade econômica para os quais as contribuições incidentes na forma dos incisos I, b [receita bruta e faturamento]; e IV [bens e serviços importados do exterior] do *caput*, serão não cumulativas".

---

1. Exposição de motivos à MP 135/03.
2. Exposição de motivos à MP 66/02: "a introdução da incidência não cumulativa na cobrança do PIS/Pasep, prevista nos arts. 1º a 7º, é rigorosamente neutra do ponto de vista fiscal, porquanto a alíquota estabelecida para esse tipo de incidência foi projetada, precisamente, para compensar o estreitamento da base de cálculo".

Em que pese isso, o novo regime de tributação assumiu feição muito distinta dos demais tributos não cumulativos já existentes no ordenamento brasileiro. Nesse particular, o novo regramento estabeleceu:

(i) Coexistência Entre Regimes: a sistemática não cumulativa do PIS/COFINS passou a conviver com o regime de apuração cumulativa, que continua a ser aplicável a uma ampla gama de atividades e de sujeitos passivos listados no art. 8º da Lei 10.637/02 e 10º da Lei 10.833/03, notadamente os optantes pela apuração do IR/CSLL pelo Lucro Presumido e pelo SIMPLES;[3]

(ii) Sistemática Base Contra Base: os contribuintes sujeitos a sistemática não cumulativa das contribuições poderão apropriar créditos para abater o tributo devido em suas próprias operações, calculados por meio da aplicação das alíquotas das contribuições (1,65% e 7,6%) sobre o valor dos bens, serviços e despesas listadas nos incisos I a XI do art. 3º das referidas leis (sistemática "base contra base"), desde que essas despesas tenham sido previamente tributadas pelos seu fornecedor/prestador (art. 3º, § 2º).

Ocorre que, o legislador não adotou qualquer critério lógico para a definição do direito à apropriação de créditos no regime não cumulativo nem para estabelecer os contribuintes que continuariam sujeitos ao regime cumulativo das referidas contribuições.

Especificamente em relação ao direito ao creditamento, o art. 3º das leis em referência relaciona de forma errática nove incisos que tratam de grupos de despesas que poderão ser creditadas pelo sujeito passivo. Contudo, a depender do segmento de atividade, os contribuintes podem ter dificuldade para enquadrar seus custos e despesas nas hipóteses previstas no referido dispositivo.

Por exemplo, por conta da vedação ao creditamento em relação à contratação de pessoas físicas[4] e ao aproveitamento de bens e serviços incorridos como insumos de atividade comercial,[5] em regra, considera-se que a não cumulatividade é extremamente desvantajosa em relação aos segmentos de prestação de serviços e de comércio de bens.

O caráter errático da legislação de regência do PIS e da COFINS foi se aprofundando ao longo dos anos, conforme diferentes grupos de interesse passaram a pleitear junto aos seus representantes do Poder Legislativo a modificação das leis que regem as contribuições em referência, para que suas atividades fossem excluídas da nova

---

3. Lei 10.833/03: Art. 10. Permanecem sujeitas às normas da legislação da COFINS, vigentes anteriormente a esta Lei, não se lhes aplicando as disposições dos arts. 1º a 8º: (...)
   II – as pessoas jurídicas tributadas pelo imposto de renda com base no lucro presumido ou arbitrado;
   III – as pessoas jurídicas optantes pelo SIMPLES;
   10.637/02: Art. 8º Permanecem sujeitas às normas da legislação da contribuição para o PIS/Pasep, vigentes anteriormente a esta Lei, não se lhes aplicando as disposições dos arts. 1º a 6º: (...)
   II – as pessoas jurídicas tributadas pelo imposto de renda com base no lucro presumido ou arbitrado;
   III – as pessoas jurídicas optantes pelo Simples.
4. Leis 10.637/02 e 10.833/03: Art. 3º (...) § 2º Não dará direito a crédito o valor: I – de mão de obra paga a pessoa física;
5. Leis 10.637/02 e 10.833/03: Art. 3º (...) II – bens e serviços, utilizados como insumo *na prestação de serviços e na produção ou fabricação de bens ou produtos destinados à venda*, inclusive combustíveis e lubrificantes, exceto em relação ao pagamento de que trata o art. 2º da Lei 10.485, de 3 de julho de 2002, devido pelo fabricante ou importador, ao concessionário, pela intermediação ou entrega dos veículos classificados nas posições 87.03 e 87.04 da TIPI; (grifou-se).

sistemática não cumulativa de apuração, ou para que fossem ampliadas as hipóteses de despesas creditáveis.

A falta de neutralidade e de coerência lógica das Leis 10.833/03 e 10.637/02 fez com que o Plenário do STF fosse acionado para manifestar-se a respeito da própria constitucionalidade do regime não cumulativo por elas instituído, através do julgamento do RE 607.642, afetado pela sistemática da repercussão geral.

Na referida ação, o autor – estabelecimento prestador de serviços de vigilância – sustentava a inaplicabilidade do regime da não cumulatividade do PIS às suas atividades, tendo em vista que a nova disciplina legal teria acarretado aumento da tributação das empresas prestadoras de serviços, o que contrariaria a finalidade descrita na exposição de motivos da MP 66/02, além de violar o princípio da isonomia em matéria fiscal,[6] por criar situação de discriminação de tratamento em relação ao segmento de serviços.

No referido julgado concluiu-se que a falta de critérios racionais da nova sistemática *não* seria suficiente para que se declarasse a inconstitucionalidade das leis em referência, tendo em vista que não se pode identificar qualquer ação censurável do legislador em relação à criação do novo regime de tributação.

Nesse sentido, apesar das imperfeições do sistema, no entender da Corte, não seria razoável declarar a inconstitucionalidade do novo regime, que teve como objetivo modernizar e aperfeiçoar o sistema. Assim, em que pese a o teor errático das normas que regem a não cumulatividade do PIS/COFINS, entendeu-se por preservar a nova sistemática instituída pelo Poder Legislativo.

Não obstante isso, os Ministros advertiram o Legislador Federal que as sucessivas alterações na legislação sem a adoção de qualquer critério lógico estão levando as normas em referência a um processo gradativo de "inconstitucionalização", na medida em que se aprofundam as incoerências e falta de isonomia no tratamento de contribuintes em situação equivalente. Nesse sentido, vejamos o seguinte trecho da ementa do referido acórdão:

> 18. Embora a Lei 10.637/02, em seu estágio atual, não satisfaça a justiça e a neutralidade desejadas pelo legislador, a sistemática legal da não cumulatividade tem grande relevância na prevenção dos desequilíbrios da concorrência (art. 146-A, CF) e na modernização do sistema tributário brasileiro, devendo ser mantida, no momento, a validade do art. 8º da Lei 10.637/02, bem como do art. 15, V, da Lei 10.833/03, devido à falta de evidência de uma conduta censurável do legislador.
>
> 19. É necessário advertir o legislador ordinário de que as Leis 10.637/02 e 10.833/04, inicialmente constitucionais, estão em processo de inconstitucionalização, decorrente, em linhas gerais, da ausência de coerência e de critérios racionais e razoáveis das alterações legislativas que se sucederam no tocante à escolha das atividades e das receitas atinentes ao setor de prestação de serviços que se submeteriam ao regime cumulativo da Lei 9.718/98 (em contraposição àquelas que se manteriam na não cumulatividade) (RE 607.642, Rel. Dias Toffoli, Tribunal Pleno, julgado em 29.06.2020).

---

6. CF/88: Art. 150. Sem prejuízo de outras garantias asseguradas ao contribuinte, é vedado à União, aos Estados, ao Distrito Federal e aos Municípios: (...) II – instituir tratamento desigual entre contribuintes que se encontrem em situação equivalente, proibida qualquer distinção em razão de ocupação profissional ou função por eles exercida, independentemente da denominação jurídica dos rendimentos, títulos ou direitos.

Discordamos desses fundamentos. De fato, parece-nos inegável que, já no estado atual, a legislação que rege a não cumulatividade do PIS/COFINS impõe tratamento extremamente desfavorecido a diversas atividades econômicas, notadamente os prestadores de serviços e estabelecimentos comerciais.

Assim, parece-nos indiferente qualquer consideração quanto "à falta de evidência de uma conduta censurável do legislador". Não se pode concordar com decisão que mantem no ordenamento norma atentatória a disposição constitucional (art. 150, II, CF/88), por tratar-se de violação não intencional ao princípio da isonomia por parte do legislador.

Note que o simples fato de os contribuintes pressionarem o Poder Legislativo com a intenção de serem excluídos do regime não cumulativo do PIS/COFINS evidencia o absoluto insucesso das referidas leis em promover a neutralidade fiscal e a convivência de regimes distintos da contribuição (cumulativo e não cumulativo) mas sem majoração de carga tributária.

Seja como for, considerando que já se declarou a constitucionalidade da sistemática de apuração instituída pelas Leis 10.637/02 e 10.833/02 (ao menos, por enquanto), cumpre examinar nesse trabalho os contornos do princípio da não cumulatividade do PIS/COFINS à luz do Ordenamento Constitucional e da jurisprudência do STF.

Para essa tarefa, selecionamos três julgados que exploraram os limites da não cumulatividade em relação das contribuições e referência, quais sejam:

(i) RE 841.979, que tratou do alcance da não cumulatividade do PIS/COFINS;

(ii) RE 607.109, relativo à restrição ao aproveitamento de créditos sobre a aquisição de resíduos e desperdícios;

(iii) RE 599.316, que abordou limitação temporal ao crédito de PIS/COFINS sobre depreciação de ativo fixo.

3. EXAME DE JULGADOS

a) Alcance da não cumulatividade do PIS/COFINS

O RE RG 841.979, julgado em 25.11.2022, tratou da prerrogativa do legislador ordinário de estabelecer os contornos da não cumulatividade para fins do PIS/ (Tema 756). No referido caso, o contribuinte pleiteava o direito ao creditamento do PIS/COFINS não cumulativo sem sujeitar-se às limitações impostas pelas Leis 10.833/03 e 10.637/02.

O autor sustentou que o art. 195, § 12º da CF/88, com a redação que lhe foi atribuída pela EC 42/03, autorizou o legislador a estabelecer os setores de atividade econômica sujeitos à sistemática não cumulativa. Entretanto, uma vez realizada essa faculdade, o princípio da não cumulatividade deveria ser aplicado de forma ampla, admitindo-se o aproveitamento de créditos em relação a todas as aquisições de bens, serviços e custos relacionados à atividade do sujeito passivo.

Com fundamento nesse entendimento, requereu que fosse reconhecida a inconstitucionalidade:

(i) do art. 3º, inciso II das Leis 10.833/03 e 10.637/02,[7] que restringiu o conceito de "insumo" para fins do PIS/COFINS para excluir as despesas incorridas com atividades comerciais;

(ii) do art. 31, § 3º da Lei 10.865/03, que determina ser "vedado, a partir da data a que se refere o caput, o crédito relativo a aluguel e contraprestação de arrendamento mercantil de bens que já tenham integrado o patrimônio da pessoa jurídica";

(iii) do art. 3º, § 1º, III,[8] que estabelece dilação do prazo de aproveitamento de créditos relativos a bens do ativo fixo conforme os encargos de depreciação;

(iv) do art. 3º, § 2º I,[9] que veda a apropriação de créditos em relação à contratação de pessoas físicas;

(v) do art. 3º, § 2º, II,[10] que obsta o creditamento em relação a bens e serviços sobre os quais não tenham incidido as contribuições.

Relator do caso, Min. Dias Toffoli, entendeu que, não se depreende diretamente do texto constitucional o que se deve entender como insumo para fins da não cumulatividade do PIS/COFINS. Assim, cabe ao legislador definir esse conceito, desde que respeitadas as demais disposições e princípios constitucionais. Também considerou que os limites da sistemática não cumulativa das contribuições não podem ser depreendidos diretamente do texto constitucional.

Por conta disso, entendeu que o legislador ordinário tem competência para estabelecer os contornos da sistemática da não cumulatividade, inclusive instituindo as restrições que considerar cabíveis, desde que respeitados (i) a matriz constitucional das citadas exações, (ii) os princípios da razoabilidade, (iii) da isonomia, (iv) da livre concorrência (v) da proteção da confiança e outros preceitos constitucionais.

Também entendeu que, o legislador pode estabelecer restrições a esse direito como as que foram feitas pelo art. 31, § 3º da Lei 10.865/03,[11] que vedou a apropriação de créditos em relação ao pagamento de aluguéis de bens que já foram de propriedade

---

7. Lei 10.637/02 e 10.833: Art. 3º (...) II – bens e serviços, utilizados como insumo *na prestação de serviços e na produção ou fabricação de bens ou produtos destinados à venda*, inclusive combustíveis e lubrificantes, exceto em relação ao pagamento de que trata o art. 2º da Lei 10.485, de 3 de julho de 2002, devido pelo fabricante ou importador, ao concessionário, pela intermediação ou entrega dos veículos classificados nas posições 87.03 e 87.04 da Tipi (grifou-se).
8. Lei 10.637/02 e 10.833: Art. 3º (...) § 1º Observado o disposto no § 15 deste artigo, o crédito será determinado mediante a aplicação da alíquota prevista no *caput* do art. 2º desta Lei sobre o valor: (...) III – dos encargos de depreciação e amortização dos bens mencionados nos incisos VI, VII e XI do *caput*, incorridos no mês.
9. Lei 10.637/02 e 10.833: Art. 3º (...) § 2º Não dará direito a crédito o valor: I – de mão de obra paga a pessoa física;
10. Lei 10.637/02 e 10.833: Art. 3º (...) § 2º Não dará direito a crédito o valor: (...) II – da aquisição de bens ou serviços não sujeitos ao pagamento da contribuição, inclusive no caso de isenção, esse último quando revendidos ou utilizados como insumo em produtos ou serviços sujeitos à alíquota 0 (zero), isentos ou não alcançados pela contribuição.
11. Lei 10.865/04: Art. 31 (...) § 3º É também vedado, a partir da data a que se refere o caput, o crédito relativo a aluguel e contraprestação de arrendamento mercantil de bens que já tenham integrado o patrimônio da pessoa jurídica.

do sujeito passivo. Para ele, trata-se de regra antielisiva instituída de forma regular pelo legislador, voltada a neutralizar uma forma específica de planejamento tributário.

O entendimento do Min. Relator foi acolhido por mais oito ministros. Divergiram apenas parcialmente Roberto Barroso e Edson Fachin, para afastar a vedação à apropriação de créditos da não cumulatividade em relação à locação de bens que já pertenceram ao contribuinte (art. 31, § 3º), somente em relação aos contratos de locação por prazo determinado firmados antes da promulgação do referido dispositivo. Entenderam, nesse particular, que a norma antielisiva não poderia atingir contratos de locação que já haviam sido firmados antes da sua edição.

Fundamental notar que, nesse julgado, o Rel. Dias Toffoli traçou diferenciações teóricas relevantes entre a não cumulatividade do IPI e do ICMS, em relação à do PIS/COFINS.

Segundo ele, em relação ao ICMS e ao IPI a constituição consagra a sistemática de "crédito físico", ou seja, o texto constitucional assegura somente direito ao creditamento de bens que compõe fisicamente a mercadoria objeto de saída, como forma de assegurar a não incidência sucessiva de tributo sobre mesma base (E.g. Ag.Reg. RE 387.592, T1, RE 82.547, T2, Ag.Reg. no Ag.Int. 848.516, T1, Ag.Reg. RE 447.470, T2).

Entretanto, de acordo com o Relator, no caso do PIS/COFINS, a constituição não estabeleceu o regime de operacionalização da não cumulatividade, mas meramente faculta ao legislador estabelecer os segmentos de atividade econômica abrangidos pela referida sistemática de tributação. Por conta disso, por escolha do legislador, adotou-se sistemática em certa medida errática que abrange créditos físicos, financeiros e presumidos.

Assim, no referido julgado, a Corte entendeu que o Poder Legislativo possui poderes relativamente amplos para traçar os contornos da sistemática de apuração não cumulativa do PIS/COFINS.

Fez-se somente ressalva quanto ao fato de que o legislador está obrigado a preservar o núcleo da materialidade do PIS/COFINS não cumulativo (receita bruta), os princípios gerais de direito, notadamente a razoabilidade, isonomia, livre concorrência, proteção da confiança e outros valores constitucionalmente relevantes.

Entretanto, entendeu-se que as normas impugnadas no caso concreto não atentavam contra nenhum dispositivo ou valor constitucional, tendo sido validamente editadas pelo Poder Legislativo. Ou seja, no entender do Supremo, a Constituição não assegura aos sujeitos passivos o direito de apropriar-se de créditos de forma absolutamente abrangente, cabendo ao legislar fixar os contornos da não cumulatividade das contribuições.

b) PIS/COFINS sobre aquisição de resíduos e desperdícios

O RE 607.109, julgado pela sistemática da Repercussão Geral em 08.06.2021 (Tema 304), foi interposto contra decisão do TRF-4 que entendeu pela constitucionalidade do art. 47 e 48 da Lei 11.196/05 (Lei do Bem) frente ao princípio da não cumulatividade do PIS/COFINS (art. 195, § 12, CF/88).

Os arts. 47 e 48 da Lei do Bem assim dispõe:

Art. 47. Fica vedada a utilização do crédito de que tratam o inciso II do caput do art. 3º da Lei 10.637, de 30 de dezembro de 2002, e o inciso II do caput do art. 3º da Lei 10.833, de 29 de dezembro de 2003, *nas aquisições de desperdícios, resíduos* ou *aparas de plástico, de papel ou cartão, de vidro, de ferro ou aço, de cobre, de níquel, de alumínio, de chumbo, de zinco e de estanho*, classificados respectivamente nas posições 39.15, 47.07, 70.01, 72.04, 74.04, 75.03, 76.02, 78.02, 79.02 e 80.02 da Tabela de Incidência do Imposto sobre Produtos Industrializados – TIPI, e *demais desperdícios e resíduos metálicos* do Capítulo 81 da Tipi.

Art. 48. *A incidência da Contribuição para o PIS/Pasep e da Cofins fica suspensa no caso de venda de desperdícios, resíduos* ou *aparas* de que trata o art. 47 desta Lei, para pessoa jurídica que apure o imposto de renda com base no lucro real.

Parágrafo único. A suspensão de que trata o caput deste artigo não se aplica às vendas efetuadas por pessoa jurídica optante pelo Simples." (Grifou-se)

Como se infere da redação acima, essa disposição:

(i) suspende a incidência do PIS/COFINS sobre a saída de "desperdícios, resíduos ou aparas" para pessoa jurídica tributada pelo PIS/COFINS não cumulativo;

(ii) estabelece que o adquirente não poderá creditar-se do PIS/COFINS em relação à essas mercadorias; e

(iii) em relação a alienantes optantes pelo SIMPLES, mantém a incidência normal das contribuições (sem suspensão), mas impede o creditamento em relação ao adquirente (parágrafo único, art. 48).

Por mais que, em uma primeira análise, possa parecer estranho, o fato é que a suspensão da incidência instituída por essa norma acaba por impor carga tributária *mais gravosa* à aquisição de resíduos e desperdícios do que a que incidiria se essas mercadorias fossem adquiridas em operações tributadas pelo PIS/COFINS cumulativo, ou pelo SIMPLES.

Isso porque, como dito acima, o PIS/COFINS não cumulativo é apurado pela sistemática "base contra base" e não pelo confronto entre créditos das notas fiscais de entrada e débitos das suas saídas. Isso significa que o sujeito passivo poderá apurar créditos por meio da mera aplicação da alíquota não cumulativa (9.25%) sobre o valor das suas aquisições, ainda que o elo anterior da cadeia de circulação do bem tenha sido tributado por meio de alíquota reduzida aplicável ao SIMPLES ou ao regime cumulativo.

No caso de operações de fornecimento de restos e desperdícios, os fornecedores desses materiais são, em regra, cooperativas ou outras organizações que reúnem catadores, as quais são tributadas pelo regime do Lucro Presumido, ou até pelo SIMPLES.

Assim, no caso desses arranjos de trabalhadores, essa incidência é *desejável* do ponto de vista do adquirente e da cadeia de circulação dessa mercadoria como um todo, eis que o direito à apuração de crédito depende da incidência do PIS/COFINS no elo anterior da cadeia de circulação (ainda que por alíquota reduzida).

Diante desse cenário, a Corte entendeu que os arts. 47 e 48 da Lei do Bem instituíram tratamento fiscal desfavorecido em relação a (i) grupos vulnerabilizados (catadores de lixos), (ii) atividade econômica ambientalmente relevante (reciclagem), (iii) pequenas empresas e microempreendedores.

Por conta disso, o Plenário entendeu, por maioria de votos, nos termos do voto divergente do Min. Gilmar Mendes, por dar provimento ao RE por considerar que o art. 47 e 48 da Lei do Bem vão de encontro a:

(i) Isonomia em matéria tributária (art. 150, II, CF/88) – Tratou de forma menos favorecida pessoas em situação de vulnerabilidade;

(ii) Livre concorrência e neutralidade fiscal (art. 170, IV, CF/88) – Criou vantagem concorrencial a segmento de fornecedores de materiais;

(iii) Direito ao meio ambiente (art. 225) – Dispôs de tratamento menos favorecido à reciclagem de materiais, beneficiando, portanto, as atividades extrativas mais poluentes;

(iv) Busca do pleno emprego (art. 170, VIII) – Desfavorece atividade intensiva em mão de obra.

O voto do Min. Gilmar Mendes foi acolhido por mais seis ministros: Roberto Barroso, Cármen Lúcia, Edson Fachin, Luiz Fux, Nunes Marques, Ricardo Lewandowski.

Restou vencida a relatora do caso, Min. Rosa Weber, no que foi acompanhada por Min. Marco Aurélio, que consideraram (de maneira manifestamente equivocada) que os referidos dispositivos estabeleceriam, sim, verdadeiro benefício fiscal aos catadores sujeitos ao regime cumulativo, que se consubstanciaria no diferimento do pagamento do tributo para o elo subsequente na cadeia, e que, consequentemente, não haveria encarecimento da aquisição de resíduos, mas mero diferimento do recolhimento.

Com a devida vênia, trata-se de erro de interpretação, eis que, diferentemente do que ocorre na sistemática de confronto de créditos e débitos, no caso do PIS/COFINS, em que vigora a sistemática de base contra base, a suspensão em relação a contribuinte sujeito ao regime cumulativo acaba por resultar em tributação mais gravosa, na medida em que os créditos que seriam apropriados pelo adquirente (calculados mediante a utilização da alíquota de 9,25%) resultariam em valores superiores àquele incidente nas operações realizadas pelos fornecedores (3,65% sobre o valor da operação).

A Min. Relatora reconheceu apenas a inconstitucionalidade do art. 48 da Lei do Bem, que, além de afastar a suspensão das contribuições em relação aos vendedores de desperdícios e resíduos optantes pelo SIMPLES, vedou a apropriação de créditos por parte do adquirente nessas operações. O referido voto considerou que essa disposição vai de encontro ao tratamento mais favorecido assegurado constitucionalmente à pequena empresa (art. 146-A, CF/88).

O Min. Alexandre de Moraes proferiu voto rejeitando integralmente o RE, com base em fundamento distinto. De acordo com ele, o legislador é competente para estabelecer os critérios para a compensação de créditos da não cumulatividade em relação a resíduos e desperdícios. Além disso, considerou que não foi demonstrado concretamente que essa disposição impõe prejuízo aos adquirentes de resíduos e desperdícios.

Já o Min. Dias Toffoli também proferiu voto divergente, no sentido de que o art. 47 da Lei do Bem seria inconstitucional, nos termos do voto do Min. Gilmar Mendes, mas que o art. 48 da referida norma deveria receber interpretação conforme para considerar-se que (i) as saídas de desperdícios são isentas do PIS/COFINS, mas (ii) o adquirente das referidas mercadorias poderá creditar-se em relação a esses insumos como se tributados fossem.

Os votos dos Mins. Dias Toffoli e Alexandre de Moraes não foram acompanhados por nenhum outro ministro.

Como se pode ver, nos termos do entendimento do voto vencedor do Min. Gilmar Mendes, a constituição conferiu poderes ao legislador para estabelecer os limites da não cumulatividade do PIS e da COFINS, desde que respeitados os diversos preceitos constitucionais (isonomia, pleno emprego, proteção ao meio ambiente, entre outros), bem como o aspecto material de incidência daquelas contribuições.

c) Direito ao crédito de PIS/COFINS sobre ativo fixo

O RE 599.316, julgado pela sistemática da Repercussão Geral em 29.06.2020, tratou de dispositivo que estabeleceu restrição temporal à apropriação de créditos de PIS/COFINS em relação a encargos de depreciação de bens do ativo fixo (Tema 244).

Nesse sentido, o art. 31, *caput*, da Lei 10.865/03 assim dispõe:

> Art. 31. É vedado, a partir do último dia do terceiro mês subsequente ao da publicação desta Lei, o desconto de créditos apurados na forma do inciso III do § 1º do art. 3º das Leis 10.637, de 30 de dezembro de 2002, e 10.833, de 29 de dezembro de 2003, relativos à depreciação ou amortização de bens e direitos de ativos imobilizados *adquiridos até 30 de abril de 2004*.
>
> § 1º Poderão ser aproveitados os créditos referidos no inciso III do § 1º do art. 3º das Leis 10.637, de 30 de dezembro de 2002, e 10.833, de 29 de dezembro de 2003, apurados sobre a depreciação ou amortização de bens e direitos de ativo imobilizado *adquiridos a partir de 1º de maio*.

De acordo com o relatório ao RE 599.316, elaborado pelo Min. Marco Aurélio, essa disposição teve o objetivo de vedar que o sujeito passivo se creditasse de encargos da depreciação de ativo fixo por meio da alíquota mais elevada aplicável à sistemática não cumulativa (9,25%), em relação a bens que foram originalmente tributados pela alíquota reduzida do PIS/COFINS cumulativo (3,65%) em relação ao alienante.

Ou seja, o legislador considerou que os bens adquiridos antes de 30.04.2004 foram presumidamente tributados por meio da alíquota de 3,65% e, portanto, não devem resultar na apropriação de créditos de depreciação do ativo fixo com base na alíquota de 9,25%, sob pena de beneficiar excessivamente o sujeito passivo.

O Min. Rel. entendeu que essa disposição é inconstitucional tendo em vista que:

(i) o art. 195, § 12 da CF/88 delegou ao legislador poderes para apenas definir os segmentos de atividade tributadas com base na sistemática não cumulativa das contribuições. Entretanto, os contornos exatos desse princípio decorrem da Constituição Federal;

(ii) o dispositivo estabeleceu tratamento desigual entre contribuintes em situação equivalente, ofendendo o princípio da isonomia em matéria tributária (art. 150, II, CF/88);

(iii) a data escolhida como termo inicial para o direito à compensação (01.05.2004) é ilógica em relação à apropriação de créditos que ela pretende coibir, tendo em vista que a sistemática não cumulativa das contribuições foi introduzida em 1º.12.2002 para o PIS e 1º.02.2004 para a COFINS. Não há razão lógica, portanto, para esse recorte temporal em 1º.05.2004.

Note-se que, nesse caso, o Min. Relator entendeu que a não cumulatividade do PIS/COFINS emana da Constituição Federal e que, portanto, restrições ao direito de apropriação de créditos atentam contra o texto constitucional. Ou seja, deu-se mais ênfase à eficácia cogente ao princípio constitucional da não cumulatividade do PIS/COFINS, diversamente dos outros julgados trazidos acima, que reconheceram poderes amplos ao legislador para restringir ou ampliar os limites da sistemática não cumulativa das contribuições.

Quanto ao princípio da isonomia, parece-nos irretocáveis os apontamentos feitos pelo Min. Relator, que demonstraram que o referido recorte temporal para o aproveitamento dos créditos da não cumulatividade foi arbitrário e não guarda relação com a data em que foi instituída a sistemática não cumulativa do PIS e da COFINS.

Além disso, há outro elemento que mostra claramente a inadequação da norma em comento (do artigo 31 da Lei 10.865/03), não mencionado na decisão: mesmo depois da introdução dessa disposição, é comum que o crédito de PIS/COFINS seja maior do que o imposto pago na etapa anterior. Vale ressaltar que o sistema não cumulativo de PIS/COFINS coexiste com o sistema cumulativo e com o regime unificado do SIMPLES, que adotam alíquotas muito inferiores às praticadas pelos contribuintes tributados pelo sistema não cumulativo.

Portanto, não faz sentido proibir a apropriação de créditos em relação às compras de bens do ativo fixo realizadas antes de 01.05.2004, eis que, mesmo depois da introdução do sistema não cumulativo, a apropriação de créditos com valor superior à tributação na etapa anterior da cadeia de circulação é fenômeno comum em relação às contribuições apuradas pela sistemática "base contra base" e não "crédito contra crédito".

O voto do relator sagrou-se vendedor, tendo sido acompanhado por Edson Fachin, Rosa Weber, Ricardo Lewandowski, Carmén Lúcia, Roberto Barroso.

Houve voto em sentido contrário do Min. Alexandre de Moraes no sentido de que "Levando-se em consideração que a não cumulatividade do PIS/COFINS não decorre de imposição constitucional, e sim de conformação da lei, entendo que a limitação imposta pelo artigo 31 da Lei 10.865/2004, encontra-se dentro do campo de liberalidade do legislador".

Seguiram o voto divergente os Mins. Dias Toffoli, Gilmar Mendes, Luiz Fux e Celso de Mello.

CONCLUSÕES

Com base no teor dos julgados acima examinados, é possível inferir que, no âmbito do STF, prevalece o entendimento de que a não cumulatividade do PIS e da COFINS é uma construção essencialmente legal e que, por conta disso, o legislador ordinário teria poderes relativamente amplos para estabelecer os contornos do regime não cumulativo das contribuições em referência, ressalvados os limites impostos por outros preceitos constitucionais (isonomia, razoabilidade, livre concorrência, entre outros).

Essa linha de interpretação resulta no esvaziamento do comando constitucional introduzido pela EC 42/03 ao art. 195, § 12 da CF/88, eis que o contribuinte interessado em afastar alguma restrição/limitação indevidamente imposta por lei à não cumulatividade do PIS/COFINS terá de se socorrer de outros dispositivos constitucionais que não o da própria não cumulatividade.

Por conta disso, as principais discussões em relação à não cumulatividade do PIS e da COFINS tendem a concentrar-se na interpretação das Leis 10.833/03 e 10.637/02, que, como demonstrado no exame dos julgados acima, peca pela falta de uma lógica comum que agregue as diferentes hipóteses de apropriação de créditos e suas muitas restrições igualmente erráticas.

Essa problemática se agrava por conta da coexistência em nosso ordenamento de mais dois impostos não cumulativos sobre o consumo, quais sejam o ICMS e o IPI, sendo que cada um desses tributos adota regras totalmente distintas no que se refere às despesas e insumos passíveis de creditamento. Assim, no âmbito do Direito brasileiro, a dificuldade de operacionalizar a não cumulatividade se replica em três regramentos integralmente distintos e que adotam conceitos e métodos de apuração próprios.

A heterogeneidade dos regramentos que regem a não cumulatividades, bem como as limitações por eles impostos ao direito de crédito por parte dos seus contribuintes, impedem que haja, de fato, um sistema de não cumulatividade coerente e harmônico. Com base nessa constatação, pode-se colocar em dúvida a própria existência de efetiva não cumulatividade no Sistema Tributário Brasileiro.

Ora, o mal que se pretende curar é sempre o mesmo: os efeitos maléficos da cumulatividade. Portanto, o remédio não pode ser diferente conforme o tributo com o qual se lide. Ele terá que ser sempre o mesmo: a aplicação de técnica por meio da qual não se admita, em qualquer circunstância, direta ou indiretamente, que, em cada elo de circulação do bem ou serviço, o respectivo ônus tributário seja superior àquele resultante da aplicação da alíquota sobre o valor então agregado àquelas riquezas.

Com o objetivo de solucionar as dificuldades decorrentes da coexistência de múltiplas sistemáticas da não cumulatividade, dever-se-ia uniformizar as normas que regem este tema em todas as esferas da Federação por meio da edição de uma lei complementar de aplicabilidade geral em relação a todos os tributos não cumulativos.

Assim, seria viável promover alterações relevantes e positivas na forma de apuração não cumulativa e, ao mesmo tempo, preservar a maior parte do arcabouço normativo que rege os tributos sobre o consumo. Esse caminho permitiria atingir um meio termo ótimo, em que o contribuinte seria poupado do custo de adaptação a um sistema de tributação novo, ao mesmo tempo que seria possível aperfeiçoar a sistemática não cumulativa em âmbito federal e estadual.

A sistemática não cumulativa é, por natureza, mais complexa e onerosa do que a tributação cumulativa, pelo que replicar essa complexidade em três tributos diversos e por motivos diferentes gera insegurança jurídica e resultado oposto àquele pretendido com a adoção daquela técnica.

Mandatório, portanto, que, independentemente de discussões acerca da implementação de uma reforma tributária mais ampla, haja imediata iniciativa legislativa no sentido uniformizar a aplicação da não cumulatividade dos tributos sobre consumo em vigor quando da elaboração deste estudo:[12] IPI, ICMS, PIS e COFINS.

---

12. A redação deste estudo foi concluída no dia 15 de junho de 2023.

O CONCEITO JURÍDICO INDETERMINADO E A INTERPRETAÇÃO NO DIREITO TRIBUTÁRIO

Halley Henares Neto

Graduado em Direito pela PUC-SP, com Extensão em Direito Tributário pelo Centro de Estudos e Extensão Universitária – CE. Especialização em Fusões, Aquisições e Reorganização Societária pela FGV – GVLaw. Mestrando em Direito Administrativo pela PUC/S.; Presidente da ABAT – Associação Brasileira de Advocacia Tributária.

Sumário: 1. Das regras de interpretação do Código Tributário Nacional – Conclusão – Referências.

Este trabalho abordará o significado do conceito jurídico indeterminado e as regras de intepretação constantes no Código Tributário Nacional (CTN).[1]

Visando acercar-nos melhor do objeto do nosso estudo, convém estabelecer, de antemão, antes mesmo de explicar o seu propósito e de fixar sua dimensão, os recursos que nos auxiliarão a melhor compreender essas noções (conceito jurídico indeterminado e interpretação) e, assim, superar, de alguma forma, a dificuldade de suas precisões em certos casos.

Para tanto, creio que possa nos acudir neste mister o rememorar de uma recente experiência. Trata-se da oportunidade que me ocorreu de assistir, acompanhado de minha esposa, a uma peça teatral, cujo tema central abordava a questão da "velhice". No palco, havia 3 (três) atores e as falas eram impregnadas de alta carga dramática e filosófica. Ao término da apresentação, estávamos comovidos e embevecidos com a peça, o que nos fez concluir que aquelas falas e gestos, exercidos no palco, nos despertava, a ambos, bons sentimentos. Pois bem. Posteriormente, em conversa com minha esposa, a indaguei sobre as reações que aquelas mesmas falas teriam provocado nos outros espectadores, ao que, de pronto, me respondeu, espontaneamente: os efeitos e reações foram sensivelmente deferentes em cada um dos espectadores (ou pelo menos em cada um dos grupos de espectadores) daquela grande plateia; havia idosos, observou, que ficaram mais comovidos, enquanto outros ficaram mais resignados; havia jovens que sentiram compaixão, ao passo que outros, também jovens, demonstraram claras sensações de receio e de temor. Enfim, cada indivíduo, membro integrante da plateia, estava sentindo e recebendo aquela mensagem (conteúdo do texto) flexionado pelo seu conjunto de valores, ideias, experiências e ideologias. Observava, também, que cada um daqueles velhinhos, por exemplo, sentados na primeira fila, enxergavam a realidade de

---

1. BRASIL. Lei 5.172, de 25 de outubro de 1966. Dispõe sobre o Sistema Tributário Nacional e institui normas gerais de direito tributário aplicáveis à União, Estados e Municípios. Disponível em: https://www.planalto.gov.br/ccivil_03/leis/l5172compilado.htm Acesso em: 22 jun. 2023.

cada fala, de cada personagem, de um modo muito próprio, todo seu, de acordo com sua vivência específica, em suma: uns riam, enquanto outros choravam.

Foi, então, que me dei conta que o que existia para aquela plateia tão eclética não era o conteúdo de um texto que fora pouco "proclamado" pelos atores no palco, no sentido de uma aglutinação de palavras, termos e expressões múltiplas, já prefixados e estabelecidos, mas o conteúdo de uma mensagem que fora, por ela, recebida e assimilada; a essência, o conteúdo, não estava radicado nas palavras escritas e proclamadas (mensagem enviada, expressões ou signo de conceito emitido), mas percepção que delas se fazia (mensagem recebida ou significação do conceito), deixando-me entrever, então, um processo intermediário de decodificação da mensagem enviada (signo) para mensagem recebida (significação).

Invoco esta situação com o propósito de evidenciar que quando abordamos qualquer tema: velhice, morte, segurança pública, sobretudo temas adensados por alta carga valorativa, estamos tratando com significações ou ideias cuja natureza (etérea) requer sejam expressadas por meio de conceitos fluidos e imprecisos, conceitos estes que são, por sua vez, os signos representativos destas significações (num sentido mais amplo, portanto, do que o de signo ou palavras – termo – utilizadas para veicular um conceito, meros "rótulos", no dizer de Hospers).

Esses conceitos, veiculados no texto da peça, tendem a assumir uma feição muito própria, de acordo com as circunstâncias de fato que estiverem presentes e, também, de acordo com o cabedal cultural de quem os examina.[2] Assim, a significação dos conceitos lançados ao longo da peça não reside nas suas palavras ou termos, mas na intelecção ou compreensão (interpretação) que deles faz um membro ou grupo de membros da plateia.[3]

Transpondo esta situação para o plano do direito, que é o que nos interessa, não é difícil verificar que as coisas se passam mais ou menos do mesmo modo, donde: o texto da peça (texto da lei) pode servir-se de linguagens emotivas e valorativas (que recobrirão conceitos imprecisos) para designar uma realidade (significações de coisas, situações, pessoas etc.) com a qual cada membro da plateia (intérprete – utente da linguagem), ao

---

2. O estudo da semiótica jurídica, dentre nós difundida com lucidez por Lourival Vilanova, elucida a importância da análise da linguagem (signos) no plano sintático, semântico e pragmático, enfocado, com relação a este último, a importância, em virtude dos reflexos que geram na compreensão de um tema, das experiências e valores dos utentes da linguagem, isto é, o modo como utilizam a linguagem no seio da sociedade da qual participam. Segundo o próprio Vilanova, "o conhecimento ocorre num universo-de-linguagem e dentro de uma comunidade-do-discurso" (VILANOVA, Lourival. *As Estruturas Lógicas e o Sistema do Direito Positivo*. 4. ed. São Paulo: Editora Noeses, 2010, p. 38).
3. Nesse sentido, Lourival Vilanova, afirma que "o conhecimento é um fato complexo... diz-se que é a relação do sujeito com o objetivo" (VILANOVA, Lourival. *As Estruturas Lógicas e o Sistema do Direito Positivo*. 4. ed. São Paulo: Editora Noeses, 2010, p. 37).
  Assim sendo, é correto dizer, de acordo com a doutrina de Carlos Maximiliano, que interpretar não é apenas um ato de conhecimento (que visa descobrir algo), mas um ato de vontade (que visa construir uma realidade). Ao abordar o tema da "interpretação e da construção", este autor expõe, em síntese, que o ato de intepretação deve resguardar um conteúdo de recomposição e construção do texto (MAXIMILIANO, Carlos. *Hermenêutica e Aplicação do Direito*. 20. ed. São Paulo: Forense, 2011, p. 59. Cf., ainda, Nota 45).

tomar contato com, passa a trabalhar e decodificar (processo interpretativo) a seu modo, flexionando por seus valores e ideologias (intelecção do conceito da lei no caso concreto).

Esse paralelo já nos permite concluir, por enquanto, que há conceitos imprecisos; que a significação não está no texto (signo ou conjunto de palavras), mas na inferência (descoberta/construção) que sobre ele faz o intérprete (o conteúdo não está na norma, mas se constrói a partir da norma, constituindo-se a interpretação mais tanto um processo de construção do que de descoberta do significado do texto da lei).

Por vezes, podemos verificar que o texto da lei e da própria Constituição[4] designa realidades (significações) imprecisas, valorativas (velhice, urgência, boa-fé, idoso, risco grave), expediente este que requer que se lance mão de conceitos de caráter plurissignificativo, impreciso (signos), os quais são veiculados por palavras e expressões (termos).[5]

A imprecisão do conceito expresso na lei é determinável sempre que o intérprete, premido pelos seus valores e ideologias, consiga encontrar a solução correta – uniforme – no caso concreto, precisando, então, o conceito (encontrando a melhor solução – unidade de solução justa); apenas se isto não for possível, em virtude da alta carga de emotividade impregnada nos conceitos, é que estar-se-á diante de uma irredutível objetividade desses conceitos perante a realidade, havendo, destarte, pluralidade de soluções igualmente justas e razoáveis.

Estas hipóteses estampadas nas considerações prévias do presente trabalho, demonstram, de acordo com a doutrina majoritária, a sutil diferença que há entre o âmbito de aplicação dos conceitos jurídicos indeterminados (primeira hipótese) e da discricionariedade (segunda hipótese), mostrando, em última instância, a incomunicabilidade (ainda que relativa, para quem admita a discricionariedade como decorrente da imprecisão de conceitos) que há entre juízo e legalidade (conceito impreciso), e juízo de oportunidade (discricionariedade).[6]

Dentre os estudos realizados acerca do conceito indeterminado, chamamos a atenção para o de lavra de Eduardo Garcia de Enterría, cuja influência da doutrina alemã em muito enriqueceu seu trabalho. Segundo o pensamento deste autor, o conceito indeterminado, expresse ele um conceito de valor ou um conceito de experiência (prático), é, antes de tudo, um conceito e, como tal, já apresenta limites, mais ou menos claros, ao intérprete aplicados da norma que os contenha.

---

4. Cf. sobre a aproximação da norma e do fato, Mauro Cappelleti. Destacamos o seguinte trecho desta obra: "a norma consitucional, sendo também norma positiva, traz em si, uma reaproximação do direito à justiça. Parque norma naturalmente mais genérica, vaga, elástica, ela contém alguns conceitos de valor gim pedem unia atuação criativa e, porque tal, sucetível de adequar-se às mutações, inevitáveis, ia próprio valor...adaptando-a às concretas exigências de um destino de perene mutabilidade" (CAPPELLETI, Mauro. *Controle Judicial de Constitucionalidade das Leis no Direito Comparado*. São Paulo: Editora safE 1992, p. 130-135).
5. Eros Grau, sobre estas designações, esclarece, baseado nesta concepção aristotélica, que o conceito representa a imagem de uma ideia universal e "está relacionada à coisa, estado ou situação pela mediação de dois signos – a expressão do conceito e a significação atribuível à coisa, estado ou situação –, e não de um signo apenas". Portanto, conclui (e veremos melhor no tópico atinete à interpretação), o termo é a expressão do conceito.
6. Queiró já assinalava que legalidade e discricionariedade são categorias irredutíveis que enquadram, sem um terceiro gênero possível, todos os conceitos jurídicos

De fato, sustenta, com base na doutrina alemã, que todo conceito possui um mínimo determinável (núcleo do conceito), senão não seria um conceito. Há, em todo o conceito, além do núcleo (ou zona de certeza positiva, onde não há dúvida acerca da afirmação do alcance do termo ou palavra que designa dado conceito – todos sabem o que ele é), uma zona de incerteza (halo do conceito), mais ou menos precisa (onde reside a incerteza, a indeterminação e que requer seja precisada), e uma zona de certeza negativa (onde não há dúvida acerca da afirmação do alcance do termo ou palavra que designa dado conceito – todos sabem o que ele não é).[7]

Ou seja, a definição do conceito jurídico indeterminado é o conceito no qual o legislador não conferiu uma definição legal determinada. Tal conceito não possui nenhum conteúdo claro. Ele somente adquire um sentido determinado após sua interpretação, a qual deverá levar em consideração e valorar as circunstâncias do caso concreto. Exemplos clássicos de conceitos jurídicos indeterminados são: "interesse público", "boa-fé", "função social", "bem comum" e "bons costumes".[8]

Estes conceitos abertos são abstrações adotadas pelo legislador com a finalidade de conferir ao aplicador do direito certa margem de atuação para resolver o caso concreto respeitando suas peculiaridades. Trata-se de uma verdadeira delegação legislativa ao intérprete que deverá averiguar, no caso concreto, qual medida é juridicamente mais adequada.[9]

Onde não há dúvida acerca da afirmação do alcance do termo ou palavra que designa dado conceito – (todos sabem o que ele é), uma zona de incerteza (halo do conceito), mais ou menos precisa (onde reside a incerteza, a indeterminação e que requer seja precisada), e uma zona de certeza negativa (onde não há dúvida acerca da afirmação do alcance do termo ou palavra que designa dado conceito – (todos sabem o que ele não é). Segundo Genaro R. Carrió: "la dificultad de precisar la solución justa se concreta en la zona de imprecisión o 'halo' conceptual, pero tal dificultad desaparece en las dos zonas de certeza, positiva o negativa [...]".[10]

Esta posição, aliás, demonstra com hialina clareza a influência do pensamento germânico, cujo ícone, neste tema, é Karl Engisch, cujo pensamento domina o que se

---

7. Cfr. SOARES, Rogério. *Direito Administrativo*: lições policopiadas. Porto: UCP – Faculdade de Ciências Humanas, 1980, p. 57 e ss. Outro exemplo de diferenciação qualitativa entre conceitos determinados e conceitos indeterminados, relativamente próximo, pode ver em Ernest Forsthoff, que distingue entre conceitos empíricos (determinados), caracterizando-os por fazerem referência a factos, situações ou circunstâncias empíricas, nos quais está apenas em causa a totalidade de uma operação interpretativa, e os conceitos de valor (indeterminados), que remetem para juízos valorativos, onde a interpretação só pode ser feita dentro de certos limites (FORSTHOFF, Ernest. *Tratado de Derecho Administrativo*. Madrid: Instituto de Estudios Políticos, 1958, p. 124 e ss.).
8. DIREITO DIÁRIO. *Breves considerações sobre conceitos jurídicos indeterminados*. 5 de junho de 2023. Disponível em: https://direitodiario.com.br/conceitos-juridicos-indeterminados. Acesso em: 22 jun. 2023.
9. DIREITO DIÁRIO. *Breves considerações sobre conceitos jurídicos indeterminados*. 5 de junho de 2023. Disponível em: https://direitodiario.com.br/conceitos-juridicos-indeterminados. Acesso em: 22 jun. 2023.
10. CARRIÓ, Genaro R. *Algunas Palabras Sobre Las Palabras de La Ley*. Buenos Aires: Abeledo Perrot, 1971, p. 452. Esta zona de incerteza ou halo do conceito equivale ao que Carrió denominou de zona de penumbra do conceito, uma zona cinzenta onde a determinação do seu núcleo fica a depender do aclaramento da linguagem utilizada (CARRIÓ, Genaro R. *Algunas Palabras Sobre Las Palabras de La Ley*. Buenos Aires: Abeledo Perrot, 1971, p. 27).

convencionou designar por hermenêutica concretizadora, doutrina que preconiza que a abstração e imprecisão dos conceitos integrantes de enunciados normativos são relativas, na medida em que, sob o color das circunstâncias que presidem o caso concreto, e tendo em vista o regime jurídico aplicável, dúvida não restará quanto à fixação da margem de apreciação que a abstração do conceito deixa ao intérprete num primeiro momento, fixação esta que se fará levando em conta não apenas as especificidades do caso concreto, mas, também, antes a melhor adequação dessa relação de subsunção aos princípios gerais de direito.

Retomando, na visão do autor, conceito jurídico indeterminado é caso de margem de apreciação ao intérprete apenas para que este efetue o processo de subsunção dos fatos da vida real ao conceito jurídico estimado previamente, pautada por critérios jurídicos (juízo de legalidade), onde não se interfere nenhuma manifestação de vontade pessoal do agente, e se chega à solução unicamente possível e justa (unidade de solução justa), à luz do direito.[11]

Transportanto este conceitos da doutrina para o âmbito da realidade legislativa, na maior parte das situações, é indispensável que normas constitucionais, legais, administrativas e tributárias ensejem limites para a liberdade de escolha, para o intérprete que terá sua atuação balizada por princípios consagrados no ordenamento e outras regras vigentes. E, em muitos casos, o ordenamento necessita utilizar conceitos jurídicos indeterminados que, após interpretação sistêmica em face de realidades concretas, podem, sim, ensejar legítima discricionariedade,[12] permitindo que o operador do direito escolha, conforme conveniência e oportunidade, uma dentre duas ou mais opções que o Direito estipulou como admissíveis.

1. DAS REGRAS DE INTERPRETAÇÃO DO CÓDIGO TRIBUTÁRIO NACIONAL

No caso do Direito Tributário, o legislador traçou no CTN,[13] mais precisamente nos arts. 107 até 112, limites para a interpretação do intéprete e regras para a integração da norma tributária em caso de lacuna ou ausencia de definição.

---

11. Sobre este aspecto, consulte-se, por todos, a lógica do concreto de Karl Engisch, na qual o autor destaca a importância de se "demorar mais um pouco na verificação dos fatos enquanto tais". Segundo este autor, é preciso que se desenvolva mais a prática da subsunção, criando elementos de aproximação dos fatos e das normas e de ambos entre si, residindo o ponto fulcral. (ENGISCH, Karl. *Introdução ao Pensamento Jurídico*. 11. ed. Fundação Calouste Gulbenkian, 2008, p. 70 e ss.).
12. "As discricionariedades estão inseridas no contexto do direito administrativo, em especial no que tange aos atos administrativos. Trata-se de conceitos vagos que conferem ao administrador margem para agir conforme sua oportunidade e conveniência. Exemplos: art. 2º do Decreto-Lei 3.365/41 ('utilidade pública') e art. 62, *caput*, da Constituição Federal de 1988 ('relevância e urgência')". (CARVALHO, Raquel. *Direito Administrativo para Todos*. 2019. Disponível em: http://raquelcarvalho.com.br/2019/06/11/conceito-juridico-indeterminado-discricionariedade-ou-vinculacao/ Acesso em: 22 jun. 2023).
13. BRASIL. Lei 5.172, de 25 de outubro de 1966. Dispõe sobre o Sistema Tributário Nacional e institui normas gerais de direito tributário aplicáveis à União, Estados e Municípios. Disponível em: https://www.planalto.gov.br/ccivil_03/leis/l5172compilado.htm Acesso em: 22 jun. 2023.

O texto do art. 108 do CTN[14] prescreve que, na ausência de disposição expressa na legislação tributária, a autoridade competente para aplicar a legislação deverá seguir sucessivamente a ordem disposta nos incisos I a IV. Vejamos:

> Art. 107. A legislação tributária será interpretada conforme o disposto neste Capítulo.
>
> Art. 108. Na ausência de disposição expressa, a autoridade competente para aplicar a legislação tributária utilizará sucessivamente, na ordem indicada:
>
> I – a analogia;
>
> II – os princípios gerais de direito tributário;
>
> III – os princípios gerais de direito público;
>
> IV – a equidade.
>
> § 1º O emprego da analogia não poderá resultar na exigência de tributo não previsto em lei.
>
> § 2º O emprego da equidade não poderá resultar na dispensa do pagamento de tributo devido.

No caso do dispositivo 108 do CTN, o intérprete ou o aplicador da norma deve se socorrer da analogia, princípios gerais do direito tributário e do direito público, bem como da equidade para tentar cobrir lacunas na norma, porém não tem flexibilidade para dispensar o pagamento do tributo ou criar nova regra de exigência não prevista em lei.

Assim, mesmo que conste na norma conceito jurídico indeterminado, o intérprete, ou o aplicador da norma, poderá se utilizar das regras e pricípios previstos no dispositivo acima comentado, mas sua discricionariedade está restringida à impossibilidade de criação de nova hipótese de incidência ou de dispensa ao pagamento do imposto.

Já o art. 109 do CTN determina que os princípios gerais de direito privado devem ser utilizados para pesquisa da definição, do conteúdo e do alcance de seus institutos, conceitos e formas, mas não para definição dos respectivos efeitos tributários.

Nesta hipótese, quando o intérprete ou o aplicador da norma se utiliza da regra do dispositivo comentado, ou seja, busca se socorrer de princípios gerais do direito privado para definir o conteúdo e o alcance dos institutos, conceitos e formas, pode se deparar em algum momento com partes da legislação que contenham conceito jurídico indeterminado, devendo efetuar o processo de subsunção do fato da vida real ao conceito jurídico estimado previamente, pautado por critérios jurídicos (juízo de legalidade), podendo até se socorrer da discricionariedade para tentar solicionar o dilema, sem, entretanto, alterar a definição, o conteúdo e o alcance dos respectivos efeitos tributários.

De forma complementar ao dispositivo acima, outro ponto interessante a ser abordado em relação à definção, conteúdo e alcance dos institutos é que o art. 110 do CTN[15] nos dá a impressão de que limita o poder discricionário do intérprete quando

---

14. BRASIL. Lei 5.172, de 25 de outubro de 1966. Dispõe sobre o Sistema Tributário Nacional e institui normas gerais de direito tributário aplicáveis à União, Estados e Municípios. Disponível em: https://www.planalto.gov.br/ccivil_03/leis/l5172compilado.htm. Acesso em: 22 jun. 2023.
15. BRASIL. Lei 5.172, de 25 de outubro de 1966. Dispõe sobre o Sistema Tributário Nacional e institui normas gerais de direito tributário aplicáveis à União, Estados e Municípios. Disponível em: https://www.planalto.gov.br/ccivil_03/leis/l5172compilado.htm Acesso em: 22 jun. 2023.

o conceito jurídico indeterminado advém da Constituição Federal de 1988 (CF/88),[16] da Constituição dos Estados e da Lei Orgânica dos Estados, Municípios e do Distrito Federal. *In verbis* o artigo:

> Art. 110. A lei tributária não pode alterar a definição, o conteúdo e o alcance de institutos, conceitos e formas de direito privado, utilizados, expressa ou implicitamente, pela Constituição Federal, pelas Constituições dos Estados, ou pelas Leis Orgânicas do Distrito Federal ou dos Municípios, para definir ou limitar competências tributárias.

A título exemplificativo, esta hipótese pode ser vista no acórdão do Supremo Tribunal Federal (STF) de lavra do Ministro Edson Fachin, ao analidar a Taxa de Serviço Público Adjudicatório do Estado de São Paulo, conforme ementa do julgamento da Ação Direta de Inconstitucionalidade (ADI) 5.612/DF,[17] abaixo colacionada:

> Ação Direta de Inconstitucionalidade. Direito tributário. Custas judiciais em 2ª instância. Taxa de serviço público adjudicatório – prestação jurisdicional. Tribunal de justiça do estado de São Paulo. Alíquota máxima. Referibilidade entre o valor do tributo e o custo do serviço. Acesso à justiça. Devido processo legal. Proporcionalidade. Razoabilidade. Limitações constitucionais ao poder de tributar. Efeitos confiscatórios do tributo. Finalidade arrecadatória das taxas. 1. A custa forense possui como fato gerador a prestação de serviço público adjudicatório, sendo que seu regime jurídico corresponde ao da taxa tributária. Ademais, compõe receita pública de dedicação exclusiva ao custeio do aparelho do sistema de Justiça, de onde se extrai a relevância fiscal desse tributo para a autonomia financeira do Judiciário. 2. O acesso à Justiça possui assento constitucional e traduz-se em direito fundamental o qual preconiza a acessibilidade igualitária à ordem jurídica e a produção de resultados materialmente justos. Assim, a lei impugnada não constitui obstáculo econômico ao franqueamento igualitário à tutela jurisdicional, principalmente porque se trata de contrariedade à alteração da alíquota máxima, que pressupõe litígio cujo bem da vida seja de vultoso valor. 3. A jurisprudência do STF admite que a base de cálculo de taxas forenses sejam baseadas no valor da causa, desde que mantida correlação com o custo da atividade prestada, assim como haja piso e teto de alíquotas. Logo, não há violação direta à ordem constitucional processual, em razão da majoração de alíquota máxima em dois pontos percentuais. Precedentes. Súmula 667 do STF. 4. Os serviços públicos adjudicatórios são bens comuns que a comunidade política brasileira decidiu tornar acessíveis a todos, independente da disposição de pagamento. Contudo, a tentativa de responsabilizar unicamente o ente federativo pela mantença da Justiça e, por efeito, toda a população, mediante impostos, sem o devido repasse dos custos aos particulares, levaria necessariamente a um problema de seleção adversa entre os litigantes, com sobreutilização do aparato judicial pelos usuários recorrentes do serviço. Portanto, não incorre em inconstitucionalidade a legislação estadual que acresce a alíquota máxima das custas judiciais àqueles litigantes com causas de maior vulto econômico e provavelmente complexidade técnica. 5. A vedação aos efeitos confiscatórios figura como autêntico direito fundamental dos contribuintes, ao garantir que esses não sofrerão carga tributária insuportável em suas atividades, de modo a desestimular a produtividade da empresa ou a interferir significativamente nas esferas pessoal e familiar de pessoa natural. *É, ainda, pacífico que se trata de conceito jurídico indeterminado, a ser construído no caso concreto pelo intérprete constitucional.* 6. Lei estadual não incorre em abuso ou imoderação, de modo a

---

16. BRASIL. Constituição da República Federativa do Brasil de 1988. Disponível em: https://www.planalto.gov.br/ccivil_03/constituicao/constituicao.htm Acesso em: 22 jun. 2023.
17. BRASIL. Supremo Tribunal Federal. Ação Direta de Inconstitucionalidade 5.612/DF. Relator: Min. Edson Fachin, 29.05.2020. Disponível em: https://redir.stf.jus.br/paginadorpub/paginador.jsp?docTP=TP&docID=753335948. Acesso em: 22 jun. 2023.

ofender os princípios do devido processo legal, da proporcionalidade e da razoabilidade, ao realizar majoração de alíquota em dois pontos percentuais, quando obedecem parâmetros construídos administrativamente pelo Conselho Nacional de Justiça com intensa participação popular. Anteprojeto da "Lei Geral das Custas Judiciais". 7. Ação direta de inconstitucionalidade a que se nega procedência.

Se nota que os Ministros do STF, ao analisarem a norma que regulamentou a Taxa de Serviço Público Adjudicatório do Estado de São Paulo, entenderam que a vedação do efeito confiscatório se trata de conceito jurídico indeterminado, devendo ser construído pelo intérprete constitucional. É exatamente a hipótese da limitação prevista no art. 110 do CTN.[18]

Outro exemplo de aplicação do art. 110 do CTN é a polêmica existente sobre conceito de salário para fins de incidência de contribuição previdenciária.

A CF/88,[19] em seu art. 195, I, "a", considerado como dispositivo matriz das fontes de custeio da Seguridade Social, estabelece que as contribuições sociais a cargo da empresa incidirão sobre "a folha de salários e demais rendimentos do trabalho pagos ou creditados, a qualquer título, à pessoa física que lhe preste serviço, mesmo sem vínculo empregatício".

Do texto constitucional, depreende-se que a base de cálculo das contribuições previdenciárias a cargo da empresa é a folha de salários/demais rendimentos decorrentes do trabalho, de modo que o fato gerador da Contribuição Previdenciária consiste em "pagar ou creditar valores em retribuição ao trabalho".

Não se deve confundir, nesse ponto, a folha de salário com salário propriamente dito. É dizer, não é porque dado valor ingressou representativamente na folha de pagamento que terá a natureza jurídica de remuneração e, assim, será base de cálculo das Contribuições Previdenciárias. A folha é a base material na qual operações ou prestações positivas (salário, remuneração, ganhos habituais em forma de utilidades, gorjetas etc.) e prestações negativas (indenizações, descontos de benefícios etc.) são registradas. O seu valor como documento, contudo, não se presta a conferir ou determinar, por si só, a natureza jurídica desses pagamentos.

Há diversos elementos e relações jurídicas que compõem a folha de salário, incluindo-se, aí, os descontos decorrentes da parcela dos benefícios custeada pelo empregado, sem que, concomitantemente, sejam retribuições ao trabalho prestado. De todo modo, não se afere a natureza jurídica das verbas pelo simples fato de figurarem na folha do empregado.

Nesse sentido, não é todo e qualquer valor pago ao empregado que pode ser considerado como "retribuição ao trabalho"; é necessária a existência de relação direta com a prestação do serviço, que exige uma obrigação de fazer do trabalhador e uma obrigação

---

18. BRASIL. Lei 5.172, de 25 de outubro de 1966. Dispõe sobre o Sistema Tributário Nacional e institui normas gerais de direito tributário aplicáveis à União, Estados e Municípios. Disponível em: https://www.planalto.gov.br/ccivil_03/leis/l5172compilado.htm Acesso em: 22 jun. 2023.
19. BRASIL. Constituição da República Federativa do Brasil de 1988. Disponível em: https://www.planalto.gov.br/ccivil_03/constituicao/constituicao.htm. Acesso em: 22 jun. 2023.

de dar do contratante (empregador), desautorizada, portanto, o recolhimento das Contribuições Previdenciárias sobre verbas que, apesar de serem pagas aos empregados ou custeadas por eles próprios, não se revestem de natureza salarial (caráter retributivo/remuneratório).

A regra-matriz de incidência tributária é replicada no ordenamento jurídico pátrio por meio da Lei Federal 8.212/91,[20] que estabelece, no seu art. 22, I, que a contribuição a cargo da empresa é de 20% "sobre o total das remunerações pagas, devidas ou creditadas a qualquer título, durante o mês, aos segurados empregados e trabalhadores avulsos que lhe prestem serviços, destinadas a retribuir o trabalho [...]". E é replicada, também, em disposições da Consolidação das Leis do Trabalho (CLT),[21] especialmente nos arts. 457 e 458, que não deixam dúvidas sobre o caráter retributivo da prestação dos serviços conferidos aos salários e às remunerações, *verbis*:

> Art. 457. Compreendem-se na remuneração do empregado, para todos os efeitos legais, além do salário devido e pago diretamente pelo empregador, *como contraprestação do serviço*, as gorjetas que receber.
>
> § 1º Integram o salário a importância fixa estipulada, as gratificações legais e as comissões pagas pelo empregador." – sem grifos no original. (grifos nossos).
>
> Art. 458. Além do pagamento em dinheiro, compreende-se no salário, para todos os efeitos legais, a alimentação, habitação, vestuário ou outras prestações "in natura" que a empresa, por força do contrato ou do costume, fornece habitualmente ao empregado. Em caso algum será permitido o pagamento com bebidas alcoólicas ou drogas nocivas.

Entende-se, portanto, que o termo remuneração corresponde à retribuição dos serviços prestados pelo trabalhador ao empregador. A remuneração, dessa forma, não pode ser confundida com outras parcelas devidas por força da legislação trabalhista ou previdenciária, cuja natureza jurídica seja distinta do conceito remuneratório ou salarial.

De acordo com Arnaldo Süssekind:[22]

> Salário é a retribuição dos serviços prestados pelo empregado, por força do contrato de trabalho, sendo devido e pago diretamente pelo empregador que dele se utiliza para a realização dos fins colimados pela empresa; remuneração é a resultante da soma do salário percebido em virtude do contrato de trabalho e dos proventos auferidos de terceiros, habitualmente, pelos serviços executados por força do mesmo contrato.

Nessa esteira, o Min. Luiz Fux, no julgamento do RE 565.160/SC[23] (Tema 20 da Repercussão Geral), consignou que:

---

20. BRASIL. Lei 8.212, de 24 de julho de 1991. Dispõe sobre a organização da Seguridade Social, institui Plano de Custeio, e dá outras providências. Disponível em: https://www.planalto.gov.br/ccivil_03/leis/l8212cons.htm Acesso em: 22 jun. 2023.
21. BRASIL. Decreto-lei 5.452, de 1º de maio de 1943. Aprova a Consolidação das Leis do Trabalho. Disponível em: https://www.planalto.gov.br/ccivil_03/decreto-lei/del5452.htm Acesso em: 22 jun. 2023.
22. SÜSSEKIND, Arnaldo. *Instruções de direito do trabalho*. 19. ed. São Paulo: LTr, 2000, p. 350.
23. BRASIL. Supremo Tribunal Federal. RE 565.160/SC. Relator: Min. Marco Aurélio, 29.03.2017. Disponível em: https://portal.stf.jus.br/processos/downloadPeca.asp?id=312495199&ext=.pdf. Acesso em: 22 jun. 2023.

A base de cálculo da exação [após o advento da Emenda Constitucional 20/98] continuou sendo a mesma, qual seja: a folha de salários, assim tida como a soma dos valores pagos em retribuição à atividade laboral, desde que se revistam do requisito da habitualidade, previsto pelo § 11, do art. 201 [da Constituição da República].

Ademais, no julgamento do Tema 72 da Repercussão Geral,[24] o STF também perfilhou o mesmo entendimento, ressaltando, ainda, que qualquer incidência que transborde a regra-matriz de incidência tributária configura fonte de custeio alternativa, logo, prescinde de previsão em lei complementar, como se vê de trecho da ementa colacionado abaixo:

> [...] Por não se tratar de contraprestação pelo trabalho ou de retribuição em razão do contrato de trabalho, o salário-maternidade não se amolda ao conceito de folha de salários e demais rendimentos do trabalho pagos ou creditados, a qualquer título, à pessoa física que lhe preste serviço, mesmo sem vínculo empregatício. Como consequência, não pode compor a base de cálculo da contribuição previdenciária a cargo do empregador, não encontrando fundamento no art. 195, I, a, da Constituição. Qualquer incidência não prevista no referido dispositivo constitucional configura fonte de custeio alternativa, devendo estar prevista em lei complementar (art. 195, § 4º).

Neste sentido, se pode extrair que o conceito de remuneração consagrado pelo Direito Privado, e aproveitado pela CF/88,[25] deve ser refletido para o Direito Tributário, segundo o art. 110 do CTN.[26] Este é um exemplo típico de aplicação das regras de interpretação do dispositivo em comento quando o intérprete analisou o conceito indeterminado previsto na legislação, relativo à folha de salário.

Nesse contexto, pode-se afirmar que o § 9º do art. 28 da Lei 8.212/91,[27] embora exclua do salário de contribuição os valores suportados tanto pelo empregador quanto pelo empregado a título de vale-transporte, vale-refeição e assistência médica/odontológica, não elenca todas as verbas sobre as quais não incidem Contribuições Previdenciárias, já que qualquer verba que não se adequar ao conceito de salário de contribuição não pode ser tributada, logo, pode-se dizer que o rol descrito no dispositivo não é exaustivo, mas exemplificativo.

Significa dizer que, se o pagamento feito pela empresa ao conjunto de pessoas que lhe prestam serviços (empregatícios ou não) não tiver por objetivo remunerar o esforço do trabalho, a incidência do tributo é afastada por uma consequência lógica e natural, não sendo necessário o texto infraconstitucional especificar uma a uma, porquanto a Carta Magna já traçou a regra-matriz de incidência.

---

24. BRASIL. Supremo Tribunal Federal. RE 576.967/PR. Relator: Min. Roberto Barroso, 05/08/2020. Disponível em: https://portal.stf.jus.br/processos/downloadPeca.asp?id=15344732542&ext=.pdf. Acesso em: 22 jun. 2023.
25. BRASIL. Constituição da República Federativa do Brasil de 1988. Disponível em: https://www.planalto.gov.br/ccivil_03/constituicao/constituicao.htm Acesso em: 22 jun. 2023.
26. BRASIL. Lei 5.172, de 25 de outubro de 1966. Dispõe sobre o Sistema Tributário Nacional e institui normas gerais de direito tributário aplicáveis à União, Estados e Municípios. Disponível em: https://www.planalto.gov.br/ccivil_03/leis/l5172compilado.htm Acesso em: 22 jun. 2023.
27. BRASIL. Lei 8.212, de 24 de julho de 1991. Dispõe sobre a organização da Seguridade Social, institui Plano de Custeio, e dá outras providências. Disponível em: https://www.planalto.gov.br/ccivil_03/leis/l8212cons.htm Acesso em: 22 jun. 2023.

Resta demonstrado, assim, que a expressão "a qualquer título", constante no art. 195, I "a" da CF/88[28] e no art. 22 da Lei Federal 8.212/91,[29] há de ser conjuntada às locuções "folha de salários e demais rendimentos do trabalho" e "destinadas a retribuir o trabalho" existentes nesses mesmos dispositivos, de sorte que a exegese mais acertada em torno dessa questão é que qualquer verba que seja paga ao empregado ou ao prestador de serviços, pessoa física, fica sujeita à tributação, desde que remunere o trabalho.

Em resumo, o conceito de salário, anterior à promulgação da Constituição da República, e ao qual o Direito Tributário deve deferência por força do disposto no art. 110 do CTN,[30] pode ser considerado um exemplo de conceito jurídico indeterminado, que vem sendo interpretado pela jurisprudência pátria e pela doutrina.

O intérprete, para tentar solucionar a incidência de contribuição previdenciária sobre verbas da folha de salário, se deparou com um tipo de conceito jurídico indeterminado e se utilizou tanto do construtivismo lógico-semântico do enunciado prescritivo, como de sua discricionariedade, respeitando as regras do art. 110 do CTN.

Neste contexto, de forma resumida, o intérprete e o agente público, ao legislar sobre normas tributárias, deve respeitar as regras do artigo 110 do CTN, mesmo quando se deparar com conceito jurídico indeterminado.

De forma ainda mais restrita, o art. 111 do CTN[31] determina que a legislação tributária deve ser interpretada literalmente quando se tratar de suspensão ou exclusão do crédito tributário, outorga de isenção e dispensa do cumprimento de obrigações acessórias, sendo que, nestas hipóteses descritas no dispositivo em comento, o operador do direito não tem muita flexibilidade para interpretar. Vejamos o texto do artigo:

> Art. 111. Interpreta-se literalmente a legislação tributária que disponha sobre:
> I – suspensão ou exclusão do crédito tributário;
> II – outorga de isenção;
> III – dispensa do cumprimento de obrigações tributárias acessórias.

Neste caso, tendo em vista o texto do dispositivo acima exposto, mesmo que conste na norma conceito jurídico indeterminado, o intérprete tem sua interpretação restringida. As hipóteses do artigo limitam tanto a criação da norma, pois o legislador

---

28. BRASIL. Constituição da República Federativa do Brasil de 1988. Disponível em: https://www.planalto.gov.br/ccivil_03/constituicao/constituicao.htm Acesso em: 22 jun. 2023.
29. BRASIL. Lei 8.212, de 24 de julho de 1991. Dispõe sobre a organização da Seguridade Social, institui Plano de Custeio, e dá outras providências. Disponível em: https://www.planalto.gov.br/ccivil_03/leis/l8212cons.htm Acesso em: 22 jun. 2023.
30. BRASIL. Lei 5.172, de 25 de outubro de 1966. Dispõe sobre o Sistema Tributário Nacional e institui normas gerais de direito tributário aplicáveis à União, Estados e Municípios. Disponível em: https://www.planalto.gov.br/ccivil_03/leis/l5172compilado.htm Acesso em: 22 jun. 2023.
31. BRASIL. Lei 5.172, de 25 de outubro de 1966. Dispõe sobre o Sistema Tributário Nacional e institui normas gerais de direito tributário aplicáveis à União, Estados e Municípios. Disponível em: https://www.planalto.gov.br/ccivil_03/leis/l5172compilado.htm Acesso em: 22 jun. 2023.

deve evitar conceitos dúbios, com margem de incerteza, quanto a discricionaridade do intérprete que deve interpretá-la literalmente.

Outro ponto a ser abordado neste artigo é o caso de quando o intérprete se depara com a situação de que deve analisar imunidade tributária prevista na CF/88,[32] sendo que, conforme entendimento do E. STF, o alcance da norma que estabelece a imunidade deve ser interpretada de forma restritiva. Vejamos, a título exemplificativo, um acórdão do Pretório Excelso:

> Agravo regimental em recurso extraordinário. Tributário. Imunidade tributária do art. 150, vi, d, da cf. Abrangência. IPMF. Impossibilidade. Interpretação restritiva. Agravo improvido. *I O Supremo Tribunal Federal possui entendimento no sentido de que a imunidade tributária prevista no art. 150, VI, d, da Constituição Federal deve ser interpretada restritivamente* e que seu alcance, tratando-se de insumos destinados à impressão de livros, jornais e periódicos, estende-se, exclusivamente, a materiais que se mostrem assimiláveis ao papel, abrangendo, por consequência, os filmes e papéis fotográficos. Precedentes. II A imunidade prevista no art. 150, VI, d, da Lei Maior não abrange as operações financeiras realizadas pela agravante. III Agravo regimental improvido.[33]

Neste caso, se verifica que na hipótese de imunidade tributária para livros, revistas e periódicos prevista na CF/88,[34] deve ser interpretada restritivamente, o que, por consequência, não resta muito espaço para a aplicação da discricionariedade na hipótese de previsão no texto da norma de conceito jurídico indeterminado.

Já, em relação ao art. 112 do CTN,[35] consta a hipótese mais clara e elástica para a interpretação da norma tributária, sendo que o dispositivo prescreve que em caso de dúvida quanto à definição da infração ou da penalidade, a lei tributária deve ser interpretada de forma mais benéfica ao acusado. Vejamos:

> Art. 112. A lei tributária que define infrações, ou lhe comina penalidades, interpreta-se da maneira mais favorável ao acusado, em caso de dúvida quanto:
>
> I – à capitulação legal do fato;
>
> II – à natureza ou às circunstâncias materiais do fato, ou à natureza ou extensão dos seus efeitos;
>
> III – à autoria, imputabilidade, ou punibilidade;
>
> IV – à natureza da penalidade aplicável, ou à sua graduação.

Consta expressamente no dispositivo acima a hipótese da dúvida sobre definição de infração ou penalidade, possibilitando ao intérprete adotar uma solução favorável ao acusado.

---

32. BRASIL. Constituição da República Federativa do Brasil de 1988. Disponível em: https://www.planalto.gov.br/ccivil_03/constituicao/constituicao.htm Acesso em: 22 jun. 2023.
33. BRASIL. Supremo Tribunal Federal. RE 504.615-AgR/SP. Relator: Min. Ricardo Lewandowski, Primeira Turma, DJe de 19.05.2011.
34. BRASIL. Constituição da República Federativa do Brasil de 1988. Disponível em: https://www.planalto.gov.br/ccivil_03/constituicao/constituicao.htm Acesso em: 22 jun. 2023.
35. BRASIL. Lei 5.172, de 25 de outubro de 1966. Dispõe sobre o Sistema Tributário Nacional e institui normas gerais de direito tributário aplicáveis à União, Estados e Municípios. Disponível em: https://www.planalto.gov.br/ccivil_03/leis/l5172compilado.htm Acesso em: 22 jun. 2023.

Na opinião deste autor, no caso de dúvida, o art. 112 do CTN possibilita maior flexibilidade ao intérprete quanto à infração ou penalidade, mas isso não quer dizer que, caso conste conceitos jurídicos indeterminados no texto da norma, o julgador ou intérprete deva aplicar o entendimento mais favorável ao acusado.

Entretanto, isso não quer dizer que, toda vez que o intérprete se deparar com conceito jurídico indeterminado na norma, necessariamente deva aplicar a regra do art. 112 do CTN. Não se deve confundir dúvida quanto à subsunção do fato à norma que imputa infração ou penalidade, hipótese prevista no dispositivo em comento, com a possibilidade de interpretação do conceito jurídico indeterminado, são exercícios de hermenêutica que podem não ser necessariamente idênticos.

CONCLUSÃO

Na visão do autor, quando existe conceito jurídico indeterminado na norma, estala-se margem de apreciação ao intérprete apenas para que este efetue o processo de subsunção do fato da vida real ao conceito jurídico estimado previamente, pautado por critérios jurídicos (juízo de legalidade), onde não se interfere nenhuma manifestação de vontade pessoal do agente, e se chega à solução unicamente possível e justa (unidade de solução justa), à luz do direito.

O intérprete deve traçar sua interpretação pautado em conceitos, princípios, regras, normas e institutos previstos ou aceitos na legislação, visando sempre centrar seu foco em determinar ou unificar o conceito indeterminado, para apresentar a melhor solução à hipótese fática posta em relação ao direito e suas regras.

No caso do direito tributário, como o CTN adota o princípio da legalidade e da tipicidade cerrada nos termos dos arts. 96 e 97, o intérprete não tem grande flexibilidade para interpretar conceito jurídico indeterminado se utilizando da discricionariedade, devendo seguir as regras de interpretação do CTN para tentar enquadrar os fatos postos à análise dos conceitos, princípios e regras da legislação tributária.

Essa é a nossa singela contribuição à formulação do tema. Esperamos, destarte, oferecer argumentos que possam enriquecer, ainda mais, o debate sobre conceitos jurídicos indeterminados e interpretação no Direito Tributário.

REFERÊNCIAS

BRASIL. Lei 5.172, de 25 de outubro de 1966. Dispõe sobre o Sistema Tributário Nacional e institui normas gerais de direito tributário aplicáveis à União, Estados e Municípios. Disponível em: https://www.planalto.gov.br/ccivil_03/leis/l5172compilado.htm Acesso em: 22 jun. 2023.

BRASIL. Decreto-lei 5.452, de 1º de maio de 1943. Aprova a Consolidação das Leis do Trabalho. Disponível em: https://www.planalto.gov.br/ccivil_03/decreto-lei/del5452.htm Acesso em: 22 jun. 2023.

BRASIL. Lei 8.212, de 24 de julho de 1991. Dispõe sobre a organização da Seguridade Social, institui Plano de Custeio, e dá outras providências. Disponível em: https://www.planalto.gov.br/ccivil_03/leis/l8212cons.htm Acesso em: 22 jun. 2023.

BRASIL. Supremo Tribunal Federal. Ação Direta de Inconstitucionalidade 5.612/DF. Relator: Min. Edson Fachin, 29/05/2020. Disponível em: https://redir.stf.jus.br/paginadorpub/paginador.jsp?docTP=TP&docID=753335948 Acesso em: 22 jun. 2023.

BRASIL. Supremo Tribunal Federal. RE 565.160/SC. Relator: Min. Marco Aurélio, 29/03/2017. Disponível em: https://portal.stf.jus.br/processos/downloadPeca.asp?id=312495199&ext=.pdf. Acesso em: 22 jun. 2023.

BRASIL. Supremo Tribunal Federal. RE 576.967/PR. Relator: Min. Roberto Barroso, 05.08.2020. Disponível em: https://portal.stf.jus.br/processos/downloadPeca.asp?id=15344732542&ext=.pdf. Acesso em: 22 jun. 2023.

BRASIL. Supremo Tribunal Federal. RE 504.615-AgR/SP. Relator: Min. Ricardo Lewandowski, Primeira Turma, DJe de 19.05.2011.

CAPPELLETI, Mauro. *Controle Judicial de Constitucionalidade das Leis no Direito Comparado*. São Paulo: Editora safE 1992.

CARRIÓ, Genaro R. *Algunas Palabras Sobre Las Palabras de La Ley*. Buenos Aires: Abeledo Perrot, 1971.

CARVALHO, Raquel. *Direito Administrativo para Todos*. 2019. Disponível em: http://raquelcarvalho.com.br/2019/06/11/conceito-juridico-indeterminado-discricionariedade-ou-vinculacao/ Acesso em: 22 jun. 2023.

DIREITO DIÁRIO. *Breves considerações sobre conceitos jurídicos indeterminados*. 5 de junho de 2023. Disponível em: https://direitodiario.com.br/conceitos-juridicos-indeterminados Acesso em: 22 jun. 2023.

ENGISCH, Karl. *Introdução ao Pensamento Jurídico*. 11. ed. Fundação Calouste Gulbenkian, 2008.

FORSTHOFF, Ernest. *Tratado de Derecho Administrativo*. Madrid: Instituto de Estudios Políticos, 1958.

MAXIMILIANO, Carlos. *Hermenêutica e Aplicação do Direito*. 20. ed. São Paulo: Forense, 2011.

SOARES, Rogério. *Direito Administrativo*: lições policopiadas. Porto: UCP – Faculdade de Ciências Humanas, 1980.

SÜSSEKIND, Arnaldo. *Instruções de direito do trabalho*. 19. ed. São Paulo: LTr, 2000.

VILANOVA, Lourival. *As Estruturas Lógicas e o Sistema do Direito Positivo*. 4. ed. São Paulo: Editora Noeses, 2010.

CORREÇÃO DAS ELEIÇÕES: TEXTO HOMENAGEM A IVES GANDRA MARTINS

Janaina Conceição Paschoal
Professora Livre Docente de Direito Penal na Universidade de São Paulo. Advogada. Ex-Deputada Estadual.

Inicia-se cumprimentando os organizadores da presente coletânea, por coordenar homenagem à pessoa viva, que conta com inquestionável reconhecimento.

De fato, muito embora haja fortes indícios da natureza transcendental da vida, melhor garantir que o homenageado saiba da admiração e respeito que lhe são devotados, enquanto ainda está entre nós.

Ives Gandra da Silva Martins é voz sempre ouvida no cenário nacional, sendo suas opiniões consideradas por autoridades de todos os Poderes e espectros políticos e ideológicos.

Não são todas a ideias que unem esta eterna estudante do Direito ao merecidamente homenageado Professor; entretanto, há um dado de personalidade que nos aproxima, qual seja a capacidade de ouvir e conviver com as divergências e, não raras vezes, lutar pela própria existência de um ambiente propício ao pleno exercício do divergir.

Alguns se incomodam e até criticam os preâmbulos que o digno homenageado costuma utilizar ao questionar inquéritos e decisões dos Ministros do Supremo Tribunal Federal e até mesmo do Tribunal em seu colegiado.

Quantas vezes, em palestras e entrevistas, Professor Ives se vale de expressões de reverência típicas ao mundo do Direito... "Excelentíssimo"... "Digníssimo"... "respeitosamente"... "salvo melhor juízo"... "apesar da grande admiração"; porém, na sequência, faz críticas precisas, tanto no sentido de exatidão como no de necessidade.

O Brasil já passou por muitos momentos delicados e, infelizmente, em meados de 2023, pode-se dizer que atravessa mais um desses períodos, sendo cabível frisar que a situação se revela ainda mais preocupante, haja vista estar-se em meio à absoluta normalidade institucional.

Com efeito, os chefes dos Poderes Executivos federal, estaduais e municipais foram eleitos, conforme as regras previstas. Os parlamentares federais, estaduais e municipais foram igualmente eleitos nos termos da legislação existente e os membros do Poder Judiciário, em todas as esferas, foram empossados, segundo o estabelecido para acesso, nomeação e promoção.

Apesar dessa normalidade institucional, decisões de mérito bastante discutível vêm sendo tomadas em prejuízo à aclamada Democracia.

Nota-se que se tem adotado o cuidado de revestir todas essas decisões com roupagem de observância às normas postas, sendo certo que, se analisadas individualmente, passam a imagem de regularidade, ainda que haja reparos pontuais.

Não obstante, quando o observador atento se permite recuar um passo e olhar o cenário em seu conjunto, percebe um movimento concertado, que recai de forma diferenciada sobre os que se declaram direitistas e conservadores, sejam os mais radicais, sejam os mais moderados.

Não se incorreria na irresponsabilidade de asseverar que os direitistas e conservadores vêm sendo cerceados em completo arrepio das normas. Mas é possível dizer que o rigor normativo é aplicado com severidade diferenciada a eles, sendo múltiplos os exemplos.

1)

Os operadores do Direito Penal sabem que muitas são as causas extintivas da punibilidade e que, dentre elas, encontram-se a anistia, o indulto e a graça, também conhecida como indulto individual; sabem também que a anistia deve ser conferida por meio de lei e as duas modalidades de indulto, coletivo e individual, constituem prerrogativa presidencial.

Em oportunidades diversas, o Supremo Tribunal Federal, ainda que divergindo no mérito, reconheceu essa prerrogativa e, a fim de manter intacta a divisão dos poderes, confirmou decisões presidenciais concessivas de extinção da punibilidade. Intrigantemente, recentemente, a mesma Corte Máxima reviu tal posicionamento e reverteu a graça concedida pelo ex-Presidente Jair Bolsonaro ao ex-Deputado Daniel Silveira.

A fim de manter a mais completa fidelidade, insta consignar que a graça, indulto individual, é realmente muito excepcional no cenário nacional. Não obstante, o instituto existe, inclusive no texto constitucional, não sendo compreensível a reversão operada pelo Supremo Tribunal Federal, mormente se levadas em consideração as circunstâncias da condenação imposta ao Parlamentar, em montante muito superior àquele que seria aplicado a cidadão comum em idêntica situação.

A esse respeito, imperioso lembrar que a origem dos feitos criminais desfavoráveis ao então Deputado Federal foi um vídeo, revoltante é bem verdade, dadas as ofensas a membros do próprio Supremo Tribunal Federal, que o julgou. Porém, por mais odioso que fosse o vídeo, seu autor, detentor de imunidade parlamentar, não exorbitou o âmbito da fala, tendo sido condenado a pena próxima a nove anos de reclusão, superior à aplicada em vários casos de homicídio.

Iniciar pelo cancelamento da graça de Daniel Silveira se revela oportuno, pois, quando da concessão do perdão presidencial, fora justamente o homenageado quem organizou encontro de juristas em seu escritório. De referido encontro, resultou nota pública, evidenciando o cabimento jurídico da graça em apreço, quer pela explícita autorização constitucional, quer pela desproporcionalidade da condenação.

2)

Além da "reversão" da graça licitamente concedida, chamam atenção aposentadorias compulsórias de magistrados assumidamente mais alinhados com pautas direitistas.

Primeiramente, cumpre registrar que a autora destas linhas sempre foi avessa à ideia de aposentar magistrados que cometeram ilícitos. Para quem vende sentença, usa seu poder para deliberadamente perseguir inocentes e/ou livrar culpados, dentre outras anomalias, a aposentadoria compulsória representa prêmio e não punição, pois o indivíduo vai receber, sem trabalhar. E nem se diga que se trata de saída justa, uma vez que os magistrados mais recentes recebem apenas montantes compatíveis com suas contribuições, pois nenhum outro profissional consegue se aposentar antes da idade mínima prevista na legislação.

Feita a ressalva, impossível negar a estranheza diante, por exemplo, da aposentadoria forçada da juíza Ludmila Grilo, alegadamente por interesse público.

A princípio, a punição da jovem magistrada teria ocorrido em virtude de ela se negar a trabalhar e ter presença ativa em redes sociais. Sem acesso aos documentos que instruíram o procedimento, difícil dizer se as imputações procedem, mas é possível asseverar que muitos magistrados de ideologia esquerdistas também se manifestam nas redes, dedicam muito tempo a atividades não diretamente relacionada à jurisdicional e, apesar de uma ou outra advertência, não foram aposentados compulsoriamente.

O caso da ex-juíza ganhou publicidade, mas, no mesmo período, um outro magistrado foi também aposentado. Este, por ter questionado a sistemática das urnas eletrônicas, quem seja o Dr. Eduardo Luiz Rocha Cubas.

Visando guardar a mais absoluta transparência, nesta oportunidade, consigna-se que os posicionamentos dos julgadores punidos se revelam mesmo exagerados aos olhos desta cidadã que vos escreve; porém, as ideias dos ex-juízes não são mais excêntricas que as de magistrados que, há décadas, fazem ativismo para a legalização do aborto, das drogas, da exploração da prostituição, dentre outros posicionamentos polêmicos, mas aceitos pela alta cúpula do Poder Judiciário, por serem progressistas.

Nesse contexto, intrigam as punições impostas de forma célere e, salvo melhor juízo, pouco fundamentada, preocupando o fato de essas "verdadeiras cassações" ocorrerem logo após às eleições.

3)

Com efeito, o pleito de 2022 se desenvolveu envolto em clima de divisão, que findou por asfixiar forças moderadas. Como resultado, a esquerda voltou ao poder central e, como não poderia deixar de ser em uma sociedade plural, os Poderes Legislativos mantiveram o perfil multifacetado, prevalecendo, ao ver dos formadores de opinião, uma orientação de centro-direita.

Não obstante, ao que parece, por meio de decisões polêmicas, a Justiça Eleitoral começa a "corrigir" esse resultado, no que concerne aos Parlamentares. Vejamos.

Concorde-se ou não com as cotas para mulheres e negros, fato é que a regra existe e vale para todos os partidos, enquanto não advier a questionável anistia que vem sendo gestada no Congresso Nacional.

Infelizmente, também é fato que todas as siglas partidárias, independentemente de cor ideológica, se furtam do necessário e importante trabalho de identificar mulheres e negros com aptidão para a Política e até mesmo de formar esses quadros, deixando para "correr atrás" de potenciais candidatos nos minutos finais do prazo. Ocorre que as sanções mais drásticas a esse reprovável comportamento, salvo melhor juízo, têm recaído apenas sobre bancadas consideradas de centro-direita.

A título de exemplo, cita-se a cassação do mandato de uma bancada inteira de Deputados Estaduais eleitos para a Assembleia Legislativa do Ceará, pelo Partido Liberal (PL), sob a imputação de que teria havido uma candidata lançada a sua revelia, indicando fraude.

Ora, se houve problemas em torno de uma candidatura, que se apliquem multas, ainda que pesadas, à sigla. A depender das peculiaridades do caso, que se declarem inelegíveis os candidatos diretamente envolvidos e, no limite, que se afastem os dirigentes responsáveis pela alegada fraude.

Em um Estado verdadeiramente Democrático de Direito, não há respaldo para punir objetivamente cidadãos que não tiveram participação direta no ilícito.

O mais curioso desse episódio reside na constatação de que o Partido Liberal (PL) elegeu duas mulheres, que findaram cassadas para dar lugar a homens, em afronta à própria teleologia da norma alegadamente violada.

Como se não bastasse, há notícias várias indicando que outros Parlamentares, à direita, sofrem investigações por supostas irregularidades em suas prestações de contas e/ou por postagens consideradas excessivas em suas redes sociais. Quando olhadas atentamente, todas as pretensas ilicitudes são de pequena monta, se comparadas a situações já levantadas relativamente a quadros de esquerda, que jamais tiveram sequer a possibilidade de cassação ventilada.

Até mesmo a inelegibilidade de Jair Bolsonaro gera perplexidade àqueles que acompanharam, no detalhe, o julgamento da chapa Dilma/Temer, mas a discussão exigiria um texto apartado.

4)

Na esteira dessa pretensa correção do resultado das eleições, causa espécie a cassação do mandato do ex-Procurador da Lava Jato, Deltan Dallagnol, mediante decisão do Egrégio Tribunal Superior Eleitoral, com fulcro em interpretação extensiva em prejuízo de cidadão eleito Deputado Federal, com a maior votação do Estado do Paraná.

Muitas são as particularidades que assustam na decisão. Vejamos.

Primeiramente, cumpre consignar que o Deputado cassado chegou a alegar a suposta suspeição do Ministro Relator, que teria tido seu nome mencionado no âmbito da

Operação Lava Jato, liderada pelo Parlamentar cassado, quando ainda era Procurador da República.

Salvo melhor juízo, tal alegação defensiva fora completamente desconsiderada, valendo ressaltar que o ex-Procurador já está sendo criminalmente investigado pelas duras críticas feitas à própria cassação.

O histórico da Justiça Eleitoral revela o cuidado em preservar a vontade popular e a busca de punir eventuais desvios com sanções alternativas à perda de mandato e à inelegibilidade, cabendo frisar que esse tipo de cautela norteou a análise de casos concernentes a comportamentos inegavelmente reprováveis, mormente por envolverem dinheiros públicos.

Pois bem, eis que a mesma Justiça Eleitoral inverte essa lógica, justamente ao avaliar questionamento formulado pela esquerda, relativamente a um quadro conservador, que ganhou notoriedade graças à necessária luta contra corrupção. E essa inversão não ocorreu por se ter constatado qualquer relação do Parlamentar cassado com o desvio ou recebimento indevido de valores. Ao contrário! Deltan Dallagnol foi cassado, alegadamente por ter desrespeitado a lei da ficha limpa, sem ter afrontado quaisquer dispositivos de referido diploma legal.

A leitura do voto do Ministro Relator, rapidamente corroborado pela íntegra dos magistrados da Corte Superior Eleitoral, mostra com clareza que o Deputado Federal foi considerado ficha suja, por ter pedido exoneração de seu cargo de Procurador da República, antes da data limite prevista pela legislação eleitoral, tendo o julgador presumido que assim procedera com o objetivo de "fugir" de processos administrativos que poderiam vir a ser instaurados, haja vista a existência de representações contra si.

Nesse voto condutor, o magistrado relator chegou a asseverar que outro Procurador da República, também integrante da Lava Jato, já havia sido condenado à perda do cargo de Procurador, inferindo daí, que o Deputado Federal, ao se exonerar antecipadamente, desejava se furtar de idêntico destino.

Intriga constatar que o mandato de um Parlamentar, eleito com elevada representatividade em seu Estado, fora retirado com base na presunção de que ele teria se exonerado antes do prazo, para fugir de processos administrativos que ainda não existiam, mas que o Relator assumiu que se instaurariam; trata-se, por conseguinte, de uma ilação na ilação.

Mas o teratológico não se limita a essa série de presunções, pois os procedimentos preparatórios em desfavor do então Procurador da República eram de levíssima reprovabilidade, pois nenhum versava sobre atos equiparáveis à corrupção ou peculato. Diziam respeito a críticas feitas a superiores e a reclamações de pessoas investigadas ou processadas, no bojo da Operação Lava Jato. Ademais, mesmo a demissão do outro Procurador da República, trazida à colação, ocorreu em virtude de o então integrante do "Parquet" ter financiado um "outdoor" em homenagem à Força Tarefa, comportamento infantil, é verdade, mas em nada criminoso.

Em interpretação salvacionista da surpreendente decisão do Tribunal Superior Eleitoral, juristas críticos à Lava Jato têm asseverado que a doutrina equipara procedimentos a processos, sendo possível representações e sindicâncias contrárias ao Deputado o tornarem inelegível. Deixam de informar, entretanto, que essa aproximação costuma ser feita para que os direitos e garantias concernentes aos processos sejam também aplicados aos procedimentos. Trata-se, portanto, de analogia admissível quando favorável ao imputado e não o contrário, como ocorrera.

Independentemente das discussões jurídicas, a favor ou contra à inovadora decisão, resta a sensação de que o sistema se reorganizou para dar um duro recado àqueles que ousaram se levantar contra seus inegáveis desvios. Nesse sentido, não é excessivo lembrar que as condenações obtidas com fulcro nas apurações da Lava Jato seguem sendo anuladas por alegadas improbidades formais, jamais por questões de mérito!

Aliás, esse fato reforça o sentimento de que os Tribunais Superiores são extremamente rigorosos com a análise da forma para exculpar os alvos da Lava Jato, mas não se importam tanto com os rigores formais, quando é para punir seus principais atores, em clara mensagem para jovens policiais, magistrados e membros do Ministério Público pensarem bem, antes de enfrentar alguém muito poderoso. Nessa onda, que parece ainda não estar no fim, já se fala abertamente na alta probabilidade de o Senador Sérgio Moro também acabar cassado.

A decisão do Tribunal Superior Eleitoral foi corroborada pela Mesa da Câmara dos Deputados e pelo Supremo Tribunal Federal, que rapidamente passou a analisar qual Deputado "não eleito" assumiria o cargo do Deputado eleito e cassado.

5)

Como já dito, as eleições de 2022 foram muito polarizadas e, talvez em razão dessa deletéria polarização, o pós-eleição tem sugerido um movimento que parece ser de reescrita da História.

A fim de enxergar esse tal movimento, importante ter em mente que as eleições de 2018 consagraram dois conjuntos de valores, um deles pode ser classificado como conservador e o outro de depuração, firmemente marcado pela Operação Lava Jato e seus ícones.

Foge ao âmago deste texto-homenagem buscar culpados pelos retrocessos ora vivenciados, até porque, aparentemente, neste ponto, homenageado e homenageante divergem. O que importa é mostrar que há indícios de estar em curso um processo de revanche.

Com efeito, para além da já consagrada cassação de Deltan Dallagnol e de já se alardear a cassação de Sérgio Moro, o Conselho Nacional de Justiça instaurou correição na 13ª Vara Federal de Curitiba e na 8ª Turma do Tribunal Regional Federal da 4ª Região, competente para julgar os feitos referentes à Operação Lava Jato. Trata-se de correição extraordinária, em um primeiro momento, alicerçada no elevado número de reclamações feitas, relativamente às decisões dos magistrados de primeira instância e dos julgadores do segundo grau.

Parece natural que Operação que recaíra sobre as mais poderosas figuras dos últimos tempos tenha ensejado representações diversas, gerando estranheza a rapidez com que os fatos estão sendo revistos, transformando investigados, processados e condenados em vítimas de tortura psicológica; e investigadores, acusadores e julgadores em criminosos, não sendo raras as menções a possíveis prisões.

Ao externar o estranhamento diante desse movimento de inversão, não se está avalizando os endeusamentos havidos à época áurea da Operação Lava Jato. Em vários momentos, a autora da presente divergiu publicamente de decisões e propostas dos principais nomes da Força Tarefa. Diversas foram as oportunidades em que alertou para o erro de equiparar o ex-juiz Sérgio Moro ao Super Homem, por exemplo.

Ocorre que essas críticas pontuais não podem infirmar o importante trabalho realizado, sendo certo que todas as anulações se deram com base nas supostas incompetência e parcialidade de magistrado, cujas decisões foram debatidas à exaustão ao longo de cinco anos, em todas as instâncias, inclusive no próprio Supremo Tribunal Federal.

É bem verdade que surgiram pessoas alegando terem sido obrigadas a colaborar, ou mesmo a funcionar como agentes infiltrados. Por óbvio, todos os relatos merecem ser apurados, mas chama atenção o fato de jamais falarem em confecção de provas ou atribuição de responsabilidades por fatos inexistentes. O mérito das imputações e condenações jamais fora discutido, talvez por não haver argumentos para tanto.

Também assusta a tranquilidade com que aqueles que aplaudem a anulação das condenações obtidas pela Operação Lava Jato defendem usar os diálogos da assim chamada Vaza Jato, com o fim de incriminar Juízes e Procuradores da República.

Com efeito, a partir da anulação das condenações do Presidente Luiz Ignácio Lula da Silva, com argumentos refutados pela própria Suprema Corte, ao longo de cinco anos de intensos debates judiciais, vários outros feitos foram invalidados, beneficiando agentes que jamais enfrentaram o mérito das acusações a si atribuídas. Paralelamente a essas anulações, o mesmo Supremo Tribunal Federal vem dando sinais de que considerará provas válidas diálogos entre membros da força tarefa, sabidamente hackeados.

> O Tribunal, por unanimidade, referendou a decisão que deferiu a liminar, com fulcro no art. 5º, § 1º, da Lei 9.882/99, nos exatos termos requeridos na inicial, para determinar a preservação do material probatório já colhido no bojo da Operação Spoofing e eventuais procedimentos correlatos até o julgamento final desta ADPF, com determinação de remessa de cópia do inteiro teor do inquérito relativo à referida operação, incluindo-se as provas acostadas, as já produzidas e todos os atos subsequentes que venham a ser praticados e de que todos esses elementos deverão ser acostados aos autos em apenso, que tramitará sob segredo de justiça, nos termos do voto do Relator. Plenário, Sessão Virtual de 02.06.2023 a 12.06.2023 (ADPF 605/DF, Pleno, Rel. Ministro Dias Toffoli, disponível em: https://portal.stf.jus.br/processos/detalhe.asp?incidente=5739926).

Ora, se o rigor formal é tal, que justifica anular condenações por fatos jamais negados, não se pode compreender o pleito de que acusadores e julgadores sejam severamente punidos, com fulcro em comunicação vazada.

A reforçar esse desencontro de linhas decisórias, consigna-se que, no interregno de alguns dias, o mesmo Supremo Tribunal Federal que determinou a preservação dos diálogos hackeados, e publicados pelo Intercept, anulou a apreensão de mais de seiscentos quilos de cocaína, por falta de mandado judicial (RE 1393424-RJ, Rel. Min. Edson Fachin, Rel. do acórdão Min. Nunes Marques, j. 05.06.2023, disponível em: https://portal.stf.jus.br/processos/detalhe.asp?incidente=6446474).

Muito embora não comungue de uma visão excessivamente processualista da Justiça Criminal, a homenageante tem consciência da tendência de a forma, literalmente, suplantar o mérito. No entanto, a coerência é um imperativo! Os princípios adotados haveriam de valer para todos os lados! Alimenta o sentimento de que está em curso uma espécie de vingança o fato de a inobservância da forma se dar justamente em prejuízo daqueles que protagonizaram a importante luta contra corrupção neste País.

6)
O retrocesso não se apresenta apenas no âmbito desse processo de depuração. A autonomia e as liberdades seguem sendo cerceadas, por se manterem abertos, em andamento, e em constante alargamento, aqueles que foram batizados por Inquérito das Fake News e Inquérito dos Atos Antidemocráticos, os quais, excluindo raras exceções (PCO, por exemplo), recaem sobre direitistas.

O homenageado, corretamente, vem alertando para a insustentabilidade de inquéritos de natureza penal sobreviverem, indefinidamente, com a inclusão de fatos ocorridos muito tempo depois de sua instalação, com naturezas muito diversas das que inicialmente ensejaram as apurações, que são questionadas e questionáveis, desde a origem.

A maior prova de que esses inquéritos existem para manter os quadros de direita, e somente eles, diuturnamente, sob tensão e controle é o fato de o Presidente Lula ter recebido Nicolas Maduro, em cerimônia com pompas jamais ofertadas a outro Chefe de Estado, dizendo em alto e bom tom que a Venezuela seria uma Democracia e que os muitos crimes contrários à humanidade, constatados por líderes de direita e de esquerda, bem como pelas mais altas autoridades internacionais, seriam meras narrativas, sem que nenhum membro da Procuradoria Geral da República ou Ministro do Supremo Tribunal Federal tenha sequer ventilado a hipótese de incluí-lo em qualquer dos dois inquéritos, havendo elementos para tanto.

Aliás, vale lembrar que os representantes de esquerda costumam bradar com a maior naturalidade que Venezuela, Cuba e Nicaragua, onde persistem ditaduras sangrentas, seriam democracias. Mas apenas os representantes de direita têm suas redes cerceadas, quando alguma ideia equivocada, ou considerada equivocada, é por eles defendida.

Reforça o quadro toda a pressão feita por partidos de esquerda e por membros do próprio Governo Federal para aprovar o tal projeto das "Fake News" (PL 2630/20), regulamentando as redes sociais, chamadas, inclusive, para reunião em que o Ministro da Justiça disse que o período de liberdades teria acabado.

Muito embora o projeto em apreço seja bastante amplo, versando sobre os mais diversos aspectos, como a remuneração de artistas por direitos autorais e conexos, bem como de veículos convencionais de Imprensa, impondo uma série de obrigações hoje inexistentes às plataformas, que poderão ficar instigadas a abandonar o território nacional, a bem da verdade, em muitas oportunidades, as próprias plataformas já se encarregaram de excluir materiais. Coincidência, ou não, em regra, as postagens derrubadas eram de autoria de direitistas ou simpatizantes.

Na pandemia, por exemplo, quaisquer publicações que ousassem mencionar efeitos colaterais das vacinas, ou mesmo questionar as muitas doses de reforço, eram imediatamente excluídas, sendo relevante mencionar que, recentemente, o próprio controlador do Facebook admitiu ter havido censura durante a pandemia, com a prematura exclusão de conteúdos que, com o passar do tempo, se revelaram verdadeiros.

Na esteira desse processo de calar o pensamento divergente, recentemente, a Associação Médicos pela Vida sofreu condenação pesada, em virtude de ter defendido o que ficou conhecido como tratamento precoce, que nada mais é que medicar o doente, tão logo apareçam os sintomas da Covid 19, como se procede com qualquer outra doença.

Essa indefinida identidade "Fake News" vem sendo entoada para, nas mais diversas frentes, calar, neutralizar e atemorizar os apoiadores das ideias de direita, sendo relevante ressaltar que não se trata dos apoiadores do político A, ou do político B, mas daqueles que comungam pensamentos considerados insuportáveis para os formadores de opinião dominantes. Seus conteúdos são derrubados das redes, na autocontenção das plataformas digitais, a esquerda busca aprovar projeto autoritário que, ao responsabilizar as plataformas, findará por cercear ainda mais profundamente os direitistas e, como se não bastasse, sempre há a ameaça de ser incluso nos inquéritos sem fim, ainda que por simples críticas.

Os temas condensados nestas páginas são complexos e, se desdobrados, cada um renderia uma dissertação de mestrado.

Ao reuni-los em uma única abordagem, pode-se incorrer em dois erros: o da excessiva simplificação, que resulta na incapacidade de transmitir a gravidade que se quer passar ou, ao contrário, incutir alerta que se aproxima de uma verdadeira teoria da conspiração.

Ocorre que, como dito, o País saiu da eleição dividido, por longo período, os apoiadores do líder derrotado ouviram que o sistema estaria todo alinhado para retirá-los do poder e calá-los, ainda que subvertendo a lei.

Logo que eleito, o atual Presidente fez um discurso de união, de quem desejava governar para todos. Rapidamente, entretanto, externou desejo de vingança e, ainda que por meio de decisões não diretamente tomadas por si, ou por seus subordinados, as várias ocorrências antes assinaladas passam mesmo essa sensação.

O sentimento de que políticos e pensadores de direita estão sendo retirados do debate público, no lugar de fortalecer a Democracia, acirra as cisões.

Desse modo, correndo o risco de recair em algum dos dois pecados antes anunciados, toma-se a liberdade de chamar atenção para o quadro de aparente perseguição que se vem desenhando e rogar que as autoridades do momento percebam o erro que estão cometendo. Os direitistas, submetidos a feitos eleitorais, criminais e administrativos, por ações e omissões quase neutras, não pedem privilégios; rogam apenas que se lhes confira idêntico tratamento devotado aos defensores e apoiadores da esquerda.

O homenageado, ele próprio, às vésperas do fechamento do presente texto, vivenciou essa disparidade de tratamento, haja vista ter respondido, em algum momento de sua intensa vida acadêmica à consulta formulado por aluno que, posteriormente, veio a encaminhar suas considerações a um assessor próximo do ex-Presidente Bolsonaro. A Imprensa, primordialmente simpática às causas esquerdistas, não tardou em atribuir ao digno Professor o estigma de conferir base jurídica a um suposto golpe, que jamais sequer foi tentado, na medida em que o ex-Presidente entregou seu cargo antes mesmo do término oficial do mandato, viajando para os Estados Unidos, onde permaneceu pelos primeiros meses do terceiro mandato do Presidente Luís Ignácio Lula da Silva.

Acerca desse episódio em torno da consulta feita o homenageado, imperioso destacar que, diariamente, na Política, na Imprensa e nas Universidades, Juristas e Intelectuais de esquerda se manifestam acerca dos temas mais polêmicos, como são a legalização do aborto, a venda de drogas, a exploração da prostituição, sendo sempre respeitados em sua liberdade de cátedra.

7)

No que concerne às invasões e depredações do 08 de janeiro, salvo melhor juízo, resta temerário falar em golpe, ainda que tentado. Não obstante, a Comissão Parlamentar Mista de Inquérito está em curso, em flagrante desvantagem para a Oposição, muito embora se trate de instrumento da minoria.

Igualmente, os feitos criminais decorrentes dos ataques às sedes dos Três Poderes estão em andamento, com fulcro em acusações e decisões genéricas e coletivas, ao arrepio dos princípios norteadores do Direito Penal em um Estado Democrático de Direito e em contradição com as muitas anulações que, como visto, vêm sendo prolatadas pela própria Suprema Corte.

Por mais que esta homenageante não comungue do estilo dos apoiadores do ex--Presidente e, por óbvio, por mais que abomine os ataques do dia 08 de janeiro, fato é que esse estado de coisas, como já consignado, só reforça a indesejável separação na nação, que precisa e merece ser reconstruída. A força, muitas vezes, é necessária, mas quando utilizada sem justificativa ou desproporcionalmente, pode ter efeitos contrários aos almejados.

Pela velocidade na ocorrência dos fatos abordados neste breve texto-homenagem, muito provavelmente, quando lido, já estará ultrapassado! Oxalá o viés obsoleto se dê pela reversão da tendência ora apontada e não pelo acirramento da imposição de uma única visão de mundo.

O homenageado, sem sombra de dúvidas, é um otimista, um apaixonado pelo Brasil. A signatária assim também se classifica. Acreditamos na liberdade, na Democracia, na troca de ideias, tanto no sentido de diálogo, como no de mudança propriamente dita.

Crentes em Deus, no País e nas pessoas, cumpre pedir que os detentores de poder percebam que apesar de algumas medidas até se explicarem com base na noção de Democracia Militante, de há muito, já se avançou o sinal e é passada a hora de recuar, pois não existe Democracia real com a asfixia do divergente.

FEDERALISMO FISCAL, PARTILHA DE RECURSOS E FUNDOS DE PARTICIPAÇÃO: A DEPENDÊNCIA DE RECURSOS E A RIGIDEZ NO SISTEMA

José Mauricio Conti

Livre-docente, Doutor e Mestre em Direito Financeiro pela USP. Bacharel em Direito e Economia pela USP. Professor de Direito Financeiro na USP.

Sumário: Considerações introdutórias – 1. Federalismo e autonomia financeira – 2. Evolução histórica da autonomia financeira – 3. Os fundos e as transferências intergovernamentais – Considerações Finais – Referências.

CONSIDERAÇÕES INTRODUTÓRIAS

A construção de uma organização de um Estado na forma federativa é extremamente complexa, sendo difícil atingir um equilíbrio próximo do ideal.

Necessária em muitos casos, como aqueles de grande extensão territorial – caso do Brasil, a organização federativa é fundamental para assegurar maior eficiência na atuação do Estado, democratização nas decisões e mais justa distribuição dos recursos públicos.

Essas dificuldades se acentuam no âmbito das finanças públicas, fazendo do federalismo fiscal um tema de debates permanentes, que envolve aspectos estruturais do Estado, como a distribuição das competências tributárias, partilha dos recursos, sem contar a alocação das atribuições para executar as políticas públicas e demais atos geradores de despesas para o ente federado.

O Prof. Ives Gandra da Silva Martins, com sua notória dedicação ao direito tributário, estendeu sua colaboração acadêmica para outras áreas do direito, como o direito constitucional e também financeiro, sem contar outras áreas, sendo a referência de todos conhecida no mundo do Direito. Colaborou decisivamente em momentos fundamentais da história do nosso Direito, como a construção do texto da atual Constituição, pelas opiniões e ativas participações durante a Assembleia Nacional Constituinte. O Direito brasileiro deve muito a Ives Gandra da Silva Martins, e seu testemunho sempre lúcido da história permite que possamos compreender e aperfeiçoar nosso ordenamento jurídico, com destaque para a o direito financeiro, área à qual me dedico há praticamente trinta anos.

Neste texto[1] destacarei um pequeno aspecto do direito financeiro, ao tratar das partilhas de recursos por meio dos fundos de participação. Um instrumento do fede-

---

1. Baseado em vários textos anteriores de minha autoria, especialmente os livros "Federalismo fiscal e fundos de participação" (ed. Juarez de Oliveira, 2001), "Levando o Direito Financeiro a Sério" (ed. Blucher, 2019), e "A luta pelo Direito Financeiro" (ed. Blucher, 2022), além de outros.

ralismo fiscal brasileiro essencial para o funcionamento da nossa federação, cada vez mais relevante para garantir a autonomia financeira dos entes federados.

A partilha de recursos por fundos de repartição tem se mostrado um instrumento fundamental e ainda pouco explorado no âmbito do Direito, por ser capaz de promover realocação mais justa, adequada e flexível dos recursos, com segurança jurídica para as transferências, permitindo a cada ente federados manter suas despesas e realizar seus investimentos sem necessidade de depender de transferências voluntárias.

A importância desse instrumento é de tal forma significativa, que qualquer alteração provoca fortes reações dos envolvidos, demonstrando, nesse ponto, a rigidez que de fato assume o sistema, e a consequente dificuldade em alterá-lo. Uma das razões que sempre foi determinante para criar entraves a reformas do sistema tributário, e uma demonstração que as alcunhadas "reformas tributárias" são, na verdade, "reformas fiscais", tendo em vista a importância das partilhas e transferências – objeto de estudo do direito financeiro.

Algumas questões, como as destacadas nesse texto, evidenciarão esses fatos, ressaltando aspectos da partilha de recursos por meio dos fundos de participação que deixam clara a rigidez que o sistema assumiu, em função da importância que esses recursos representam para as finanças dos entes federados.

De início, algumas noções fundamentais de federalismo fiscal, autonomia financeira e características dos fundos de participação serão necessárias para a melhor conceituação e contextualização do tema.

1. FEDERALISMO E AUTONOMIA FINANCEIRA

O Federalismo, nas palavras de Sampaio Dória, é "a fórmula histórico-programática de com posição política que permita harmonizar a coexistência, sobre idêntico território, de duas ou mais ordens de poderes autônomos, em suas respectivas esferas de competência".[2] Quando diversas coletividades regionais se unem na formação de um único Estado, pressupõe-se a existência de um governo central, que exerça o poder soberano, ou seja, o poder máximo, acima do qual não se admita existir qualquer outro. As entidades descentralizadas, por sua vez, abdicam de uma parcela de poder em favor do poder soberano, sem que com isto fiquem totalmente submetidas ao poder central, haja vista conservarem também outra parcela de poder, conforme as diretrizes estabelecidas pela Constituição, mantendo, assim, a chamada "autonomia", cujos principais desdobramentos (autonomia política, administrativa e financeira) serão analisados a seguir.

A organização do Estado na forma federativa importa na criação de entidades autônomas, que, para cumprirem suas funções constitucionalmente delimitadas, dependem de recursos próprios para tanto. Imprescindível, portanto, para a manutenção desta forma de organização do Estado, que se assegure *autonomia financeira* das entidades

---

2. DÓRIA, Antonio R. Sampaio. *Discriminação de rendas tributárias*. São Paulo: José Bushatsky Editor, 1972.

que compõem a federação. Devem estas entidades, pois, dispor de fontes de recursos próprias e constitucionalmente asseguradas. Não é exagero dizer ser ela quem garante a sobrevivência da federação. Sem recursos para se manter, as entidades federadas estão fadadas ao fracasso. Não poderão exercer as funções que lhe competem, e passarão a depender do poder central para financiar suas atividades, circunstância que aniquila todo e qualquer poder autônomo que se lhes atribua. A doutrina é uníssona quanto a isto. Assim é que, modernamente, tanto Estados-membros quanto Municípios são dotados de fontes próprias de arrecadação, com o os tributos de sua competência, bem com o de fontes indiretas de arrecadação, garantidas por norma constitucional, com o é o caso das diversas formas de transferências constitucionais, entre as quais se encontram os Fundos de Participação.

Assim, há, como já mencionado, duas formas de assegurar a autonomia financeira: a primeira é a *atribuição de competência para a instituição de tributos;* outra *são as transferências intergovernamentais* asseguradas pelo texto constitucional, com cláusulas que assegurem o fiel cumprimento deste dispositivo. As fontes de receitas atribuídas às entidades da Federação, incluindo a competência tributária e as transferências intergovernamentais, são aspectos fundamentais – determinantes até – do federalismo. Não se concebe a existência de entidades federadas sem que lhes sejam asseguradas receitas que permitam fazer frente às suas necessidades, e, por conseguinte, manter sua autonomia.

2. EVOLUÇÃO HISTÓRICA DA AUTONOMIA FINANCEIRA

Na Constituição Política do Império, de 25 de março de 1824, o Brasil era um Estado Unitário Monárquico, e não havia discriminação de receitas para as entidades administrativas descentralizadas, como as províncias e as comunas.

A Constituição de 24 de fevereiro de 1891 instituiu a República dos Estados Unidos do Brasil, organizando territorialmente o Estado na forma federativa. A autonomia das entidades federadas, no caso os Estados-membros, passa a ser elemento indispensável à manutenção desta forma de organização do poder. Surgem as primeiras foram as expressas de repartição de receitas tributárias.

A Constituição de 1934 trouxe como inovação a outorga de competência tributária aos Municípios, de modo que não só a União e os Estados, mas também os Municípios passaram a ter receitas próprias oriundas de tributos exclusivos. Na Constituição de 1934 aparecem também as transferências intergovernamentais automáticas, de modo que, além das fontes próprias de receita, há também a participação na receita alheia, identificando-se assim, desde esta época, a adoção de um sistema misto de repartição de receitas. O art. 8º, § 2º, estabelecia que "o imposto de indústrias e profissões será lançado pelo Estado e arrecadado pelo Município em partes iguais". O art. 1º, parágrafo único, determinava ainda que os impostos criados no exercício da competência residual, pela União ou pelos Estados, teriam sua arrecadação partilhada entre as três esferas de governo. Houve poucas alterações com a promulgação da Constituição de 1937. Manteve-se o sistema misto de repartição de receitas, com tributos exclusivos para as três esferas de governo e transferências intergovernamentais.

Já a Constituição de 1946, que manteve o sistema misto, com tributos exclusivos para as três esferas de governo, trouxe incremento no sistema de transferências intergovernamentais.

Embora os referidos registros de previsões constitucionais de partilhas de receitas tributárias na Constituição de 1937 (art. 20) e de 1946 (art. 15), os Fundos de Participação ora referidos, na forma atual, surgiram com a Emenda Constitucional 18, de 1965.

Em 1967 sobreveio outra Constituição, promulgada em 24 de janeiro. Surgem novas alterações, mas sem mudar significativamente a estrutura então existente. Deu-se nova redação ao art. 26 da Constituição, estabelecendo-se que, do produto da arrecadação dos impostos sobre a renda e sobre produtos industrializados, 12% (doze por cento) distribuir-se-ia da seguinte forma: a) 5% (cinco por cento) ao Fundo de Participação dos Estados, do Distrito Federal e dos Municípios; b) 5% (cinco por cento) ao Fundo de Participação dos Municípios; e c) 2% (dois por cento) a Fundo Especial. Houve, pois, uma redução do repasse aos fundos de participação e a criação do Fundo Especial.

O sistema hoje vigente de repartição de receitas tributárias no Brasil prevê, além dos tributos exclusivos para cada uma das esferas de governo, os dois tipos de participação na arrecadação: *direta* e *indireta*. Adota, por conseguinte, o sistema misto, acolhido na maioria dos Estados modernos. Prevê também a Constituição diversas formas de participação indireta. As participações indiretas ocorrem por meio da criação de fundos.

3. OS FUNDOS E AS TRANSFERÊNCIAS INTERGOVERNAMENTAIS

Há vários fundos previstos expressamente na Constituição Federal e, além destes, inúmeros outros criados pela legislação infraconstitucional. O art. 165, § 9º, da Constituição, atribui à lei complementar competência para "estabelecer normas de gestão financeira e patrimonial da administração direta e indireta, bem como condições para a instituição e funcionamento de fundos". No ordenamento jurídico vigente no Brasil, a participação indireta é constitucionalmente prevista e vem basicamente delineada no art. 159, que já prevê os dois principais fundos: *O Fundo de Participação dos Estados e Distrito Federal e o Fundo de Participação dos Municípios*. As transferências intergovernamentais oriundas destes Fundos têm natureza obrigatória, ou seja, não se vinculam a programas governamentais específicos cuja operacionalização fique sujeita a decisão de autoridade para se efetivar.

O principal instrumento para garantia da autonomia financeira dos Estados-membros de nossa federação é o *Fundo de Participação dos Estados e do Distrito Federal (FPE)*. A Constituição Federal (artigo 159, inciso I, alínea "a") reserva 21,5% da arrecadação do Imposto de Renda e proventos de qualquer natureza e do Imposto sobre Produtos Industrializados para os estados e o Distrito Federal, por meio do Fundo de Participação dos Estados (FPE). Entretanto, a densificação do comando constitucional depende da edição de Lei Complementar, responsável pela operacionalização do Fundo e definição dos critérios de partilha.

A finalidade dos fundos é dupla: descentralizar receitas, transferindo-as do governo central para os governos estaduais (equilíbrio vertical) e dos estados mais desenvolvidos para os mais carentes (equilíbrio horizontal), fazendo com que recebam recursos que, por si mesmos, não poderiam arrecadar, dadas as suas estreitas bases tributárias. O objetivo de "promover o equilíbrio socioeconômico entre estados" está expressamente previsto no artigo 161, inciso II, do texto constitucional". Assim, por meio da repartição do produto da arrecadação, muitas ineficiências são eliminadas, e abre-se a oportunidade de se introduzirem critérios de redistribuição de recursos que podem ser úteis para aperfeiçoar o sistema de partilha e eliminar desigualdades e desequilíbrios diversos, garantindo a autonomia financeira dos entes federados, com mais equidade e eficiência, corrigindo-se os desequilíbrios verticais e horizontais existentes na Federação.

Desde 1989, as regras para o cálculo do montante individual a ser repassado a cada estado-membro e ao Distrito Federal estavam previstas na Lei Complementar 62/1989. Em suma, 85% (oitenta e cinco por cento) dos recursos eram destinados às Unidades da Federação integrantes das regiões Norte, Nordeste e Centro-Oeste; e 15% (quinze por cento) às Unidades da Federação integrantes das regiões Sul e Sudeste. Entretanto, pela fórmula de rateio estabelecida, os governadores do Rio Grande do Sul, Paraná, Santa Catarina (ADI 875) e Mato Grosso do Sul (ADI 2727 e 3243) levaram a questão até o STF (Supremo Tribunal Federal), pela via do controle abstrato.

Em 24 de fevereiro de 2010, o Supremo Tribunal Federal, acolhendo voto do relator, ministro Gilmar Mendes, julgou procedentes as ações para declarar a inconstitucionalidade do artigo 2º, incisos I e II, parágrafo 1º, 2º e 3º, e do Anexo Único, da Lei Complementar 62/1989. A decisão adotou, no entanto, a técnica da declaração de inconstitucionalidade sem a pronúncia da nulidade e assegurou a aplicação da lei até 31 de dezembro de 2012.

A nova lei (Lei Complementar 143/2013) só veio a ser editada em 18 de julho de 2013, meses após expirar o prazo fixado pelo STF. Os repasses, no entanto, não chegaram a ser interrompidos, uma vez que, em 24 de janeiro de 2013, liminar deferida pelo ministro Ricardo Lewandowski, na ADO 23, no exercício da presidência, garantiu a continuidade da transferência dos recursos para os estados e o Distrito Federal, em conformidade com os critérios anteriormente vigentes, por mais 150 dias.

Em agosto de 2013, foi a vez desta lei complementar também ser objeto de impugnação no STF. Na ADI 5.069, de relatoria da ministra Carmen Lúcia, o governador de Alagoas ataca parte das modificações que a LC 143/2013 procedeu na Lei Complementar 62/1989. Os fundamentos jurídicos utilizados na ação – os artigos 3º, III; 161, II; e 171, VII, da Constituição Federal – dialogam com aqueles que justificaram a declaração de inconstitucionalidade da legislação anterior pelo STF. Aponta-se, em suma, que a nova lei renovou, até 31 de dezembro de 2015, a vigência dos coeficientes individuais já declarados inconstitucionais pelo Supremo (artigo 2º, inciso I), no julgamento da ADI

875, e acabou por transformá-los em piso para os repasses, a partir de 2016 (artigo 2º, inciso II), mantendo, por mais alguns anos, o estado de inconstitucionalidade já reconhecido pelo STF. A nova fórmula de rateio, que leva em conta combinação de fatores representativos da população e do inverso da renda domiciliar per capita da entidade beneficiária, somente será implementada a partir de 2016 e está subordinada à realização de evento futuro e, até certo ponto, incerto, que é o crescimento econômico. As regras dos incisos II e III do artigo 2º determinam que, a partir de 2016, cada entidade beneficiária receberá valor igual ao que foi distribuído no correspondente decêndio do exercício de 2015, corrigido pela variação acumulada do IPCA e pelo percentual equivalente a 75% da variação real do PIB (Produto Interno Bruto) do ano anterior ao ano considerado para base de cálculo. Apenas a parcela que superar esse montante é que será distribuída individualmente, com base nos novos critérios obtidos mediante combinação de fatores representativos da população e do inverso da renda domiciliar per capita da entidade beneficiária. Mas a propositura da ADI 5.069 chama atenção pela singular oportunidade que proporciona ao STF de revisitar o tema julgado na ADI 875 e, sobretudo, de avaliar o efetivo atendimento por parte do Congresso Nacional dos parâmetros jurídicos definidos nesta decisão.

Dez anos após a propositura da ação, o Plenário do Supremo Tribunal Federal (STF) invalidou dispositivos da referida lei federal. A relatora Carmen Lúcia criticou a duração da transição estabelecida pela norma de 2013. Segundo ela, levando-se em conta um crescimento anual de 3% do PIB nacional, uma das regras seria aplicada somente no ano de 2280. De acordo com a ministra, se as regras da LC 143/2013 fossem mantidas, grande parte dos recursos do FPE continuaria a ser distribuída, por longo período, com base na sistemática de coeficientes fixos, invalidada pelo STF. Para a relatora, não se pode admitir a manutenção "dissimulada" de tais regras, que não promovem a justa distribuição dos recursos. A magistrada votou por manter a aplicação dos dispositivos da norma de 2013 até o último dia de 2025, para evitar prejuízos aos estados. Até essa data, o Congresso deve editar uma lei com os critérios de rateio, conforme os parâmetros definidos pela Corte no julgamento desta ação e das ADIs 875, 1987, 2727 e 3243.

O *Fundo de Participação dos Municípios* é outro instrumento essencial no federalismo fiscal brasileiro. Dele dependem os recursos para o custeio da administração pública da grande maioria dos municípios brasileiros, uma vez que os recursos obtidos com a arrecadação pela via dos tributos de competência própria são, na maior parte das vezes, insuficientes, quando não irrisórios, para as necessidades dos municípios.

Está regulado pelo art. 159, I, *b, d, e,* e *f*, que define o percentual dos impostos sobre a renda e proventos de qualquer natureza e de produtos industrializados que são alocados para o fundo, e pelas leis complementares 62/1989, 91/1997 e pelo Código Tributário Nacional, que definem os critérios de rateio, levando em consideração, fundamentalmente, a população e o inverso da renda *per capita*.

Várias emendas constitucionais têm sistematicamente elevado o percentual inicialmente fixado pela Constituição de 1988, que já estabeleceu valores superiores aos então vigentes antes da promulgação da Constituição, uma vez que o FPM é anterior a ela. É o caso das emendas constitucionais 55, de 2007, 84, de 2014, e 112, de 2021, que acrescentaram, cada uma, 1% a mais ao percentual inicial, perfazendo o montante então vigente.

O critério populacional anteriormente referido é efetuado com base nas apurações do IBGE. A disputa por esses recursos é tão intensa que, com a alteração da cota-parte a que faz jus cada município em decorrência de alterações populacionais decorrentes da modificação da população com os censos periódicos do IBGE, já houve mais de uma alteração legislativa voltada a impedir a redução do montante recebível pelos municípios pela redução da população.

Foi o caso da recente Lei Complementar 198, de 28 de junho de 2023, que acrescentou o art. 5º-A à LC 92/1997, estabelecendo que "A partir de 1º de janeiro do ano subsequente à publicação da contagem populacional do censo demográfico, realizado pelo IBGE, ficam mantidos os coeficientes do FPM atribuídos no ano anterior aos Municípios que apresentarem redução de seus coeficientes pela aplicação do disposto no *caput* do art. 1º desta Lei Complementar".

São fatos que demonstram a importância e, verdadeiramente, dependência que os entes federados atualmente têm das transferências constitucionais obrigatórias dos fundos de participação.

Mais do que isso, evidenciam com clareza a dificuldade em se alterar, ainda que minimamente, as divisões de recursos entre os entes federados, criando uma rigidez no atual sistema que praticamente impede qualquer alteração significativa, ainda que em benefício de regras mais eficientes e alinhadas aos tempos atuais, especialmente considerando que as regras vigentes estão praticamente inalteradas há décadas.

CONSIDERAÇÕES FINAIS

É evidente a dificuldade em construir um Estado Federal, especialmente no que tange ao exato desenho das partilhas de encargos e atribuições, de modo a compatibilizar as receitas com as despesas. Não é fácil, em nenhum Estado, e menos ainda naqueles que se organizam na forma federativa, dividir as receitas públicas.

Acresce-se à problemática a discutida reforma tributária, uma vez que o rateio dos Fundos de Participação depende da configuração pretérita dos critérios de arrecadação e das espécies de tributos. Ocorre que a alteração dos critérios, como se pode imaginar, provoca modificações significativas na arrecadação dos estados beneficiários, em receitas cuja redução causa sério transtorno nas respectivas finanças, pelas razões já expostas. Por consequência, é previsível a dificuldade política em aprovar leis com novas disposições.

De forma semelhante, a concretização do comando constitucional que institui o FPE e o FPM na Lei Complementar é extremamente complicado. Em razão disto, entes federados que se consideraram prejudicados pela emergência de um novo modelo movem ações diretas de inconstitucionalidade, por ação ou omissão, em face dos artigos que fixam os critérios de rateio e não estabelecimento de novos, nos termos determinados pela Constituição, quando não são atendidas pelo Congresso Nacional as demandas de modificações legislativas que lhe favoreçam e assegurem as receitas das quais fica cada vez mais claro que não podem abrir mão.

REFERÊNCIAS

CONTI, José Mauricio. *Federalismo fiscal e fundos de participação*. São Paulo: Juarez de Oliveira, 2001.

CONTI, José Mauricio. *Levando o Direito Financeiro a sério*. 3. ed. São Paulo: Blucher, 2019

CONTI, José Mauricio. *A luta pelo Direito Financeiro*. São Paulo: Blucher, 2022.

DÓRIA, Antonio R. Sampaio. *Discriminação de rendas tributárias*. São Paulo: José Bushatsky Editor, 1972.

MARTINS, Ives G. S; BASTOS, Celso R. *Comentários à Constituição de 1988*. São Paulo: Saraiva, 1988.

O DIREITO COMO EDUCADOR

José Roberto de Castro Neves

Doutor em Direito Civil pela Universidade do Estado do Rio de Janeiro (UERJ). Mestre em Direito pela Universidade de Cambridge, Inglaterra. Professor de Direito Civil da Pontifícia Universidade Católica (PUC-Rio) e da Fundação Getúlio Vargas (FGV-Rio). Membro da Academia Brasileira de Letras Jurídicas. Advogado.

A finalidade do direito é permitir a vida social. Se a humanidade conseguisse viver em harmonia sem necessidade de regras, não haveria juízes, muito menos advogados. Mas a realidade é outra: a civilização apenas começa quando o Homem se organiza, estabelecendo regras que vão reger a vida em coletividade. A partir daí, como reconheceu Jhering, é luta: "A paz é o fim que o direito tem em vista, a luta é o meio de que se serve para o conseguir".

Nos primórdios, num Estado primitivo, todas as regras sociais compunham uma só espécie. Regras morais, éticas, religiosas, ou mesmo de etiqueta integravam, misturadas, um grupo único de comando social. A autoridade política, jurídica e religiosa se confundia. O *Decálogo*, apresentado por Moisés ao seu povo, trazia regras de diversas naturezas, como não mentir, mão matar, não cometer adultério. Veja-se, por exemplo, que o *Corão*, no versículo 5:1, proclama: "Ó vós que credes! Cumpri todos os contratos". Regras religiosas e deveres legais – como o de observar os contratos – caminhavam juntos.

Mais organizados, os Estados, ainda na antiguidade, foram capazes de distinguir, ainda que de forma rudimentar, as regras de natureza jurídica das demais. Estas eram determinações mais objetivas, consideradas relevantes para essa estruturação da sociedade.

As regras jurídicas, como rapidamente se verificou, oferecem um critério para a solução de eventuais conflitos entre membros da comunidade, mas, também, possuem uma propriedade profilática. Isso porque, ao indicar qual o modelo de comportamento que deve ser seguido ou reprimir certa conduta, as pessoas tendem, até mesmo pelo receio de uma sanção, a seguir o padrão estabelecido em lei.

Permita-se um exemplo singelo. Há uma regra, uma imposição inclusive moral, segundo a qual não se deve matar ninguém. Esse preceito é muito antigo. Em algum momento da história, num passado remoto, o Estado estabeleceu uma regra nesse sentido, proibindo, de forma expressa, que alguém tirasse a vida de outrem, sob pena de o infrator receber uma pena. O mero fato de haver uma determinação estatal nesse sentido é suficiente para que, se alguém pensar em matar outra pessoa, o desejo de cometer a violência seja contido. O direito, nesse momento, educa.

Bem vistas as coisas, as vantagens de um sólido ordenamento jurídico se revelam mais pela sua atividade em potência do que pelas sanções concretas que aplica de fato. Enquanto um caso é julgado por descumprimento de um contrato, outras milhares de situações jamais chegam a criar um problema social, pois as partes desses muitos contratos, ainda que tivessem vontade de não respeitar as obrigações assumidas, preferem seguir a lei, comportando-se em conformidade com o direito.

Comumente, uma pessoa de boa-fé procura um profissional de direito para indagar se sua conduta está conforme a lei. A maioria dos cidadãos deseja agir corretamente – e as normas jurídicas servem como paradigma dessa correção.

Conceitualmente, as regras jurídicas devem espelhar um anseio da sociedade que regulam. Por vezes, contudo, o legislador se antecipa, estabelecendo um padrão de comportamento desejável socialmente, embora não fosse praticado. Nesses casos, a educação promovida pelo direito pode, ainda, ocorrer de outra forma, igualmente potente.

Com efeito, o direito, em determinados momentos, apresenta um conceito, valioso do ponto de vista moral, ético ou filosófico, mas que a sociedade, embora o reconheça, ainda não o concretizou plenamente. O direito, nessas ocasiões, funciona como um farol que ilumina o futuro, indicando um caminho mais saudável a ser adotado pela comunidade que ele regula.

Kant alertou: "O homem não é nada além do que a educação faz dele." Comumente, ouvimos: "educação é tudo". É mesmo. Pois o direito também atua como educador.

Em 1776, um grupo, formado principalmente por advogados que viviam no norte do continente americano, desejava liberta-se da Inglaterra, que os colonizava, para formar uma nova nação. Redigiram um documento, liderados pelo advogado Thomas Jefferson, que serviria como marco fundamental daquele país. Era a Declaração de Independência dos Estados Unidos. No que é possivelmente a sua mais marcante passagem, são pontuados os pilares daquela comunidade:

> Consideramos estas verdades como autoevidentes, que todos os homens são criados iguais, que são dotados pelo Criador de certos direitos inalienáveis, que entre estes são vida, liberdade e busca da felicidade.

Naquela época, admitia-se, ainda, a escravidão nas colônias americanas. Portanto, o conceito de que "os homens são criados iguais" não se harmonizava com a realidade de exploração própria do modelo escravocrata. Tratava-se de uma contradição.

O jovem país nascia assentado num lindo princípio, mas a prática era outra. Interesses econômicos, notadamente dos estados sulistas que dependiam do trabalho escravo nas suas plantações de algodão e tabaco, eram traduzidos em forças políticas, refratárias à emancipação dos escravos.

Essa incoerência teve impactos dramáticos para a história norte-americana. Como se sabe, quando a Constituição Americana foi redigida, em 1787, alguns anos após a independência dos Estados Unidos, o tema da escravidão acabou ficando fora do texto.

Havia, na ocasião, uma divergência política incontornável. A odiosa escravidão seguiu como uma contradição viva aos princípios (ditos) fundamentais.

Em 1857, o tema foi levado à Suprema Corte daquele país, para que se reconhecesse que o conceito de que "todos os homens são criados iguais" se aplicava também aos escravizados. Numa das passagens mais tristes da Suprema Corte norte-americana, o juiz Roger Taney entendeu que os escravos – pessoas "importadas" da África – não eram cidadãos e, logo, não poderiam reclamar a proteção da Constituição. O juiz Taney chegou a justificar sua conclusão a partir da ilação de que Thomas Jefferson, ao redigir a Constituição, não havia levado em consideração os africanos...

Diante dessa decisão, Abraham Lincoln, um advogado que viria, em 1861, a ser presidente dos Estados Unidos, questionou: "Qual seria, então, o valor das palavras de Jefferson? Seriam 'estas verdades' simplesmente mentiras?". O ativista negro Frederick Douglass, também indignado com a posição da Suprema Corte, que a qualificou como "uma abominação chocante e vil", registrou, contudo, que, embora fosse possível fechar os olhos do Judiciário, não seria possível tapar os olhos de todo o mundo diante da injustiça da escravidão. Ele estava certo.

Foi necessária uma sangrenta guerra civil para pôr fim ao tema. Finalmente, em 1865, foi promulgada a XIII Emenda à Constituição americana, abolindo a escravidão.

A Declaração de Independência norte-americana teve um indiscutível papel positivo para extinguir a escravidão. Com a sua redação, toda a sociedade americana foi forçada a discutir a "igualdade" dos Homens. Qual o significado disso? Um documento jurídico oferecia princípios e, dessa forma, educava. Naquele momento, o texto jurídico estava à frente de seu tempo. Funcionou como um guia.

Esses textos jurídicos "educativos" nos remetem a Miguel Reale, que, na sua *Filosofia do Direito*, ensina a propriedade de se questionar: "Por que o juiz deve apoiar-se na lei? Quais as razões lógicas e morais que levam o juiz a não se revoltar contra a lei (...)? Por que a lei obriga?". Essa crítica da experiência jurídica, ao mesmo tempo em que fortalece o direito, pois o justifica, permite verificar se o direito se movimenta na melhor direção.

Montesquieu, em *O espírito das leis*, fala das "leis da educação", indicando o papel dela em cada tipo de governo – nas monarquias, nos modelos déspotas e nos moderados. Ao tratar da educação nos governos despóticos, conclui que "a extrema obediência [às leis] supõe ignorância naquele que obedece; supõe-na também naquele que ordena; ele não precisa deliberar, duvidar ou raciocinar; só precisa querer." Logo em seguida, Montesquieu arremata: "Assim, a educação é ali por assim dizer nula." Interessante notar que a norma que educa pressupõe esse diálogo entre o legislador e toda a comunidade para quem a regra se dirige.

Muitos judeus usam a quipá em suas cabeças. Alguns, o tempo todo. Outros, apenas em ocasiões solenes. Trata-se de uma regra imposta pelo *Talmude* – a coletânea de livros sagrados dos judeus. Qual o fundamento dessa norma? Procura-se ensinar que todos devem ser humildes, reconhecendo que há algo superior. A quipá não é um adereço, mas uma demonstração de fé.

Apenas quem compreender o propósito dessa regra poderá exercitar a humildade, que é seu fim. Para aqueles que não se atentam ao simbolismo, o quipá é apenas um pequeno chapéu. Dito de outra forma, sem entender os motivos da lei, ela se enfraquece.

Ao receber uma norma, o povo, de alguma forma, avalia sua oportunidade e promove uma peculiar espécie de "julgamento" acerca de seu valor. Não raro, o Estado, por meio de leis, apresenta metas, que apenas serão atingidas com a colaboração da sociedade. O artigo 3º da Constituição Federal brasileira, ao arrolar os objetivos fundamentais da República, coloca, em primeiro lugar, a construção de uma sociedade livre, justa e solidária. Esse fim apenas se concretiza com a contribuição de todos, o que se dá, em primeiro lugar, por meio do reconhecimento, pela população, da importância da liberdade, da justiça e da solidariedade. A lei quer educar.

Quando elaborada a Constituição brasileira de 1988, a chamada "Constituição cidadã", era fácil reconhecer que a população brasileira, na sua maioria, não compreendia o sentido de cidadania.

Ao pertencer a uma sociedade, o indivíduo fica sujeito a uma série de deveres e, de outro lado, torna-se titular de um grupo de direitos. Entre essas prerrogativas, encontra-se a de ser aceito, com suas diferenças e particularidades, além de buscar intervir nos destinos daquela comunidade. O cidadão merece respeito e deve respeito.

Pelas peculiaridades da nossa história, não passamos por uma experiência revolucionária, como por exemplo, ocorreu na França, com a promulgação da Declaração dos Direitos do Homem e do Cidadão, na qual garantias fundamentais eram expostas em movimentos de grande participação popular. Esses princípios foram introjetados no corpo social. No Brasil, infelizmente, o caminho foi outro. As conquistas da civilização não foram discutidas de forma ampla por todas as camadas do povo. Os direitos do cidadão eram, portanto, ignorados pela maioria.

Numa sociedade de massa, na qual consumir é uma necessidade, o cidadão se confunde com o consumidor. Os direitos de cidadania, forçosamente, passam pelos direitos do consumidor. Entretanto, no Brasil de 1988, observava-se que as pessoas não tinham consciência da sua prerrogativa de reagir aos abusos sofridos pelos consumidores. Havia dificuldades práticas de o consumidor reclamar.

O fim da década de oitenta foi especialmente turbulento para a economia nacional. A população convivia com uma inflação lancinante. Acredita-se que o analfabetismo no Brasil de então era de 20% da população adulta. Um percentual lastimosamente elevado. Como se referiu, vigorava, para a gente de uma forma geral, a ausência de educação no que se refere aos direitos da cidadania. Se os membros de uma sociedade desconhecem o conceito de cidadania, eles deixam de compreender seus direitos básicos. Sem reação, as injustiças se perpetuam e se agravam.

A Constituição de 1988 determinou, no artigo 48 das suas Disposições Transitórias, que "O Congresso Nacional, dentro de cento e vinte dias da promulgação da Constituição, elaborará código de defesa do consumidor." Do melhor ponto de vista técnico, seria mais adequado que se regulamentasse a relação de consumo. O legislador constitucional, entretanto, foi adiante, indicando que, *a priori*, a norma deveria oferecer uma visão "parcial", que, no seu próprio título, já declararia seu propósito de amparar o consumidor.

Em 11 de setembro de 1990 – um pouco atrasado dos 120 dias determinados nas Disposições Transitórias –, foi publicada a Lei 8.078, conhecida como Código de Defesa do Consumidor.

Antes dela, no Brasil, o consumidor não recebia o adequado respeito. Ele era considerado apenas um número. Fornecedores e prestadores de serviço não eram, em regra, responsabilizados. Diante de um defeito de um produto ou da má prestação de um serviço, o consumir não sabia sequer como poderia reclamar. Contudo, com o advento dessa norma, promoveu-se uma revolução cultural. O consumidor passou a compreender que tinha direitos, prerrogativas. Poderia reclamar diante de um produto defeituoso ou de um serviço mal prestado. A prova do defeito ficou facilitada, ora porque irrelevante, ora pela inversão do ônus probatório. Foram estabelecidas regras mais precisas acerca da publicidade, inibindo as propagandas enganosas. A lei instruiu o consumidor: ele merecia respeito.

Com o tempo, o consumidor ganhou consciência de suas prerrogativas e passou a ser mais exigente. Também o prestador de serviço e o fornecedor tiveram que adotar condutas mais dignas e respeitosas. O mercado inteiro amadureceu. A mudança não foi apenas na forma de atuar, mas na própria mentalidade, com o reconhecimento das vantagens de relações mais sadias.

A lei educou (e ainda educa) a população.

Da mesma forma como ocorreu com a escravidão nos Estados Unidos, a orientação fornecida pelo texto legal não acarreta uma ruptura absoluta e imediata com o passado. Afinal, a lei não tem poderes mágicos.

Em pesquisa feita em 2013 pela FGV-Direito, dos então 90 milhões de processos judiciais em curso no Brasil, cerca de 40 milhões se relacionavam a demandas de consumidores contra instituições financeiras ou empresas de telefonia. Segundo essa mesma fonte, entre 2002 e 2012, houve um aumento de 940% de representatividade desse tipo de demanda. Já nos Juizados Especiais do Rio de Janeiro, segundo o IPEA, em estudo também datado de 2013, aproximadamente 93% dos casos se relacionam a reclamações de consumidores.

Esses números assustadores demonstram, de pronto, dois fatos: em primeiro lugar, os consumidores ainda são vítimas de abusos e incorreções promovidas pelos fornecedores e prestadores de serviço. Além disso, fica claro que os consumidores aprenderam a reclamar seus direitos.

Infelizmente, essa profusão de processos deixa o Judiciário assoberbado. Espera-se que esses números superlativos sejam provisórios – já existem alguns dados que confirmam a tendência de queda dessas ações. Oxalá haja a diminuição expressiva das demandas de consumo, como reflexo da mudança de cultura, tanto dos consumidores quanto dos fornecedores e prestadores de serviço. Uma mudança de consciência que nasce com o direito.

O Código do Consumidor ainda positivou outro tema na legislação brasileira responsável por uma silenciosa e fundamental transformação. No artigo 4º da referida norma, ao falar da Política Nacional das Relações de Consumo, são estabelecidos diversos princípios. O inciso III do artigo arrola entre eles a "harmonização dos interesses dos participantes das relações de consumo e compatibilização da proteção do consumidor com a necessidade de desenvolvimento econômico e tecnológico, de modo a viabilizar os princípios nos quais se funda a ordem econômica (art. 170, da Constituição Federal), sempre com base na boa-fé e equilíbrio nas relações entre consumidores e fornecedores".

Dessa forma, ainda que timidamente, inclui-se o princípio da boa-fé objetiva de forma concreta no ordenamento jurídico nacional.

Parece difícil de acreditar, mas, até os anos 90, pouco se falava de boa-fé objetiva. O advento do Código do Consumidor e do Código Civil de 2002, que expressamente a distinguiu ("Art. 422. Os contratantes são obrigados a guardar, assim na conclusão do contrato, como em sua execução, os princípios de probidade e boa-fé"), criaram um espaço para que toda a sociedade discutisse esse conceito.

Como se sabe, a boa-fé objetiva representa um avanço na análise da conduta humana. Para identificar a correção de uma pessoa no âmbito de suas relações, afere-se objetivamente como ela agiu, deixando-se de apreciar os aspectos psicológicos. Deixa-se de cogitar "as melhores intenções" para apreciar o que foi materialmente feito.

Trata-se de uma guinada do direito para privilegiar o comportamento ético. Esse enfoque da análise do fato protege a parte que materialmente agiu de forma correta.

À medida em que a doutrina e os tribunais passaram a privilegiar a boa-fé objetiva, os advogados orientam seus clientes a sempre agir de forma leal e transparente nas suas relações, na medida em que isso será considerado favoravelmente, caso, em algum momento, queiram disputar seu direito. Verifica-se um efeito positivo, pois se percebem as vantagens de se atuar de forma correta – e a embotada história de "levar vantagem em tudo" passa a ser mal vista.

O direito, mais uma vez, educa.

Ronald Dworkin, no seu seminal *O império do direito*, critica, ao fim de seu trabalho, a ideia antiga, reverenciada por alguns "juristas saudosistas", de que o direito se autopurifica, corrigindo-se ao longo do tempo. O direito, como fenômeno vivo, sempre caminha. Mas ele não cai do céu, nem tampouco é obra do acaso. Se, nesse caminho, ele corrói ou aprimora a sociedade, a culpa é nossa.

O direito é uma criação humana. Condenado à imperfeição, mas, ao mesmo tempo, abençoado pela inteligência e sensibilidade de quem o concebeu. Se o direito fica aquém dos valores protegidos pela sociedade – ou se revela retrógrado, como no caso do juiz da Suprema Corte americana que, em 1857, deixou de proteger os escravos –, o direito se apequena e carrega com ele, numa torrente maligna, toda comunidade que visa a regular. Se, de outro lado, o direito antecipa, indicando princípios ou normas programáticas, conceitos valiosos para a sociedade, ele cumpre uma de suas mais dignas funções, instruindo e elevando a sociedade, para construir, assim, um mundo melhor. Uma extraordinária ferramenta de transformação social.

A POSSIBILIDADE DA REMUNERAÇÃO DE DIRIGENTE ESTATUTÁRIO E SUA FUNDAMENTAÇÃO LEGAL

Juliana Maria Cunha Reis

Doutoranda em Direito pela Universidad de Ciencias Empresariales y Sociales, graduada em Direito pela Faculdade de Estudos Administrativos de Minas Gerais (2011), pós-graduada em Responsabilidade Civil e Direito do Consumidor pela Universidade Estácio de Sa (2016) e Advocacia Empresarial pela PUC/MG (2021). Coordenadora de Eventos Institucionais e do Terceiro Setor da Escola Superior de Advocacia da Ordem dos Advogados do Brasil Seção Minas Gerais (ESA/OAB-MG), vice-presidente da Comissão Permanente do Terceiro Setor da OAB/MG e Membro consultora da Comissão Especial do Terceiros Setor da CFOAB (triênio 2022/2024).

Shirley Neri de Aguiar Oliveira

Letróloga pelo Centro Universitário de Sete Lagoas (2002), graduada em Direito pela Faculdade Arnaldo (2009), Advogada do CIEE de Minas Gerais, especialista em Direito do Trabalho e Previdenciário pela Pontifícia Universidade Católica de Minas Gerais – PUC MINAS, Vice-Presidente da Comissão de Defesa dos Direitos das Crianças e Adolescentes da OAB/MG e Membro da Comissão do Terceiros Setor da OAB/MG (triênio 2022/2024).

Sumário: Introdução – 1. Sobre a possibilidade da remuneração dos Dirigentes das Entidades de Terceiro Setor – 2. A possibilidade do dirigente estatutário cumular função técnica – 3. Da remuneração dos Dirigentes de entidades imunes e isentas – 4. A possibilidade de parentes trabalharem na entidade beneficente de assistência social – 5. Dos riscos e penalidades pelo descumprimento dos requisitos da Lei Complementar 187/21 e da Lei 9.532/97 – Conclusão – Referências.

INTRODUÇÃO

O Terceiro Setor guarda grande relevância no âmbito nacional no que diz respeito a políticas públicas de interesse social. Pois, as entidades do terceiro setor realizam atividades que o Estado deveria fazer, em especial em matéria educacional e assistencial.

Constituiria estupidez a tributação pelo poder público sobre as entidades, que se propõe ao exercício de tais funções essenciais e de cunho estatal. Nesse diapasão, é que o Estado não poderia cobrar impostos sobre o patrimônio, a renda ou sobre os serviços dessas entidades que o substituem.

Assim, a Constituição da República Federativa do Brasil, em seu art. 150, confere expressamente a imunidade tributária às entidades sem fins lucrativos, das áreas da saúde, de educação e de assistência social.

Portanto, é vedado à União, aos Estados, ao Distrito Federal e aos Municípios instituir impostos sobre o patrimônio, renda ou serviços das instituições de educação e de assistência social, sem fins lucrativos, atendidos os requisitos da lei.

1. SOBRE A POSSIBILIDADE DA REMUNERAÇÃO DOS DIRIGENTES DAS ENTIDADES DE TERCEIRO SETOR

Sabemos que o dirigente estatutário é aquele, que tem cargo e atribuições definidos no Estatuto Social da organização, fazendo parte da estrutura de governança ali prevista e, portanto, sendo subordinado a esta estrutura e, em último grau, à assembleia ou Conselho Diretor ou Curador.

A sua autonomia de representar ou atuar em nome da organização está definida no Estatuto Social, assim como se responde ou não juridicamente pela organização.

A busca por profissionalização por parte dos gestores dessas importantes organizações, se torna imperativo o encontro de profissionais capacitados para exercerem as atividades de forma a cumprir com os fins estabelecidos em seus estatutos.

Embora, seja um tema um tanto polêmico, quer seja pelo desconhecimento da previsão legal ou pela pouca aplicabilidade nas entidades integrantes do Terceiro Setor, temos nos dizeres de Sabo Paes que:

> De fato, quase que como um senso comum, as pessoas ligam a remuneração à ideia de que as pessoas jurídicas sem fins lucrativos, por terem esta natureza, não podem possuir em seus quadros empregados contratados para gerir e administrar a instituição, mediante remuneração. Isso, contudo, é um grande equívoco, tendo em vista que no direito brasileiro não há – e nunca houve – dispositivo legal que vede o pagamento de remuneração aos administradores e colaboradores dessas entidades, desde que observados determinados requisitos e, principalmente, a possibilidade de se pôr em prática essa medida. (PAES, 2021, p. 496)

Os dirigentes estatutários não possuem vínculo empregatício com a organização, apenas por assumirem funções definidas em Assembleia Geral. No entanto, a legislação, em vigor, prevê a possibilidade de remuneração de dirigente estatutário de associação, certificada como Entidade Beneficente de Assistência, desde que atendidos alguns requisitos.

Para que não se caracterize como distribuição de lucros, é importante que a possibilidade de remuneração de dirigentes esteja expressa no Estatuto Social, que os valores da remuneração sejam valores praticados pelo mercado no âmbito de sua atuação e que o valor seja fixado por órgão de governança da organização, conforme previsão estatutária.

A remuneração deve estar vinculada aos trabalhos que os (as) dirigentes realmente exerçam na organização, não apenas por assumir o cargo previsto no Estatuto Social.

No entanto, nem todos (as) os (as) diretores (as) executam atividades técnicas ou de administração, *dedicando-se por muitas vezes apenas atividades de representação político-institucional.*

Assim, é necessário que haja uma distinção bem demarcada sobre a representação político-institucional e o trabalho técnico realmente executado.

2. A POSSIBILIDADE DO DIRIGENTE ESTATUTÁRIO CUMULAR FUNÇÃO TÉCNICA

Segundo Carraza, 2015, é suficiente que seus administradores, membros ou gestores não partilhem dos eventuais resultados econômicos positivos que daí advierem, mas pelo contrário, os reapliquem no múnus institucional, respeitando desse modo, o princípio do reinvestimento obrigatório.

Entretanto, em conformidade com o disposto no §6º do art. 12 da Lei 9.532/97, não há impedimento para a remuneração da pessoa do dirigente estatutário ou diretor que, cumulativamente, tenha vínculo estatutário e empregatício, exceto se houver incompatibilidade de jornadas de trabalho.

Dessa forma, é possível que haja o exercício de atividade profissional do (a) dirigente para execução de tarefas, que não se confundam com as suas atribuições enquanto dirigente estatutário.

Podemos exemplificar se uma Entidade de atividade educacional, em que o (a) Dirigente Estatutário também cumule a função de professor. Ou uma organização de atuação na área da saúde, em que o(a) Dirigente Estatutário exerça tanto atividade administrativa, como a de médico. Não há impedimento para que o(a) dirigente também preste outro serviço de forma cumulativa.

No entanto, a remuneração não pode ser destoante da praticada pela Entidade para os demais profissionais da mesma categoria, além disso deve haver compatibilidade das duas jornadas de trabalho.

Vale destacar que tanto a atual legislação tributária (artigo 12, § 6º, Lei 9.532/1997) quanto a até então a revogada 12.101/2009 do CEBAS (artigo 29, § 3º,) tratam sobre o não impedimento de remuneração do dirigente estatutário que, cumulativamente, tenha vínculo estatutário e empregatício.

3. DA REMUNERAÇÃO DOS DIRIGENTES DE ENTIDADES IMUNES E ISENTAS

Sempre existiram restrições em relação aos benefícios de imunidades e isenções tributárias e, ainda, a imposição da não remuneração de dirigentes como requisito para a concessão de títulos como a Lei de Utilidade Pública Federal (Lei 91/1935), que foi revogada em 2015.

Nesse sentido, houve conquistas recentes das Organizações da Sociedade Civil, que permitiram a remuneração de dirigentes estatutários (as), sem prejudicar os benefícios tributários ou certificados e titulações.

Os requisitos são disciplinados pela atual Lei Complementar 187/2021, que dispõe sobre a certificação das entidades beneficentes e regula os procedimentos referentes à imunidade de contribuições à seguridade social de que trata o § 7º do art. 195 da Constituição Federal.

Vejamos o que se extrai do art. 3º da referida Lei Complementar:

Art. 3º Farão jus à imunidade de que trata o § 7º do art. 195 da Constituição Federal as entidades beneficentes que atuem nas áreas da saúde, da educação e da assistência social, certificadas nos termos desta Lei Complementar, e que atendam, cumulativamente, aos seguintes requisitos:

I – não percebam seus dirigentes estatutários, conselheiros, associados, instituidores ou benfeitores remuneração, vantagens ou benefícios, direta ou indiretamente, por qualquer forma ou título, em razão das competências, das funções ou das atividades que lhes sejam atribuídas pelos respectivos atos constitutivos;

[...]

§ 1º A exigência a que se refere o inciso I do caput deste artigo não impede:

I – a remuneração aos dirigentes não estatutários; e

II – a remuneração aos dirigentes estatutários, desde que recebam remuneração inferior, em seu valor bruto, a 70% (setenta por cento) do limite estabelecido para a remuneração de servidores do Poder Executivo federal, obedecidas as seguintes condições:

a) nenhum dirigente remunerado poderá ser cônjuge ou parente até o terceiro grau, inclusive afim, de instituidores, de associados, de dirigentes, de conselheiros, de benfeitores ou equivalentes da entidade de que trata o caput deste artigo; e

b) o total pago a título de remuneração para dirigentes pelo exercício das atribuições estatutárias deverá ser inferior a 5 (cinco) vezes o valor correspondente ao limite individual estabelecido para a remuneração dos servidores do Poder Executivo federal.

§ 2º O valor das remunerações de que trata o § 1º deste artigo deverá respeitar como limite máximo os valores praticados pelo mercado na região correspondente à sua área de atuação e deverá ser fixado pelo órgão de deliberação superior da entidade, registrado em ata, com comunicação ao Ministério Público, no caso das fundações.

§ 3º Os dirigentes, estatutários ou não, não respondem, direta ou subsidiariamente, pelas obrigações fiscais da entidade, salvo se comprovada a ocorrência de dolo, fraude ou simulação.

O art. 12 da Lei 9.532/97, que dispõe sobre a legislação tributária federal, prescreve praticamente as mesmas condições do art. 3º da Lei Complementar para a entidade fazer jus a imunidade tributária, transcrito a seguir:

Art. 12. Para efeito do disposto no art. 150, inciso VI, alínea "c", da Constituição, considera-se imune a instituição de educação ou de assistência social que preste os serviços para os quais houver sido instituída e os coloque à disposição da população em geral, em caráter complementar às atividades do Estado, sem fins lucrativos.

[...]

§ 2º Para o gozo da imunidade, as instituições a que se refere este artigo, estão obrigadas a atender aos seguintes requisitos:

a) não remunerar, por qualquer forma, seus dirigentes pelos serviços prestados, exceto no caso de associações, fundações ou organizações da sociedade civil, sem fins lucrativos, cujos dirigentes poderão ser remunerados, desde que atuem efetivamente na gestão executiva e desde que cumpridos os requisitos previstos nos arts. 3º e 16 da Lei 9.790, de 23 de março de 1999, respeitados como limites máximos os valores praticados pelo mercado na região correspondente à sua área de atuação, devendo seu valor ser fixado pelo órgão de deliberação superior da entidade, registrado em ata, com comunicação ao Ministério Público, no caso das fundações;

[...]

§ 4º. A exigência a que se refere a alínea "a" do § 2º não impede:

I – a remuneração aos diretores não estatutários que tenham vínculo empregatício; e

II – a remuneração aos dirigentes estatutários, desde que recebam remuneração inferior, em seu valor bruto, a 70% (setenta por cento) do limite estabelecido para a remuneração de servidores do Poder Executivo federal.

§ 5º. A remuneração dos dirigentes estatutários referidos no inciso II do § 4º deverá obedecer às seguintes condições:

I – nenhum dirigente remunerado poderá ser cônjuge ou parente até 3º (terceiro) grau, inclusive afim, de instituidores, sócios, diretores, conselheiros, benfeitores ou equivalentes da instituição de que trata o caput deste artigo; e

II – o total pago a título de remuneração para dirigentes, pelo exercício das atribuições estatutárias, deve ser inferior a 5 (cinco) vezes o valor correspondente ao limite individual estabelecido neste parágrafo.

§ 6º O disposto nos §§ 4º e 5º não impede a remuneração da pessoa do dirigente estatutário ou diretor que, cumulativamente, tenha vínculo estatutário e empregatício, exceto se houver incompatibilidade de jornadas de trabalho.

Veja-se de acordo com o disposto na legislação supracitada, temos as seguintes imposições para a remuneração de Dirigente Estatutário:

Nenhum dirigente remunerado poderá ser cônjuge ou parente até o terceiro grau, inclusive afim, de instituidores, de associados, *de dirigentes*, de conselheiros, de benfeitores ou equivalentes da entidade.

O valor pago aos dirigentes deve corresponder ao que é praticado pelo mercado na região ou área onde a entidade atua.

O valor da remuneração precisa ser fixado pelo órgão de deliberação superior da entidade (Assembleia Geral, conselho curador/deliberativo/consultivo), devendo a decisão ser registrada em ata, e, nos casos de fundações, também deve ser comunicada ao Ministério Público.

O valor da remuneração não pode exceder 70% do limite estabelecido para a remuneração dos servidores públicos do Poder Executivo Federal.

O valor da remuneração pelo exercício das atribuições estatutárias deverá ser inferior a 5 (cinco) vezes o valor correspondente ao limite individual estabelecido para a remuneração dos servidores do Poder Executivo federal.

Sobre dirigentes estatutários (as), a legislação não estabeleceu qual o regime a ser adotado. Frente a isto, fica a cargo da organização estabelecer qual o melhor regime, tendo liberdade para estabelecer os seus contratos jurídicos. O regime pode ser por meio de pessoa jurídica ou pró-labore.

Abaixo, encontra-se transcrita solução de consulta realizado junto a Receita Federal do Brasil, que ratifica na prática a aplicabilidade da legislação citada.

SOLUÇÃO DE CONSULTA COSIT Nº 94, DE 16 DE JUNHO DE 2016

(Publicado(a) no DOU de 10/08/2016, seção 1, página 52)

ASSUNTO: IMPOSTO SOBRE A RENDA DE PESSOA JURÍDICA – IRPJ

EMENTA: ISENÇÃO. ASSOCIAÇÕES CIVIS SEM FINS LUCRATIVOS. ENTIDADES DESPORTIVAS. REMUNERAÇÃO DE DIRIGENTES.

Entidade sem fins lucrativos componente do Sistema Nacional do Desporto, para ter direito à isenção do IRPJ prevista no art. 15 da Lei 9.532, de 1997, deve atender a todos os requisitos legais que condicionam o benefício, inclusive a limitação à remuneração dos dirigentes pelos serviços prestados, de que trata o art. 12, § 2º, a, da Lei 9.532, de 1997. Assim, para gozo do benefício, a entidade só pode remunerar seus dirigentes dentro dos limites estabelecidos nos §§ 4º a 6º do art. 12 da Lei 9.532, de 1997.

DISPOSITIVOS LEGAIS: Lei 9.532, de 1997, arts. 12 e 15; Lei 9.615, de 1998, art. 18[a]

4. A POSSIBILIDADE DE PARENTES TRABALHAREM NA ENTIDADE BENEFICENTE DE ASSISTÊNCIA SOCIAL

Não há vedação legal, observadas regras de governança que mantenham a saúde e a credibilidade da Instituição. É recomendável que o dirigente não vote nas decisões que envolvam seu parente e que ele não seja seu subordinado direto.

Parentes podem fazer parte de um mesmo órgão de administração. É de extrema importância que os papéis estejam bem definidos e que sejam adequados às capacidades e competências.

Segundo a legislação em vigor, nenhum dirigente remunerado poderá ser cônjuge ou parente até o terceiro grau, inclusive afim, de instituidores, de associados, de dirigentes, de conselheiros, de benfeitores ou equivalentes da entidade.

Ou seja, o parentesco do dirigente estatutário com dirigente "executivo" impede a remuneração do dirigente estatutário.

5. DOS RISCOS E PENALIDADES PELO DESCUMPRIMENTO DOS REQUISITOS DA LEI COMPLEMENTAR 187/21 E DA LEI 9.532/97

Em conformidade com o referido art. 3º da Lei Complementar 187/2021, amplamente disposto alhures, não farão jus à imunidade as entidades que descumprir os requisitos da Lei, ficando sujeitas a sua suspensão.

O art. 13 da Lei 9.532/97 impõe expressamente a suspensão do gozo da imunidade tributária a entidade que descumprir o disposto no art. 12 da Lei.

> Art. 13. Sem prejuízo das demais penalidades previstas na lei, a Secretaria da Receita Federal suspenderá o gozo da imunidade a que se refere o artigo anterior, relativamente aos anos-calendários em que a pessoa jurídica houver praticado ou, por qualquer forma, houver contribuído para a prática de ato que constitua infração a dispositivo da legislação tributária, especialmente no caso de informar ou declarar falsamente, omitir ou simular o recebimento de doações em bens ou em dinheiro, ou de qualquer forma cooperar para que terceiro sonegue tributos ou pratique ilícitos fiscais.
>
> Parágrafo Único. Considera-se, também, infração a dispositivo da legislação tributária o pagamento, pela instituição imune, em favor de seus associados ou dirigentes, ou, ainda, em favor de sócios, acionistas ou dirigentes de pessoa jurídica a ela associada por qualquer forma, de despesas consideradas indedutíveis na determinação da base de cálculo do imposto sobre a renda ou da contribuição social sobre o lucro líquido.

Os critérios e condições estabelecidos na legislação devem ser observados, prevenindo-se de qualquer prejuízo em relação a imunidades e isenções fiscais, bem como quanto à obtenção ou manutenção de títulos ou certificações, conferidos pelo poder público.

O artigo 14 do Código Tributário Nacional elenca os requisitos que devem observados pelas entidades beneficentes de assistência social para o pleno gozo da imunidade assegurada pelo art. 150 da Constituição da República Federativa do Brasil.

A Fazenda Pública, seja Federal, Estadual ou Municipal, pode fiscalizar a entidade. Em consonância com o parágrafo primeiro do art. 14 do CTN, encontrando algum indício de descumprimento dos requisitos listados no referido artigo, a Fazenda pode suspender a imunidade dentro do exercício fiscal analisado, com a abertura de um procedimento administrativo, porém deve permitir à entidade fiscalizada o exercício do direito ao contraditório e ampla defesa.

Para Reis e Lima, 2016, o parágrafo em questão dispõe que a autoridade competente pode suspender o gozo da imunidade em caso de descumprimento dos requisitos elencados no art. 14, porém a suspensão não significa que houve perda da imunidade, pois esse direito é inerente a sua personalidade jurídica. "Em outras palavras, uma entidade sem fins lucrativos, constituída sob a forma de associação ou fundação, com atuação nas áreas de educação ou assistência social, será sempre imune." (REIS e LIMA, 2016, pag. 84)

CONCLUSÃO

Não resta dúvida de que as pessoas jurídicas de direito privado, sem fins lucrativos, de interesse social podem remunerar seus dirigentes, desde que, não se caracterize como distribuição de lucros, observando o limite salarial estipulado legalmente, da seguinte forma:

Dirigentes de fundações devem se submeter ao valor de mercado de sua área de atuação, bem como os integrantes das associações assistenciais.

Nas associações civis e as instituições de caráter filantrópico, recreativo, cultural e científico podem remunerar seus dirigentes até 70% (setenta por cento) do teto remuneratório federal, sem limitação legal de valor, porém recomenda-se utilizar a prática do mercado.

Por sua vez, as organizações qualificadas, como OSCIP, podem remunerá-los, mas dentro dos limites e critérios fixados no contrato de gestão e no termo de parceria, respectivamente, desde que esteja predefinido no plano de trabalho.

Além disso, no caso da remuneração de dirigentes estatutários, nenhum deles pode ser cônjuge ou parente de até 3º grau de instituidores, sócios, conselheiros ou diretores da entidade, além de estabelecer limite para o valor da remuneração global dos dirigentes da entidade.

Por fim, a legislação não impede o exercício de atividade profissional cumulativa com a de dirigente, desde que não haja incompatibilidade de jornadas de trabalho.

Observa-se que, atualmente há segurança jurídica para a remuneração dos dirigentes, estatutários da Organizações da Sociedade Civil certificadas, sem que a iniciativa possa ensejar prejuízos à imunidade e à isenção tributárias, desde que cumpridos os requisitos da Lei.

REFERÊNCIAS

BRASIL. *Constituição Federal da República Federativa do Brasil de 1988*. Disponível em: <http://www.planalto.gov.br/ccivil_03/constituicao/constituicao.htm>. Acesso em: 01/07/2022.

BRASIL. *Lei Complementar nº. 187, 16 de dezembro de 2021*. Disponível em: < http://www.planalto.gov.br/ccivil_03/leis/lcp/Lcp187.htm>. Acesso em: 10/07/2022.

BRASIL. *Lei nº 9.532, de 10 de dezembro de 1997*. Disponível em: < http://www.planalto.gov.br/ccivil_03/leis/l9532.htm>. Acesso em: 20/07/2022.

BRASIL. *Lei nº 12.101, de 27 de novembro de 2009*. Disponível em: < http://www.planalto.gov.br/ccivil_03/_ato2007-2010/2009/lei/l12101.htm>. Acesso em: 20/07/2022.

BRASIL. *Lei nº 91, de 28 de agosto de 1935*. Disponível em: < http://www.planalto.gov.br/ccivil_03/leis/1930-1949/l0091.htm>. Acesso em: 20/07/2022.

BRASIL. Receita Federal. *SOLUÇÃO DE CONSULTA COSIT Nº 94, DE 16 DE JUNHO DE 2016*. Disponível em: <http://normas.receita.fazenda.gov.br//sijut2consulta/link.action?visao=anotado&idAto=76387>. Acesso em: 10/07/2022.

PAES, José Eduardo Sabo – *Fundações, Associações e Entidades de Interesse Social: aspectos jurídicos, administrativos, trabalhistas e tributários*. 11ª ed rev e atual. Rio de Janeiro: Forense, 2021;

PASQUALIN, Priscila; SETTI, Márcia – *O legal da filantropia: a governança jurídica como tutela da filantropia*. 1. ed. – São Paulo: Noeses, 2019.

REIS, Guilherme Guerra e LIMA, Renata Aparecida – Imunidade Tributária para o Terceiro Setor.: compreendê-la e usá-la é um direito seu. São Paulo: Filantropia, 2016.

PERSPECTIVAS DA COBRANÇA DO CRÉDITO TRIBUTÁRIO NA RECUPERAÇÃO JUDICIAL DA EMPRESA: COMPATIBILIZAÇÃO COM A PRESERVAÇÃO DA EMPRESA, SUA FUNÇÃO SOCIAL E O ESTÍMULO À ATIVIDADE ECONÔMICA

Leonardo Ribeiro Pessoa

Mestre em Direito Empresarial e Tributário. Pós-graduado em Direito Tributário. Pós-graduado em Contabilidade Tributária. Pós-graduado em Direito Processual Civil e Pós-graduado em Docência do Ensino Superior. Presidente do IBEDET. Investidor-Anjo. Professor convidado do Law Program FGV. Educador verificado na Harvard Business Publishing Education. Pesquisador do Grupo de Pesquisa Direito, Econômico, Propriedade Intelectual e Sustentabilidade (Ibmec). Pesquisador do Grupo de Pesquisa Empresa, Estado e Compliance (Unigranrio). Mentor Jurídico de Startups. Autor de livros e artigos jurídicos. Professor de Direito Empresarial e Tributário do IBMEC-RJ. Advogado Orientador do Núcleo de Prática Jurídica do IBMEC-RJ. Diretor Presidente de Leonardo Pessoa Cursos e Treinamentos. Advogado e sócio de Simonato & Pessoa Advogados.

Sumário: Introdução – 1. Objetivos da recuperação judicial – 2. Tratamento privilegiado do crédito tributário na recuperação judicial – 3. Inexistência de uma lei específica prevendo um parcelamento para as empresas recuperandas – 4. Novas possibilidades de parcelamento do crédito tributário na recuperação judicial – 5. Evolução da jurisprudência sobre a exigência da CND da empresa recuperanda – Conclusão – Referências.

INTRODUÇÃO

A proposta do presente artigo destina-se a examinar as perspectivas da cobrança do crédito tributário na Recuperação Judicial da empresa e sua compatibilização com a preservação da empresa, sua função social e o estímulo à atividade econômica, tendo em vista seu relevante papel na imprescindível condução de desenvolvimento econômico no Brasil. Neste arrazoado, se propõe analisar o arcabouço jurídico vigente no Brasil e em outros países, em virtude da percepção da necessidade de aprimoramento da cobrança do crédito tributário, no âmbito da recuperação judicial, incluindo a recém inserção da alternativa de celebração de parcelamentos mais longos para pagamento do crédito tributário, bem como da transação tributária.

1. OBJETIVOS DA RECUPERAÇÃO JUDICIAL

Em razão dos efeitos perniciosos que as crises da empresa podem gerar, nosso ordenamento jurídico, por meio da Lei 11.101/2005, criou a recuperação judicial. Trata-se de uma medida genérica para solucionar a crise pela qual a empresa passa, nos termos do artigo 47 da Lei 11.101/2005. Ela também serve para evitar que uma crise iminente se instaure sobre a atividade empresarial. É sabido que o instituto da recuperação judicial veio a dar efetividade aos princípios constitucionais da ordem econômica, dispostos no artigo 170 da Constituição Federal, porque valoriza o trabalho humano e a livre iniciativa, garantindo que a empresa atinja a sua função social.

Tanto é assim, que na exposição de motivos da Lei 11.101/2005,[1] foi consignado que com as transformações econômico-sociais ocorridas no país, a legislação falimentar não mais atende aos reclamos da sociedade, fazendo-se necessária a edição de uma nova legislação, mais ágil e moderna. Ademais, adotou-se a recuperação da empresa em substituição à concordata suspensiva, com a finalidade de proteger o interesse da economia nacional, e aos trabalhadores na manutenção dos seus empregos.

A Lei 11.101/2005, portanto, veio para substituir o Decreto-Lei 7.661, de 21 de junho de 1945, que previa o instituto da concordata para as empresas em crise, alterando a orientação predominante para a busca da recuperação das empresas em vez da busca da sua liquidação.

Sérgio Campinho,[2] salienta que a Lei 11.101/2005, enfatiza a empresa como centro de equilíbrio econômico-social, pois é fonte produtora de bens, serviços, empregos e tributos. A sua manutenção consiste em conservar o "ativo social" por ela gerado.

Marlon Tomazette[3] também destaca que pelos contornos da recuperação judicial, fica claro que seu objetivo final é a superação da crise econômico-financeira pela qual passa o devedor. A finalidade imediata é, portanto, afastar a crise, contudo, nada impede que o instituto seja utilizado para prevenir uma crise que se mostre iminente. Embora o texto da Lei não pareça ter esse objetivo, a lógica impõe que se reconheça essa possibilidade, pois não há dúvida de que se a crise é evitável, é muito melhor impedi-la. Portanto, o objetivo mais amplo da recuperação é a superação ou a prevenção das crises da empresa.

Nesse sentido, conclui Marlon Tomazette,[4] que dentro desse objetivo mais amplo, se inserem os objetivos mais específicos indicados no artigo 47 da Lei 11.101/2005, quais sejam: (a) a manutenção da fonte produtora; (b) a manutenção dos empregos dos trabalhadores; e (c) a preservação dos interesses dos credores.

---

1. BRASIL. Exposição de Motivos da Lei 11.101, de 09 de fevereiro de 2005. Diário do Congresso Nacional – Seção 1 – 22.02.1994, p. 1987. Disponível em: https://www2.camara.leg.br/legin/fed/lei/2005/lei-11101-9-fevereiro--2005-535663-exposicaodemotivos-150148-pl.html. Acesso em: 02 fev. 2023.
2. CAMPINHO, Sérgio. *Curso de direito comercia*: falência e recuperação de empresa. 12. ed. São Paulo: Saraiva, 2022, p. 57.
3. TOMAZETTE, Marlon. *Curso de direito empresarial*: falência e recuperação de empresas. 10. ed. São Paulo: Saraiva, 2022, v. 3. p. 32.
4. TOMAZETTE, Marlon. *Curso de direito empresarial*: falência e recuperação de empresas. 10. ed. São Paulo: Saraiva, 2022, v. 3. p. 32.

2. TRATAMENTO PRIVILEGIADO DO CRÉDITO TRIBUTÁRIO NA RECUPERAÇÃO JUDICIAL

Não obstante, a modernização trazida pela Lei 11.101/2005, é necessário observar que a relação entre as empresas em situação de crise e o Estado é marcada por sucessivos embates entre interesses políticos e econômicos, recaindo à sociedade empresária o dever de equalizar as preferências de credores, sócios e acionistas, empregados, investidores e o próprio Estado.[5]

Em síntese, é possível afirmar que a Lei 11.101/2005, estabelecia em seu texto original uma sistemática onde a renegociação das dívidas da empresa recuperanda estava restrita aos débitos de credores particulares, na medida em que aos créditos tributários não apresentavam qualquer flexibilidade de negociação por parte do fisco, seja em relação aos passivos fiscais preexistentes na empresa, seja quanto aqueles oriundos da própria renegociação de dívidas em si.

Naquela época, era frequente que a empresa recuperanda que obtivesse êxito na renegociação de sua dívida, acabava reduzindo o passivo financeiro com o setor privado e aumentava o passivo fiscal, como efeito da renegociação.[6]

Para exemplificar o tratamento diferenciado dos débitos fiscais, é importante mencionar o artigo 6º, parágrafo 7º, da Lei 11.101/2005, que previa: "As execuções de natureza fiscal não são suspensas pelo deferimento da recuperação judicial, ressalvada a concessão de parcelamento nos termos do Código Tributário Nacional e da legislação ordinária específica".[7]

Nota-se que as ações de execução fiscal não seriam suspensas durante o tramite da recuperação judicial. Já as ações executivas de débitos particulares eram suspensas até 180 (cento e oitenta) dias, nos termos do artigo 6º, parágrafo 4º da Lei 11.101/2005.[8]

A desigualdade de tratamento entre débitos particulares e fiscais também é evidenciada ao constatar que a aprovação do plano de recuperação judicial é condicionada a apresentação pelo devedor de Certidão Negativa de Débitos Tributários (também denominada CND), nos termos do artigo 57 da Lei 11.101/2005.[9]

Em suma, o fisco, seja ele Federal, Estadual, Municipal ou Distrital, possui um tratamento privilegiado estampado nos dois dispositivos supracitados da Lei 11.101/2005.

---

5. MIFANO, Flavio; DINIZ, Rodrigo de M. Pará; SANTOS, Ana Beatriz Passos dos. A Reforma da Lei de Recuperação Judicial e a Falência no Âmbito Tributário: O Necessário Alinhamento da Legislação Tributária à Realidade Econômica. p. 293-304. In: MARTINS, André Chateaubriand; RICUPERO, Marcelo Sampaio Goés (Coord.). *Nova Lei de Recuperação Judicial*. São Paulo: Almedina, 2021, p. 293.
6. MIFANO, Flavio; DINIZ, Rodrigo de M. Pará; SANTOS, Ana Beatriz Passos dos. A Reforma da Lei de Recuperação Judicial e a Falência no Âmbito Tributário: O Necessário Alinhamento da Legislação Tributária à Realidade Econômica. p. 293-304. In: MARTINS, André Chateaubriand; RICUPERO, Marcelo Sampaio Goés (Coord.). *Nova Lei de Recuperação Judicial*. São Paulo: Almedina, 2021, p. 294.
7. BRASIL. Lei 11.101, de 9 de fevereiro de 2005. Regula a recuperação judicial, a extrajudicial e a falência do empresário e da sociedade empresária. Legislação Federal. Sítio eletrônico internet. Disponível em: https://www.planalto.gov.br/ccivil_03/_ato2004-2006/2005/lei/l11101.htm. Acesso em: 1º ago. 2023.
8. BRASIL. Idem, ibidem.
9. BRASIL. Idem, ibidem.

Na prática, é possível afirmar que as ações de execução fiscal que buscam a quitação das dívidas tributárias anteriores ao pedido de recuperação judicial, não serão suspensas. Outrossim, o plano de recuperação judicial aprovada pela assembleia dos credores, só será homologado pelo juízo se a empresa recuperanda apresentar a Certidão Negativa de Débitos Tributários (CND). Isso significa que o total da dívida tributária deve ser pago integralmente ou estar com a exigibilidade suspensa nos termos das hipóteses elencadas nos incisos do artigo 151 do Código Tributário Nacional.

É evidente o tratamento privilegiado dado ao fisco pelo texto original da Lei 11.101/2005, conforme destaca Sérgio Campinho[10] "os créditos titularizados pela União, Estados, Distrito Federal e Municípios (créditos fazendários) são tratados de modo diverso no âmbito da Lei 11.101/2005. Os créditos detidos pelas aludidas pessoas jurídicas de direito público interno não participam do processo de recuperação judicial. Não são, assim, incluídos no quadro-geral de credores, pois escapam ao rol dos créditos sujeitos a seus efeitos. A concessão da recuperação judicial, em princípio, depende de prova da quitação dos tributos ou de que sua exigibilidade esteja suspensa ou, ainda, de que sua cobrança executiva encontre-se por penhora garantida".

É possível concluir que o legislador ao elaborar o texto da Lei 11.101/2005, estabeleceu que os débitos tributários deveriam ser integralmente quitados, parcelados ou suspensos para que a recuperação judicial da empresa em crise fosse homologada. Por outro lado, na falência, os créditos tributários formam a terceira classe de credores no quadro geral de credores, isto é, os créditos extraconcursais, trabalhistas e com garantia real recebem seus créditos, antes do Fisco, nos termos no artigo 83, III, da Lei 11.101/2005.

3. INEXISTÊNCIA DE UMA LEI ESPECÍFICA PREVENDO UM PARCELAMENTO PARA AS EMPRESAS RECUPERANDAS

O tratamento privilegiado do crédito tributária no texto original da Lei 11.101/2005, também estava consignado no Código Tributário Nacional (CTN).

O Código Tributário Nacional (CTN) foi alterado pela Lei Complementar 118 de 09 de fevereiro de 2005 – mesma data da Lei 11.101/2005 – para prever no artigo 191-A que "A concessão de recuperação judicial depende da apresentação da prova de quitação de todos os tributos, observado o disposto nos arts. 151, 205 e 206 desta Lei."; no artigo 187 que "a cobrança judicial do crédito tributário não é sujeita a concurso de credores ou habilitação em falência, recuperação judicial, concordata, inventário ou arrolamento."; já no artigo 155-A, § 3º do CTN está prescrito que: "lei específica disporá sobre as condições de parcelamento dos créditos tributários do devedor em recuperação judicial." Já o § 4º do mesmo artigo consignou: "a inexistência da lei específica a que se refere o § 3º deste artigo importa na aplicação das leis gerais de parcelamento do ente

---

10. CAMPINHO, Sérgio. *Temas relevantes e controvertidos decorrentes da reforma da Lei de Falência e Recuperação de Empresas (Lei 14.112/2020)*. São Paulo: Saraiva, 2021, p. 8.

da Federação ao devedor em recuperação judicial, não podendo, neste caso, ser o prazo de parcelamento inferior ao concedido pela lei federal específica".

Naquela época, não foi editada lei específica, portanto, a empresa recuperanda só poderia parcelar seus débitos tributários nos termos das leis gerais de parcelamento ou sofrer as consequências da cobrança judicial do crédito tributário, nos termos da Lei 6.830, de 22 de setembro de 1980, haja vista que ele não se sujeitava a recuperação judicial, nos termos do artigo 187 do CTN.

Aqui vale destacar, portanto, que a legislação federal sobre parcelamento vigente na época era a Lei 10.522, de 19 de julho de 2002.

Observa-se que, inicialmente, a Lei 10.522/2002, não previa qualquer parcelamento diferenciado para empresas recuperandas. A verdade é que a Lei 10.522/2002, previa apenas um parcelamento geral para os contribuintes em seu artigo 10. O artigo 10 previa um parcelamento da dívida tributária em até 30 (trinta) parcelas.

O artigo 10 foi alterado pela Lei 10.637, de 30 de dezembro de 2002, e passou a prever que os contribuintes poderiam parcelar suas dívidas tributárias em até 60 (sessenta) parcelas.

Nesse cenário, o Superior Tribunal de Justiça (STJ) proferiu decisão no REsp: 1187404 MT 2010/0054048-4 que reconheceu a inexistência de uma lei específica prevendo um parcelamento para as empresas recuperandas.[11]

A decisão do STJ demonstra que a inércia do legislador em criar uma lei específica para o parcelamento da dívida tributária das empresas recuperandas, inviabilizava a superação da situação de crise econômico-financeira do devedor, a fim de permitir a manutenção da fonte produtora, do emprego dos trabalhadores e dos interesses dos credores, promovendo, assim, a preservação da empresa, sua função social e o estímulo à atividade econômica.

Essa situação também foi reconhecida pela doutrina, conforme destacam André C. Martins e Marcelo Sampaio Goés Ricupero:[12] "As previsões do CTN deixavam o Contribuinte e o Fisco com pelo menos duas dificuldades de ordem prática: (i) a coexistência da exigência da regularidade fiscal como condição para deferimento da Recuperação Judicial e a inércia do legislador para criar a norma voltada à recuperação fiscal do contribuinte; e (ii) a aparente dissociação da realidade contida nos dispositivos legais que asseguram a fluência das execuções fiscais para o contribuinte em reconhecida situação de fragilidade financeira".

No mesmo sentido, foi publicado no Enunciado 55 da I Jornada de Direito Comercial – CJF/STJ: "O parcelamento do crédito tributário na recuperação judicial é um

---

11. BRASIL. Superior Tribunal de Justiça – STJ. REsp: 1187404 MT 2010/0054048-4, Relator: Ministro Luis Felipe Salomão, data de julgamento: 19.06.2013, CE – Corte Especial, data de Publicação: DJe 21.08.2013. Disponível em: www.stj.jus.br. Acesso em: 08 fev. 2023.
12. MARTINS, André C.; RICUPERO, Marcelo Sampaio G. *Nova Lei de Recuperação Judicial*. São Paulo: Grupo Almedina (Portugal), 2021, p. 309.

direito do contribuinte, e não uma faculdade da Fazenda Pública, e, enquanto não for editada lei específica, não é cabível a aplicação do disposto no art. 57 da Lei 11.101/2005 e no art. 191-A do CTN".

4. NOVAS POSSIBILIDADES DE PARCELAMENTO DO CRÉDITO TRIBUTÁRIO NA RECUPERAÇÃO JUDICIAL

Somente em 2014, essa omissão legislativa foi sanada, com a inclusão do artigo 10-A, pela Lei 13.043, de 13 de novembro de 2014, na Lei 10.522/2005, que passou a prever um parcelamento da dívida tributária diferenciado para empresas recuperandas. O artigo 10-A previa o parcelamento dos débitos fiscais em até 84 (oitenta e quatro) parcelas.

É importante salientar que mesmo com a instituição de uma lei especifica prevendo um parcelamento diferenciado para empresas recuperandas, não houve um tratamento igualitário entre os credores particulares e os credores estatais. Em síntese, legislador apenas aumentou o número de parcelas de 30 para 84, para quitação do débito tributário, sem qualquer outra concessão específica para empresas recuperandas.

Esse cenário foi substancialmente alterado, na esfera federal, a partir da publicação da Lei 13.988, de 14, de abril de 2020, que regulamentou o instituto da transação tributária, previsto nos artigos 156, III e 171 do Código Tributário Nacional.

No mesmo ano, o artigo 10-A da Lei 10.522/2005 foi novamente alterado pela Lei 14.112, de 24 de dezembro de 2020, trazendo a possibilidade de parcelamento da dívida fiscal, em até 120 parcelas, bem como, foram incluídos os artigos 10-B e 10-C ao diploma legal. O artigo 10-B traz a possibilidade de liquidação dos débitos tributários por meio de proposta mais célere de parcelamento, que pode se estender por, no máximo, 24 meses.

O artigo 10-C prevê a possibilidade da empresa recuperanda submeter à Procuradoria-Geral da Fazenda Nacional proposta de transação relativa a créditos inscritos em dívida ativa da União, nos termos da Lei 13.988/2020.

Após alguns meses, o novo instituto de transação tributária para contribuintes em processo de recuperação judicial, foi regulamentado pela Portaria PGFN/ME 2.382, de 26 de fevereiro de 2021.

Assim, além da possibilidade de parcelar suas dívidas tributárias federais, em até 120 parcelas, entre outros benefícios, a Portaria PGFN/ME 2.382/2021 em conjunto com as Leis 13.988/2020 e 14.112/2020, tornaram possível que as empresas recuperandas tivessem as seguintes oportunidades de transação tributária:

a) A transação por adesão, prevista no artigo 2º, I da Lei 13.988/2020;

b) A transação por proposta individual, prevista no artigo 10-C da Lei no 10.522/2002; e

c) A transação do contencioso tributário de pequeno valor, prevista no artigo 23 da Lei 13.988/2020.

As concessões admitidas pela Lei 13.988/2020 em relação à Fazenda Nacional estão elencadas no artigo 11 do diploma legal – que também sofreu alterações pela Lei 14.375, de 21 de junho 2022, possibilitando que a transação tributária contemple:

> I – a concessão de descontos nas multas, nos juros e nos encargos legais relativos a créditos a serem transacionados que sejam classificados como irrecuperáveis ou de difícil recuperação, conforme critérios estabelecidos pela autoridade competente, nos termos do parágrafo único do art. 14 desta Lei; II – o oferecimento de prazos e formas de pagamento especiais, incluídos o diferimento e a moratória; e III – o oferecimento, a substituição ou a alienação de garantias e de constrições. IV – a utilização de créditos de prejuízo fiscal e de base de cálculo negativa da Contribuição Social sobre o Lucro Líquido (CSLL), na apuração do Imposto sobre a Renda das Pessoas Jurídicas (IRPJ) e da CSLL, até o limite de 70% (setenta por cento) do saldo remanescente após a incidência dos descontos, se houver; V – o uso de precatórios ou de direito creditório com sentença de valor transitada em julgado para amortização de dívida tributária principal, multa e juros.

Por outro lado, o § 2º do artigo 11 da Lei 13.988/2020, impõe os seguintes limites aos termos da transação tributária firmada entre fisco e a empresa recuperanda:

> I – reduza o montante principal do crédito, assim compreendido seu valor originário, excluídos os acréscimos de que trata o inciso I do caput deste artigo; II – implique redução superior a 65% (sessenta e cinco por cento) do valor total dos créditos a serem transacionados; III – conceda prazo de quitação dos créditos superior a 120 (cento e vinte) meses; IV – envolva créditos não inscritos em dívida ativa da União, exceto aqueles sob responsabilidade da Procuradoria-Geral da União ou em contencioso administrativo fiscal de que trata o art. 10-A desta Lei.

Especificamente quanto a transação tributária individual, aquela proposta pela empresa recuperanda à Procuradoria-Geral da Fazenda Nacional, a Portaria PGFN/ME 2.382/2021, nos termos da Leis 10.522/2002 e 13.988/2020, estabeleceu os seguintes limites:

> I – o limite máximo para reduções será de até 70% (setenta por cento); II – o prazo máximo para quitação será de: a) até 145 (cento e quarenta e cinco) meses na hipótese de empresário individual, microempresa, empresa de pequeno porte e, quando passíveis de recuperação judicial, as Santas Casas de Misericórdia, as instituições de ensino, as sociedades cooperativas e as demais organizações da sociedade civil de que trata a Lei 13.019, de 31 de julho de 2014; b) até 132 (cento e trinta e dois) meses quando constatado que o contribuinte em recuperação judicial desenvolve projetos sociais, nos termos da regulamentação a que se refere a Lei 13.988, de 14 de abril de 2020; c) até 120 (cento e vinte meses) nos demais casos.

É possível observar, portanto, que o limite das reduções concebíveis aos contribuintes em recuperação judicial é de 70% e os prazos para quitação da proposta pode variar de 120 a 145 meses.

Como forma de reduzir a subjetividade na mensuração da capacidade de pagamento do contribuinte, que determinará o grau de reduções da dívida, o § 1º do artigo 21 da Portaria PGFN 2.382/2020 trouxe, em seus incisos, diversos critérios a serem observados pela autoridade administrativa na quantificação dessas reduções.

Dentre tais critérios, merecem destaque aqueles que contextualizam a magnitude do passivo tributário do contribuinte recuperando em relação à visão integral da Recuperação Judicial:

Art. 21. (...) § 1º Para fins de mensuração do percentual de redução de que trata o inciso I do caput deste artigo, deverão ser observados, isolada ou cumulativamente, os seguintes parâmetros: VIII – a situação econômica e a capacidade de pagamento do contribuinte em recuperação judicial; IX – a recuperabilidade dos créditos, inclusive considerando o impacto na capacidade de geração de resultados decorrente da crise econômico-financeira que ensejou o pedido de recuperação judicial bem como o prognóstico em caso de eventual falência; X – a proporção entre o passivo fiscal e o restante das dívidas do contribuinte em recuperação judicial.

Diante das alterações legislativas e regulamentares supracitadas é possível perceber que ocorreu uma flexibilização quanto as formas de parcelamento da dívida tributária da empresa recuperanda. Ocorre, contudo, que não há uma verdadeira negociação entre o credor estatal e a empresa recuperanda, haja vista que as concessões estatais encontram um limite de desconto sobre o valor total da dívida – que nunca poderá ultrapassar 70%. Ademais, o número máximo de parcelas não poderá ultrapassar 145.

Com as alterações introduzidas pela Lei 14.112/2020, que trouxe os parcelamentos específicos e também a possibilidade de transação tributária, ao alterar o artigo 10-A da Lei 10.522/2002, com a inclusão dos artigos 10-B e 10-C, bem como a edição da Portaria PGFN/ME 2.382/2021, foi oportunizado que as empresas recuperandas tivessem a possibilidade de iniciar a quitação das suas dívidas tributárias (parcelamentos e transações) e, com isso, foi possível obterem a Certidão Negativa de Débitos Tributários (CND), cumprindo a exigência imposta no artigo 57 da Lei 11.101/2005.

5. EVOLUÇÃO DA JURISPRUDÊNCIA SOBRE A EXIGÊNCIA DA CND DA EMPRESA RECUPERANDA

Diante das alterações legislativas, o judiciário passou a analisar a aplicação da nova legislação aos casos concretos. Aqui vale citar o Tribunal de Justiça de São Paulo que no julgamento do Agravo de Instrumento 20669676120218260000[13] passou a determinar que, para os casos que tiveram a Assembleia Geral de Credores antes da vigência da Lei 14.112/2020, deveria ser dispensada a Certidão Negativa de Débitos Tributários (CND), mas, para os casos cuja Assembleia Geral de Credores ocorresse após a vigência da Lei 14.112/2020, ou seja, já com as possibilidades de parcelamento e transação tributária, deveria ser exigida a CND.

Não obstante o entendimento representado pela decisão supracitada do Tribunal de Justiça de São Paulo, é importante verificar que, mesmo após as alterações trazidas pela Lei 14.112/2020, o STJ continua entendendo que é necessária a dispensa da apresentação de Certidão Negativa de Débitos Tributários (CND) para concessão da recuperação judicial, conforme os esclarecimentos consignados no AREsp 1.841.841/RJ.[14]

---

13. SÃO PAULO. Tribunal de Justiça do Estado de São Paulo – TJ-SP – AI: 20669676120218260000 SP 2066967-61.2021.8.26.0000, Relator: Maurício Pessoa, Data de Julgamento: 20/10/2021, 2ª Câmara Reservada de Direito Empresarial, Data de Publicação: 20.10.2021. Disponível em: www.tjsp.jus.br. Acesso em: 08 fev. 2023.
14. BRASIL. Superior Tribunal de Justiça – STJ – AREsp: 1841841 RJ 2021/0048509-2, Relator: Ministro Luis Felipe Salomão, Data de Publicação: DJ 02.06.2021. Disponível em: www.stj.jus.br. Acessado em: 08 fev. 2023.

Em síntese, o posicionamento do STJ é no sentido de que a obtenção da CND pelo empresário recuperando não pode ser uma condição impeditiva do seu soerguimento. Os ministros do STJ assentaram esse entendimento na necessidade de se conferir operacionalidade à Recuperação Judicial, com fundamento no artigo 47 da Lei 11.101/2005.

Some-se a tudo que até aqui foi exposto, a fato de que recentemente a Primeira Seção do Superior Tribunal de Justiça desafetou o último recurso especial e cancelou o Tema 987, que tratava sobre a possibilidade da prática de atos constritivos em face de empresa em recuperação judicial, em sede de execução de dívida tributária e não tributária.

A desafetação veio no contexto da Lei 14.112, de 24 de dezembro de 2020, que promoveu a inclusão do § 7º-A ao artigo 6º da Lei 11.101/2005.

Nesse sentido, o deferimento do processamento da Recuperação Judicial, não suspende o curso das ações de execuções fiscais em andamento, bem como, autoriza que o fisco requeira a constrição de patrimônio do empresário recuperando, admitida, todavia, a competência do juízo da recuperação judicial para determinar a suspensão dos atos de constrição que recaiam sobre bens de capital essenciais à manutenção da atividade empresarial durante o prazo de suspensão, conforme já previa o Enunciado 74 da II Jornada de Direito Comercial do Conselho da Justiça Federal.[15] Em síntese, o *stay period* não se aplicada aos credores estatais.

CONCLUSÃO

Não há dúvida de que todas essas alterações legislativas ocorridas no Brasil contribuíram para o aperfeiçoamento da cobrança da dívida tributária no âmbito da Recuperação Judicial, mas há espaço para melhorias, conforme destaca a doutrina.[16]

Nesse sentido, é salutar mencionar que uma das principais características do *Chapter 11* da lei norte-americana, seguida pelas suas similares em outros ordenamentos jurídicos, é o de exercer um regime de atração das diversas matérias afetas a uma empresa, qualquer que seja a sua natureza, até mesmo as tributárias, para que assim encontrem disciplina exclusiva no juízo competente da recuperação judicial. Com isso, as empresas têm a certeza de que as suas distintas questões serão avaliadas por um único juízo, sob o enfoque primordial da sua recuperação, que, nessa condição, estará melhor habilitado

---

15. BRASIL. Conselho da Justiça Federal. Enunciado 74 – Embora a execução fiscal não se suspenda em virtude do deferimento do processamento da recuperação judicial, os atos que importem em constrição do patrimônio do devedor devem ser analisados pelo Juízo recuperacional, a fim de garantir o princípio da preservação da empresa. II Jornada de Direito Comercial – CJF. Disponível em: www.cjf.jus.br. Acesso em: 06 fev. 2023.
16. MIFANO, Flavio; DINIZ, Rodrigo de M. Pará; SANTOS, Ana Beatriz Passos dos. A Reforma da Lei de Recuperação Judicial e a Falência no Âmbito Tributário: O Necessário Alinhamento da Legislação Tributária à Realidade Econômica. p. 293-304. In: MARTINS, André Chateaubriand; RICUPERO, Marcelo Sampaio Goés (Coord.). *Nova Lei de Recuperação Judicial*. São Paulo: Almedina, 2021, p. 293.

a compreender os efeitos e consequências da integralidade de suas decisões para todo o conjunto de ativos e de obrigações das empresas sob a sua gestão judicial.[17]

Diante de todo o exposto, é possível concluir que, embora a legislação brasileira sobre recuperação judicial tenha sofrido alterações ao longo dos últimos 18 anos, com o objetivo cristalino de viabilizar a efetiva superação da situação de crise econômico-financeira do devedor, há uma nítida contradição quanto aos privilégios e garantias conferidas aos créditos tributários, estabelecidos no Código Tributário Nacional e na própria Lei 11.101/2005.

REFERÊNCIAS

ABRAHAM, Marcus. *Curso de Direito Tributário Brasileiro*. 4. ed. São Paulo. Grupo GEN, 2023.

ALVISI, Edson. *Intervenção judicial preventiva na empresa*. Rio de Janeiro: Lumen Juris, 2018.

ALVISI, Edson; FORTES, Pedro R.; e TOSTES, Eduardo C. M. . Captura no setor de saúde suplementar brasileiro: uma perspectiva polissêmica e empírica. In: ÁLVAREZ, ANTON L. F.; HANSEN, GILVAN L. (Org.). *Instituciones político-jurídicas y dessarollo sustenible*. Madri: Editorial Dykson, 2019. v. 1.

AMARO, Luciano da S. *Direito Tributário Brasileiro*. 24. ed. São Paulo: Saraiva, 2021.

AYOUB, Luiz R. *A Construção Jurisprudencial da Recuperação Judicial de Empresas*. São Paulo: Grupo GEN, 2021.

BACELO, Joice. Volume de Pedidos de recuperação judicial deve crescer neste ano. *Valor Econômico*. Disponível em: https://valor.globo.com/legislacao/noticia/2023/01/11/volume-de-pedidos-de-recuperacao-judicial-deve-crescer-neste-ano.ghtml. Acesso em: 06 fev. 2023.

BRASIL. Conselho da Justiça Federal. Enunciado 74 – Embora a execução fiscal não se suspenda em virtude do deferimento do processamento da recuperação judicial, os atos que importem em constrição do patrimônio do devedor devem ser analisados pelo Juízo recuperacional, a fim de garantir o princípio da preservação da empresa. II Jornada de Direito Comercial – CJF. Disponível em: www.cjf.jus.br. Acesso em: 06 fev. 2023.

BRASIL. Exposição de Motivos da Lei 11.101, de 09 de fevereiro de 2005. Diário do Congresso Nacional – Seção 1 – 22.02.1994, Página 1987. Disponível em: https://www2.camara.leg.br/legin/fed/lei/2005/lei-11101-9-fevereiro-2005-535663-exposicaodemotivos-150148-pl.html. Acesso em: 02 fev. 2023.

BRASIL. Lei 11.101, de 9 de fevereiro de 2005. Regula a recuperação judicial, a extrajudicial e a falência do empresário e da sociedade empresária. Legislação Federal. Sítio eletrônico internet. Disponível em: https://www.planalto.gov.br/ccivil_03/_ato2004-2006/2005/lei/l11101.htm. Acesso em: 1º ago. 2023.

BRASIL. Procuradoria-Geral da Fazenda Nacional (PGFN). PGFN alcança R$ 39,1 bilhões em valor arrecadado em 2022: valor é 23% superior ao obtido no ano anterior. Do total R$ 14,1 bilhões são resultado de acordos de transação. Disponível em: https://www.gov.br/pgfn/pt-br/assuntos/noticias/2023/pgfn-alcanca-r-39-1-bilhoes-em-valor-arrecadado-em-2022. Acesso em: 06 fev. 2013.

BRASIL. Procuradoria-Geral da Fazenda Nacional (PGFN). Regularize. Disponível em: https://www.listadevedores.pgfn.gov.br/resultado. Acesso em: 06 fev. 2023.

BRASIL. Ministério da Economia. Exposição da União a riscos específicos totaliza R$ 4,9 trilhões em 2022. Disponível em: https://www.gov.br/economia/pt-br/assuntos/noticias/2022/novembro/exposicao-da-uniao-a-riscos-especificos-totaliza-r-4-9-trilhoes-em-2022. Acesso em: 06 fev. 2023.

---

17. AYOUB, Luiz R. *A Construção Jurisprudencial da Recuperação Judicial de Empresas*. São Paulo: Grupo GEN, 2021, p. 124.

BRASIL. Superior Tribunal de Justiça – STJ. REsp: 1187404 MT 2010/0054048-4, Relator: Ministro Luis Felipe Salomão, data de julgamento: 19.06.2013, CE – Corte Especial, data de Publicação: DJe 21.08.2013. Disponível em: www.stj.jus.br. Acesso em: 08 fev. 2023.

BRASIL. Superior Tribunal de Justiça (STJ) – AREsp: 1841841 RJ 2021/0048509-2, Relator: Ministro Luis Felipe Salomão, Data de Publicação: DJ 02.06.2021. Disponível em: www.stj.jus.br. Acesso em: 06 fev. 2023.

COELHO, Fábio Ulhoa. *Comentários à lei de falências e de recuperação de empresas*. 15. ed. São Paulo: Thomson Reuters Brasil, 2023.

CAMPINHO, Sérgio. *Curso de direito comercia*: falência e recuperação de empresa. 12. Edição. São Paulo: Saraiva, 2022.

CAMPINHO, Sérgio. *Temas relevantes e controvertidos decorrentes da reforma da Lei de Falência e Recuperação de Empresas (Lei 14.112/2020)*. São Paulo: Saraiva, 2021.

DINIZ, Gustavo S. *Curso de Direito Comercial*. 2. ed. São Paulo: Grupo GEN, 2022.

JÚNIOR, Humberto T. *Lei de execução fiscal*. 14. ed. São Paulo: Saraiva, 2022.

LANA, Henrique Avelino; PIMENTA, Eduardo Goulart. Análise econômica e o crédito tributário na recuperação judicial. *Revista Opinião Jurídica*, Fortaleza, v. 19, n. 31, p. 33-74, maio/ago. 2021.

LEMOS, Gabriela Silva de; OLIVEIRA, Nathalia Gomes de. *Transação Tributária e Parcelamento no Âmbito da Recuperação Judicial*. p. 305-330. In: MARTINS, André Chateaubriand; RICUPERO, Marcelo Sampaio Goés (Coord.). *Nova Lei de Recuperação Judicial*. (São Paulo: Almedina, 2021.

MARTINS, André C.; RICUPERO, Marcelo Sampaio G. *Nova Lei de Recuperação Judicial*. Grupo Almedina (Portugal), 2021.

MIFANO, Flavio; DINIZ, Rodrigo de M. Pará; SANTOS, Ana Beatriz Passos dos. A Reforma da Lei de Recuperação Judicial e a Falência no Âmbito Tributário: O Necessário Alinhamento da Legislação Tributária à Realidade Econômica. p. 293-304. In: MARTINS, André Chateaubriand; RICUPERO, Marcelo Sampaio Goés. *Nova Lei de Recuperação Judicial*. São Paulo: Almedina, 2021.

NETO, Geraldo Fonseca de B. *Reforma da Lei de Recuperação Judicial e Falência* – Comentada e Comparada. São Paulo: Grupo GEN, 2021.

NEGRÃO, Ricardo. *Falência e recuperação de empresas: aspectos objetivos da Lei 11.101/2005*. 7. ed. São Paulo: Saraiva, 2022.

NEGRÃO, Ricardo. *Preservação da empresa*. São Paulo: Saraiva, 2019.

REIS, Anna C. G dos; GIACOMELLI, Cinthia L F.; OLIVEIRA, Karoline F. et al. *Normas especiais do direito tributário*. Grupo A, 2021.

SACRAMONE, Marcelo B. *Comentários à Lei Recuperação de Empresas e Falência*. 3. Edição. São Paulo: Saraiva, 2022.

SÃO PAULO. Tribunal de Justiça do Estado de São Paulo – TJ-SP – AI: 20669676120218260000 SP 2066967-61.2021.8.26.0000, Relator: Maurício Pessoa, Data de Julgamento: 20.10.2021, 2ª Câmara Reservada de Direito Empresarial, Data de Publicação: 20.10.2021. Disponível em: www.tjsp.jus.br. Acesso em: 08 fev. 2023.

SCHOUERI, Luís E. *Direito Tributário*. 11. ed. São Paulo: Saraiva, 2022.

TOMAZETTE, Marlon. *Curso de direito* empresarial: falência e recuperação de empresas. 10. ed. São Paulo: Saraiva, 2022. v. 3.

VIDO, Elisabete. *Curso de direito empresarial*. 10. ed. São Paulo: Saraiva, 2022.

ESTADO FISCAL
NA CONSTITUIÇÃO FEDERAL DE 1988

Luciano Felício Fuck

Doutor em Direito pela Universidade de São Paulo (USP). Mestre em Direito (LL.M. Eur.) pela Universidade de Munique (Ludwig-Maximilians-Universität – LMU). Professor do mestrado e da graduação no Instituto Brasiliense de Direito Público (IDP). Chefe de Gabinete de Ministro no Supremo Tribunal Federal. Lattes: http://buscatextual.cnpq.br/buscatextual/visualizacv.do?id=K4217853Y5 e-mail: lucianofelicio@gmail.com.

Sumário: Introdução – 1. Estado fiscal: origem, conceito e elementos – 2. Estado fiscal, estado patrimonial e estado tributário – 3. CF/1988 e receitas públicas; 3.1 Receitas originárias; 3.2 Receitas derivadas – 4. Princípios constitucionais e o estado fiscal; 4.1 Estado fiscal e federalismo; 4.2 Estado fiscal e democracia; 4.3 Estado fiscal e dignidade da pessoa humana – Conclusão – Referências.

INTRODUÇÃO

Este estudo busca analisar o tratamento dado pela Constituição Federal de 1988 às formas de financiamento do Estado e, de modo mais específico, determinar se a Carta Magna impõe a utilização prioritária de determinada fonte de financiamento público, tendo em vista que, para a realização dos mais caros direitos estabelecidos na CF/88, são necessários vultosos recursos públicos.

Nessa perspectiva, delineia-se o conceito de "Estado Fiscal", cuja origem advém da preocupação com as formas de financiamento do Estado moderno. Desse modo, examina-se se o Estado Fiscal possui eventualmente vantagens comparativas para a concretização dos direitos fundamentais.

1. ESTADO FISCAL: ORIGEM, CONCEITO E ELEMENTOS

Estado Fiscal (*Steuerstaat*) é uma noção que teve origem na doutrina alemã e austríaca – notadamente em obra de autoria de Lorenz Von Stein, de 1885 – e passa a ser muito difundida a partir dos estudos de Rudolf Goldscheid de Joseph Schumpeter,[1] que tratam das características do Estado financiado primordialmente por impostos.

Com efeito, o conceito de Estado Fiscal deriva da preocupação com as formas de financiamento do Estado moderno, especialmente após a separação dos recursos do príncipe da Fazenda Pública. (Torres, 1987, p. 135)

O fato é que, nas comunidades antigas, os recursos do Estado provinham principalmente de povos vizinhos e estrangeiros, inclusive mediante saques e guerras de

---

1. A propósito do desenvolvimento histórico da ideia de Estado Fiscal, cf. NABAIS, José Casalta. *O princípio do estado fiscal*. Coimbra: Coimbra editora, 2000, p. 364 e ss.

conquistas. Os primeiros tributos tinham pouca relevância no custeio das necessidades públicas. Em outras palavras, o Estado não se financiava internamente.

No Feudalismo, por outro lado, era habitual o financiamento do príncipe, por meio da servidão, das prestações naturais e da exploração direta da propriedade e da atividade econômica pela Coroa. (Kirchhof, 1999, p. 87)

No Estado moderno, no entanto, a geração de recursos desconcentra-se, passando do príncipe para os indivíduos. A tributação torna-se a principal fonte de recursos públicos em virtude do desenvolvimento da economia de mercado e do capitalismo, que consolidam a produção da riqueza para o setor privado. (Musgrave, 1992, p. 89)

Dessa forma, a efetivação dos serviços e das atividades estatais resulta da arrecadação pecuniária, que passa a ser indispensável para o próprio exercício do poder estatal. (Vogel, 1999, p. 3)

Nesse contexto, portanto, a Fazenda Pública retira dos particulares os meios de pagamento necessários para seu funcionamento, entre os quais, destacam-se os tributos, por permitirem que o Estado participe dos resultados da riqueza gerada pela economia privada. (cf. Kirchhof, 1999, p. 87)

Certamente, os tributos só são necessários quando a atividade econômica desenvolve-se pelos sujeitos privados, que dependem da segurança institucional promovida pelo Estado. (Tipke, 2005, p. 2)

Entre os tributos, os impostos sobressaem no financiamento do Estado (cf. VOGEL, 1999, p 3), por possuírem fatos geradores desvinculados (*Losgelöstheit*) de qualquer atividade estatal (cf. Kirchhof, 1999, p. 87). A relevante quantidade de recursos que pode ser obtida por meio dos impostos acabou por viabilizar o Estado com grandes atribuições. Daí, então, a importância de se investigar melhor esse Estado, denominado Estado Fiscal (*Steuerstaat*), cujas necessidades financeiras eram cobertas essencialmente por impostos.

Inicialmente, o Estado Fiscal, por sua própria origem histórica, era vinculado ao estado mínimo, de perfil idealizado no liberalismo clássico. No entanto, o desenvolvimento do estado social – fundado tanto na experiência do *welfare state* quanto do *Soziale Marktwirtschaft* – foi devidamente absorvido pelo sistema do Estado Fiscal, que se adaptou às novas necessidades de recursos originadas desse novo modelo. (Musgrave, 1992, p. 89)

Logo, tanto o estado liberal quanto o estado social podem corresponder ao descrito Estado Fiscal (cf. Nabais, 2000, p. 364).

Portanto, o conceito de Estado Fiscal delineia-se como aquele Estado que tem os impostos como a principal fonte de financiamento (Birk, 2012, p. 192). Trata-se, portanto, de espécie de organização do Estado, classificada de acordo com a principal fonte de recursos arrecadados pelo ente público para realização de suas funções.

Nessa linha, o conceito de Estado Fiscal denota os seguintes elementos essenciais: (i) a preponderância da produção da riqueza e do desenvolvimento econômico em domínio privado; (ii) a prevalência dos tributos não vinculados sobre as demais formas tributárias; e (iii) a existência de limites na capacidade de tributar. (cf. Nabais, 2012, p. 195, Musgrave, 1992, p. 89)

Em primeiro lugar, é importante destacar que prestigiar a arrecadação tributária como principal fonte de recursos significa confiar à iniciativa privada o desenvolvimento econômico, para que o Estado possa participar de seu sucesso. (cf. Kirchhof, 1999, p. 87)

Na realidade, como a tributação constitui forma de transferir recursos do setor privado para o setor público, é indispensável que haja condições para a formação e acumulação de recursos privados. (cf. Musgrave, 1992, p. 89)

Assim, o Estado Fiscal pressupõe a propriedade privada, a economia de mercado e a livre iniciativa dos contribuintes (cf. Torres, 1991, p. 98). Por óbvio, tributos são dispensáveis quando o Estado é o proprietário de tudo e único ator econômico relevante (cf. Tipke, 2005, p. 2). A necessidade de tributação é contingente da separação entre propriedade privada e propriedade pública. (cf. Musgrave, 1992, p. 89)

Justamente quando os particulares exploram atividades econômicas e produzem riquezas é que se verificam as bases econômicas necessárias – como renda, patrimônio e lucros – para a imposição de tributos permanentes, exigidos por meio de estrutura burocrática profissional. (cf. Musgrave, 1992, p. 89)

No Estado Fiscal, o papel estatal na economia é necessariamente subsidiário, regulamentar e complementar (cf. Nabais, 2005, p. 40), no sentido de que permite à iniciativa privada o pleno desenvolvimento da atividade econômica. Cabe a esta ser protagonista na geração de riquezas e ao Estado Fiscal participar, por meio dos tributos, dos resultados obtidos pelos particulares.

Evidentemente, isso não impede que o Estado intervenha na economia ou tenha papel relevante na atividade econômica (cf. Böckenförde, 2006, p. 240), mas apenas exclui o cenário em que o Estado se confunde com a própria economia. (cf. Nabais, 2000, p. 371)

Ao contrário do que defendido inicialmente por Schumpeter, os tributos não precisam se pautar pela neutralidade, isto é, não necessitam evitar a interferência no comportamento econômico (cf. Musgrave, 1992, p. 89). Ora, o próprio sistema fiscal é instrumento importante e adequado para intervenção na economia (cf. Wonnacott, 1994, p. 108). Além disso, a adaptação dos tributos e do Estado Fiscal aos valores e às demandas da expansão do estado social (cf. Musgrave, 1992, p. 89) demonstrou a desnecessidade da neutralidade nos impostos. (cf. Nabais, 2012, p. 244)

Ressalte-se, ainda, que o Estado Fiscal não exige que *todas* as despesas estatais sejam financiadas por meio de tributos, mas apenas implica a predominância das receitas tributárias. Isto é, o Estado Fiscal não exclui outras formas de financiamento estatal – inclusive receitas patrimoniais ou decorrentes de atividade econômica direta do Estado –, apenas demanda o predomínio das receitas fiscais na sua sustentabilidade.

Logo, a atividade econômica estatal – seja reguladora, seja diretamente produtora – não é incompatível com o Estado Fiscal, desde que não absorva a atividade econômica privada, que deve permanecer como relevante geradora de bens e riquezas passíveis de tributação.

Em segundo lugar, para a configuração do Estado Fiscal, não basta a natureza tributária das principais fontes de receitas estatais, que devem consistir em impostos ou, mais propriamente, em tributos não vinculados.

De fato, o Estado Fiscal não é indiferente às espécies tributárias que devem prevalecer no ordenamento jurídico e na arrecadação de recursos, mas está inerentemente ligado aos impostos no direito comparado. (cf. Nabais, 2005, p. 40)

A razão dessa prevalência reside na característica dos impostos de não estarem vinculados à determinada atividade estatal (cf. Carvalho, 2011, p. 67), diferenciando-se assim de tributos vinculados, como as taxas e as contribuições de melhoria.

Por não estarem vinculados a nenhuma contraprestação estatal, os impostos podem ser exigidos de todos os cidadãos de acordo com sua capacidade contributiva (cf. Birk, 2004, p. 20), independentemente da divisão de custos quanto ao benefício usufruído com a atividade pública. (cf. Nabais, 2011, p. 19)

Mesmo na concepção mais limitada da atuação da administração pública, o Estado Fiscal deve responder por grandes atribuições que não são passíveis de individualização e, dessa forma, não podem ser financiadas por meio de taxas ou outros tributos vinculados. Com efeito, a manutenção de exército, polícia e corpo diplomático, por exemplo, não comporta a identificação dos beneficiários diretos, de forma que só podem ser financiados por meio de impostos arcados por toda a coletividade.

Por outro lado, com o desenvolvimento do estado social, diversas atribuições do Estado são dirigidas exatamente aos que menos condições têm de arcar com os custos da despesa estatal, principalmente quando relacionadas aos direitos fundamentais.

A título ilustrativo, citem-se as preocupações com a assistência social e com os serviços relacionados à saúde e à educação destinados aos mais carentes. Nesse sentido, apesar de alguns serviços prestados pelo Estado Fiscal serem suscetíveis de individualização, de modo a permitir a cobrança de tributos vinculados, o custeio desses serviços deve ser arcado por quem tem maior capacidade contributiva, e não necessariamente por seus beneficiários diretos. (cf. Nabais, 2011, p. 19)

No contexto brasileiro, além dos impostos, há outras espécies de tributos não vinculados que dão suporte ao Estado Fiscal, a saber, as contribuições sociais, de intervenção no domínio econômico, de interesse de categorias profissionais ou econômicas e de custeio do serviço de iluminação pública.

Ressalte-se que o ganho de importância das contribuições no orçamento brasileiro, ainda que quase igual o peso dos impostos como forma de financiamento público, não desnatura o Estado Fiscal, uma vez que consubstanciam também *tributos não vinculados*. No entanto, essa hipertrofia das contribuições não é despicienda, pois implica ascendência de *tributos destinados*, em oposição aos impostos, o que limita consideravelmente o espaço de liberdade da administração pública.

Frise-se que a ligação do Estado Fiscal com os impostos não significa a necessidade de exclusividade dessa espécie tributária. Outras formas de tributo podem ser exigidas pelo Estado Fiscal, desde que os impostos sejam predominantes na obtenção das receitas.

Logo, para o estabelecimento do Estado Fiscal, os tributos não vinculados devem prevalecer sobre outras espécies tributárias, notadamente as taxas e as contribuições de melhoria, no que concerne à principal forma de financiamento das necessidades do Estado. (cf. Nabais, 2011, p. 19)

Em terceiro lugar, o conceito de Estado Fiscal também pressupõe a existência de limites na capacidade de tributar. Como os recursos privados são finitos, é evidente que a transferência para o Poder Público, por meio de impostos, também encontra limites intransponíveis.

No Estado Fiscal, porém, esses limites vão além do mínimo existencial, pois o potencial de tributação do Estado Fiscal deve preservar a própria autonomia da economia privada. A tributação, no Estado Fiscal, não pode ser tão exagerada a ponto de esgotar os limitados recursos privados ou de desestimular os contribuintes a produzirem, a gerarem riqueza. Cf. (Musgrave, 1992, p. 89)

Determinar com precisão o ponto máximo de tributação não é simples, mas é essencial ao Estado Fiscal que haja esse limite (cf. Musgrave, 1992, p. 89), sob pena de confisco, de estatização das forças produtivas e de destruição de sua própria capacidade financeira. (cf. Nabais, 2012, p. 244)

Ademais, é necessário considerar que, além de limite superior da tributação, há também limite inferior, qualificado pela necessidade de recursos mínimos suficientes para o Estado Fiscal desempenhar suas funções básicas. (cf. Nabais; Suzana, 2010, p. 80)

De fato, o Estado Fiscal contém limites máximos, sob pena de absorver a economia privada, e mínimos, sob pena de deixar de ser Estado.

São exatamente esses limites intrínsecos do Estado Fiscal que, desde as obras de 1917 de Rudolf Goldscheid e de 1918 de Joseph Schumpeter, provocam a reiterada denúncia de "Crise do Estado Fiscal". (cf. Nabais, 2005, p. 40)

Nada obstante os desafios da sempre crescente carga tributária, principalmente diante das demandas do Estado Social (cf. Tôrres, 2014, p. 108-9), ao menos por enquanto o Estado Fiscal tem conseguido se adaptar. (Musgrave, 1992, p. 89)

Portanto, o conceito de Estado Fiscal estipula a necessidade de atenção aos limites da imposição tributária, ainda que sejam variáveis e pouco precisos.

Para denotar as características do Estado Fiscal, é importante diferenciá-lo de outras figuras assemelhadas. Nessa linha, é necessário destacar principalmente aquelas espécies de Estado moderno classificadas de acordo com as fontes principais de financiamento público, quais sejam: o Estado Patrimonial e o Estado Tributário.

2. ESTADO FISCAL, ESTADO PATRIMONIAL E ESTADO TRIBUTÁRIO

Com já destacado, o Estado Fiscal funda-se na arrecadação de impostos. O *Estado Patrimonial*, por sua vez, caracteriza-se por ter as rendas patrimoniais como o seu principal suporte financeiro (cf. Nabais, 2009, p. 269). Sendo assim, depende da exploração do patrimônio do príncipe, que se dá tanto pela exploração de monopólios e venda de cargos públicos, como por meio de rendas dominiais – foros, laudêmios, aluguéis etc. (cf. Torres, 1991, p. 14)

Também pode se financiar por atividades comerciais e industriais diretamente executadas. (cf. Nabais, 2012, p. 193)

Em síntese, o Estado Patrimonial assenta-se em receitas originárias (cf. Schoueri, 2011, p. 119), independentemente de se tratar de juros, rendas de preços públicos, *royalties* pelo uso de bens públicos, laudêmios, foros ou receitas de explorações comerciais.

Historicamente, o Estado Patrimonial consubstanciou a típica forma de Estado absolutista e de exploração do mercantilismo.

Atualmente, porém, essa espécie de Estado, classificado quanto à forma de financiamento, ainda encontra exemplos como Brunei, Kuwait, Irã e outros países dependentes exclusivamente da produção de petróleo, gás natural, ouro e diamante. Além disso, ainda há países que se financiam por meio do jogo, como Macau e Mônaco. (cf. Nabais, 2012, p. 193)

O *Estado Socialista* também se configura como Estado Patrimonial, na medida em que assume a posição de principal agente econômico – quase exclusivo – produzindo e distribuindo bens e serviços primariamente, a exemplo da Coreia do Norte. (cf. Nabais, 2009, p. 269)

Por outro lado, o *Estado Tributário* destaca-se por ser financiado prioritariamente por receitas derivadas, ou seja, provenientes da transferência de riquezas produzidas por particulares ao Estado, tais como os tributos e as multas. (cf. Schoueri, 2011, p. 128)

Ao contrário do Estado Fiscal, o Estado Tributário não se assenta nos impostos, mas em tributos bilaterais ou vinculados, como as taxas e contribuições de melhoria. (cf. Nabais, 2000, p. 5) Nesse caso, prevalecem os tributos vinculados a determinada atividade estatal, cujo ônus recai sobre seus beneficiados diretos. (cf. Schoueri, 2011, p. 152)

Atualmente, a possibilidade de privilegiar tributos bilaterais como as taxas é pouco pragmática e realista cf. (Nabais, 2007, p. 153). Em primeiro lugar, porque muitas tarefas desempenhadas pelo Estado – como a manutenção de polícia, exército, diplomatas e parlamentares – não são passíveis de individualização necessária para a exigência de tributos bilaterais. (cf. Nabais, 2007, p. 153)

Em segundo lugar, diversas atribuições do estado social são dirigidas exatamente a quem não pode arcar com as respectivas despesas, como a assistência social, os serviços de educação e saúde destinados aos mais carentes.

Daí que a distinção entre Estado Fiscal e Estado Tributário seja mais doutrinária que concreta. No entanto, a mencionada diferenciação permite destacar elemento essencial do Estado Fiscal, qual seja, a prevalência e a importância dos impostos.

Em síntese, o Estado Patrimonial diferencia-se do Estado Fiscal e do Estado Tributário por privilegiar as receitas originárias, enquanto esses prestigiam receitas derivadas. Além disso, enquanto Estado Fiscal destaca as receitas derivadas provenientes de impostos, o Estado Tributário depende essencialmente de taxas e tributos vinculados.

3. CF/1988 E RECEITAS PÚBLICAS

Delineado o conceito de Estado Fiscal, é possível determinar se a CF/1988 impõe a utilização prioritária de determinada fonte de financiamento público e, em caso positivo, sua espécie.

Na tarefa de verificar se a CF/1988 elege forma prioritária de financiamento do Estado, a classificação das receitas públicas em *originárias* e *derivadas* ajuda a elucidar o tratamento constitucional, ao separar as fontes de recursos de acordo com sua origem, por meio de critério jurídico e econômico. (cf. Rubinstein, 2010, p. 51)

Enquanto as receitas originárias são produzidas pelo próprio Estado, seja por meio da exploração de seus bens, seja por meio do exercício de sua atividade econômica, as receitas derivadas provêm do constrangimento e da participação sobre o patrimônio do particular. (cf. Ataliba, 1969, p. 25-8; Oliveira, R., 2011, p. 130; Rubinstein, 2010, p. 51)

É certo que, nessa classificação, Régis Fernandes de Oliveira ainda contempla as denominadas receitas transferidas, que são arrecadadas por um ente diverso daquele que utilizará os recursos (2011, p. 130). No entanto, em consideração ao Estado Fiscal, importa apenas se o Estado, como um todo, e não cada ente da Federação, produz diretamente os recursos ou participa do patrimônio adquirido pelos cidadãos.

Assim, o Estado moderno pode se financiar preferencialmente por meio de receitas originárias, provenientes da exploração do patrimônio e da atividade econômica exercida diretamente pelo Estado (Estado Patrimonial), ou de receitas derivadas, provenientes da participação da riqueza gerada pelo setor privado (Estado Fiscal e Estado Tributário).

No caso da CF/1988, resta verificar o tratamento normativo das fontes de recursos públicos para ponderar se a arrecadação de impostos é, efetivamente, prestigiada pela Carta Magna.

3.1 Receitas originárias

No que se refere às receitas originárias, ganha destaque a exploração da atividade econômica pelo Estado (Schoueri, 2011, p. 127). A propósito, dispõe o art. 173 da Constituição Federal, na redação dada pela Emenda Constitucional 19/1998:

Art. 173. Ressalvados os casos previstos nesta Constituição, a exploração direta de atividade econômica pelo Estado só será permitida quando necessária aos imperativos de segurança nacional ou a relevante interesse coletivo, conforme definidos em lei.

O mencionado dispositivo deixa claro o caráter subsidiário da exploração da atividade econômica pelo Estado.

Ainda que o Texto Constitucional ressalve várias atividades extremamente lucrativas, como a lavra de recursos minerais, que eventualmente poderiam tornar financeiramente viáveis o Estado brasileiro, a Carta Magna prestigia de forma indubitável as receitas tributárias, destacando um Título inteiro (Título VI, CF/1988) ao sistema tributário nacional e ao orçamento.

Nesse sentido, parece clara a tendência de restrição da atividade econômica do Estado na CF/1988 (Mendes & Branco, 2013, p. 1.358), ao menos no sentido estrito de atividade econômica (GRAU, 2010, 103-17), resguardando as receitas derivadas, em especial os tributos como o principal instrumento de financiamento do Estado.

Se eventualmente as receitas originárias superarem as demais receitas derivadas, será por mera contingência fática, não por expressa determinação constitucional.

Destaque-se que outras receitas originárias são pouco ou não são resguardadas pela CF/1988, como a compensação financeira por exploração de recursos minerais (art. 20, § 1º, CF/1988) juros por empréstimos públicos, *royalties*, foros ou laudêmios.

Logo, a CF/1988 não impõe a constituição de um Estado Patrimonial, que obtém a maior parte de seus recursos pela exploração da atividade econômica.

Ao contrário, a Constituição é explícita em caracterizar como subsidiária a exploração pública das atividades econômicas.

3.2 Receitas derivadas

No pertinente às receitas derivadas, a Carta Magna claramente prestigia os tributos em relação às demais modalidades, em especial às multas, à receita de senhoriagem pela emissão de moeda e à emissão de títulos.

Com efeito, as breves disposições da Carta Magna sobre a emissão de moeda e emissão de títulos, a exemplo dos arts. 163 e 164 da CF/1988, estão mais voltadas aos impactos na política monetária do que ao levantamento de receitas, sobretudo tendo em vista os limites materiais desses institutos e os riscos de efeitos deletérios, seja quanto à inflação naquele, seja quanto ao superendividamento neste. (Mendes & Branco, 2013, p. 1367)

De outra sorte, a Constituição Federal dedica especial atenção aos tributos, em especial aos impostos, com esmiuçadas disposições sobre sua incidência e o destino de seus recursos.

Desde logo, o presente trabalho adota a classificação dos tributos detalhada por Paulo Ayres Barreto (2011, p. 50-74), que aplica sucessivamente os seguintes critérios de divisão: vinculação, destinação e restituição.[2] Assim, nada obstante a classificação encampada pelo voto condutor no RE 138.284/CE, Rel. Min. Carlos Velloso, Pleno, DJ 28.8.1992, tem razão a corrente que identifica cinco espécies tributárias na CF/1988, a saber: impostos (tributo não vinculado, não destinado e não restituível); contribuições (tributo não vinculado, destinado e não restituível); empréstimos compulsórios (tributo não vinculado ou vinculado, destinado e restituível); taxas e contribuições de melhoria (tributos vinculados, não destinados e restituíveis).

Ademais, é importante destacar que, no âmbito da CF/1988, o dever fundamental de pagar impostos encontra amparo no seu art. 145, § 1º, (Mendes & Branco, 2013, p. 1.368) que dispõe:

> Art. 145. A União, os Estados, o Distrito Federal e os Municípios poderão instituir os seguintes tributos:
> I – impostos;
> (...)
> § 1º Sempre que possível, os impostos terão caráter pessoal e serão graduados segundo a capacidade econômica do contribuinte, facultado à administração tributária, especialmente para conferir efetividade a esses objetivos, identificar, respeitados os direitos individuais e nos termos da lei, o patrimônio, os rendimentos e as atividades econômicas do contribuinte.

Esse dispositivo não impõe um estado de sujeição permanente do contribuinte, mas determina a arrecadação compulsória de tributos desvinculados cingidos aos direitos individuais e à capacidade contributiva, isto é, sem dependência da vontade ou da autorresponsabilidade dos cidadãos. (Nabais, 2012, p. 186)

Assim, a Constituição Federal é clara em assegurar direitos – e direitos fundamentais – aos contribuintes, mas também em afastar qualquer pretensão ao não pagamento dos impostos. Por outro lado, tanto quanto possível deve ser observada a capacidade econômica do contribuinte. Logo, as duas características essenciais do dever fundamental de pagar impostos estão presentes na CF/1988.

Ainda que o prevalecimento do Estado Fiscal sobre o Estado Tributário seja imperiosidade prática, como já exposto, a Carta Magna indubitavelmente prestigiou os impostos em detrimento dos tributos vinculados.

De fato, os tributos vinculados autorizados pela Constituição são previstos em breves disposições, quais sejam, as taxas (art. 145, II e § 2º, CF/1988) e as contribuições de melhoria (art. 145, III, CF/1988), enquanto os impostos foram pormenorizados cuidadosamente, com diversas regras típicas de legislação infraconstitucional e, até, infralegal.

Quanto aos estados e municípios, a rigor, os impostos são quase a fonte de receita exclusiva, seja pelas competências diretas (arts. 155 e 156 da CF/1988), seja pelas repartições constitucionais das receitas dos impostos (arts. 157 a 162 da CF/1988).

---

2. A propósito da pertinência constitucional desses critérios na classificação dos tributos, cf. MOUSSALLEM, Tárek Moysés. Classificação dos tributos: uma visão analítica. *IV Congresso Nacional de Estudos Tributários.* São Paulo: IBET, dezembro 2007. Disponível em: http://www.ibet.com.br/download/Tárek%20Moysés.pdf. Acesso em: mar. 2016, p. 601-37.

Mesmo em relação à União, há evidente prevalecimento de competências e regras sobre impostos. Ressalte-se que eles também são hegemônicos comparados a outros tributos não vinculados previstos na Constituição e, em regra, de competência exclusiva da União.

No que se refere aos empréstimos compulsórios, a constituição só os autoriza, nos termos do art. 148 da CF/1988, em caso de despesas extraordinárias decorrentes de calamidade pública, guerra externa ou sua iminência, bem como de investimento público de caráter urgente e de relevante interesse nacional.

Por outro lado, quanto às contribuições sociais, de intervenção no domínio econômico e de interesse das categorias profissionais ou econômicas, que têm ganhado bastante relevância nos últimos anos, trata-se de típicos tributos não vinculados, cujo prevalecimento não descaracterizaria o Estado Fiscal.

A rigor, essas contribuições têm as mesmas características essenciais dos impostos, com a única distinção de o produto de sua arrecadação estar dirigido à determinada finalidade constitucional.

Não se confundem, portanto, essas contribuições com tributos especiais do direito comparado, tais como as contribuições de Portugal (CF. Barreto, 2007, p. 194),[3] *Beiträge* da Alemanha, *contribuciones especiales* da Espanha, *tributo speciale* da Itália e *cotisation sociale* da França, que invariavelmente pressupõem benefícios aos contribuintes (Schoueri, 2011, p. 153-4). Apenas a contribuição de melhoria guarda alguma semelhança com esses tributos estrangeiros.

No que se refere ao peso na arrecadação global, os impostos permanecem como a maior fonte de receitas públicas no Brasil, tendo arrecadado aproximadamente 892,78 bilhões de reais em 2013 nas três esferas. As contribuições sociais, de intervenção no domínio econômico e outras espécies de tributos não vinculados arrecadaram aproximadamente 815,78 bilhões reais, enquanto os tributos vinculados arrecadaram pouco mais de 28 bilhões de reais.

É certo que há um peso cada vez maior das contribuições sociais, principalmente na arrecadação da União, mas, ao menos por enquanto, os impostos seguem como as mais importantes fontes de receita pública no Brasil.

Além disso, os próprios princípios fundamentais da CF/1988, presentes em seu art. 1º, apontam o prevalecimento do Estado Fiscal no Brasil, como se verificará a seguir.

4. PRINCÍPIOS CONSTITUCIONAIS E O ESTADO FISCAL

Examinadas as disposições constitucionais quanto às receitas originárias e derivadas, é possível a devida comparação para examinar se a CF/1988 privilegia certa forma de receita e, em caso positivo, determinar se o Estado Fiscal é decorrência necessária da Carta Magna.

---

3. Cf. BARRETO, Paulo Ayres. Contribuições: classificação, destinação e limites. *Revista de Direito Tributário*, São Paulo: Malheiros, n. 98. p. 193 (194) 2007.

4.1 Estado fiscal e federalismo

Em relação ao princípio do Federalismo, repita-se que a CF/1988 atendeu a antigo anseio de descentralização de recursos da União para os estados e municípios e de recursos dos estados para os municípios (cf. Leal, 2012, p. 70), por meio da repartição de competências e das receitas dos impostos. (cf. Oliveira, F.; 2010, p. 1)

Note-se que, em relação a outras fontes de receitas, já há o esforço na construção de novas fórmulas de descentralização, como a distribuição de *royalties* na exploração de recursos minerais e da contribuição de intervenção no domínio econômico relativa a petróleo e gás natural (art. 177, § 4º, c/c 157, III, da CF/1988).

Todavia, os impostos contêm, mais do que qualquer outra fonte de recursos, regras de repartição de receitas e maior participação de estados e municípios no produto.

Nessa esteira, o prevalecimento dos impostos como principal fonte de recursos públicos implica, ao menos em maior extensão, maior autonomia financeira das entidades políticas descentralizadas, principalmente aquelas com maior dificuldade de obter recursos por sua própria arrecadação.

Ressalte-se que essa autonomia financeira, principalmente quanto aos municípios, é essencial para a efetivação de direitos fundamentais justamente nas áreas mais carentes, longe dos grandes centros urbanos e das capitais. A distribuição de recursos, nesse aspecto, amplia a efetividade dos direitos. (Holmes & Sunstein, 2000, p. 113 e ss.)

A dificuldade de repartir verbas provenientes tanto da exploração do patrimônio e de atividade econômica do Estado quanto de tributos vinculados, como se verifica do impasse político na distribuição dos *royalties* atualmente, indica a vantagem dos impostos como principal fonte de recursos públicos.

Frise-se que essa vantagem reflete-se inclusive comparativamente aos tributos de arrecadação vinculada, como as contribuições sociais.

É certo que a União tem expandido aceleradamente a base das contribuições, principalmente das contribuições sociais, justamente por não precisar dividir o produto da arrecadação com estados e municípios. No entanto, essa inclinação pode prejudicar sensivelmente o equilíbrio federativo contra a clara tendência descentralizadora da CF/1988, constituindo mais uma razão para o prevalecimento dos impostos e do Estado Fiscal sobre a estrutura do Estado Federal brasileiro.

Dessa forma, o Estado Fiscal prestigia a máxima efetividade do Federalismo no Brasil em proveito, também, da eficácia dos direitos fundamentais.

4.2 Estado fiscal e democracia

Além disso, outro parâmetro apto a avaliar a adequação do Estado Fiscal é sua compatibilidade em maior grau com o regime democrático.

De fato, o Estado Fiscal está associado a esse tipo de regime, tanto em seu perfil mais liberal, quanto social. (cf. Musgrave, 1992, p. 89)

No Brasil, além de desvinculados de qualquer atividade estatal no que toca ao seu fato gerador, os impostos são insuscetíveis de vinculação de suas receitas a órgão, fundo ou despesa, ressalvadas as exceções constitucionais, nos termos do art. 167, IV, da CF/1988.

Isso significa que os impostos têm fatos geradores independentes de qualquer atividade estatal e sua arrecadação deve permanecer livre para o investimento nas prioridades determinadas pelo sucesso eleitoral.

Por definição, o regime democrático está aberto à alternância de dirigentes políticos com regularidade (cf. Canotilho, 2003, p. 543), permitindo que novas prioridades sejam eleitas e novas escolhas tomadas.

Como os recursos são limitados, a eleição de prioridades é aspecto essencial na efetivação das regras constitucionais, principalmente quanto aos direitos fundamentais. (Holmes & Sunstein, 2000, p. 118 e ss.)

É certo que a CF/1988 cuidou de prever a alocação mínima de recursos para algumas de suas prioridades, como a saúde (art. 198, §2º, da CF/1988, na redação dada pela Emenda Constitucional 63/2010) e a educação (art. 212 da CF/1988, na redação dada pela Emenda Constitucional 59/2009). Daí a importância de tributos criados com a arrecadação vinculada, especialmente as contribuições sociais.

No entanto, a Constituição democrática de 1988 parece zelar para que a maior parte dos recursos públicos arrecadados não tenha destinação pré-fixada, possibilitando justamente a flexibilidade necessária para que novos governos assumam novos projetos, investimentos e prioridades. Esse papel parece plenamente atendido pela primazia dos impostos e, consequentemente, pelo estabelecimento de Estado Fiscal, principalmente em relação ao mencionado Estado Tributário.

Por outro lado, a própria experiência de diversos Estados Patrimoniais com perfis autoritários (Torres, 1987, p. 135), a exemplo do Estado Socialista, demonstra, no mínimo, a vantagem da separação entre poder político e o econômico que ocorre quando o Estado permite ao capital privado a exploração das atividades econômicas e retira desse capital os recursos para suas necessidades financeiras.

Evidentemente, isso não significa que só pode haver respeito à democracia em Estados Fiscais nem que todo Estado Fiscal seja plenamente democrático. No entanto, resta marcado que o Estado Fiscal prestigia o regime democrático em maior grau que suas figuras semelhantes.

Portanto, é possível concluir pela compatibilidade do Estado Fiscal com o Estado Democrático de Direito instalado pela CF/1988.

4.3 Estado fiscal e dignidade da pessoa humana

O Estado Fiscal ainda precisa ser comparado com base na defesa da dignidade da pessoa humana, fundamento previsto no art. 1º, III, da CF/1988 e pilar dos direitos fundamentais.

Os impostos, como tributos independentes de qualquer atividade estatal, dispensam também contraprestação direta aos contribuintes. Ao contrário das taxas e contribuições de melhoria, o contribuinte dos impostos não tem benefício algum direto da ação do Estado.

Essa característica permite que os impostos sejam arrecadados não de acordo com a contraprestação, benefício ou com os custos do Estado envolvendo determinada atividade, mas consoante a capacidade econômica de cada contribuinte, nos termos do art. 145, § 1º, da CF/1988.

A prevalência desses tributos permite, assim, que grande parte dos serviços e investimentos promovidos pelo Estado seja dispensada justamente a quem detém menor condição financeira. Em síntese, a atuação do Estado é direcionada não aos que mais contribuem, mas aos que mais necessitam.

Por óbvio, em eventual prevalecimento do Estado Tributário, há natural predominância de serviços públicos que exigem contraprestação dos contribuintes e são mais utilizados por quem pode contribuir.

Os impostos, por outro lado, permitem o financiamento de diversos serviços em que não é possível sequer a individualização do beneficiário ou cujas respectivas despesas os beneficiários não têm condições financeiras de arcarem. (Nabais, 2007, p. 153)

Portanto, em relação ao Estado Tributário, o Estado Fiscal apresenta-se como mais adequado para proteger a dignidade da pessoa humana e mais amplamente financiar a concretização dos direitos fundamentais.

CONCLUSÃO

A preocupação com as formas de financiamento do Estado moderno originou, na doutrina alemã, o conceito de Estado Fiscal, fundado na preponderância dos impostos entre as formas de financiamento público. Nesse sentido, constitui aquele Estado cujas necessidades financeiras são cobertas em sua maior parte por impostos. Entre os tributos, os impostos devem ser destacados por possuírem fatos geradores desvinculados de qualquer contraprestação estatal, permitindo o levantamento de relevantes quantidades de recursos. O Estado Fiscal mostrou-se compatível com o clássico estado mínimo liberal, bem como com o estado social.

O Estado Fiscal possui como elementos essenciais: (a) a preponderância da produção da riqueza e do desenvolvimento econômico em domínio privado; (b) prevalência dos tributos não vinculados sobre as demais formas tributárias; e (c) a existência de limites na capacidade de tributar.

A CF/1988 tende a restringir a atividade econômica do Estado, resguardando as receitas derivadas – que provêm do constrangimento e da participação sobre o patrimônio do particular – como o principal instrumento de financiamento do Estado.

Em razão dos limites materiais e dos possíveis efeitos deletérios na política econômica das multas e das receitas de senhoriagem pela emissão de moeda e de títulos, a CF/1988 claramente prestigia os tributos em relação às demais receitas derivadas.

O art. 145, § 1º, da CF/1988 ampara o dever fundamental de pagar impostos no Brasil, isto é, o financiamento do ente público não depende da vontade ou da autorresponsabilidade dos cidadãos. No entanto, isso não significa a imposição de estado de sujeição permanente do contribuinte por determinar a arrecadação compulsória de tributos desvinculados, uma vez que cingidos aos direitos individuais e à capacidade contributiva.

Considerando os valores constitucionais do federalismo, da democracia e da dignidade da pessoa humana, é imperioso concluir que a CF/1988 é compatível com o Estado Fiscal e impõe, de fato, que as necessidades financeiras necessárias para a efetivação dos direitos fundamentais sejam cobertas, em maior medida, pelos impostos.

REFERÊNCIAS

ATALIBA, Geraldo. Apontamentos de ciência das finanças, direito financeiro e tributário. São Paulo: *Revista dos Tribunais*, 1969.

BARRETO, Paulo Ayres. Contribuições: classificação, destinação e limites. *Revista de Direito Tributário*, São Paulo: Malheiros, n. 98. p. 193 (194). 2007.

BARRETO, Paulo Ayres. *Contribuições:* regime jurídico, destinação e controle. 2. ed. São Paulo: Noeses, 2011.

BIRK, Dieter. *Steuerrecht*. 7. ed. Heidelberg: C. F. Müller, 2004.

BÖCKENFÖRDE, Ernst-Wolfgang. Recht, *Staat, Freiheit*. 2. ed. Frankfurt am Main: Suhrkamp, 2006.

CANOTILHO, José Joaquim Gomes. *Direito constitucional e teoria da constituição*. 7. ed. Coimbra: Almedina, 2003.

CARVALHO, Paulo de Barros. *Curso de direito tributário*. 23. ed. São Paulo: Saraiva, 2011.

GRAU, Eros Roberto. *A ordem econômica na Constituição de 1988*. 14. ed. São Paulo: Malheiros, 2010.

HOLMES, Stephen; & SUNSTEIN, Cass. *The cost of rights*. New York: W. W. Norton & Company, 2000.

KIRCHHOF, Paul. Staatliche einnahmen. In: ISENSEE, Josef & KIRCHHOF, Paul (Coord.). *Handbuch des Staatsrecht*. 2. ed. Heidelberg: C. F. Müller, 1999. v. 4.

MENDES, Gilmar Ferreira & BRANCO, Paulo Gustavo Gonet. *Curso de direito constitucional*. 8. ed. São Paulo: Saraiva, 2013.

MUSGRAVE, Richard Abel. Schumpeter's crisis of the tax state: an essay in fiscal sociology. *Journal of Evolutionary Economics*, 2, 1992.

MOUSSALLEM, Tárek Moysés. Classificação dos tributos: uma visão analítica. *IV Congresso Nacional de Estudos Tributários*. São Paulo: IBET, dezembro 2007. Disponível em: http://www.ibet.com.br/download/Tárek%20Moysés.pdf. Acesso em: mar. 2016.

NABAIS, José Casalta. *O princípio do estado fiscal*. Coimbra: Coimbra editora, 2000.

NABAIS, José Casalta. Estado fiscal, cidadania fiscal e alguns dos seus problemas. In: NABAIS, José Casalta. *Por um estado fiscal suportável:* estudos de direito fiscal. Coimbra: Almedina, 2005.

NABAIS, José Casalta. A face oculta dos direitos fundamentais: os deveres e os custos dos direitos. *Revista de Direito Público da Economia – RPDE*, ano 5, n. 20. p. 153-81, out./dez. 2007.

NABAIS, José Casalta. Reflexões sobre quem paga a conta do Estado Social. *Revista Tributária e de Finanças Públicas*, ano 17, n. 88. p. 269-307, set./out. 2009.

NABAIS, José Casalta. Considerações sobre a sustentabilidade do estado fiscal. *Revista Fórum de Direito Tributário*, Belo Horizonte, ano 9, n. 49. p. 19-51, jan./fev. 2011.

NABAIS, José Casalta. *O dever fundamental de pagar impostos*. 3. reimp. Coimbra: Almedina, 2012.

NABAIS, José Casalta & SILVA, Suzana Tavares da. O Estado pós-moderno e a figura dos tributos. *Revista de Legislação e de Jurisprudência*, ano 140, n. 3965. p. 80-104, nov./dez. 2010.

OLIVEIRA, Fabrício Augusto de. A evolução da estrutura tributária e do fisco brasileiro: 1889-2009. *Texto para discussão do IPEA*, n. 1469, Brasília: Instituto de Pesquisa Econômica Aplicada (IPEA), jan. 2010. Disponível em: http://www.ipea.gov.br/portal/images/stories/PDFs/TDs/td_1469.pdf. Acesso em: mar. 2016.

OLIVEIRA, Regis Fernandes de. *Curso de direito financeiro*. 4. ed. São Paulo: Ed. RT, 2011.

RUBINSTEIN, Flávio. Capítulo II – Da Receita. In: CONTI, José Maurício (Coord.). *Orçamentos públicos*: a Lei 4.320/1964 comentada. 2. ed. São Paulo: Ed. RT, 2010.

SCHOUERI, Luís Eduardo. *Direito tributário*. São Paulo: Saraiva, 2011.

STEIN, Lorenz Jacob von. *Lehrbuch der finanzwissenschaft*. 5. ed. Theil II, Abtheilung I, Leipzig: Brodhaus, 1885.

TIPKE, Klaus & LANG, Joachim. *Steuerrecht*. 18. ed. Köln: Otto Schmidt, 2005.

TÔRRES, Heleno Taveira. *Direito constitucional tributário e segurança jurídica*: metódica da segurança jurídica do sistema constitucional tributário. 2. ed. São Paulo: Ed. RT, 2012.

TÔRRES, Heleno Taveira. *Direito constitucional financeiro*. São Paulo: Ed. RT, 2014.

TORRES, Ricardo Lobo. Estado patrimonial, estado fiscal e pensamento autoritário no Brasil. *Temas atuais do Direito Brasileiro,* Rio de Janeiro: UERJ, 1987.

TORRES, Ricardo Lobo. *A ideia de liberdade no estado patrimonial e no estado fiscal*. Rio de Janeiro: Renovar, 1991.

VOGEL, Klaus. Grundzüge des finanzrechts des grundgesetzes. In: ISENSEE, Josef & KIRCHHOF, Paul (Coord.). *Handbuch des staatsrecht*. 2. ed. Heidelberg: C. F. Müller, 1999. v. 4.

WONNACOTT, Paul & WONNACOTT, Ronald. *Economia*. 2. ed. Tradução e Revisão Técnica de Celso Seiji Gondo, Antonio Martins Cortada e Jayme Fonseca Francisco Junior. São Paulo: Makron, 1994.

O CRÉDITO DE ICMS E O TRANSPORTE INTERESTADUAL DE COMBUSTÍVEIS

Luiz Gustavo Antonio Silva Bichara

Procurador Especial Tributário do Conselho Federal da Ordem dos Advogados do Brasil (OAB). Sócio fundador do escritório Bichara Advogados.

Sumário: Resumo – Introdução – 1. A matriz constitucional de incidência do ICMS – 2. A matriz constitucional da não cumulatividade do ICMS – Conclusão – Referências.

RESUMO

É até desnecessário dizer sobre a alegria e a honra de ter sido convidado a escrever um artigo para o livro em homenagem ao querido Amigo e Professor Ives Gandra da Silva Martins. Sua obra e vida falam por si sós.

Embora muitos possam ser os aspectos a enaltecer a doutrina do Professor Ives – que trata de diversos ramos do direito e ultrapassa, com igual profundidade, suas fronteiras – nenhum pode igualar-se a seus estudos na seara do Direito Tributário, notadamente os dedicados ao ICMS. Nada mais justo, portanto, que homenageá-lo buscando tema relevante acerca desse tributo.

Pois bem, a questão que será apresentada nesse breve artigo diz respeito à possibilidade de aproveitamento, por parte dos adquirentes revendedores de lubrificantes e combustíveis líquidos e gasosos derivados de petróleo, ou ainda das distribuidoras de combustíveis – a depender da forma de contratação do frete (CIF ou FOB) –, de créditos de ICMS destacados por ocasião da *prestação* de serviço de transporte interestadual desses produtos, na medida em que as *operações* interestaduais com tais mercadorias são gravadas pela não incidência tributária desse tributo na origem.

INTRODUÇÃO

A Constituição Federal prevê, em seu art. 155, § 2º, inciso II, alíneas "a" e "b", em relação ao ICMS, que "(...) a isenção ou não incidência, salvo determinação em contrário da legislação: a) não implicará crédito para compensação com o montante devido nas operações ou prestações seguintes; e b) acarretará a anulação do crédito relativo às operações anteriores".

Também a denominada Lei Kandir (Lei Complementar 87/96), em seu art. 20, § 1º, dispõe que "Não dão direito a crédito as entradas de mercadorias ou utilização de serviços resultantes de operações ou prestações isentas ou não tributadas (...)".

Passo adiante, tanto a Constituição Federal (art. 155, § 2º, inciso X, alínea "b"), quanto a Lei Complementar 87/96 (art. 3º, inciso III), consignam que o ICMS não incidirá sobre *operações* que destinem a outros Estados petróleo, inclusive lubrificantes, combustíveis líquidos e gasosos dele derivados, e energia elétrica. Não há hipótese parelha em relação à *prestação* de serviço de transporte interestadual de petróleo, inclusive lubrificantes, combustíveis líquidos e gasosos dele derivados.

Daí, poder-se-ia chegar à apressada conclusão de que, se não há incidência do ICMS na origem sobre *operações* interestaduais com tais produtos, seria imperioso não se tomar o crédito de ICMS incidente sobre a *prestação* de serviço de transporte que possibilita a realização da *operação* com petróleo, inclusive lubrificantes, combustíveis líquidos e gasosos dele derivados. Aliás, como o fez, a nosso sentir, de forma desacertada, o Tribunal de Justiça da Bahia:

> Direito tributário. Agravo regimental em apelação cível. Improvimento monocrático do recurso principal. Embargos à execução fiscal. Autuação. Creditamento de ICMS. Serviço transporte de combustíveis. Art. 155, § 2º, X da Constituição Federal. Não incidência na origem. precedentes do STF. art. 557, caput do CPC. decisão mantida. recurso improvido.
>
> 1. Consoante consignado na decisão vergastada "Segundo definido pela Corte Superior o recolhimento do ICMS, na hipótese de transporte de combustíveis, ocorre no Estado destinatário, louvando-se o consumidor do creditamento junto a este, dado que, no Estado de origem, no caso concreto, Estado da Bahia, configura-se circunstância de não-incidência tributária."
>
> 2. Assim, tanto as mercadorias efetivamente transportadas (combustíveis), quanto o serviço de seu transporte em si, até porque o seu valor integra a base de cálculo do ICMS sobre aquelas mercadorias, terão incidência do tributo no Estado destinatário, que arcará com o superveniente creditamento e compensação.[1]

Mas assim não deve ser. E a presente abordagem visa expor o racional que dá suporte à tomada de crédito de ICMS sobre *prestação* de serviço de transporte interestadual de combustíveis derivados de petróleo.

Para tanto, será feito um breve resumo do arcabouço normativo e jurisprudencial que, em nosso entendimento, agasalha a tomada desse crédito, com a inclusão, ao longo dessa exposição, de argumentos que servirão de fundação à construção do raciocínio, tudo de forma objetiva e concisa, afinal, a ninguém é dado o direito de consumir o tempo alheio desnecessariamente.

1. A MATRIZ CONSTITUCIONAL DE INCIDÊNCIA DO ICMS

A regra-matriz de incidência do ICMS está cravada no art. 155, inciso II, da Constituição Federal, segundo o qual "Compete aos Estados e ao Distrito Federal instituir impostos sobre: operações relativas à circulação de mercadorias e sobre prestações de serviços de transporte interestadual e intermunicipal (...)".

---

1. Tribunal de Justiça do Estado da Bahia, Quinta Câmara Cível, Agravo Regimental em Apelação Cível 0044705-90.2008.8.05.0001, Relator Desembargador José Edivaldo Rocha Rotondano, DJ de 14.08.2014.

Daí se extrai que há signo presuntivo de riqueza, passível de tributação, nos seguintes fatos: ocorrência de *operações* de circulação de mercadorias; e, ocorrência de *prestação* de serviço de transporte intermunicipal e interestadual. O texto constitucional, portanto, admite a possibilidade de incidência tributária sobre *operações* de circulação de mercadorias e sobre *prestações* de serviços de transporte intermunicipal e interestadual.

Releva destacar, de início, então, que o constituinte pôs à mesa duas materialidades passíveis de incidência tributária: *operações* de circulação de mercadorias e *prestações* de serviços de transporte intermunicipal e interestadual. E, como "O constituinte não cria tributo, ele apenas autoriza sua criação, a qual se dá por meio de uma lei",[2] cabe ao legislador de cada Estado assim fazê-lo.

Nesse contexto, os Estados utilizam disposições, de maneira geral, com o seguinte enunciado normativo: "Fica instituído o imposto sobre operações relativas à circulação de mercadorias e sobre prestações de serviços de transporte interestadual e intermunicipal e de comunicação – ICMS, que tem como fato gerador a operação relativa à circulação de mercadoria e a prestação de serviço de transporte interestadual e intermunicipal e de comunicação, ainda que a operação ou a prestação se inicie no exterior".[3]

Se é adotado como regra materialidades diversas para a incidência do tributo, é consectário lógico que demais regras e princípios atinentes ao microssistema desse tributo devem orientar-se por isso. Aliás, não à toa, a Lei Complementar 87/96 tem disposições específicas para *prestações* de serviço de transporte, as quais, obviamente, não se aplicam às *operações* com bens e mercadorias, a saber: arts. 2º, inciso II; 11, inciso II; 12, incisos V e VI; 13, inciso III etc.

Repisando a regra contida no art. 155, § 2º, inciso X, alínea "b", da Constituição Federal, bem como no art. 3º, inciso III, da Lei Complementar 87/96, o ICMS não incidirá sobre *operações* que destinem a outros Estados petróleo, inclusive lubrificantes, combustíveis líquidos e gasosos dele derivados, e energia elétrica.

Então, fazendo-se o cotejo entre as materialidades passíveis de incidência do ICMS e a regra de não incidência, vê-se que esta grava apenas as *operações* com combustíveis derivados do petróleo, não as *prestações* a eles relacionadas. Ou seja, as *prestações* de serviço de transporte interestadual de combustíveis derivados do petróleo sofrem tributação do ICMS, sendo a base de cálculo o valor da *prestação*, tal como estabelecido no art. 13,[4] inciso III, da Lei Complementar 87/96, o que só vem a reforçar a evidente autonomia entre as materialidades mencionadas.

---

2. SCHOUERI, Luís Eduardo. *Direito Tributário*. 2. ed. São Paulo: Saraiva, 2012, p. 225.
3. Art. 1º da Lei 2.657/96. Lei que instituiu o ICMS no Estado do Rio de Janeiro.
4. Art. 13. A base de cálculo do imposto é:
   (...)
   III – na prestação de serviço de transporte interestadual e intermunicipal e de comunicação, o preço do serviço;
   (...)

2. A MATRIZ CONSTITUCIONAL DA NÃO CUMULATIVIDADE DO ICMS

O art. 155, § 2º,[5] da Constituição Federal, prevê, como norma balizadora do microssistema de tributação do ICMS, que o imposto será não cumulativo, compensando-se o que for devido em cada operação relativa à circulação de mercadorias ou prestação de serviços com o montante cobrado nas anteriores.

Essa regra também está prevista no art. 19[6] da Lei Complementar 87/96, "veículo legislativo explicitador da Carta Magna", nos dizeres do homenageado, Ives Gandra da Silva Martins, para quem "não inova, porque senão seria inconstitucional, mas complementa, tornando clara a intenção do constituinte (...).[7]

O princípio da não cumulatividade *obriga* o contribuinte a abater, do montante do ICMS devido, o ICMS que suportou na *operação* ou *prestação* anterior, ou seja, tanto na aquisição de mercadorias quanto na contratação de serviços sujeitos à incidência do ICMS, está sujeito o contribuinte a tomar o crédito para posteriormente aproveitá-lo e reduzir o valor a pagar de ICMS, de modo que o consumidor final suporte o ônus financeiro apenas do acréscimo sobre o valor de venda da mercadoria.

O Superior Tribunal de Justiça, aliás, já consignou que a efetivação do princípio da não cumulatividade, para além de um direito do contribuinte, é um dever:

> Agravo regimental. Tributário. Icms destacado nas notas fiscais emitidas pela fornecedora. Direito ao creditamento. Princípio da não cumulatividade. Demanda declaratória que reconhecera a não incidência do icms sobre os serviços de composição gráfica nas embalagens personalizadas. Estorno dos créditos pelos adquirentes das mercadorias. Impossibilidade.
>
> 1. O direito de crédito do contribuinte não decorre da regra-matriz de incidência tributária do ICMS, mas da eficácia legal da norma constitucional que prevê o próprio direito ao abatimento (regra-matriz de direito ao crédito), formalizando-se com os atos praticados pelo contribuinte (norma individual e concreta) e homologados tácita ou expressamente pela autoridade fiscal. Essa norma constitucional é autônoma em relação à regra-matriz de incidência tributária, razão pela qual o direito ao crédito nada tem a ver com o pagamento do tributo devido na operação anterior.
>
> 2. Deveras, o direito ao creditamento do ICMS tem assento no princípio da não cumulatividade, sendo assegurado por expressa disposição constitucional, verbis: "Art. 155. Compete aos Estados e ao Distrito Federal instituir impostos sobre: (...) II – operações relativas à circulação de mercadorias e sobre prestações de serviços de transporte interestadual e intermunicipal e de comunicação, ainda que as operações e as prestações se iniciem no exterior; (...) § 2º O imposto previsto no inciso II atenderá ao seguinte: I – será não cumulativo, compensando-se o que for devido em cada operação relativa

---

5. Art. 155. (...)
   § 2º O imposto previsto no inciso II atenderá ao seguinte:
   I – será não cumulativo, compensando-se o que for devido em cada operação relativa à circulação de mercadorias ou prestação de serviços com o montante cobrado nas anteriores pelo mesmo ou outro Estado ou pelo Distrito Federal (...).
6. Art. 19. O imposto é não cumulativo, compensando-se o que for devido em cada operação relativa à circulação de mercadorias ou prestação de serviços de transporte interestadual e intermunicipal e de comunicação com o montante cobrado nas anteriores pelo mesmo ou por outro Estado.
7. *O sistema tributário na Constituição*. 6. ed. São Paulo: Saraiva, 2007, p. 123-125.

à circulação de mercadorias ou prestação de serviços com o montante cobrado nas anteriores pelo mesmo ou outro Estado ou pelo Distrito Federal; (...)

(...)

4. Destarte, o direito à compensação consubstancia um direito subjetivo do contribuinte, que não pode ser sequer restringido, senão pela própria Constituição Federal. Evidenciado resulta que a norma constitucional definiu integralmente a forma pela qual se daria a não-cumulatividade do ICMS, deixando patente que somente nos casos de isenção e não incidência não haveria crédito para compensação com o montante devido nas operações seguintes ou exsurgiria a anulação do crédito relativo às operações anteriores (artigo 155, § 2º, II).

5. Ressoa inequívoco, portanto, que o direito de abatimento, quando presentes os requisitos constitucionais, é norma cogente, oponível ao Estado ou ao Distrito Federal. A seu turno, os sucessivos contribuintes devem, para efeito de calcular o imposto devido pela operação de saída da mercadoria do seu estabelecimento, abater o que antes e, a título idêntico, dever-se-ia ter pago, a fim de evitar a oneração em cascata do objeto tributado, dando, assim, plena eficácia à norma constitucional veiculadora do princípio da não cumulatividade. Percebe-se, assim, que o creditamento não é mera faculdade do contribuinte, mas dever para com o ordenamento jurídico objetivo, não lhe sendo possível renunciar ao lançamento do crédito do imposto, mesmo que tal prática lhe fosse conveniente. Sequer a própria lei poderia autorizá-lo a tanto, sob pena de patente inconstitucionalidade.

(...)

8. Agravo regimental desprovido.[8]

Na mesma esteira é a jurisprudência do Supremo Tribunal Federal:

A apropriação de créditos de ICMS na aquisição de mercadorias tem suporte na técnica da não cumulatividade, imposta para tal tributo pelo art. 155, § 2º, I, da Lei Maior, a fim de evitar que a sua incidência em cascata onere demasiadamente a atividade econômica e gere distorções concorrenciais.[9]

A doutrina também leciona sobre a necessidade de se cumprir o princípio da não cumulatividade do ICMS. Na mesma linha do consignado no voto da Min. Rosa Weber, já transcrito, o magistério de José Eduardo Soares de Melo registra que:

De fato, a preservação da não cumulatividade do ICMS vem atender a intenção do legislador em desonerar o custo da produção e da comercialização de mercadorias do valor pago nas aquisições, para que não haja nova tributação sobre as mesmas grandezas, já que o custo das mercadorias integrará o preço dos bens ou serviços nas saídas.

O não atendimento da regra da não cumulatividade abalaria de maneira profunda a estrutura econômica sobre a qual foi organizado o Estado. Constituindo-se num sistema operacional destinado a minimizar o impacto do tributo sobre o preço dos bens e serviços de transporte e de comunicações, a sua eliminação os tornariam artificialmente mais onerosos. Caso fosse suprimida, a cumulatividade tributária geraria um custo artificial indesejável aos preços dos bens e serviços comercializados. Esses preços estariam totalmente desvinculados da realidade da produção e da comercialização.

Isto, evidentemente, oneraria sobremaneira o custo de vida da população. De outra parte, encareceria também o processo produtivo e comercial, reduzindo os investimentos na produção e na comer-

---

8. Superior Tribunal de Justiça, Primeira Turma, Agravo Regimental no Recurso Especial 1.065.234/RS, Relator Ministro Luiz Fux, DJe de 1º.07.2010.
9. Supremo Tribunal Federal, Tribunal Pleno, Recurso Extraordinário 606.107/RS – RG, Relatora Ministra Rosa Weber, DJe de 25.11.2013.

cialização de produtos e serviços, em face do aumento de custos ocasionada por esse artificialismo tributário oriundo da cumulatividade.

Da conjugação desses argumentos bem se pode constatar que, de fato, a não cumulatividade é um princípio constitucional, posto que sua supressão causaria sensível abalo nas relações de consumo, na produção de bens e na prestação de serviços, com evidentes reflexos até mesmo nas relações de emprego, em função do aumento artificial de custos.

Nesse contexto, é relevantíssimo registrar que o princípio da não cumulatividade não está sujeito a restrições de quaisquer ordens, salvo aquelas já previstas na Constituição Federal. Noutras palavras, somente as hipóteses de exceção previstas no próprio texto constitucional, mais especificamente no art. 155, § 2º, inciso II, da Constituição Federal, é que são admitidas como forma de redução do crédito apurado pelo contribuinte. Eis o que determina as referidas limitações:

Art. 155. Compete aos Estados e ao Distrito Federal instituir impostos sobre: (Redação dada pela Emenda Constitucional 3, de 1993)

(...)

§ 2º O imposto previsto no inciso II atenderá ao seguinte: (Redação dada pela Emenda Constitucional 3, de 1993)

(...)

II – a isenção ou não incidência, salvo determinação em contrário da legislação:

a) não implicará crédito para compensação com o montante devido nas operações ou prestações seguintes;

b) acarretará a anulação do crédito relativo às operações anteriores;

(...)

E, nesse ponto, revela-se importante chamar à atenção para a letra da disposição constitucional para as hipóteses de limitação ao direito de creditamento. De um lado temos a alínea "a" que é clara em estabelecer que as aquisições com isenção ou não incidência do ICMS não gerarão crédito para compensação dos débitos do ICMS relativos às *operações* ou *prestações* seguintes e, de outro, temos a alínea "b" dispondo que as saídas com isenção ou não incidência acarretarão a anulação do crédito relativo às *operações* anteriores [e somente às operações].

Sendo as hipóteses de limitação ao princípio da não cumulatividade do ICMS apenas aquelas estabelecidas na Constituição Federal, outras vedações não poderiam ser instituídas pelo legislador ordinário, muito menos por Autoridades Administrativas tendentes a determinar o estorno ou a anulação do crédito escriturado, em especial quando, claramente, se tem o aproveitamento de créditos decorrentes de *prestações* de serviços tributadas, mesmo que vinculadas a *operações* de venda de mercadorias não tributadas (ou ainda tributadas antecipadamente por substituição tributária).

Nesse mesmo sentido já se manifestou Marco Aurélio Greco, em parecer elaborado para o SINDICOM – Sindicato Nacional das Empresas Distribuidoras de Combustíveis e de Lubrificantes, consignando a impossibilidade de se confundir as *prestações* de serviços de transporte com as *operações* de venda de mercadorias a ela relacionadas:

Também não se alegue que o serviço de transporte seria um "acessório" da operação isenta ou não tributada e que, por consequência, deveria seguir o mesmo regime que lhe é deferido, no caso, o de anulação de crédito.

Este argumento é sedutor, mas não colhe.

De fato, a Constituição Federal justapõe[10] que tem em comum a submissão à não cumulatividade, mas tais incidências correspondem a materialidades diversas submetidas a regimes próprios. O direito ao crédito por prestações de serviços anteriores existe pois tais serviços estão relacionados com a atividade empresarial como um todo e não necessariamente por se vincularem materialmente a uma operação tributada.

Assim, quando a alínea "b" do inciso II, diversamente da alínea "a" desse mesmo inciso, prevê apenas a anulação dos créditos relativos a "operações" está veiculando regra que só atinge está hipótese e não as demais (prestação de serviços de comunicação e prestação de serviços de transportes interestadual e intermunicipal).

Além disso, o argumento do "acessório segue o principal" foi deduzido perante o Poder Judiciário em relação à não incidência relativa às exportações de mercadorias e o Supremo Tribunal Federal em diversas oportunidades, repeliu a extensão do regime, dentre outras razões por serem hipóteses distintas.

A isto se acrescente uma terceira razão, que resulta dos fatos relatados pela Consulente. Trata-se da circunstância de um mesmo caminhão poder transportar, ao mesmo tempo, produto tributado e produto sujeito a não incidência, sem que isto desnature a prestação do serviço ou vincule a utilidade apenas a uma destas mercadorias. A rigor, a utilidade não se vincula à mercadoria transportada, mas sim ao tomador do respectivo serviço prestado ao viabilizar a entrega da mercadoria ao destinatário

Por estas razões, entendo que a determinação constitucional de anulação restringe-se a créditos de ICMS relativos a operações anteriores (como literalmente previsto) não alcançando créditos relativos a prestações de serviço anteriores.

Na medida em que a previsão constitucional de anulação do crédito não alcança créditos por prestações de serviços tributados, disto decorre que a legislação infraconstitucional não pode conter regra que determine a anulação ou regra com efeito equivalente, como seria o caso de regra vedando o respectivo crédito.

Sacha Calmon Navarro Coelho também registra que "(...) a Constituição não autoriza a anulação do crédito relativo às prestações de serviços anteriores, muito menos condiciona a sua manutenção à natureza da operação que lhe deu causa".[11]

Assim, chega-se à conclusão de que, não há, nem poderia haver, disposição legal válida e eficaz que possa impedir o aproveitamento dos créditos de ICMS sobre os serviços de transporte prestados para a execução das *operações* interestaduais com combustíveis e lubrificantes derivados de petróleo.

Apenas para exemplificar, veja-se o que ilegal e inconstitucionalmente prevê o Regulamento do Código Tributário Estadual de Goiás:

---

10. Quanto à justaposição e à inserção sob o regime da não cumulatividade, vide ICMS – materialidade e características constitucionais, GRECO, Marco Aurélio e LORENZO, Anna Paola Zonari de. In: MARTINS, Ives Gandra da Silva (Coord.). *Curso de Direito Tributário*. 8. ed. São Paulo: Saraiva, 2001, p. 529 e ss.
11. *Revista Dialética de Direito Tributário* n. 64. p. 153.

Art. 46. E assegurado ao sujeito passivo, nos termos do disposto neste regulamento, o direito de creditar-se do imposto anteriormente cobrado em operações ou prestações resultantes (Lei 11.651/91, art. 58):

(...)

II – de serviço de transporte interestadual e intermunicipal utilizado pelo estabelecimento:

a) remetente de mercadoria, correspondente à operação tributada pelo imposto, contratada com cláusula CIF;

b) destinatário de mercadoria, correspondente à operação tributada pelo imposto, contratada com cláusula FOB;

(...)

Art. 57. Não implica crédito (Lei 11.651/91, art. 60):

I – a entrada de mercadoria, bem ou utilização de serviço:

a) resultante de operação ou prestação isentas ou não tributadas;

(...)

1º A vedação do crédito prevista neste artigo estende-se ao imposto incidente sobre serviço de transporte ou de comunicação vinculado com a mercadoria objeto da operação.

(...)

Mesmo que incida o ICMS na *prestação* do serviço de transporte da mercadoria objeto da *operação* seguinte não tributada, deverá o destinatário, a teor da norma acima transcrita, não se creditar do imposto que incidiu naquela *prestação*, donde se conclui que este cenário implica em manifesto desrespeito ao princípio da não cumulatividade.

Com efeito, é indene de dúvida que, para além de ter direito ao crédito sobre o frete que contratou e pagou nas operações interestaduais com combustíveis e lubrificantes derivados de petróleo, é obrigação do destinatário tomar o crédito, na esteira da jurisprudência do Superior Tribunal de Justiça, seja por respeito ao princípio da não cumulatividade do ICMS (que apenas admite as hipóteses de restrição discriminadas na alínea "b", do inciso II, do § 2º do art. 155 da Constituição Federal de 1988), seja por observância da legislação tributária infraconstitucional.

Isso porque a Lei Complementar 87/96 ratifica essa obrigação ao repetir as disposições constantes da Carta Maior, deixando claro que *operações* de circulação de mercadorias e *prestação* de serviços são tratadas de forma diversa.

Noutras palavras, também na qualidade de tomadora dos serviços de transporte, suporta-se o ônus do tributo que no valor da prestação que contrata, nascendo daí, então, a obrigação ao aproveitamento do crédito para futura compensação, em respeito a natureza não cumulativa do ICMS.

Até porque, é literal a previsão no sentido de que a anulação do crédito provocada pela isenção ou não incidência está restrita aos créditos decorrentes de *operações* anteriores (alínea "b", do inciso II, do § 2º, do art. 155, da Constituição Federal). Portanto, tais eventualidades (isenção ou não incidência) não geram anulação dos créditos relativos a *prestações* de serviços anteriores à operação isenta ou não tributada.

Nesse sentido, registrou o professor Marco Aurélio Greco:

> De fato, enquanto nas operações está subjacente a ideia de integração das mercadorias entradas no produto final ou no seu processo produtivo, no caso de prestações de serviços estas, como regra, esgotam sua utilidade em contemplação do respectivo tomador.
>
> Ou seja, embora os serviços de transporte e comunicação possam se integrar no processo de produção e comercialização das mercadorias, eles, como regra, não fazem parte do próprio objeto das operações. Portanto, tem literal sentido o dispositivo quando restringe a previsão da anulação ao crédito relativo a operações anteriores, pois a utilidade destas se esgotou (como regra) em relação ao contribuinte que figurou como tomador do serviço, não se estendendo à etapa subsequente do ciclo econômico.
>
> Nem se diga que a falta de previsão da anulação dos créditos relativos a prestações anteriores teria sido uma omissão involuntária do Constituinte. De fato, não cabe alegar ter havido omissão, pois, na alínea "d", que é imediatamente anterior à examinada, a Constituição é expressa ao prever "operações e prestações". A distinção não só é conhecida pelo Constituinte como foi utilizada imediatamente antes.

Na mesma linha, inclusive, já se manifestaram os Tribunais de Justiça do Estado de Minas Gerais[12] e de Goiás.[13]

Ademais, mesmo que assim não fosse, isto é, mesmo que fosse possível entender que as materialidades das operações de venda de combustíveis e das prestações de serviços de transporte interestadual e intermunicipal não fossem distintas e autônomas, ainda assim seria peremptório admitir a manutenção dos créditos de frete relativamente às operações interestaduais de venda de combustíveis derivados de petróleo.

Isso porque foi o próprio Supremo Tribunal Federal, no julgamento do Recurso Extraordinário 198.088/SP, que decidiu que a não incidência constitucional do ICMS relativa aos lubrificantes e combustíveis derivados de petróleo não se tratava de desoneração em prol do consumidor.[14]

---

12. Tribunal de Justiça do Estado de Minas Gerais – TJ/MG.
    Ementa: Tributário – Execução fiscal – ICMS – Aproveitamento – (...) Fretes – art. 144, RICMS – Empresa tomadora do serviço – Contribuinte do tributo – Possibilidade de creditamento.
    No voto: "Realmente são inconfundíveis e autônomas a tributação da prestação de serviços de transporte e a tributação de operação de circulação de mercadoria, não se estendendo a imunidade que contempla essa à prestação dos serviços. Ao contrário, há explícita previsão para sua tributação: art. 2º, II, da LC 87/96. Assim que, inaplicável a regra constitucional de anulação de créditos, do art. 155, § 2º, II, b, restrita às entradas que corresponderem às operações de saída imunes" (1ª Câmara Cível, Apelação Cível em Embargos à Execução Fiscal 1.0702.06.308296-1/001, Relator Desembargador Alberto Vilas Boas, DJ de 17.07.2009).
13. Tribunal de Justiça do Estado de Goiás – TJ/GO.
    Ementa: Apelação cível. Anulatória de débito fiscal. Aproveitamento de crédito. Prestação de serviço de transporte interestadual de combustível. Frete. Aproveitamento do crédito do ICMS. Princípio da não cumulatividade. Acusação fiscal indevida. Auto invalidado. (...) 3. O contribuinte quando figurar como tomador de serviço de transporte interestadual de combustível e o frete se referir a operação interestadual, tem ele o direito ao aproveitamento do crédito tributário alusivo ao recolhimento do respectivo ICMS, notadamente porque dita prestação de serviço não é alcançada pela regra imunizante relativa a operação que destinem a outros Estados petróleo, inclusive lubrificantes, combustíveis líquidos e gasosos dele derivados, prevista na alínea b do inciso X do art. 155 da Carta de 1988 (2ª Câmara Cível, Apelação/Remessa Necessária 5221092-53.2018.8.09.0051, Relator Desembargador Reinaldo Alves Ferreira, DJe de 09.09.2022).
14. Ementa: Tributário. ICMS. Lubrificantes e combustíveis líquidos e gasosos, derivados do petróleo. Operações interestaduais. Imunidade do art. 155, § 2º, X, b, da Constituição Federal. Benefício fiscal que não foi instituído em prol do consumidor, mas do Estado de destino dos produtos em causa, ao qual caberá, em sua totalidade, o

CONCLUSÃO

É sabido que as distribuidoras de combustíveis efetuam operações de compra e venda em todos os estados do Brasil. Na condição de industrializadoras e comercializadoras de combustíveis e lubrificantes derivados ou não de petróleo, suas *operações* regularmente transpõem as divisas estaduais. E, para dar efetividade a essas *operações*, as distribuidoras necessitam contratar serviços de transporte.

As distribuidoras, então, figurando como contratantes de serviço de transporte, suportam o ônus do tributo que lhe é repassado no valor da *prestação* que contrata, nascendo daí a obrigação ao aproveitamento do crédito de ICMS para futura compensação, em observância ao princípio da não cumulatividade.

Se a prestação de serviço de transporte interestadual utilizada na operação com combustíveis e lubrificantes derivados de petróleo é tributada (não obstante a natureza imune da *operação*), nenhuma razão há para se exigir o estorno dos créditos dos serviços de transporte tomados pelos contratantes do serviço de transporte, cujo valor efetivamente é por eles suportado.

Assim, se o fisco estadual exige o ICMS incidente sobre o serviço de transporte, independentemente de a *operação* correspondente (no caso, a venda de combustíveis) sofrer ou não tributação, não há razão para se estornar os créditos das *prestações* tributadas, quando atreladas a *operações* sem tributação na origem. Isso nitidamente significa desobediência ao comando da não cumulatividade, componente essencial da regra-matriz de incidência do ICMS.

Ademais, no caso da atividade de distribuição de combustíveis e lubrificantes derivados de petróleo essa restrição é ainda mais afrontosa ao princípio da não cumulatividade já que não se está diante de operações interestaduais efetivamente desoneradas e sim diante de hipótese de destinação da carga tributária incidente para o Estado de consumo da mercadoria, conforme a mencionada posição do Supremo Tribunal Federal.

REFERÊNCIAS

GRECO, Marco Aurélio e de LORENZO, Anna Paola Zonari. "ICMS – materialidade e características constitucionais". In *Curso de Direito Tributário*, coordenação IVES GANDRA DA SILVA MARTINS, Editora Saraiva, 8ª edição, 2001, São Paulo, pág. 529 e segs.

SCHOUERI, Luís Eduardo. *Direito Tributário*, 2ª edição, São Paulo: SARAIVA, 2012, pág. 225.

ICMS sobre eles incidente, desde a remessa até o consumo. Consequente descabimento das teses da imunidade e da inconstitucionalidade dos textos legais, com que a empresa consumidora dos produtos em causa pretendeu obviar, no caso, a exigência tributária do Estado de São Paulo. Recurso conhecido, mas desprovido (Tribunal Pleno, Relator Ministro Ilmar Galvão, DJ de 05.09.2003).

SOCIEDADE POR AÇÕES SIMPLIFICADAS – SAS – *UNA MIRADA* PARA O DIREITO ARGENTINO

Marcela Maia

Mestranda em Direito Comercial e dos Negócios pela Universidade Federal de Buenos Aires – UBA. Pós-graduada em Direito Empresarial e Econômico – ABDConst. Graduada pela Universidade Cândido Mendes. Associada da Câmara de Comércio Argentino Brasileira. Advogada.

Gustavo Carvalho Miranda

Doutorando em Direito Empresarial pela Universidad de Ciencias Empresariales y Sociales – UCES, Buenos Aires, Argentina. Pós-graduado em Direito Tributário e Financeiro pela Universidade Federal Fluminense – UFF. Graduado pela Universidade Cândido Mendes. Advogado.

Sumário: 1. As sociedades por ações simplificadas (SAS) – 2. Implementação da SAS na Argentina – 3. As principais características das SAS Argentina – Considerações finais – Referências.

1. AS SOCIEDADES POR AÇÕES SIMPLIFICADAS (SAS)

As Sociedades por Ações Simplificadas vem sendo apresentadas como uma das maiores inovações do Direito Societário. Esse tipo societário objetiva fomentar o impulso econômico através da modernização, simplificação, flexibilização de regras aplicáveis aos tipos societários comuns, criando um modelo híbrido que combina características das sociedades de responsabilidade limitada e das sociedades anônimas, através do seu caráter personalíssimo, porém, com capital social representado por ações, sem negociação na bolsa de valores.

Com isso, a constituição da empresa se torna algo menos custoso, fazendo com que sejam acessíveis, especialmente para as micro, pequenas e médias empresas

As SAS são caracterizadas por ser um tipo societário alicerçado na desburocratização e digitalização do Direito Societário.[1] Possui como princípio básico a liberdade, com consequente flexibilização das normas imperativas de outros tipos societários, rompendo paradigmas e alicerçando a autonomia da vontade das partes.

Francisco Villamizar, autor do projeto das SAS na Colômbia, as descreve da seguinte maneira:

---

1. DOMÍNGUEZ, Juan Pablo; RODRÍGUEZ VILLAR, Javier; PUTSCHEK, Stefania. La disrupción de las tecnologías: Evolución en el derecho societario Publicado en: *RDCO* 301, 45 Cita: TR LALEY AR/DOC/520/2020.

La propuesta apunta a una transformación radical de muchas de las estructuras legales vigentes con el fin de ponerlas a tono con las concepciones contemporáneas y, sobre todo, con las necesidades de los empresarios. Se trata, en esencia, de facilitar la creación y el funcionamiento de nuevas sociedades, de favorecer la innovación empresarial y de mejorar la competitividad del sistema económico. En nuestros sistemas jurídicos es necesario avanzar con prontitud hacia nuevos horizontes normativos. En una era de comunicaciones inmediatas, donde la información y el conocimiento están al alcance de la mano, no es sensato esperar – como casi siempre ha ocurrido –, a que transcurran décadas antes de introducir reformas indispensables, cuya eficacia se ha demostrado en varios países extranjeros. Por el prurito de defender concepciones dogmáticas y anacrónicas, podría retrasarse la puesta en práctica de un sistema societario que, de adoptarse con rapidez, promete resolver buena parte de las inquietudes y dificultades que deben enfrentar los empresarios de hoy.[2]

Em que pese estar implementada na França desde 1994, no âmbito da América Latina, a Colômbia foi a ponta da lança em sua implementação, a partir da lei 1258, do ano de 2008. Segundo relatório da OEA, até 2017, 98% das sociedades do país são constituídas sob esse modelo.[3]

Tamanha foi a importância da legislação colombiana, que o Comitê Jurídico Interamericano (CJI) da OEA, aprovou em Assembleia Geral ocorrida em 20 de junho de 2017, a Lei Modelo sobre as Sociedades Por Ações Simplificadas, baseando-se nos êxitos apresentados na Colômbia.[4]

A Lei modelo aprovada pela OEA traz como principais características de uma Sociedade por Ações Simplificada: Personalidade jurídica, responsabilidade limitada, possibilidade de um só acionista, possibilidade de apenas um diretor, inexistência de valor mínimo para aporte de capital, documentos sobre sociedade por ações simples, estrutura de governança flexível, não há requisitos obrigatórios para constituição da sociedade, decisões tomadas por maioria dos votos, não requer auditores internos e máxima liberdade contratual.[5]

Outros países também a implementaram: México em 14 de março 2016 através de decreto que promoveu a alteração de sua lei geral de sociedades mercantis;[6] o Chile através da Lei 20.190;[7] República Dominicana, em 2011, introduzida pela Lei 31-11;[8] no Uruguai pela Lei 19.820 de 2019;[9] Equador através da Regulamentação SCVS-INC-D-

---

2. VILLAMIZAR, Francisco Reyes. *La sociedad por acciones simplificada*: Una verdadera innovación en el Derecho Societario latinoamericano.
3. A Lei Modelo Sobre Sociedades Por Ações Simplificadas. Disponível em: http://www.oas.org/es/sla/ddi/docs/Ley_Modelo_Sobre_Sociedades_Por_Acciones_Simplificada_Situacion_Reformas_Region.pdf.
4. Boletim informativo da OEA – Organização dos Estados Americanos. Disponível em: https://www.oas.org/es/sla/ddi/boletines_informativos_Ley_Modelo_Sociedad_Acciones_Simplificada_Informe_Jul-2017.html.
5. A Lei Modelo Sobre Sociedades Por Ações Simplificadas. Disponível em: http://www.oas.org/es/sla/ddi/docs/Ley_Modelo_Sobre_Sociedades_Por_Acciones_Simplificada_Situacion_Reformas_Region.pdf.
6. Decreto. Disponível em: https://dof.gob.mx/nota_detalle.php?codigo=5429707&fecha=14/03/2016#gsc.tab=0.
7. Lei 20.190. Disponível em: https://www.bcn.cl/leychile/navegar?idNorma=261427&idVersion=2019-05-24&idParte=.
8. Lei 31-11. Disponível em: https://transparencia.poderjudicial.gob.do/documentos/PDF/leyes/Ley_31_11.pdf.
9. Lei 19.820. Disponível em: https://www.impo.com.uy/diariooficial/2019/09/27/documentos.pdf.

NCDN-2020-0015,[10] em 25 de setembro de 2020; e a Argentina, objeto do nosso artigo, em 2017, através da Lei 27.349.[11]

No Brasil tramitou o projeto de Lei 4.303/2012[12] visando alterar a Lei de Sociedades Anônimas, promovendo a alteração do artigo 294 e acrescendo os artigos 294-A, 294-C, 294-D, 294-E, 294-F, 294-G, 294-H e 294-I, para criar e disciplinar a SAS.

Contudo, apesar da sua aprovação perante a comissão, após 10 (dez) anos de tramitação, o projeto de lei foi arquivado por inadequação financeira e orçamentária da matéria, posto que as pessoas jurídicas sob o regime especial das SAS teriam o mesmo tratamento tributário diferenciado dispensado às micro e pequenas empresas, acarretando impactos ao orçamento da união sob forma de renúncia de receita.

Com advento da Lei Complementar 182/21, marco legal das startups e do empreendedorismo inovador, houve a alteração de alguns artigos (143 e 294) da Lei 6.404/76, flexibilizando regras das Sociedades Anônimas de Capital Fechado e consequentemente simplificando o acesso de empresas de menor porte ao regime das sociedades por ações.

Indubitável é, que o supramencionado marco regulatório é um avanço no que tange a facilitação ao acesso de empresas com porte reduzido ao mundo das sociedades anônimas, contudo, parece precipitado dizer que através da Lei Complementar 182/21 teria havia a introdução da SAS no Brasil.

2. IMPLEMENTAÇÃO DA SAS NA ARGENTINA

No cenário argentino, os tipos societários existentes não atraiam pequenos e medianos empresários, posto que demora para constituição e a complexidade dos requisitos formais não atendiam a demanda de empreendedores.[13]

Visando atender as denominadas "PYMES" (pequenas e médias empresas) e promover o desenvolvimento do ecossistema empreendedor, considerando que os empreendedores são os motores do progresso,[14] se fez necessário um marco regulatório para atender essa demanda.

O Ministério de Produção da Nação, através da Secretaria de Empreendedores e Pequenas e Médias Empresas, encaminhou ao Poder Executivo, em setembro de 2016, o projeto "Ley de empreendedores"[15] objetivando que a sua implementação pudesse

---

10. Regulamentação equatoriana. Disponível em: https://smsecuador.ec/wp-content/uploads/2020/11/Reglamento-de-las-Sociedades-por-acciones-simplificadas.pdf.
11. Lei 27.349. Disponível em: http://servicios.infoleg.gob.ar/infolegInternet/anexos/270000-274999/273567/texact.htm.
12. Projeto de Lei 4.303/2012. Disponível em: https://www.camara.leg.br/proposicoesWeb/fichadetramitacao?idProposicao=553029.
13. RAJOY, Cecilia Yael. *Sociedades Anónimas Simplificadas ¿Un impulso para los Emprendedores?*
14. Idem.
15. Lei de empreendedores. Disponível em: https://www.diputados.gov.ar/comisiones/permanentes/cpymes/proyectos/proyecto.jsp?exp=0025-PE-2016.

baratear o custo de abertura de uma sociedade anônima, propiciando registro rápido e simplificação das formalidades jurídicas.

A Sociedade por Ações Simplificadas foi regulada na Argentina no ano seguinte a apresentação do projeto de lei, em 2017, através da Lei 27.349, denominada de Apoio ao Capital Empreendedor, artigos 33 a 62, sendo independente da Lei geral de sociedades, constituindo um novo tipo societário.

Sua criação utiliza como parâmetro o modelo colombiano, sendo considerado um tipo social flexível, democrático e liberal, dando ingresso a modernidade no direito societário argentino.[16]

O novo tipo societário foi bem recepcionado não apenas por doutrinadores, como também por empreendedores. Após o sancionamento da lei, mais de cinquenta mil empresas se inscreveram como SAS, segundo a Associação de Empreendedores da Argentina – ASEA.[17]

Ocorre que, na contramão de outros países da américa latina, após as eleições presidenciais ocorrida em 2019 e o ingresso de um governo com características estadista e intervencionista, distintas do governo neoliberal em que as SAS foram implementadas, passou-se então a defender que o novo tipo societário favorecia lavagem de dinheiro e o narcotráfico.

Nesse contexto, foi nomeado como presidente da Inspetoria Geral de Justiça – IGJ (órgão de fiscalização de empresas na Argentina), Ricardo Nissen. Nissen é um grande crítico das SAS e com a IGJ sob seu comando foram elaboradas inúmeras resoluções para tornar sem efeito as inscrições desse tipo societário.

> Era evidente que los privilegios otorgados supuestamente a "los emprendedores" por la Resolución General IGJ 6/2017 debían ser dejados prontamente sin efecto y así aconteció, efectivamente, mediante el dictado por la Inspección General de Justicia de las Resoluciones Generales 3º, 5º y 9º del corriente año (2020), por resultar absolutamente ilegítimo que, por tratarse – supuestamente – de emprendedores, el socio único o sus integrantes estuvieran exentos de toda responsabilidad frente a terceros y demás socios, a través de la consagración de un sistema de absoluta opacidad, arbitrariedad y abuso del derecho.[18]

No entanto, para além das questões políticas que giram em torno do nosso país de análise, e não podiam ser ignoradas, já que efetivamente limitaram a implementação das SAS, fato é que aos golpes, a legislação segue vigente, e a continuação, passaremos a análise das principais características de tipo social.

---

16. HADAD, Lisandro A. La Sociedad por Acciones Simplificada y la llegada de la modernidad. *La Ley* 27.07.2017, 1 – LA LEY2017-D, 971 Cita: TR LALEY AR/DOC/1387/2017.
17. La creación exprés de empresas, bajo la lupa. El cronista. Disponível em: https://www.cronista.com/economia-politica/sas-la-creacion-expres-de-empresas-bajo-la-lupa-del-congreso/.
18. NISSEN, Sobre los concretos resultados de la incorporación de las sociedades por acciones simplificadas (SAS) en la legislación societaria argentina y las medidas necesarias para evitar su abuso.

3. AS PRINCIPAIS CARACTERÍSTICAS DAS SAS ARGENTINA

a) Tipificação e classificação

O art. 33 da lei 27.349, prevê expressamente a criação da SAS como um tipo societário novo, regido e com características previstas na referida lei. A previsão afasta a regência da Lei Geral de Sociedades (19.550) que só deverá ser aplicada em caráter supletivo.

Sua criação como um tipo social autônomo foi criticado por doutrinadores como Daniel Roque Vítolo[19] (p. 790) que sustenta não conseguir entender as razões do legislador em criar um tipo legal específico fora da lei geral de sociedade, vejamos.

> Resulta igualmente extraño recurrir – sin necesidad alguna – como lo hace la ley 23.349 a un sistema híbrido de estructura societaria legal, en el cual el capital finalmente se representa – aunque con expresión imprecisa – por acciones y las normas supletorias del nuevo régimen legal de SAS que se aplicarán en materia de órganos y responsabilidad limitada, en las cuales el capital se representa por cuotas y donde la persona del 'socio' adquiere una mayor relevancia personalizada que en las sociedades por acciones.

Nesse contexto, Muguillo[20] (p. 706) afirma que as SAS formam um tipo jurídico especial com regramento próprio, submetidas apenas em caráter supletivo a Lei Geral de Sociedades. Contudo, são híbridas à medida que possuem características de sociedades de responsabilidade limitada e de sociedades anônimas.

Gebhardt[21] (p. 356) defende que do ponto de vista da tipificação e classificação, as SAS são pequenas sociedades anônimas com estrutura e características de uma sociedade limitada, gozando da forma de administração dessa última, já que, apesar de ser uma sociedade de capital, seu fundamento associativo é *intuitu personae*.

Conforme se verifica, muito não se compreende o motivo do legislador tornar a SAS um tipo híbrido, em especial porque no âmbito do direito comparado, anteriormente mencionado, as regras adotadas foram das Sociedades Anônimas.

b) Constituição

Unipessoal ou pluripessoal

As Sociedades por Ações Simplificadas podem ser constituídas por uma ou várias pessoas físicas ou jurídicas, nos termos do artigo 34, da Lei 27.349. Limita-se, porém, sua forma de constituição na modalidade unipessoal. Neste modelo, está vedada a constituir outra SAS unipessoal, bem como participar em outra SAS unipessoal.

No que concerne a possibilidade de possuir um único sócio em uma sociedade por ações, a SAS não foi uma novidade para a legislação argentina, visto que a Lei Geral de Sociedades (19.550), prevê em seu artigo 1º que a sociedade unipessoal pode constituir-se como Sociedade Anônima.

---

19. VÍTOLO, Daniel Roque. *Manual de Sociedades*. 3. ed. Editorial Estudio Digital, 2023.
20. MUGUILLO, Roberto Alfredo. *Derecho Societario*. Ciudad Autónoma de Buenos Aires: La Ley, 2017.
21. GEBHARDT, Marcelo; ROMERO, Miguel Álvaro. *Sociedades*. coordinación general de Miguel Álvaro Romero; dirigido por Marcelo Gebhardt. 2. ed. Ciudad Autónoma de Buenos Aires: Astrea, 2019.

c) Instrumento constitutivo

O instrumento constitutivo tem suas regras previstas no art. 36 e exige que a denominação social contenha a expressão "SAS" sob pena de responsabilidade ilimitada e solidária dos administradores e representantes em caso de omissão.

Sem limitação estipulada por lei, o objeto pode ser amplo, plural e sem relação entre si, devendo possuir prazo de duração determinado.[22]

O capital social, que não pode ser inferior a duas vezes o salário-mínimo (art. 40) deve ser expresso em moeda nacional, constando as classes, modalidades de emissão e demais características das ações.

No que tange ao regime de Administração e fiscalização, os sócios devem customizar o instrumento constitutivo e indicar de maneira individualizada os integrantes dos órgãos de administração, quando for o caso, os órgãos de fiscalização, fixando prazos de duração para os cargos e individualizando os domicílios onde as notificações deverão ser enviadas. Caso não seja realizado, aplicar-se-á as normas gerais previstas na lei de sociedades (19.550)

A legislação, visando brindar a autonomia da vontade, estabelece que os acionistas prevejam de maneira customizada o funcionamento, e formas voluntárias de dissolução e liquidação da sociedade.

Os registros públicos devem disponibilizar modelos de instrumentos constitutivos e, caso os sócios optem por usá-los, a SAS deverá ser registrada em até 24 horas. No contexto argentino trata-se de um avanço, já que o prazo médio para registrar uma empresa costuma ser de 3 (três) meses.

d) Capital social e ações

Conforme aventado anteriormente, o capital social mínimo será de dois salários-mínimos, representado por ações, podendo ser integralizados em bens móveis ou imóveis. Os aportes em espécie, poderão ser integralizados em até dois anos, enquanto a integralização com bens deverá ser realizada em 100% no momento da constituição.

Nos termos do parágrafo quinto do art. 42, o aporte de capital poderá ocorrer através da prestação de serviços, seja por sócios, administradores ou prestadores externos dos SAS, podendo consistir em serviços já prestados ou a serem prestados no futuro, devendo o valor ser fixado pelos acionistas no instrumento constitutivo ou posteriormente por unanimidade deliberação dos sócios, ou, em caso de omissão, o valor resultará do determinado por um ou mais peritos designados por unanimidade pelos sócios.

As ações emitidas pela companhia poderão ser nominativas, ordinárias ou preferenciais, não endossáveis, com indicação do valor nominal e dos direitos econômicos e políticos reconhecidos a cada classe. Ações escriturais também podem ser emitidas.

---

22. Diferente do que ocorre no Brasil, na Argentina as empresas são constituídas por prazo determinado. Atualmente, por força da Resolucion 1/2022 da Inspección General de Justicia, o prazo máximo de duração é de 30 anos.

Independente da classe de ações, os direitos políticos e econômicos poderão ser idênticos, sendo indiferente o seu preço de compra ou venda. Deverá, portanto, o Estatuto Social expressar os direitos de voto correspondentes a cada classe de ações, com indicação da atribuição de voto singular ou plural.

A forma de negociação das ações deverá estar prevista no instrumento constitutivo, no qual poderá ser exigido que qualquer transferência de ações conte com a prévia autorização da assembleia de sócios.

Em caso de omissão de seu tratamento no instrumento constitutivo, qualquer transferência de ações deverá ser notificada à companhia e registrada no respectivo Livro de Registro de Ações para fins de sua exigibilidade perante terceiros.[23]

É possível vedar à transferência de ações ou de qualquer de suas classes, pelo prazo máximo de dez anos, contados da emissão. Este prazo poderá ser prorrogado por igual período, desde que a respectiva deliberação seja tomada pelo voto favorável da totalidade do capital social.

e) Regime de publicidade

As SAS deverão publicar no diário oficial do seu local de sede, por 1 (um) dia, conjunto de dados referentes a sua constituição. O mesmo deverá ocorrer nos casos de modificação do Estatuto Social.

A publicação referente ao ato de constituição, obrigatoriamente, deverá ter todo o conteúdo exigido por lei referente ao instrumento de constituição, inclusive a organização da empresa.

f) Limitações existentes no regime

A legislação proibiu constituir ou manter como SAS (i) sociedade que pretendam realizar oferta pública das suas ações ou de debêntures (ii) as que explorem concessões de serviços públicos (iii) sociedades de economia mista; e (iv) empresas que atuam com empréstimos e/ou crédito pessoal.

Não poderá ainda, ser controlada ou participar em mais de 30% do capital das sociedades mencionadas.

g) Órgãos societários

As sociedades anônimas costumam apresentar estruturas mais complexas, com inúmeros órgãos, a depender do tamanho da companhia, possuindo cada um desses funções específicas.

No contexto das simplificadas, disposto pelo art. 49, a lei outorgou liberdade aos constituintes para pactuar a estrutura orgânica da sociedade e as regras que regerão o funcionamento de cada órgão. A estrutura, no entanto, deverá estar composta por um

---

23. CURÁ, José María. Un nuevo tipo societario en el marco de la ley 27.349 de apoyo al capital emprendedor *RDCO* 285, 897.

conselho de administração, assembleia geral (*órgano de gobierno*) e eventualmente, conselho fiscal.

Como as SAS podem operar com acionista único, este poderá exercer pessoalmente as atribuições conferidas aos órgãos sociais, desde que sejam compatíveis. As resoluções de competência de assembleia geral deverão ser redigidas e dispostas nos livros da sociedade.

A legislação não impôs uma tipificação particular sobre o conselho de administração, deste modo, entende-se que pode designar-se por gerência, diretório ou como decidam as partes no instrumento de constituição, visto que a lei permite essa liberdade de configuração, conforme sustenta Roberto Muguillo (p. 725). Deve-se advertir, que na legislação argentina, a administração da sociedade caberá exclusivamente a uma pessoa física.

As reuniões de administradores são consideradas obrigatórias para aprovação de extratos contábeis, contudo, a lei não determina um período para que ocorram. As mesmas podem ocorrer na sede da empresa ou fora dela, de forma presencial ou virtual.

As notificações para reuniões do conselho administrativo e a pauta serão enviadas ao domicílio do administrador, podendo também, ocorrer por meios eletrônicos sem necessidade de constar previamente no estatuto, devendo apenas assegurar o recebimento (Muguillo p. 727).

h) Registros contábeis

Ao tratar do tema, a legislação estabelece que as SAS devem elaborar balanços demonstrando a situação patrimonial e a demonstração dos resultados.

Deverá ainda, manter livro de atas, livro de registro de ações, livro diário e de inventário e balanços em que a Administração Federal de Receitas Públicas determinará o conteúdo e a forma de apresentação das demonstrações financeiras, por meio de aplicativos ou sistemas informatizados ou eletrônica abreviada da informação (Lei 27.349, de 2017).

CONSIDERAÇÕES FINAIS

O direito societário é a área do ordenamento jurídico com significativa capacidade de afetar empreendimentos, a inovação, desenvolvimento do mercado de capitais e o crescimento econômico dos países.[24]

Denota-se que os objetivos da SAS coadunam com um direito societário mais flexível, democrático, que privilegia a autonomia da vontade e a desburocratização, deixando para o passado o intervencionismo do poder público nas relações privadas. Sendo uma tendência em toda américa latina.

---

24. GURREA MARTÍNEZ, Aurelio; CORONEL JONES, César (Coord.). *Working Paper Series* 2/2019. Propuesta para la mejora y modernización de la legislación societaria en Ecuador, Instituto Iberoamericano de Derecho y Finanzas.

Conforme pudemos analisar, esse tipo societário apresenta inúmeras vantagens, especialmente aos empreendedores, *startups*, pequenos e médios empresários. De acordo com as características analisadas, os benefícios mais destacados são:

(i) Simplicidade e agilidade no trâmite de constituição, que poderá ocorrer em até 24hrs quando adotados os modelos disponibilizados pelos registros;

(ii) Responsabilidade limitada dos acionistas;

(iii) Possibilidade de constituir com apenas um sócio;

(iv) Liberdade para estruturar a governança com maior flexibilização nos órgãos sociais;

(v) Utilização de tecnologias como as reuniões/assembleias virtuais e notificação de acionistas por meios eletrônicos;

(vi) Baixo custo para manter-se dadas as flexibilidades tributárias concedidas pela legislação.

Não se trata, portanto, de um "Cavalo de Troia" introduzido por um governo neoliberal.[25] A promulgação da SAS na legislação argentina demonstra um grande avanço em direção ao direito societário moderno, podendo adaptar-se a um mercado plural que exige flexibilidade para gerar recurso.

Portanto, adequar o direito societário as novas necessidades do mercado, não é apenas uma tendência, é uma necessidade. Revogar a SAS ou enrijecer suas regras, como estão tentando fazer, seria um grande retrocesso ao direito societário argentino. Sorte aos *hermanos*!

REFERÊNCIAS

BOLETIM INFORMATIVO DA OEA – Organização dos Estados Americanos. Disponível em: https://www.oas.org/es/sla/ddi/boletines_informativos_Ley_Modelo_Sociedad_Acciones_Simplificada_Informe_Jul-2017.html.

CURÁ, José María. Un nuevo tipo societario en el marco de la ley 27.349 de apoyo al capital emprendedor *RDCO* 285, 897.

DOMÍNGUEZ, Juan Pablo; RODRÍGUEZ VILLAR, Javier. PUTSCHEK, Stefania. La disrupción de las tecnologías: Evolución en el derecho societario *RDCO* 301, 45 Cita: TR LALEY AR/DOC/520/2020.

GEBHARDT, Marcelo; ROMERO, Miguel Álvaro. *Sociedades*. coordinación general de Miguel Álvaro Romero; dirigido por Marcelo Gebhardt. 2. ed. Ciudad Autónoma de Buenos Aires: Astrea, 2019.

GURREA MARTÍNEZ, Aurelio; CORONEL JONES, César (Coord.). *Working Paper Series* 2/2019.

HADAD, Lisandro A. La Sociedad por Acciones Simplificada y la llegada de la modernidad. *La Ley* 27.07.2017, 1 – LA LEY 2017-D, 971 Cita: TR LALEY AR/DOC/1387/2017.

MUGUILLO, Roberto Alfredo. *Derecho Societario*. Ciudad Autónoma de Buenos Aires: La Ley, 2017.

VILLAMIZAR, Francisco Reyes. *La sociedad por acciones simplificada*: Una verdadera innovación en el Derecho Societario latinoamericano.

VÍTOLO, Daniel Roque. *Manual de Sociedades*. 3. ed. Editorial Estudio Digital, 2023.

---

25. NISSEN, Sobre los concretos resultados de la incorporación de las sociedades por acciones simplificadas (SAS) en la legislación societaria argentina y las medidas necesarias para evitar su abuso (p. 4).

LIMITES À DEFINIÇÃO DAS ALÍQUOTAS DO ICMS: ANÁLISE DO JULGAMENTO DA ADI 6152/MA

Marcos Correia Piqueira Maia
Doutorando em Direito Tributário na Universidade Complutense de Madrid. Sócio do escritório Maneira Advogados.

Thales Maciel Roliz
Mestrando em Direito Tributário pelo IBDT. Sócio do escritório Maneira Advogados.

Sumário: Introdução – 1. Considerações sobre o racional adotado pelo STF no julgamento da ADI 6.152/MA; 1.1 Controle judicial de benefícios fiscais a partir da violação aos princípios da seletividade, da isonomia e da livre concorrência; 1.2 O equívoco da ADI 6.152/MA ao caracterizar a norma impugnada como benefício fiscal de ICMS – Conclusão – Referências.

INTRODUÇÃO

Não é novidade que o Supremo Tribunal Federal vem realizando, ao longo dos anos, o controle de constitucionalidade de inúmeros benefícios fiscais de ICMS instituídos pelos entes federados. A interferência do Poder Judiciário foi fundamental para resolver conflitos entre contribuintes e estados, disputas entre os próprios estados (denominada de "guerra fiscal") e os mais diversos litígios que impactavam a livre concorrência e tantos outros princípios constitucionais.

Nesse cenário, em 30.09.22, o STF finalizou o julgamento da ADI 6.152/MA, por meio da qual a Associação Brasileira de Bebidas questionava a constitucionalidade do art. 23, II, "m", da Lei 7.799/02 do Estado do Maranhão, que fixou em 12% a alíquota do ICMS sobre as operações com "cervejas que contenham, no mínimo, 15% (quinze por cento) de fécula de mandioca em sua composição, e desde que comercializadas em embalagem retornável", distinguindo-a da alíquota de 28,5% aplicável às demais operações com cervejas.[1]

A Corte, por unanimidade, julgou procedente o pedido para declarar a inconstitucionalidade formal e material do referido dispositivo da lei maranhense. Todavia, o voto condutor do acórdão, da lavra do Ministro Edson Fachin (Relator), toca em temas extremamente relevantes para o Direito Tributário, especialmente no que diz respeito às premissas que norteiam a tributação pelo ICMS.

---

1. "Art. 23. As alíquotas do ICMS são: (...) VII – de 28,5% (vinte e oito e meio por cento), nas operações internas e de importação do exterior realizadas com os seguintes produtos: (...) b) bebidas alcoólicas, cervejas e chopes".

Os fundamentos adotados pelo Ministro Relator – e acolhidos pela maioria do colegiado – foram os seguintes:

a) Há inconstitucionalidade formal, pois a redução da alíquota do ICMS destinada a operações com cervejas produzidas com fécula de mandioca e embalagem retornável constituiria renúncia fiscal que não poderia ser implementada sem a devida estimativa de impacto financeiro e orçamentário, sob pena de violação ao art. 113 do ADCT;[2]

b) Há inconstitucionalidade material, pois:

b.1) A definição de incidências tributárias desiguais para contribuintes em situação equivalente gerou desequilíbrio concorrencial, o que viola o disposto no art. 150, II, e no art. 170, II, ambos da CF/88;

b.2) A diferenciação das alíquotas do ICMS a partir da matéria-prima e do material de embalagem utilizado consiste em critério que não é orientado pela essencialidade dos produtos, o que, portanto, ofende ao princípio da seletividade previsto no art. 155, §2º, III, da CF/88; e

b.3) A fixação da alíquota do ICMS em 12% configura benefício fiscal que deveria ser precedido de autorização dos demais Estados mediante a celebração de convênio no âmbito do CONFAZ, sob pena de violação ao art. 155, § 2º, XII, "g", da CF/88 e à LC 24/75.

Em linhas gerais, a discussão está centrada nos limites que os estados detêm para fixar as alíquotas do ICMS, por diferentes perspectivas. A mensagem transmitida pelo STF é a de que os entes estaduais devem, necessariamente, observar os princípios da isonomia, da livre concorrência e da seletividade ao estabelecerem as alíquotas do ICMS, não podendo, ainda, desprezar a regra prevista no art. 155, § 2º, XII, "g", da CF/88 – que determina que qualquer concessão de benefício fiscal deve ser autorizada previamente pelo CONFAZ.

Contudo, algumas das premissas utilizadas no julgamento da ADI 6.152/MA impõem algumas reflexões, especialmente em função de outros precedentes existentes sobre o tema.

Assim, por se tratar de julgamento realizado em sede de controle concentrado, cuja *ratio decidendi* irá influenciar o julgamento de outras demandas, decidimos por tecer breves considerações acerca dos fundamentos utilizados pelo STF no acórdão, de modo a contribuir para o debate acerca dos limites impostos à definição das alíquotas de ICMS pelos Estados.

1. CONSIDERAÇÕES SOBRE O RACIONAL ADOTADO PELO STF NO JULGAMENTO DA ADI 6.152/MA

Como mencionado acima, o julgado do Pretório Excelso levantou questões muito interessantes, sendo duas particularmente relevantes.

A primeira é a seguinte: o critério utilizado pela legislação maranhense – que diferenciava as alíquotas do ICMS em razão da matéria-prima e do material de embalagem utilizado na fabricação da cerveja – não é, de acordo com o Plenário da Suprema Corte,

---

2. "Art. 113. A proposição legislativa que crie ou altere despesa obrigatória ou renúncia de receita deverá ser acompanhada da estimativa do seu impacto orçamentário e financeiro."

constitucionalmente legítimo, o que representa, de uma só vez, violação aos princípios da seletividade, da livre concorrência e da igualdade tributária no âmbito do ICMS.

Trata-se de tema sensível, pois envolve a intervenção do Poder Judiciário na política fiscal dos Estados. Diz-se isso porque, de um lado, os entes precisam gozar de liberdade na escolha das alíquotas do ICMS, já que detêm autonomia financeira e a necessária competência tributária para atingi-la; por outro lado, essa liberdade não é irrestrita, na medida em que encontra limites previstos na Carta Magna, como é o caso dos princípios constitucionais acima mencionados.

A linha divisória é muito tênue, de modo que a participação do STF se mostra decisiva para demarcar as fronteiras da atuação estatal. E essa participação da Suprema Corte precisa ser sempre coerente, julgado após julgado, de forma que fique claro para os contribuintes e para os próprios Estados a extensão das limitações impostas pela Constituição.

Já a segunda questão pode ser resumida nos seguintes questionamentos: a redução da alíquota de ICMS para 12% constituiu ou não uma espécie de benefício fiscal? A edição da lei maranhense demandava prévia autorização por parte do CONFAZ, nos termos do art. 155, § 2º, XII, "g", da Constituição?

Apesar de o STF ter respondido de forma afirmativa às indagações acima, entendemos que a redução da alíquota para 12% não representa nenhum tipo de incentivo que necessite da chancela do CONFAZ, pois está no mesmo patamar da alíquota interestadual prevista na Resolução 22/89 do Senado Federal (também de 12%). Trata-se, assim, de ato válido dentro da política tributária a ser exercida pelos Estados, na linha do art. 155, § 2º, VI, da Constituição.

São essas as duas questões sobre as quais nos debruçaremos nos tópicos abaixo.

1.1 Controle judicial de benefícios fiscais a partir da violação aos princípios da seletividade, da isonomia e da livre concorrência

Acerca desta questão, é importante ressaltar, desde logo, que o objetivo do presente estudo não é o de emitir um juízo de valor sobre a correição ou não do entendimento consagrado na ADI 6.152/MA, mas apenas expor um breve histórico sobre o tema e demonstrar como o STF enfrentou essa questão de vital importância em nosso sistema tributário.

Feito esse esclarecimento, cabe destacar que a Constituição Federal, em relação ao princípio da seletividade, afirmou que o ICMS "poderá ser seletivo, em função da essencialidade das mercadorias e dos serviços" (art. 155, § 2º, III). Em linhas gerais, o referido princípio objetiva mitigar o efeito regressivo da tributação sobre o consumo,[3]

---

3. Há, na doutrina (BALEEIRO, Aliomar. *Uma introdução à Ciência das Finanças*. 19. ed., atualizada por Hugo de Brito Machado Segundo. Forense, 2015, p. 275-276), certo consenso de que os impostos sobre consumo incidem mais intensamente sobre os mais pobres, já que estes tendem a consumir a totalidade de sua renda, enquanto os mais ricos possuem maiores condições de poupar parcela relevante de sua renda.

gravando-se com alíquotas mais elevadas os bens supérfluos (que, em tese, são consumidos pelas pessoas que detém maior capacidade contributiva). Por outro lado, impõe que sejam reduzidas as alíquotas sobre os produtos e serviços essenciais para a subsistência e vida digna em sociedade, de forma a minimizar os efeitos do tributo sobre aqueles com reduzida disponibilidade econômica.

De acordo com o professor Ricardo Lobo Torres,[4] a Carta Magna impôs, pelo menos, duas barreiras em seu art. 155, § 2º, III: (i) proibição de incidência regressiva, tributando-se de modo mais brando os produtos e serviços essenciais para a coletividade (os quais são consumidos pelas classes com menor poder aquisitivo); e (ii) proibição de discriminação entre produtos semelhantes com base em critério diverso da essencialidade – caso contrário, a discriminação tenderá a acarretar violação aos princípios da isonomia e da livre concorrência.

Para boa parte da Doutrina, no entanto, o critério da essencialidade deve ser analisado com um enfoque mais amplo, não limitando a seletividade à sua função primária de repartição do encargo fiscal como forma de promover a justiça distributiva e a igualdade fiscal.

O conceito de essencialidade, segundo Henry Tilbery, é altamente subjetivo e mutante,[5] de modo que os fatores que devem ser considerados na composição das necessidades consideradas como "essenciais" – para fins de definição de um critério para tributação – variam de acordo com o espaço (conforme países e regiões) e o tempo (grau de civilização e tecnologia).[6]

Nessa linha, afirma Luís Eduardo Schoueri[7] que o conceito de essencialidade, no âmbito da seletividade em matéria tributária, possui duas perspectivas a serem observadas: a individual e a coletiva. Sob a perspectiva individual dos contribuintes, a essencialidade se resume na fiscalidade e no dimensionamento do ônus do tributo de acordo com a capacidade econômica do consumidor final. Por outro lado, sob a perspectiva coletiva, que está relacionada a finalidades extrafiscais, objetiva-se perseguir "os auspícios da Ordem Econômica".

O fundamento extrafiscal (indutor de comportamentos) dos tributos sempre teve espaço no Direito brasileiro, que comumente utiliza o ICMS com outros objetivos que o distanciam da ideia única de fiscalidade (i.e., de gerar receita para o Erário), como

---

4. TORRES, Ricardo Lobo. *Tratado de direito constitucional, financeiro e tributário* – valores e princípios constitucionais tributários. 2. ed. Rio de Janeiro: Renovar, 2014. v. II, p. 338.
5. Nesse sentido, vale citar o entendimento de Henry Tilbery:
    "Como já constatado antes neste estudo, há uma grande variedade de aspectos, alguns deles subjetivos, a maioria variáveis, flutuantes, e mesmo dependendo do sistema político para orientar a classificação de bens de consumo como essenciais, úteis ou supérfluos" (TILBERY, Henry. O conceito de essencialidade como critério de tributação. *Revista Direito Tributário Atual*. São Paulo, v. 10. p. 33, 1990).
6. TILBERY, Henry. O conceito de essencialidade como critério de tributação. *Revista Direito Tributário Atual*. v. 10. p. 62. São Paulo: 1990.
7. SCHOUERI, Luís Eduardo. *Normas Tributárias Indutoras e Intervenção Econômica*. Rio de Janeiro: Forense, 2005, p. 300-301.

ocorre com a oneração excessiva de produtos prejudiciais à saúde para desestimular o consumo, por exemplo.

Em outras palavras, quando enfrentado sob a perspectiva coletiva, o critério de essencialidade pode ganhar outros contornos, que permitem que o ICMS seja utilizado também como instrumento para prestigiar outros valores constitucionais que não se relacionam, necessariamente, com a arrecadação tributária ou à justa repartição do encargo fiscal. Afinal, é possível que determinada mercadoria não seja considerada essencial pela perspectiva do indivíduo, mas o seja pela coletiva – é o que ocorre, por exemplo, quando a sua produção ou consumo fomenta a geração de empregos (art. 170, VIII, da CF/88), a proteção ambiental (art. 170, VI, da CF/88) ou a redução de desigualdades regionais (art. 170, VII, da CF/88).

A nosso ver, a discriminação de alíquotas por outros critérios diversos da essencialidade precisa ser feita de forma muito cuidadosa, pois, como afirmou o Prof. Ricardo Lobo Torres, tal medida poderá acarretar violação aos princípios da isonomia e da livre concorrência.

Seria o caso, vale dizer, de um mesmo produto – um pneu, p.ex. – ser tributado com uma alíquota de ICMS menor apenas porque se utiliza de borracha produzida em um determinado Estado. No nosso entendimento, tal medida representaria clara discriminação odiosa, apesar de, numa análise mais superficial, se poder alegar que a diferenciação buscaria reduzir desigualdades regionais. Dentro dessa mesma linha, conceder um tratamento fiscal mais favorecido apenas em razão do local da industrialização de certo bem também se mostraria inconstitucional, por ofensa aos arts. 150, II, e 152 da CF/88, como já reiteradamente afirmou o STF (ADI 6.222 e ADI 3.389, por exemplo).

Situação diferente ocorre quando se decide instituir, em âmbito nacional, um programa para o desenvolvimento de certa região do país, como ocorre com a Zona Franca de Manaus, que está prevista na Constituição. Há, ali, um objetivo maior de desenvolvimento regional, que justifica um tratamento diferenciado para todos os produtos lá produzidos. Não se está, nesse caso, privilegiando uma classe específica de contribuintes locais em detrimento das demais espalhadas nos outros Estados, mas concedendo um incentivo amplo para toda uma região geográfica buscando estimular o seu crescimento econômico.

A análise, portanto, deve ser sempre feita caso a caso, pois as circunstâncias envolvidas irão influenciar na definição quanto à inconstitucionalidade ou não da medida.

Afinal, em alguns casos, é possível que se esteja analisando dois produtos diferentes, como ocorre com os veículos elétricos – em comparação com aqueles movidos com motor à combustão –, os quais necessitam de todo um aparato próprio para reabastecimento e uma mecânica especializada. Nesse exemplo, nos parece que, em atenção ao objetivo insculpido no art. 170, IV, da CF/88 (proteção ao meio ambiente), não haveria inconstitucionalidade em eventual medida que reduzisse a alíquota de ICMS para os veículos com essa característica.

Ou seja, apesar de não ser um produto consumido pelas classes com menor poder aquisitivo, o veículo elétrico poderia, em função da interpretação do critério de essencialidade sob uma perspectiva coletiva, ser tributado com uma alíquota menos gravosa do que um veículo tradicional. E o próprio STF, no julgamento do RE 714.139/SC[8] (Tema 745/STF), afirmou ser possível essa interpretação, conforme se extrai das manifestações dos Ministros Gilmar Mendes, Alexandre de Moraes e Dias Toffoli no âmbito do referido julgado:

> Min. Gilmar Mendes: É dizer, não se extrai da norma constitucional em jogo a impossibilidade de alíquotas de determinado produto essencial variarem conforme seu uso e destinação, desde que a opção do legislador, no caso concreto, efetivamente materialize princípios gerais do sistema tributário nacional, – como a capacidade contributiva e a isonomia – ou mesmo outros objetivos extrafiscais com assento constitucional.
>
> Min. Alexandre de Moraes: Também não há como negar a possibilidade de o legislador estadual, ao estabelecer alíquotas seletivas ao ICMS, adotar efeitos extrafiscais ao imposto, a fim de incentivar certas condutas estimulando ou desestimulando o consumo de determinados bens. Esta Suprema Corte já firmou seu entendimento no sentido de que 'não ofende a Constituição a utilização de impostos com função extrafiscal com o objetivo de compelir ou afastar o indivíduo de certos atos ou atitudes'.
>
> Min. Dias Toffoli: Contudo, pode o tributo também ter função extrafiscal, de modo a induzir comportamentos em harmonia com objetivos, valores, princípios ou regras constitucionais, como a proteção ao meio ambiente ecologicamente equilibrado.
>
> A partir dessas considerações, se percebe que o dimensionamento do ICMS, ainda que presente seu caráter seletivo (mesmo caráter existente no IPI e nos citados impostos predecessores a esse), pode levar em conta diversos elementos, tais como: a qualidade intrínseca da mercadoria ou do serviço; o fim para que se presta um ou outro; seu preço; a capacidade econômica do consumidor final; as características sociais, econômicas e naturais do país e do estado instituidor do imposto; a função extrafiscal da tributação etc.

Inclusive, no Direito Internacional, tem-se notícia de alguns julgamentos realizados por diferentes órgãos, como a Organização Mundial do Comércio (OMC) e a Corte Internacional de Justiça (CIJ), no sentido de autorizar o tratamento tributário desigual, quando esse for justificado pela promoção, por exemplo, do desenvolvimento sustentável.

Foi o que ocorreu no caso que ficou conhecido como *Shrimp-Turtle*,[9] julgado no âmbito da OMC, que se tornou paradigmático por ter afirmado que o Acordo Geral de Tarifas e Comércio ("*General Agreement on Tariffs and Trade*" – GATT) permitiria a discriminação entre produtos com base na maneira como estes são elaborados. A partir

---

8. "(...) 1. O dimensionamento do ICMS, quando presente sua seletividade em função da essencialidade da mercadoria ou do serviço, pode levar em conta outros elementos além da qualidade intrínseca da mercadoria ou do serviço. (...) 5. Foi fixada a seguinte tese para o Tema 745: Adotada pelo legislador estadual a técnica da seletividade em relação ao Imposto sobre Circulação de Mercadorias e Serviços (ICMS), discrepam do figurino constitucional alíquotas sobre as operações de energia elétrica e serviços de telecomunicação em patamar superior ao das operações em geral, considerada a essencialidade dos bens e serviços. 6. Recurso extraordinário parcialmente provido" (RE 714139, Relator: Marco Aurélio, Relator p/ Acórdão: Dias Toffoli, Tribunal Pleno, julgado em 18.12.2021, publicado em 15.03.2022).
9. Organização Mundial do Comércio. Índia etc. *versus* US: 'shrimp-turtle'. Disponível em: http://www.wto.org/english/tratop_e/envir_e/edis08_e.htm.

deste julgamento, o critério de similaridade contido no GATT passou a transcender as características físicas do produto para, então, abranger também a forma como o bem é produzido, com especial enfoque nas medidas de proteção dos recursos naturais.[10]

Esclarecidos esses pontos, vamos ao julgamento da ADI 6.152/MA pelo Plenário do STF, que é o objeto central do presente estudo.

No referido caso, o Min. Edson Fachin (Relator) analisou o incentivo local que havia sido concedido pelo Estado do Maranhão para a produção de cervejas, que pode ser resumido da seguinte forma: se forem empregadas embalagens retornáveis e um percentual de 15% de fécula de mandioca em sua composição (que é um insumo local), a alíquota de ICMS seria reduzida para 12%.

De plano, vê-se que uma das exigências para o tratamento favorecido está vinculado à proteção ao meio ambiente (utilização de embalagens retornáveis que, possivelmente, são mais custosas e mais complexas de serem transportadas pelo usuário – fato que justificaria a imposição de um ônus fiscal mais suave para estimular a sua utilização). Já a segunda exigência, por sua vez, aparenta ter um caráter protecionista visando prestigiar a economia local, pois exigiu o emprego de um percentual de fécula de mandioca na composição da cerveja.

Portanto, em relação à primeira exigência, não nos parece que residiriam dúvidas quanto à sua legitimidade, diante da notória preocupação mundial no tocante à utilização sustentável dos recursos.

Por outro lado, no que diz respeito à segunda exigência, uma leitura apressada poderia sugerir que se trata de medida que fere a isonomia e a livre concorrência. Contudo, a nosso ver, alguns pontos precisariam ser avaliados cuidadosamente antes de se chegar a essa conclusão, a saber: a utilização de fécula de mandioca dá origem a uma espécie/modalidade diferente de cerveja, com outro paladar, aroma etc.? Caso a resposta seja negativa, a discussão em torno da sua constitucionalidade se tornaria um pouco mais complexa, pois teríamos dois produtos iguais recebendo tratamentos tributários diversos; no entanto, se a resposta for positiva, poder-se-ia entender que a medida está dentro da competência do ente federado para definir sua política tributária.

Outro ponto que precisaria ser analisado: o fato de a legislação autorizar a elaboração de cervejas com fécula de mandioca produzida em qualquer estado do país (e não apenas no Maranhão) poderia mitigar a referida alegação de inconstitucionalidade? Afinal, se as empresas do ramo estão livres para produzir em qualquer localidade, sem exigência quanto à procedência dos insumos – mas apenas de que o produto detenha uma quantidade de fécula de mandioca –, perderia força a alegação de violação à isonomia e à livre concorrência?

As respostas a essas indagações são muito relevantes e deveriam ser levadas em consideração para se analisar a constitucionalidade da medida tributária adotada pelo

---

10. Organização Mundial do Comércio. Órgão de Solução de Controvérsias. WT/DS58/AB/R. United.

Estado do Maranhão. São vários os pontos que precisam ser ponderados pelo Poder Judiciário antes de se decidir pela interferência na política tributária de um determinado ente federado.

No caso sob análise, o Plenário do STF avaliou o tema sob as duas perspectivas do princípio da seletividade (individual/fiscal e coletiva/extrafiscal) e concluiu que nenhuma delas justificaria a adoção de alíquotas diferenciadas entre cervejas produzidas a partir de diferentes matérias-primas e materiais de embalagem. Seja pelo aspecto individual da essencialidade (ligado à noção de repartição do ônus do tributo e de capacidade contributiva), seja pelo coletivo (que admite o uso extrafiscal do ICMS para fomentar outros valores constitucionais), o critério de distinção adotado seria injustificável, o que tornaria a medida inconstitucional.

Sob a perspectiva individual, o voto condutor do acórdão da ADI 6.152/MA afirmou o seguinte:

> Destarte, busca-se a justa repartição do ônus tributário entre os indivíduos de acordo com sua capacidade econômica, garantindo um padrão mínimo de vida a todos os cidadãos. É isso que faz com que, em nome da justiça fiscal, haja redução da base de cálculo ou da alíquota dos tributos sobre mercadorias consideradas indispensáveis e essenciais ao consumo humano, a exemplo dos alimentos.
>
> Não parece, entretanto, ser o caso da mercadoria cuja alíquota foi reduzida: cervejas que contenham, no mínimo, 15% (quinze por cento) de fécula de mandioca em sua composição.

De fato, assim como entendeu a Corte Suprema, não nos parece haver qualquer relação entre a forma de produção da cerveja e a repartição adequada do ônus tributário. Isto é, não é razoável crer que a cerveja produzida com fécula de mandioca seja mais essencial do que as demais para a população maranhense, sendo consumida em larga escala por aqueles com menor capacidade contributiva – em detrimento das cervejas produzidas sem esse insumo.

Portanto, a única justificativa para adoção de tal incentivo estaria no aspecto coletivo/extrafiscal da exação. E o Estado do Maranhão, nos autos da ADI 6.152/MA, chegou a afirmar que a razão para as alíquotas diferenciadas estaria vinculada à "geração de emprego e renda à população maranhense mais carente, afinando-se à preocupação do constituinte de 1988 que alçou a redução das desigualdades regionais e sociais à objetivo fundamental da República Federativa do Brasil".[11]

No entanto, o acórdão da ADI 6.152/MA refutou a alegação de que haveria fundamento extrafiscal legítimo para a diferenciação das alíquotas. O trecho a seguir demonstra de forma resumida – e essa é a grande crítica que se faz ao acórdão – o entendimento

---

11. Se afirmou, ainda que, o "impacto econômico-social no Estado do Maranhão com a tributação questionada é relevante, pois beneficiará diversos Municípios (Magalhães de Almeida, Carolina, Riachão, Bequimão, Maracaçumé, Água Doce, Tutoia, Araioses, Presidente Vargas, Santa Rita, Piarapemas, Santa Inês, Gonçalves Dias, Estreito, Icatu, Barreirinhas, Afonso Cunha etc.), mais de 240 famílias e aproximadamente 4.000 pessoas serão favorecidas direta ou indiretamente (produtores, arrancadores, transporte ...) até dezembro de 2019. Além disso, mais de 80 empregos diretos na implantação de uma indústria de fabricação e transformação de fécula de mandioca no Município de Balsas (MA)."

do Relator de que a medida fiscal vai de encontro ao art. 155, II, § 2º, III, e ao art. 170, II, da Constituição:

> O que sobressai são apenas as finalidades extrafiscais com vistas, como se extraem das informações, a fomentar atividade econômica e a geração de emprego, o que, entretanto, não é algo que guarda especificidade com a operação subsidiada.
>
> Enfim, acolho também a impugnação referente à inconstitucionalidade material da norma, tendo em vista a violação ao art. 155, II, § 2º, III e ao art. 170, II, da CRFB.

Não iremos entrar no mérito se há ou não finalidade extrafiscal apta a autorizar as alíquotas diferenciadas – até porque, para tal análise, seria necessário cotejar vários elementos e responder a alguns questionamentos que não ficaram expressos no acórdão, como se mencionou acima. Todavia, o STF – e isso se pode afirmar – poderia ter enfrentado melhor a questão, definindo, em julgamento realizado em sede de controle concentrado, parâmetros mais claros e objetivos para a atuação dos Estados no tocante à definição das alíquotas do ICMS, colocando balizas definitivas em um tema tão complexo e recorrente no ordenamento.

Registre-se, nesse ponto, que os Ministros Roberto Barroso, Gilmar Mendes e Nunes Marques acompanharam o voto do Relator apenas em relação à inconstitucionalidade por vício formal, no sentido de que a medida representa renúncia fiscal que não poderia ser implementada sem a devida estimativa de impacto financeiro e orçamentário. Ou seja, não se pronunciaram sobre as alegações de vício material que tinham sido adotadas pelo Min. Fachin.[12]

Em suma, vê-se que o tema não foi debatido adequadamente pelo Plenário da Corte sob todos os ângulos que merecia.

E se reafirma isso pelo seguinte: se o STF, no julgamento do RE 714.139/SC (Tema 745/STF), deixou clara a possibilidade de utilização do ICMS com fins extrafiscais, nada mais adequado que, para rejeitar a aplicação desse racional, tivesse se debruçado sobre a situação, analisando todas as circunstâncias e particularidades envolvidas. Ao não o fazer, manteve a discussão em aberto, permitindo que os Estados instituam novas políticas – especialmente buscando o desenvolvimento da economia local – sem se atentar para quaisquer limites específicos.

1.2 O equívoco da ADI 6.152/MA ao caracterizar a norma impugnada como benefício fiscal de ICMS

Por último, independentemente da legitimidade ou adequação dos critérios adotados pela legislação maranhense, a Corte Suprema também declarou a inconstitucionalidade da norma por entender que a instituição de alíquotas de ICMS no patamar de

---

12. Vele destacar que o Min. Nunes Marques chegou a afirmar, em *obiter dictum*, que "o critério de discrímen utilizado me parece razoável, na medida em que busca atender às características regionais com vistas ao maior desenvolvimento econômico da região (industrialização, geração de emprego e renda etc.), prestigiando a utilização de insumos locais, o que gerará, ao longo do tempo, maior equilíbrio econômico em todo o País".

12% caracterizaria benefício fiscal, de modo que deveria ter sido previamente submetida ao crivo e à anuência dos demais Estados-membros, mediante convênio do CONFAZ.

De acordo com o Min. Relator, qualquer redução de alíquota do ICMS representaria um benefício fiscal, que, consequentemente, deveria ser precedido prévia autorização do CONFAZ. Nesse sentido, confira-se a passagem abaixo:

> No entanto, em relação aos requisitos constitucionais e legais, a concessão de incentivos fiscais de ICMS é ato complexo que demanda necessariamente a integração de vontades de distintas autoridades públicas, inclusive, de diferentes ordens federativas, dado o seu caráter eminentemente nacional. Assim, tratando-se a redução de alíquota de efetivo benefício fiscal, a Constituição exige, nos termos do art. 155, § 2º, XII, "g", a celebração de Convênio, o qual foi disciplinado pelas Leis Complementares 24/1975, bem como pela Lei Complementar n 160/2017. (...)
>
> Há, inclusive, como bem recordou o requerente, proposta de edição de súmula vinculante com o seguinte teor: 'Qualquer isenção, incentivo, redução de alíquota ou de base de cálculo, crédito presumido, dispensa de pagamento ou outro benefício fiscal relativo ao ICMS, concedido sem prévia aprovação em convênio celebrado no âmbito do CONFAZ, é inconstitucional.'
>
> É equívoca a afirmação que as alíquotas poderiam ser reduzidas se adotado o valor mínimo fixado pelo Senado Federal, uma vez que se trata de faculdade que não exclui a necessidade do convênio para a sua redução.

Portanto, para se analisar a conclusão adotada pelo Supremo Tribunal Federal, é preciso, antes, responder ao seguinte questionamento: ao estabelecer uma alíquota de ICMS em patamar igual ou superior a 12%, o Estado estará, realmente, instituindo um benefício fiscal?

Já podemos antecipar que, a nosso ver, a resposta é negativa.

Inicialmente, é importante destacar que há uma ampla confusão terminológica e conceitual que envolve a concessão de benefícios fiscais (e afins) pelo Poder Público, uma vez que, conforme aponta Ricardo Lobo Torres,[13] "a própria legislação ordinária brasileira emprega indistintamente os termos 'incentivo', 'estímulo', 'prêmio', que têm a mesma extensão dos privilégios que não possuem significado jurídico claro".

Há vários exemplos no texto constitucional de concessão de tratamentos tributários diferenciados em algumas situações. O constituinte, por exemplo, impôs a eleição de "critérios especiais de tributação" para prevenir o desequilíbrio concorrencial (art. 146-A), autorizou a criação de "tratamento diferenciado e favorecido" para as microempresas e empresas de pequeno porte (art. 146, III, "d"), determinou a instituição de "alíquotas diferenciadas" em função do tipo e da utilização do automóvel para fins de incidência do IPVA (art. 155, § 6º, II) etc.

No tocante ao ICMS, não há dúvidas de que os Estados têm ampla discricionariedade para a definição de múltiplas alíquotas sobre os produtos e serviços negociados em seus territórios. Tanto é assim que a Constituição determinou que os entes estaduais observassem o princípio da seletividade para graduação da carga fiscal (art. 155, §2º,

---

13. TORRES, Ricardo Lobo. O princípio da isonomia, os incentivos do ICMS e a jurisprudência do STF sobre guerra fiscal. In: MARTINS, Ives Gandra; ELALI, André; PEIXOTO, Marcelo Magalhães (Coord.). *Incentivos Fiscais*: questões pontuais nas esferas federal, estadual e municipal. São Paulo: MP Editora, 2007, p. 327-354.

III), o que significa, na prática, a possibilidade de instituição de alíquotas variadas sobre as operações oneradas pelo ICMS.

Ou seja, a mera existência de alíquotas menos gravosas que outras não representa, necessariamente, a concessão de benefício fiscal.

Além disso, a Constituição[14] atribuiu ao Senado Federal a prerrogativa de estabelecer as alíquotas de ICMS aplicáveis às operações interestaduais e, igualmente, definiu que as alíquotas internas não poderão ser inferiores à interestadual estabelecida pelo Senado, salvo deliberação em contrário dos Estados.[15]

Assim, como o Senado Federal, por meio da Resolução 22/89 (até hoje em vigor), fixou a alíquota de 12% para as operações interestaduais, não podem os Estados praticar alíquotas internas inferiores a esse patamar, a não ser que os próprios entes estaduais deliberem – e esse é o ponto – pela concessão de benefício fiscal que excepcione a regra constitucional.

O art. 155, § 2º, XII, "g", da CF/88,[16] por sua vez, atribui ao legislador complementar a prerrogativa de definir como os Estados irão dispor sobre a concessão ou revogação de benefícios fiscais, sendo tal função atualmente exercida pela Lei Complementar 24/75[17] – que exige que a deliberação seja realizada através de convênios celebrados no âmbito do CONFAZ.

Dito isso, chega-se à seguinte conclusão: a definição de alíquotas internas em patamares superiores a 12% está dentro da competência dos Estados-membros e não depende da edição de convênio. Isto significa que o legislador estadual, dentro de sua autonomia para avaliar quais são as mercadorias e serviços considerados essenciais à população (em respeito à seletividade), pode dispor livremente sobre as alíquotas do imposto a partir do limite de 12%, haja vista que não estará, de forma alguma, concedendo benefício fiscal aos contribuintes.

Não desconhecemos o teor do art. 14 da Lei Complementar 101/00[18] (e do art. 113 do ADCT) que afirma que toda a redução de alíquota que represente renúncia de receita deve vir acompanhada da respectiva estimativa do impacto orçamentário-financeiro.

---

14. "Art. 155. § 2º. (...)
    IV – resolução do Senado Federal, de iniciativa do Presidente da República ou de um terço dos Senadores, aprovada pela maioria absoluta de seus membros, estabelecerá as alíquotas aplicáveis às operações e prestações, interestaduais e de exportação."
15. "Art. 155. §2º. (...)
    VI – salvo deliberação em contrário dos Estados e do Distrito Federal, nos termos do disposto no inciso XII, 'g', as alíquotas internas, nas operações relativas à circulação de mercadorias e nas prestações de serviços, não poderão ser inferiores às previstas para as operações interestaduais".
16. "Art. 155. §2º. (...)
    XII – cabe à lei complementar: (...)
    g) regular a forma como, mediante deliberação dos Estados e do Distrito Federal, isenções, incentivos e benefícios fiscais serão concedidos e revogados."
17. "Art. 1º As isenções do imposto sobre operações relativas à circulação de mercadorias serão concedidas ou revogadas nos termos de convênios celebrados e ratificados pelos Estados e pelo Distrito Federal, segundo esta Lei."
18. "Art. 14. A concessão ou ampliação de incentivo ou benefício de natureza tributária da qual decorra renúncia de receita deverá estar acompanhada de estimativa do impacto orçamentário-financeiro no exercício em que

Ainda assim, reiteramos, no que diz respeito à legislação do ICMS, que nem toda redução de alíquota caracteriza, necessariamente, um benefício fiscal, ainda que realmente signifique uma renúncia de receita que precise estar acompanhada da respectiva estimativa do impacto orçamentário. Caso contrário, estar-se-ia ignorando não só o art. 155, § 2º, VI, como também o disposto no art. 155, § 2º, XII, "g", ambos da Constituição Federal.

Conclusão em sentido contrário poderia causar relevantes distorções. Afinal, poder-se-ia entender que qualquer alteração de alíquota abaixo do patamar geral estabelecido em cada unidade federada (geralmente, 18%) representaria um benefício fiscal sujeito à prévia aprovação em convênio. Tal entendimento, por óbvio, engessaria sobremaneira a definição da política tributária dos Estados, que ficariam, em muitos casos, à mercê do juízo de valor do CONFAZ.

E, levando ao extremo a interpretação que foi externalizada pela Corte Suprema, se poderia ainda entender que, literalmente, qualquer redução de alíquota significaria um benefício fiscal, o que carece de sentido. Ora, seria possível afirmar, por exemplo, que a redução da alíquota do perfume de 35% para 30% significa um incentivo fiscal dado à mercadoria dentro do Estado? A nosso ver, a resposta é negativa, por tudo o que já se afirmou acima.

Esse, aliás, sempre foi o entendimento do Supremo Tribunal Federal.

No ano de 1999, o Min. Nelson Jobim[19] já constatava que a deliberação dos Estados é dispensável quando as alíquotas internas forem fixadas em patamar igual ou superior à alíquota interestadual (12%): "O Convênio só era exigível se a alíquota da lei paulista fosse inferior à alíquota interestadual. (...) Fora dessa hipótese, não há que se falar em convênio para autorizar os Estados a fixarem suas alíquotas internas. É matéria de sua autonomia constitucional."

Também é muito elucidativo, a esse respeito, o voto do Min. Maurício Corrêa na ADI 2.021-8/SP:[20]

> Em outras palavras, um Estado pode reduzir a sua alíquota interna (CF, artigo 155, § 2º, VI) e a das operações interestaduais a consumidor final, ou a não contribuinte (CF, artigo 155, § 2º, VII, b), até o limite da fixada para as operações interestaduais entre contribuintes (idem, alínea a), 'salvo deliberação em contrário dos Estados e do Distrito Federal, nos termos do disposto no inciso XII, 'g', como prevê o inciso VI do § 2º do artigo 155 da Constituição, que segundo me consta, não existe tal deliberação em contrário.

---

deva iniciar sua vigência e nos dois seguintes, atender ao disposto na lei de diretrizes orçamentárias e a pelo menos uma das seguintes condições:

I – demonstração pelo proponente de que a renúncia foi considerada na estimativa de receita da lei orçamentária, na forma do art. 12, e de que não afetará as metas de resultados fiscais previstas no anexo próprio da lei de diretrizes orçamentárias;

II – estar acompanhada de medidas de compensação, no período mencionado no caput, por meio do aumento de receita, proveniente da elevação de alíquotas, ampliação da base de cálculo, majoração ou criação de tributo ou contribuição."

19. ADI 1978 MC, Rel. Min. Nelson Jobim, Tribunal Pleno, julgado em 13.05.1999.
20. ADI 2021 MC, Rel. Min. Maurício Corrêa, Tribunal Pleno, julgado em 25.08.1999.

Concluo que a Lei 10.327, de 15 de junho de 1999, do Estado de São Paulo, contrariou o inciso VI do § 2º do artigo 155 da Constituição ao reduzir a alíquota das operações internas do ICMS aquém da fixada para as operações interestaduais, sem que houvesse deliberação em contrário dos Estados e do Distrito Federal, nos termos do disposto no inciso XII, g', como prevê o inciso VI do § 2º do artigo 155 da Constituição.

E essa premissa jurídica foi reafirmada em várias outras ocasiões.

Mais recentemente, já na vigência da Lei Complementar 101/00, o Tribunal Pleno do STF, ao proferir o acórdão da ADI 4.564,[21] registrou em sua ementa o seguinte trecho: "Considerando que a alíquota geral nas operações interestaduais é de 12%, nos termos da Resolução 22/1989, do Senado Federal, é vedado aos Estados-membros estabelecer alíquotas internas inferiores a esse patamar, salvo deliberação em contrário no âmbito do CONFAZ".

Destacamos também o trecho do voto da Ministra Rosa Weber, proferido em 18.08.20 no Agravo Regimental no RE 861.247/DF,[22] que, em linha com a jurisprudência dominante do Supremo Tribunal Federal, confirmou a possibilidade de o DF instituir lei, sem prévia autorização por convênio, para "reduzir" a alíquota do ICMS sobre determinado produto para 12%. Confira-se:

> A Corte de origem, ao julgamento da ação direta de inconstitucionalidade consignou que: 'A Lei distrital 5.099/2012 apenas reproduziu, no âmbito do Distrito Federal, os termos da Resolução 13/2012 do Senado Federal, não padecendo, pois, de vício de inconstitucionalidade, já que não estabeleceu alíquota diferente das fixadas constitucionalmente pelo Senado Federal'.
>
> Nesse contexto, conforme consignado, o entendimento adotado no acórdão recorrido não diverge da jurisprudência firmada no Supremo Tribunal Federal, no sentido de que, salvo deliberação em contrário dos Estados e do Distrito Federal, as alíquotas internas, nas operações relativas à circulação de mercadorias e nas prestações de serviços, não poderão ser inferiores às (alíquotas) previstas para as operações interestaduais fixadas por resolução do Senado Federal (art. 155, § 2º, IV e VI, da Lei Maior), razão pela qual não há falar em afronta aos preceitos constitucionais invocados no recurso, nos termos da decisão que desafiou o agravo.

Todos os precedentes acima mencionados reforçam o entendimento histórico de que a instituição de alíquotas de ICMS em percentual igual ou superior a 12% prescin-

---

21. ADI 4.565, Rel. Min. Roberto Barroso, Tribunal Pleno, julgado em 24.02.2021.
22. O acórdão da 1ª Turma do STF restou assim ementado: "Direito Constitucional e Tributário. Recurso Extraordinário interposto sob a égide do CPC/1973. ICMS. Operações internas. Redução de alíquota. Leis distritais 5.005/2012 e 5.214/2013. Fixação do percentual em 12% (doze por cento). Resoluções 22/1989 e 13/2012 do senado federal. Alíquota mínima de 12% (doze por cento). Consonância da decisão recorrida com a jurisprudência predominante da primeira turma do supremo tribunal federal. Recurso extraordinário que não merece trânsito. Agravo manejado sob a vigência do CPC/1973. 1. O entendimento da Corte de origem, nos moldes do assinalado na decisão agravada, não diverge da jurisprudência firmada no Supremo Tribunal Federal. Nos termos do art. 155, § 2º, V e VI, da Lei Maior, salvo deliberação em contrário dos Estados e do Distrito Federal, as alíquotas internas, nas operações relativas à circulação de mercadorias e nas prestações de serviços, não poderão ser inferiores às previstas para as operações interestaduais fixadas por resolução do Senado Federal. 2. As razões do agravo interno não se mostram aptas a infirmar os fundamentos que lastrearam a decisão agravada. 3. Agravo regimental conhecido e não provido" (RE 861.247 AgR, Rel. Min. Rosa Weber, Primeira Turma, julgado em 18.08.2020).

de de autorização dos demais estados por não caracterizar efetivo benefício fiscal em matéria de ICMS.

Por fim, é de se recordar que, no julgamento do já mencionado RE 714.139/SC, o Min. Relator, embora estivesse tratando o tema sob prisma distinto, deixou claro que a fixação da alíquota do ICMS em 12% consiste em política fiscal do legislador, o que reforça a ideia de que jamais se exigiu a celebração de convênio para a instituição de alíquotas iguais ou superiores à alíquota interestadual. Vejamos:

> Quanto à alegada incompatibilidade, com o princípio da isonomia, da fixação da alíquota de 12% considerados consumidores domiciliares e produtores ou cooperativas rurais, limitado o consumo a 150Kw e 500Kw, respectivamente, improcede a irresignação. Faz-se em jogo política fiscal do legislador voltada a consumidores com menor potencial econômico.

A nosso ver, a conceituação histórica de "benefício fiscal" de ICMS jamais deveria ter sido ignorada, especialmente sem o devido enfrentamento dos precedentes mencionados acima.

O controle judicial de políticas fiscais, vale ressaltar, não só é bem-vindo, como é muito necessário em inúmeras situações. De todo modo, deve a Suprema Corte ser absolutamente criteriosa, sempre levando em consideração as razões do ente público na adoção daquela medida. Ademais, deve-se sempre observar a jurisprudência do próprio Tribunal acerca da matéria, a não ser que a superação desse entendimento (por meio de técnicas processuais como o *distinguishing* ou o *overruling*) esteja expressa na decisão judicial.

CONCLUSÃO

Como visto acima, o julgamento da ADI 6.152/MA levantou temas relevantes em matéria tributária, relacionados com a intervenção do Poder Judiciário na política tributária dos Estados. Em situações como essa, é fundamental que se observe não só a jurisprudência histórica do Pretório Excelso, como também o dever de fundamentação. É imperioso que a Suprema Corte, ao definir balizar para a atuação dos entes públicos, o faça de forma clara e com critérios coerentes, a fim de garantir a tão almejada segurança jurídica, sem a qual a estrada para o desenvolvimento econômico do nosso país se mostrará ainda mais tortuosa.

REFERÊNCIAS

BALEEIRO, Aliomar. *Uma introdução à Ciência das Finanças*. 19. ed., atualizada por Hugo de Brito Machado Segundo. Forense, 2015.

ORGANIZAÇÃO MUNDIAL DO COMÉRCIO. Índia etc. *versus* US: 'shrimp-turtle'. Disponível em: http://www.wto.org/english/tratop_e/envir_e/edis08_e.htm.

SCHOUERI, Luís Eduardo. *Normas Tributárias Indutoras e Intervenção Econômica*. Rio de Janeiro: Forense, 2005.

TILBERY, Henry. O conceito de essencialidade como critério de tributação. *Revista Direito Tributário Atual*. São Paulo, v. 10. p. 33, 1990.

TORRES, Ricardo Lobo. O princípio da isonomia, os incentivos do ICMS e a jurisprudência do STF sobre guerra fiscal. In: MARTINS, Ives Gandra; ELALI, André; PEIXOTO, Marcelo Magalhães (Coord.). *Incentivos Fiscais*: questões pontuais nas esferas federal, estadual e municipal. São Paulo: MP Editora, 2007.

TORRES, Ricardo Lobo. *Tratado de direito constitucional, financeiro e tributário* – valores e princípios constitucionais tributários. 2. ed. Rio de Janeiro: Renovar, 2014. v. II.

A ORDEM ECONÔMICA, MERCADO DE CAPITAIS E DESENVOLVIMENTO: A TUTELA DA INFORMAÇÃO NO MERCADO DE CAPITAIS COMO FERRAMENTA PARA A PROMOÇÃO DO DESENVOLVIMENTO SOCIAL

Modesto Carvalhosa

Formado em Direito pela Universidade de São Paulo e doutor em Direito Comercial e Econômico pela USP. Foi professor de Direito Comercial da USP, consultor jurídico da Bolsa de Valores de São Paulo, presidente do Tribunal de Ética da Ordem dos Advogados do Brasil (OAB) – Seção São Paulo e membro da Comissão Constitucional da OAB. Advogado.

Sumário: Introdução – 1. A livre-iniciativa enquanto fundamento da ordem econômica – 2. A modulação da livre-iniciativa enquanto liberdade relativa – 3. O controle social da livre-iniciativa – 4. O mercado de capitais enquanto instrumento da livre-iniciativa – 5. Direito do mercado de capitais e desenvolvimento – 6. A desinformação à luz da ordem econômica – Conclusão – Referências.

INTRODUÇÃO

O desenvolvimento social é um dos objetivos da República Federativa do Brasil, insculpido no Art. 3º, II, da Constituição de 1988. Essa mesma Constituição, por meio da disciplina da Ordem Econômica, traça as formas por meio das quais o Estado e os particulares devem buscar a promoção desse nobre objetivo.

Não se pretende, nestas laudas, fazer uma análise exaustiva de todas as formas por meio das quais a Ordem Econômica promove o desenvolvimento nacional, mas tão somente pinçar uma dessas ferramentas, a livre-iniciativa, e compreender seu contributo para o desenvolvimento nacional.

Nesse sentido, será analisada especificamente a tutela da informação no mercado de capitais, no atual panorama. Apontam-se problemas atuais da tutela da informação no mercado de capitais brasileiro, bem como propõe-se soluções para aprimorar esse regime, de forma a promover o desenvolvimento nacional.

1. A LIVRE-INICIATIVA ENQUANTO FUNDAMENTO DA ORDEM ECONÔMICA

Em nosso direito positivo, a livre-iniciativa é o próprio fundamento da Ordem Econômica constitucional (art. 170, *caput*, CF) e, enquanto tal, deve ser sempre por ela modulada.

Já a *empresa*, enquanto forma de organização jurídico-econômica da livre-iniciativa, constitui instrumento essencial para o desenvolvimento econômico. Em especial a sociedade anônima de capital aberto, forma de organização jurídica da grande empresa, que se financia através da *poupança popular*, constitui elemento nuclear para qualquer análise que se proponha a fazer sobre a Ordem Econômica.

A ideia de Ordem Econômica está permeada por valores jurídicos e sociais que a atividade econômica a determinados fins. Ou seja, o comportamento dos agentes econômicos, sejam eles empresários individuais ou grandes empresas, deve se pautar não somente por seus próprios fins, como também por fins sociais que condicionam a livre-iniciativa à promoção de um justo equilíbrio socioeconômico.

Com efeito, a Ordem Econômica constitucional tem por finalidade a promoção da justiça social. Assim, a livre-iniciativa, enquanto seu fundamento e elemento estruturante, constitui instrumento para a consecução de objetivos constitucionais de realização de justiça econômica sempre a partir da observância da função social que lhe é atribuída.

Nesse sentido, o comportamento empresarial deve sempre adequar-se aos valores e interesses da sociedade e da comunidade em que se insere, devendo o agente econômico estar consciente da utilidade de suas atividades e de sua respectiva função social, a fim de também respeitar as aspirações econômicas de todos os destinatários das atividades que são por ele empreendidas no meio social. Esse vínculo de utilidade social confere à livre-iniciativa caráter institucional e, como tal, tem a extensão do seu exercício limitada.

Com efeito, ao mesmo tempo em que é consagrada pela Carta Magna como direito fundamental, a liberdade de iniciativa é também por ela modulada, à luz da necessidade de se impor um equilíbrio entre as liberdades individuais e o seu fim de sempre promover justiça social, de modo a atender o fim último de manutenção da Ordem Econômica e Social. Isso ocorre pelo fato de que as atividades empresariais impactam a sociedade em geral, de forma mediata ou imediata, sendo imperativo que respeitem valores sociais como a liberdade, a dignidade e a segurança humanas, além da preservação do meio em que se insere a empresa, nele incluídos o meio ambiente e o clima. A empresa interessa não apenas aos empresários, seus controladores e administradores, mas também aos seus integrantes, àqueles que nela investem, que fornecem sua força de trabalho e que com ela se relacionam, como seus fornecedores e consumidores.

Nesse sentido, à livre-iniciativa são impostas regras de conduta que a vincula aos interesses da comunidade em que está inserida. Trata-se de *liberdade jurídica fundamental relativa* e não absoluta, inderrogável enquanto direito, mas relativizada enquanto *instituto*.

2. A MODULAÇÃO DA LIVRE-INICIATIVA ENQUANTO LIBERDADE RELATIVA

A despeito de ser um direito inderrogável, a livre-iniciativa encontra limites, sejam eles de caráter intrínseco ou extrínseco. Enquanto direito fundamental, constitui prerrogativa inquestionável e inviolável da iniciativa privada, encontrando limites intrínsecos, consubstanciados nas conformações do seu objeto voltado à obtenção de rendimentos de capital. O fim econômico da livre-iniciativa é, afinal, o seu propósito primordial. Enquanto instituto, a liberdade de iniciativa depara-se com limites de ordem extrínseca, devendo coexistir com diversas esferas de interesses tutelados pelo ordenamento jurídico.[1]

Por essa razão, são estabelecidas, pelo Estado, determinadas regras de conduta para que tais interesses sejam conciliados e para que seja mantida em harmonia a Ordem Econômica e Social. Conforme reiterado, a Ordem Econômica constitucional atribui uma função social à livre-iniciativa que condiciona o seu exercício a certos valores de conduta que não se limitam à mera satisfação individual do empreendedor, exigindo dele a proteção do meio social em que está inserido. Pode, assim, ser traduzida pelo comportamento do empresário que visa, concomitantemente, a fins próprios e a fins sociais.

O exercício da atividade empresarial sujeita-se, pois, ao controle legal e administrativo do Estado, cuja legitimação advém desta função social que emana da própria livre-iniciativa. Convém pontuar, porém, que este controle não pode se dar de forma indiscriminada, a ponto de interferir no *modus operandi* do exercício legítimo da liberdade de iniciativa. A atuação do Estado deve limitar-se a providências de ordem geral, no intuito exclusivo de vincular a atividade privada aos interesses do meio social. Providências de ordem restritiva somente são admitidas quando voltadas a coibir abusos do poder econômico, ou seja, quando o exercício da liberdade de iniciativa mostrar-se não mais legítimo.

É notória a existência de um dualismo entre a essência da livre-iniciativa e a ingerência do Estado para regulá-la. Por se tratar de direito fundamental constitucionalmente garantido, a liberdade de inciativa, de modo geral, deve se revestir de um caráter inviolável, ao passo que a ingerência estatal sobre suas atividades terá sempre caráter excepcional.

Nesse sentido, o controle exercido pelo Estado sobre a liberdade de iniciativa somente se justifica para vinculá-la aos interesses sociais, jamais a interesses de governo. Não se trata, portanto, em nenhuma hipótese, de sujeição da livre-iniciativa aos interesses políticos dos agentes públicos, mas tão somente de se fazer com que a atividade privada atenda aos interesses da coletividade em razão de sua inerente função social.[2] O seu exercício deve, assim, adequar-se ao conjunto de normas voltadas à proteção dos demais interesses individuais e coletivos, estando condicionado a não se manifestar contrariamente aos interesses sociais, sem, contudo, deixar de contribuir para o de-

---

1. CARVALHOSA, Modesto. *Direito econômico*: obras completas. São Paulo: Ed. RT, 2013, p. 648.
2. É também nesse sentido a lição de Comparato: "tal não significa, escusa dizê-lo, que doravante toda companhia se transforme em órgão público e tenha por objetivo primordial, senão único, o vasto interesse coletivo. Mas significa que não obstante a afirmação legal de seu escopo lucrativo (art. 2º), deve este ceder o passo aos interesses comunitários e nacionais, em qualquer hipótese de conflito. A liberdade individual de iniciativa empre- sária não torna absoluto o direito ao lucro, colocando-o acima do cumprimento dos grandes deveres de ordem econômica e social, igualmente expressos na Constituição" (COMPARATO, Fábio Konder; SALOMÃO FILHO, Calixto. *O poder de controle na sociedade anônima*. 5. ed. Rio de Janeiro: Editora Forense, 2008, p. 371).

senvolvimento socioeconômico. Referidos interesses devem, portanto, coexistir para juntos prosperarem.

À livre-iniciativa cabe atuar de forma construtiva e propositiva, de modo a criar oportunidades de emprego e valorizar o trabalho como condição própria da dignidade humana, não havendo espaço para comportamentos antissociais.[3] O princípio da livre--iniciativa, revestido de utilidade social, passa, assim, a ser relativizado no confronto com outros direitos fundamentais constitucionalmente expressos.

3. O CONTROLE SOCIAL DA LIVRE-INICIATIVA

Como referido, o Estado deve estabelecer limites de juridicidade e critérios de antijuridicidade em relação ao modo do exercício da livre-iniciativa, permitindo que se desenvolva plenamente, desde que não haja abuso no exercício dessa prerrogativa constitucional.

O Estado, portanto, deve fiscalizar e regular a atividade empresarial impondo limites positivos, voltados à promoção do crescimento econômico e à realização da justiça social; e limites nega- tivos, no exercício de seu poder de polícia e de suas funções de controle, coibindo o exercício ilegítimo da atividade empresarial, sem, contudo, afetar a sua capacidade produtiva. Repise-se que o controle que cabe ao Estado tampouco será absoluto, limitando-se a providências de ordem geral. De resto, terá o Estado papel de garantidor da livre-iniciativa, coibindo abusos das empresas na produção de bens e serviços.

Ademais, a todos deve ser dada igual oportunidade de se desenvolver de forma digna, profissional e economicamente. À luz de seu *caráter institucional*, a livre-iniciativa atribui à empresa o dever de devolver ao meio social o que recebeu para se desenvolver. Trata-se de devolver ao meio e à comunidade em que se insere e aos indivíduos que para ela trabalham as contribuições que estes deram ao empreendimento, criando oportunidades. Este é, aliás, o papel contributivo e solidário que todo empresário deve ter em relação ao seu entorno social.

O vínculo da livre-iniciativa aos interesses da coletividade equivale, no plano jurídico, ao seu próprio condicionamento, i.e., na exigência de conformidade da atividade empresária a prioridades coletivas, e não apenas a interesses de ordem exclusivamente emulativa.

Nesse sentido, o art. 170 da Constituição Federal de 1988, ao inserir a livre-iniciativa dentre os elementos estruturantes da Ordem Econômica, não apenas confere contexto e estabelece balizas ao exercício dessa liberdade, mas também atribui à livre-iniciativa um caráter condicionante ao exercício dos demais princípios que compõem a Ordem Econô-

---

3. Na acepção clássica de STUART MILL, "[...] o comércio é um ato social. Quem se ocupa de vender qualquer tipo de mercadoria ao público faz algo que afeta o interesse das outras pessoas e da sociedade em geral; portanto, sua conduta, em princípio, está sob a jurisdição da sociedade [...]." (MILL, John Stuart. *Da liberdade individual e econômica*: princípios e aplicações do pensamento liberal. Trad. Carlos Szlak. São Paulo: Faro Editorial, 2019, p. 129).

mica. Há, portanto, uma reciprocidade de limitação entre os princípios constitucionais da Ordem Econômica e Social, os quais devem, outrossim, se integrar, complementar e coexistir para que haja um desenvolvimento harmônico da sociedade. Assim, à premissa outorgada à iniciativa privada de que seja livre para fazer tudo aquilo que não seja vedado por lei, somam-se elementos condicionantes do exercício dessa liberdade, cabendo ao Estado fiscalizar as práticas que excederem os limites da livre-iniciativa na conformação com a sua utilidade social e demais interesses constitucionalmente tutelados.

4. O MERCADO DE CAPITAIS ENQUANTO INSTRUMENTO DA LIVRE-INICIATIVA

Um dos mecanismos de financiamento da empresa, e promoção da livre iniciativa, é o acesso ao mercado de capitais. Trata-se de mercado regulado, através do qual as empresas acessam a poupança pública, como forma de financiamento de seus negócios. Em contrapartida, o público investidor tem acesso aos valores mobiliários emitidos pelas empresas, cujo valor está atrelado aos negócios da empresa na qual investem, e que pode gerar retorno através da valorização do ativo ou da sua remuneração, *e.g.*, por meio de dividendos, no caso de títulos acionários.

As transações em mercado podem ser primárias, quando os investidores adquirem títulos mobiliários em oferta pública promovida pela sociedade emissora, ou secundária, quando os investidores adquirem títulos de outros investidores, que adquiriram anteriormente o ativo e desejam vendê-lo. Essa possibilidade de negociação em mercado secundário fornece liquidez aos valores mobiliários que circulam no mercado de capitais e permite que a formação de preços de referidos ativos seja feita com referência às informações mais atualizadas divulgadas pela companhia, de forma que a flutuação de preços deveria, como regra, acompanhar a flutuação de sua perspectiva econômica.

O mercado de capitais é um sofisticado instrumento de exercício da livre-iniciativa, na medida em que não apenas as empresas emissoras podem acessá-lo em busca de recursos decorrentes da poupança pública, mas também os investidores podem dele se beneficiar, de forma a investir nos negócios em que acreditam, democratizando o acesso a grandes empresas e às riquezas que elas produzem.

5. DIREITO DO MERCADO DE CAPITAIS E DESENVOLVIMENTO

A relação entre o direito societário e do mercado de capitais e o desenvolvimento social, estabelecida pela Constituição, é objeto da linha de pesquisa denominada de *Law and Finance*, que defende haver correlação empiricamente comprovável entre o nível de proteção garantida ao investidor e o desenvolvimento do País.[4]

---

4. LA PORTA. et al. Law and finance. *Journal of Political Economy*, v. 106, p. 1113-1155, 1998; LA PORTA et al. Legal determinants of external finance. *Journal of Finance*, v. 52, p. 1131-1150.

A relação entre a maior proteção ao acionista investidor e a atração de capitais pode ser comprovada com o estudo da evolução do sistema jurídico brasileiro que regula o mercado de capitais, que ilustra a capacidade das normas jurídicas de atuarem como catalisadoras ou bloqueadoras do desenvolvimento econômico.

Os autores da Lei 6.404/1976 (Lei de S/A) tinham como objetivo incentivar a criação de um mercado de capitais pujante, sem abrir mão das estruturas de controle preexistentes. Para isso, apostaram em uma distribuição obrigatória de dividendos, para incentivar o investimento, aliada a ampla possibilidade de emissão de ações preferenciais, de forma a preservar a figura do acionista controlador.[5]

Esse modelo de incentivos não se mostrou adequado à proteção do investidor,[6] tampouco o cenário macroeconômico se mostrou favorável a investimentos. Apenas na década de 2000, com a criação do Novo Mercado, foi possível verificar o surgimento de um mercado de capitais com certo dinamismo no Brasil.

Como forma de ampliar a proteção aos minoritários nas companhias brasileiras, e assim aproveitar o bom momento macroeconômico pelo qual passava o país, a estratégia adotada foi a criação de segmentos de listagem na bolsa brasileira, sendo o Novo Mercado um seguimento *premium*, com mecanismos de proteção superiores àqueles previstos na própria legislação vigente.[7]

Percebe-se, portanto, um papel auxiliar ao desenvolvimento econômico no direito societário, focado especialmente na garantia de proteção de grupos minoritários. Essa proteção se traduz em regras de governança corporativa, que garantam direitos mais efetivos de participação dos minoritários na condução da empresa.[8]

Não obstante, o desenvolvimento que foi catalisado pela evolução regulatória no início do século tem sido obstado por novos problemas, com origem, em especial, na *desinformação*. São vários os escândalos no mercado de capitais brasileiro e a hegemonia das companhias abertas mostra-se o núcleo do problema.

6. A DESINFORMAÇÃO À LUZ DA ORDEM ECONÔMICA

Apesar do arcabouço legal e regulatório de nosso mercado de capitais ter sido inspirado no modelo norte-americano do *full and fair disclosure*, exigindo das companhias abertas completa transparência aos seus investidores, os sucessivos escândalos de

---

5. LAMY, Alfredo; BULHÕES PEDREIRA, José Luiz. *A Lei das S.A.* Rio de Janeiro: Renovar, 1992, p. 156 e ss.
6. O Brasil desponta como um dos países em que o acionista controlador possui maior capacidade de extrair benefícios privados de controle. Nesse sentido, *ver*: DYCK, A.; ZINGALES, L. Private benefits of control: an international comparison. *Journal of Finance*, v. 59, p. 537-600, 2004. Essa realidade se mostra exponencialmente preocupante, uma vez que a capacidade de extração de benefícios privados de controle constitui uma das principais causas da manutenção de uma estrutura de propriedade acionária ineficiente em um determinado país. Nesse sentido, ver: ROE; BEBCHUK. A theory of path dependency in corporte governance and ownership. *Stanford Law Review*, v. 52, p. 781, 1999.
7. GILSON. et al. Regulatory dualism as a development strategy: corporate reform in Brazil, the United States, and the European Union. *Stanford Law Review*, v. 63, p. 487, 2011.
8. LA PORTA. et al. Law and finance. *Journal of Political Economy*, v. 106, p. 1113-1155, p. 1115. 1998.

desinformação que têm sido noticiados na imprensa nos últimos anos denunciam que, infelizmente, a *cultura* de bem informar o mercado ainda padece de enorme fragilidade entre as companhias abertas brasileiras.

Falta às companhias abertas brasileiras accountability[9] perante os seus investidores, isto é, prestar contas e se responsabilizar por suas ações. Falta às companhias abertas valorizar com seriedade o capital a elas entregue pela massa de poupadores que acessam o mercado de capitais brasileiros. Enquanto essa *cultura* não é efetivamente assimilada pelas companhias abertas, faz-se necessário o *endurecimento* da fiscalização e controle que compete à Comissão de Valores Mobiliários – CVM, combinado com a *responsabilização civil* de referidas companhias pelos danos por elas causados aos seus milhares de investidores.[10]

Serve a Ordem Econômica constitucional de filtro à livre-iniciativa econômica, cabendo ao Estado garantir o seu exercício em respeito ao meio social, prevenindo e sancionando toda e qualquer sorte de comportamento abusivo, a fim de concretizar uma justiça social. É, a propósito, a função social atribuída à livre-iniciativa o que legitima referido controle.

Assim sendo, até que a *cultura* de bem informar o mercado de capitais seja definitivamente assimilada pelas companhias abertas, não resta outro caminho senão o da fiscalização, sanção e responsabilização civil das próprias companhias e de seus auditores externos[11] pelos danos por eles causados em virtude da *desinformação* do mercado de capitais.

Conferir uma função meramente protocolar aos auditores externos ou entender que a responsabilização civil – *interna corporis* – de um ou outro administrador perante a própria companhia infratora seja o caminho mais eficiente de proteção do mercado de capitais constitui verdadeira ficção, que apenas atende aos interesses escusos de empresários mal-intencionados e de grandes corporações de auditoria externa completamente cooptadas.

A *assimetria informacional* existente entre a companhia aberta e seus respectivos investidores é problema extremamente pernicioso para o bom funcionamento do mer-

---

9. "Accountability, which is a subset of governance, involves the monitoring, evaluation and control of organisational agents to ensure that they behave in the interests of shareholders and other stakeholders" (KEASEY, Kevin; WRIGHT, Mike. Issues in Corporate Accountability and Governance. *Accounting and Business Research*, v. 23, n. 91 A, p. 291-303, 1993).
10. A responsabilidade das companhias abertas perante os seus investidores decorre da aplicação diretamente das normas que regulamentam o mercado de capitais brasileiro, combinada com o sistema geral de responsabilidade civil, o qual não comporta exceção, derrogação por qualquer norma especial (Pode-se citar, por exemplo, a Lei 6.385/76; o artigo 56 da IN CVM 400; os artigos 17, 16, 17 e 50 da Resolução CVM 80; o artigo 173, § 5º da CF/88; o artigo 1º da Lei 7.913/79; e os artigos 47, 932 e 933 do Código Civil).
11. Também os *auditores externos* têm que assumir com rigor a sua responsabilidade perante o mercado de capitais. Não são eles meros certificadores da política contábil adotada pelas companhias abertas, mas verdadeiros *gate-keepers* do mercado de capitais. Ao auditarem as companhias abertas – atividade a eles reservada pelo art. 26 da Lei 6.385/76 –, referidos prestadores de serviços assumem, junto aos investidores, uma função institucional de guardiões do próprio mercado de capitais, submetendo-se a normas específicas dessa *função conformadora*.

cado de capitais. Não há mercado que se sustente sem a *confiança* de que as informações prestadas pela companhia aberta a seus investidores são completas e fidedignas. Conforme proposto no clássico estudo que rendeu o Prêmio Nobel ao economista George Akerlof,[12] diante da impossibilidade de se diferenciar os ativos de melhor qualidade daqueles de pior qualidade, cria-se um problema de *seleção adversa* que subvaloriza todos os ativos negociados em determinado mercado, o qual perde a sua credibilidade, tornando-se não confiável.

Confiar, portanto, que o bom funcionamento do mercado e a qualidade da divulgação de informações poderão ser suficientemente resguardados pela responsabilização pessoal de um ou outro administrador junto às próprias companhias abertas, na forma do artigo 159 da Lei de S/A, constitui hipótese que – além de contrariar o arcabouço legal e regulatório brasileiro – expõe as companhias abertas a um completo desincentivo de bem informar seus investidores e de bem administrar o capital a elas confiado por esses investidores quando da aquisição dos títulos por elas ofertados publicamente no mercado de capitais.

Historicamente, pouco ou nada se sancionou os administradores de companhias abertas envolvidas em ilícitos informacionais. Os casos mais significativos demonstram que a CVM tem sido lenta em aplicar sanções a esse tipo de ilícito,[13] e quando o faz, o faz de forma branda, pontual e nada inibitória à reincidência de referidos ilícitos informacionais.[14]

Essa necessidade de mecanismos eficazes de cumprimento das regras de mercado se tornou ainda mais clara e premente, no Brasil, após os recentes escândalos que levaram companhias abertas brasileiras e empresas de auditoria a indenizar coletivamente acionistas, no exterior, por danos causados por ilícitos informacionais por elas confessados, enquanto elas, em alguns casos, ainda resistem a reconhecer o mesmo direito aos investidores brasileiros – acionistas de mesma classe e que pleiteiam seus direitos com base nos mesmos atos ilícitos confessados – sob a infundada alegação de que, no Brasil, haveria um suposto regime de responsabilidade, único no mundo, no qual a companhia aberta que oferta suas ações no mercado seria imune à responsabilidade civil e administrativa, não devendo reparar ou ser sancionada pelos danos decorrentes da violação de deveres legais que são a ela impostos diretamente em face de seu público investidor.

Considerar que a companhia emissora e a auditora externa não devam ser, enquanto tais, responsáveis civil e administrativamente pelos ilícitos danosos praticados contra o público investidor, no Brasil, além de violar normas expressas do direito brasileiro, resultaria na consagração da ideia de que nosso mercado de capitais não é passível de

---

12. AKERLOF, G. (1970). The Market for Lemons: Quality Uncertainty and the Market Mechanism. *Quarterly Journal of Economics*, 84, 488-500.
13. Seguem tramitando os processos do IRB (PAS CVM 19957.003611/2020-91) e da Vale/Brumadinho (PAS CVM 19957.000654/2019-81).
14. E.g., PAS CVM 05/2016 (Caso Refinaria Abreu e Lima); PAS CVM 06/2016 (Caso Complexo Petroquímico do Rio de Janeiro), ambos envolvendo a Petrobrás.

proteção jurídica, pois não prevê o reconhecimento de regras mínimas de proteção à poupança popular.

Em consequência, significa consolidar a espoliação do investidor, que, a despeito de financiar a companhia, pouca ou nenhuma proteção possuiria, em prol de um verdadeiro desequilíbrio das liberdades econômicas individuais e de graves injustiças sociais, flagrantemente contrarias à Ordem Econômica constitucional.

Dessa forma, em observância das finalidades da Ordem Econômica e Social, fundamental é o papel do Estado, por si, por seus agentes reguladores do mercado, notadamente a Comissão de Valores Mobiliários – CVM, e pelo Poder Judiciário, para promover a responsabilização das companhias praticantes desses ilícitos.

CONCLUSÃO

A liberdade de iniciativa permite que grandes empresas acessem a poupança popular como mecanismo de financiamento, bem como permite o acesso do público investidor aos negócios de referidas empresas, atuando, assim, na promoção do desenvolvimento social. No entanto, o mercado de capitais brasileiro carece de uma consolidação de garantias mínimas de tutela da informação. É este o espírito da Ordem Econômica constitucional, que busca uma constante efetivação de justiça social, atribuindo à livre--iniciativa uma função social que modula o seu exercício.

Enquanto não houver um aprimoramento, no Brasil, de mecanismos e garantias mínimas aos acionistas minoritários, bem como de medidas sancionadoras efetivas para que o mercado se desenvolva de forma eficiente, a desinformação do mercado de capitais seguirá sendo um obstáculo ao desenvolvimento nacional.

A proteção do mercado de capitais deve ser feita mediante a criação e implementação de mecanismos efetivos, que garantam o cumprimento das regras de mercado, sancionando eficazmente condutas ilícitas e ilegítimas, no intuito de reestabelecer e manter em equilíbrio as liberdades individuais e os demais interesses contrapostos no âmbito do mercado de capitais e no meio social em que a companhia esteja inserida, dando sentido à justiça social inerente à Ordem Econômica.

REFERÊNCIAS

AKERLOF, G. (1970). The Market for Lemons: Quality Uncertainty and the Market Mechanism. *Quarterly Journal of Economics*, 84, 488-500.

CARVALHOSA, Modesto. *Direito econômico*: obras completas. São Paulo: Ed. RT, 2013.

CARVALHOSA, Modesto. *Comentários à Lei de Sociedade Anônimas*,.6. ed. São Paulo: Saraiva, 2014. v. 2: arts. 75 a 137.

COMPARATO, Fábio Konder. *O poder de controle na sociedade anônima*. 3. ed. Rio de Janeiro: Forense, 1983.

COMPARATO, Fábio Konder; SALOMÃO FILHO, Calixto. *O poder de controle na sociedade anônima*. 5. ed. Rio de Janeiro: Editora Forense, 2008.

DYCK, A.; ZINGALES, L. Private benefits of control: an international comparison. *Journal of Finance*, v. 59, p. 537-600, 2004.

GILSON. et al. Regulatory dualism as a development strategy: corporate reform in Brazil, the United States, and the European Union. *Stanford Law Review*, v. 63, p. 487, 2011.

KEASEY, Kevin; WRIGHT, Mike. Issues in Corporate Accountability and Governance. *Accounting and Business Research*, v. 23, n. 91 A, p. 291-303, 1993.

LAMY, Alfredo; BULHÕES PEDREIRA, José Luiz. *A Lei das S.A.* Rio de Janeiro: Renovar, 1992.

LA PORTA. et al. Law and finance. *Journal of Political Economy*, v. 106, p. 1113-1155, 1998.

LA PORTA et al. Legal determinants of external finance. *Journal of Finance*, v. 52, p. 1131- 1150.

MILL, John Stuart. *Da liberdade individual e econômica*: princípios e aplicações do pensamento liberal. Trad. Carlos Szlak. São Paulo: Faro Editorial, 2019.

ROE; BEBCHUK. A theory of path dependency in corporte governance and ownership. *Stanford Law Review*, v. 52, p. 781, 1999.

A JUSTIÇA E OS BANCOS

Nelson Jobim

Professor, advogado, filósofo, jurista e político brasileiro. Foi presidente do Supremo Tribunal Federal (STF), ministro da Justiça e da Defesa e presidente do Tribunal Superior Eleitoral (TSE) durante os governos Fernando Henrique Cardoso, Lula e Dilma Rousseff. Pelo Rio Grande do Sul, foi deputado federal durante dois mandatos.

INTRODUÇÃO

Há que se perguntar:

O sistema Judiciário e as instituições financeiras têm algo em comum?

Creio que sim: a confiança.

Não há outra atividade na economia que dependa tanto da confiança quando a bancária.

Embora a era seja da globalização e da tecnologia de informação, a confiança continua no centro das instituições e do sistema financeiro.

Como sempre:

(1) depositantes e poupadores precisam acreditar que seus recursos estão no caixa dos bancos;

(2) os investidores, que seus recursos estão aplicados em fundos.

A posição é a mesma dos acionistas.

São os donos de empresas sem verem a cor do papel de suas ações.

O banco moderno, como o banco medieval, continua dependendo da confiança.

O maior fiador da confiança dos bancos são as instituições.

O sistema judicial integra o sistema de garantias.

Poderia falar em teorias do direito.

Outros poderiam falar em modelos de economia.

Mas, ao fim e ao cabo, é a confiança que vincula as instituições.

Em especial, o sistema judicial e o sistema financeiro.

Por certo, o sistema judicial tem problemas e merece crítica.

Em termos institucionais, a função do poder Judiciário é atuar com imparcialidade e eficácia:

1. Assegurar a aplicação adequada e equilibrada da lei.

2. Assegurar credibilidade aos instrumentos financeiros.

3. Induzir confiança aos agentes do mercado financeiro:

Tanto poupadores como investidores.

(constitucionalização da reforma financeira)

Há que se examinar a evolução as instituições brasileiras.

Veja o tratamento constitucional do sistema financeiro nacional.

Houve situações extremas.

Mas, o bom senso imperou.

A Assembleia Constituinte acolheu uma utopia.

Estava no art. 192.

Depois, reconheceu-se o equívoco.

O Congresso (2003) eliminou a matéria.

A mudança de texto e de atitude mostrou o discernimento do legislativo.

Por outro lado, foi decisiva a maturidade do Judiciário.

A Constituição de 1988 inovou ao criar um capítulo dedicado apenas ao sistema financeiro nacional.

O Poder Judiciário nunca exigiu a aplicação de normas no mínimo estranhas às finanças da era moderna.

Esse foi o caso típico da constitucionalização do limite máximo da taxa de juros em 12% a.a.

Tal decisão resultou de um estranho acordo entre os extremos:

A direita – endividada;

E a esquerda – utópica.

O Judiciário assegurou o bom senso.

O STF entendeu que tal medida só poderia ser aplicada no bojo de uma reforma maior do sistema financeiro.

A partir daí, foi crescendo a ideia de que não seriam resolvidos "por decreto" os problemas do sistema financeiro do país – aliás, como de resto, de todas as demais matérias.

Em 2003, a Emenda 40 suprimiu os incisos e parágrafos do artigo 192.

Remeteu as definições para leis complementares.

Foi a primeira emenda constitucional aprovada em 2003.

A proposta inicial foi então senador José Serra.

A referência a esses nomes ilustra o grau de consenso sobre a matéria

Volto a insistir.

Na origem dessa decisão, está o Judiciário, que tratou com coerência e equilíbrio a pretensão dos constituintes.

Faço um parêntesis.

Há que se fazer um paralelo entre o sistema financeiro e o tributário.

Quiçá, nenhuma reforma tenha atraído, e hoje também, tantos desejos e tantos projetos como a tributária.

Ao lado disso, nenhuma outra reforma é tão difícil como a tributária.

Todos a querem como abstração.

Na definição dos conteúdos, só dissenso.

Há muito defendo a solução dada ao art. 192:

Desconstitucionalização.

Não há no mundo constituição tão extensa e detalhista.

Em especial sobre tributação.

Todos querem ir para a Constituição.

Em especial suas Disposições Transitórias.

O fisco, para cobrar mais.

Os contribuintes, para pagar menos.

Todos querem ganhar.

E o texto constitucional incha.

As questões estruturais do sistema não são combatidas.

Em especial, os danos da carga tributária para a competitividade dos produtos nacionais.

Mantenho o que já disse.

Precisamos de uma "lipoaspiração" no capítulo constitucional do sistema tributário.

(justiça e crescimento econômico)

Em qualquer economia, a preocupação com o crescimento é sempre predominante.

No Brasil, os desafios estruturais do combate à pobreza e às desigualdades sociais se somam às frustrações com o baixo crescimento nas últimas décadas.

Vencida a inflação, os debates econômicos se voltam cada vez mais para a carga tributária e o nível elevado das taxas de juros.

O desafio é este:

Como reduzir tributos e juros?

A ânsia de respostas produz teses de que o Judiciário não cumpre, de forma adequada, as suas funções.

Acusam o Judiciário por taxas de juros elevadas e por menores níveis de crédito.

Refuto a ideia de que o Judiciário falha como instituição.

Refuto a ideia de tenha peso expressivo para a definição das elevadas taxa de juros.

Advirta-as.

A justiça brasileira não precisa ser reinventada.

Sua estrutura é compatível com uma democracia plena.

Ninguém pode ter dúvida de que o Brasil é um estado de direito.

A alternância de poder se deu entre presidentes de posições radicalmente divergentes.

Na origem desse processo, esteve presente a justiça eleitoral, que tive a oportunidade de presidir durante a eleição nacional de 2002.

Ela garantiu e garante o valor mais importante da democracia – o voto.

A justiça é o fiel retrato desse país, de enormes complexidades e disparidades.

O mesmo poder que é uma ilha de produtividade na realização das eleições, também apresenta um processo arcaico, quase rudimentar, no tratamento de muitas outras áreas.

A morosidade é traço mais conhecido.

São inegáveis os problemas no processo judicial.

Mas, ninguém pode falar em crise na instituição.

A estrutura é sólida.

A independência e harmonia com outros poderes não é só figura de retórica.

É prática consistente.

Não consigo compreender, muito menos aceitar, as teses e ideias que querem imputar a justiça o que é problema de outros poderes ou autoridades.

Falo, em especial, da macroeconomia.

Não é lícito apontar o Judiciário como o responsável principal:

1. Pela falta crédito para o setor privado;

2. Pelos juros persistentemente altos;

3. Pela carga tributária excessiva;

4. Pelo gasto público crescente.

Vejamos a questão da taxa de juros.

Não, quanto economia.

No entanto, quero registrar comparações.

A primeira, histórica.

Nem é preciso citar números.

O nível dos juros nominais desde a segunda metade dos anos 90 é muitíssimo superior ao das duas décadas anteriores.

Entre a década de 60 e 70, o ingresso de novos processos no STF foi praticamente estável.

Apresentou um ligeiro decréscimo.

O total de ingressos, na década de 60, era da ordem de 78 mil processos.

Na década de 70, foi de 72 mil.

Já, na década de 80, o total de processos cresceu cerca de 127%.

Na década seguinte, 99% o que representou um ingresso de 326 mil processos nessa década de 90.

Entre 2000 e 2005 este número já totaliza 567 mil processos.

Em 5 anos houve aumento de 74% em relação à década anterior.

Não acredito que alguém ache que o Judiciário funcionava melhor no regime militar e que isso poderia fazer com que as taxas de juros brasileiras fossem menores.

A outra comparação é atual, mas com os outros países.

Hoje o Brasil é um dos primeiros em taxa de juros elevada.

Não consigo enxergar no que o nosso Judiciário seja pior que em outras economias, em especial as emergentes.

Hoje, a taxa de juros nominal, no brasil, é de 13,75%.

Não conheço jurista, político ou especialista que mencione ou demonstre ser o Judiciário brasileiro inferior ao da china.

Na Argentina a taxa de juros é de 93,5% ao ano. Inflação esperada é 106% É de o Brasil anos 80/90.

A Rússia, 8% ao ano.

A Suécia, 3,80%. Inflação esperada é 8%.

Em Singapura, os juros são 4,18% ao ano. Inflação esperada é 5%.

No Chile, de 11,25% ao ano. Inflação esperada é 8.1%

Na tão falada Venezuela, será que é o relacionamento especial do Presidente com a Suprema Corte faz com que a inflação seja 195%?

Perdoem-me os números e a ironia.

É importante acertarmos o foco.

Não é pertinente ou adequado atribuir ao Judiciário a elevada carga de juros e a baixa oferta de crédito na economia brasileira.

Vamos à nossa memória.

Desde a década de 80 até hoje o Brasil passou por inúmeros planos econômicos.

Tivemos o plano cruzado I, em fevereiro/86.

Em junho/87, o cruzado II.

Em janeiro/89, o plano verão I.

Em maio/89, o verão II.

O plano Collor I, em março/90.

Em janeiro/91, o plano Collor II.

A transição para o real, em agosto 1993.

O plano real em julho de 1994.

Os planos econômicos suscitaram inúmeras questões até então inexistentes.

Sobre elas, não havia precedentes.

Ora se excedia na ousadia dos planos.

Ora se falhava ou faltava a regulamentação adequada.

O aparato técnico-teórico dos economistas, acrescido de sua criatividade contínua, gerou estrutura regulatória conflitante.

Sobrou para o Judiciário a responsabilidade de arbitrar sobre situações não previstas e absolutamente inesperadas e de dirimir tais conflitos.

A grande variedade de índices de preços.

A mudança de câmbio fixo para flutuante.

A presença da correção monetária, sua exclusão e seu retorno.

Todas estas são questões econômicas com amplos impactos contratuais.

O Judiciário foi convocado para dirimir tais conflitos.

O aumento da demanda no Judiciário foi e é eloquente.

Do início da década de 90, dos cerca de 894 mil processos que deram entrada no STF, em torno de 180 mil foram referentes a planos econômicos.

Ou seja, 20% do total.

Em 2000 e 2001, tal proporção chegou a atingir mais de 50% do total de processos.

As questões eram novas.

As teses ainda precisavam ser analisadas.

A dificuldade dos juízes quanto a questões econômicas.

Mas, a urgência social era eminente.

Um bom exemplo da importância de respostas rápidas do Judiciário foi à legislação que regulamentou o problema do setor elétrico ao final de 2001 – o apagão.

Obteve pronta resposta do Judiciário.

Repito.

Rechaçamos a ideia de que o Judiciário seja o responsável pelo chamado custo Brasil.

Mas, reconhecemos tempo de duração dos processos.

Temos enfrentado o desafio de melhorar o custo e a eficiência do Judiciário.

O fio da meada está nos prazos.

O grande intervalo temporal entre a entrada do processo no sistema e sua decisão final produz situações de inconsistência temporal.

As decisões são tomadas fora do contexto social que as deram origem.

Tal fato poderá levar – como leva – a formulação inadequada de teses.

Fazemos aqui nossa mea-culpa pela morosidade.

Mas registramos que o excesso de processos também é explicado por uma estrutura legislativa detalhista e intervencionista.

Ainda mais por conta das políticas econômicas "criativas" dos anos 80 e início dos 90.

O objetivo dos planos econômicos, das mudanças de regime de preços e de câmbio certamente foi o equilíbrio macroeconômico para o país.

A inconsistência entre as fórmulas econômicas de cada plano, decorrentes de distintas teorias econômicas – algumas vezes heterodoxas, outras ortodoxas – produziu conflitos jurídicos.

O tempo jurídico dos contratos era um.

O dos planos, era outro.

Restou ao Judiciário a tarefa de dirimi-los.

Vou a uma metáfora.

O Judiciário teve que fazer "omelete" e – eis o drama – os ovos já estavam quebrados.

Registro que nem sempre a pesquisa econômica empírica confirma a hipótese de que Judiciário influa no nível dos juros.

Na Itália, um estudo de 2001, não apurou correlação clara entre taxa de juros e Judiciário.

A maioria dos casos aponta evidências de que o volume ofertado de crédito é que se relaciona com o Judiciário.

A segurança jurídica tem impacto no volume de oferta de crédito.

Não o preço do capital em si, ou seja, a taxa de juros.

Estudo do Banco Mundial[1] não observa desproporção entre o Judiciário brasileiro e de outros países que justifique a pujança da nossa taxa de juros.

---

1. Making justice court: measuring and improving judicial performance in Brazil".

Sabemos da importância da segurança jurídica em relação ao volume de crédito ofertado.

Tanto que o Judiciário desenvolve esforços para assegurar a satisfação dos créditos por ele reconhecido.

O Caso dos Precatórios diz tudo.

Precisamos – ou não – oferecer aos credores do poder público uma opção para securitizarem suas dívidas?

Eis o um debate.

Devemos, ou não, transformar um crédito sem maiores registros em uma dívida transparente?

O objetivo seria o equacionamento dos créditos com a criação um mercado para tais papéis.

A proposta de securitização de precatórios é uma boa oportunidade de ampliação do mercado financeiro nacional.

Ao mesmo tempo, ajudaria a equilibrar e melhor controlar o endividamento setor público.

O sistema financeiro brasileiro deve, à nação, a elevação continua e rápida do nível do crédito.

Assim cumprirá com sua função institucional:

Garantir uma expansão sólida de investimentos e crescimento econômico sustentado.

Entender de forma diversa é concluir que as instituições financeiras nada devem país.

O país lhes assegura lucros e rentabilidade.

É aqui – nessa terra – que elas crescem e auferem lucros.

O Judiciário continuará sendo uma instituição sólida e cumprirá com sua função.

Que o sistema financeiro nacional cumpra com sua.

INTERPRETAÇÃO COMO CONSTRUÇÃO DE SENTIDO (E OUTRAS ANOTAÇÕES)

Paulo de Barros Carvalho

Professor Emérito e Titular da PUC-SP e da USP. Membro de Academia Brasileira de Filosofia. Advogado.

Minhas homenagens ao eminente Prof. Ives Gandra da Silva Martins

Sumário: 1. Alguns pensamentos que me parecem estratégicos – 2. Observações sobre tipos de linguagem – 3. O saber científico e a presença do método – 4. As "superações" de ideias e de sistemas como entraves para a progressão do conhecimento – 5. Expediente metodológico com base filosófica – 6. Sobre a designação – 7. O constructivismo dentro da teoria comunicacional do direito – 8. Constructivismo e sua dimensão prática – 9. A escola do constructivismo lógico semântico – Referências.

1. ALGUNS PENSAMENTOS QUE ME PARECEM ESTRATÉGICOS

Têm-se como *categorias* ou *conceitos puros*, as protoformas lógicas onde se inserem os dados de fato da experiência, como entidades (espaço, tempo, causalidade, imputabilidade e, entre outras, sobretudo a cultura). Acontece que a inesgotabilidade dos objetos do mundo físico-naturais, ideais, metafísicos e culturais não cabem na estrutura dos vocábulos existentes no vernáculo, ampliando-se o sentido em leques de acepções ou postulando palavras novas ou outros signos que, incessantemente, enriquecem os sistemas comunicacionais. E a observação vale para todos os domínios da interação humana, de tal modo que a "realidade" vai-se expandindo pelo vertiginoso crescimento de outras unidades linguísticas.

Ao mesmo tempo, ocorre-me a lembrança da reflexão anotada por Pontes de Miranda: *O cindir é desde o início*. A criatura humana sai cortando e recortando tudo o que apreende com suas intuições sensoriais, simplesmente para poder consigná-las, memorizá-las e, quem sabe, dominá-las.

Com a potencialidade de comunicar-se, lá vão aqueles seres tecendo, com as linguagens, a *realidade* na forma de um enorme *texto*. E dizemos o óbvio com catedrática gravidade: *não há texto sem contexto!* Claro! se tudo é texto, afasta-se a possibilidade de estar ele cercado por outras entidades que não formas textuais. Daí o oportuníssimo título que Domício Proença Filho dá a seu livro: *Leitura do texto, leitura do mundo*. Ou a preciosa lembrança de José Luiz Fiorin *(Linguística? Que é isso?)*:

> A linguagem é onipresente. Sem ela não se pode estruturar o mundo do trabalho, pois é ela que permite a cooperação entre os homens e a troca de informações e experiências. Sem ela, o homem não

pode conhecer-se nem conhecer o mundo. Sem ela, não se exerce a cidadania, porque os eleitores não podem influenciar o governo. Sem ela, não se podem expressar os sentimentos. Sem ela, não se podem imaginar outras realidades. Sem ela, não se constroem as utopias e os sonhos, Sem ela... Sem ela... Sem ela...

Os atos de fala, mediante os quais nos expressamos, não se limitam à linguagem oral, nem somente à escrita, mas a toda manifestação comunicativa, exprimindo ideias, sequencialmente associadas em relações e categorias, que adquirem unidade em virtude de um propósito de ordem superior, portanto de caráter filosófico. Tudo isso ocorre no âmbito de processos psicofísicos de enunciação, com origem no fluxo da intencionalidade da consciência, sempre aberta para outorgar significado ao mundo, consoante a fenomenologia husserliana. Agora, a consciência noética trata da aquisição do conhecimento, desenvolvendo os processos empregados pelo agente para constituir seu saber isoladamente ou, acontecendo o fato comunicacional, para adotar expedientes mágicos ou poéticos de incitamento do interlocutor, tendo em vista convencê-lo. Essa perspectiva, de cunho retórico, está presente nas locuções cognoscitivas, passando até, muitas vezes, despercebidas pelo próprio autor da mensagem. Lembremo-nos, porém, que a consciência ética deve preceder, nos domínios da moral, a consciência noética.

Aproveito para salientar que o objeto do saber não é a satisfação que produz felicidade, mas, como acentua Gerardo de Mello Mourão, na *Invenção do Mar*, o fim procurado é o *poder. Saber é mais do que supor: é distinguir – repita-se – entre o que é e o que aparenta ser. Quem sabe, pode. Quem sabe, arma sua máquina de dominação, com o poder real – o poder fundado no saber – o único que não é falso, nem frágil, nem efêmero. Para o saber, o saber-se a si mesmo é o ponto de partida.* (Acrescento: como diria Sócrates)

E, para encerrar esses "pensamentos estratégicos", oferecidos a título de introdução, inscrevo a implacável asserção de Santo Tomás de Aquino: *a razão é apenas a imperfeição da inteligência*. Não vai muito longe; é breve, suscinta, muitas vezes até estreita e insuficiente. Não alcança a plenitude da inteligência, infinitamente e decididamente mais forte e potente. Advém daí a frase incisiva de Santo Tomás. E, aproveitando-me das considerações do Professor Miguel Reale sobre a frase aforizante do Santo Doutor, menciono a *cultura*, como sopro e floração da humanidade, momento sublime de seu percurso existencial, marcando sua presença, de modo infalível, em todas as iniciativas e atividades do ser vivente, passando a constituir-se numa categoria do ser, na concepção de Max Scheler.

2. OBSERVAÇÕES SOBRE TIPOS DE LINGUAGEM

Não procede aquilo que poderíamos chamar de linguagem *quimicamente pura*. A qualidade de um texto como filosófico, científico, técnico, artístico ou de linguagem ordinária, rege-se pela dominância, apurada pelos princípios inerentes à coesão e à consistência. Associa-se a primeira às ideias de aglutinação, de concentração, de conexão entre os termos e argumentos, ao passo que a segunda nos conduz ao grau de sustentação que o grupamento oferece ao tecido discursivo como um todo. Assim, só uma verificação atenta poderá dar elementos para considerarmos o texto de caráter técnico, como o direito positivo, ou de feição filosófica ou, ainda de nível científico, como pretende ser boa parte da dogmática, espaços em que predominam, respectivamente, os termos da linguagem técnica, filosófica ou científica, pontuadas por marcadores de conectividade com as mencionadas formas de comunicação, tecendo cadeias de referência e progressões temáticas que confirmem esses modos de qualificação textual. Além do mais, essas linguagens mantêm, entre si, estreito intercâmbio, pois, na medida em que o técnico se depara com problemas que digam respeito ao funcionamento das mensagens que produz, socorre-se do padrão científico para resolvê-los. Da mesma forma, o cientista vai buscar na filosofia a possível solução para as questões que se relacionem com a dinâmica de aplicação de suas teorias. Essas injunções provocam uma interpenetração intensa nos padrões de linguagem, de tal modo que se torna difícil, muitas vezes, o correspondente alojamento nas referidas categorias. Acrescente-se em cada uma dessas faixas, a circunstância de que tais metalinguagens observam, constantemente, as de nível inferior, testando os efeitos de suas teorias, seus procedimentos e tudo o mais que por elas for recomendado às linguagens que lhe serviram de objeto.

3. O SABER CIENTÍFICO E A PRESENÇA DO MÉTODO

A camada de linguagem que identifica o saber científico há de ter a presença indispensável do método para guiar-lhe os avanços. Não haverá ciência sem um conjunto organizado de procedimentos, de técnicas, de táticas, dispostas esquematicamente, para garantir a progressão do conhecimento, tendo em vista o fim de percorrer, da maneira mais eficiente possível, o domínio sobre o objeto devidamente demarcado. Explicando por outro modo, método aparece como condição epistemológica para controlar as oscilações inerentes ao campo investigado. Por isso, a rigidez do caminhar científico não tolera repetições improdutivos, desvios e qualquer outro modo de abandonar, ainda que provisoriamente, a marcha concebida para cobrir a região da pesquisa. A própria retórica, também imprescindível no discurso das ciências, vê-se tolhida em certos limites, para não comprometer a eficácia da mensagem. O "chegar às causas primeiras" e "atingir as consequências últimas" há de ser a constante pensada e reiteradamente perseguida pelo agente, com esmerado rigor e alentada determinação.

Por outro lado, a experiência com os atos de fala, nos diversos níveis da comunicação, deixa-nos logo a advertência de que não existe "linguagem pura", seja a vulgar, a técnica, a científica ou mesmo a filosófica. Aquilo que encontramos é a preponderância de termos, expressões, modos de progredir, estratégias de recuos e de avanços e, sobretudo, no caso da linguagem das ciências, o "ânimo desinteressado" de quem compõe o discurso, voltado exclusivamente para realizar a tendência de neutralidade, a vocação de imparcialidade na produção da peça.

A relatividade do saber não admite definições terminativas, fortes o suficiente para conduzir o intérprete por espaços seguros e inequívocos. Os valores que ingressam na apreciação dos fenômenos, especialmente os sociais, impedem o saber definitivo e o conhecimento absoluto. As definições são expedientes enunciativos facilitadores do pensar sobre a multiplicidade de objetos que fazem os nossos contornos existenciais, internos e externos. Ao lado de outros instrumentos lógicos, como a nomeação, a divisão e a classificação, organizam a mente, preparando-a para o conhecimento. São demarcações de conceitos para fins de isolamento temático, sendo certo que a interpretação dependerá da subsequente inserção no contexto, imediatamente recuperado.

Questão clara e incisiva, que transita inevitavelmente pela cabeça de quem lida com essas categorias da curiosidade humana, é aquela da compatibilidade entre a crença religiosa num ser absoluto, criador supremo de tudo quanto existe, diante da indiscutível mutabilidade da condição humana, em todos os momentos da vida, sobretudo naqueles que dizem respeito ao conhecimento mais sério e rigoroso, vale dizer, o discurso científico. Creio que devamos separar o mundo das crenças religiosas (doxa), daquele em que se alojam as vicissitudes da vida prática. Quanto ao primeiro, para os que creem no Deus uno, adota-se a premissa da verdade absoluta, consubstanciada no ser divino que tudo criou. Acreditando nos dogmas, há de fortalecer os caminhos da fé. No plano do conhecimento do mundo, contudo, em que o ser humano é protagonista único, as coisas são bem diferentes. Tratando-se de um ser carente, cheio de imperfeições, prisioneiro da matéria de que é constituído, vigora o relativismo dos conceitos e a oscilação dos correspondentes valores. Sua história é a luta pelas conquistas, pelos avanços, pela realização de ideais, sempre mutantes, em razão das necessidades materiais, espirituais e sociais por que passa. Inexistem aqui as verdades absolutas, as conquistas definitivas e as soluções imutáveis. Aliás, as ciências evoluem precisamente porque não são perfeitas, irremediavelmente vinculadas às ingentes limitações do homem. Este, por sua vez, tem a missão de resistir às dificuldades da experiência, transformando-a em objetos culturais, segundo os valores que sua filosofia lhe propõe. Penso estar aqui, no trato do homem com a experiência, a transformação que as crenças religiosas insistentemente proclamam: "modificar o mundo", torná-lo melhor, em atinência aos preceitos de Deus.

Eis um ponto delicado: confundir expectativas, pela adoção de procedimentos dogmáticos, firmados em fé no absoluto e em revelações, aplicando-os ao plano da movimentação empírica, onde os acontecimentos se dão pelas regras advindas do saber técnico-material adequado. Em contrapartida, lidar com metodologias científicas, validadas para seu universo de discurso, em assuntos de crença espiritual: a chamada "lógica da conduta", imprópria para a compreensão desses assuntos.

Em súmula estreita, tratemos das ciências com os recursos que Deus nos deu, recursos limitados, limitadíssimos até, lutando para o desenvolvimento e o progresso desse "talento" a que alude o Novo Testamento, com a convicção de que, quanto mais fizermos prosperar o feixe de predicados que nos foram conferidos, estaremos em condições de aprimorar o conhecimento técnico-científico, produzindo bens culturais mais próximos dos valores absolutos da fé religiosa.

Reiterado e frequente erro histórico é o de atravessar esses dois mundos sem as cautelas da reflexão: tentar o emprego de categorias da razão raciocinante, por exemplo, para montar e concluir proposições de fé religiosa; ou progredir no conhecimento técnico ou científico, a partir de meras crenças que se sustentem apenas para fins espirituais. A advertência, porém, dista de ser o reconhecimento de incomunicabilidade entre as duas regiões, a admissão de que se trata de territórios estanques, isolados, insusceptíveis a um diálogo mais próximo para fins cognoscitivos. Muito ajuda a construção e o progresso do saber técnico-científico uma saudável e bem ordenada fé religiosa, que se manifesta na vontade firme e na ética rigorosa que o desafio do saber requer. Do mesmo modo, a mente organizada pelos padrões da lógica cognoscitiva, válida, em princípio, para o chamado "mundo da vida", favorece a consolidação da fé e o aprofundamento do sentido religioso do espírito humano.

4. AS "SUPERAÇÕES" DE IDEIAS E DE SISTEMAS COMO ENTRAVES PARA A PROGRESSÃO DO CONHECIMENTO

Entre os argumentos que dificultam a exposição clara de ideias, impedindo a marcha do processo de convencimento, está o recurso à qualificação de conceitos, teorias e sistemas como "superados". Que pensador não teve sua contribuição marcada pela coima de "ultrapassada", simplesmente porque outras advieram, criando novas alternativas de conhecimento? A cada instante nos deparamos com "superações" que deixam para trás pensamentos importantes, sob a alegação de que seu tempo histórico já teria passado e, portanto, considerar aquele conjunto de proposições ou o sistema que lhe organiza a existência, algo acabado, posto em desuso pelo aparecimento de novas concepções. Agora, é preciso pensar que a Filosofia, na sua visão grandiosa do mundo, é, ela mesma, uma grande superação. A reflexão filosófica, com seu extraordinário poder de volver e revolver os mais relevantes assuntos da humanidade, é dotada de recursos argumentativos vigorosos. Não é preciso muito esforço para perceber que uma proposição afirmativa qualquer pode ser reduzida à condição de mera sentença paradoxal, com o emprego de poucas operações enunciativas. Além disso, como explicar as contínuas referências às propostas filosóficas milenares, que teimam em frequentar os escritos dos grandes pensadores, mostrando uma notável resistência às tentativas de corrosão das críticas especializadas? Dir-se-á que as necessidades retóricas não só justificam, mas até recomendam a utilização de certas alusões, como providências de cunho estratégico para acentuar ou enfraquecer o teor persuasivo das mensagens. Aliás, quando o desempenho do raciocínio começa a ficar difícil, quando o autor encontra obstáculos discursivos de transposição duvidosa, um dos primeiros impulsos de nossa mente é lançar mão desse expediente argumentativo, pois se trata de instância inexorável, já que *a não retórica é retórica também*. Há, contudo, maneiras distintas de movimentar o pensamento, ajustando sua trajetória dentro de padrões mais serenos, tolerantes e produtivos, mesmo porque, *se tudo está superado, então nada está superado* e o espírito humano permanece pronto para locomover-se, livremente, nos horizontes da consciência.

5. EXPEDIENTE METODOLÓGICO COM BASE FILOSÓFICA

O Constructivismo lógico-semântico é, antes de tudo, um instrumento de trabalho, modelo para ajustar a precisão da forma à pureza e à nitidez do pensamento; meio e processo para a construção rigorosa do discurso, no que atende, em certa medida, a um dos requisitos do saber científico tradicional. Acolhe, com entusiasmo, a recomendação segundo a qual *não haverá ciência ali onde a linguagem for solta e descomprometida*. O modelo constructivista se propõe amarrar os termos da linguagem, consoante esquemas lógicos que deem firmeza à mensagem, pelo cuidado especial com o arranjo sintático da frase, sem deixar de preocupar-se com o plano do conteúdo, selecionando as significações mais adequadas à fidelidade da enunciação.

Apesar de suas origens e das concepções que estão bem caracterizadas na plataforma inferior de suas bases, não se pretende um projeto filosófico: de método é seu estatuto. Todavia, um traço na configuração dessa proposta metodológica chama desde logo a atenção. Se, para a perspectiva semiótica, ao lado da estrutura lógica e da dimensão semântica, haverá sempre a projeção pragmática, por que omitir-se a instância na denominação do movimento epistemológico? Três razões podem explicar a ausência: de primeiro, a circunstância de sua necessária presença (do plano pragmático) na implicitude do nome, visto ser dimensão imprescindível na alusão ao plano semiótico, de tal sorte que as referências sintáticas e semânticas implicariam, necessariamente, as pragmáticas; de segundo, na elaboração do texto, as cogitações de ordem pragmática seriam sobremodo difíceis, pois esse é o tempo da própria criação do enredo textual, da preparação da mensagem para ingressar no contexto comunicativo, seguindo em direção ao destinatário ou receptor. Por certo que caberia melhor na interpretação do escrito para efeito de revisão, quando tomado na sua integridade constitutiva. E terceiro, o nome ficaria muito extenso, suscitando logo a pergunta sobre os motivos pelos quais não se teria logo adotada a expressão *constructivismo semiótico*.

Pois bem, evitando o perigo dos meros sincretismos metodológicos e da mistura irrefletida de correntes filosóficas tomadas ao acaso, aquilo que a observação nos permite ver, nessa dinâmica de ideias e de construções é uma admirável injeção de culturalismo, incidindo no que há de mais apurado entre as conquistas do neoempirismo lógico do Círculo de Viena, conjunção, aliás, que consulta bem à formação do Professor Lourival Vilanova, muito influenciado pela Escola de Baden, a temperar suas conhecidas inclinações para privilegiar o plano sintático da análise textual.

6. SOBRE A DESIGNAÇÃO

O jusfilósofo pernambucano vinha frequentemente a São Paulo, nas últimas décadas do século passado, por três motivos importantes: visitar sua filha Ana Lúcia, genro e netos; atender aos insistentes convites para integrar bancas examinadoras na Faculdade de Direito do Largo de São Francisco; e proferir palestras e conduzir grupos de estudos sobre Filosofia e Teoria Geral do Direito, na Pontifícia Universidade Católica de São Paulo. Fiz esse registro no prefácio do livro *Escritos Jurídicos e Filosóficos*, editado no ano de 2001, em dois tomos, pela Axis Mundi/Ibet:

> Certo dia, perguntando como conviria dar nome à sua atitude jurídico-filosófica e ao tipo de trabalho que vinha desenvolvendo, respondeu-me que poderíamos perfeitamente chamá-lo de "constructi-

vismo". Não, segundo o modelo do "constructivismo ético", todavia, agregando ao nome o adjetivo composto "lógico-semântico", pois, afinal de contas, todo o empenho estaria voltado a cercar os termos do discurso, para outorgar-lhes a firmeza necessária (e possível, naturalmente), tendo em vista a coerência e o rigor da mensagem comunicativa. Isso não significa, porém, relegar o quadro das investigações pragmáticas a nível secundário. Expressa, tão somente, uma opção metodológica. Melhor seria até dizer que a proposta lógico-semântica aparece como contribuição para um estudo semiótico do discurso.

A crença na existência de objetos extralinguísticos, que discretamente mobilizou o pensamento do mestre, não é molestada pelo constructivismo. Existindo ou não existindo tais entidades, elas somente entrarão para o âmbito do conhecimento quando vierem a fazer parte da intersubjetividade do social, inteiramente tecida pela linguagem.

7. O CONSTRUCTIVISMO DENTRO DA TEORIA COMUNICACIONAL DO DIREITO

O Constructivismo mantém relação muito íntima com a Teoria Comunicacional do Direito. Esta, desenvolvida e apurada pelo Prof. Gregório Robles, tem abrangência maior, aproximando-se mais de uma concepção filosófica. Ambas, porém, tomam a linguagem como constitutiva da realidade, depositando no texto o objeto de todas as suas preocupações. Procuram levar às últimas consequências duas premissas fundamentais: *a palavra é a morada do ser (Heidegger)* e *tudo aquilo que puder ser interpretado é texto (Gadamer)*. Nesse quadro, a hermenêutica não só adquire uma função decisiva, como passa a ser o modo, por excelência de compreender-se o mundo. *E as coisas existem quando têm nomes...Sem nome as coisas não existem (Raffaele De Giorgi)*. Falo da hermenêutica geral, formada pelo conjunto organizado das hermenêuticas regionais, na linha de Ricoeur, para quem a hermenêutica é a teoria das interpretações ou da compreensão em sua relação com a interpretação dos textos.

Gregório Robles concebe a teoria comunicacional do direito dentro do âmbito da *hermenêutica analítica*, posta sua missão de aprofundar o conhecimento do objeto com os delicados instrumentos da análise. É compondo e decompondo, articulando e desarticulando, reunindo e separando, organizando e desorganizando que o agente dirige seus procedimentos para dominar o texto e compreender a comunicação. Ora, precisamente esse é o caminho percorrido pelo Constructivismo Lógico-Semântico: enquadra-se nos parâmetros da hermenêutica atual, lendo e interpretando para compreender, porém, em todos os passos de sua trajetória está presente o tom da analiticidade. É analisando que o trabalho cognoscente prospera em direção a seus objetivos.

Outro dado importante que marca o perfil do constructivismo é ocupar-se do texto dentro do chamado *factum comunicacional*, indagando sempre pelo autor da mensagem, pelo canal por onde ela transita, pelo destinatário, pelo código linguístico comum a ambos, pela conexão psicológica que se estabelece e pelo contexto em que a comunicação se dá. O direito estudado como fenômeno comunicacional proporciona elementos valiosos para a construção de sentido e a compreensão do texto, associado, aqui e ali com os poderosos recursos da *retórica realista*, segundo as categorias pesquisadas e desenvolvidas por João Maurício Adeodato e a Escola Retórica de Recife. Aliás, a filosofia retórica, assim como o constructivismo, parte de uma antropologia carente, operando com a linguagem como único meio perceptível, de tal modo que não haveria acesso ao chamado *mundo real*, simplesmente porque não existem elementos externos a ela. Todo objeto é composto pela linguagem e, por isso, há de ter nome (Di Giorgi), o que significa dizer que o conhecimento é formado por acordos linguísticos intersubjetivos de maior ou menor permanência no tempo, mas todos eles circunstanciais temporários, autorreferentes e assim passíveis de constantes rompimentos (Adeodato).

A conversação tecida entre o constructivismo, a teoria comunicacional e a filosofia retórica, mencionada acima, flui, como se vê, de maneira natural e produtiva. Seus resultados são auspiciosos e percebe-se enorme entusiasmo entre todos aqueles que superam os obstáculos convencionais e alimentam as expectativas de implantar o diálogo.

Ainda sobre as aproximações existentes entre o constructivismo e a teoria comunicacional do direito, cabe dizer que em ambas se pesquisa o *ethos* da trilogia aristotélica, investigando o editor da mensagem, nos expedientes de que se utiliza para cumprir sua invariável vocação de controlar o curso e os efeitos do ato comunicativo que exerceu; mas também do *pathos* como a procura dos modos pelos quais se desperta, no receptor, as emoções indispensáveis ao entendimento cabal do que foi transmitido pelo orador; e do *logos*, empregado aqui como ciência ou razão, algo que brilha pela sua presença na descrição minuciosa e precisa do fenômeno comunicacional.

Nesta concepção, mantêm-se de pé os ideais do *giro linguístico*, em que se toma a realidade como constituída pela linguagem, conjunto de signos empregados pela comunicação ou potencialidade humana para comunicar-se. A totalidade dos signos, organizados por meio de regras de formação e de transformação, no seu feitio estático, é a língua, observada pela perspectiva sistêmica ou institucional. Língua, no sentido amplo, que entra em exercício mediante os *atos de fala*, instauradores do fato da comunicação.

8. CONSTRUCTIVISMO E SUA DIMENSÃO PRÁTICA

A primeira aplicação do modelo constructivista, em termos de consciência a respeito de sua extensão e limites, penso ter ocorrido com a tese "Direito Tributário – Fundamentos Jurídicos da Incidência", apresentada em concurso para a titularidade na Faculdade de Direito do Largo de São Francisco, logo depois lançada pela *Editora Saraiva*, em 1989, encontrando-se na 11ª edição. O tema da incidência jurídica foi analisado em suas proporções lógicas, com discussão de relevantes aspectos de ordem semântica, ficando assentado *que não se dará a incidência se não houver um ser humano fazendo a subsunção e promovendo a aplicação que o preceito determina. As normas não incidem por força própria. Numa visão antropocêntrica, requerem o homem, como elemento intercalar, movimentando as estruturas do direito...*

Hoje, há centenas de obras em que os autores aplicam o Constructivismo Lógico--Semântico e vale acrescentar que não é somente no Direito Tributário. As premissas do constructivismo foram penetrando outros setores, de tal sorte que os estudiosos o veem como instrumento poderoso para estabilizar o discurso, adjudicando-lhe rigidez e objetividade. Os textos básicos têm sido, além daquele acima referido, o *Curso de Direito Tributário* (São Paulo, Noeses, 33. ed., 2023); *Direito Tributário, Linguagem e Método* (São Paulo, Noeses, 6. ed., 2015); os livros de Fabiana Del Padre Tomé (*A prova no direito tributário* – São Paulo, Noeses, 4. ed., 2016), de Aurora Tomazini de Carvalho (*Teoria Geral do Direito – O constructivismo lógico-semântico* – São Paulo, Noeses, 7. ed., 2022) e de Lucas Galvão de Britto (*O lugar e o tributo* – São Paulo, Noeses, 2014), acrescentando-se ainda, como primeiro na linha do tempo, a obra *Teoria da Norma Tributária*, atualmente editado pela Quartier Latin. Anote-se também o livro *Vilém Flusser e Juristas* – Comemoração dos 25 anos do Grupo de Estudos de Paulo de Barros Carvalho, coordenado por Florence Harret e Jerson Carneiro, Noeses, 2009, o volume I do livro *Constructivismo Lógico-Semântico* (2014) e a obra *Lógica e Direito* (2016), ambos coordenados por mim e publicados pela Editora Noeses.

É preciso dizer que muitos autores importantes operam regularmente com esse método, entre eles, Paulo Ayres Barreto, André Mendes Moreira, Robson Maia Lins, Tácio Lacerda Gama, Gabriel Ivo, Charles McNaugthon, Maria Ângela Lopes Paulino, Priscila de Souza, entre outros. A mais disso, hão de ser mencionados todos aqueles que lidam com a regra-matriz de incidência, em qualquer de seus aspectos, pois, certamente, percorrerão os eixos desse esquema metodológico. Acontece que a estrutura da regra-matriz já é uma construção lógica, com a hipótese ou antecedente e o mandamento ou consequente expressos nas variáveis representadas por signos formais unidos por constantes. O passo subsequente é ingressar no plano semântico, saturando as variáveis lógicas com os conteúdos de significação da linguagem do direito positivo, para chegar, desse modo, à norma geral e abstrata. Em seguida, as determinações estabelecidas pelo processo de positivação nos conduzem a empregar a linguagem da facticidade social para preencher, mais uma vez, aquelas variáveis, promovendo, agora, o expediente formal da subsunção ou inclusão de classes. Eis o território das normas individuais e concretas. É oportuno lembrar que tudo isso requer o cuidadoso exame do modo como os termos são empregados pelos utentes dessa linguagem, o que equivale a pesquisar o ângulo pragmático da comunicação jurídica.

Realmente, tratar com a regra-matriz revela momentos de convívio intenso com partes do processo constructivista, e creio existir centenas de estudiosos que se envolvem com o tema, na procura do conhecimento mais atilado da situação jurídica que lhes interessa discutir.

É verdade, também, que o uso do modelo pode favorecer mais o plano sintático ou lógico. Contudo, há muitas investigações que isolam a plataforma dos significados para atingir os objetivos da pesquisa. E outro tanto ocorre com a dimensão pragmática, de tal sorte que as aplicações variam quanto à predominância dos setores de abrangência e, da mesma maneira, com relação à intensidade e permanência nos intervalos do modelo. Reafirmando a força desta notação, há textos que implantam o método, enfatizando a teoria dos valores, numa ostensiva manifestação da influência do culturalismo jurídico neste modo de conhecer o objeto. Esse aspecto, longe de revelar mero sincretismo metodológico, consubstancia precioso elemento para potencializar a compreensão da mensagem, ampliando-lhe o campo de análise.

9. A ESCOLA DO CONSTRUCTIVISMO LÓGICO SEMÂNTICO

Com a apresentação de trabalhos em congressos e seminários nacionais e internacionais, o "Constructivismo lógico-semântico" difundiu-se, a ponto de ser reconhecido como uma autêntica "escola de pensamento jurídico". Para tanto, foram relevantíssimas a atividade e a participação de núcleos de pesquisa espalhados por praticamente todo o território nacional, estudando Direito Tributário com o objetivo de estabelecer seus fundamentos na Teoria Geral e na Filosofia do Direito. É o que realizou e continua realizando o IBET – Instituto Brasileiro de Estudos Tributários, nas suas 33 unidades, funcionando em vinte e dois estados da federação.

Sob o ponto de vista histórico, é possível considerar a proposta constructivista em três momentos distintos: o período de formação (1973 a 1985), o intervalo de consolidação (1985 a 1997) e a fase de expansão (1997 aos nossos dias). Nos primeiros tempos, a preocupação básica foi a teoria da norma, que veio a configurar-se em 1985, já com a inequívoca presença do pensamento de Lourival Vilanova. Em termos de enriquecimento, porém, os tempos de consolidação foram extraordinários. É bom lembrar que o programa não teve, de início, aceitação tranquila, provocando fortes contestações. Cada asserção, cada sequência evolutiva, cada sugestão apresentada era objeto de oposições enérgicas, que obrigavam os adeptos do constructivismo a pensar, a refletir, a sopesar argumentos, tendo em conta a convicção da procedência daquilo que defendiam. Dele, movimento, pode dizer-se que foi exaustivamente percorrido por juízos críticos, às vezes implacáveis. Todavia, quem sabe, o esforço intelectual desenvolvido para fazer frente a tantos questionamentos tenham nutrido essa doutrina de bons recursos argumentativos, tenham servido de combustível para procurar e colher na realidade objetiva, na prática da experiência, no "munda da vida", como o chamou Husserl, exemplos preciosos para sustentar posições e reforçar ideias. Constituiu-se, dessa maneira, um reservatório considerável de fundamentações, assentadas em exemplos concretos da realidade empírica. E o discurso de apresentação tornou-se forte, coeso, consistente, outorgando confiança ao expositor. Veio o entusiasmo e começou a expansão. As traduções em língua estrangeira se sucederam e as ideias foram expostas em vários países, principalmente Argentina, Uruguai, Chile, Peru, Colômbia e México, na América Latina, e Itália, Espanha, França e Portugal, na Europa.

Há uma atividade, entretanto, com papel preponderante durante todos os três períodos: o Grupo de Estudos que há 39 (trinta e nove) anos se reúne para refletir sobre aspectos epistemológico-jurídicos, em geral, e sobre semiótica e direito tributário, em particular. São advogados, promotores, juízes e professores, dos mais diferentes estados do Brasil, dispostos a ler, pensar e discutir temas amplos, complexos, assuntos que em outros ambientes dificilmente poderiam ser tratados. As reuniões do Grupo de Estudos se prestaram a numerosos debates e a ele compareceram pensadores, nacionais e estrangeiros.

Estão envolvidos no âmbito desta Escola, estudos de Filosofia e Teoria Geral do Direito, dos vários setores da Linguística, da Semiótica, da Retórica e da Lógica Jurídica. Entre os que influenciaram, mais de perto, as pesquisas estão, além do Professor Lourival Vilanova, Tércio Sampaio Ferraz, Alaor Caffé Alves, Dardo Scavino, Lúcia Santaella, José Luiz Fiorin, Celso Fernandes Campilongo, João Maurício Adeodato, Torquato Castro, Gregório Robles, Newton da Costa e Vilém Flusser, todos eles (com exceção deste último, falecido) já presentes em alguma sessão do Grupo.

REFERÊNCIAS

BRITTO, Lucas Galvão de. *O lugar e o tributo*. São Paulo: Noeses, 2014.

CARVALHO, Aurora Tomazini de. *Teoria Geral do Direito* – O constructivismo lógico-semântico. 7. ed. São Paulo: Noeses, 2023.

CARVALHO, Paulo de Barros. *Direito Tributário* – Fundamentos Jurídicos da Incidência. 6. ed. São Paulo: Noeses, 2021.

CARVALHO, Paulo de Barros. *Curso de Direito Tributário*. 33. ed. São Paulo: Noeses, 2023.

CARVALHO, Paulo de Barros. *Direito Tributário, Linguagem e Método*. 8. ed. São Paulo: Noeses, 82021.

CARVALHO, Paulo de Barros. *Teoria da Norma Tributária*. 5. ed. São Paulo: Quartier Latin, 2009.

CARVALHO, Paulo de Barros (Coord.). *Constructivismo Lógico-Semântico*. 2. ed. São Paulo: Noeses, 2020. v. 1.

CARVALHO, Paulo de Barros (Coord.). *Lógica e Direito*. São Paulo: Noeses, 2016.

HARRET, Florence e CARNEIRO, Jerson (Coord.). *Vilém Flusser e Juristas* – Comemoração dos 25 anos do Grupo de Estudos de Paulo de Barros Carvalho. São Paulo: Noeses, 2009.

VILANOVA, Lourival. *Escritos Jurídicos e Filosóficos*. São Paulo: Axis Mundi/Ibet, 2001.

TOMÉ, Fabiana Del Padre. *A prova no direito tributário*. 4. ed. São Paulo: Noeses, 2016.

O HISTÓRICO DAS IDEIAS LIBERAIS NA CONSTITUIÇÃO DE 1824 ATÉ 1988

Paulo Fernando Vianna da Silva

Pós-graduado em Direito Tributário pela UCAM. Pós-Graduado em Investigação Criminal e Segurança Pública EMD. Especialista em Direito Penal Econômico pela Fundação Getúlio Vargas. Especialista em Inteligência e Contrainteligência pela ABEIC(Associação de Estudos em Inteligência e Contrainteligência). Diplomado em Política e Estratégia pela Escola Superior de Guerra (ESG), Liderança pela Escola de Comando Maior do Exército (ECEME). Advogado especialista em *Contract Law* por Havard Law School. Advogado sócio proprietário do escritório Fernando Martins Advogados Associados. Membro e Autor de artigo publicado na International Churchill Society ICS Inglaterra (https://winstonchurchill.org/publications/churchill-bulletin/bulletin-165-mar-2022/strategic-leadership/) com atuação nas áreas de fraude financeira (penal, civil e tributária).

Marcos Troyjo

Economista, cientista político e diplomata, é conselheiro de empresas multina[1]cionais e autor de livros sobre desenvolvimento econômico, relações internacionais e inovação. Membro do Conselho do Futuro Global do Fórum Econômico Mundial, foi presidente do Novo Banco de Desenvolvimento e Secretário Especial de Comércio Exterior e Assuntos Internacionais do Ministério da Economia. Fundou e dirigiu o BRICLab na Universidade Columbia, em Nova York, onde lecionou relações internacionais. Foi um dos principais negociadores do Acordo Mercosul-União Europe

Este artigo pretende demonstrar o histórico constitucional da livre iniciativa desde a primeira constituição Imperial de 1824 lançando as bases do liberalismo no Brasil que foi albergada e recepcionada pela Constituição de 1988, tecer críticas do contexto do Anteprojeto da Constituição de 1988 e estabelecer comparações e benefícios econômicos do livre comércio exterior para o Brasil, afirmando a fórmula para o crescimento econômico que é a inserção do Brasil no cenário global.

Liberdade é conceito que preside a fundação da alma brasileira – e dela é indissociável, como se percebe mesmo na formação étnica do povo do Brasil.

Por um lado, liberdade, em sua vertente como ausência de coerção, era cotidiano do elemento indígena na anterioridade do Descobrimento. Conceito, destarte, do índio "livre" da civilização –, vivenciado, como que idealmente, pelo "bom selvagem", conhecida figura da obra de Jean-Jacques Rousseau.

Por outro, liberdade povoou os sonhos do africano desterrado e introduzido no Brasil em cruel contexto de escravidão, o que só se logrou plenamente em fins do século XIX com a Lei Áurea.

Liberdade é ainda grande vetor da colonização europeia, seja no sentido de desvincular-se de amarras econômicas e políticas de uma Europa estagnada em sua mobilidade social, seja pela razoável liberdade religiosa e ideológica que se observava no Brasil, sobretudo se contrapormos tal cenário à ascensão e recrudescimento dos totalitarismos na Europa da primeira metade do século XX.

Necessário também lembrar o impacto, do ponto de vista da formação dos valores nacionais, dos princípios esposados pelos protagonistas da Inconfidência Mineira em fins do século XVIII – e a decorrente aproximação entre os conceitos de "independência" (política) e "liberdade" (de construir seu próprio destino sobre as bases da autodeterminação), o que se viu manifesto no mote Libertas Quae Sera Tamen dos inconfidentes, e eternizado na bandeira do estado de Minas Gerais. Na mesma linha de liberdade como autonomia política, entoa-se o hino da Proclamação da República, com o refrão "Liberdade! Liberdade! Abre as asas sobre nós".

Ao longo do século XX, o tema da liberdade projetou-se a ao menos duas importantes dimensões. A primeira, oriunda de princípios de filosofia de diplomacia e política externa, diz respeito à "liberdade de ser igual" no concerto das nações – o que se exemplifica pela atuação de Ruy Barbosa na II Conferência de Paz da Haia em 1907 e sua defesa pela igualdade jurídica dos Estados.

A segunda tange o parentesco entre as noções de liberdade, livre iniciativa e democracia.

Aqui, as noções de liberdade norteiam discursos por distensão, abertura política e eleições diretas para todos os níveis de governo, bem como por ampla liberdade de imprensa. E ainda mais, a ideia de liberdade como valor – patrimônio ético – que deve encontrar-se espraiada por todos os níveis da vida nacional.

É liberdade de empreender e conferir maior espaço à livre iniciativa na formação da riqueza nacional. É também, e cada vez mais, sinônimo de liberdade de escolha, de poder ser corretamente informado e tomar decisões conscientes – alicerces da cidadania, objetivo que todos os brasileiros almejam de modo a realizar o amplo potencial de desenvolvimento econômico do país e a diminuição de suas imensas – e injustas – distâncias sociais.

A Constituição Imperial de 1824 promulgada em 25 de março, estabelece no art. 179 "A inviolabilidade dos Direitos Civis, e Politicos dos Cidadãos Brazileiros, que tem por base *a liberdade*, a segurança individual, *e a propriedade*, é garantida pela Constituição do Império, pela maneira seguinte: XXII. É garantido *o Direito de Propriedade em toda a sua plenitude...*"(grifo nosso).

Tal assertiva é umbilicalmente influenciada pela Revolução Americana e suas ideias dos "*founding fathers*" movimento de independência das colônias britânicas que por sua vez teve certa influência da Revolução Francesa embora diversa em vários aspectos.

Conta o professor Waldermar Martins Ferreira que um estudante da Universidade de Coimbra chamado José Joaquim da Maia se dirigiu a ninguém menos que Thomas Jefferson indagando se os Estados Unidos da América iriam apoiar a independência do Brasil, tendo como resposta que não somente iriam apoiar como também iriam reconhecer a independência.[1]

Conquistada a independência do Brasil consagrou-se o Estado em unitário na monarquia constitucional na figura do Imperador e um governo representativo. Declarou a Constituição em quatro poderes, o Poder Legislativo na Assembleia Geral com sanção do Imperador, o Poder Moderador(art. 98 a chave de toda organização política), o Poder Executivo(Imperador é o chefe exercitado pelos seus Ministros de Estado) e o Poder Judicial.

Pela influência dos Estados Unidos da América desejava-se adotar um regime federalista, contudo foi abafado o movimento, o que predominou na prática ante a omissão da Constituição de 1824 foi o regime parlamentarista do modo Britânico.

Influenciado pelo Ato Adicional de 12 de agosto de 1834, que veio a ser um documento descentralizador do poder dando as províncias maiores atribuições como por exemplo "VII sobre a criação, supressão e nomeação para empregos municipais e provinciais".Com ele destacou Otávio Tarquínio de Souza: "Abriram-se as válvulas às províncias, fêz-se obra descentralizadora, mas sem pôr em perigo a unidade nacional".[2]

O parlamentarismo brasileiro era de fato *"sui generis"* nascido em primeiro lugar da omissão Constituição e da necessidade de dar organização ao sistema representativo aprouve ao Imperador no Decreto 523 de 20 de Julho de 1847 instituir um presidente ao Conselho de Ministros desempenhando o papel que deveria ser do Chefe do Executivo, sendo o Imperador o ponto de convergência do poder executivo e o poder moderador.

Na esteira de seguir o caminho da descentralização, tendencia sempre presente, o partido liberal em 1868 lança seu manifesto de programa de governo defendendo plena autonomia as províncias e em 1870 o partido republicano lança seu manifesto afirmando que a democracia encarna o princípio do federalismo.[3] Sem contudo, levantar bandeira para o presidencialismo.

O partido liberal em 1888 faz oficialmente moção em prol do regime federativo nos moldes da Constituição dos Estados Unidos da América, cabendo a Ruy Barbosa discursar sobre uma grande transformação: "A cordilheira negra esboroa-se, abalada pelas comoções que operam a mudança dos tempos nas profundezas da história, o oxigênio da civilização americana...A liberdade religiosa, a democratização do voto, a desenfeudação da propriedade, a desoligarquização do Senado, a federação dos Estados Unidos Brasileiros, *com a Coroa, se esta lhe for propícia, contra e sem ela, se lhe tomar o caminho*".(grifo nosso)[4]

Percebe-se a hesitação de confrontar diretamente a Coroa, abrindo a possibilidade, pelo menos no imaginário, de conciliar a federalização do Brasil com a Coroa Imperial,

---

1. MARTINS FERREIRA, Waldemar. *História do Direito Constitucional Brasileiro*. 2. ed. Forense., 2019, p. 37.
2. TARQUÍNIO DE SOUZA, Bernardo Pereira de Vasconcelos. Ed. José Olímpio, p. 152.
3. BRASILIENSE, Américo. *Os Programas dos Partidos e o 2º Império*. Ed. Jorge Seckler, 1878. p. 29.
4. BARBOSA, Ruy. *Comentários a Constituição Federal Brasileira*. Homero Pires, 1932. v. 1, p. 54.

contudo, como ensina Waldemar Martins Ferreira: "Com o programa federal incompatibilizou-se a Coroa, impopularizava a monarquia, soprando contra ela os ressentimentos que haviam de acabar por varrê-la da superfície do continente americano".[5]

Conclui Ruy Barbosa "*A federação nos monstra o aspecto da maior das ideias conservadoras, sem deixar de ser a mais bela das aspirações liberais*".[6] Em 1889 se proclamaria o golpe da República influenciada por multifacetadas ideias, o positivismo dos militares de Benjamin Constant, e o federalismo que enfraquecia a monarquia, porém abria-se a sua convivência, e pelo ressentimento da abolição da escravatura por parte das oligarquias fazendárias que tinham como principal mão de obra os escravos.

Nota-se o fluxo das ideias liberais desde a fundação do império e sua primeira Constituição de 1824, tendendo sempre a descentralizar o Poder e movimentos paralelos no seio da sociedade brasileira que a passos lentos desaguaram inevitavelmente na proclamação da República, com forte inspiração americana.

Como ressalta Bonavides: "Mudou-se o eixo dos valores e princípios da organização do poder. Os novos influxos constitucionais deslocavam o Brasil da Europa para os Estados Unidos, das constituições francesas para a norte-americana, de Montesquieu para Jefferson e Washington, da Assembleia Nacional para a constituinte de Filadelfia e depois para a Suprema Corte de Marshall, e do pseudoparlamentarismo inglês para o presidencialismo americano".[7]

Passados vários períodos constitucionais turbulentos que não haveria tempo de discorrer profundamente neste artigo, chegamos a promulgação da Constituição de 1988, Carta Magna reflexo da redemocratização do Brasil e de países como Espanha e Portugal que também passaram por períodos turbulentos e recém tinham promulgados novas constituições.

A Espanha e Portugal consagraram em suas constituições que seriam um Estado Social e Democrático, já na Constituição do Brasil 1988 estabeleceu-se que seria um Estado Democrático de Direito(art. 1º) por influência de José Afonso da Silva que argumentou que: "O Estado Social não tinha compromisso, por si, com a democracia, porque a existência mostrou que ditaduras também poderiam atuar num Estado Social e que o Estado Democrático de Direito constituía um novo caminho que abriria inclusive para *uma democracia social* e até a *socialização democrática*".[8] (grifo nosso) Influenciado pela doutrina do espanhol Elias Díaz definindo como a institucionalização do poder popular ou a realização democrática do *socialismo*.[9] (grifo nosso)

É notória a similaridade em essência, ou melhor, como ensina Montesquieu, o espírito das leis são os mesmos entre os termos "Estado Democrático e Direito" e "Es-

---

5. MARTINS FERREIRA, Waldemar. *História do Direito Constitucional Brasileiro*. 2. ed. Forense, 2019. p. 69.
6. BARBOSA, Ruy. *Comentários a Constituição Federal Brasileira*. Homero Pires, 1932. v. 1, p. 54.
7. BONAVIDES, Paulo. *Curso de Direito Constitucional*, 2006. p. 264
8. AFONSO DA SILVA, José. *Direito Constitucional Comparado*. Malheiros, 2009. p. 73.
9. DÍAZ, Elias. *Legitimidad-Legalidad em el Socialismo Democrático*, p. 184.

tado Social e Democrático", ambos referem-se ao ideal socialista do bem estar social promovido pelo Estado.

Estranhamente apesar do Estado brasileiro encampar o bem estar social do socialismo europeu ao mesmo tempo optou por consagrar na Carta Magna a propriedade privada como direito fundamental, desde que atenda a sua função social(Art. 5º XXII XXIII) , a ordem econômica fundada na valorização do trabalho humano e na livre iniciativa (Art. 170) dando a ressalva "segundo os ditames da justiça social".

A tentativa do constituinte de 1988 era harmonizar o sistema capitalista da livre iniciativa com o bem estar social europeu do socialismo, nas palavras do professor constituinte José Afonso da Silva: "Procuravam dar integral reformulação ao regime econômico do país, sem sair do capitalismo, buscava-se a instituição de um regime econômico que propiciasse dentro do capitalismo(não selvagem) desenvolvimento e justiça social.[10]

O resultado foi a criação de uma espécie Frankenstein na esperança de cada parte ideológico unir-se perfeitamente, sem contudo, jamais formar um corpo vivo por natureza. Dando margem a várias batalhas judiciais e interpretações mil facetadas que necessitaram de várias emendas à constituição que perduram até hoje.

Apenas com a Lei 13.874 de 20 de setembro de 2019 que alterou o inciso IV do art. 1º da Constituição como fundamento da República Federativa do Brasil preocupou-se com os Direitos da Liberdade Econômica garantindo o livre mercado lançando as bases dos princípios que norteiam a lei (Art. 2º) que é a liberdade como uma garantia no exercício de atividades econômicas, a boa-fé do particular perante o poder público, a intervenção subsidiária e excepcional do Estado sobre o exercício de atividades econômicas o reconhecimento da vulnerabilidade do particular perante o Estado.[11]

Percebe-se então de todo o histórico das constituições uma forte influência das ideias liberais, uma forte tendência em descentralizar o poder ao máximo, do federalismo, promovendo a livre iniciativa dos cidadãos e a mínima interferência do Estado por influência das ideias dos *foundig fathers* da Revolução Americana ao passo que o pêndulo constituinte de 1988 – em contraste com a história – volta suas atenções ao socialismo europeu e tenta harmonizar as duas cosmovisões ideológicas em um único documento.

Unindo as duas visões, foi necessário que a Lei 13.874/19 que promulga como fundamento do Estado da República Federativa do Brasil os Direitos a Liberdade Econômica, atraindo o pêndulo novamente para a livre iniciativa e a liberdade econômica. Diminuindo a interferência estatal e aumentando a liberdade do cidadão, fazendo eco a primeira Ministra Britânica Margaret Tatcher ao falar do Brasil: "Defendo um Estado pequeno e forte e o que me parece é que o que vocês têm no Brasil é exatamente o in-

---
10. AFONSO DA SILVA, José. *Direito Constitucional Comparado*. Malheiros, 2009. p. 259.
11. Disponível em:https://www.planalto.gov.br/ccivil_03/_Ato2019-2022/2019/Lei/L13874.htm#art1.

verso, ou seja, um Estado grande e fraco".[12] Ou Ronald Reagan: "Acredito que o melhor programa social é um emprego."

É fundamental para que uma nação seja próspera a liberdade de seus cidadãos para gerar riquezas e não apenas o cidadão mas também o próprio Estado estar inserido em uma ampla cadeia global de comércio exterior, transacionando seus produtos e comodities como forma de desenvolvimento.

Na maneira pela qual aborda o tema da liberdade, o Estado encontra-se em pronunciada transição. Transformam-se a matriz francesa de divisão entre poderes e o modelo anglo-americano de freios e contrapesos (*checks and balances*). Hoje, em diferentes nações, tem-se a impressão de que o Executivo julga. O Legislativo executa. O Judiciário legisla.

O espectro esquerda-direita, a nós legado pelos "Estados Gerais" que antecederam a Revolução Francesa, é por vezes demasiado simplificador. Já se diluíram fronteiras que assinalavam uma concepção de Estado maior e mais intervencionista e outra de menor presença no jogo socioeconômico e menos sensível à problemática social.

O liberalismo econômico se confunde com o renascimento keynesiano no âmago da Grande Recessão de 2008. Autocracias são crescentemente raras. A Primavera Árabe varre décadas de absolutismos e por vezes funda novas esperanças e desesperanças. Cuba e Coreia do Norte são exóticas exceções, que não mais servem de referência.

Tamanho ou coloração ideológica do Estado são menos importantes para comunidades que se querem prósperas, justas e livres. O Estado tem de ser garantidor de liberdades individuais. Eficiente e indutor.

Em muitos países, dentre eles o Brasil, o esvanecimento de macro-objetivos, que povoaram sonhos políticos, tem esvaziado agendas mais ambiciosas. Seu lugar é ocupado por uma sanha regulatória que realça o pesadelo do Estado como fim, e não meio, da atividade humana. Não há nome melhor para essa tendência que "Nanointervencionismo Estatal".

A esfera individual, célula-mãe da noção de "Ocidente", passa a gravitar em torno do Estado. Não à negação do indivíduo em nome de fins políticos messiânicos. Em vez da informação, a tutela. Em lugar do conselho, o arbítrio. A submissão do indivíduo a um Estado de elevada presunção moral.

Hipernormatizar as atividades de empreender, empregar, fumar, beber, fazer amor passa a consumir cada vez mais recursos humanos e materiais. No Brasil, há 180 empregados públicos para cada funcionário engajado em tarefas clássicas do Estado (política comercial, política exterior, defesa) ou de importante indução (ciência e inovação tecnológica).

O Estado hipercodificador é economicamente ilógico. Quanto mais tempo às voltas com nanointervencionismos, mais retroalimenta a superpopulação de burocratas para

---

12. Disponível em: https://institutomillenium.org.br/8-frases-margaret-thatcher-disse-sobre-brasil/.

formular, efetivar, julgar e auditar regulações. Não há carga tributária que aguente. A deseconomia contamina as empresas. Subtraem-se recursos produtivos para a adequação às nanolegislações.

A principal vítima é a própria noção de liberdade. Ela passa, de forma acessória, a significar simplesmente aquilo que não é proibido, em vez de garantir espaço para criatividade, individualidade e tolerância – pilares que sustentam o conceito substantivo de liberdade.

Nos microarbítrios, deixa-se de lado algo além de produtividade e liberdade. A sociedade brasileira perde tempo. Fica para trás na disputada corrida entre as nações mais competitivas.

E daí vem a importância da Liberdade como pressuposto – e valor – de um Novo Contrato Social; de uma política de desenvolvimento. Essa é uma expressão algo esquecida em meio a artificialidades cambiais, novas economias e turbulência nos mercados que vitimaram muitas das economias desenvolvidas nos últimos anos.

REFERÊNCIAS

AFONSO DA SILVA, José. *Um Pouco de Direito Constitucional Comparado*. Malheiros, 2009.

BARBOSA, Ruy. *Comentários a Constituição Federal Brasileira*. Homero Pires, 1932. v. 1.

BRASILIENSE, Américo. *Os Programas dos Partidos e o 2º Império*. Ed. Jorge Seckler, 1878. p. 29.

MARTINS FERREIRA, Waldemar. *História do Direito Constitucional Brasileiro*. 2. ed. Forense, 2019.

RAMOS TAVARES, André. *Curso de Direito Constitucional*. 21. Saraiva, 2023.

RERUM NOVARUM E ORA ET LABORA. O DIREITO NATURAL, A DIMENSÃO SOCIAL DA FÉ, A DIVISA BENEDITINA, A ORDEM ECONÔMICA E A RELAÇÃO ENTRE FÉ E RAZÃO PARA A MELHOR ORDENANÇA DO MUNDO

Paulo Henrique Cremoneze

Mestre em Direito Internacional Privado pela Universidade Católica de Santos. Especialista em Direito dos Seguros e em Contratos e Danos pela Universidade de Salamanca (Espanha). Acadêmico da Academia Nacional de Seguros e Previdência. Vice-presidente da União dos Juristas Católicos de São Paulo. Professor-convidado da Escola Nacional de Seguros. Membro do conselho da Sociedade Visconde de São Leopoldo (entidade mantenedora da Universidade Católica de Santos). Laureado pela OAB-Santos pelo exercício ético e exemplar da advocacia. Advogado.

Honrosamente convidado a participar da obra coletiva *"Direito, Economia e Filosofia: uma homenagem ao jurista Ives Gandra Martins"*, senti-me obrigado a revisitar ensaio que escrevi algum tempo atrás e que integrou outra obra coletiva, coordenada pelo próprio *Dr. Ives Gandra da Silva Martins* e publicada pela *UJUCASP – União dos Juristas Católicos de São Paulo*, cujo título era *Justiça Econômica*.

Em sua plenitude semântica e ontológica, a justiça econômica transcende os rasos limites de uma ideologia e se assenta numa antiga preocupação da Igreja: a dignidade. Por meio do exercício daquela é que se pode aspirar às correções das assimetrias sociais e viabilizar alguma dignidade coletiva, o bem comum, aspiração maior de todo homem de boa-vontade e o fruto da fé em exercício.

Mestre Ives, que foi para mim um grande benfeitor, é um jurista de escol, um pensador invulgar e um homem preocupado com a boa ordem social, que necessariamente passa pela justiça econômica. Nosso querido homenageado é, antes e acima de tudo, um homem de grande fé, um cristão autêntico, evangelizador, que fez da cultura, do saber e do trabalho os meios ideais de difusão do Bem e da Verdade. Da mesma forma que o chamei de benfeitor, ouso dizer que a justiça social é um dos grandes temas de sua vida, frutuosa e animadora. Daí a minha opção por esse tema e a esperança de que bem se encaixe na proposta deste livro, rendendo justa homenagem ao Dr. Ives.

Neste ensaio, aviso antecipadamente, deixo de lado alguns formalismos, rigor técnico e divisões capitulares que costumam informar trabalhos acadêmicos. Também por isso a opção pelo ensaio, em vez de artigo. A despeito de seu pouco rigor formal, porém, este texto é, ou ao menos assim espero, selado pelo pensamento do mestre Ives, seja por meio de seus livros e artigos, de suas palestras e conferências, seja ainda por meio do contato pessoal, das lições que dele recebi diretamente. Por razões de espaço e em nome da brevidade, aqui não faço muitas remissões e citações. Atesto, porém, e em espírito de verdade, que o ensaio busca ressoar o pensamento do mestre naquilo que lhe é mais caro: a união de fé e razão.

Em síntese: é a forma, não sei se mais qualificada, que melhor enxergo para render as mais reverentes homenagens, ou seja, repetir com minhas palavras limitadas o que dele recebi gratuitamente, e em toda sua exuberância.

***

Muito se fala em justiça social, mas hoje, no fundo, pouco se sabe a seu respeito. Basicamente, o tema foi sequestrado pelas ideologias materialistas e viu, com o passar do tempo, esvaziada sua dignidade. O objetivo que aqui proponho é tratar da justiça social sob a ótica dos valores cristãos.

O Direito Ocidental, desde o Código Justiniano, é essencialmente cristão. As Sagradas Escrituras, o Catecismo, a Doutrina Social da Igreja e documentos e encíclicas como a *Rerum Novarum* tratam da justiça social em sua essência, sem os desvios das ideologias.

O assunto é amplo e muito rico, por isso, para uma abordagem mais precisa e objetiva, é preciso lhe impor limites prévios. Daí a opção inicial pelo estudo da justiça social sob o prisma econômico e a experiência monástica, beneditina. Pretende-se, com isso, enaltecer a cultura cristã e mostrar que desde sempre a Igreja demonstrou grande preocupação com a dignidade humana a partir de uma ordem econômica justa, saudável.

Nada melhor, então, do que o exemplo dos monges beneditinos, protagonistas que foram (e de certo modo ainda são) da sociedade ocidental. A abordagem do dístico *Ora et Labora* tem por finalidade maior mostrar o erro de ideologias atuais, distorções claras do conteúdo da Palavra de Deus para a promoção de uma mentalidade revolucionária e perigosa.

A famosa frase-saudação dos beneditinos enobrece a dignidade do trabalho e o põe como complemento da oração, indicando que a justiça econômica é o caminho da justiça social, reflexo da justiça divina no mundo. Há no dístico algo de ordenação da liberdade econômica, como sendo a melhor forma de promover o desenvolvimento material do homem e favorecer sua evolução espiritual. Na ideia de orar e trabalhar, reside a substância de uma economia de mercado equilibrada pelos valores cristãos, a única capaz de promover o bem comum. Esse dístico, que antecede em séculos a Doutrina Social da Igreja, se contrapõe ao materialismo que, à direita ou à esquerda, alimenta os mais diferentes sistemas econômicos e sociais vigentes no mundo desde fins do século XVIII.

Defender a economia de mercado e a liberdade nas relações econômico-sociais não é, de modo algum, defender o liberalismo e o sistema capitalista desamarrado dos freios e das talas morais. E a tudo isso criticar também não implica comungar minimamente com o socialismo e seus derivados ideológicos. É que com o passar dos tempos as sociedades deixaram de se fundar na hierarquia e na sacralidade. A revolução cultural que atinge o mundo, especialmente em sua porção ocidental, é essencialmente uma forte oposição à Verdade e tudo o que ela contém, notadamente a Beleza, a Ordem e a Justiça.

Resgatar o espírito fundamental e combater os erros da mentalidade revolucionária: esses são os caminhos pelos quais a justiça econômica (social) poderá se fazer presente, mesmo com as deformações reinantes no mundo. Daí a experiência monástica, daí a necessidade de reinserir a luz e a cruz de Cristo no mundo, aplicando-se seus valores nas atividades econômicas, em todo o tecido social.

Vivemos num tempo confuso. Não que os tempos passados fossem lá muito diferentes, mas quer parecer que o atual tem tudo isso de um modo mais acentuado, intenso. Talvez esse sentimento tenha a ver com os efeitos da quarta revolução industrial, que se encontra em pleno curso e, para o bem e para o mal, tem transformado substancialmente, e em velocidade preocupante, a vida contemporânea.

Muita gente se preocupa com os possíveis conflitos sociais, alguns dos quais já se avolumam nos grandes centros urbanos. Essa não é uma preocupação etérea, mas concreta, plausível, sensível. Urge o resgate – insistimos nisso – dos valores fundamentais, os desde sempre ensinados pela Igreja e que informaram a civilização ocidental. E, para isso, enorme importância têm a Doutrina Social da Igreja e a divisa beneditina "Ora et Labora". Tanto uma como outra são intimamente ancoradas nos mencionados valores fundamentais e apontam concretamente caminhos para a condução da vida social, com destaque para a dimensão econômica. Cuidar da saúde da economia é cuidar da dignidade do homem, do seu bem-estar e da sua promoção.

A economia há de ser livre, devendo-se fomentar o empreendedorismo, mas também precisa estar calibrada pelos princípios cristãos. Muito aproveita destacar, portanto, a importância conjunta da divisa beneditina e da Doutrina Social da Igreja, ferramentas hábeis para inculcar os valores no empreendedorismo, no trabalho, nas relações sociais e na produção e circulação de riquezas.

Ao católico bem formado compete rejeitar as doutrinas do liberalismo e do socialismo (comunismo), porque contrárias a tudo o que a Igreja ensina, propaga e defende. Nesse sentido, avessa a materialismos diversos, a divisa beneditina "ora et labora" é significativa; fala por si mesma. Quanto mais se cuida de resgatar a natureza sacramental no seio social, mas se tem por eficaz a busca do equilíbrio das relações econômicas e a efetiva promoção da justiça.

O mundo contemporâneo é crivado de problemas, mas o principal deles é o esvaziamento do espaço do sagrado e a perda de substancial parte da influência cristã. A erosão da moral e os fracassos dos sistemas econômicos dão-se, sobremodo, junto da deformação do Direito. Ao afetar o Direito e a Economia, todo o resto se faz afetado por derivação, submergindo os povos em uma espécie de esquizofrenia coletiva que os faz atacar suas próprias identidades e estruturas orgânicas. Revolucionários sempre promoveram o desprestígio do Direito Natural e a contaminação da Economia, sequestrando para si situações comuns a todos e nelas impondo o selo de ideologias que, embora aparentemente opostas, encontram-se no mesmo vértice da desfiguração da verdade.

A máxima beneditina do "ora et labora", ao revés, é um eco da Beleza, atributo de Deus, uma forma concreta de se viver no mundo parte das verdades que unem céu e terra. A Beleza e a Verdade impõem-se por si, e nos impelem a uma incessante busca pela perfeição. Esse movimento natural é o que orienta a tradição autêntica, inclusive nos cuidados com a economia. E pensamos: ninguém melhor que os monges pode ensinar como viver bem em sociedade, aproveitar e fruir retamente dos bens e, no conceito Justiniano de Direito, "dar cada um o que é seu".

Nosso objetivo é mostrar que a economia de mercado, a ampla liberdade econômica, movimentos bons e que respeitam o que é natural, ganham outros sentidos quando diretamente guiados pelos valores da fé. Até porque esta permeia todos os aspectos da vida, não só de quem crê, mas da sociedade em geral. A relação entre fé e razão espraia-se para todos os campos, destacando-se os do Direito e da Economia.

Na visão cristã, o trabalho não se reduz a um utilitarismo liberal, nem se apequena no campo da exploração de uma classe pela outra, da mais-valia marxista. O trabalho é um eixo de transcendência. Liga o homem a outros homens e, ao menos para os que têm fé, a Deus. A Bíblia Sagrada exalta a importância e a santidade do trabalho em muitas passagens do Antigo e do Novo Testamento. Vemos, então, que o trabalho pode ser algo bom e virtuoso, necessário para o pleno desenvolvimento humano. Mais do que meio de subsistência, ele modela o caráter de uma pessoa, dá concretude à moralidade teórica, é algo que a aproxima de Deus.

A ética no trabalho sempre fez parte do ideário protestante, e ainda hoje é bem considerada na relação com Deus e com o próximo. Toda a cristandade enxerga nele uma fonte de virtudes. O sucesso de uma visão de trabalho depende em grande da parte da ordenação que se lhe dá. Ordenação de técnicas, de comportamentos e de sentimentos. Quanto maior for o rol de boas coisas que agregamos ao trabalho, maior será o benefício que dele extraímos, e mais próximos estaremos da ideia nuclear de santificação. A vida do homem tem muitas dimensões e todas se relacionam intimamente. Assim, o cristão tem que dar o testemunho de sua fé em muitos cenários, sempre com vigor e coerência. Não há como excluir a economia desse contexto, sendo também ela – ou, melhor, sobretudo ela – um campo vasto e importante para o exercício da fé e todos os seus valores.

Sem respeito à Verdade, não há como promover a justiça econômica e o bem comum, razão pela qual os valores da Igreja devem fundar a ordem financeira e reger as relações negociais como um todo. A economia não é inimiga da Cristandade, mas poderosa aliada, já que o dinheiro é meio para a dignidade da pessoa e o bom convívio social, ou seja, um instrumento da Justiça.

A fé cristã põe o coração no alto, mas os pés bem fincados no chão. Temos por certo que a economia e a justiça a ela atrelada sempre foram temas de interesse da Igreja, de tal modo que tratar da justiça econômica é, sim, também uma questão de fé.

Por isso, a importância de bem dimensionar o emprego dos valores cristãos na atividade econômica. Num mundo interconectado e cada vez menor, cheio de paradoxos e contradições, é cada vez mais importante à Igreja reocupar espaços que sempre foram seus, impedindo o avanço de ideologias muito pouco preocupados com o que é certo e verdadeiro. A tecnologia e o desenvolvimento das ciências permitem o desenvolvimento humano e promovem o crescimento, desde que orientadas por sólidos valores. Quando essa orientação inexiste ou, pior, vê-se deformada, o que antes poderia servir para o bem comum converte-se na ruína de muitos e na conquista imoral de poucos.

A base de uma justiça econômica não reside em outra coisa senão no constante emprego do valor em todos os aspectos sociais. O dinamismo tecnológico e o desenvolvimento científico têm que promover o bem comum, sob pena de, em vez de diminuir as desigualdades sociais e erradicar a pobreza, aumentá-las e acentuar-lhes os problemas.

Em sua missão profética e dimensão prática, a Igreja não é insensível a essas demandas; pelo contrário, posiciona-se firmemente, hoje, no passado e sempre, apontando caminhos e disseminando valores. Em suma, não existe assimetria entre o valor do trabalho e a livre iniciativa quando o signo do valor se faz presente e une esses itens; são faces de uma mesma realidade.

Os documentos oficiais da Igreja são mais do que suficientes para direcionar o mundo no Século XXI, incluindo a justiça econômica. Desses documentos, merecem menção as Encíclicas com abordagem sociais. E, quando se fala em Encíclica com abordagem social, a primeira que se destaca é a famosa "Rerum Novarum", do Papa Leão XIII.

De forma simples, mas não simplista, é possível dizer que a Encíclica "Rerum Novarum" constituiu firme contraponto ao capitalismo sem freios e ao crescimento da ideologia socialista. Embora preponderantemente direcionada ao operário, ela é, por via reflexa, também um guia principiológico ao empresário. Se, por um lado, alerta o operário acerca da falsidade ideológica socialista, por outro adverte o empresário e o faz cônscio de sua enorme responsabilidade social, de sua vocação.

Sim, pode-se dizer que a atividade empresarial constitui uma vocação. A vocação do empresário, alerta-nos o *Conselho Pontifício Justiça e Paz*, é "um chamamento humano e cristão genuíno. A sua importância na vida da Igreja e na economia mundial dificilmente pode ser sobrestimada. Os líderes empresariais são chamados a conceber e desenvolver bens e serviços para clientes e comunidades através de uma forma de economia de mercado".[1] Ainda sobre essa autêntica e cada vez mais importante vocação, via de santificação, prossegue o Conselho: "Os líderes empresariais têm um papel especial a desempenhar no desenrolar da criação. Não só fornecem bens e serviços e constantemente os melhoram através da inovação e aproveitando a ciência e a tecnologia, mas também ajudam a moldar organizações que estenderão este trabalho em direção ao futuro".[2]

Colocações tão significativas como essas do Conselho Pontifício Justiça e Paz não foram construídas a esmo, da noite para o dia, mas nasceram da constante meditação e aplicação das chamadas Encíclicas Sociais, com destaque, como já mencionado, à paradigmática "Rerum Novarum". Ao tratar da questão do operário com especial cui-

---
1. Op. cit., p. 5.
2. Idem, ibidem.

dado, enaltecendo o invulgar valor do trabalho, a Encíclica apontou os caminhos para o exercício saudável da atividade empresarial, plantando as sementes do que, tempos depois, se viu como autêntica vocação cristã. Talvez o atributo mais importante da "Rerum Novarum" foi o de, logo na sua primeira parte, rotular ideologia socialista como um "falso remédio", afirmando expressamente que a chamada solução socialista era inaceitável pelos operários.

Não só porque o socialismo é essencialmente anticristão, mas porque, ao se mostrar anticristão, mostrou-se também incompatível com a verdade. O *Papa Leão XIII* é muito claro ao falar sobre ele: "Mas semelhante teoria, longe de ser capaz de pôr termo ao conflito, prejudicaria o operário se fosse posta em prática. Outrossim, é sumamente injusta, por violar os direitos legítimos dos proprietários, viciar as funções do Estado e tender à subversão completa do edifício social".

Impressionantes os termos duros empregados por Sua Santidade ao tratar do socialismo, emprestando adjetivos como inaceitável, injusto, viciante, subversivo. Duros porém verdadeiros. O socialismo, seja o clássico, seja o cultural, é algo enganador e que corrói o tecido social, fingindo combater distorções econômicas ou problemas diversos. Finge ser remédio, mas é uma doença ainda pior do que a que diz enfrentar. Também no texto da "Rerum Novarum", o Papa Leão XIII adverte: "Mas, e isso parece ser mais grave, o remédio proposto está em oposição flagrante com a justiça, porque a propriedade particular e pessoal é, para o homem, de direito natural".

A dignidade do trabalho e a promoção social não se dão, portanto, com ideologias, discursos políticos, muito menos com lutas de classes, mas com a inculcação os valores cristãos em todo o seio social, nas relações de trabalho, nas atividades empresariais, nas políticas públicas. Não é exagero imaginar que a profundidade filosófica da "Rerum Novarum" tenha, de algum modo, influenciado o *Papa Pio XII* na edição do famoso "Decreto contra comunismo" que determina: "Todo católico que apoia o movimento comunista está automaticamente excomungado". O decreto do Papa Pio XII confirma oficialmente aquilo que o *Papa Pio XI* já havia afirmado com o necessário rigor, em grande zelo apostólico: "Socialismo religioso, socialismo cristão, são termos contraditórios: ninguém pode ser ao mesmo tempo ser bom católico e socialista verdadeiro".

Ora, diante disso, é correto dizer que os católicos que se filiarem a partidos comunistas (socialistas) ou votarem em seus candidatos, escreverem livros filosoficamente comunistas ou, de algum modo, apoiarem o comunismo, estarão excluídos dos sacramentos. Igualmente aos que defenderem, propagarem ou declararem o materialismo dos comunistas e dos socialistas, que também estarão excomungados automaticamente. Continua válido e eficaz o famoso Decreto, confirmado por São João XXIII em 1959.

Essa condenação explícita, formal e oficial do comunismo se soma às condenações feitas por outros Santos Padres, como Pio IX, Leão XIII, São Pio X, Pio XI, João XXIII e Paulo VI. O próprio Concílio Vaticano II condenou o comunismo, quando reiterou as condenações precedentes, e São João Paulo II não só condenou como marcou sua vida pelo combate ao comunismo e ao socialismo.

O que se infere disso tudo? Que faz mais de cem anos que a Igreja Católica condena o comunismo, socialismo e qualquer tipo de materialismo e igualdade material plena. A pena para os desobedientes à proibição de ajudar o comunismo (ou qualquer uma das suas variantes) é a excomunhão automática. Muito importante ter isso em mente quando se resolve abordar um tema complexo como justiça econômica, especialmente à luz da Doutrina Social da Igreja e das chamadas Encíclicas Sociais.

Muito distante do que alguns tentam fazer crer, nenhum documento oficial da Igreja apoia o socialismo. Embora a "Rerum Novarum", como qualquer Encíclica Social, tenha, sim, forte dimensão política, há de se observar que seu conteúdo é preponderantemente voltado para a fé e para a ordem moral, oferecendo uma forma diferenciada de se tratar um assunto tão cotidiano, unindo, de alguma forma, os planos natural e sobrenatural. Quem, por ignorância ou má-fé, distorce um texto bíblico ou um documento oficial da Igreja com o fito de lhe emprestar uma vertente político-ideológica, sobretudo uma expressamente condenada pela Igreja, age contra a fé e não a seu favor, incidindo na excomunhão automática do Decreto do Papa Pio XII.

Qualquer que seja a abordagem da justiça econômica para o século XXI, ela não poderá contemplar o ideário socialista. Descartada essa solução, e qualquer discurso dela derivado ou que a incentive, há que se buscar para a economia uma abordagem moral. E descarta-se de plano, diz a *Rerum Novarum* e ensina o dístico beneditino "*Ora et Labora*", o combo ideológico mais à direita do materialismo: liberalismo, capitalismo desenfreado e neoliberalismo.

Embora contra eles não haja exatamente um Decreto de excomunhão, há por presunção lógica o afastamento da vida eclesial. Essas correntes também se opõem aos valores substanciais da fé e superestimam seus postulados, não raros eivados de egoísmo travestido de liberdade. Se o Muro de Berlim é o melhor símbolo do fracasso marxista, as assimetrias sociais gritantes espalhadas pelo mundo são legítimas testemunhas de acusação contra o liberalismo. Liberdade não se confunde com darwinismo social. Nisso, o exemplo magno do dístico beneditino e a grande filosófica da "Rerum Novarum" são mais do que poderosos argumentos; são verazes fundamentos. A economia é um caminho produtivo, de geração e circulação de riquezas. Um caminho a ser trilhado por todos os seus atores, os agentes políticos do Estado, os empreendedores e os trabalhadores, tendo-se sempre como alvo o bem comum.

Basicamente, ao Estado compete a regulamentação das atividades econômicas, fazendo-o da forma menos intervencionista possível, ao passo que dos empreendedores se exige uma visão sempre de longo prazo, que não se apequene jamais apenas na busca do lucro; por fim, aos trabalhadores, a missão de justificar sua paga com o serviço reto e a defesa dos seus legítimos direitos e interesses não pelas ideologias que lhes tolhem a liberdade em nome de uma falsa proteção, mas à luz da Verdade, que, sabemos todos, tem uma só fonte: Jesus Cristo.

Não se trata, aqui, da defesa da imposição da fé, mas da introdução dos valores sociais que essa fé, experimentada e amadurecida ao longo de vinte séculos, tem a oferecer. Todos são chamados a participar do trabalho da Criação que, hoje, muito se dá no plano das relações sociais. Mesmo os não crentes têm muito a ganhar quando os valores da fé, explicitados de forma prática, como o são por meio das Encíclicas Sociais, são aplicados concretamente.

A "Rerum Novarum" começa com uma forte oposição ao socialismo e termina com uma orientação, ainda mais robusta, aos governantes e aos empreendedores, acerca de como concretizar a justiça econômica e estabelecer relações fundadas na boa ordem e na moral cristã, com os trabalhadores em geral e a sociedade como um todo.

Toda política pública há de ser levada a efeito com vistas a garantir direitos fundamentais que não são antagônicos, salvo nos discursos ideológicos, como o de propriedade, fundado no Direito Natural, e o que protege a dignidade do trabalho, o mais importante no plano social, até porque, afirma a "Rerum Novarum", o *"direito de propriedade é fruto do trabalho humano"*. Defende-se o uso das Encíclicas Sociais como a "Rerum Novarum" como guias seguros para o século XXI porque não se limitam aos aspectos imediatamente ligados à atividade econômica e ao labor, mas mergulham nas outras dimensões da vida, com orientações muito sólidas.

O Papa Leão XIII não deixou de tratar da família quando optou por abordar um tema econômico, mostrando-nos que o sentido de toda e qualquer atividade econômica ou ação política é, em primeiro e últimos casos, proteger a família. Ao discorrer sobre a família e o Estado e, mais detidamente, sobre o Estado e sua intervenção na família, o grande Papa Leão XIII adverte, profeticamente: "Querer, pois, que o poder civil invada arbitrariamente o santuário da família é um erro grave e funesto".

Já naquela época o Papa demonstrava preocupação com as reiteradas tentativas de o Estado intervir negativamente na família. Uma coisa é ajudar famílias em situação de desespero, outra, bem diferente, é mudar o conceito de família, ameaçando sua integridade e sua identidade. Em todo o mundo o que se vê, hoje, são sucessivos os ataques às famílias. Grupos muito bem articulados, politicamente organizados, atacam sistematicamente e por meios diversos o conceito de família, buscando com isso dinamitar a base moral judaico-cristã da civilização ocidental.

Numa relação aparentemente paradoxal, os supostos inimigos do passado uniram esforços para a defesa dos seus interesses e para a erosão moral social. O capitalismo que não deseja limites éticos e morais se tornou o patrocinador de grupos ideológicos de esquerda, que empreendem esforços em defesa da subcultura da morte (descriminalização do aborto) e da desconstrução da família.

Ora, sem a defesa da família, tal como ela é, sentido algum haverá em se tratar da justiça econômica, e ficará aberta a estrada para os abusos, para o materialismo, para desfiguração da dignidade do homem. Daí a importância das chamadas Encíclicas Sociais dos Santos Padres, porque dirigidas não apenas aos católicos, mas a todos os homens de boa vontade.

E é essa boa vontade, por mais subjetiva que possa parecer sua aplicação concreta, a grande arma que deve orientar as políticas do novo século e a busca da justiça econômica. A "Rerum Novarum" propõe como remédio para os males sociais e os abusos econômicos – aliás, propõe como verdadeiro remédio para a necessidade da redução das desigualdades sociais – a união das associações e, a partir dessa união, como desdobramentos naturais, a harmonização dos interesses, o exercício dos valores e a busca autêntica do bem comum. As relações entre as classes sociais devem ser orientadas pela justiça e pela caridade pois que promotoras da fraternidade e a verdadeira utilidade das riquezas. A difusão dos valores da fé cristã muito aproveitará para a busca dessa harmonização e a renovação da sociedade como um todo.

Tudo isso porque é impossível falar em justiça econômica senão pela voz do acervo de valores morais e diretores da fé cristã. Por isso, insistimos, a economia somente será realmente saudável e promoverá o bem comum, observando-se a liberdade e o mérito, quando se deixar conduzir pelos valores fundamentais cristãos. As dificuldades de implementação não são poucas, até por conta do contexto desastroso do mundo contemporâneo, ferido pela revolução cultural (ou subcultural), mas não podem ser inibidoras das ações concretas dos homens de boa vontade, os que acreditam que o futuro será melhor se o presente voltar seus olhos para o passado, especialmente para a gloriosa Idade Média.

Com isso termino minha modesta homenagem ao querido mestre Ives, esperançoso de que tenha realmente feito jus ao seu nome e a todo o bem que me fez e ainda faz.

INOVAÇÃO DA LEI DE LIBERDADE ECONÔMICA

Pedro Zanette Alfonsin

Mestre em Direito pela UFRGS em 2016. Coordenador Nacional das Caixas de Assistência dos Advogados durante do período de 2019 até 2022. Presidente da Caixa de assistência dos Advogados do Rio Grande do Sul 2018 – 2025. Advogado sócio do Alfonsin Advogados.

Sumário: Introdução – 1. Lei de liberdade econômica e evolução social – 2. Revisão da interferência constitucional no direito privado – 3. O olhar da lei de liberdade econômica sobre a eficiência econômica das normas jurídicas – Considerações finais – Referências.

INTRODUÇÃO

A Lei de Liberdade Econômica tem se destacado como um tema relevante e atual no cenário jurídico, econômico e filosófico contemporâneo. Neste livro, intitulado "Direito, Economia e Filosofia: uma homenagem ao jurista Ives Gandra Martins", temos o privilégio de prestar uma merecida homenagem a um renomado jurista brasileiro que dedicou sua vida à defesa dos princípios da liberdade, tanto no campo jurídico quanto no econômico e filosófico.

Sob a apresentação do Presidente da Ordem dos Advogados do Brasil do Rio de Janeiro (OAB/RJ), Luciano Bandeira, e o prefácio do ilustre Ministro do Tribunal Superior do Trabalho, Ives Gandra da Silva Martins Filho, este livro busca explorar a importância da preservação da liberdade econômica como garantia dos direitos individuais e fundamentais.

A doutrina consagrada enaltece a liberdade como um valor intrínseco à dignidade humana e um princípio fundamental do Estado de Direito. A liberdade econômica, em especial, é reconhecida como um pilar essencial para o desenvolvimento econômico e social de uma nação, permitindo a livre iniciativa, a concorrência, a inovação e o empreendedorismo.

Nesse contexto, a lei de liberdade econômica ganha destaque como um instrumento jurídico que busca reduzir a intervenção estatal na atividade econômica, simplificar a burocracia, promover a desregulamentação e estimular o ambiente de negócios, tudo em conformidade com os princípios do Estado de Direito e da proteção dos direitos individuais.

Neste livro, renomados juristas, economistas e filósofos apresentam ensaios que discutem diferentes perspectivas, destacando sua relação com o direito, a economia e a filosofia. A obra busca, assim, refletir sobre os fundamentos teóricos e práticos da liberdade econômica como um valor essencial para a promoção da justiça, da prosperidade e da dignidade humana na sociedade contemporânea.

Esperamos que este artigo seja uma valiosa contribuição para o estudo e a compreensão da interseção entre o direito, a economia e a filosofia, e que honre a memória e o legado do jurista Ives Gandra Martins, que dedicou sua vida à defesa dos princípios da liberdade em suas diversas dimensões.

1. LEI DE LIBERDADE ECONÔMICA E EVOLUÇÃO SOCIAL

A evolução a tendência doutrinária e legislativa de modificação do modal hermenêutico do direito privado simbolizado pela Lei 13.874/19. O objetivo da Lei de Liberdade Econômica é o de estabelecer normas de proteção à livre iniciativa e ao livre exercício de atividade econômica, principalmente nas áreas de direito civil, empresarial, econômico, urbanístico e do trabalho.

A nova Legislação, portanto, reforça o compromisso brasileiro com a liberdade econômica, a confiança no cidadão, o respeito aos contratos, aos investimentos e à propriedade, de forma mais intensa.

Assim, o fio condutor deste estudo é a demonstração de que as modificações legislativas são fruto de uma construção doutrinária que apontam para um recuo da construção dogmática e teórica que alicerça a ideia de haver normas supralegais, dos denominados direitos fundamentais constitucionais a influenciar permanentemente as relações jurídicas privadas.

2. REVISÃO DA INTERFERÊNCIA CONSTITUCIONAL NO DIREITO PRIVADO

No Brasil, notadamente após a promulgação da Constituição Federal de 1988, houve um avanço no que a Doutrina denomina de eficácia dos direitos fundamentais nas relações privadas, significando um paradoxo entre a doutrina tradicional que impunha barreiras entre o direito público e o privado, tendo seu ápice após a promulgação do Novo Código Civil, em 2002.

Este caminho é apontado pelo Ministro do STF Luís Roberto Barroso, salientando que a Constituição de 1988, ao eleger a dignidade da pessoa humana e a cidadania como fundamentos da nova ordem jurídica e social e ao consagrar a "justiça comutativa", promoveu uma profunda alteração nos valores jurídicos, obrigando, assim, a revisão dos conceitos e finalidades dos vários institutos jurídicos. "A Carta de 1988 (...) tem a virtude suprema de simbolizar a travessia democrática brasileira e de ter contribuído decisivamente para a consolidação do mais longo período de estabilidade política da história do país".[1]

Ainda, na visão de Barroso:

> Era necessária a constitucionalização do Direito Civil, por meio da despatrimonialização (dimensão existencial) e da repersonalização, com ênfase em direitos da personalidade físicos e psíquicos,

---

1. BARROSO, Luís Roberto. *O novo direito constitucional brasileiro*: contribuições para a construção teórica e prática da jurisdição constitucional no Brasil. Belo Horizonte: Fórum, 2012, p. 207.

através da aplicabilidade dos direitos fundamentais, atrelando a dignidade da pessoa humana às relações privadas.

As relações contratuais passam, então, a ser alvo de um novo enfoque, este voltado para a percepção das particularidades, principalmente, no desequilíbrio natural existente entre as partes contratantes, que promoviam um polo hipersuficiente em detrimento de um hipossuficiente. A conscientização acerca da desigualdade entre as partes desloca o ponto de enfoque para o questionamento sobre a abrangência dos princípios da autonomia da vontade e da obrigatoriedade. As partes continuam sendo livres para pactuarem com quem elas desejarem, o contrato não perde o seu caráter de obrigatório; apenas a ordem pública se modula com a finalidade de assegurar eficácia à atividade contratual. Em busca do equilíbrio, a lei limita a autonomia da vontade, sendo suplantada a hegemonia desta em função do interesse social, segundo um panorama de respeito à dignidade da pessoa humana. "Para os particulares, estabelece limitações à sua autonomia da vontade, em domínios como a liberdade de contratar ou o uso da propriedade privada, subordinando-a a valores constitucionais e ao respeito a direitos fundamentais.

Bruno Miragem descreveu com precisão o movimento doutrinário de influência da Constituição Federal no Direito Privado. Entende-se relevante destacar que o direito brasileiro viveu mudanças profundas a partir da Constituição Federal de 1988, com certos reflexos na responsabilidade contratual e extracontratual. Uma linha de doutrinadores denomina de "eficácia dos direitos fundamentais nas relações privadas.[2] ou simplesmente "eficácia horizontal dos direitos fundamentais", produzindo, segundo esta linha de entendimento, profundo impacto no direito privado brasileiro e, por consequência, na responsabilidade civil.

Ainda, segundo análise de Bruno Miragem,

no Brasil o direito privado passa nas últimas décadas por uma intensa renovação a partir da ativa participação da jurisprudência e da doutrina sob o influxo da Constituição de 1988 e da valorização dos direitos fundamentais às relações privadas. Esse fenômeno, conhecido como eficácia dos direitos fundamentais às relações privadas, ou simplesmente eficácia horizontal dos direitos fundamentais, produz profundo impacto no direito privado brasileiro e, por consequência, sobre a responsabilidade civil. Ao se destacar a importância da Constituição com centro do ordenamento jurídico promove-se uma maior repercussão prática da proteção dos direitos fundamentais nas relações jurídicas de direito privado.

Arnold Wald[3] demonstrou-se crítico aos novos paradigmas, principalmente no ponto da responsabilidade extracontratual apontado que "os juristas escrevem: devemos abandonar a ideia de culpa, é uma ideia antiga, o progresso a substituiu pela ideia do risco. Ousariam eles escrever: devemos esquecer que o homem deve proceder bem, devemos dizer-lhe conduze-te como quiseres, por tua conta e risco, desde que pagues pelo dano causado".

Na mesma linha, Ripert,[4] ao analisar a progressão histórica da responsabilidade objetiva afirmou: *a força de propor e estabelecer construções técnicas, acabou-se por se*

---

2. MIRAGEM, Bruno Nubens Barbosa. *Direito Civil*: Responsabilidade civil. São Paulo: Saraiva 2015, p. 27.
3. WALD, Arnoldo. A evolução da responsabilidade civil e dos contratos nos direitos francês e brasileiro. *Revista Forense*, Rio de Janeiro, v. 101, n. 382, p. 24.
4. RIPERT, Georges. *A regra moral nas obrigações civis*. Tradução da 3. ed. francesa por Osório de Oliveira. Imprensa: Campinas, SP: Bookseller, 2009, p. 209.

esquecer o seu verdadeiro caráter. Eram meios, tornaram-nos princípios e começaram a dizer que podia haver uma responsabilidade sem culpa.

Ressalte-se não ser este um debate Brasileiro. Como destacou Claus-Wilhelm Canaris,[5] existe avançado debate em países como Itália, Alemanha e Estados Unidos.

Não se pretende aqui deslegitimar o interesse do viés constitucionalista do direito privado, pois visa uma preocupação legítima com a proteção de hipossuficientes, porém a sua aplicação gera efeitos sociais colaterais.

Mas sim, apontar que as modificações trazidas no Código Civil pela Lei Federal 13.874/19 demonstram querer dar margens ao interprete da Lei, trazendo, sob certo aspecto uma nova visão às cláusulas gerais inseridas pelo Código de 2002.[6]

É verdade, que as modificações não carregam consigo inovações de maneira imediata ao estabelecer, por exemplo, a simetria entre as partes no Artigo 421-A, ou ainda ao estabelecer no novo parágrafo único do Artigo 421, literalmente, o *pacta sunt servanda*, trazendo as expressões do *princípio da intervenção mínima* e a *excepcionalidade da revisão contratual*, porém, cria uma narrativa jurídica.

Salienta-se que, tais modificações, tem base constitucional mas por outro viés. Nesse sentido o STF já destacou que a liberdade de iniciativa garantida pelos artigos 1º, IV, e 170 da Constituição brasileira consubstancia cláusula de proteção destacada no ordenamento pátrio como fundamento da República e é característica de seleto grupo das Constituições ao redor do mundo, por isso que não pode ser amesquinhada para afastar ou restringir injustificadamente o controle judicial de atos normativos que afrontem liberdades econômicas básicas.[7]

Nos parece crer que a sociedade nesse momento volta aos olhos para a teoria tradicional, ao qual quer reforçar a necessidade de se manter a relação privada entre os privados, com menor interferência estatal, tanto pelas decisões judicial quanto por novas Leis e regulamentações.

3. O OLHAR DA LEI DE LIBERDADE ECONÔMICA SOBRE A EFICIÊNCIA ECONÔMICA DAS NORMAS JURÍDICAS

A justiça distributiva e o excesso de regulamentação antagonizam com a eficiência econômica? Como pano de fundo para este debate está a premissa de que a influência

---

5. CANARIS, Claus-Wilhelm, 1937. *Direitos fundamentais e direito privado*. 2. reimp. Almedina, 2009, p. 20-21.
6. Art. 421-A. Os contratos civis e empresariais presumem-se paritários e simétricos até a presença de elementos concretos que justifiquem o afastamento dessa presunção, ressalvados os regimes jurídicos previstos em leis especiais, garantido também que:
   I – as partes negociantes poderão estabelecer parâmetros objetivos para a interpretação das cláusulas negociais e de seus pressupostos de revisão ou de resolução;
   II – a alocação de riscos definida pelas partes deve ser respeitada e observada; e
   III – a revisão contratual somente ocorrerá de maneira excepcional e limitada
7. ADPF 449, Relator(a): Min. Luiz Fux, Tribunal Pleno, julgado em 08.05.2019, Processo Eletrônico DJe-190 DIVULG 30-08-2019 Public 02.09.2019.

dos princípios constitucionais na relação privada serve de carta branca para modificar relações privadas, gerando insegurança jurídica. A consequência é quebra da confiabilidade dos investimentos, criando um ambiente hostil à competição, à inovação, ao progresso e à distribuição de riquezas em nosso país. Assim, quando diante da necessidade de crescimento econômico do Brasil, é natural que o pêndulo doutrinário se volte para os olhos da segurança jurídica.

Ora, a Lei da Liberdade Econômica procura encarar a falácia de que, quem promove o crescimento econômico é o Estado, não a sociedade. É certo que o seu texto pode receber críticas, porém é indubitável que as premissas contidas em seu bojo devem ser enaltecidas, tais como a igualdade de oportunidade entre o pequeno e o médio empresário, foco da regulamentação do Estado nas situações de risco e desburocratização.

Nessa linha, parece que o problema relacionado a influência constitucional está na crítica fulcral a sua visão imediatista do direito, uma característica que pode gerar danos sociais. Assim, por exemplo, uma Lei com a boa intenção de beneficiar nichos, mas pode prejudicar o desenvolvimento social.

A influência da *Law & Economics* no Brasil pode ser notada também pelas alterações trazidas no Direito Administrativo pelo novo texto da LINDB,[8] especialmente no seu Artigo 20[9] ao não permitir decisões com base em valores jurídicos abstratos sem que sejam consideradas as consequências práticas da decisão.

Segundo Luciano Timm,[10] a Análise Econômica do Direito pode ser empregada para explicar a função social do contrato em um ambiente de mercado. Essa perspectiva permite enxergar a coletividade não na parte mais fraca do contrato, mas na totalidade das pessoas que efetivamente, ou potencialmente, integram um determinado mercado de bens e serviços.

Cooter e Ullen[11] apontam a necessidade da visão global da interpretação judicial: "Advogados preocupam-se com casos individualizados, enquanto que economistas preocupam-se com estatísticas. Estatisticamente, a proteção paternalista da Sra. Williams, pela imposição de restrições legais ao mercado de crédito, infringe elevados custos aos consumidores pobres, vistos enquanto classes".

Veja: o constitucionalismo moderno é fruto da necessidade de afastar o público do privado, sendo que o Poder de influência do estado tanto do executivo, do Legislativo e do

---

8. A Lei 13.655/18, introduziu dez novos artigos ao decreto-lei 4.657/42, conhecido como Lei de Introdução às Normas do Direito Brasileiro (LINDB). A LINDB tem como objetivo regulamentar outras normas, possuindo caráter de norma de sobredireito, sendo considerada como leis das leis (*lex legum*), uma vez que disciplina questões como a obrigatoriedade, a interpretação das normas e a aplicação das leis no tempo e no espaço.
9. Art. 20. Nas esferas administrativa, controladora e judicial, não se decidirá com base em valores jurídicos abstratos sem que sejam consideradas as consequências práticas da decisão.
   Parágrafo único. A motivação demonstrará a necessidade e a adequação da medida imposta ou da invalidação de ato, contrato, ajuste, processo ou norma administrativa, inclusive em face das possíveis alternativas.
10. TIMM, Luciano Benetti. (Org.) *Direito e Economia*. 2. ed., rev. e atual. Porto Alegre: Livraria do Advogado, 2008, p. 106.
11. COOTER, Robert e ULEN, Thomas. *Direito e Economia*. 2. ed. Porto Alegre: Bookman, 2010, p. 106.

Judiciário sempre foram armas de controle sob a população e a manutenção no Poder na mão de poucos. Nesse sentido se manifestou o Ministro do STF Fux, na ADPF 449/ DF:

> Demais disso, a necessidade de restrição do poder estatal sobre o funcionamento da economia de mercado é precisamente o que conduziu ao surgimento do constitucionalismo moderno. Em um contexto histórico, a concentração do poder de decisão sobre as atividades produtivas nas mãos do monarca e da elite que lhe era servil sempre representou efetivo meio de controle dos súditos, conquanto conduzisse, concomitantemente, ao empobrecimento da sociedade. Na Europa, desde a Idade Média, profissões eram estritamente reguladas pelas chamadas guildas, sendo vedado o seu exercício sem a autorização dos dirigentes destas. É curioso notar como ainda há traços desse período no mundo moderno: vejam-se os sobrenomes europeus que remetem a profissões, derivados da época em que todos os descendentes de uma família eram obrigados a seguir o ofício de seus ascendentes. A rigidez regulatória concentrava em uma elite de mestres artesãos, no topo da hierarquia imposta, a prerrogativa de monopólio dos meios de produção, assim como o de estabelecer salários, preços e padrões de qualidade. Nesse ambiente hostil à competição e à inovação, tornava-se mais fácil controlar as massas e assegurar a manutenção no poder da nobreza dirigente. Apesar do notório óbice ao progresso e à distribuição das riquezas, o sistema era justificado paradoxalmente na proteção ao trabalhador.[12]

Tal quadro pode-se notar nos dias atuais. Existem exemplos que demonstram o efeito da liberdade econômica como geradora de renda à população. Segundo o Instituto Locomotiva, a maior fonte de renda das famílias brasileiras são os aplicativos de transporte e entregas, como Ifood, Rappi, Uber e outros.[13]

No entanto, diversas foram as tentativas de asfixiar essas tecnologias em nome do controle do Estado sobre a economia, sob a pretensa justificativa de proteção. Pela via contrária, nações com maior liberdade econômica são aquelas com maior desenvolvimento social, vide exemplos trazidos por Singapura, Hong Kong, Nova Zelândia e Austrália que possuem índices de desenvolvimento social altos e economias livres.

CONSIDERAÇÕES FINAIS

A justiça distributiva não é remédio permanente para o legalismo. Sua vagueza não pode ser confundida com voluntarismo judicial, sendo necessário uma visão sob a função social do contrato sob a ótica da eficiência.

O constitucionalismo moderno se fundamenta na necessidade de restrição do poder estatal sobre o funcionamento da economia de mercado, sobrepondo-se o *Rule of Law* às iniciativas autoritárias destinadas a concentrar privilégios, impor o monopólio de meios de produção ou estabelecer salários, preços e padrões arbitrários de qualidade, por gerarem ambiente hostil à competição, à inovação, ao progresso e à distribuição de riquezas.[14]

---

12. ADPF 449, Relator(a): Min. Luiz Fux, Tribunal Pleno, julgado em 08.05.2019, Processo Eletrônico DJe-190 Divulg 30.08.2019 Public 02.09.2019.
13. Disponível em: https://www.ilocomotiva.com.br/single-post/2019/09/24/Um-em-cada-tr%C3%AAs-brasileiros-n%C3%A3o-tem-conta-em-banco-mostra-pesquisa-Locomotiva.
14. ACEMOGLU, Daron; ROBINSON, James. *Por que as nações fracassam* – As origens do poder, das prosperidade e da pobreza. Trad. Cristiana Serra. Rio de Janeiro: Elsevier, 2012.

Sob análise da defesa das regras tradicionais, adianta-se que desde a introdução desse trabalho há o entendimento de ser procedente a afirmação ainda atual de George Ripert:[15] "A tentação de se deixar classificar entre os inovadores declarando que eles exprimem "altas e fecundas verdades sociológicas que se tornarão inevitavelmente em verdades primordiais, verdades condutoras para a geração de nossos filhos ou netos". É sempre lisonjeiro ser designado como precursor, e na verdade pouco risco se corre, porque quando chegar o tempo de se verificar, que a predição se não realizou, o autor, foi, em geral esquecido há muito tempo. Na nossa época é preciso mais coragem para defender as regras da moral tradicional do que para lançar as posições mais aventurosas. Mas não se trata aqui de simples jogo de pensamento onde o jurista possa mostrar a sua habilidade. A escolha não é livre".

A defesa da livre iniciativa nem sempre foi aplaudida. Como dizia Winston Churchill, algumas pessoas consideram o empreendimento privado como um tigre predador a ser baleado. Outros o veem como uma vaca que se pode ordenhar. Não há pessoas suficientes para vê-lo como um cavalo saudável, puxando uma carroça robusta.

REFERÊNCIAS

ACEMOGLU, Daron; ROBINSON, James. *Por que as nações fracassam* – As origens do poder, das prosperidade e da pobreza. Trad. Cristiana Serra. Rio de Janeiro: Elsevier, 2012.

ACCIARRI, Hugo. La *Relación de Causalidad y las Funciones del Derecho de Daños*. Buenos Aires: Abeledo Perrot, 2009.

BARROSO, Luís Roberto. O *novo direito constitucional brasileiro*: contribuições para a construção teórica e prática da jurisdição constitucional no Brasil. Belo Horizonte: Fórum, 2012.

CANARIS, Claus-Wilhelm, 1937. *Direitos fundamentais e direito privado*. 2. reimp. Almedina, 2009.

COOTER, Robert e ULEN, Thomas. *Direito e economia*. 2. ed. Porto Alegre: Bookman, 2010.

MILL, John Stuart Mill (1806-1973). *Da liberdade individual e econômica*. Trad. Carlos Szlak, Faro Editorial, 2019.

MIRAGEM, Bruno. *Abuso do Direito*. Rio de Janeiro: Forense, 2009.

MIRAGEM, Bruno. *Manual de direito do consumidor*. 2. ed. rev., atual. e ampl. Antonio Herman V. Benjamin, Claudia Lima Marques e Leonardo Rosco e Bessa. São Paulo: Ed. RT, 2009.

MIRAGEM, Bruno Nubens Barbosa. *O novo direito privado e a proteção dos vulneráveis*. São Paulo: Ed. RT, 2012.

RIPERT, Georges. *A regra moral nas obrigações civis*. Tradução da 3. ed. francesa por Osório de Oliveira. Campinas, SP: Bookseller, 2009.

TIMM, Luciano Benetti. (Org.). *Direito e Economia*. 2. ed., rev. e atual. Porto Alegre: Livraria do Advogado, 2008.

SALAMA, Bruno M. (Org.). *Direito e Economia* – Textos Escolhidos. São Paulo: Saraiva, 2010.

SARLET, Ingo Wolfgand (Org.). *O Novo Código Civil e a Constituição*. Porto Alegre: Livraria do Advogado, 2006.

SARLET, Ingo Wolfgand (Org.). *Constituição, Direitos Fundamentais e Direito Privado*. Porto Alegre: Livraria do Advogado, 2006.

---

15. RIPERT, Georges. *A regra moral nas obrigações civis*. Tradução da 3. ed. francesa por Osório de Oliveira. Campinas: Imprenta, SP: Bookseller, 2009, p. 16.

LIBERDADE DE EXPRESSÃO DO PENSAMENTO: ESSENCIAL PARA A DEMOCRACIA

Samantha Ribeiro Meyer-Pflug Marques

Pós-doutora em Direito Constitucional pela UNIFOR. Doutora e mestre em Direito Constitucional pela PUC/SP. Professora do Programa de Mestrado e Doutorado em Direito da Universidade Nove de Julho – UNINOVE. Presidente da Academia Internacional de Direito e Economia – AIDE. Advogada. .

Sumário: Introdução – 1. A Constituição de 1988 e a liberdade de expressão – 2. A liberdade de expressão e seus aspectos polêmicos – 3. A liberdade de expressão e o Supremo Tribunal Federal – Conclusão – Referências.

INTRODUÇÃO

A liberdade de expressão é um dos alicerces do Estado Democrático de Direito. Encontra-se assegurada na maioria das Constituições da atualidade e representa uma conquista da sociedade em face do poder opressor do Estado. No Brasil a Constituição Federal de 1988 é enfática ao assegurar a liberdade de expressão de pensamento em seus mais variados aspectos, vedando expressamente qualquer espécie de censura ou licença.

No entanto, como todos os demais direitos não pode ser exercido de maneira absoluta, sob pena de violar outros direitos igualmente assegurados no Texto Constitucional. Nesse particular, destaca-se o Texto Constitucional pátrio por prever seus limites expressamente em seu texto. Na atualidade, verifica-se que o exercício da liberdade de expressão do pensamento se depara com alguns aspectos polêmicos que demandam a atenção especial do Estado e da sociedade. São eles a incitação à pornografia, o sexismo, as *fake News* e o Discurso do ódio (*hate speech*). O limite entre o exercício da liberdade de expressão do pensamento, a prática do racismo, a divulgação de notícias falsas e violação da dignidade da pessoa humana é muito tênue.

A garantia ao exercício da liberdade de expressão do pensamento tem sido objeto de diversas ações no Supremo Tribunal Federal, que a todo momento tem de analisar os seus limites e a sua abrangência em face dos demais direitos fundamentais constitucionalmente assegurados. Em 2002, ao analisar o HC 82.424/02 um caso de Discurso de ódio o Supremo tribunal Federal se alinhou ao sistema europeu, embora a tradição brasileira era a de dar prevalência a liberdade de expressão do pensamento, vez que todos os Textos Constitucionais brasileiros expressamente a garantiram.

Todavia, a questão não se encontra pacificada, vez que em outros casos o STF tem se posicionado de maneira diversa, privilegiando a liberdade de expressão do pensamento, e em recentes decisões fez sérias restrições ao exercício dessa liberdade. Essa oscilação na jurisprudência do Supremo Tribunal Federal representa um perigo para o princípio da segurança jurídica e para o próprio exercício da liberdade de expressão do pensamento, na medida em que em virtude do efeito vinculante das suas decisões em sede de ações diretas, elas influenciam todo o Poder Judiciário.

Imprescindível se faz analisar o sistema constitucional brasileiro no tocante a proteção conferida ao exercício da liberdade de expressão do pensamento e a jurisprudência do Supremo Tribunal Federal.

1. A CONSTITUIÇÃO DE 1988 E A LIBERDADE DE EXPRESSÃO

A promulgação da Constituição Federal de 1988 trouxe a proteção de um amplo rol de direitos e garantias fundamentais. Protege-se a liberdade em suas mais variadas acepções: de expressão, artística, ideológica, de consciência, religiosa, de reunião, de imprensa e de locomoção. Veda-se também toda e qualquer espécie de censura ou licença. Há uma nítida valorização da liberdade de expressão como instrumento imprescindível à democracia e a promoção do debate público. A liberdade passa a ser "parte integrante de um regime democrático".[1]

Ela abrange tanto a exteriorização do pensamento, ideias, opinião, convicções, como também de sensações e sentimentos em suas mais variadas formas, quais sejam, as atividades intelectuais, artísticas, científicas e de comunicação.[2] Para Jorge Miranda: "A liberdade de expressão é mais que a liberdade de comunicação social, porquanto abrange todos e quaisquer meios de comunicação entre as pessoas – a palavra, a imagem, o livro, qualquer outro escrito, a correspondência escrita e por telecomunicações, o espetáculo etc."[3]

No inc. IV do art. 5º do Texto Constitucional assegura-se a liberdade de pensamento, sendo vedado o anonimato. É o direito de cada indivíduo "pensar e abraçar as ideias que lhe aprouver sem sofrer qualquer restrição ou retalhação por parte do Estado",[4] o direito de escolher quais as ideias que quer adotar ou não. É a liberdade de decidir e ser livre para exteriorizar seus pensamentos, sem que o Estado crie obstáculos ao seu exercício.[5] Abrange também o direito de calar, de não manifestá-lo (direito ao silêncio) e não sofrer qualquer penalidade por permanecer calado.

Em um Estado Democrático de Direito o direito de expressar o pensamento e as ideias "deve ocorrer livre de qualquer castigo ou ameaça, pois ele é a manifestação do raciocínio humano, é a expressão de sua razão".[6] Trata-se da própria "autodeterminação do indivíduo". A manifestação de ideias é "dotada de grande poder, pois se reflete

---

1. RAZ, Joseph. *La ética en el ámbito público*. Barcelona: Gedisa, 2001. p. 165.
2. MEYER-PFLUG, Samantha Ribeiro. *Liberdade de Expressão e Discurso do Ódio*. São Paulo: Ed. RT, 2009, p. 30.
3. MIRANDA, Jorge. *Manual de Direito Constitucional*. Coimbra: Coimbra, 1988, t. IV, p. 374.
4. MEYER-PFLUG, Samantha Ribeiro. *Liberdade de Expressão e Discurso do Ódio*. São Paulo: Ed. RT, 2009, p. 33.
5. Cf. SILVA, José Afonso da, *Curso de Direito Constitucional Positivo*. 24. ed. São Paulo: Malheiros, 2005, p. 241.
6. MEYER-PFLUG. Op. cit., p. 34.

diretamente na sociedade, no sistema político adotado e nos valores reinantes",[7] não se podendo desconsiderar ou subestimar o poder das ideias. Inclusive durante os regimes ditatoriais, nos quais, sempre se limitou a liberdade de expressão, inclusive com a imposição de penas severas, os grupos rebeldes, de resistência sempre existiram de maneira explicita ou implícita. O direito de resistência é o direito de questionar, de se opor a um sistema político opressor ou injusto.[8]

É da liberdade de expressão do pensamento que derivam a liberdade: religiosa, de informação, de imprensa e a própria inviolabilidade de correspondência, uma vez que a liberdade de expressão do pensamento pode dar-se por meio da escrita, ou de uso de imagens e não necessariamente pessoalmente. Sob um determinado prisma a liberdade de expressão do pensamento consiste na neutralidade do ente estatal em face do teor da opinião, para que ela possa ocorrer livremente. Trata-se do denominado "valor da indiferença".[9]

Já sob outro prisma a liberdade de pensamento está a impor que a ideia ou opinião seja respeitada pelos demais e que não venha o sujeito a sofrer nenhuma restrição ou até mesmo retaliação em virtude de sua emissão.[10] A liberdade de expressão não se restringe apenas o uso de palavras, mas pode dar-se por meio de gestos, expressões corporais mídias audiovisuais, ou símbolos.[11] A ênfase na proteção à liberdade de expressão é grande no Texto Constitucional, bem como o receio do Estado em atuar nessa seara, pois se buscou privilegiar a liberdade em suas mais variadas facetas com vistas a consolidar a democracia. No debate público assegura-se a todas as ideias e opiniões o direito de manifestação, livre de qualquer coação. Não se deve se proclamar nenhuma ideia como única e verdadeira, assegurando-se deste modo a paz jurídica e a paz social.[12] O exercício da liberdade de expressão possibilita ao indivíduo poder participar do Estado, por meio de uma livre discussão de ideias.[13]

O Estado deve incentivar o debate público democrático, conferindo condições para que os indivíduos possam participar dele, precipuamente, por meio do investimento na educação pública. A falta de condições seja econômica ou social, de um indivíduo para usufruir um determinado direito fundamental, ou até mesmo a sua incapacidade individual em fazê-lo, não deve ser confundida com coerção ou censura. O grau de frui-

---

7. MEYER-PFLUG, Samantha Ribeiro. Op. cit., p. 36.
8. Cf. CANOTILHO, Joaquim José Gomes e MOREIRA, Vital. *Constituição da República Portuguesa anotada*, 2. ed. Coimbra: Coimbra, 1984, 1. v., p. 327. Ver também LAFER, Celso. *A Reconstrução dos direitos humanos* – um diálogo com o pensamento de Hannah Arendt. São Paulo: Companhia das Letras, 1988, p. 187.
9. BASTOS, Celso Ribeiro, *Curso de Direito Constitucional*. Atual. Samantha Ribeiro Meyer-Pflug. São Paulo: Malheiros, 2010, p. 331.
10. MEYER-PFLUG, Samantha Ribeiro. Op. cit., p. 48.
11. Cf. GUEVONTIAN, Richard. Direitos Humanos fundamentais. *Anais do XIII Encontro de Direito Constitucional*. São Paulo: Instituto Pimenta Bueno, 2004, p. 112.
12. Cf. MENÉNDEZ, Ignacio Villaverde. Introducción histórica a las libertades de información y expresión. *Cuadernos y debates*: Actas de las VII Jornadas de la Asociación de Letrados del Tribunal Constitucional "La libertad de información y de expresión", n. 139, p. 11 à 44, Madrid, Tribunal Constitucional: Centro de Estudios Políticos y Constitucionales, 2002. p. 23.
13. Cf. MENÉNDEZ, Ignacio Villaverde, Op. cit., p. 30.

ção da liberdade vai variar de acordo com social, cultural e o grupo ao qual individuo pertence.[14] Assim sendo exige-se não apenas a proteção da liberdade individual, mas também da igualdade, pois sem a garantia desta última não se faz possível o exercício amplo da primeira.

Veda-se expressamente a censura que é a negação do direito à liberdade de expressão. É algo danoso e que deve ser a todo custo extirpada das sociedades democráticas. Ela pode ser prévia ou a *posteriori*, a primeira consiste no impedimento ao lançamento de uma determinada obra, uma exposição ou manifestação popular. Já a segunda é a autorização para a manifestação do pensamento. A garantia da liberdade de expressão do pensamento pressupõe uma harmonia com os demais valores protegidos pelo ordenamento jurídico, pois ela não é absoluta. O Texto Constitucional traz restrições expressas à liberdade de expressão, quais sejam, a vedação do anonimato, a proteção à imagem, à honra, à intimidade e à privacidade, bem como o direito de resposta no caso de abuso do direito de expressar do indivíduo.

Dentre os limites constitucionalmente impostos tem-se a vedação ao anonimato: a expressão do pensamento tem que ser exercida com responsabilidade. Outro limite é a garantia do direito de resposta em todas as modalidades sob as quais o processo de difusão de ideias e opiniões possa ocorrer. Tem-se a proteção no art. 5º, inc. X do Texto Constitucional da inviolabilidade da intimidade, da vida privada, da honra e da imagem das pessoas assegurando o direito à indenização pelo dano material ou moral decorrente de sua violação. Portanto, a garantia à liberdade de expressão do pensamento é bastante extensa.

2. A LIBERDADE DE EXPRESSÃO E SEUS ASPECTOS POLÊMICOS

Os Estados têm se visto as voltas com aspectos polêmicos no exercício da liberdade de expressão do pensamento: a incitação à pornografia, sexismo, o financiamento de campanhas eleitorais, *fake news* e o Discurso do ódio. A incitação da pornografia é revestida de grande polêmica, pois nela, as pessoas são consideradas meros objetos sexuais, principalmente, as mulheres. Acaba por se relacionar com o tema do sexismo, no qual as mulheres são consideradas inferiores aos homens, e como tal não podem desfrutar dos mesmos direitos ou receber o mesmo tratamento.[15]

Já no tocante ao financiamento público às atividades artísticas e culturais a polêmica no fato, segundo Owen M. Fiss,[16] de ser aleatória a distribuição de recursos e assim ocorrer o privilégio de um determinado grupo em detrimento de outro, e via de consequência uma determinada ideia sobre as demais. Nesse particular a distribuição deve dar-se de maneira igualitária.

---

14. Ives Gandra da Silva Martins Filho anota que ausência de condições econômicas mínimas, impossibilita o exercício da liberdade em todas suas dimensões (MARTINS FILHO, Ives Gandra da Silva. Reflexões sobre a Liberdade. *Direito Público*, Porto Alegre: Síntese; Brasília: Instituto Brasiliense de Direito Público, v. 1, n. 4, p. 43, abr./jun. 2004).
15. MEYER-PFLUG, Samantha Ribeiro. Op. cit., p. 91.
16. FISS, Owen M. *La ironia de la libertad de expresíon*. Barcelona: Editorial Gedisa, 1999. p. 215.

O conceito de *Fake News* surge em 2017 e se refere a disseminação de informações falsas sob a forma de notícias. Ela tem a finalidade precípua de enganar, induzir ao erro seu destinatário. Para Raquel Recuero e Anatoliy Gruzd explicam que: "O conceito de *fake news* é hoje sinônimo de desinformação, utilizado livremente pelos veículos noticiosos para indicar rumores e notícias falsas que circulam, principalmente, na mídia social".[17] Elas atuam principalmente na internet, devido a rapidez e facilidade de compartilhamento, mas não se limitam a ele. Por meio das redes sociais e twitter acabam ocorrendo a cascata de informações falsas, assim definidas por Esaley & Kleinberg. Esse fenômeno se dá quando as pessoas resolvem de maneira sequencial a reproduzir a informação falsa passada pela anterior agregando outras aferições, sem qualquer verificação da veracidade dessas informações.

O Discurso do ódio, por sua vez, consiste na "manifestação de ideias que incitam à discriminação racial, social ou religiosa em relação a determinados grupos, na maioria das vezes, as minorias".[18] Em determinadas situações chega a desqualificar esse grupo como detentor de direitos. Todavia, não se restringe apenas a discriminação racial, podendo se voltar contra aspectos religiosos, sexuais, de etnia e de nacionalidade. É uma apologia abstrata ao ódio, que representa o desprezo e a discriminação a determinados grupos de pessoas dotadas de certas características comuns, crenças, qualidades ou ainda que estejam na mesma condição social, econômica, como, por exemplo, os ciganos, nordestinos, negros, judeus, árabes, islâmicos, homossexuais e mulheres.[19]

O Discurso do ódio em muitos casos se utiliza da teoria revisionista para se expressar, na medida em que essa tem por objetivo questionar e até mesmo negar a existência do Holocausto, ocorrido durante a Segunda Guerra Mundial. A Alemanha criminaliza as teorias revisionistas.[20] O fato de se tecer ideologias não constitui crime, uma vez que as Constituições garantem a liberdade de consciência e ideológica. Há uma ênfase no valor da tolerância, que consiste em admitir que ideias e opiniões contrárias possam conviver pacificamente.

O Discurso do ódio também pode ser manifestado por grupos que historicamente foram objeto de discriminação e se voltar contra um membro do grupo dominante, numa nuance de retaliação.[21] É um instrumento incitador do racismo, do preconceito e da discriminação. O preconceito é uma opinião equivocada que é considerada por determinadas pessoas como verdadeira.[22] A discriminação é a decorrência do preconceito de grupo.[23] É utilizada em um sentido pejorativo e tem por fundamento critérios ilegítimos,

---

17. RECUERO, Raquel, GRUZD, and Anatoliy. Cascatas de Fake News Políticas: um estudo de caso no Twitter. *Galaxia*. São Paulo, 2019, p. 32.
18. MEYER-PFLUG, Samantha Ribeiro. Op. cit., p. 93.
19. Cf. COWAN, Gloria; RESENDEZ, Mirian; MARSHALL, Elizabeth; QUIST, Ryan. Hate Speech and Constitutional Protection: Priming values of equality and freedom. *Journal of Social Issues*, v. 58, n. 2, p. 247, 2002.
20. Cf. BOYLE, Kevin. Hate Speech – The United States versus the rest of the world? *Maine Law Review*, v. 53:2, p. 498. 2001.
21. Cf. CODERCH, Pablo Salvador. *El derecho de la libertad*. Madrid: Centro de Estúdios Constitucionales, 1993, 27.
22. MEYER-PFLUG, Samantha Ribeiro. Op. cit., p. 96.
23. Cf. BOBBIO, Norberto, Op. cit., p. 107.

normalmente, relacionados à ideia de superioridade de um grupo em relação ao outro. O racismo é "comportamento, hostil, relativamente, a grupos humanos, a pessoas, em razão, por exemplo, da cor de sua pele ou de sua religião".[24]

O tratamento conferido ao Discurso do ódio não é homogêneo entre os Países, sendo possível identificar-se em dois grandes sistemas: o americano e o europeu. No sistema americano constata-se que o Estado privilegia a liberdade de expressas apenas regulando, em determinadas situações, as expressões de ódio desde que denigram o valor da dignidade humana de quem são suas vítimas e dos grupos a que pertencem. Nesse sistema parte-se do pressuposto que o Discurso do ódio se encontra no mundo das ideias, não gerando uma ação concreta.

A Suprema Corte Americana tem entendido em suas decisões que a liberdade de expressão atinge a garantia do próprio conteúdo da expressão e exige uma relação entre esta e uma possível ação ilegal iminente e potencial para que possa restringi-la. Exige-se que o emprego da expressão seja capaz de produzir uma ação eminentemente ilegal. Faz-se uma distinção entre a expressão utilizada e a ação que dela possa resultar. Não há punição para a manifestação de uma ideia ou ideologia em abstrato, apenas quando ela pode representar uma ação concreta. É o emprego do critério do "*clear and present danger*", como forma de combater o referido Discurso.

Já no sistema europeu, a maioria dos países, a despeito de assegurarem em suas Constituições a liberdade de expressão, fixa limites para o seu exercício. Nele a proteção à liberdade de expressão não é regida pelo "princípio da neutralidade" do Estado ante quaisquer conteúdos imagináveis de um discurso. Cite-se, por exemplo, que a Bélgica, a Alemanha, a França, a Espanha, a Holanda, a Polônia e a Suíça, por exemplo, consideram crime a banalização do Holocausto.[25]

É ilegal a prática do racismo, antissemitismo ou de atos xenófobos, bem como a difusão dessas ideias.[26] O Tribunal Europeu de Direitos Humanos em suas decisões também parece caminhar no mesmo sentido. Proíbe-se o Discurso do ódio, bem como a teoria revisionista, por entender-se que eles estão mais para uma conduta do que para um discurso, portanto, não estão protegidos pela liberdade de expressão do pensamento.[27]

3. A LIBERDADE DE EXPRESSÃO E O SUPREMO TRIBUNAL FEDERAL

A Constituição de 1988 conferiu proteção especial aos direitos fundamentais, garante a liberdade de expressão, a dignidade da pessoa humana e veda a prática do racismo. A liberdade de imprensa, na ocasião era regulamentada pela Lei 5.250/67, que tinha nítido caráter restritivo, pois era fruto do regime ditatorial. O Brasil ratificou vários

---

24. Cf. Voto do Min. Carlos Velloso. *Crime de racismo e antissemitismo*: um julgamento histórico no STF: *habeas corpus* 82.424/RS. Brasília: Supremo Tribunal Federal, 2004, p. 81.
25. Cf. BOYLE, Kevin. *Hate Speech* – The United States versus the rest of the world? cit., p. 498.
26. Cf. MEYER-PFLUG, Samantha Ribeiro. Op. cit., p. 201.
27. Cf. BRUGGER, Winfried, *Proibição ou Proteção do Discurso do ódio?* Algumas observações sobre o Direito Alemão e o Americano, cit., p. 118.

tratados e convenções que versam tanto sobre a proteção à liberdade de expressão, como à proibição de práticas discriminatórias e atentatórias aos direitos fundamentais foram ratificados pelo Brasil. Destarte, inexiste no sistema jurídico pátrio uma lei específica vedando o Discurso do ódio.

O STF apreciou o Habeas Corpus 82.424/RS que versava sobre o Discurso do ódio e a prática do racismo. Ele foi impetrado em favor do paciente Sr. Ellwanger que havia sido denunciado por crime de racismo, em 1991. Ele foi absolvido em primeira instância e condenado em segunda a dois anos de reclusão por apologia de ideias preconceituosas e discriminatórias contra os judeus, com fundamento no art. 20 da Lei 7.716/89, com a redação dada pela Lei 8.081/90 que estabelece, *in verbis:* "Praticar, induzir ou incitar, pelos meios de comunicação social ou por publicação de qualquer natureza, a discriminação ou preconceito de raça, por religião, etnia ou procedência nacional".

O paciente além de ser sócio de uma editora, também era autor de diversas obras literárias de conteúdo antissemita, tal como, "Holocausto, Judeu ou Alemão? – Nos bastidores da Mentira do Século". Foi impetrado Habeas Corpus no Superior Tribunal de Justiça em face da condenação constante do acórdão proferido pelo Tribunal de Justiça do Rio Grande do Sul. O Habeas Corpus foi indeferido e a questão chegou ao Supremo Tribunal Federal, que decidiu, por maioria de votos, restando vencidos os Ministros Moreira Alves (relator do processo), Carlos Ayres Britto e Marco Aurélio, nos seguintes termos:

> 10. A edição e publicação de obras escritas veiculando ideias antissemitas, que buscam resgatar e dar credibilidade à concepção racial definida pelo regime nazista, negadoras e subversoras de fatos históricos incontroversos como o holocausto, consubstanciadas na pretensa inferioridade e desqualificação do povo judeu, equivalem à incitação ao discrímen com acentuado conteúdo racista, reforçadas pelas consequências históricas dos atos em que se baseiam.[28]

Num primeiro momento a análise da Corte Suprema recaiu sobre a circunstância de saber se o crime de racismo era extensível ao povo judeu. Em outras palavras, em saber se judeu é raça ou religião? Aqui não houve um enfrentamento direto do conflito dos direitos fundamentais existentes (liberdade de expressão X dignidade do povo judeu X proibição à prática do racismo), por não ser este o ponto central do *writ*. No entanto, alguns ministros em seus votos chegaram a suscitar o conflito existente entre os direitos fundamentais.

Na discussão travada no âmbito do STF questionou-se se a publicação de um livro pode ser considerada prática de racismo, ou ainda, incitação ao racismo? No sistema americano, a resposta é negativa tendo em vista o critério aplicado pela Corte Suprema do "perigo claro e iminente", na medida em que não são passíveis de gerar ações concretas de discriminação ou racismo.[29] No europeu, as decisões das Cortes Constitucionais

---

28. SUPREMO TRIBUNAL FEDERAL, Crime de racismo e antissemitismo: um julgamento histórico no STF: *habeas corpus* 82.424/RS. Brasília: Supremo Tribunal Federal, 2004, p. 9.
29. MEYER-PFLUG, Samantha Ribeiro. Op. cit., p. 214.

dos Países Europeus e o Tribunal Europeu de Direitos Humanos entendem que sim, pois consideram que o discurso da intolerância pode se valer das mais variadas formas, dentre elas, a impressa: os livros. Foi esse o entendimento que prevaleceu no STF, por maioria,[30] que concedeu o *writ* por entender que o ato do paciente de publicar livros de caráter antissemita estava protegido pela liberdade de expressão e como tal, não configurava crime de prática de racismo.

Aspecto relevante recaiu sobre as particularidades da realidade brasileira e sua relação com o povo judeu, na medida em que não se verifica na história brasileira a prevalência de ideologias que pregam a inferioridade do povo judeu, por meio de discurso de perseguição ou discriminação, como ocorreu na Europa. Michel Rosenfeld preleciona que "as circunstâncias fazem toda a diferença" no Discurso do ódio, pois o local onde é manifestado vai ter relação direta com o tratamento jurídico a ele dispensado.[31] Assim sendo, um Discurso do ódio que semeia o antissemitismo manifestado da Alemanha se torna muito mais violento e repulsivo, do que nos outros Países tendo em vista as circunstâncias que o envolvem, contudo "o teor do Discurso do ódio continua sendo repulsivo numa e noutra situação".[32]

Historicamente o Brasil, em decorrência da escravatura tem uma discriminação em relação aos negros e aos índios, mas não em relação aos judeus. Daí decorre que uma obra literária que incitasse o racismo e a discriminação em relação aos negros teria um maior impacto e geraria graves conflitos na sociedade brasileira, o mesmo não ocorrendo com uma obra antissemita.[33] Cumpre examinar e a manifestação do pensamento necessariamente implicaria em apologia ao crime. Para tanto foi importante analisar o conflito entre direitos fundamentais, por meio do emprego do princípio da proporcionalidade. Na análise do caso dois ministros, Gilmar Mendes e o Marco Aurélio fizeram uso do princípio da proporcionalidade, mas que os levou a resultados completamente diversos.

O princípio da proporcionalidade impõe que em caso de aparente conflito entre princípios deve haver uma redução proporcional do âmbito de alcance de cada um deles. Um princípio deve renunciar a pretensão de ser aplicado de forma absoluta devendo prevalecer apenas até o ponto a partir do qual, deverá ser aplicado outro princípio que lhe seja aparentemente divergente. Ele divide-se em três subprincípios: conformidade ou adequação dos meios, necessidade ou exigibilidade dos meios empregados e proporcionalidade em sentido estrito (razoabilidade).

O Min. Marco Aurélio argumentou que a circunstância de o paciente expor suas ideias acerca do Holocausto, não implica necessariamente na concordância dos leitores da obra, muito menos na adoção de medidas discriminatórias em relação ao povo judeu, até porque o momento histórico em que vivemos é diverso.[34] Já para o Min. Gilmar Mendes

---

30. Cf. *Crime de racismo e antissemitismo*: um julgamento histórico no STF: *habeas corpus* 82.424/RS. cit., p. 195.
31. Cf. ROSENFELD, Michel. *Hate Speech in Constitutional Law jurisprudence*: a comparative analysis, cit., p. 9.
32. Cf. MEYER-PFLUG, Samantha Ribeiro. Op. cit., p. 215.
33. Cf. Crime de racismo e antissemitismo: um julgamento histórico no STF: HC 82.424/RS, cit., p. 178.
34. Cf. Crime de racismo e antissemitismo: um julgamento histórico no STF: HC 82.424/RS, cit., p. 182.

a proibição dessas obras é imprescindível para a manutenção de uma sociedade plural e tolerante.[35] O Min. Marco Aurélio defendeu que a solução reside na preservação do direito à liberdade de expressão, pois a sua restrição por si só não assegura a dignidade do povo judeu.[36] Na visão do Min. Gilmar Mendes a proibição das obras é o menos gravoso na medida em que foi a própria Constituição que considerou o racismo como crime.[37] O Min. Marco Aurélio defendeu que responsabilizar o paciente pela propagação de ideias alheias não é e nem pode ser uma decisão razoável, principalmente, quando se tem em vista meios fáceis e baratos de propagar tais ideias como a *internet*. Já o Min. Gilmar Mendes auferiu a proporção entre a finalidade almejada, preservação da dignidade humana e a liberdade de expressão para concluir que ela não protege a intolerância racial e a incitação à violência.[38]

A simples aplicação do princípio da proporcionalidade como meio capaz de solucionar conflitos entre direitos fundamentais, pode levar a resultados completamente opostos. Contudo, prevaleceu na decisão do STF a posição que entendeu que a aplicação do princípio da proporcionalidade leva a condenação do paciente por crime de racismo[39] e representou a preocupação em se vedar a incitação à discriminação e à prática do racismo contra qualquer grupo étnico, religioso, social ou cultural. Constatou-se, pois, uma nítida prevalência do direito à dignidade da pessoa humana sobre a liberdade de expressão, no caso sobre as obras de conteúdo discriminatório. Contudo, não se tratou de uma decisão unânime, e como se tratava de uma ação de *Habeas Corpus*, a discussão central no STF recaiu sobre o fato de o crime de prática de racismo ser aplicável ao povo judeu ou não, tendo em vista que após a descoberta do genoma humano, não mais se pode falar em raças, eis que só existe a raça humana.

Apesar de alguns ministros, como visto, terem enfrentado a questão do Discurso do ódio e do conflito entre liberdade de expressão, vedação ao racismo e proteção da dignidade humana, o tema não foi analisado em toda a sua amplitude, principalmente, no tocante aos possíveis limites impostos à liberdade de expressão.[40] Assim sendo, impõe-se analisar as consequências advindas dessa decisão para o ordenamento jurídico brasileiro, pois por meio dela foram impostos limites ao exercício da liberdade de expressão, eis que restaram proibidos na prática, iniciativas ou manifestações de natureza racista e discriminatória no âmbito do discurso.

É importante verificar se a decisão do STF pode representar um perigo à liberdade de expressão e ao mesmo tempo não se constituir em um instrumento eficaz no combate à proliferação do Discurso do ódio. Ademais, por se tratar de uma decisão proferida pelo Guardião da Constituição e órgão de cúpula do Poder Judiciário ele tem um impacto

---

35. Cf. Voto do Min. Gilmar Mendes, Op. cit., p. 76.
36. Cf. Crime de racismo e antissemitismo: um julgamento histórico no STF: HC 82.424/RS. cit., p. 182 e 183.
37. Cf. Voto do Min. Gilmar Mendes, Op. cit., p. 76.
38. Cf. Voto do Min. Gilmar Mendes, Op. cit., p. 77.
39. MEYER-PFLUG, Samantha Ribeiro. Op. cit., p. 217.
40. MEYER-PFLUG, Samantha Ribeiro. Op. cit., p. 217.

em todo o sistema jurídico.⁴¹ O "combate à prática do racismo deve ocorrer por meio do emprego de critérios justos, principalmente, pelo confronto de ideias, por um debate público aberto e forte".⁴² A recusa a ideias racistas deve partir da própria sociedade, por meio de uma discussão livre, eis que a simples condenação de um indivíduo ou a proibição da edição de um livro não parece ser, *a priori*, a melhor solução. Ao se examinar a história da humanidade constata-se que a proibição à divulgação de ideias jamais se constitui um obstáculo suficientemente eficaz para que elas desaparecerem.

Muito pelo contrário, elas ainda sim subsistem. É imprescindível "suscitar o debate aberto, a discussão sobre todos os aspectos e abordando todos os pontos de vistas, pois é por meio dele que as ideias racistas e preconceituosas não obterão êxito na sociedade brasileira". Contudo, igualmente, deve-se garantir o direito de manifestação das maiorias e das minorias no discurso público. A luta pela 'garantia da liberdade de expressão é uma conquista diária e impõe uma "certa tensão existencial e um forte compromisso" para que não se sucumba diante da intolerância.⁴³

Após a decisão do Supremo Tribunal Federal foi apresentado em 2007 no Congresso Nacional, o Projeto de Lei 987, pelo Dep. Marcelo Itagiba do PMDB, que altera o art. 20 da Lei 7.716/89, e define os crimes resultantes de preconceito de raça ou de cor.⁴⁴ Ele pretendia inserir o § 2º no art. 20 nos seguintes termos: "Incorre na mesma pena do §1º deste artigo, quem negar ocorrência do Holocausto ou de outros crimes contra a humanidade, com a finalidade de incentivar ou induzir à prática de atos discriminatórios ou segregação racial". O projeto de lei criminaliza o Discurso do ódio na medida em proíbe a teoria revisionista e se baseia na necessidade mundial de se colocar fim a qualquer prática que fomente o racismo ou xenofobismo, no mesmo sentido que ocorre com as legislações de alguns Países europeus. Após a decisão do STF, no tocante aos limites impostos à liberdade de expressão foi apreciado o caso da Escola de Samba "Unidos do Viradouro" no Rio de Janeiro, cujo enredo era "É de arrepiar" e trazia em suas alegorias um carro que fazia alusão ao Holocausto, que era formado por esculturas de cadáveres empilhados e de pares de sapatos perdidos, juntamente com uma pessoa vestida de Adolf Hitler. O objetivo era demonstrar o arrepio causado pelo Holocausto e a necessidade de não mais senti-lo.

A Federação Israelita do Rio de Janeiro ingressou com uma ação judicial com pedido de liminar visando impedir o desfile dessa alegoria na Marquês de Sapucaí, no carnaval. A juíza, em 31/01/08, concedeu a liminar determinando uma multa no valor de duzentos mil reais na hipótese de a Escola Viradouro levar o carro para avenida no

---

41. MEYER-PFLUG, Samantha Ribeiro. Op. cit., p. 215.
42. MEYER-PFLUG, Samantha Ribeiro. Op. cit. p. 217.
43. Cf. BLÁZQUEZ-RUIZ, Francisco Javier. Introducción: Geneaología, dinámica y propuestas éticas frente al racismo y xenofobia. In: BLÁSQUEZ-RUIZ, Javier (Org.). *10 palabras clave sobre Racismo y Xenofobia*. Estella: Editorial Verbo Divino, 1996, p. 22.
44. "Art. 20. Praticar, induzir ou incitar a discriminação ou preconceito de raça, cor, etnia, religião ou procedência nacional. Pena: reclusão de um a três anos e multa. § 1º Fabricar, comercializar, distribuir ou veicular símbolos, emblemas, ornamentos, distintivos ou propaganda que utilizem a cruz suástica ou gamada, para fins de divulgação do nazismo. Pena: reclusão de dois a cinco anos e multa."

Carnaval e uma multa adicional no valor de cinquenta mil reais caso houvesse algum membro da Escola com a fantasia de Adolf Hitler.[45] Em sua decisão a magistrada declarou que o Carnaval não pode ser utilizado como instrumento para o cultivo do ódio, nem de qualquer forma de racismo, bem como não se pode banalizar eventos bárbaros, como o Holocausto. A Escola cumpriu a decisão e não utilizou o carro alegórico em contrapartida os seus integrantes saíram com uma mordaça na boca, fazendo alusão à censura.

A finalidade da Escola de Samba não era o de banalizar o Holocausto, nem de incentivar o racismo ou a discriminação, mas tão somente demonstrar a indignação que essa barbárie representou para a humanidade. Portanto, a despeito da decisão judicial quer parecer que não há no caso nenhuma incitação a práticas racistas, o que implica no fato de tal manifestação estar sob a proteção da livre expressão artística. É tênue a divisão existente entre as manifestações que incitam o racismo e as manifestações artísticas e de expressão, daí o perigo de se proibir expressões artísticas, por se entender que violam a dignidade humana, sem que isso fique comprovadamente demonstrado.

Outro caso interessante diz respeito à decisão do Superior Tribunal de Justiça brasileiro no Recurso Ordinário 64/SP de 2008,[46] que por unanimidade, reconheceu o direito do francês Salomon Simon, de processar a Alemanha na justiça brasileira por danos materiais e morais em razão do sofrimento pelo qual passou durante a guerra. O autor, posteriormente naturalizado brasileiro, havia sido perseguido na Alemanha e teve sua família morta durante a segunda Guerra Mundial. A decisão se deu nos seguintes termos:

> A imunidade de jurisdição não representa uma regra que automaticamente deva ser aplicada aos processos judiciais movidos contra um Estado Estrangeiro. Trata-se de um direito que pode, ou não, ser exercido por esse Estado. Assim, não há motivos para que, de plano, seja extinta a presente ação. Justifica-se aceitação do Estado Estrangeiro para que, querendo, alegue seu interesse de não se submeter à jurisdição brasileira, demonstrando se tratar, a hipótese, de pratica de atos de império que autorizariam a invocação desse princípio.[47]

No entanto, a questão sobre a proteção à liberdade de expressão voltou a ser analisada no STF em 2008, na Arguição de Descumprimento de Preceito Fundamental 130. Essa ação visava analisar a compatibilidade da Lei de Imprensa (Lei 5.250/67) editada durante o regime militar e, portanto, bastante restritiva da liberdade de expressão, na medida em que autorizava a censura e a licença em face da Constituição de 1988, que veda expressamente a censura e a licença e concede uma ampla proteção a liberdade de expressão do pensamento.

O STF decidiu pela não recepção da Lei de Imprensa (Lei 5.250/67), por entender que não se mostravam compatíveis com o espírito democrático do Texto Constitucional

---

45. Cf. FONSECA, Pedro. Justiça proíbe Viradouro de levar carro do Holocausto à Sapucaí. *Agência Reuters*, de 31 de janeiro de 2008. http://br.reuters.com/article/topNews/idBRN3157209520080131.
46. Superior Tribunal de Justiça. Recurso Ordinário 64/SP (2008/0003366-4). Relatora: Min. Nancy Andrighi. Data do Julgamento: 23.06.2008.
47. Superior Tribunal de Justiça. Recurso Ordinário 64/SP (2008/0003366-4). Relatora: Min. Nancy Andrighi. Data do Julgamento: 23.06.2008.

e com o novo regime de proteção à liberdade de expressão. Em face da revogação total da lei, deixa de ser aplicado, por exemplo, o dispositivo que prevê a censura para espetáculos e diversões públicas, o que trata do sequestro de periódicos (art. 61) que promoverem a propaganda de guerra ou de preconceitos, raciais ou de classe e incitarem à subversão da ordem pública e social. A decisão do STF se deu nos seguintes termos:

> Liberdade plena que, repelente de qualquer censura prévia, diz respeito à essência mesma do jornalismo (o chamado "núcleo duro" da atividade). Assim entendidas as coordenadas de tempo e de conteúdo da manifestação do pensamento, da informação e da criação *lato sensu*, sem o que não se tem o desembaraçado trânsito das ideias e opiniões, tanto quanto da informação e da criação. Interdição à lei quanto às matérias nuclearmente de imprensa, retratadas no tempo de início e de duração do concreto exercício da liberdade, assim como de sua extensão ou tamanho do seu conteúdo. Tirante, unicamente, as restrições que a Lei Fundamental de 1988 prevê para o "estado de sítio" (art. 139), o Poder Público somente pode dispor sobre matérias lateral ou reflexamente de imprensa, respeitada sempre a ideia-força de que quem quer que seja tem o direito de dizer o que quer que seja. *Logo, não cabe ao Estado, por qualquer dos seus órgãos, definir previamente o que pode ou o que não pode ser dito por indivíduos e jornalistas.*
>
> (...)
>
> Regulações estatais que, sobretudo incidindo no plano das consequências ou responsabilizações, repercutem sobre as causas de ofensas pessoais para inibir o cometimento dos abusos de imprensa. Peculiar fórmula constitucional de proteção de interesses privados em face de eventuais descomedimentos da imprensa (justa preocupação do Ministro Gilmar Mendes), mas sem prejuízo da ordem de precedência a esta conferida, segundo a lógica elementar de que não é pelo temor do abuso que se vai coibir o uso. Ou, nas palavras do Ministro Celso de Mello, "*a censura governamental, emanada de qualquer um dos três Poderes, é a expressão odiosa da face autoritária do poder público*".[48] (grifos nossos)

No acórdão fica clara a importância da preservação da liberdade de expressão do pensamento e de imprensa para a consolidação da democracia. Entende-se que o Texto Constitucional estabelece a autorregulação da imprensa, como instrumento de "permanente ajuste de limites da sua liberdade ao sentir-pensar da sociedade civil".[49] Estabelece que:

> Os padrões de seletividade do próprio corpo social operam como antídoto que o tempo não cessa de aprimorar contra os abusos e desvios jornalísticos. Do dever de irrestrito apego à completude e fidedignidade das informações comunicadas ao público decorre a permanente conciliação entre liberdade e responsabilidade da imprensa. *Repita-se: não é jamais pelo temor do abuso que se vai proibir o uso de uma liberdade de informação a que o próprio Texto Magno do País apôs o rótulo de "plena"* (§ 1º do art. 220).[50]

Portanto, tem-se que o STF no HC 82.424/RS que tratava do Discurso do ódio impôs sérias restrições à liberdade de expressão do pensamento, a despeito da tradição constitucional brasileira dar ênfase a liberdade de expressão e em 2008 quando da apre-

---

48. STF. Arguição de Descumprimento de Preceito Fundamental 130/DF. Relator: Min. Carlos Britto. Julgamento: 30/04/2009. Tribunal Pleno. Publicação. DJe-208 DIVULG 05.11.2009 PUBLIC 06.11.2009. EMENT VOL-02381-01 PP-00001.RTJ VOL-00213- PP-00020.
49. Cf. Supremo Tribunal Federal. Arguição de Descumprimento de Preceito Fundamental 130/DF.
50. Cf. Supremo Tribunal Federal. Arguição de Descumprimento de Preceito Fundamental 130/DF.

ciação da ADPF 130 que versava sobre a recepção da Lei da imprensa, proferiu acórdão ressaltando o caráter pleno da liberdade de expressão do pensamento e da imprensa e rechaça veementemente a interferência do Estado no seu exercício, entendendo que o Texto Constitucional proclama a autorregulação da imprensa. Vale dizer que em face dessa decisão até agora o Brasil se encontra sem uma lei de imprensa, pois o Congresso Nacional, ainda, não votou nenhum projeto de lei nesse sentido.

De outra parte, o Conselho Nacional de Educação acolheu uma acusação de racismo (Discurso do ódio) contra uma das fábulas de Monteiro Lobato: "Caçadas de Pedrinho", ícone da literatura brasileira e decidiu retira-las das salas de aula por entender que ela não se coaduna com as políticas públicas implantadas pelo governo brasileiro para uma educação antirracista.[51] A citação constante da fábula de Monteiro lobato é um trecho em que a Tia Nastácia, personagem negra, sobe numa árvore "que nem uma macaca de carvão". O outro trecho é quando a boneca Emília, ao advertir sobre a gravidade de uma guerra das onças contra os moradores do Sítio do Picapau Amarelo, diz: "Não vai escapar ninguém – nem Tia Nastácia, que tem carne preta"

Quer parecer que considerar um clássico da literatura como incitação ao racismo ou um Discurso do ódio, tendo em vista que o próprio autor tinha ascendência negra, é violar veementemente o direito à liberdade de expressão do pensamento. Nesse particular, impõe registrar que o próprio Monteiro Lobato dizia que "um País se faz com homens e livros" e dedicou toda a sua vida a escrever livros para formar homens. Todavia, o Conselho Nacional de Educação decidiu rever sua posição por meio do Parecer CNE/CEB 6, de 1 de junho de 2011 para recomendar a "contextualização histórica das obras literárias abordadas na escola".[52]

Em 2011, o STF apreciou a ADPF 187, que solicitava a concessão de "interpretação conforme à Constituição" ao art. 287 do Código Penal que veda a apologia ao crime. Almejava-se que o referido art. 287 fosse interpretado à luz do art. 5º, IV e IX que garante a liberdade de expressão de pensamento, de maneira a permitir manifestações a favor do uso da maconha. Os tribunais e juízes de primeira instância proibiam manifestações a favor do uso da maconha, as denominadas "Marcha da Maconha", por entenderem que se tratava de uma apologia ao crime. Todavia, o STF, por unanimidade decidiu que essas manifestações estão protegidas pela liberdade de expressão:

> No mérito, também por unanimidade, o Tribunal julgou procedente a arguição de descumprimento de preceito fundamental, para dar, ao artigo 287 do Código Penal, com efeito vinculante, interpretação conforme à Constituição, "de forma a excluir qualquer exegese que possa ensejar a criminalização

---

51. CONSELHO NACIONAL DE EDUCAÇÃO (Brasil). Parecer CNE/CEB 15, de 1º de setembro de 2010. Orientações para que a Secretaria de Educação do Distrito Federal se abstenha de utilizar material que não se coadune com as políticas públicas para uma educação antirracista. Relatora: Nilma Lino Gomes. Brasília (DF), 1º set. 2010. Disponível em: http://portal.mec.gov.br/index.php?...id. Acesso em: 9 jun. 2011.
52. Parecer CNE/CEB 6, de 1 de junho de 2011. Reexame do Parecer CNE/CEB 15/2010, com orientações para que material utilizado na Educação Básica se coadune com as políticas públicas para uma educação antirracista. Relatora: Nilma Lino Gomes. Disponível em: http://portal.mec.gov.br/index.php?option=com_docman&task=doc. Acesso em: 8 jun. 2011.

da defesa da legalização das drogas, ou de qualquer substância entorpecente específica, inclusive através de manifestações e eventos públicos.[53]

O tema por si só é polêmico, contudo, o STF deixa claro em sua decisão que a Liberdade de expressão deve prevalecer nesses casos. A necessidade de analisar a liberdade de expressão do pensamento e sua abrangência se faz cada vez mais urgente, tanto pelo STF ao levar a efeito a interpretação da Constituição, como pelo Poder Legislativo ao regulamentar o seu exercício, sob pena de se comprometer o princípio da segurança jurídica.

Em 2015, o STF, por unanimidade, julgou procedente a Ação Direta de Inconstitucionalidade 4.815 e declarou inexigível a autorização prévia para a publicação de biografias, com fulcro na liberdade de expressão de pensamento.[54] A Relatora, Min. Cármen Lúcia, conferiu interpretação conforme a Constituição dos artigos 20 e 21 do Código Civil, em estrita consonância aos direitos fundamentais à liberdade de expressão da atividade intelectual, artística, científica e de comunicação, independentemente de censura ou licença de pessoa biografada, relativamente a obras biográficas literárias ou audiovisuais (ou de seus familiares, em caso de pessoas falecidas). Enfatizou em seu voto que a Constituição expressamente prevê, nos casos de violação da privacidade, da intimidade, da honra e da imagem, a reparação indenizatória, e proíbe "toda e qualquer censura de natureza política, ideológica e artística". Desse modo uma lei infraconstitucional não tem o condão de abolir o direito de expressão e criação de obras literárias. Ela adverte que: "Não é proibindo, recolhendo obras ou impedindo sua circulação, calando-se a palavra e amordaçando a história que se consegue cumprir a Constituição" e "A norma infraconstitucional não pode amesquinhar preceitos constitucionais, impondo restrições ao exercício de liberdades".

O STF, por unanimidade, na Ação Direta de Inconstitucionalidade 4.451/DF declarou inconstitucionais dispositivos da Lei das Eleições (Lei 9.504/1997) que impediam emissoras de rádio e televisão de veicular programas de humor envolvendo candidatos, partidos e coligações nos três meses anteriores ao pleito, como forma de evitar que sejam ridicularizados ou satirizados.[55] O Min. Relator Alexandre de Moraes enfatizou que os dispositivos da lei eleitoral violam as liberdades de expressão e de imprensa e o direito à informação, sob o pretexto de garantir a lisura e igualdade nos pleitos eleitorais. No seu entendimento, referida previsão é manifestamente inconstitucional, pois consiste na restrição, na subordinação e na forçosa adequação da liberdade de expressão a normas cerceadoras durante o período eleitoral, com o objetivo de diminuir a liberdade de opinião, a criação artística e a livre multiplicidade de ideias.

---

53. Supremo Tribunal Federal. Arguição de Descumprimento de Preceito Fundamental 187/DF. Relator: Min. Celso de Mello. Tribunal Pleno. Data do Julgamento: 15.06.2011.
54. Supremo Tribunal Federal. Ação Direta de Inconstitucionalidade 4815/DF. Relatora: Min. Carmen Lucia. Tribunal Pleno. Data do Julgamento: 10.06.2015.
55. Supremo Tribunal Federal. Ação Direta de Inconstitucionalidade 4451/DF. Relator: Min. Alexandre de Moraes. Data do Julgamento: 21.06.2018.

Contudo, em 2022 o Tribunal Superior Eleitoral, sob a presidência do Min. Alexandre de Moraes, editou a Resolução 23.741 que dispõe sobre o enfrentamento à desinformação que atinja a integridade do processo eleitoral. Em seus arts. 2º e 4º estabelecem que:

> Art. 2º É vedada, nos termos do Código Eleitoral, a divulgação ou compartilhamento de fatos sabidamente inverídicos ou gravemente descontextualizados que atinjam a integridade do processo eleitoral, inclusive os processos de votação, apuração e totalização de votos.
>
> Art. 4º A produção sistemática de desinformação, caracterizada pela publicação contumaz de informações falsas ou descontextualizadas sobre o processo eleitoral, autoriza a determinação de suspensão temporária de perfis, contas ou canais mantidos em mídias sociais, observados, quanto aos requisitos, prazos e consequências, o disposto no art. 2º.

Ela impõe sérios limites a liberdade de expressão e foi objeto de apreciação do STF na ação direta de inconstitucionalidade 7.261,[56] que sob a relatoria do Min. Edson Fachin, decidiu por maioria, pela sua constitucionalidade e por entender que ela não consiste em exercício de censura prévia:

> 3. A disseminação de notícias falsas, no curto prazo do processo eleitoral, pode ter a força de ocupar todo espaço público, restringindo a circulação de ideias e o livre exercício do direito à informação. 4. O fenômeno da desinformação veiculada por meio da internet, caso não fiscalizado pela autoridade eleitoral, tem o condão de restringir a formação livre e consciente da vontade do eleitor.

Ora, as decisões do Supremo tribunal Federal, estão a indicar uma jurisprudência oscilante no que diz respeito ao exercício do direito fundamental da liberdade de expressão.

CONCLUSÃO

A liberdade de expressão do pensamento sempre esteve presente nos textos constitucionais brasileiros, a atual Constituição garante à liberdade em suas mais variadas manifestações e veda qualquer espécie de censura e licença. Também assegura os valores democráticos, o pluralismo e a dignidade da pessoa humana, visando garantir a formação de uma opinião pública livre e consciente. No entanto, no tocante aos aspectos polêmicos do exercício da liberdade de expressão do pensamento, quais sejam, Discurso do Ódio, *fake news* e incitação à pornografia não faz o Texto Constitucional ou o arcabouço normativo existente qualquer menção, não havendo, portanto, nesse sentido *a priori* qualquer proibição expressa a sua manifestação.

Há que se reconhecer que o Discurso do ódio, *fake news* e incitação à pornografia devem ser combatidos pelo Estado e pela sociedade e nesse particular não há qualquer divergência. Contudo, há dissenso apenas na forma de se combater a sua eficácia. O STF ao se deparar com um caso de Discurso do ódio relativo ao povo judeu, optou por se filiar ao sistema europeu, condenando o autor por pratica de racismo e proibindo

---

56. Supremo Tribunal Federal. Ação Direta de Inconstitucionalidade medida cautelar 7261/DF. Relator: Min. Edson Fachin. Data do Julgamento: 26.10.2022.

manifestações desse jaez. Contudo, em um curto período de tempo o próprio STF ao apreciar o tema se posicionou de maneira diversa, como no caso da recepção da Lei de Imprensa, da Marcha da Maconha, das biografias não autorizadas e das sátiras eleitorais. Essas oscilações na jurisprudência da Corte Suprema parecem indicar a necessidade de uma reabertura da discussão acerca da extensão e dos limites do exercício da liberdade de expressão, sob pena de se colocar em risco a segurança jurídica.

Questão relevante que se apresenta é justamente a de saber qual a melhor forma de se enfrentar o Discurso do ódio e as *fake news* no sistema brasileiro: se é a solução adotada pelo sistema americano (prevalência da liberdade de expressão) ou pelo europeu (criminalização do discurso do ódio). Parece que a solução não reside na adoção de nenhum dos dois sistemas de forma pura, mas sim numa posição intermediária, que seja adequada à realidade cultural e histórica brasileira e esteja em harmonia com os princípios constitucionais. A essência do sistema democrático impõe uma discussão ampla e aberta, na qual impere a convivência pacífica de todas as ideias, ideologias e opiniões. Não existe democracia sem liberdade de expressão do pensamento. A vedação do Discurso do ódio e da *fake news* tem se mostrado muitas vezes ineficaz, na medida em as manifestações dessa natureza continuam ocorrendo. Em certos casos a proibição é vista como um incentivo à transgressão.

A atuação do Estado deve ser no sentido de dotar as minorias (ética, social, religiosa, cultural...) de melhores condições para expor suas ideias e argumentos e assim poder participar efetivamente do debate público e fazer uso de sua liberdade para expor pensamentos, ideias e opiniões em igualdade de condições com os demais. De igual modo deve-se propiciar os meios para que o cidadão possa se ter acesso às informações verídicas, bem como fomentar o papel dos veículos de comunicação no sentido de fornecer informações corretas à sociedade. Em síntese, tem-se que apenas por meio do discurso aberto, do contra argumentação, da educação e da informação é que se faz possível combater e exterminar por si só tão abomináveis manifestações. Posições extremadas devem ser veementemente combatidas por meio do fomento ao livre debate de ideias e opiniões.

REFERÊNCIAS

ARENDT, Hannah. *Origens do Totalitarismo*. São Paulo: Companhia das Letras, 1989.

BASTOS, Celso Ribeiro. *Curso de Direito Constitucional*. Atual. Samantha Ribeiro Meyer-Pflug. São Paulo: Malheiros, 2010.

BASTOS, Celso Ribeiro e MARTINS, Ives Gandra da. *Comentários à Constituição do Brasil*. 3. ed. São Paulo: Saraiva, 2004. v. 2.

BLÁZQUEZ-RUIZ, Francisco Javier. Introducción: Geneaología, dinámica y propuestas éticas frente al racismo y xenofobia. In: BLÁSQUEZ-RUIZ, Javier (Org.). *10 palabras clave sobre Racismo y Xenofobia*. Estella: Editorial Verbo Divino, 1996.

BOBBIO, Norberto. *Elogio à serenidade e outros escritos morais*. São Paulo: Unesp, 2002.

BOYLE, Kevin. Hate Speech – The United States versus the rest of the world? *Maine Law Review*, v. 53:2, 2001.

CANOTILHO, Joaquim José Gomes e MOREIRA, Vital. *Constituição da República Portuguesa anotada*. 2. ed. Coimbra: Coimbra, 1984. 1. v.

CODERCH, Pablo Salvador. *El derecho de la libertad*. Madrid: Centro de Estúdios Constitucionales, 1993.

CONSELHO NACIONAL DE EDUCAÇÃO (Brasil). Parecer CNE/CEB 15, de 1º de setembro de 2010. Orientações para que a Secretaria de Educação do Distrito Federal se abstenha de utilizar material que não se coadune com as políticas públicas para uma educação antirracista. Relatora: Nilma Lino Gomes. Brasília (DF), 1 set. 2010. Disponível em: http://portal.mec.gov.br/index.php?...id. Acesso em: 10 jun. 2023.

COWAN, Gloria; RESENDEZ, Mirian; MARSHALL, Elizabeth; QUIST, Ryan. Hate Speech and Constitutional Protection: Priming values of equality and freedom. *Journal of Social Issues,* v. 58, n. 2, 2002.

FISS, Owen M. *La ironia de la libertad de expresíon*. Barcelona: Editorial Gedisa, 1999.

FONSECA, Pedro. *Justiça proíbe Viradouro de levar carro do Holocausto à Sapucaí*. Agência Reuters, de 31 de janeiro de 2008. http://br.reuters.com/article/topNews/idBRN3157209520080131.

GUEVONTIAN, Richard. Direitos Humanos fundamentais *Anais do XIII Encontro de Direito Constitucional*. São Paulo: Instituto Pimenta Bueno, 2004.

LAFER, Celso. *A Reconstrução dos direitos humanos* – um diálogo com o pensamento de Hannah Arendt. São Paulo: Companhia das Letras, 1988.

MARTINS FILHO, Ives Gandra da Silva. Reflexões sobre a Liberdade. *Direito Público*. Porto Alegre: Síntese; Brasília: Instituto Brasiliense de Direito Público, v. 1, n. 4, abr./jun. 2004.

MENÉNDEZ, Ignacio Villaverde. Introducción histórica a las libertades de información y expresión. *Cuadernos y debates: Actas de las VII Jornadas de la Asociación de Letrados del Tribunal Constitucional "La libertad de información y de expresión"*, n. 139, p. 11 à 44, Madrid, Tribunal Constitucional: Centro de Estudios Políticos y Constitucionales, 2002.

MEYER-PFLUG, Samantha Ribeiro. *Liberdade de Expressão e Discurso do Ódio*. São Paulo: Ed. RT, 2009.

MIRANDA, Jorge. *Manual de Direito Constitucional*. Coimbra: Coimbra, 1988. t. IV.

PÁEZ, Darío e GONZÁLEZ, José Luis. Prejuicio: concepto y nociones diversas. In: BLÁSQUEZ-RUIZ, Javier (Org.). *10 palabras clave sobre Racismo y Xenofobia*. Estella: Editorial Verbo Divino, 1996.

RAZ, Joseph. *La ética en el ámbito público*. Barcelona: Gedisa, 2001.

RECUERO, Raquel, and Anatoliy GRUZD. Cascatas de Fake News Políticas: um estudo de caso no Twitter. *Galáxia*. São Paulo, p. 31-47, 2019.

ROSENFELD, Michel. Hate Speech in Constitutional Law jurisprudence: a comparative analysis. *Working Papers Series* n. 41, 2001. Disponível em: http: papers.ssrn.com/paper.taf?abstract_id=265939. Acesso em: 05 jan. 2008.

SUPREMO TRIBUNAL FEDERAL, Crime de racismo e antissemitismo: um julgamento histórico no STF: habeas corpus 82.424/RS. Brasília: Supremo Tribunal Federal, 2004.

RECONSTRUINDO A CONFIANÇA NA RELAÇÃO FISCO-CONTRIBUINTE

Sergio André Rocha

Livre-Docente em Direito Tributário pela Universidade de São Paulo. Professor de Direito Financeiro e Tributário da Universidade do Estado do Rio de Janeiro.

Sumário: Introdução – 1. Contextualizando o problema; 1.1 Transformação da legalidade de instrumento de libertação em instrumento de dominação; 1.2 Normas de incidência fiscal como normas de rejeição social?; 1.3 Gestão tributária de massas: transferência para o contribuinte da atividade de criação das normas tributárias via interpretação; 1.4 Gestão tributária de massas: transformação dos contribuintes em servidores públicos (sem remuneração); 1.5 Ausência do juiz em um ambiente litigioso; 1.6 Um problema circular – Conclusão – Referências.

INTRODUÇÃO

Olhando ao redor, notamos um fato alarmante em relação ao qual nos sentimos impotentes: o Sistema Tributário Nacional está quebrado. Em todas as áreas, começando pelo seu congelamento constitucional e todas as mazelas dele decorrentes – usualmente apresentadas como virtudes; passando pela deturpação das espécies tributárias e a proliferação de contribuições patológicas, aliadas à Desvinculação das Receitas da União (que hoje alcança também Estados e Municípios); pela injusta distribuição da carga tributária pelos tributos em espécie, a qual cobra pagamento de quem não tem capacidade contributiva; e desembocando em um anacrônico e ineficiente processo tributário (administrativo e judicial), verificamos um sistema disfuncional, inseguro e injusto.

A este fato soma-se, no contexto brasileiro atual, a completa desconfiança do contribuinte em relação ao Poder Público. Embora faltem testes empíricos, é intuitivo que há muito tempo não se percebem índices tão baixos de confiança no Estado por parte do cidadão. Do outro lado da mesa a situação não é diferente. A percepção da autoridade fiscal em relação ao contribuinte é de caráter policialesco. Em certa medida, ela reflete o ambiente que se desenvolveu no Brasil nos últimos anos, em que se separam virtuosos de imorais, colocando-se os contribuintes neste último grupo.

A questão que se percebe é que, considerando a situação brevemente exposta acima, a arrecadação tributária se realiza em um ambiente de constante litigiosidade e animosidade. Há anos Ives Gandra da Silva Martins sustenta que as normas tributárias se incluem no conjunto das ditas "normas de rejeição social". Essa análise, em uma primeira aproximação, parece refletir a situação brasileira atual – embora, como veremos adiante, não possa ser considerada uma característica ontológica da tributação. O ato de pagar tributo não é visto – como deveria ser – como um exercício de cidadania fiscal. É uma forma de evitar a ação repressiva do Estado, no mais das vezes vista como absurda, desproporcional e injusta.

Como já pontuei em estudo anterior,[1] estou absolutamente convencido de que não é possível reconstruir o Sistema Tributário Nacional nesse ambiente de isolamento e beligerância. Uma característica marcante da transição da sociedade industrial para a sociedade digital contemporânea é que os problemas hipercomplexos da sociedade atual não são solúveis por meio de uma intervenção pontual do legislador.[2] Na verdade, boa parte dos problemas hipercomplexos da pós-modernidade não é sequer passível de solução, sendo apenas administráveis.

O objetivo deste artigo é chamar a atenção para a urgência de lidarmos com a questão da reconstrução da confiança entre o Fisco e os contribuintes, apontando alguns elementos relevantes para este processo.

Uma ressalva formal: todas as transcrições de textos escritos originalmente em outras línguas foram livremente traduzidas para o português pelo autor.

1. CONTEXTUALIZANDO O PROBLEMA

1.1 Transformação da legalidade de instrumento de libertação em instrumento de dominação

Em interessante estudo, Marco Aurélio Greco nos apresentou o que chamou de "três papéis da legalidade". Segundo ele, "ao se conceber o fenômeno tributário apenas da perspectiva do binômio autoridade/liberdade e vista a tributação como atividade que atinge o patrimônio individual – por razões históricas de todos conhecidas que veem do relacionamento súdito/rei e da formação dos parlamentos –, a legalidade assumiu um papel de proteção e defesa do contribuinte contra pretensões do detentor do poder no sentido de obter recursos financeiros pelo simples exercício do seu poder de fato".[3] Esta perspectiva sobre o princípio da legalidade é chamada por Greco de "Legalidade-Libertação".

Marco Aurélio Greco sublinha que esta perspectiva da legalidade, que no Brasil teria origem nos esforços de Geraldo Ataliba, foi importante no seu tempo histórico, notadamente por permitir algum debate tributário no contexto autoritário do regime militar.[4] Entretanto, este debate essencialmente formal se esgotou e, como aponta o autor, *a lei transmutou-se de instrumento de libertação em mecanismo de dominação*, exatamente

---

1. ROCHA, Sergio André. *Da Lei à Decisão*: A Segurança Jurídica Possível na Pós-Modernidade. Rio de Janeiro: Lumen Juris, 2017. p. 73-76.
2. Ver: ROCHA, Sergio André. A Tributação na Sociedade de Risco. In: ROCHA, Sergio André. *Tributação Internacional*. São Paulo: Quartier Latin, 2013. p. 17-18.
3. GRECO, Marco Aurélio. Três Papéis da Legalidade Tributária. In: RIBEIRO, Ricardo Lodi; ROCHA, Sergio André (Coord.). *Legalidade e Tipicidade no Direito Tributário*. São Paulo: Quartier Latin, 2008. p. 102-103.
4. GRECO, Marco Aurélio. Três Papéis da Legalidade Tributária. In: RIBEIRO, Ricardo Lodi; ROCHA, Sergio André (Coord.). *Legalidade e Tipicidade no Direito Tributário*. São Paulo: Quartier Latin, 2008. p. 104-105.

pela falta de formas de controle do seu conteúdo. Assim, "o cultivo à legalidade pura abriu espaço para que uma lei – agora não passível de contestação, posto que bem formulada – veiculasse os mais diversos conteúdos com a característica comum de proteger o interesse arrecadatório do Estado mediante criação de novos institutos ou atribuição de maiores prerrogativas ao crédito tributário cuja interface é a imposição de restrições e a perda de espaço para as liberdades do cidadão".[5] Surge, então, a "Legalidade-Dominação".

Nesse contexto o autor propõe uma nova etapa no debate da legalidade, que prestigie a sociedade civil e reconheça "o tanto de cidadania envolvido no debate tributário". Prestigiar a sociedade civil "é transformar o debate tributário de modo que seu foco passe do tributo em si para a tributação como um todo e, com isto, alimentar a democracia em sua mais pura expressão para que o contribuinte deixe de ser o objeto da lei (seu sujeito submetido) para se tornar o agente motor da construção dos destinos da sociedade".[6] Ou seja, deve-se deixar um modelo formal de legalidade para outro em que se tenha "uma ação direcionada à aprovação de regras em sintonia com os valores, princípios e objetivos constitucionais, pois estas levarão à mudança e à construção de um desenho distinto do relacionamento fisco/contribuinte".[7] Nesta fase, a legalidade passa a ter um novo perfil, de "Legalidade-Emancipação".

A advertência feita por Marco Aurélio Greco é bastante atual. Escrevi um artigo em 2015 analisando o que chamei de "planejamento tributário estatal abusivo", chamando a atenção para situações de leis formalmente válidas, mas artificiais, editadas em "fraude à Constituição", para usar uma versão da expressão "fraude à lei" que se tornou popular no debate sobre o planejamento tributário abusivo dos contribuintes.[8] A falta de instrumentos para o questionamento do desvio de finalidade e da artificialidade das leis torna-a um veículo de dominação do contribuinte pela legalidade formal.

Cremos ser impossível desenvolver um ambiente de confiança onde o Fisco busca defender suas posições por meio de modificações legislativas formais que, se analisadas pelos mesmos critérios usados para avaliar planejamentos tributários dos contribuintes, seriam consideradas artificiais e praticadas com abuso do direito de legislar.

Assim, o ambiente de desconfiança se inicia no próprio exercício da atividade legislativa, a qual, em grande medida, foi delegada às autoridades fiscais – especialmente na esfera federal. O projeto base das iniciativas legislativas tem início, normalmente, com a edição de uma medida provisória, e a Receita Federal tem uma influência significativa no processo de discussão congressual.

---

5. GRECO, Marco Aurélio. Três Papéis da Legalidade Tributária. In: RIBEIRO, Ricardo Lodi; ROCHA, Sergio André (Coord.). *Legalidade e Tipicidade no Direito Tributário*. São Paulo: Quartier Latin, 2008. p. 108.
6. GRECO, Marco Aurélio. Três Papéis da Legalidade Tributária. In: RIBEIRO, Ricardo Lodi; ROCHA, Sergio André (Coord.). *Legalidade e Tipicidade no Direito Tributário*. São Paulo: Quartier Latin, 2008. p. 109.
7. GRECO, Marco Aurélio. Três Papéis da Legalidade Tributária. In: RIBEIRO, Ricardo Lodi; ROCHA, Sergio André (Coord.). *Legalidade e Tipicidade no Direito Tributário*. São Paulo: Quartier Latin, 2008. p. 110.
8. Ver: ROCHA, Sergio André. Planejamento Tributário Abusivo Estatal: O Caso do Brasil. In: SCHOUERI, Luís Eduardo et at. (Coord.). *Estudos de Direito Tributário em Homenagem ao Professor Gerd Willi Rothmann*. São Paulo: Quartier Latin, 2016. p. 473-488.

1.2 Normas de incidência fiscal como normas de rejeição social?

Como mencionamos, já em sua tese de doutorado, defendida no ano de 1983, Ives Gandra da Silva Martins sustentou a separação das regras jurídicas em dois grupos: "regras de aceitação social" e "regras de rejeição social". Segundo este autor "as normas de aceitação social encontram-se entre aquelas que são de cumprimento natural – quase sempre próprias do direito natural –, sendo a sanção mera consequência de sua formulação jurídica". De outra parte, "não se pode dizer o mesmo quanto às normas de rejeição social. Para estas, no aspecto meramente instrumental, aplicar-se-ia o conceito nuclear da teoria kelseniana, na medida em que a sanção é a norma primária, sendo secundário o 'o dever-ser'. Sem a sanção, no concernente às normas de rejeição social, dificilmente seriam adimplidas as obrigações inseridas nos comandos existentes". Por fim, arremata Gandra Martins, "o tributo é, por excelência, veiculado por norma de rejeição social. Dada a complexidade inerente ao crescimento da vida em sociedade, dificilmente a obrigação de recolher tributo seria cumprida sem sanção. E Hart reconhece a natureza de rejeição social na norma tributária, muito embora sem lhe atribuir a nomenclatura que estou adotando".[9]

A questão levantada por Ives Gandra nos remete a uma das questões mais complexas do Direito: por que as pessoas obedecem à lei?

A resposta do positivismo jurídico à esta questão normalmente vem associada à existência de sanções que sejam aplicadas como consequência jurídica do cometimento de uma infração. É claro o fundamento das lições de Ives Gandra em Kelsen e Hart, por exemplo. O mesmo debate vai aparecer em um autor mais contemporâneo, o americano Frederik Schauer, para quem há "base substancial para a hipótese de que uma lei sem sanções, que não siga as preferências e julgamentos das pessoas independentes da existência da lei (incluindo julgamentos morais), é normalmente ineficaz".[10]

Uma característica da literatura jurídica, que se reflete na literatura jurídico-tributária, é tratar questões como a posta acima de uma perspectiva essencialmente filosófica. Contudo, a ciência que estuda as razões do comportamento humano não é o Direito, mas a psicologia e a neurociência. Assim, o estudo dos processos mentais que levam as pessoas a cumprirem a lei é mais afeto a esses campos do conhecimento do que ao Direito.

Seguindo esta linha de pensamento, já se percebe que *é impossível afirmar que as normas tributárias são normas de rejeição social* sem considerar uma sociedade particular e um determinado momento histórico.

Considerando os comentários anteriores, uma obra especialmente interessante é o livro *Why People Obey the Law* ("Por Que as Pessoas Obedecem a Lei"), do Professor de

---

9. MARTINS, Ives Gandra da Silva. *Teoria da Imposição Tributária*. 2. ed. São Paulo: Ltr, 1998. p. 128-129. Para um estudo mais recente do autor, ver: MARTINS, Ives Gandra da Silva. *Uma Teoria do Tributo*. São Paulo: Quartier Latin, 2005. p. 288-289.
10. Ver: SCHAUER, Frederick. *The Force of Law*. Cambridge: Harvard University Press, 2015. p. 65.

Psicologia da Universidade de Nova York Tom R. Tyler. Baseado em pesquisas empíricas, o autor tentou mapear as razões que levam as pessoas a cumprir a lei.

Segundo Tom R. Tyler, há vários fatores que podem influenciar o cumprimento da lei pelo cidadão. Em primeiro lugar, há questões relacionadas à legitimidade de quem editou a lei, de modo que o cidadão pode cumprir a lei simplesmente em função da autoridade de quem a editou. Há, ainda questões como dissuasão (probabilidade de ser pego, chances de ser punido, severidade da punição ou alguma combinação desses fatores), a opinião dos pares e a moralidade individual de cada um.[11]

O autor aponta que "grande parte da teoria social tradicional está apoiada na premissa de que o comportamento é motivado por recompensas e punições no ambiente externo". Contudo, como ele aponta "se recompensas e punições sozinhas produzissem *compliance* suficiente para a sociedade funcionar de forma eficaz, as autoridades teriam uma tarefa simples e direta. Eles teriam apenas que controlar os recursos coletivos e poderiam focar sua atenção em como aplicá-los. Esta estratégia baseada na dissuasão é bastante atrativa para autoridades políticas e legais. O controle social requer pouco esforço para comunicar com o público ou ser responsivo a ele; tal controle foca nas recompensas e penalidades associadas com obedecer e desobedecer a lei, e permitem às autoridades controlar sua própria agenda. *De outro lado, um foco normativo no compliance coloca ênfase nos seus aspectos voluntários, colocando considerável poder sobre a eficácia das autoridades nas mãos daqueles que eles lideram*".[12] (Destaque nosso)

Baseado em diversos estudos empíricos realizados nas décadas de 60 e 70, Tom R. Tyler afirma que "embora a ideia do exercício da autoridade por meio controle social seja atrativamente simples, tem sido largamente sugerido que em sociedades democráticas o sistema jurídico não pode funcionar se ele só é capaz de influenciar pessoas manipulando recompensas e custos".[13]

Aqui temos que retornar à afirmação de Ives Gandra no sentido de que as normas tributárias são normas de rejeição social e os efeitos deletérios que tal premissa gerou no desenvolvimento da relação Fisco-contribuintes.

Ora, se o ponto de partida de um sistema tributário é a premissa de que o *compliance* voluntário não é possível,[14] de que as regras somente são cumpridas mediante a previsão e aplicação de pesadas sanções, naturalmente o perfil da autoridade fiscal será cada vez mais orientado pela sanção, pela punição.

Esta tem sido claramente a tendência do Sistema Tributário Nacional. Se tomarmos a atuação da Secretaria da Receita Federal do Brasil como paradigma verificaremos uma

---

11. TYLER, Tom R. *Why People Obey the Law*. New Jersey: Princeton University Press, 2006. p. 42-45.
12. TYLER, Tom R. *Why People Obey the Law*. New Jersey: Princeton University Press, 2006. p. 20-21.
13. TYLER, Tom R. *Why People Obey the Law*. New Jersey: Princeton University Press, 2006. p. 22.
14. Como aponta Hans Gribnau, "a ideia de pagamento voluntário de tributos implica uma dupla mudança de perspectiva: de um lado da *coação* para o *voluntarismo* e de outro do pagamento *para o Estado*, para o pagamento *para a sociedade*" (GRIBNAU, Hans. Voluntary Compliance Beyond the Letter of the Law. In: PEETERS, Bruno et al. (Coord.). *Building Trust in Taxation*. Cambridge: Intersentia, 2017. p. 35).

autoridade fiscal que busca o cumprimento das obrigações fiscais essencialmente pelo lado do controle, da coerção e da punição.

Peguemos o tema do planejamento tributário como exemplo e veremos claramente esta perspectiva. Ainda hoje não se percebe iniciativas no sentido de conscientizar o contribuinte sobre o conteúdo da sua cidadania fiscal. Do contrário, busca-se o *compliance* pela via da punição, com a lavratura de autos de infração com a aplicação generalizada da multa de fraude de 150% e a proliferação da representação fiscal para fins penais. O mesmo foi percebido na edição da Medida Provisória 685/2015, que pretendeu introduzir uma declaração voluntária de planejamentos tributários no Brasil.

Embora esta abordagem punitiva gere algum nível de *compliance*, principalmente em razão do grande investimento tecnológico feito pelas autoridades fiscais e as altas penalidades previstas na legislação tributária brasileira, ela jamais gerará um genuíno cumprimento voluntário das normas tributárias e sempre demandará um esforço substancial das autoridades fiscais.

Uma administração tributária baseada em repressão causa uma reação que se materializa na sofisticação dos planejamentos tributários e, muitas vezes, em estruturas baseadas no descumprimento das obrigações fiscais, aliadas à institucionalização dos programas especiais de pagamento de tributos não recolhidos. A generalização dos "Refis" acaba por anular o instrumento principal de gestão tributária: a aplicação de sanções. Afinal, como salientou Luís Eduardo Schoueri, "desde 2000, têm sido frequentes os programas de parcelamento (ou pagamento integral) oferecidos no âmbito federal, sempre acompanhados de reduções substantivas de penalidades e de encargos financeiros. Posto que se possam encontrar méritos ao possibilitarem a regularização da situação tributária de diversos contribuintes, além dos óbvios efeitos arrecadatórios, especialmente relevantes para assegurar superávits diante de gastos crescentes, não é segredo que a sua recorrência é prejudicial, já que acaba por incentivar a inadimplência".[15]

De certa maneira, a proliferação dos "Refis" é uma reação de forças de mercado contra o modelo punitivo de gestão fiscal, anulando-se as sanções que são o ponto de apoio principal da abordagem repressiva das autoridades fiscais.

São as normas tributárias "normas de rejeição social"? Esta pergunta não tem uma resposta no plano teórico, somente a pesquisa empírica, considerando determinada sociedade em certo momento histórico, permitirá identificar quais são as razões que levam o contribuinte a pagar, ou deixar de pagar, os seus tributos.

Se pensarmos a sociedade brasileira de hoje, em 2023, mesmo sem uma pesquisa empírica para lastrear nossas considerações parece-nos intuitivo que as normas tributárias efetivamente se transformaram em normas de rejeição social. Assim, nos dias atuais pode-se assumir que os contribuintes não se sentem "psicologicamente motivados" ao

---

15. SCHOUERI, Luis Eduardo. O Refis e a Desjudicialização do Planejamento Tributário. *Revista Dialética de Direito Tributário*, São Paulo, n. 232, p. 103. jan. 2015.

cumprimento de suas obrigações tributárias, de modo que é possível defender, como salienta Heleno Tôrres, que, em termos sociológicos "a primeira e mais instintiva reação do contribuinte perante exigências tributárias é teoreticamente aquela de abster-se ao seu cumprimento".[16]

A ineficiência gerencial do Estado brasileiro bem como a corrupção que se faz presente dos mais baixos aos mais altos escalões dos Poderes Legislativo, Executivo e Judiciário impõe aos contribuintes um sentimento generalizado de que suas contribuições aos cofres públicos não são destinadas à coisa alguma, perdendo-se no seio da burocracia e da corrupção.

Diante dessa massa de contribuintes descrentes no Estado, a autoridade fiscal, considerando o modelo do sistema brasileiro, tende a responder com mais controle e mais repressão. Contudo, é especialmente nas sociedades em que a norma tributária é uma norma "de rejeição" que se deve buscar mecanismos para assegurar o *compliance* voluntário, cada vez menos dependente da ameaça de sanção. Afinal como apontam Willem Lemmens e Jo Badisco, "uma política que foque em punições, fiscalizações e ameaças reduz a vontade de pagar tributos".[17]

Neste momento podemos assentar uma premissa: o Sistema Tributário Nacional foi construído tendo como pilares a ameaça e a punição. Consequentemente, é um sistema litigioso. Nos itens seguintes apontaremos alguns aspectos que exacerbam tais características, notadamente por *gerarem desconfiança e impedirem o desenvolvimento de uma verdadeira cidadania fiscal no contribuinte brasileiro*.[18]

1.3 Gestão tributária de massas: transferência para o contribuinte da atividade de criação das normas tributárias via interpretação

Em estudo publicado no Brasil, José Juan Ferreiro Lapatza fez importantes apontamentos sobre os sistemas de gestão tributária atualmente adotados pelos países europeus, separando o sistema anglo-saxão, baseado na *autoliquidação* dos deveres fiscais pelos próprios contribuintes, do sistema continental, fundamentado no exercício da liquidação tributária pela Administração Pública.[19]

Como menciona o próprio Ferreiro Lapatza, os sistemas continentais têm sido influenciados pelo sistema anglo-saxão, de forma que há uma cada vez maior utiliza-

---

16. TÔRRES, Heleno. *Direito Tributário e Direito Privado*. São Paulo: Ed. RT, 2003. p. 173. Sobre o tema, ver: SCHMÖLDERS, Günter. *The Psychology of Money and Public Finance*. Trad. Iain Grant e Karen Green. New York: Palgrave Macmillan, 2006. p. 157-210.
17. LEMMENS, Willem; BADISCO, Jo. Taxation and Ethics: An Impossible Marriage? In: PEETERS, Bruno et al. (Coord.). *Building Trust in Taxation*. Cambridge: Intersentia, 2017. p. 125.
18. Sobre o tema da cidadania fiscal, ver: NABAIS, José Casalta. *Por uma Liberdade com Responsabilidade*: Estudos sobre Direitos e Deveres Fundamentais. Coimbra: Coimbra Editora, 2007. p. 189-196.
19. LAPATZA, José Juan Ferreiro. Solución Convencional de Conflictos en el Âmbito Tributário: una Propuesta Concreta. In: TÔRRES, Heleno Taveira (Coord.). *Direito Tributário Internacional Aplicado*. São Paulo: Quartier Latin, 2004. v. II. p. 294.

ção da delegação ao contribuinte das atividades de liquidação fiscal em países como a França, a Itália e a Espanha.[20]

Em Portugal, essa mesma tendência foi apontada por José Luis Saldanha Sanches,[21] deixando este autor registrado, logo na introdução de seu estudo sobre a quantificação das obrigações tributárias, "que o modo atual de execução das tarefas financeiras de obtenção de recursos pecuniários para o Estado tem como marca essencial uma redução do papel desempenhado pela Administração e o correspondente aumento da participação dos particulares nos procedimentos de aplicação da lei fiscal".[22]

No Brasil, tal situação já era assinalada por Fábio Fanuchi na década de setenta,[23] tendo sido objeto de análise por Paulo de Barros Carvalho, para quem:

> Quando se fala em expedição de norma jurídica individual e concreta vem, desde logo, à nossa mente, o desempenho de um órgão da Administração ou Poder Judiciário. E, se passarmos apressadamente, sem refletir, essa ideia equivocada irá provocar um bloqueio, consolidando o preconceito de que o administrado, na esfera de suas múltiplas possibilidades de participação social, reguladas pelo direito, esteja impedido de produzir certas normas individuais e concretas. Mas não é assim no direito brasileiro. Basta soabrirmos os textos do ordenamento positivo, no que concerne aos tributos, para verificarmos esta realidade empírica indiscutível: o subsistema prescritivo das regras tributárias prevê a aplicação por intermédio do Poder Público, em algumas hipóteses, e, em outras, outorga esse exercício ao sujeito passivo, de que se espera, também, o cumprimento da prestação pecuniária.

> Diga-se de passagem, aliás, que tem havido um crescimento significativo na participação dos súditos do Estado, instados a praticar uma série de expedientes para a produção de normas individuais e concretas nesse campo. A transferência de atividades relativas à apuração do débito tributário para a esfera dos deveres instrumentais ou formais do sujeito passivo, mediante severo controle da entidade tributante, tornou-se uma viva realidade dos nossos dias. A maior parte dos tributos, hoje, assim no Brasil que em outros países que seguem o modelo continental europeu, estão cometidos ao sujeito passivo da obrigação tributária, cabendo-lhes estabelecer em fatos os eventos tributários, e relatar os dados componentes da relação jurídica.[24]

Assim, tendo em conta a proliferação, no Brasil, dos tributos sujeitos ao chamado "lançamento por homologação", as atividades de apuração e arrecadação tributária foram significativamente delegadas aos contribuintes, a quem cabe, na realidade, a realização das tarefas previstas no artigo 142 do Código Tributário Nacional como caracterizadoras do "lançamento tributário".[25] Esta questão foi examinada por Alberto Xavier, que afirma

---

20. LAPATZA, José Juan Ferreiro. Solución Convencional de Conflictos em el Âmbito Tributário: una Propuesta Concreta. In: TÔRRES, Heleno Taveira (Coord.). *Direito Tributário Internacional Aplicado*. São Paulo: Quartier Latin, 2004. v. II. p. 295-296.
21. SANCHES, José Luís Saldanha. *A Quantificação da Obrigação Tributária: Deveres de Cooperação, Autoavaliação e Avaliação Administrativa*. Lisboa: Lex, 2000. p. 75-76.
22. SANCHES, José Luís Saldanha. *A Quantificação da Obrigação Tributária*: Deveres de Cooperação, Autoavaliação e Avaliação Administrativa. Lisboa: Lex, 2000. p. 17.
23. FANUCCHI, Fábio. *Curso de Direito Tributário Brasileiro*. São Paulo: Resenha Tributária, 1971. v. I. p. 149.
24. CARVALHO, Paulo de Barros. *Direito Tributário: Fundamentos Jurídicos da Incidência*. São Paulo: Saraiva, 1998. p. 213. Para uma longa revisão bibliográfica sobre o tema, ver: ROCHA, Sergio André. *Processo Administrativo Fiscal*: Controle Administrativo do Lançamento Tributário. Rio de Janeiro: Lumen Juris, 2010. p. 302.
25. Ver: ROCHA, Sergio André. *Processo Administrativo Fiscal*: Controle Administrativo do Lançamento Tributário. 6 ed. Rio de Janeiro: Lumen Juris, 2010. p. 295-314.

não ter dúvidas "de que o sistema tributário brasileiro vigente se reveste das características de massificação e automação, raramente surgindo o lançamento como momento necessário na dinâmica da obrigação tributária que, a maior parte das vezes, pode ser espontaneamente cumprida sem a prática prévia do referido ato".[26]

Diante dos comentários acima, é possível firmar como premissa que no estágio atual da tributação, cabe aos contribuintes liquidar suas obrigações fiscais e recolher os tributos devidos, de acordo com sua autoliquidação, aos cofres públicos. Cabe-lhes, ainda, arrecadar tributos para o Estado, proliferando-se as hipóteses de retenção na fonte, e fiscalizar o comportamento de outros contribuintes, multiplicando-se os casos de responsabilidade tributária.[27]

Ora, se há algo que não se duvida é que a legislação tributária brasileira – assim como a legislação tributária da grande maioria dos países – é altamente complexa.[28] Ao adotar um sistema de autoliquidação, sem que haja um mecanismo eficaz de consulta prévia sobre a interpretação da legislação – tendo em vista o tempo de resposta das autoridades fiscais –, e adotando a repressão e a punição como mecanismos de *compliance*, naturalmente teremos um sistema antagonista e litigioso.

Como salientamos acima, não se pode perder de vista que no Brasil atual os contribuintes não se sentem voluntariamente inclinados a contribuir. Com isso, a aposta das autoridades fiscais tem sido aumentar a repressão. Contudo, a transferência das atividades de liquidação para os contribuintes é uma via de mão dupla. Entrega a função de apuração do "se" e "quanto" pagar para quem, regra geral, entende que não deve pagar. Daí, não há cruzamento, sistema digital, ou autoridade fiscal que tenha capacidade de filtrar todos os comportamentos dos contribuintes tendentes a afastar, reduzir ou postergar o dever de contribuir.

Academicamente se discute muito o papel do valor solidariedade na tributação, a configuração do dever de pagar tributos como um dever fundamental etc.[29] Contudo, por mais belas e inspiradoras que sejam essas passagens, solidariedade social real não pode ser imposta, tem que ser construída. Há um limite para a imposição jurídica de valores. Eles têm que ser desenvolvidos no âmago da sociedade.

A solidariedade tributária tem um conteúdo jurídico mínimo. Contudo, a sua expressão máxima de sentido só pode ser alcançada se ela for abraçada pela sociedade

---

26. XAVIER, Alberto. *Do Lançamento no Direito Tributário Brasileiro*. 3. ed. Rio de Janeiro: Forense, 2005. p. 13.
27. Este contexto foi bem observado por Denise Lucena Cavalcanti, que destaca que "não se pode desconsiderar o grande aumento da responsabilidade do cidadão-contribuinte em apurar e arrecadar, por sua conta própria, seus tributos, exercendo ato que, de origem, caberia ao fisco, e que agora é de sua responsabilidade, inclusive passível de penalidades" (CAVALCANTI, Denise Lucena. *Crédito Tributário*: a função do cidadão-contribuinte na relação tributária. São Paulo: Malheiros, 2004. p. 29).
28. ROCHA, Sergio André. *Da Lei à Decisão: A Segurança Jurídica Possível na Pós-Modernidade*. Rio de Janeiro: Lumen Juris, 2017. p. 77-78.
29. Ver os estudos publicados em GODOI, Marciano Seabra de; ROCHA, Sergio André (Org.). *O Dever Fundamental de Pagar Impostos*: O que Realmente Significa e Como vem Influenciando Nossa Jurisprudência. Belo Horizonte: Editora D'Plácido, 2017.

como um valor da própria comunidade. E este é o desafio!! Por isso que uma gestão tributária policialesca não funciona para gerar *compliance* voluntário!!

1.4 Gestão tributária de massas: transformação dos contribuintes em servidores públicos (sem remuneração)

Um aspecto absolutamente interconectado ao anterior é a nova forma de fiscalização que se tornou comum no Brasil. Neste ano de 2018 completo 20 anos de atuação como consultor tributário. Em 1998 ingressei, como advogado já formado na empresa de auditoria Arthur Andersen e lá dei meus primeiros passos na consultoria tributária. De lá para cá, noto uma sensível diferença na forma de fiscalizar das autoridades fiscais. Tempos atrás, os fiscais fiscalizavam. Pediam documentos e informações e investigavam a situação fiscal das empresas. Atualmente não é bem isso que acontece. Por mais que esteja tudo – ou quase tudo – no sistema, que as obrigações acessórias tenham se multiplicado e digitalizado, que os cruzamentos de informações dos diversos contribuintes sejam bastante eficientes, ainda assim, na hora de fiscalizar, a autoridade administrativa transfere para o contribuinte o seu trabalho: "me faça um arquivo em Excel com as características XYZ listando as informações ABC neste formato".

Ora, o contribuinte não é servidor da Secretaria da Receita Federal do Brasil. Naturalmente que o contribuinte tem um dever de colaboração. Contudo, este se esgota no cumprimento de suas obrigações acessórias e no dever de prestar informações de forma correta e transparente.

Há décadas que, como vimos, transferiu-se aos contribuintes o dever de interpretar/aplicar a legislação tributária. Agora, transfere-se ao contribuinte a função de produzir, além do que a lei estabelece, os papéis de trabalho da fiscalização. Neste ambiente, falar-se em cidadania fiscal, em solidariedade, é uma quimera. Não só se está transferindo uma função pública para o setor privado, como se está transferindo para o setor privado um custo público. Afinal, o custo não desaparece. Preparar as informações em um determinado formado custa dinheiro.[30] Ao se exigir que tais atividades sejam desempenhadas pelo contribuinte transfere-se para este o custo de contratar o pessoal necessário para a sua realização, ignorando o que Leandro Paulsen chamou de princípio da capacidade colaborativa.[31]

---

30. Não só o custo não desaparece, ele é dividido de forma regressiva entre os contribuintes, como apontado por Caio Takano (TAKANO, Caio Augusto. *Deveres Instrumentais dos Contribuintes*. São Paulo: Quartier Latin, 2017. p. 256-261).
31. Nas palavras de Paulsen, "extrapolam a capacidade de colaboração dos contribuintes obrigações de difícil ou demasiadamente oneroso cumprimento, como a imposta a grandes empresas de colocarem à disposição da fiscalização uma enorme plêiade de documentos em cinco dias ou a de, na renovação anual de alvarás para a utilização de equipamentos para transações com cartões de crédito ou débito, apresentarem cópias de todos os contratos firmados com as administradoras e das informações sobre as operações realizadas atinentes aos últimos cinco exercícios fiscais. Também não se justificava, por violadora da capacidade de colaboração dos contribuintes do imposto sobre a circulação de mercadorias, a obrigação de que fizessem constar, das notas fiscais relativas a operações interestaduais com produtos importados, o conteúdo da importação expresso percentualmente ou o valor da importação, porquanto já prestada a informação através da ficha de conteúdo

Parece-nos que a questão foi bem-posta por Éderson Garin Porto. É necessário e urgente "humanizar" o Direito Tributário. Pensá-lo a partir do cidadão e não de uma perspectiva exclusivamente arrecadatória. Vejam-se suas palavras:

> Como a pretensão da investigação foi propor um novo modelo de relação para o Direito Tributário, tornou-se imperioso identificar as normas que poderiam orientar este novo perfil de relacionamento.
>
> Percorrendo a trilha para a identificação dos deveres de colaboração, cooperação e proteção, chegou-se ao ponto de examinar uma *noção de cidadania fiscal. Esta noção pressupõe a consciência do cidadão do seu dever fundamental de contribuir com o Estado como forma de custear os direitos fundamentais. Por outro lado, é preciso desenvolver uma consciência de elevação do ser humano para o centro do ordenamento jurídico, colocando-o como o fim último da existência do Estado* e, sobretudo, como vértice da ordem jurídica.
>
> É preciso mudar o foco do Direito Tributário, retirando o tributo do núcleo de importância e colocando o ser humano nesta posição. *Esta posição humanista descloca o centro da disciplina do tributo para o homem que recolhe o tributo.* A proposta ora defendida consiste, portanto, em humanizar a relação tributária, estabelecendo que a arrecadação não é um fim último do Direito Tributário. A finalidade do Direito Tributário é transformar a arrecadação num ato de justiça social, observando-se os limites estabelecidos pela ordem jurídica e, ao mesmo tempo, conscientizando-se o cidadão sobre o dever fundamental que possui.
>
> [...]
>
> Quando se faz referência ao ser humano como centro de preocupação do Direito Tributário, defende-se uma visão antropocêntrica da tributação que começa pela forma de relacionamento entre os sujeitos da obrigação tributária. Ao longo dos anos, a tributação tornou-se tão complexa que o contribuinte não tem mais condições de compreendê-las por seus próprios meios. Viu-se obrigado a contratar contador, advogado, consultor, despachante, dentre outros tantos prestadores de serviços apenas para atender as exigências do Fisco. *Este, de seu turno, foi paulatinamente repassando obrigações ao contribuinte sem qualquer contrapartida ou assistência. Ao passo que o Fisco se desonerava de certas incumbências repassando o lançamento do tributo para o contribuinte, mais descompromissado tornou-se em relação ao processamento da obrigação tributária.* Pois é chegada a hora de repensar a forma de relacionamento que se construiu ao longo do tempo e cotejá-la com a ordem jurídica vigente. A dignidade da pessoa humana não serve, portanto, apenas para proteger o mínimo vital, como se fosse uma norma de proteção da miséria. Trata-se de um importante princípio estruturante do Estado Constitucional de Direito, relevante demais para ficar confinado a tão mesquinha interpretação.[32]

(Destaques nossos)

A questão mencionada nesta seção nos remete a um dos maiores hiatos da legislação tributária brasileira: a disciplina do procedimento de fiscalização. Tirando alguns dispositivos presentes no Código Tributário Nacional, editados em outro momento histórico e em grande medida obsoletos, a Lei Complementar é silente sobre a matéria. Da mesma maneira, as leis ordinárias, salvo alguns vetustos diplomas referentes a tributos específicos, como o Imposto de Renda, não cuidam da matéria. Portanto, o

---

de importação, configurando sobreposição desnecessária e que expunha o contribuinte perante seus clientes e concorrentes" (PAULSEN, Leandro. *Capacidade Colaborativa*: Princípio de Direito Tributário para Obrigações Acessórias e de Terceiros. Porto Alegre: Livraria do Advogado, 2014. p. 96). Sobre o tema, ver: TAKANO, Caio Augusto. *Deveres Instrumentais dos Contribuintes*. São Paulo: Quartier Latin, 2017. p. 139-142).

32. PORTO, Éderson Garin. *A Colaboração no Direito Tributário: Por um novo perfil de relação obrigacional tributária*. Porto Alegre: Livraria do Advogado, 2016. p. 245-246.

tema da fiscalização foi deixado para ser regulamentado pelo próprio órgão responsável pela atividade fiscalizatória. Este tema deveria entrar urgentemente na pauta de debates do Congresso Nacional. É de certa forma surpreendente a desproporção entre a preocupação constante com as reformas tributárias materiais e o quase desprezo por reformas procedimentais e processuais que poderiam contribuir significativamente para a melhora do ambiente de negócios.[33] Tais debates costumam surgir dentro de outros temas mais complexos e abrangentes, como os tão falados Códigos de Defesa do Contribuinte, que de tão ambiciosos enfrentam sérias dificuldades para deixar o plano das ideias.

1.5 Ausência do juiz em um ambiente litigioso

Em um trabalho publicado em 2017, fiz um diagnóstico da insegurança jurídica na área tributária que chamou atenção para a necessidade de se repensar o modelo de solução de controvérsias fiscais.[34] A análise apresentada naquela oportunidade está assentada na percepção de que o Poder Judiciário não possui as qualidades necessárias para solucionar conflitos de interesses no campo fiscal. Falta ao Judiciário o conhecimento técnico e o tempo de resposta. Em virtude das carências do Poder Judiciário os contribuintes depositaram suas expectativas nos órgãos administrativos de julgamento, os quais, por razões distintas, também não são adequados para funcionarem como um terceiro imparcial para a solução de lides tributárias. Uma reforma abrangente do processo tributário é imprescindível para que possamos desenvolver um ambiente de segurança e estabilidade tributárias.

Os comentários que apresentamos anteriormente reforçam esta conclusão.

Com efeito, se temos uma lei que muitas vezes é utilizada como instrumento de dominação de um contribuinte psicologicamente inclinado a não contribuir, a quem foram transferidas as atividades de liquidação e pagamento de tributos,[35] assim como uma gama de atividade acessórias à fiscalização tributária, a falta de um órgão de aplicação competente certamente amplia o abismo entre o Fisco e os contribuintes.

Temos sustentado que o desenvolvimento de um ambiente de segurança jurídica depende de um órgão de aplicação que seja tecnicamente consistente.

Nos dias 28 de fevereiro e 01 de março deste ano, foi realizado em Brasília o "Seminário e Workshop Preços de transferência: o padrão da OCDE e a abordagem brasileira", que reuniu representantes da OCDE, da Secretaria da Receita Federal, da academia e

---

33. ROCHA, Sergio André. *Da Lei à Decisão*: A Segurança Jurídica Possível na Pós-Modernidade. Rio de Janeiro: Lumen Juris, 2017. p. 50-51.
34. ROCHA, Sergio André. *Da Lei à Decisão*: A Segurança Jurídica Possível na Pós-Modernidade. Rio de Janeiro: Lumen Juris, 2017.
35. Ver: ROCHA, Sergio André. Processo Fiscal e Justiça Tributária. In: FERREIRA, Eduardo Paz; TORRES, Heleno Taveira; PALMA, Clotilde Celorico (Org.). *Estudos em Homenagem ao Professor Doutor Alberto Xavier*. Coimbra: Almedina, 2013. p. 829-838.

do mercado para debater uma aproximação entre as regras de preços de transferência brasileiras e o padrão OCDE.

Em uma de minhas intervenções, registrei opinião no sentido de que a adoção de padrões mais abertos, de fundo econômico, para o controle dos preços de transferência no Brasil, demandaria a criação de um sistema próprio de solução de controvérsias, composto por julgadores que tivessem formação para analisar o componente econômico de uma rede global de valor.

A reconstrução de uma relação de confiança entre Fisco e contribuintes requer um órgão de aplicação estabilizador, capaz de pautar as inevitáveis controvérsias que advirão do processo de interpretação/aplicação da legislação tributária.[36] Até mesmo porque as características antes apontadas da administração de um sistema tributário massificado não desaparecerão no futuro próximo.

Nada obstante, não é apenas no controle dos atos concretos de lançamento que recai a ausência do Estado-Juiz. Há uma questão dramática decorrente da (in)competência do Supremo Tribunal Federal em matéria fiscal e a sua verdadeira omissão nos grandes temas.

Sabe-se que uma característica (ou seria um defeito?) do Sistema Tributário Nacional é a sua excessiva constitucionalização, da qual decorre uma competência onipresente do Supremo Tribunal Federal para decidir questões tributárias.

Este fato tem consequências muito danosas na construção do sistema. A uma porque, via de regra, os ministros da Suprema Corte não são versados em matéria tributária, o que fica evidente quando debatem abertamente no plenário temas fiscais. A duas porque a pauta da Corte não dá vazão à enorme quantidade de assuntos tributários que chegam para julgamento. A consequência, não raro, são decisões mal fundamentadas que, quase sempre, demoram demais para serem proferidas.

Tomemos como exemplo o caso do planejamento tributário, certamente um dos temas mais debatidos no Direito Tributário Brasileiro nas últimas duas décadas. Logo que foi editada a Lei Complementar 104/2001, que incluiu no Código Tributário o parágrafo único do artigo 116, foi ajuizada uma Ação Direta de Inconstitucionalidade (n. 2.446) contra ela. No dia 18 de abril de 2001, ou seja, há 17 anos, a Confederação Nacional do Comércio provocou o Supremo Tribunal Federal para que se pronunciasse sobre os limites do controle do planejamento tributário no Brasil. *Até hoje esta ADI não tem sequer um voto proferido!!!!*

Ora, certamente não se espera que o Supremo Tribunal Federal analise um planejamento tributário em um caso real. Porém, há anos se debate a pauta axiológica do planejamento tributário e a aplicação de princípios constitucionais como a legalidade e a capacidade contributiva. Tivesse a Suprema Corte pautado este debate, hoje, em 2018, esta controvérsia teria avançado. Mas não, diante da omissão decisória do Poder

---

36. ROCHA, Sergio André. *Da Lei à Decisão*: A Segurança Jurídica Possível na Pós-Modernidade. Rio de Janeiro: Lumen Juris, 2017. p. 77-80.

Judiciário a questão foi deixada para ser desenvolvida no âmbito do CARF e todos sabemos onde chegamos.[37]

A falta de um órgão de aplicação do direito eficiente no campo fiscal exacerba as controvérsias entre Fisco e contribuintes e torna mais difícil a construção de um ambiente de segurança. A reforma institucional do processo tributário, a meu ver, é uma das mais necessárias para a criação de um ambiente de segurança tributária no Brasil e, paradoxalmente, uma das menos debatidas.

1.6 Um problema circular

O debate posto acima gera uma discussão circular: a postura repressiva e sancionatória adotada pelas autoridades fiscais gera comportamentos de não adimplência pelos contribuintes, ou os comportamentos de não adimplência dos contribuintes geram uma postura repressiva e sancionatória pelas autoridades fiscais?

Parece-nos que este tipo de questionamento circular ao estilo "ovo ou a galinha" é um dos grandes bloqueadores de qualquer avanço significativo no campo da construção da confiança entre o Fisco e os contribuintes.

Com efeito, se há uma coisa certa é de que neste processo alguém vai ter que dar um primeiro passo e, goste-se ou não, este primeiro passo deve ser dado pelo Estado. Ou seja, vai ser o Fisco que vai ter que, em primeiro lugar, mudar sua maneira de agir em relação ao contribuinte, deixando de lado sua percepção de que ele tende a não adimplir seus deveres fiscais. Ou seja, em primeiro lugar vem a humanização do contribuinte e a transparência do Estado em relação à sua atividade financeira, depois virá a mudança da percepção dos contribuintes em relação ao Fisco.

Este parece ser um dos grandes erros do debate ético tributário atual. Se desenvolveu uma perspectiva de uma "ética fiscal coagida" dos contribuintes. Ora, dever que se cumpre por ameaça de coação não é dever exclusivamente moral. É dever jurídico. É o mesmo que se passa com a solidariedade. Solidariedade coagida não é solidariedade.[38]

Parece haver uma percepção de que "se a Constituição determina que você seja solidário, automaticamente você tem que me pagar tributo, sem qualquer questionamento sobre o que eu vou fazer com ele". Não dá para saber ao certo se esta premissa é ingênua ou simplesmente falaciosa. Solidariedade social não é algo que se possa criar por meio de um texto normativo. É uma questão cultural.

---

37. Já nos pronunciamos a respeito do efeito gerador de insegurança do tempo que o Supremo Tribunal Federal leva para decidir em matéria tributária em outro estudo. Ver: ROCHA, Sergio André. O Protagonismo do STF na Interpretação da Constituição Pode Afetar a Segurança Jurídica em Matéria Tributária? In: ROCHA, Sergio André. *Estudos de Direito Tributário*. Rio de Janeiro: Lumen Juris, 2015. p. 257-270.
38. Defendi essas posições em um artigo que hoje parece ter sido escrito em outra vida (e por outra pessoa). Nem tudo do que está lá, em um texto que escrevi aos 24 anos de idade, reflete o que penso hoje (ainda bem), mas, ainda assim, há passagens que se mostram atuais, como a impossibilidade de uma solidariedade coagida. Ver: ROCHA, Sergio André. Ética, Moral e Justiça Tributária. *Revista Tributária e de Finanças Públicas*, São Paulo, n. 51, p. 124-125. jul./ago. 2003.

CONCLUSÃO

Naturalmente, este não é um estudo acabado sobre as relações entre o Fisco e os contribuintes no Brasil e os caminhos para a sua melhoria.[39] Em primeiro lugar, faltam no Brasil pesquisas empíricas que reflitam como o contribuinte brasileiro vê a tributação. Na ausência de pesquisas sobre o tema, sobram opiniões pessoais apresentadas como verdades científicas – categoria em que pode ser incluído este artigo. Esse mapeamento seria um primeiro – e importantíssimo – passo para que se conhecesse o contribuinte (pessoa física e jurídica) brasileiro.

Independentemente da falta desse tipo de dado, como pontuamos, há no Brasil uma visão de "contribuinte-súdito" que é certamente um agente bloqueador do desenvolvimento de um ambiente de *compliance* voluntário ou colaborativo. O que propomos neste texto é que se passe dessa visão do contribuinte como objeto de uma investigação, para outra do "contribuinte-consumidor", onde a autoridade fiscal é vista menos como agente repressor, mas como instrumento de auxílio ao contribuinte, um verdadeiro *prestador de serviços*.

Ao longo dos últimos anos se desenvolveu uma linha teórica no Brasil que reconhece a função essencial do tributo em um Estado Fiscal, ainda mais em um Estado Fiscal provedor, como é o Estado Brasileiro. Busca-se, inclusive, justificar o dever fiscal em valores éticos, como a solidariedade social. Entretanto, usa-se este discurso para legitimar a tributação em si, esquecendo-se que ela será sempre instrumento, nunca fim em si mesmo.

Somos defensores da tributação como instrumento de realização da justiça e da superação de desigualdades. É através da arrecadação tributária que o Estado consegue realizar suas funções. Contudo, a relevância da arrecadação não é, em si mesma, fator de legitimação aos olhos do contribuinte. A inclinação do contribuinte depende da criação de uma cultura de cidadania fiscal que não pode ser gerada pela intervenção sancionatória do legislador. Como apontam Charles Delmotte e Jan Verplaetse, "se as autoridades públicas querem restaurar a sua desgastada relação com seus cidadãos, as regras que regem a tributação devem ser justificadas dentro de uma balanceada teoria que considere o contribuinte como portadores ativos de direitos, e não como meros contribuidores de riqueza".[40]

Os desafios tributários que nos serão impostos neste Século XXI serão tremendos. O Fisco brasileiro teria muito a ganhar em ter o contribuinte como aliado, ao invés de adversário. Como defendemos acima, cabe ao Estado dar o primeiro passo.

---

39. Vale observar que, após a entrega deste artigo para publicação, foi publicada a Lei Complementar do Estado de São Paulo 1.320/2018, a qual "Institui o Programa de Estímulo à Conformidade Tributária – 'Nos Conformes', define princípios para o relacionamento entre os contribuintes e o Estado de São Paulo e estabelece regras de conformidade tributária". Esta Lei Complementar parece um passo adiante do ambiente defendido neste texto. Contudo, considerando o prazo para a publicação deste artigo, a mesma não foi objeto de exame.
40. DELMOTTE, Charles; VERPLAETSE, Jan. What is Wrong with Endowment Taxation. In: PEETERS, Bruno et al. (Coord.). *Building Trust in Taxation*. Cambridge: Intersentia, 2017. p. 53.

REFERÊNCIAS

CARVALHO, Paulo de Barros. *Direito Tributário: Fundamentos Jurídicos da Incidência*. São Paulo: Saraiva, 1998.

CAVALCANTI, Denise Lucena. *Crédito Tributário*: a função do cidadão-contribuinte na relação tributária. São Paulo: Malheiros, 2004.

DELMOTTE, Charles; VERPLAETSE, Jan. What is Wrong with Endowment Taxation. In: PEETERS, Bruno et al. (Coord.). *Building Trust in Taxation*. Cambridge: Intersentia, 2017.

FANUCCHI, Fábio. *Curso de Direito Tributário Brasileiro*. São Paulo: Resenha Tributária, 1971. v. I.

GRECO, Marco Aurélio. Três Papéis da Legalidade Tributária. In: RIBEIRO, Ricardo Lodi; ROCHA, Sergio André (Coord.). *Legalidade e Tipicidade no Direito Tributário*. São Paulo: Quartier Latin, 2008.

GRIBNAU, Hans. Voluntary Compliance Beyond the Letter of the Law. In: PEETERS, Bruno et al. (Coord.). *Building Trust in Taxation*. Cambridge: Intersentia, 2017.

LAPATZA, José Juan Ferreiro. Solución Convencional de Conflictos em el Âmbito Tributário: una Propuesta Concreta. In: TÔRRES, Heleno Taveira (Coord.). *Direito Tributário Internacional Aplicado*. São Paulo: Quartier Latin, 2004. v. II. p. 294.

LEMMENS, Willem; BADISCO, Jo. Taxation and Ethics: An Impossible Marriage? In: PEETERS, Bruno et al. (Coord.). *Building Trust in Taxation*. Cambridge: Intersentia, 2017.

MARTINS, Ives Gandra da Silva. *Teoria da Imposição Tributária*. 2. ed. São Paulo: Ltr, 1998.

MARTINS, Ives Gandra da Silva. *Uma Teoria do Tributo*. São Paulo: Quartier Latin, 2005.

NABAIS, José Casalta. *Por uma Liberdade com Responsabilidade*: Estudos sobre Direitos e Deveres Fundamentais. Coimbra: Coimbra Editora, 2007.

PAULSEN, Leandro. *Capacidade Colaborativa*: Princípio de Direito Tributário para Obrigações Acessórias e de Terceiros. Porto Alegre: Livraria do Advogado, 2014.

PORTO, Éderson Garin. *A Colaboração no Direito Tributário: Por um novo perfil de relação obrigacional tributária*. Porto Alegre: Livraria do Advogado, 2016.

ROCHA, Sergio André (Org.). *O Dever Fundamental de Pagar Impostos*: O que Realmente Significa e Como vem Influenciando Nossa Jurisprudência. Belo Horizonte: Editora D'Plácido, 2017.

ROCHA, Sergio André. A Tributação na Sociedade de Risco. In: ROCHA, Sergio André. *Tributação Internacional*. São Paulo: Quartier Latin, 2013.

ROCHA, Sergio André. *Da Lei à Decisão*: A Segurança Jurídica Possível na Pós-Modernidade. Rio de Janeiro: Lumen Juris, 2017.

ROCHA, Sergio André. Ética, Moral e Justiça Tributária. *Revista Tributária e de Finanças Públicas*, São Paulo, n. 51, p. 124-125. jul./ago. 2003.

ROCHA, Sergio André. O Protagonismo do STF na Interpretação da Constituição Pode Afetar a Segurança Jurídica em Matéria Tributária? In: ROCHA, Sergio André. *Estudos de Direito Tributário*. Rio de Janeiro: Lumen Juris, 2015.

ROCHA, Sergio André. Planejamento Tributário Abusivo Estatal: O Caso do Brasil. In: SCHOUERI, Luís Eduardo et at. (Coord.). *Estudos de Direito Tributário em Homenagem ao Professor Gerd Willi Rothmann*. São Paulo: Quartier Latin, 2016.

ROCHA, Sergio André. *Processo Administrativo Fiscal*: Controle Administrativo do Lançamento Tributário. Rio de Janeiro: Lumen Juris, 2010.

ROCHA, Sergio André. Processo Fiscal e Justiça Tributária. In: FERREIRA, Eduardo Paz; TORRES, Heleno Taveira; PALMA, Clotilde Celorico (Org.). *Estudos em Homenagem ao Professor Doutor Alberto Xavier*. Coimbra: Almedina, 2013.

SANCHES, José Luís Saldanha. *A Quantificação da Obrigação Tributária: Deveres de Cooperação, Autoavaliação e Avaliação Administrativa*. Lisboa: Lex, 2000.

SCHAUER, Frederick. *The Force of Law*. Cambridge: Harvard University Press, 2015.

SCHMÖLDERS, Günter. *The Psychology of Money and Public Finance*. Trad. Iain Grant e Karen Green. New York: Palgrave Macmillan, 2006.

SCHOUERI, Luis Eduardo. O Refis e a Desjudicialização do Planejamento Tributário. *Revista Dialética de Direito Tributário*, São Paulo, n. 232, p. 103. jan. 2015.

TAKANO, Caio Augusto. *Deveres Instrumentais dos Contribuintes*. São Paulo: Quartier Latin, 2017.

TÔRRES, Heleno. *Direito Tributário e Direito Privado*. São Paulo: Ed. RT, 2003.

TYLER, Tom R. *Why People Obey the Law*. New Jersey: Princeton University Press, 2006.

XAVIER, Alberto. *Do Lançamento no Direito Tributário Brasileiro*. 3. ed. Rio de Janeiro: Forense, 2005.

CORRUPÇÃO E SEUS IMPACTOS NA ECONOMIA E NOS DIREITOS HUMANOS

Thaméa Danelon Valiengo

Procuradora da República do Ministério Publico Federal desde dezembro de 1999, atuando, desde o início, na área criminal, da Procuradoria da República em São Paulo/SP. Atualmente, Coordenadora do Núcleo de Combate à Corrupção – NCC, de São Paulo/SP; Coordenadora da Campanha 10 Medidas contra a Corrupção em São Paulo. Palestrante sobre temas relacionados a corrupção.

Os crimes de corrupção e outros relacionados a ela não reverberam exclusivamente no ambiente jurídico, pois tais delitos não impactam apenas em consequências para o mundo do Direito, como, por exemplo, no sistema prisional; na eventual impunidade; e na insegurança jurídica; mas desempenham um relevante e negativo papel no futuro econômico de uma nação.

Após análises de diversos estudos e gráficos exemplificativos, conclui-se que dois dos principais aspectos prejudiciais ao nosso país são a corrupção e a má gestão pública, as quais resultam no concreto atraso econômico e social do Brasil.

Primeiramente importante consignar que nosso país possui uma infinidade de recursos e riquezas naturais, como solo extenso e fértil; clima extremamente favorável; uma considerável gama de minérios como ouro, bauxita, cobre, ferro, manganês, nióbio e níquel, petróleo, pré-sal, dentre outros; os quais propiciam diversidade na produção de inúmeras commodities.

A despeito de todos os aludidos aspectos positivos, por qual motivo o Brasil ocupa uma posição de país de terceiro mundo? Por quê ainda há analfabetismo; extrema pobreza; falta de tratamento de esgoto e água encanada em milhares de residências? Por que nossa educação e sistema de saúde apresentam índices tão irrelevantes? E o que explica a consequente falta de segurança pública onde por ano 40 mil pessoas são vítimas de crimes violentos, como homicídio e latrocínio? E como justificar o fato de um país arrecadar, em média, mais de 2 trilhões de reais, e ainda ter elevados índices de pobreza e miserabilidade?

O professor Ives Gandra da Silva Martins analisa esse *fenômeno* tributário no seguinte texto:

> Ao analisar, historicamente, a reação permanente da sociedade contra o excesso de exação, detectei uma característica, em todos os períodos históricos e espaços geográficos, de que a carga tributária é necessariamente injusta, pois destinada a propiciar recursos ao Poder Público para a prestação de serviços públicos, mas também *para beneficiar os detentores do poder* (grifei) mediante toda a espécie de benesses, o que, nas ditaduras, carece de qualquer controle razoável. A corrupção lato sensu não é apenas um dos males alimentados pelos contribuintes de todos os países, em maior ou menor escala neles existentes. É que, nos desvios de dinheiro público, os recursos dilapidados, na maioria das vezes, foram obtidos pelo principal tipo de receita pública, que é o tributo.[1]

---

1. MARTINS, Ives Gandra da Silva (Coord.). *Direito Tributário e Delitos Penal*. Porto Alegre: Lex Magister, 2019.

O renomado professor continua

No Brasil, principalmente, apesar da elevadíssima exação, há pouco dinheiro para investimentos em prol da sociedade, visto que a burocracia dominante consome, em seus privilégios, benesses e vencimento, 1/3 do PIB nacional, percentual que se recolhe em tributos.[2]

Como afirmamos no início do nosso texto, essas inaceitáveis consequências decorrem diretamente dos atos de corrupção e má gestão pública, conforme será elucidado adiante.

Através de aferições desenvolvidas pela ONU e pelo Fórum Econômico Mundial, o custo da corrupção versa em 5% do PIB (Produto Interno Bruto) mundial. Transferindo esse cálculo para a realidade brasileira, é possível afirmar que em nosso país é desviado por ano 200 bilhões de reais, e essa cifra equivale, aproximadamente, a quase três vezes o orçamento público destinado à educação; a três vezes o orçamento da saúde; e a cinco vezes o da segurança pública.[3] Assim, caso não houvesse essa malversação de verbas estatais, seguramente teríamos serviços públicos de maior qualidade oferecidos à população.

Essa corrupção que afeta nosso país remonta desde o Brasil Império, e iniciou-se, praticamente, quando D. João VI e a família real evadiu-se de Portugal – em fuga do Império Napoleônico – pois, ao chegar no Rio de Janeiro, o príncipe regente recebeu de presente a Quinta da Boa Vista para que a corte ali se abrigasse. Essa propriedade foi fornecida por Elias Antonio Lopes, conhecido por ser um traficante de escravos, e, em contrapartida, Elias se tornou um dos homens mais abastados dessa época; tendo recebido, inclusive, títulos e honrarias nos 13 anos da Corte portuguesa no Brasil.

Muitas décadas depois, a Quinta da Boa Vista se tornou o Museu Nacional, destruído em setembro de 2018 por conta de um grande incêndio.[4]

Padre Antonio Vieira já dizia que "Portugal não estava interessado no bem do Brasil, mas em seus bens", e, em 1655, Antonio Vieira escreveu "O *Sermão do Bom Ladrão*", que foi proferido na Igreja da Misericórdia de Lisboa perante D. João IV e sua corte. Neste sermão, o padre fazia diversas críticas aos governantes que se valiam da máquina pública para enriquecer ilicitamente. De forma profética, Padre Antonio Vieira advertia aos reis sobre o pecado da corrupção e a cumplicidade do silêncio permissivo. Em suas palavras: "*A salvação não pode entrar sem se perdoar o pecado, e o pecado não se perdoa sem se restituir o roubado*" "O ladrão que furta para comer, não vai nem leva ao inferno: os que não só vão, mas levam, de que eu trato, são outros ladrões de maior calibre e de mais alta esfera" "Não só são ladrões, diz o santo, os que cortam bolsas, ou espreitam os que se vão

---

2. Ibidem.
3. DALLAGNOL, Deltan. *A luta contra a corrupção*. Rio de Janeiro: Primeira Pessoa, 2017, p. 41.
4. O museu continha o maior acervo da história natural da América Latina, integrado por mais de 20 milhões de itens, e era especializado na paleontologia, antropologia, geologia, zoologia, arqueologia e etnologia biológica. A instituição tinha uma das mais completas coleções de fósseis de dinossauros do mundo, múmias andinas e egípcias, e 90% desse acervo foi destruído pelo incêndio. O único objeto que resistiu às altas temperaturas foi o Meteorito Bendegó, que permaneceu intacto em meio aos escombros do edifício.

banhar para lhes colher a roupa; os ladrões que mais própria e dignamente merecem este título são aqueles a quem os reis encomendam os exércitos e legiões ou o governo das províncias, ou a administração das cidades, os quais já com mancha; já com forças; roubam cidades e reinos: os outros furtam debaixo do seu risco; estes sem temor nem perigo: os outros se furtam, são enforcados, estes furtam e enforcam".

Na época de D. João VI, surgiu o seguinte ditado popular "Quem furta pouco é ladrão; quem furta muito é barão; quem mais furta e esconde; passa de barão a visconde".

Entretanto, a corrupção não era criticada por escritores e filósofos apenas no Brasil e em Portugal, vez que diversas citações sobre este tema constam na Bíblia, como por exemplo, Êxodo 23:8 "Também suborno não aceitarás, pois o suborno cega os que têm vista, e perverte as palavras dos justos"; Miqueias 7.2,3 "Pereceu da terra o homem piedoso, e não há entre os homens um que seja reto. Todos armam ciladas para sangue; cada um caça a seu irmão com uma rede. As suas mãos fazem diligentemente o mal; o príncipe exige condenação, o juiz aceita suborno, e o grande fala da corrupção da sua alma, e assim todos eles são perturbadores". Importantes pensadores também discorrem sobre o tema, confira-se: Sócrates: "É muito mais fácil corromper do que persuadir"; Montesquieu: "A corrupção dos governantes quase sempre começa com a corrupção dos seus princípios"; Edmond Burke: "No meio de um povo geralmente corrupto a liberdade não pode durar muito".

De acordo com os dicionários, o vocábulo corrupção significa decompor, depravar, desmoralizar, subornar, tornar podre, e deriva do latim *corruptus,* que significa apodrecido ou pútrido. Em outras palavras, podemos afirmar que a corrupção se traduz em um comportamento sistemático que viola a moralidade do servidor público, caracterizando uma típica depravação moral que resulta em grandes estragos em uma nação. Assim, é plenamente possível afirmar que a corrupção deteriora os poderes; causa uma grande instabilidade no país; e resulta na insegurança jurídica.

Destarte, constatado que determinado Estado apresenta uma situação onde a corrupção é desenfreada e sistêmica; e em que há considerável impunidade, a consequência natural é a substancial diminuição de investimentos, sejam nacionais ou estrangeiros, vez que o risco país desta nação eleva-se. Por conta disso, novos empreendimentos deixam de ser criados, não gerando, assim, postos de trabalho e nem pagamento de tributos, fato que diminui consideravelmente a arrecadação pública, prejudicando os investimentos sociais que cabem ao Estado.

Voltando os olhos para a impunidade, que está diretamente relacionada a atos de corrupção, podemos consignar o seguinte: a cada conduta corrupta não punida, outras ainda mais graves se proliferam, e nos levam à seguinte conclusão: impunidade é o sólido alicerce da corrupção pois ela a estimula, a fomenta. Já dizia o Professor Ives Gandra da Silva Martins: "Em uma democracia não pode haver impunidade, mas sim a busca da verdade".[5]

---

5. Disponível em: https://gandramartins.adv.br/podcast/em-uma-democracia-nao-pode-haver-impunidade--mas-sim-a-busca-da-verdade/.

Essa corrosão do poder estatal – causada pela corrupção – afeta imensamente a economia de um país, gerando drásticos efeitos no desenvolvimento social dos cidadãos que habitam Estados com altos índices de corrupção, diante da profunda queda da produtividade econômica, fato que deteriora os indicadores de governança de uma nação.

De acordo com inúmeros estudos (FIESP,[6] Transparência Internacional, ONU[7] dentre outros) os custos econômicos da corrupção são de aproximadamente 2% a 5% do PIB de uma nação, e no Brasil essa cifra versaria em 200 bilhões de reais ao ano. Dividindo-se esse montante por 12 meses, teríamos o desvio de 18 bilhões de reais ao mês, equivalendo a 600 milhões de reais por dia, os quais poderiam ser aplicados na educação, saúde, infraestrutura e segurança pública.

O TCU (Tribunal de Contas da União) elaborou o seguinte infográfico,[8] ilustrando as informações trazidas acima, confira-se:

---
6. Disponível em: https://www.fiesp.com.br/arquivo-download/?id=2021.
7. DALLAGNOL, Deltan. *A luta contra a corrupção*. Rio de Janeiro: Primeira Pessoa, 2017, p. 41.
8. Disponível em: https://portal.tcu.gov.br/lumis/portal/file/fileDownload.jsp?fileId=8A81881E674256D-0016756DE67FB4DA9.

Um importante órgão relacionado aos estudos sobre corrupção é a ONG Transparência Internacional (TI) sediada em Berlim, e ela tem como principal propósito combater a corrupção e as atividades criminosas ligadas a atos corruptos. Anualmente, a TI divulga um ranking internacional sobre a percepção da corrupção (*corruption perceptions index*), onde são listados em torno de 180 países.

As primeiras posições desse ranking são ocupadas por Estados que são considerados os mais honestos, os mais limpos; e aqueles que figuram nas últimas posições são classificados como mais corruptos.

De acordo com o último ranking da Transparência Internacional divulgado – em janeiro de 2023[9] – nas primeiras vinte e cinco posições encontram-se os seguintes países:[10] Dinamarca; Finlândia; Nova Zelândia; Noruega; Singapura; Suécia; Suíça; Holanda; Alemanha; Irlanda; Luxemburgo; Hong Kong; Austrália; Canadá; Estônia; Islândia; Uruguai; Bélgica; Japão; Reino Unido; França; Áustria; Seicheles; Estados Unidos; Butão e Taiwan.

Por outro lado, os países que se posicionam ao final da listagem são considerados os mais corruptos e desonestos, sendo eles: Afeganistão, que está na posição de número 150; Camboja; República Centro-Africana; Guatemala; Líbano; Nigéria; Tajiquistão; Azerbaijão; Honduras; Iraque; Myanmar; Zimbábue; Eritreia; Sudão; Congo; Guiné-Bissau; República Democrática do Congo; Chade; Comores; Nicarágua; Turcomenistão; Burundi; Guiné Equatorial; Haiti; Coreia do Norte; Líbia; Iêmen; Venezuela; Sudão do Sul; Síria e, por último, Somália, na posição 180. O Brasil se encontra no degrau de número 94, e estão nessa mesma alocação as seguintes nações: Argentina; Etiópia; Marrocos; e Tanzânia.

O mapa a seguir, que pode ser visualizado no site da TI,[11] ilustra a situação de honestidade/limpeza de diversas nações. Os países com a coloração amarela são considerados os mais honestos, os mais limpos, vez que os índices de corrupção são extremamente baixos e pontuais; de outra parte, os que estão em laranja escuro e vermelho classificam-se como os mais desonestos, e corruptos, e, infelizmente, o Brasil é categorizado na cor laranja escuro. Confira-se:

---

9. Disponível em: https://www.transparency.org/en/cpi/2022.
10. Alguns países ocupam a mesma posição.
11. Disponível em: https://transparenciainternacional.org.br/.

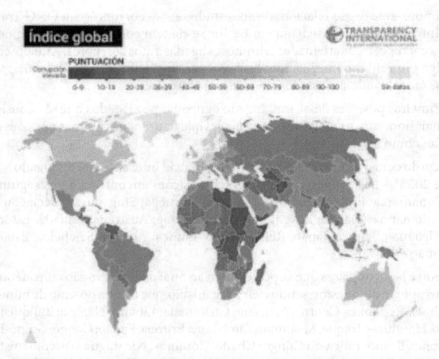

Analisando-se detidamente o mapa acima, é possível concluir que os países mais honestos e menos corruptos (os que apresentam a coloração amarela), são os mais desenvolvidos social e economicamente. Em contrapartida, os Estados com altos índices de corrupção são aqueles historicamente mais pobres e menos prósperos, tanto no aspecto econômico como social. Essa conclusão demonstra a correlação entre corrupção e pobreza, e evidencia um negativo círculo vicioso, qual seja: quanto mais desonesto e corrupto é um país, mais pobre e menos desenvolvido ele se torna; e quanto mais miserável e menos próspero ele for, em maiores escalas a corrupção *lato senso* será fomentada. Assim, pode-se afirmar que a corrupção caminha de mão dadas com a pobreza e a miséria.

Importante também mencionar outra instituição relevante, a fundação norte-americana *Heritage Foundation* (HF), sediada em Washington D.C., que apresenta como principal objetivo promover políticas públicas de livre mercado, através da defesa de um Estado menor, e com amplitude da liberdade individual.

Aludida fundação também elabora um ranking onde é mensurado o grau de liberdade econômica de um país (*Index of Economic Freedom*).[12] Esse índice é formatado através da utilização de diversos aspectos e dados com o intuito de se aferir o nível de liberdade econômica dos países analisados.

Para elaboração do ranking, a *Heritage Foudation* se baseia em quatro principais indicadores, sendo estes o *Estado de Direito*; o *Peso (ou tamanho) do Governo*; o *Grau*

---

12. Disponível em: https://www.heritage.org/index/.

de Intervencionismo Estatal (ou eficiência regulatória); e o *Grau de Abertura Comercial* (ou abertura de mercado).

Em relação ao *Estado de Direito*, a HF analisa se está presente no determinado país o denominado império da lei (*rule of law*), sendo este um princípio fundamental que preconiza que todos os cidadãos e instituições estão sujeitos e devem obedecer a um ordenamento jurídico, incluindo, dentre esses, o próprio governo. A existência de um efetivo Estado de Direito confere à nação uma estabilidade jurídica, sendo assegurado que somente a legislação irá reger a sociedade, e não o arbítrio, para que haja uma sociedade mais justa e democrática. Assim, estando uma nação inserida em um verdadeiro Estado de Direito, nenhum indivíduo se posicionará acima da lei, pois todos serão iguais perante ela.

Em outras palavras, esse indicador avalia a efetividade do sistema jurídico e o grau de proteção dos direitos de propriedade, sendo observados, ainda, a independência e imparcialidade do Poder Judiciário. O princípio do império da lei determina que as leis sejam claras, e que sua elaboração se dê de forma justa e de acordo com as garantias fundamentais e liberdades individuais, assegurando, por conseguinte, a almejada e necessária segurança jurídica, personificada na confiança das instituições.

O *Peso (ou tamanho) do Governo* se traduz na análise, basicamente, do volume da carga tributária existente em um país, e a sua complexidade. Também são apurados o tamanho dos gastos públicos em relação ao PIB (Produto Interno Bruto) e o nível de eficiência do setor público.

O *Grau de Intervencionismo Estatal* mede quanto o Estado intervém na economia e qual a sua influência na atividade econômica. Para tanto, são considerados alguns fatores, como a facilidade de se abrir e fechar empresas; o grau de liberdade para empreender; o ambiente de negócios; a flexibilidade do mercado de trabalho; o nível de burocracia atrelado ao empreendedorismo; a liberdade comercial e de investimento; e a estabilidade monetária. Também são analisados a existência de intervenção estatal nos contratos de trabalho; os índices de inflação; e se há, ou não, controle de preços.

O quarto indicador é a *Abertura Comercial*, sendo verificado se há liberdade de comércio exterior, através da análise do número de tributos e eventuais barreiras tarifárias existentes na importação e exportação. Observa-se, também, a existência de política de subsídios; restrições ao investimento estrangeiro; e a liberdade financeira, ou seja, o grau de independência do setor bancário em relação ao Estado.

Assim, esses quatro indicadores são utilizados para calcular a pontuação geral de liberdade econômica de cada nação, as quais poderão ser classificadas como "Livre", "Moderadamente Livre", "Moderadamente Não Livre" e "Reprimida", fornecendo, assim, uma base para análises e comparações internacionais.

Outro índice extremamente relevante e que deve ser abordado quando estudamos a corrupção é o IDH – o *índice de desenvolvimento humano* de um país.

Esse índice foi desenvolvido pelos economistas Mahbub ul Haq e Martya Sen, sendo eles, respectivamente, paquistanês e indiano, e Sen foi ganhador do Prêmio Nobel de Economia em 1998. O IDH pretende ser uma medida geral e sintética do desenvolvimento humano, que avalia o nível de bem-estar dos indivíduos de determinado país, e é publicado anualmente pelo Programa das Nações Unidas para o Desenvolvimento (PNUD).

Referido índice é medido com a observância de alguns fatores, como crescimento econômico, educação, longevidade e renda do país. Assim, o cálculo do IDH é baseado em três principais indicadores: a *expectativa de vida ao nascer*, a *educação* e a *renda per capita*.

A *expectativa de vida ao nascer* reflete a saúde e a longevidade da população, assim, quanto mais elevada a expectativa de vida maior será o valor do indicador. A *educação* é aferida através de dois parâmetros: a taxa de alfabetização de adultos e a taxa de matrícula no ensino fundamental, médio e superior. Por fim, a *renda per capita* se traduz na média da renda bruta per capita de um país ajustada pelo poder de compra, fornecendo, assim, uma medida do padrão de vida e da distribuição de renda na sociedade.

Para o cálculo do IDH é utilizada uma escala de 0 a 1 para cada indicador, onde a posição 1 representa o maior valor alcançável. Por conseguinte, valores mais próximos ao 1 indicam um maior nível de desenvolvimento humano, e, com base nessa pontuação, os países são classificados em quatro categoriais, quais sejam: muito alto desenvolvimento humano, alto desenvolvimento humano, médio desenvolvimento humano e baixo desenvolvimento humano.

Relevante mencionar que o IDH não observa todos os aspectos relevantes para a qualidade de vida de uma pessoa, pois diversos fatores não são levados em consideração, como, por exemplo, a desigualdade de renda, a violação aos direitos humanos e a degradação ambiental. Contudo, o IDH é um importante instrumento para comparar o desenvolvimento humano entre determinados países, identificando, assim, quais áreas demandam implementação de melhorias.

Os líderes em desenvolvimento humano mundial e que ocupam as primeiras quinze posições são: Suíça, Noruega, Islândia, Hong Kong, Austrália, Dinamarca, Suécia, Irlanda, Alemanha, Países Baixos, Finlândia, Singapura, Bélgica, Nova Zelândia, e Canadá. Esse ranking é composto por, aproximadamente, 190 países, e o Brasil ocupa a posição de número 87. Os países que têm os piores IDH são: Sudão do Sul, Chade, Nigéria, República Centro-Africana, Burundi, Mali, Moçambique, Burquina Faso, Yemen, Guiné, Serra Leoa, Afeganistão, República Democrática do Congo, Libéria, Guiné-Bissau, Eritreia, Etiópia, Gâmbia, Madagascar e Sudão.

Com as informações acima, pode-se constatar que a maioria dos países que são considerados com baixo desenvolvimento humano são africanos, e apresentam as seguintes características: governos ditatoriais; pouquíssima ou nenhuma liberdade econômica; e elevados índices de corrupção.

Analisando-se detidamente esses três rankings: os índices da Transparência Internacional; da *Heritage Foundation* e o Índice de Desenvolvimento Humano, é possível concluir que os Estados analisados geralmente ocupam posições semelhantes nos três indicadores, ou seja, os países mais pobres são os que têm os piores índices de desenvolvimento humano; e, por fim, são os mais corruptos.

Para ilustrar essa situação, faremos uma breve análise sobre um país, a Guiné Equatorial. Referida nação africana de língua portuguesa é oficialmente denominada República da Guiné Equatorial e apresenta fronteiras com os Camarões e Nigéria. A Guiné Equatorial é um dos maiores produtores de petróleo e possui o maior PIB per capita do continente africano, entretanto, essa riqueza é concentrada em poucos indivíduos, tornando-se um país extremamente desigual e pobre.

Em relação aos índices já estudados, aludido país africano ocupa as seguintes posições: 145 no Índice de Desenvolvimento Humano (IDH); 153 no ranking da *Heritage Foudation* (HF) e 171 na listagem da Transparência Internacional (TI). Assim, pode-se afirmar que a Guiné Equatorial é um país subdesenvolvido; reprimido, economicamente falando; e altamente corrupto.

Segundo informações da ONU, 20% das crianças morrem antes de completar cinco anos, e menos da metade da população tem acesso à água potável.

Embora a Guiné Equatorial seja oficialmente considerada uma República, seu governo é seriamente autoritário e ditatorial, vez que o Presidente Teodoro Obiang Nguema Mbasogo está há mais de 40 anos no poder, e a Constituição confere amplos poderes ao presidente, inclusive o de legislar e dissolver a Câmara dos Deputados.

Os valores da receita de petróleo na Guiné Equatorial são classificados como segredo de Estado, em contrapartida, a revista Forbes já considerou o presidente Obiang o oitavo governante mais rico do mundo.[13]

O filho do Presidente Obiang, chamado Teodoro Nguema Obiang Mangue, e conhecido como "Teodorin", é o vice-Presidente do país, e já se envolveu em episódios suspeitos no Brasil.

Em setembro de 2018 Teodorin foi detido no aeroporto de Vira Copos (Campinas/SP) pois em suas bagagens foram encontrados relógios de luxo avaliados em aproximadamente US$ 15 milhões, e US$ 1,4 milhões e R$ 55 mil em espécie, valores que, de acordo com sua comitiva, seriam utilizados para realização de tratamento de saúde do Teodorin no Brasil.

Em outubro do mesmo ano, foram descobertas diversas evidências que ele seria o real proprietário de um apartamento de cobertura localizado em bairro nobre de São Paulo. Referido imóvel possuía mais de mil metros quadrados e foi avaliado em 70 milhões de reais. A cobertura ostentava uma piscina de mármore e torneiras de ouro, e nas respectivas vagas de garagem encontravam-se seis carros de luxo, como Lamborghini e Ferrari.

---

13. Disponível em: https://www.estadao.com.br/economia/fidel-e-o-7-governante-mais-rico-do-mundo-segundo-a-forbes/.

Apenas mais uma informação relevante, em 2015 a Guiné Equatorial foi homenageada pela escola de samba Beija Flor no carnaval do Rio de Janeiro, e, de acordo com a imprensa, a escola teria recebido 10 milhões de euros como patrocínio. Nessa viagem ao Rio de Janeiro para o carnaval, testemunhas relataram que Teodorin teria gasto em apenas um jantar R$ 79 mil, e sua comitiva ficou hospedada em sete suítes de cobertura no hotel Copacabana Palace.

Ao longo deste texto, vimos que os países mais desonestos são considerados os mais pobres, com baixo desenvolvimento econômico e social, onde o analfabetismo é elevado e a mortalidade infantil é alta. Os cidadãos desses países vivem em condições sanitárias não aceitáveis, somados a um precário sistema de saúde, e educação de baixa qualidade. Quanto maior os escândalos de corrupção em uma nação, menor será o dinamismo em sua economia; e para que os índices de corrupção sejam diminuídos, é imperioso o fortalecimento das instituições, tanto dos órgãos de controle e investigativos como CGU (Controladoria Geral da União), TCU (Tribunal de Contas da União), COAF (Conselho de Controle de Atividades Financeiras), CVM (Comissão de Valores Mobiliários), Polícias, Ministérios Públicos, e, principalmente, o Poder Judiciário, sendo esta última instituição a que exerce um relevante papel no combate à corrupção e na inerente redução dos índices de miserabilidade e aumento do desenvolvimento econômico e social.

Um Poder Judiciário independente, íntegro e justo caracteriza-se como um divisor de águas para determinar esse cenário, o qual poderá ser virtuoso ou vicioso. Sendo o Judiciário de um país formado por juízes íntegros e justos, e que cumpram suas funções de aplicar, devidamente, a lei ao caso concreto, sem a ocorrência de partidarismos, ideologias, ou proteção aos corruptos, o cenário anticorrupção será cada vez mais efetivo. Por outro lado, havendo uma complacência do Judiciário com os escândalos de corrupção e seus agentes, esse panorama será invertido.

Para que haja uma maior compreensão sobre essa temática, relevante se faz analisarmos o cenário político-econômico brasileiro nos últimos vinte anos, para demonstração da efetiva correlação entre as práticas de crimes de colarinho branco e o desenvolvimento econômico de nosso país.

A partir do início dos anos 2000, ocorreu um considerável crescimento econômico no Brasil, entretanto, com o decurso de alguns anos a recessão tomou espaço, sendo essa considerada por diversos economistas como uma das mais significativas e de mais lenta recuperação.

Após a crise financeira de 2008 – originária da conjuntura do *subprime* norte-americano – iniciou-se em nosso país um período de retrocessos, tanto em relação às instituições como na área legislativa. É possível elencar algumas situações ilustrativas nas searas política, legislativa, e judiciária, tais como: a extinção da cláusula de barreira – fato que resultou na criação de inúmeros partidos políticos sem representatividade; a impossibilidade da prisão de condenados em segunda instância – que acarretou no aumento da impunidade; uma considerável diminuição no controle e na transparência do financiamento privado nas campanhas eleitorais, fato que fomentou as relações corruptas entre empresas, partidos políticos e integrantes do Poder Executivo.

Assim, esses fatores propiciaram a formação de um ambiente extremamente desonesto, enraizando a corrupção em setores públicos e privados, tornando a corrupção em sistêmica e endêmica, ocasionando um Estado disfuncional, com inegáveis impactos negativos na economia.

Todas essas variáveis não fortaleceram em nada o sistema capitalista de livre mercado, fato que favoreceria a economia e contribuiria com a geração de riqueza; mas, inversamente, deram oportunidade para o surgimento de um capitalismo de Estado, um capitalismo de compadrio, onde somente alguns prosperavam e enriqueciam, sendo esses os que alimentavam os corruptos do setor público através de seu poder econômico, vitimando, por fim, toda a sociedade brasileira.

A existência de altos índices de corrupção impactam diretamente na eficiência de um país, ou seja, quanto mais corrupto um Estado é, mais ineficiente ele será no que se refere à prestação de serviços à sociedade. E quanto mais ineficiente e burocrático for o país, os investimentos tornar-se-ão cada vez menos atrativos.

Essa consequência negativa se concretiza pois os investidores – sejam eles nacionais ou estrangeiros – não têm interesse em aplicar seu capital em um país ineficiente, onde não haja confiança e segurança jurídica, fatores estes que resultam em um ambiente de negócios de alto risco. Por conseguinte, a redução dos investimentos impedirá o crescimento da economia, desaquecendo-a, pois além de novos empregos não serem gerados, impactará no estímulo ao desemprego, diante da redução de postos de trabalho e cortes dos já existentes. A decorrência da redução da oferta de empregos será uma queda na produção e na geração de riquezas; e quanto menor a riqueza de um país, piores serão os índices de desenvolvimento social com consequente aumento da pobreza.

Um outro corolário da corrupção é a eliminação racional da escolha dos governantes no que se refere aos investimentos públicos, pois os critérios utilizados para se determinar qual obra será construída não será a real necessidade da população ou a que mais atenderá o interesse público, pois o que está em foco não é o bem-estar social, mas sim o maior retorno financeiro para o agente corrupto.

O que move o criminoso do colarinho branco é a maximização do seu lucro, obtido com a geração de propina. Esclarecendo, nem sempre os melhores projetos ou as empresas mais eficientes serão escolhidas para a construção de uma obra pública, mas serão selecionadas aquelas cujos dirigentes são aliados dos governantes com intuito do recebimento indevido de valores públicos, através, por exemplo, do superfaturamento das construções.

Para ilustrar essa situação é possível indicar casos de obras concretas, como a Refinaria Abreu e Lima, em Pernambuco, onde seu custo inicial foi estimado em 2 bilhões de dólares, contudo, ao longo da obra, essa cifra alcançou injustificáveis 18 bilhões de dólares, os quais nunca retornarão aos cofres públicos, ainda que a refinaria funcione a todo vapor e por todo o tempo de sua existência. Um outro exemplo a ser mencionado foram as construções de estádios de futebol para a Copa do Mundo de 2014 no Brasil, onde alguns estádios foram erguidos em capitais onde sequer há campeonatos de futebol de relevância nacional, como ocorre em Brasília, Cuiabá, Manaus e Natal. Ao redor do mundo também temos exemplos bem semelhantes. Professores americanos especializados no estudo da corrupção mencionam dois casos que retratam o tema do nosso estudo. Em 2013, em Bangladesh, uma loja de roupas construída com material inadequado desmoronou, e resultou na morte de 1127 pessoas. Já na China, por conta de um terremoto em 2008, escolas públicas desabaram, causando o óbito de mais de cinco mil crianças, enquanto os prédios particulares vizinhos permaneceram intactos, tendo sido verificado a existência de indícios de práticas corruptas na construção desses estabelecimentos.

Sobre a discrepância encontrada nos gráficos e índices mencionados, diante da relevante desigualdade entre os países, diversos professores e especialistas neste tema concordam em relação a um ponto. Segundo eles, conforme a corrupção cresce em determinada nação, a tendência é que ela se fortaleça e atinja de forma crescente a mentalidade das pessoas. Assim, de acordo com esses pesquisadores, em certo momento ocorre uma avalanche de escândalos corruptos, e esse desmoronamento atinge um número cada vez maior de pessoas.

Como resultado dessa avalanche, práticas corruptas passam a ser aceitáveis, e, na cultura e mentalidade dos indivíduos, a corrupção acaba se tornando a denominada "regra do jogo", onde a maioria da população – seja ela a classe política ou mesmo a de particulares – aceita e as praticam, ainda que sejam pequenos atos corruptos. Por fim, as pessoas passam a encarar a corrupção como algo normal e inerente à vida dos indivíduos; transformando a desonestidade em parte do cotidiano da sociedade, e os cidadãos em pessoas cínicas e descrentes.

Esse ambiente pessimista fomenta cada vez mais a aceitação da corrupção e outras práticas criminosas, reduzindo-se, por consequência, a realização de denúncias e o interesse das pessoas na punição desses ilícitos, momento em que o círculo vicioso se instaura.

O economista e professor norte-americano Robert Klitgaard aborda a seguinte questão: conforme o comportamento corrupto se torna generalizado, os indivíduos passam a ter pouca escolha sobre suas ações, e acabam sendo levados a participar dessas práticas. Quando a maioria comete atos de corrupção – sejam estes pequenos ou grandes – outros indivíduos, de certa forma, se sentem compelidos a agir dessa maneira.

Diversos estudiosos sobre o tema explicam que as causas da corrupção em determinado país são as mais variadas. Dentre elas constam a falta da devida punição; a fragilidade das instituições; e o excesso de burocracia e ineficiência estatal. Além desses fatores, um outro bastante discutido é a questão cultural. De fato, há sim uma influência da cultura no que se refere ao nível de corrupção de um país, mas essa causa não é tão determinante como uma outra variável, a saber: a existência ou falta de confiança nas instituições.

Estudos técnicos sugerem que a confiança nas instituições e no Estado é determinante para se aferir a percepção do índices de corrupção nas nações, pois a *confiança* (*trust*) se configura como um dos valores culturais mais significativos na explicação do desenvolvimento econômico.

Os economistas franceses Yann Algan e Pierre Cahuc desenvolveram um estudo que construiu um *índice de confiança média*, onde 111 países foram analisados durante o período entre 1981 e 2008.[14]

Nessa pesquisa o fator confiança foi analisado com base na seguinte pergunta: "em geral, você diria que a maioria das pessoas do seu país é confiável ou que é preciso cautela ao se relacionar com elas?". A partir desse questionamento, se o entrevistado respondesse que a maioria merecia confiança, o país recebia a nota 1; por outro lado, se a resposta fosse "era preciso ser muito cuidadoso", a nota atribuída seria 0.

Finalizados os estudos, constatou-se que a Noruega foi o país que recebeu as maiores notas, sendo classificado como o de maior nível de confiança na amostra, vez que mais de 68% da população confiava em seus concidadãos. Após a Noruega, os dois outros países mais confiáveis eram Suécia e Dinamarca.

Traçando um paralelo com o ranking da Transparência Internacional, esses três países são considerados um dos mais honestos, pois apresentam os índices mais baixos na percepção da corrupção, ocupando as melhores posições no mencionado gráfico. Por outro lado o país Trinidad e Tobago, por exemplo, apresentou um resultado completamente diferente, onde apenas 3,8% das pessoas responderam confiar nos demais. De acordo com esse estudo, os Estados Unidos da América apresentaram um índice de confiança de 40%; e o Brasil de apenas 5,4%.

A confiança, em última análise, está diretamente ligada com a percepção da impunidade em determinado país, pois quando os indivíduos não confiam em um sistema jurídico ou na devida punição das práticas corruptas, eles se tornam mais propensos a tolerar, e, até mesmo, a praticar esses ilícitos, vez que acreditando que dificilmente serão punidos, o delito de corrupção – e seus adjacentes – convertem-se em mais atrativos.

Por fim, concluímos que havendo em um país um Poder Judiciário sólido; independente; comprometido com o devido cumprimento da lei e da Constituição, e resultando em decisões que reverenciam a segurança jurídica, os níveis de corrupção desta nação serão mais baixos, o que propiciará um positivo cenário de crescimento econômico com ampliação e melhora das condições sociais e dos níveis de bem-estar da população.

---

14. "Trust, Growth, and Well-Being: New Evidence and Policy Implications". In: AGHION, Philippe e DURLAUF, Steven N. (Org.). *Handbook of Economic Growth*. Amsterdam: North Holland, 2014, v. 2, p. 50. Citado por PINOTTI, Maria Cristina. Corrupção, instituições e estagnação econômica: Brasil e Itália. In: PINOTTI, Maria Cristina (Org.). *Corrupção: Lava Jato e Mãos Limpas*. São Paulo: Portfolio Penguin, 2019.

REFERÊNCIAS

BASTIAT, Frederic. *A Lei*. São Paulo: LVM, 2019.

CARVALHOSA, Modesto (Coord.) *O livro negro da corrupção*. Rio de Janeiro: Paz e terra, 1995.

CARVALHOSA, Modesto. *Considerações sobre a Lei Anticorrupção das pessoas jurídicas*. São Paulo: Ed. RT, 2015.

DALLAGNOL, Deltan. *A luta contra a corrupção*. Rio de Janeiro: Primeira Pessoa, 2017.

FISCHER, Douglas. *Delinquência Econômica* – e Estado Social e Democrático de Direito. Porto Alegre: Verbo Jurídico, 2006.

GARSCHAGEN, Bruno. *Direitos máximos, deveres mínimos*. Rio de Janeiro: Record, 2018.

GOMES, Laurentino. *1808*. São Paulo: Globo, 2014.

GOMES, Luiz Flávio. *O jogo sujo da corrupção*. São Paulo: Astral Cultural, 2017.

MARTINS, Ives Gandra da Silva (Coord.). *Direito Tributário e Delitos Penal*. Porto Alegre: Lex Magister, 2019.

MISES, Ludwig Von. *As seis Lições*. 9. ed. São Paulo: LVM, 2018.

MOHALLEM, Michael Freitas, e Bruno Brandão (Org.). *Novas medidas contra a corrupção*. Rio de Janeiro: FGV, 2018.

NUCCI, Guilherme de Souza. *Corrupção e Anticorrupção*. Rio de Janeiro: Forense, 2015.

PINOTTI, Maria Cristina (Org.). *Corrupção*: Lava Jato e Mãos Limpas. São Paulo: Portfolio Penguin, 2019.

QUEIROZ, Jorge Washington. *Corrupção, O mal do século*. Rio de Janeiro: Alta Books, 2018.

ROSE-ACKERMAN, Susan and Bonnie J. Palifka. *Corruption and Government*. New York: Cambrigde University Press, 2016.

SANDEL, Michael J. *Justice, what's the right thing to do?* New York: FSG, 2009.

SOUZA, Jorge Munhos e Ronaldo Pinheiro de Queiroz (Org.). *Lei Anticorrupção*. Salvador: JusPodivm, 2015.

O PODER JUDICIÁRIO E OS DIREITOS FUNDAMENTAIS SUBJETIVOS: REFLEXÕES SOBRE INTERVENÇÕES EM POLÍTICAS PÚBLICAS E LIMITAÇÕES ORÇAMENTÁRIAS

Thiago Farias Dias

Doutorando em Direito. Mestre em Administração Pública e especialista em Direito Administrativo. Advogado.

Contato: thiagodias@thiagodias.adv.br

Sumário: Introdução – 2. Contextualização e fundamentação teórica; 2.1 Definição de direitos fundamentais subjetivos; 2.2 Discussão sobre o conceito de judicialização e sua relação com direitos fundamentais; 2.3 O papel do judiciário na execução e criação de políticas públicas – 3. A hermenêutica jurídica e a crítica de Lenio Streck; 3.1 Discussão sobre a hermenêutica jurídica e sua relevância para o tema; 3.2 Análise detalhada dos conceitos e críticas de Lenio Streck em relação à hermenêutica jurídica; 3.3 Reflexão sobre como a crítica de Streck se aplica ao tema da judicialização dos direitos fundamentais subjetivos – 4. A judicialização dos direitos fundamentais subjetivos e a limitação orçamentária do poder público; 4.1 Discussão sobre a limitação orçamentária do poder público e sua relação com a judicialização; 4.2 Análise de casos onde o judiciário interveio na execução ou criação de políticas públicas sem considerar a limitação orçamentária; 4.3 Reflexão sobre os impactos e implicações das ações judiciais – 5. As críticas da CHD sobre o assunto; 5.1 Apresentação e explicação das críticas da CHD em relação à judicialização dos direitos fundamentais subjetivos; 5.2 As três perguntas fundamentais e a CHD sobre o tema – 6. Considerações finais – Referências.

INTRODUÇÃO

Para embasar a reflexão sobre o fenômeno "judicialização dos direitos fundamentais subjetivos", recorreremos à teoria hermenêutica de Lenio Streck, um dos principais nomes da Hermenêutica Constitucional no Brasil. Streck critica o que se denomina de "neoconstitucionalismo" ou "pós-positivismo", que, segundo ele, alimenta um decisionismo judicial ao permitir que os magistrados tomem decisões com base em valores pessoais, e não a partir de critérios objetivos de interpretação da norma. Para Streck, a hermenêutica jurídica deve ser vista como uma prática voltada para a compreensão do sentido e da significação das normas, não como um método para justificar decisões preestabelecidas.

Streck propõe que a interpretação das normas jurídicas seja feita de maneira a buscar a melhor resposta dentro do Direito, e não a mais conveniente para o intérprete. Este argumento se alinha à preocupação que permeia o presente trabalho, ao indagar sobre a legitimidade das decisões judiciais que interferem na execução de políticas públicas sem considerar as limitações orçamentárias do poder público.

Além das contribuições de Streck, este trabalho também se utilizará do referencial teórico da Crítica Hermenêutica do Direito (CHD) para aprofundar a reflexão proposta. As 3 (três) perguntas fundamentais da CHD – "O que é Direito?", "O que é Justiça?" e "Qual a função social do Direito?" – oferecem um caminho fecundo para refletir sobre a judicialização dos direitos fundamentais subjetivos.

No caso específico desta análise, a primeira pergunta leva a uma reflexão sobre a essência do Direito, que inclui uma avaliação da função dos diferentes poderes na garantia dos direitos fundamentais. A segunda pergunta promove um debate sobre o conceito de justiça, o qual é essencial ao analisar se a intervenção judicial nas políticas públicas é justa ou não. Finalmente, a terceira pergunta instiga a reflexão sobre o papel social do Direito, levando à questão sobre se a judicialização de políticas públicas contribui para a realização das finalidades sociais do Direito, considerando as limitações orçamentárias do poder público.

Assim, este trabalho propõe um diálogo entre a hermenêutica de Lenio Streck, da Crítica Hermenêutica do Direito e as 3 (três) perguntas fundamentais, buscando fornecer uma análise crítica e profunda da judicialização dos direitos fundamentais subjetivos e a reflexão sobre suas limitações.

2. CONTEXTUALIZAÇÃO E FUNDAMENTAÇÃO TEÓRICA

2.1 Definição de direitos fundamentais subjetivos

Os direitos fundamentais subjetivos representam um dos pilares essenciais das sociedades democráticas contemporâneas. São direitos inalienáveis, ou seja, não podem ser retirados do indivíduo, estão intimamente ligados à dignidade humana e aos princípios de liberdade, igualdade e fraternidade.

Os direitos fundamentais subjetivos são aqueles que são dirigidos a um titular específico, isto é, a uma pessoa ou a um grupo de pessoas, oponíveis contra outros sujeitos de direito. São direitos que têm como característica principal a prerrogativa de reivindicar do Estado uma atuação ou uma abstenção, visando proteger a liberdade e a igualdade dos cidadãos.

Eles englobam direitos civis e políticos, como o direito à vida, à integridade física, à liberdade de pensamento, à igualdade perante a lei, ao voto, entre outros. Também incluem direitos sociais, como o direito à educação, ao trabalho, à saúde, à previdência social, entre outros. Esses direitos são consagrados pela Constituição e outros instrumentos jurídicos internacionais, funcionando como garantias contra qualquer forma de violação ou abuso por parte do Estado ou de outros atores.

Especificamente no contexto brasileiro, os direitos fundamentais subjetivos estão previstos na Constituição Federal de 1988,[1] conhecida como "Constituição Cidadã", que

---
1. BRASIL. Constituição da República Federativa do Brasil de 1988. Disponível em: https://www.planalto.gov.br/ccivil_03/constituicao/constituicao.htm Acesso em: 18 jun. 2023.

colocou o indivíduo no centro do sistema jurídico e reforçou o compromisso do Estado com a promoção da justiça social.

Vejamos:

> Art. 5º Todos são iguais perante a lei, sem distinção de qualquer natureza, garantindo-se aos brasileiros e aos estrangeiros residentes no País a inviolabilidade do direito à vida, à liberdade, à igualdade, à segurança e à propriedade, [...].
>
> Art. 6º São direitos sociais a educação, a saúde, a alimentação, o trabalho, a moradia, o transporte, o lazer, a segurança, a previdência social, a proteção à maternidade e à infância, a assistência aos desamparados, na forma desta Constituição.

É importante notar que a existência formal desses direitos, por si só, não garante sua efetivação. Nesse sentido, a atuação dos poderes públicos, incluindo o judiciário, é fundamental para assegurar que esses direitos sejam devidamente respeitados, protegidos e promovidos, criando um ambiente onde todos possam viver em liberdade e dignidade.

Neste estudo, a análise dos direitos fundamentais subjetivos será o ponto de partida para uma reflexão mais ampla sobre o fenômeno da judicialização e sua relação com a execução e criação de políticas públicas.

2.2 Discussão sobre o conceito de judicialização e sua relação com direitos fundamentais

A judicialização é um fenômeno que se refere à tendência de transferência para o Judiciário de questões e conflitos de diversas naturezas, que, tradicionalmente, seriam resolvidos por meio de processos políticos ou sociais. A judicialização da política, e mais especificamente dos direitos fundamentais subjetivos, ocorre quando as cortes judiciais são chamadas para decidir sobre questões relativas à proteção e à promoção desses direitos.

Este fenômeno está ancorado no fato de que os direitos fundamentais subjetivos, mesmo consagrados na Constituição e em outros instrumentos jurídicos, nem sempre são devidamente implementados ou respeitados. A inação ou a ação inadequada dos Poderes Executivo e Legislativo podem levar os indivíduos ou grupos de indivíduos a buscar no Judiciário a garantia de seus direitos.

Por um lado, a judicialização é vista como um instrumento legítimo e necessário para a efetivação dos direitos fundamentais. Na ausência de respostas adequadas dos outros Poderes, o Judiciário surge como uma instância capaz de prover a devida proteção a esses direitos, contribuindo para a justiça social e a promoção da dignidade humana.

Por outro lado, esse fenômeno também tem gerado críticas e controvérsias. Argumenta-se que a excessiva judicialização pode levar a um desequilíbrio entre os Poderes, com o Judiciário assumindo um papel quase legislador, o que poderia comprometer a democracia representativa. Além disso, questiona-se a capacidade e a competência do Judiciário para lidar com questões complexas e multifacetadas que envolvem a implementação de políticas públicas.

Nessa linha, extrai-se o texto de Clarissa Tassinari e Ziel Ferreira Lopes:[2]

> Nesse quadro, especialmente para o Brasil, um problema mais específico diz respeito à velha questão do ativismo judicial. Na chave de leitura mais otimista em relação ao tema, o ativismo judicial seria um problema ultrapassado por essa nova forma de interação entre os Poderes. Os problemas de legitimidade judicial para a intervenção em questões políticas seriam minimizados pela abertura à "colaboração" com outros Poderes. Uma visão mais pessimista veria nisso a dissimulação do conflito, que é próprio da democracia.

Assim, a análise da judicialização e sua relação com os direitos fundamentais subjetivos requer um olhar crítico e reflexivo, capaz de ponderar entre a necessidade de proteção desses direitos e os possíveis riscos associados a um excesso de judicialização. No decorrer deste estudo, esta será uma das principais questões a serem exploradas.

2.3 O papel do judiciário na execução e criação de políticas públicas

O papel do Judiciário na execução e criação de políticas públicas é um tema de grande debate na atualidade. Por um lado, é inegável a importância do Judiciário como garantia dos direitos fundamentais, especialmente em situações onde a atuação dos poderes Executivo e Legislativo se mostra insuficiente ou inadequada. Contudo, quando o Judiciário ultrapassa o seu papel tradicional de aplicar a lei para criar ou executar políticas públicas, é possível que estejamos diante de uma tensão entre a função jurisdicional e a política.

A intervenção do Judiciário na criação de políticas públicas ocorre quando este Poder, em suas decisões, estabelece normas de conduta ou define padrões que extrapolam a simples aplicação da lei e entram no campo de estabelecer diretrizes de atuação para o Poder Executivo ou para o Legislativo. Este tipo de intervenção tem sido justificado sob a ótica da efetivação dos direitos fundamentais subjetivos, porém não é isenta de controvérsias.

No tocante à execução de políticas públicas, o Judiciário intervém quando ordena ao Poder Executivo a implementação de uma determinada política, programa ou ação, muitas vezes sem considerar as limitações orçamentárias do poder público. Essa prática, denominada "ativismo judicial", tem sido criticada por aqueles que veem nela uma usurpação da função administrativa e legislativa, além de um desrespeito ao princípio da separação dos poderes.

Críticos argumentam que o Judiciário, ao intervir diretamente na criação ou execução de políticas públicas, pode acabar por subverter a lógica da democracia representativa, na qual as decisões políticas devem ser tomadas por representantes eleitos pelo povo. Além disso, o Judiciário, por sua própria natureza, não possui a capacidade técnica

---

2. TASSINARI, Clarissa; LOPES, Ziel Ferreira. Os diálogos institucionais são o remédio para o ativismo judicial? *Revista Consultor Jurídico*, 19 de maio de 2018. Disponível em: https://www.conjur.com.br/2018-mai-19/diario-classe-dialogos-institucionais-sao-remedio-ativismo-judicial. Acesso em: 18 jun. 2023.

e administrativa para lidar com questões complexas e multifacetadas que envolvem a implementação de políticas públicas, como questões econômicas, sociais e orçamentárias.

Por outro lado, defensores dessa intervenção judicial argumentam que, em face da inércia ou ineficácia dos demais Poderes, o Judiciário tem o dever de agir para proteger os direitos fundamentais subjetivos. Argumentam, ainda, que a intervenção do Judiciário em políticas públicas não necessariamente compromete o equilíbrio de poderes, mas pode atuar como um importante contrapeso, garantindo que as decisões políticas estejam alinhadas com os princípios constitucionais e os direitos fundamentais.

Portanto, a reflexão sobre o papel do Judiciário na execução e criação de políticas públicas exige uma ponderação cuidadosa entre a necessidade de proteção dos direitos fundamentais subjetivos e a preservação do equilíbrio entre os Poderes e do princípio democrático.

3. A HERMENÊUTICA JURÍDICA E A CRÍTICA DE LENIO STRECK

3.1 Discussão sobre a hermenêutica jurídica e sua relevância para o tema

A Hermenêutica Jurídica, que se preocupa com a interpretação e aplicação do direito, desempenha um papel crucial na forma como o Judiciário atua na execução ou criação de políticas públicas. Ao interpretar a lei, os juízes fazem escolhas que podem afetar a eficácia da proteção dos direitos fundamentais subjetivos e a responsabilidade fiscal do governo.

Lenio Streck tem contribuído significativamente para a discussão da Hermenêutica Jurídica no contexto do Direito Brasileiro e internacional. Em suas críticas à hermenêutica jurídica, Streck argumenta que, muitas vezes, o direito é visto como um instrumento maleável, que pode ser interpretado de acordo com a vontade ou o entendimento do intérprete. Para ele, essa visão é problemática, pois pode levar a uma judicialização excessiva e a um ativismo judicial que não respeita a separação dos poderes.

Sobre o tema, Lenio Streck[3] expõe:

> Já é de há muito que, no Brasil, convivemos com decisões das mais estranhas, incoerentes e afastadas dos mínimos limites interpretativos, sem que exijamos delas qualquer evidência científica. Por aqui, ao que parece, não temos uma epistemologia no sentido de discutir as condições de possibilidade de fazer um conhecimento rigoroso.

Lenio Streck[4] argumenta que o positivismo jurídico e, em especial, a teoria pura do direito de Hans Kelsen, não se preocupou em teorizar a respeito da interpretação e aplicação do direito, o que abriu margem para as decisões discricionárias:

---

3. STRECK, Lenio Luiz. Que tal exigir evidências científicas nas decisões do seu tribunal? *Revista Consultor Jurídico*, 7 de junho de 2018. Disponível em: https://www.conjur.com.br/2018-jun-07/senso-incomum-tal-exigir-evidencias-cientificas-decisoes-tribunal. Acesso em: 18 jun. 2023.
4. STRECK, Lenio Luiz. A pureza do direito kelseniana. *Estado da Arte, Estadão*, 26 de novembro de 2021. Disponível em: https://estadodaarte.estadao.com.br/pureza-kelsen-streck/. Acesso em: 18 jun. 2023.

É nesse sentido que posso afirmar que, no que tange à interpretação do Direito, Kelsen amplia os problemas semânticos da interpretação, acabando por ser picado fatalmente pelo "aguilhão semântico" de que fala Ronald Dworkin. No fundo, Kelsen estava convicto de que não era possível fazer ciência sobre uma casuística razão prática. Desse modo, todas as questões que exsurgem dos problemas práticos que envolvem a cotidianidade do Direito são menosprezados por sua teoria na perspectiva de extrair da produção desse manancial jurídico algo que possa ser cientificamente analisado. Aqui reside o ponto fulcral, cujas consequências podem ser sentidas mesmo em "tempos pós-positivistas": um dos fenômenos relegados a esta espécie de "segundo nível" foi exatamente o problema da aplicação judicial do Direito. Não há uma preocupação de Kelsen nem com a interpretação, nem com a aplicação do Direito.

Streck defende uma interpretação mais restritiva da lei, que limite a margem de discricionariedade dos juízes e garanta uma maior previsibilidade e estabilidade jurídica. Em seu livro "Hermenêutica Jurídica e(m) Crise",[5] Streck critica a adoção de teorias importadas sem a devida reflexão crítica sobre sua aplicabilidade no contexto jurídico brasileiro.

A discussão sobre a hermenêutica jurídica e as críticas de Streck a ela são extremamente relevantes para o tema em questão. A judicialização excessiva e a intervenção do Judiciário na execução ou criação de políticas públicas podem ser vistas como consequências diretas de uma hermenêutica jurídica que dá aos juízes amplos poderes de interpretação. Assim, a visão de Streck sobre a hermenêutica jurídica pode oferecer importantes *insights* sobre como lidar com essas questões.

3.2 Análise detalhada dos conceitos e críticas de Lenio Streck em relação à hermenêutica jurídica

Lenio Streck é conhecido por sua crítica contundente à Hermenêutica Jurídica contemporânea, especialmente no que se refere ao que ele chama de "decisões judiciais sem critério". Streck entende que o judiciário, muitas vezes, abusa de seu papel ao tomar decisões que deveriam caber aos outros poderes.

Para o autor, os problemas com a hermenêutica jurídica contemporânea decorrem, em grande parte, do que ele chama de "subjetivismo", que é a ideia de que a lei não tem um significado fixo, mas pode ser interpretada de maneiras diferentes dependendo das circunstâncias. Streck argumenta que essa visão leva a decisões judiciais que são inconsistentes e imprevisíveis, já que diferentes juízes podem interpretar a mesma lei de maneiras diferentes.

Streck[6] critica, em especial, o que define como "pan-principiologismo", assim descrito por ele:

---

5. STRECK, Lenio Luiz. *Hermenêutica Jurídica E(m) Crise*: Uma Exploração Hermenêutica da Construção do Direito. 11. ed., 4. tir. São Paulo: Livraria do Advogado Editora, 2021.
6. STRECK, Lenio Luiz. O pan-principiologismo e o sorriso do lagarto. *Revista Consultor Jurídico*, 22 de março de 2012. Disponível em: https://www.conjur.com.br/2012-mar-22/senso-incomum-pan-principiologismo-sorriso-lagarto. Acesso em: 18 jun. 2023.

Com efeito, venho denunciando de há muito um fenômeno que tomou conta da operacionalidade do direito. Trata-se do pan-principiologismo, verdadeira usina de produção de princípios despidos de normatividade. Há milhares de dissertações de mestrado e teses de doutorado sustentando que "princípios são normas". Pois bem. Se isso é verdadeiro – e, especialmente a partir de Habermas e Dworkin, pode-se dizer que sim, isso é correto – qual é o sentido normativo, por exemplo, do "princípio" (sic) da confiança no juiz da causa? Ou do princípio "da cooperação processual"? Ou "da afetividade"? E o que dizer dos "princípios" da "proibição do atalhamento constitucional", da "pacificação e reconciliação nacional", da "rotatividade", do "deduzido e do dedutível", da "proibição do desvio de poder constituinte", da "parcelaridade", da "verticalização das coligações partidárias", da "possibilidade de anulamento" e o "subprincípio da promoção pessoal"? Já não basta a bolha especulativa dos princípios, espécie de subprime do direito, agora começa a fábrica de derivados e derivativos.

Streck propõe como alternativa um modelo de hermenêutica jurídica que ele chama de "hermenêutica filosófica constitucional". Nesse modelo, a interpretação da lei não é subjetiva, mas está ligada ao texto da lei e ao contexto em que foi promulgada. Isso significa que os juízes não têm a liberdade de interpretar a lei como desejam, mas devem se ater ao que a lei realmente diz.

Além disso, Streck também critica a importação acrítica de teorias e conceitos de outros contextos jurídicos. Ele argumenta que cada sistema jurídico tem suas particularidades e que as teorias e conceitos importados devem ser adaptados para se adequar ao contexto jurídico em que estão sendo aplicados.

Nesse sentido, pertinente é a leitura de Victor Bianchini Rebelo[7] a respeito da importação acrítica de teorias estrangeiras:

> Acontece que o neoconstitucionalismo avançou como doutrina de maneira descontrolada, sem qualquer rigor epistêmico, para ao fim desenvolver "condições patológicas" ao constitucionalismo compromissório que ainda engatinhava no Brasil.
>
> Nesse contexto, importações teóricas equivocadas ganharam espaço na doutrina e jurisdição constitucional (caso de Dworkin e Alexy, para citar apenas dois nomes), tudo isso para avalizar condições retóricas para uma jurisdição solipsista, que apenas nos legaria uma concretização ad hoc, isto é, concretizando os direitos fundamentais na medida que o judiciário assim entendesse por correto. Uma concretização de acordo com a subjetividade dos juízes, de acordo com seus interesses e intenções particulares.

E continua explicando com base na visão streckiana:

> Daí a virada conceitual streckiana, que a partir de uma série de textos e reedições de suas obras, abandonou sua filiação prévia ao rótulo neoconstitucionalista e passou a adotar sua filiação teórica (e a da CHD, por conseguinte) ao Constitucionalismo Contemporâneo, termo cuja definição adotaria um constitucionalismo compromissório nos moldes do pós-guerra, insistindo na visão constitucionalista dirigente adotada pelo primeiro Canotilho.[8]

---

7. REBELO, Victor Bianchini. O Constitucionalismo Contemporâneo como argumento político da CHD. *Revista Consultor Jurídico*, 1º de outubro de 2022. Disponível em: https://www.conjur.com.br/2022-out-01/diario-classe-constitucionalismo-contemporaneo-argumento-politico-chd. Acesso em: 18 jun. 2023.
8. REBELO, Victor Bianchini. O Constitucionalismo Contemporâneo como argumento político da CHD. *Revista Consultor Jurídico*, 1 de outubro de 2022. Disponível em: https://www.conjur.com.br/2022-out-01/diario-classe-constitucionalismo-contemporaneo-argumento-politico-chd. Acesso em: 18 jun. 2023.

A exemplo da importação inadequada de teorias estrangeiras, tem-se a má aplicação da teoria da ponderação de princípios de Robert Alexy:[9]

> Aliás, sobre essa questão não se pode deixar de referir os resultados da pesquisa de Fausto Santos de Morais, em cuja tese de doutorado – intitulada "Hermenêutica e Pretensão de Correção: uma revisão crítica da aplicação do princípio da proporcionalidade pelo Supremo Tribunal Federal" – foram examinadas as 189 decisões do STF, ao longo de uma década, que fazem menção à proporcionalidade. Entre outras conclusões, o autor constata o seguinte fato: mesmo havendo referência expressa à proporcionalidade pelos ministros do STF, sua aplicação não guarda qualquer relação com o "sistema Alexy", sendo apenas uma vulgata da proposta do jurista alemão. Em outras palavras, tudo indica que o STF aplica uma proporcionalidade sui generis, visto que empregada sem a mesma preocupação com a racionalidade argumentativa tão estimada por Alexy. Como se isto não bastasse, o modo como o STF aplica a proporcionalidade resulta, ao fim e ao cabo, na institucionalização de uma violência simbólica retórica que se utiliza do argumento de autoridade do "princípio da proporcionalidade". A tese também aponta outro problema: a aplicação da teoria alexyana em terrae brasilis reforça a discricionariedade judicial maquiada pelo princípio da proporcionalidade, o que somente poderia ser combatido através de uma teoria da decisão, tal qual propõem, por exemplo, Lenio Streck e Rafael Tomaz de Oliveira.

Essas críticas de Streck à hermenêutica jurídica contemporânea são relevantes para a discussão da judicialização dos direitos fundamentais subjetivos. Se aceitarmos a crítica de Streck, a intervenção do Judiciário na execução ou criação de políticas públicas pode ser vista como uma consequência da interpretação subjetiva da lei, que permite aos juízes tomar decisões que vão além de seu papel tradicional de interpretar e aplicar a lei.

3.3 Reflexão sobre como a crítica de Streck se aplica ao tema da judicialização dos direitos fundamentais subjetivos

Ao tratar da judicialização dos direitos fundamentais subjetivos, as críticas de Lenio Streck à hermenêutica jurídica atual são pertinentes e esclarecedoras. O jurista argumenta que o excesso de subjetivismo, na interpretação da lei pelo Judiciário, pode levar à inconsistência e imprevisibilidade das decisões judiciais, bem como ao desrespeito à separação dos poderes.

Em seus trabalhos, Streck aponta para a necessidade de uma interpretação mais objetiva e vinculada ao texto legal. Em seu livro "Jurisdição Constitucional e Decisão Jurídica", Streck[10] enfatiza: "A norma jurídica não pode significar tudo e, ao mesmo tempo, qualquer coisa. Entre o texto e o intérprete/aplicador, há um mundo – o mundo do sentido, que, no direito, é determinado pela norma".

Sobre o tema, Streck[11] aduz:

---

9. TRINDADE, André Karam. Robert Alexy e a vulgata da ponderação de princípios. *Revista Consultor Jurídico*, 16 de novembro de 2013. Disponível em: https://www.conjur.com.br/2013-nov-16/diario-classe-robert-alexy-vulgata-ponderacao-principios. Acesso em: 18 jun. 2023.
10. STRECK, Lenio Luiz. *Jurisdição Constitucional e Decisão Jurídica*. 4. ed. São Paulo: Ed. RT, 2014.
11. STRECK, Lenio Luiz. Por que commonlistas brasileiros querem proibir juízes de interpretar? *Revista Consultor Jurídico*, 22 de setembro de 2016. Disponível em: https://www.conjur.com.br/2016-set-22/senso-incomum-commonlistas-brasileiros-proibir-juizes-interpretar. Acesso em: 18 jun. 2023.

Minhas críticas continuam com a mesma matriz que sempre lidei: juiz não constrói leis. Não produz Direito. Nem o STF ou o STJ produzem Direito. Mas isso não significa que o juiz ou tribunal não realizem ato de interpretação na aplicação do Direito. O que fez com que chegássemos a esse patamar de irracionalidade aplicativa foram coisas como: a despreocupação com a decisão jurídica, a aposta no protagonismo judicial, a aposta no "decido conforme minha consciência", "a concordância com o livre convencimento", "o incensamento de teses autoritárias como as de que a decisão judicial é um ato de vontade", "o ponderativismo", "o pamprincipiologismo" etc.

Essa reflexão de Streck tem uma aplicação direta ao tema da judicialização dos direitos fundamentais subjetivos. O excesso de discricionariedade judicial, alimentado por uma hermenêutica jurídica subjetivista, pode levar a uma maior judicialização dos direitos fundamentais subjetivos, na medida em que permite ao Judiciário ir além de seu papel tradicional de interpretação e aplicação da lei.

A visão de Streck sugere que a intervenção do Judiciário na execução ou criação de políticas públicas poderia ser minimizada por meio de uma hermenêutica jurídica que limite a discricionariedade dos juízes e os mantenha mais fielmente vinculados ao texto legal. Isto poderia levar a uma maior consistência e previsibilidade das decisões judiciais, bem como a um maior respeito pela separação dos poderes e pelas competências constitucionais de cada um dos poderes.

4. A JUDICIALIZAÇÃO DOS DIREITOS FUNDAMENTAIS SUBJETIVOS E A LIMITAÇÃO ORÇAMENTÁRIA DO PODER PÚBLICO

4.1 Discussão sobre a limitação orçamentária do poder público e sua relação com a judicialização

A limitação orçamentária do poder público é uma realidade que os gestores enfrentam diariamente. O equilíbrio entre receitas e despesas é uma exigência legal e fiscal para garantir a sustentabilidade das finanças públicas. No entanto, essa limitação torna-se ainda mais complexa quando se leva em consideração a folha de pessoal, muitas vezes inchada, que compromete uma parcela significativa dos recursos – em alguns casos, cerca de 50% do orçamento.

Além disso, os gastos com custeio e investimentos também demandam uma fatia considerável do orçamento, restando pouco espaço para alocar recursos em áreas que precisam de atenção ou de ampliação de investimentos. Neste cenário, as decisões judiciais que ordenam ao poder público a realização de determinadas ações ou políticas, em especial relacionadas a direitos fundamentais subjetivos, podem representar um desafio adicional à gestão dos recursos públicos.

Isso porque, quando o Judiciário ordena ao poder público a realização de uma ação que implica despesas, estas podem não estar previstas no orçamento. A consequência disso é a necessidade de realocação de recursos, o que pode prejudicar outras áreas e programas. Além disso, decisões judiciais desse tipo podem acabar incentivando a judicialização, uma vez que se cria a percepção de que a via judicial é um meio eficaz para obter ações do poder público.

Essa dinâmica estabelece uma tensão entre a proteção dos direitos fundamentais subjetivos, a responsabilidade fiscal e a separação de poderes. Enquanto o Judiciário tem o papel de garantir a proteção dos direitos fundamentais, também é necessário levar em consideração a realidade das limitações orçamentárias e o papel dos outros poderes na gestão dos recursos públicos, e na definição de políticas públicas. Isso levanta a questão de como equilibrar essas diferentes demandas e responsabilidades de forma a garantir a proteção dos direitos fundamentais, sem comprometer a gestão responsável dos recursos públicos.

4.2 Análise de casos onde o Judiciário interveio na execução ou criação de políticas públicas sem considerar a limitação orçamentária

Com inspiração no texto "*Homeschooling* e as três perguntas fundamentais na teoria da decisão" de Lenio Streck,[12] discutiremos a análise de cenários onde a intervenção do Poder Judiciário nas políticas públicas pode ocorrer sem uma devida consideração do impacto social e financeiro.

Streck examina o caso em que o Supremo Tribunal Federal brasileiro recusou a proposta do *homeschooling* como uma maneira viável de cumprir o dever da educação. Isso levanta um questionamento crucial, sintetizado por Streck em três perguntas fundamentais: se o *homeschooling* é um direito ou um dever fundamental, se é possível universalizá-lo, e se é admissível que o Estado subsidie tal prática sem infringir princípios de isonomia e igualdade.

No caso referente ao *homeschooling*, segundo Streck,[13] a resposta às três perguntas fundamentais é negativa. Vejamos:

> Eis o ponto. Nenhuma das três questões recebe resposta afirmativa. E mesmo que se admita o "sim" à primeira pergunta, a segunda inexoravelmente recebe resposta negativa, pela impossibilidade de universalização, sob pena de discriminação dos pobres. Ou seja: por uma questão óbvia, se os pobres quiserem educar seus filhos em casa, não poderão fazê-lo pela total impossibilidade material, ficando o *homeschooling* como um inegável privilégio dos ricos, sob a contraditória "supervisão" da escola pública.

> Em um país em que a escola é um refúgio para ganhar merenda, e em que os pais, na grande maioria pobres, não têm onde deixar os filhos (a não ser na escola), como é possível institucionalizar o direito de os pais não mandarem seus filhos à escola? Claramente uma medida a favor de quem pode pagar *homeschoolars*.

Poderíamos expor diversos casos emblemáticos onde há decisões dos Tribunais de Justiça sobre a obrigação do fornecimento de insumos e serviços de alto custo não incorporados em atos normativos do SUS. Decide-se sempre no sentido de que o Estado

---

12. STRECK, Lenio Luiz. *Homeschooling* e as três perguntas fundamentais na teoria da decisão. *Revista Consultor Jurídico*, 27 de outubro de 2018. Disponível em: https://www.conjur.com.br/2018-out-27/observatorio-constitucional-homeschooling-tres-perguntas-fundamentais-teoria-decisao. Acesso em: 18 jun. 2023.
13. STRECK, Lenio Luiz. Homeschooling e as três perguntas fundamentais na teoria da decisão. *Revista Consultor Jurídico*, 27 de outubro de 2018. Disponível em: https://www.conjur.com.br/2018-out-27/observatorio-constitucional-homeschooling-tres-perguntas-fundamentais-teoria-decisao. Acesso em: 18 jun. 2023.

tem a obrigação de fornecê-los e que possui alto custo, mesmo que estes não estejam incluídos na lista de fornecimentos ou serviços de obrigação do SUS, mas não considera de forma aprofundada as implicações orçamentárias dessa decisão. Na área da saúde há uma enxurrada de decisões pautada no seguinte sentido: cumpra-se, independentemente de qual seja sua realidade, apenas faça o que determinamos.

E não para por aí.

Na esfera da assistência social é extremamente comum a intervenção do Judiciário na definição de políticas públicas. Podemos citar como exemplos em decisões judiciais que determinam: criação de abrigos para idosos, mulheres vítimas de violência doméstica, acolhimento de moradores de rua etc. As decisões, embora louváveis do ponto de vista da promoção dos direitos humanos, muita das vezes leva em conta as limitações orçamentárias e logísticas dos municípios, muitos dos quais não possuem recursos para cumprir essas determinações.

Esses casos destacam a complexidade e a delicadeza da intervenção judicial nas políticas públicas. De um lado, o Judiciário é chamado a proteger os direitos fundamentais; de outro, suas decisões podem ter profundas implicações orçamentárias que, se não forem devidamente consideradas, podem levar a desequilíbrios financeiros e prejudicar a sustentabilidade de longo prazo das políticas públicas.

Assim, a intervenção judicial na definição e implementação de políticas públicas deve ser sempre cuidadosa, equilibrada e prudente, levando em conta tanto a proteção dos direitos fundamentais quanto as limitações orçamentárias do Estado.

4.3 Reflexão sobre os impactos e implicações das ações judiciais

Neste segmento, propomos uma reflexão mais aprofundada sobre os impactos e implicações das intervenções judiciais na execução e criação de políticas públicas. Tais ações, embora necessárias em muitos contextos para garantir direitos fundamentais, podem desencadear efeitos significativos, com ramificações complexas e de longo alcance.

Primeiramente, é crucial considerar os possíveis efeitos dessas ações judiciais sobre a eficácia das políticas públicas. A intervenção judicial pode garantir o cumprimento dos direitos constitucionais e acelerar a implementação de políticas. No entanto, decisões judiciais que ignoram limitações orçamentárias podem inviabilizar a execução efetiva de uma política ao exigir um gasto público não previsto.

A responsabilidade fiscal é outro elemento impactado por essas intervenções. O poder público opera com recursos finitos, e decisões judiciais que ordenam gastos adicionais podem comprometer a sustentabilidade fiscal de longo prazo. Esse impacto, por sua vez, pode ter implicações negativas para outras áreas, potencialmente prejudicando serviços essenciais ou agravando os problemas fiscais.

Por fim, tais ações podem afetar o equilíbrio entre os diferentes poderes do Estado. Embora o judiciário tenha o papel de interpretar a constituição e garantir direitos, intervenções excessivas podem levar a um desequilíbrio entre os poderes, desafiando o princípio da separação de poderes.

Em resumo, enquanto a intervenção do poder judiciário é muitas vezes essencial para assegurar direitos fundamentais, é crucial que essas ações sejam conduzidas com cautela, considerando os possíveis efeitos na eficácia das políticas públicas, a responsabilidade fiscal do poder público e o equilíbrio entre os poderes do Estado. Uma análise cuidadosa dos casos individuais e um diálogo contínuo entre os poderes são instrumentos indispensáveis para garantir o melhor equilíbrio possível nessas questões complexas e interconectadas.

5. AS CRÍTICAS DA CHD SOBRE O ASSUNTO

5.1 Apresentação e explicação das críticas da CHD em relação à judicialização dos direitos fundamentais subjetivos

A CHD tem expressado preocupações significativas em relação à tendência da judicialização dos direitos fundamentais subjetivos. No cerne dessas críticas está a noção de que o recurso excessivo à intervenção judicial pode não apenas sobrecarregar o sistema judiciário, mas também distorcer a implementação de políticas públicas e a efetiva garantia dos direitos humanos.

A CHD pode ser assim sintetizada:

> Em apertada síntese, a Crítica Hermenêutica do Direito, CHD, é uma construção teórica de Lenio Streck, consistente na conjunção de perspectivas que, seja na filosofia, seja na teoria do direito, compartilham pressupostos hermenêuticos em relação a temas, como racionalidade, conhecimento e interpretação. Isso significa, de forma mais concreta, conceber a nossa compreensão acerca dos fenômenos, inclusive o direito, a partir de elementos como a historicidade, a intersubjetividade linguística e a circularidade interpretativa. Uma vez realizada assimilação destas teorias, desenvolve-se uma crítica a correntes jurídicas contemporâneas e às práticas irreflexivas do direito brasileiro, além da elaboração de uma Teoria da Decisão Jurídica.[14]

Primeiramente, a CHD argumenta que a judicialização exorbitante pode contribuir para a sobrecarga do sistema judiciário. Isso porque, ao inundar os tribunais com casos relacionados a direitos fundamentais, corre-se o risco de prolongar indevidamente o tempo de resolução de cada caso, prejudicando, assim, a prontidão e a eficácia da justiça.

Em segundo lugar, a CHD critica a possibilidade de a judicialização distorcer a aplicação de políticas públicas. A organização alerta que, quando os juízes tomam decisões que envolvem a alocação de recursos ou a formulação de políticas, podem estar extrapolando seu papel constitucional e invadindo uma área que é essencialmente do domínio dos poderes executivo e legislativo.

---

14. STRECK, Lenio; JUNG, Luã. Livre convencimento judicial e verdade: Crítica hermenêutica às teorias de Ferrajoli, Taruffo e Guzmán. *Novos Estudos Jurídicos*, [S.L.], v. 27, n. 1, p. 2-21, 27 jun. 2022, p. 15. Disponível em: https://periodicos.univali.br/index.php/nej/article/view/18696. Acesso em: 18 jun. 2023.

Além disso, a CHD também questiona a equidade da judicialização dos direitos fundamentais subjetivos. Na opinião da CHD, esse processo pode favorecer desproporcionalmente aqueles que têm melhores condições de acessar o sistema judiciário, exacerbando as desigualdades sociais em vez de mitigá-las.

Por último, a CHD expressa preocupação com o potencial de a judicialização contribuir para uma cultura de dependência em relação aos tribunais para resolver questões de direitos humanos. A organização defende que os direitos humanos devem ser garantidos por meio de políticas eficazes e da ação proativa do Estado, e não apenas pela intervenção dos tribunais.

Sobre a contribuição da CHD para evitar decisões discricionárias, Marcelo Augusto Rodrigues de Lemos[15] afirma:

> Daí porque se revela como absolutamente necessária a CHD para a construção de um direito mais igualitário e menos suscetível a decisões discricionárias. Ou mesmo, decisões que precedem o fundamento (como se o intérprete atravessasse uma ponte para depois pavimentá-la, como refere Streck).

Em suma, as críticas da CHD se concentram em questões de eficiência, de equilíbrio entre os poderes, de equidade e de dependência em relação ao sistema judiciário. Essas preocupações sublinham a necessidade de um diálogo mais aprofundado sobre como melhor equilibrar a garantia de direitos fundamentais subjetivos com a manutenção de um sistema político e judicial eficaz e equitativo.

5.2 As três perguntas fundamentais e a CHD sobre o tema

As "três perguntas fundamentais" propostas por Lenio Streck fornecem uma estrutura valiosa para abordar as críticas da CHD à judicialização dos direitos fundamentais subjetivos. Segundo Streck, a CHD tem o papel crucial de estabelecer as condições para uma teoria da decisão sólida e coerente, pois a falta disso pode criar problemas substanciais para a teoria do direito.

A respeito das três perguntas fundamentais, Streck[16] discorre:

> Considero que, para que uma decisão seja aceitável na seara jurídica, ou seja, para que seja "constitucionalmente adequada", como de há muito venho propondo em obras como meu Verdade e Consenso (Saraiva, atualmente, na sua sexta edição) ou no Dicionário de Hermenêutica (Editora Casa do Direito), ela deve passar pelo teste das "três perguntas fundamentais". Evita-se, assim, o ativismo, que, não é demais frisar, é ruim, sob qualquer aspecto, para a democracia.

Em primeiro lugar, sem uma teoria da decisão bem estabelecida, há o risco de ativismo judicial excessivo. O ativismo judicial ocorre quando os juízes assumem um

---

15. LEMOS, Marcelo Augusto Rodrigues de. Alguns apontamentos sobre CHD e processo penal. *Revista Consultor Jurídico*, 25 de junho de 2022. Disponível em: https://www.conjur.com.br/2022-jun-25/alguns-apontamentos--chd-processo-penal. Acesso em: 18 jun. 2023.
16. STRECK, Lenio Luiz. Homeschooling e as três perguntas fundamentais na teoria da decisão. *Revista Consultor Jurídico*, 27 de outubro de 2018. Disponível em: https://www.conjur.com.br/2018-out-27/observatorio-constitucional-homeschooling-tres-perguntas-fundamentais-teoria-decisao. Acesso em: 18 jun. 2023.

papel ativo na formulação de políticas públicas, indo além de sua função tradicional de interpretação e aplicação da lei. Isso pode levar a uma distorção do equilíbrio entre os poderes do Estado e colocar o sistema judiciário em uma posição de protagonismo não planejado na tomada de decisões políticas.

Em segundo lugar, a ausência de uma teoria da decisão clara pode dar lugar à discricionariedade judicial desenfreada. Isso significa que os juízes podem tomar decisões baseadas em suas preferências pessoais ou opiniões políticas, em vez de seguir princípios jurídicos rigorosos e consistentes. Essa discricionariedade pode levar a uma falta de previsibilidade e confiabilidade no sistema jurídico, minando a confiança pública nas instituições judiciais.

6. CONSIDERAÇÕES FINAIS

Este estudo explorou a complexa interação entre o poder judiciário e as políticas públicas, com um foco particular na judicialização dos direitos fundamentais subjetivos. Examinamos casos exemplificativos em que o judiciário interveio na criação ou execução de políticas públicas sem considerar a limitação orçamentária. Os exemplos, em linhas gerais de decisões relativas à saúde, educação e assistência social, ilustraram as nuances e desafios deste fenômeno.

O trabalho de Lenio Luiz Streck foi fundamental para nossa compreensão da questão, com suas "três perguntas fundamentais" fornecendo um arcabouço valioso para avaliar as ações judiciais e suas consequências. Observamos que, sem uma teoria da decisão robusta, há riscos de ativismo judicial, discricionariedade e decisionismo, problemas que a CHD aponta e critica em relação à judicialização dos direitos fundamentais subjetivos.

A reflexão final deste estudo é que a judicialização dos direitos fundamentais subjetivos e a intervenção do Judiciário na execução ou criação de políticas públicas apresentam uma série de implicações complexas. Enquanto o Judiciário desempenha um papel importante na proteção de direitos fundamentais, seu envolvimento excessivo na formulação de políticas pode gerar tensões com os outros poderes do Estado e desafiar as normas de equilíbrio de poder.

Propomos, como visto, um diálogo permanente e produtivo entre o poder judiciário e o poder executivo. Este diálogo deve ser fundamentado no respeito mútuo e na compreensão clara dos limites e responsabilidades de cada poder. Através dessa interação constante, podemos garantir que os direitos fundamentais sejam protegidos e promovidos, enquanto mantemos a integridade e a eficácia das políticas públicas.

Em suma, este estudo destaca a importância de um diálogo aberto, uma teoria da decisão clara e respeito pelos limites de cada poder, para enfrentar os desafios apresentados pela judicialização dos direitos fundamentais subjetivos e a intervenção do Judiciário na execução ou criação de políticas públicas.

Além disso, a falta de uma teoria da decisão pode levar ao decisionismo, ou seja, a decisão judicial baseada mais em julgamentos subjetivos do que em normas e princípios objetivos. Isso pode desvincular o sistema jurídico da realidade social e política, distanciando as decisões judiciais das necessidades e expectativas da sociedade.

Por fim, esses problemas – ativismo judicial, discricionariedade e decisionismo – reforçam as críticas da CHD em relação à judicialização dos direitos fundamentais subjetivos. Segundo Streck, a CHD tem a tarefa de estabelecer as condições para uma teoria da decisão que equilibre, de maneira eficaz, a necessidade de garantir direitos fundamentais, a responsabilidade do sistema judicial e o papel adequado dos juízes em uma democracia.

REFERÊNCIAS

BRASIL. Constituição da República Federativa do Brasil de 1988. Disponível em: https://www.planalto.gov.br/ccivil_03/constituicao/constituicao.htm. Acesso em: 18 jun. 2023.

LEMOS, Marcelo Augusto Rodrigues de. Alguns apontamentos sobre CHD e processo penal. *Revista Consultor Jurídico*, 25 de junho de 2022. Disponível em: https://www.conjur.com.br/2022-jun-25/alguns-apontamentos-chd-processo-penal. Acesso em: 18 jun. 2023.

REBELO, Victor Bianchini. O Constitucionalismo Contemporâneo como argumento político da CHD. *Revista Consultor Jurídico*, 1º de outubro de 2022. Disponível em: https://www.conjur.com.br/2022-out-01/diario-classe-constitucionalismo-contemporaneo-argumento-politico-chd. Acesso em: 18 jun. 2023.

STRECK, Lenio Luiz. O pan-principiologismo e o sorriso do lagarto. *Revista Consultor Jurídico*, 22 de março de 2012. Disponível em: https://www.conjur.com.br/2012-mar-22/senso-incomum-pan-principiologismo-sorriso-lagarto. Acesso em: 18 jun. 2023.

STRECK, Lenio Luiz. *Jurisdição Constitucional e Decisão Jurídica*. 4. ed. São Paulo: Ed. RT, 2014.

STRECK, Lenio Luiz. Por que commonlistas brasileiros querem proibir juízes de interpretar? *Revista Consultor Jurídico*, 22 de setembro de 2016. Disponível em: https://www.conjur.com.br/2016-set-22/senso-incomum-commonlistas-brasileiros-proibir-juizes-interpretar. Acesso em: 18 jun. 2023.

STRECK, Lenio Luiz. Que tal exigir evidências científicas nas decisões do seu tribunal? *Revista Consultor Jurídico*, 7 de junho de 2018. Disponível em: https://www.conjur.com.br/2018-jun-07/senso-incomum-tal-exigir-evidencias-cientificas-decisoes-tribunal. Acesso em: 18 jun. 2023.

STRECK, Lenio Luiz. *Homeschooling* e as três perguntas fundamentais na teoria da decisão. *Revista Consultor Jurídico*, 27 de outubro de 2018. Disponível em: https://www.conjur.com.br/2018-out-27/observatorio-constitucional-homeschooling-tres-perguntas-fundamentais-teoria-decisao. Acesso em: 18 jun. 2023.

STRECK, Lenio Luiz. A pureza do direito kelseniana. *Estado da Arte, Estadão*, 26 de novembro de 2021. Disponível em: https://estadodaarte.estadao.com.br/pureza-kelsen-streck/. Acesso em: 18 jun. 2023.

STRECK, Lenio Luiz. *Hermenêutica Jurídica E(m) Crise*: Uma Exploração Hermenêutica da Construção do Direito. 11. ed., 4. tir. São Paulo: Livraria do Advogado Editora, 2021.

STRECK, Lenio Luiz; JUNG, Luã. Livre convencimento judicial e verdade: Crítica hermenêutica às teorias de Ferrajoli, Taruffo e Guzmán. *Novos Estudos Jurídicos*, [S.L.], v. 27, n. 1, p. 2-21, 27 jun. 2022. Disponível em: https://periodicos.univali.br/index.php/nej/article/view/18696. Acesso em: 18 jun. 2023.

TASSINARI, Clarissa; LOPES, Ziel Ferreira. Os diálogos institucionais são o remédio para o ativismo judicial? *Revista Consultor Jurídico*, 19 de maio de 2018. Disponível em: https://www.conjur.com.br/2018-mai-19/diario-classe-dialogos-institucionais-sao-remedio-ativismo-judicial. Acesso em: 18 jun. 2023.

TRINDADE, André Karam. Robert Alexy e a vulgata da ponderação de princípios. *Revista Consultor Jurídico*, 16 de novembro de 2013. Disponível em: https://www.conjur.com.br/2013-nov-16/diario-classe-robert-alexy-vulgata-ponderacao-principios. Acesso em: 18 jun. 2023.

A PANDEMIA INTERNACIONAL DE COVID-19 E SEUS EFEITOS NA LIBERDADE RELIGIOSA BRASILEIRA

Thiago Rafael Vieira

Mestre e Doutorando em Direito Político e Econômico pela Universidade Presbiteriana Mackenzie. Especialista em Direito do Estado pela Universidade Federal do Rio Grande do Sul UFRGS. Especialista em Estado Constitucional e Liberdade Religiosa pela Universidade Presbiteriana Mackenzie, com estudos pela Universidade de Oxford (Regents Park College) e pela Universidade de Coimbra (Ius Gentium Conimbrigae). Especialista em Teologia e Bíblia pela Universidade Luterana do Brasil (ULBRA). Professor e escritor. Membro do Conselho Editorial e Parecerista da Dignitas – Revista Internacional do Instituto Brasileiro de Direito e Religião. Presidente do Instituto Brasileiro de Direito e Religião – IBDR. Cronista fixo da Gazeta do Povo e outras revistas e sites. Membro da Comissão Especial de Liberdade Religiosa do Conselho Federal da OAB. Membro do Grupo de Pesquisa Cidadania, Constituição e Estado Democrático de Direito. Membro do subcomitê da rede de apoio das entidades temáticas em Defesa e Promoção da Liberdade Religiosa da ALESP. Advogado aliado da Alliance Defending Freedom – ADF/USA; Alumni da Acton Institute / EUA. Autor de diversas obras sobre direito religioso, liberdade religiosa e outros temas. O presente capítulo possui aportes oriundos da obra Direito Religioso: orientações práticas em tempos de Covid-10. 2. ed., São Paulo: Edições Vida Nova, 2020, escrito pelo autor deste em conjunto com o Dr. Jean Marques Regina.

Sumário: Introdução – 1. A liberdade religiosa em um contexto de pandemia; 1.1 As restrições possíveis: como identificar – 2. A dimensão da liberdade religiosa de culto no cenário pandêmico – Conclusão – Referências.

INTRODUÇÃO

O mundo, ao final de 2019, experimentou um surto do Covid-19, resultando em uma pandemia sem precedentes, que "chegou" ao Brasil em fevereiro, e teve crescimento da curva de contágio a partir de março de 2020. Por meio da Lei Federal 13.979 de 06 de fevereiro de 2020 e diversos outros decretos federais, leis estaduais e municipais, o Brasil, em todos os níveis de sua federação, buscou alternativas para refrear o número de infectados e tentar minimizar a quantidade de mortes diante da nocividade de uma doença que o mundo não estava preparado para tratar e sanar. Para evitar o contágio, medidas de quarentena foram determinadas por todo o Brasil – em alguns Estados e Municípios as ações foram mais rígidas ao ponto de configurar um *lockdown,* que é o bloqueio total de uma região por determinação estadual ou municipal.

Para enfrentar o surto de Covid-19, as liberdades civis fundamentais foram restringidas, parcial ou totalmente, especialmente a de culto, razão pela qual o ramo do direito denominado Direito Religioso foi objeto de constante estudo, por todo o Brasil e, na verdade, em todo o mundo. Os impactos sobre a liberdade religiosa foram claros e das mais variadas intensidades, algumas restrições de forma legal e constitucional, outras ao arrepio destas, como veremos a seguir neste ensaio.

Pois bem, a liberdade religiosa (*action*) decorre da liberdade de crer (*belief*) que historicamente gerou todas as demais liberdades, sendo um pilar e um dos fundamentos da própria democracia.[1] Diante disso, analisar os diferentes parâmetros aplicados pelo Brasil é importante para formular novas perguntas e dar atenção para alguns conflitos constitucionais, legais, éticos e políticos que abrem espaço para respostas que o Direito Religioso fornece.

Apesar de todos os cuidados necessários durante o surto, foi possível presenciar jogos de retórica política para justificar atitudes abusivas por parte de prefeitos e governadores, que se valeram da frase "nenhuma liberdade é absoluta" de forma indiscriminada. Esta frase contém o grande perigo de produzir o sentimento de que os valores carregados nesta palavra – *liberdade* – sejam vistos como direitos de menor importância diante do "combate científico à pandemia".

Há um enorme risco na afirmação de que as liberdades não são absolutas. Como decorrência lógica desta fala, todas as liberdades poderiam ser sujeitas a qualquer tipo de restrição, de acordo com o alvedrio do mandatário federal, estadual ou municipal, conforme o caso. Este raciocínio é conveniente para que o exercício do poder seja feito "para o povo", mas remove os outros dois elementos da democracia: o "do povo" e "pelo povo". Nesse sentido, uma tecnocracia científica se justificaria, isolando-se totalmente todos os outros aspectos da vida humana e de sua dignidade.

1. A LIBERDADE RELIGIOSA EM UM CONTEXTO DE PANDEMIA

Nunca é demais lembrar que as liberdades civis fundamentais, dentre elas as liberdades de crença e religiosa existem para proporcionar ao ser humano uma vida com dignidade. Restringi-las implica em diminuir valores, violando diretamente a dignidade da pessoa humana, e, por consequência, na contramão de uma democracia solidária e inclusiva. Trata-se de um equívoco pensar atuações governamentais, em qualquer esfera da federação, sem levar em conta seus desdobramentos na vida humana e em suas expressões na comunidade política. Essa relação entre o exercício das liberdades e o Estado Democrático de Direito é expresso por Javier Hervada no sentido de que na inexistência efetiva das liberdades pessoais, e, essencialmente, na liberdade de ser uma pessoa, não há democracia, mesmo que exista um sistema eleitoral. O simples fato de

---

1. "A democracia é o governo do povo, pelo povo, para o povo." – Abraham Lincoln (1809 – 1865). LINCOLN, Abraham. *Speech in Soldiers' National Cemetery at Gettysburg*. Gettysburg: The Gettysburg Address, 1863. Disponível em: https://www.loc.gov/exhibits/gettysburg-address/. Acesso em: 09 nov. 2020. Ver mais em: VIEIRA, Thiago Rafael; REGINA, Jean Marques. *ONU: Agenda 2030, e a liberdade religiosa?* Porto Alegre: Editora Concórdia, 2022. VIEIRA, Thiago Rafael; Regina. Jean Marques. *A Contribuição do Cristianismo para a Liberdade*. São Paulo: Unipro Editora, 2023. VIEIRA, Thiago Rafael. *A importante distinção das liberdades de crença e religiosa e a efetividade de seus âmbitos de proteção na laicidade colaborativa Brasileira*. Mestrado em Direito Político e Econômico, São Paulo: Universidade Presbiteriana Mackenzie, 2022, 182 f. Disponível em: https://dspace.mackenzie.br/handle/10899/30585.

votar ou ser votado ou de existir eleições democráticas não torna o ser humano digno. Votar e/ou ser votado apenas são instrumentos a serviço das liberdades e da democracia.[2]

Retornando à liberdade religiosa, cumpre ressaltar que o Estado brasileiro a entroniza como uma de suas mais importantes garantias constitucionais, além de reconhecer o fenômeno religioso como imprescindível na busca do bem comum de nossa sociedade.

> O Estado Laico Brasileiro, constituído como Estado Democrático de Direito (art. 1º da CRFB/1988), assentado num Estado Constitucional estabelecido em nome de Deus (Preâmbulo Constitucional) e com fundamento na Dignidade da Pessoa Humana, assegura a liberdade religiosa e reconhece o fenômeno religioso, inclusive ao permitir o ensino religioso em escolas públicas, até mesmo de modo confessional, como ato de reconhecimento da existência do fenômeno religioso e sua transcendência, e de que o homem, como detentor de alma, não prescinde do espiritual, bem como da persecução do mesmo fim do Estado e da religião: o bem comum.[3]

A história da civilização brasileira é a etapa primária para identificar o valor do sentimento religioso no País. O Brasil foi descoberto por uma missão portuguesa que tinha como *principal objetivo propagar* o *Evangelho de Cristo* ao novo mundo, o que revela uma motivação estritamente religiosa. O Brasil nasceu como "Ilha de Vera Cruz", e, logo depois, "Terra de Santa Cruz". Essa nuance central da religiosidade cristã é registrada nos documentos que resguardam esse período:

> [...] o que não parece carecer de mistério, porque assim como nestes reinos de Portugal trazem a cruz no peito por insígnia da ordem e cavalaria de Cristo, assim prouve a ele que essa terra se descobrisse a tempo que o tal nome (de Santa Cruz) lhe pudesse ser dado neste santo dia (3 de maio), pois havia de ser possuída de portugueses e ficar por herança de patrimônio ao mestre da mesma ordem de Cristo.[4]

Prova disto é que todas as bandeiras da herança brasileira, mantêm o símbolo da cruz à vista. Desde os reis portugueses aos imperadores brasileiros – a cruz da Ordem de Cristo, criada em 1319, foi incorporada aos pavilhões das dinastias reinantes, de Dom Dinis até Dom Pedro II por aqui (e que continuam no brasão da nossa família imperial).

> Mas para que nesta parte magoemos ao Demônio, que tanto trabalhou e trabalha por extinguir a memória a Santa Cruz e desterra-la dos corações dos homens, mediante a qual somos redimidos e livrados do poder de sua tirania, tornemos-lhe a restituir seu nome e chamemos-lhe Província de Santa Cruz, como em princípio (que assim o mostra também aquele ilustre e famoso escritor João de Barros na sua própria década, tratando deste mesmo descobrimento) porque na verdade mais é destinar, e melhor é nos ouvidos da gente Cristã o nome de um pau em que se obrou o mistério de nossa redenção que outro que não serve de mais que de tingir panos ou cousas semelhantes.[5]

---

2. HERVADA, Javier. *Escritos de Derecho Natural*. Segunda edición ampliada. Pamplona: Ediciones Universidad de Navarra, 1993, p. 365-366. Tradução Livre.
3. VIEIRA, Thiago Rafael; REGINA, Jean Regina. *Direito Religioso*: questões práticas e teóricas. 3. ed. São Paulo: Edições Vida Nova, 2020, p. 154.
4. GANDAVO, Pero de Magalhães. *Tratado da Terra do Brasil*: história da província Santa, a que vulgarmente chamamos Brasil. Brasília: Senado Federal, Conselho Editorial, 2008. Disponível em: https://bit.ly/387cJvp. Acesso em: 03 nov. 2020.
5. GANDAVO, Pero de Magalhães. *Tratado da Terra do Brasil*: história da província Santa, a que vulgarmente chamamos Brasil. Brasília: Senado Federal, Conselho Editorial, 2008. Disponível em: https://bit.ly/387cJvp. Acesso em: 03 nov. 2020.

Logo após o golpe republicano, e, na sanha de refundar o país sob os novos valores embasados na doutrina positivista, o pavilhão da bandeira nacional foi modificado: o retângulo verde com o losango amarelo mantidos, tais como idealizados por Jean Baptiste Debret e José Bonifácio de Andrada e Silva, ao constituírem a bandeira imperial, e, ao invés das armas da Casa reinante colocaram um céu azul, a faixa positivista e estrelas. Entre elas, a brilharem – a constelação que nos identifica: o cruzeiro do sul ou *crux*, que em latim significa simplesmente cruz.[6]

O elemento religioso de matriz cristã é absolutamente entranhado na consciência nacional. O povo brasileiro é esmagadoramente religioso. Bater contra isto é exercitar um *negacionismo* da realidade, expressão esta que tomou as matérias jornalísticas na pandemia ao se referir a quem – especialmente líderes políticos – buscava minimizar os impactos da pandemia.[7] Assim, a influência da religião na fundação da civilização brasileira, solidifica a importância da liberdade religiosa para os brasileiros em toda a sua efetividade.

A liberdade religiosa é consagrada e garantida em diversos tratados internacionais[8] e, especialmente, pela Constituição brasileira e por diversas leis do ordenamento jurídico brasileiro. A CRFB/88 declara em seu art. 5º, inciso VI, que as liberdades de crença e de culto (desdobramento da liberdade religiosa) são invioláveis e, em seu art. 19, inciso I, determina que o culto não pode ser embaraçado por nenhum ente da federação. Não é diferente com a Declaração Universal de Direitos Humanos, que expressamente garante: "Artigo XVIII – Todo ser humano tem direito à liberdade de pensamento, consciência e religião [...] pelo culto e pela observância, em público ou em particular".[9]

"Os direitos fundamentais dos seres humanos, entre eles as liberdades de crença e culto que expressam a liberdade religiosa, são os formadores das instituições democráticas, os quais só podem ter eficácia e vez num Estado Constitucional".[10] A base do modelo de governo democrático se caracteriza pela multiplicidade de pensamentos e é por meio da efetividade do exercício da liberdade religiosa que essa pluralidade encontra eco e ressonância. A liberdade religiosa é um plexo de direito, verdadeiro *cluster rights*, que se desdobra em: liberdade de expressão e defesa da crença, proselitismo, assistência religiosa, ensino religioso, culto e organização religiosa, e nesse conjunto,

---

6. Parágrafos adaptados de artigo publicado em coautoria: VIEIRA, Thiago Rafael. REGINA, Jean Marques. A live de Bolsonaro com líderes religiosos foi um ataque ao Estado laico? Crônicas de um Estado Laico. *Gazeta do Povo*. https://www.gazetadopovo.com.br/vozes/cronicas-de-um-estado-laico/a-live-de-bolsonaro-com-lideres-religiosos-foi-um-ataque-ao-estado-laico/. Acesso em: 29 abr. 2020.
7. Parágrafos adaptados de artigo publicado em coautoria: VIEIRA, Thiago Rafael. REGINA, Jean Marques. A live de Bolsonaro com líderes religiosos foi um ataque ao Estado laico? Crônicas de um Estado Laico. *Gazeta do Povo*. https://www.gazetadopovo.com.br/vozes/cronicas-de-um-estado-laico/a-live-de-bolsonaro-com-lideres-religiosos-foi-um-ataque-ao-estado-laico/. Acesso em: 29 abr. 2020.
8. VIEIRA, Thiago Rafael; REGINA, Jean Regina. *Direito Religioso*: questões práticas e teóricas. 3. ed. São Paulo: Edições Vida Nova, 2020, p. 197-208.
9. UNIDAS, Nações. *Declaração Universal dos Direitos Humanos*. Paris, 1948. Disponível em: https://www.unicef.org/brazil/declaracao-universal-dos-direitos-humanos. Acesso em: 30 out. 2020.
10. VIEIRA, Thiago Rafael; REGINA, Jean Regina. *Direito Religioso*: questões práticas e teóricas. 3. ed. São Paulo: Edições Vida Nova, 2020, p. 89.

temos como resultado um ecossistema variado de crenças e fés que, somado a liberdade de pensamento, consciência, crença e expressão, são fundamentais para a democracia, pois conduz, necessariamente, a multiplicidade de pensamentos. É por esse motivo que o modelo de laicidade brasileiro é denominado como colaborativo, tendo em vista o âmbito de proteção amplo e irrestrito da liberdade religiosa brasileira, fato esse que fortalece a democracia.

Destaca-se que o sistema de colaborativo de laicidade brasileiro revela que o Estado não adota uma postura institucional quanto às questões denominadas "espirituais", no sentido religioso. Isto é, o Estado não confessa uma fé ou credo específicos, mas reconhece a importância fundamental da religião como sendo o fenômeno capaz de dar respostas a questões existenciais sem as quais é impossível ao ser humano ter plena dignidade. A dignidade humana é um dos fundamentos da CRFB/88, mais especificamente no art. 1º, inciso III. O Estado deve ter como fim último o florescimento humano, na dimensão física, material; enquanto a religião possui o mesmo fim último, todavia na esfera espiritual. Cada ente, em suas respectivas ordens, tem como fim o bem comum, ou, o interesse público, conforme o art. 19, I da CRFB/88.

Nunca é demais esquecer que nem mesmo em Estado de Defesa ou Estado de Sítio a liberdade religiosa pode ser restringida, conforme determinações constitucionais previstas nos artigos 136 e 139 da Constituição.[11] E, em toda a pandemia não houve a decretação de tais modalidades excepcionais de funcionamento do Estado previstas Constituição.

1.1 As restrições possíveis: como identificar

Há uma diferença entre medidas arbitrárias que não estão de acordo com a Constituição brasileira e afrontam a laicidade, e ações que estão no âmbito do possível, segundo essa mesma Constituição e melhor doutrina jurídica sobre o tema. Essa segunda opção

---

11. Art. 136 (...) § 1º O decreto que instituir o estado de defesa determinará o tempo de sua duração, especificará as áreas a serem abrangidas e indicará, nos termos e limites da lei, as medidas coercitivas a vigorarem, dentre as seguintes:
I – restrições aos direitos de:
a) reunião, ainda que exercida no seio das associações;
b) sigilo de correspondência;
c) sigilo de comunicação telegráfica e telefônica;
Art. 139. Na vigência do estado de sítio decretado com fundamento no art. 137, I, só poderão ser tomadas contra as pessoas as seguintes medidas:
I – obrigação de permanência em localidade determinada;
II – detenção em edifício não destinado a acusados ou condenados por crimes comuns;
III – restrições relativas à inviolabilidade da correspondência, ao sigilo das comunicações, à prestação de informações e à liberdade de imprensa, radiodifusão e televisão, na forma da lei;
IV – suspensão da liberdade de reunião;
V – busca e apreensão em domicílio;
VI – intervenção nas empresas de serviços públicos;
VII – requisição de bens. (Constituição brasileira).

é caracterizada como restrições permitidas, ou restrições possíveis. São medidas que guardam relação com a liberdade de culto, um dos direitos decorrentes da liberdade religiosa. A liberdade de culto é pública e se caracteriza com uma "liberdade de ação", enquanto a liberdade de crença é interna, particular de cada um e por isto não pode ser limitada. Dito de outra forma, liberdade de crença, anterior a própria liberdade religiosa, pois esta é decorrente daquela, é "ilimitada" apenas no sentido da crença pessoal, interna, assim como a liberdade de pensamento. Ou seja, a consciência religiosa, inclusive em sua manifestação pública, não pode ser limitada em situação de pandemia de Covid-19 ou qualquer outra pandemia. Transcreve-se interessante decisão da Suprema Corte dos Estados Unidos que trata exatamente desta questão:

> A liberdade de consciência e a liberdade de se aderir a uma organização religiosa ou forma de culto de escolha do indivíduo não pode ser restringida pela lei. [...] Portanto, a [Primeira] Emenda alberga dois conceitos – a liberdade de crença e a liberdade de ação. A primeira é absoluta, mas, pela natureza das coisas, a segunda não o pode ser. A conduta permanece sujeita à regulamentação para a proteção da sociedade. A liberdade de ação deve ter uma definição apropriada para que seja preservada a garantia daquela proteção. Em todo caso, o poder de regulamentar deve ser exercido, para atingir um fim permitido, sem restringir inadequadamente a liberdade protegida.[12]

A liberdade de culto, especialmente em sua expressão comunitária, pode ser restringida por razões públicas, desde que seja o único meio para se alcançar o fim perseguido e a restrição seja razoável, não existindo outro meio menos restritivo. É o teor do Pacto Internacional de Direitos Civis e Políticos, artigo 18, item 3:

> Artigo 18 – 1. Toda pessoa terá direito à liberdade de pensamento, de consciência e de religião. Esse direito implicará a liberdade de ter ou adotar uma religião ou crença de sua escolha e a liberdade de professar sua religião ou crença, individual ou coletivamente, tanto pública como privadamente, por meio do culto, da celebração de ritos, de práticas e do ensino. 2. Ninguém poderá ser submetido a medidas coercitivas que possam restringir sua liberdade de ter ou de adotar uma religião ou crença de sua escolha. 3. *A liberdade de manifestar a própria religião ou crença estará sujeita apenas às limitações previstas em lei e que se façam necessárias para proteger a segurança, a ordem, a saúde ou a moral públicas ou os direitos e as liberdades das demais pessoas.* (grifo nosso).

O padrão de observância para aplicação das restrições é a dignidade da pessoa humana. Como princípio basilar para a vida em comunidade, ela é o primeiro filtro para se pensar todas as ações subsequentes listadas na CRFB/88:

> A dignidade da pessoa humana deve ser o norte da aplicação do Direito em nossa Nação, sendo ele um dos fundamentos do Estado Democrático e da República Brasileira (art. 1º, III, da CRFB/1988). Assim, todos os princípios constitucionais devem se confrontar com a dignidade da pessoa humana, para, então, conformarem-se com ela. Com efeito, sempre que a garantia constitucional religiosa de algum fiel estiver, na prática, submetendo a risco a vida de terceiros, mesmo que também fiéis, mas sem que haja exercício pleno e indubitável da autonomia de vontade de cada um, verifica-se afronta, nesse particular, ao Direito constitucional da dignidade da pessoa humana.[13]

---

12. Em tradução livre, Cantwell v. State of Connecticut, 310 U.S. 296 (1940).
13. VIEIRA, Thiago Rafael. REGINA, Jean Marques. *Direito Religioso*: Questões Práticas e Teóricas. São Paulo: Edições Vida Nova, p. 95-96.

Não se pode olvidar dos critérios que permitem identificar a legitimidade da medida restritiva: a) os controles democráticos existentes falharam; b) existência de lei prévia autorizativa; c) necessidade urgente de proteção da segurança, ordem, saúde e moral públicas ou direitos e liberdades dos demais e d) a medida restritiva é adequada e razoável. A liberdade religiosa pode ser restringida apenas na sua dimensão externa ou de ação, na forma da liberdade de culto comunitário para o caso de saúde pública, sendo tomadas todas essas medidas ora mencionadas e, de forma nenhuma de forma total. Salienta-se que as demais liberdades públicas da liberdade religiosa não são absolutas, todavia não se visualiza como as liberdades de expressão e defesa da fé, além do proselitismo e de organização poderiam ser restringidas por situação de saúde pública, na forma do item 3, artigo 18, do Pacto Internacional de Direitos Civis e Políticos.

A CRFB/88 não prevê a possibilidade de limitações à liberdade religiosa e seus desdobramentos, logo são direitos fundamentais ilimitados que podem sofrer restrições apenas quando em colisão com outro direito fundamental, exatamente como aconteceu na pandemia. Todavia tais restrições devem ser impingidas pelos agentes públicos de forma que ambos os direitos fundamentais em colisão sejam minimamente mantidos. Dito de outra forma: "As medidas restritivas devem ser controladas no sentido de que os direitos fundamentais que estão em colisão sejam limitados o mínimo possível".[14] As medidas restritivas devem ser controladas, com o escopo de proteger o mínimo possível dos direitos fundamentais em colisão para que:

(a) a medida de restrição seja adequada, ou seja, pela medida, é possível alcançar o fim pretendido;

(b) a medida de restrição seja necessária, ou seja, a opção deve ser sempre aquela menos gravosa; e

(c) a medida restritiva tenha proporcionalidade entre os meios utilizados e os fins desejados (razoabilidade ou justa medida).

Qualquer medida restritiva de qualquer direito fundamental em colisão deve manter o mínimo de proteção desse direito. A proteção a qualquer direito fundamental não pode ser insuficiente. O agente que está restringindo um direito fundamental, seja ele do Poder Executivo, seja ele do Poder Judiciário deve:

(a) verificar se a medida adotada é eficaz para proteger o bem protegido;

(b) questionar se existem outros meios de proteção mais eficientes e menos interventivos em bens de terceiros; e

(c) investigar o impacto das ameaças e dos riscos remanescentes após a efetivação das medidas restritivas em face de ponderar a preservação dos outros direitos pessoais ou coletivos.[15]

---

14. VIEIRA, Thiago Rafael. *A importante distinção das liberdades de crença e religiosa e a efetividade de seus âmbitos de proteção na laicidade colaborativa Brasileira*. Mestrado em Direito Político e Econômico, São Paulo: Universidade Presbiteriana Mackenzie, 2022, 182 f. Disponível em: https://dspace.mackenzie.br/handle/10899/30585 , p. 105.
15. SARLET, Ingo Wolfgang. *A eficácia dos direitos fundamentais*. 10. ed. Porto Alegre: Livraria do Advogado Editora, 2009, p. 396-400.

Ainda, além das medidas restritivas passarem pelas duas análises trifásicas acima, a primeira podemos chamar de *controle* (adequação, necessidade e proporcionalidade) e a segunda, que podemos chamar de *vedação à insuficiência*, temos uma terceira análise que é a *proteção ao núcleo essencial* das liberdades em risco. Sarlet indica esse dever que o agente precisa ter de garantir a efetividade do núcleo essencial dos direitos fundamentais em colisão, arrematando: "a garantia de proteção do núcleo essencial dos direitos fundamentais aponta para a parcela do conteúdo de um direito sem a qual ele perde a sua mínima eficácia, deixando de ser reconhecível como um direito fundamental".[16] Então, é necessária uma análise trifásica, as duas primeiras (controle e vedação à insuficiência) trifásicas em si e uma terceira de proteção ao núcleo essencial.

Todo o agente político com algum tipo de poder/possibilidade de restringir direitos fundamentais em colisão deve se articular pela consciência constitucional de que vivemos em uma democracia e que a dignidade da pessoa humana é uma máxima inegociável em um Estado Democrático de Direito. É a partir das liberdades religiosa e de crença que o ser humano se move, em outras palavras, é no nível da consciência que a crença é processada e, assim, as decisões no dia a dia são tomadas, desde as mais complexas até as mais comezinhas. São as crenças que direcionam, em maior ou menor intensidade, o que, quando e como o ser humano "toca" a sua vida e, partir daí, exerce as liberdades de ir e vir, de expressão, opinião, acadêmica, profissional, econômica etc. A ordem constitucional não pode ser substituída por um discurso instrumentalizado transvestido de "justificativa pela calamidade pública". O Dr. Roel Kuiper explica como identificar um enunciado instrumentalizado, bem como os seus reais objetivos:

> Inicialmente voltado para dominar uma natureza indomável incompreendida, o uso do discurso instrumental também é utilizado para o controle das relações interpessoais [...]. Esse pensamento se apresenta como a melhor alternativa para o que existe, como o caminho para a perfeição e, além disso, envolve-se na luz da onipotência. O expansionismo desse "discurso despótico" é tão grande, que ele exige e transforma o mundo e se aninha em todos os domínios da existência humana. O pensamento instrumental com sua tendência construtivista passa a ser a maneira como o homem moderno se comporta em relação ao seu mundo.[17]

Visando evitar que as medidas restritivas sejam utilizadas como rota de atalho para implementação de ações inconstitucionais, é essencial que sejam observados os requisitos descritos nessa seção.

2. A DIMENSÃO DA LIBERDADE RELIGIOSA DE CULTO NO CENÁRIO PANDÊMICO

No período de pandemia, a situação da liberdade religiosa e, especialmente a liberdade de culto no Brasil, foi caracterizada por variações em cada Estado ou Município. A primeira justificativa para isso é que o Brasil é um país continental, com condições

---

16. Ibidem, p. 402-4.
17. KUIPER, Roel. *Capital moral*: o poder de conexão da sociedade. Brasília, DF: Editora Monergismo, 2019, p. 78.

climáticas, populacionais e culturais distintas, o que resulta em um comportamento variado do vírus em cada região, e, dentro dela, em cada microrregião. Diante disso, não é possível atestar a situação da liberdade religiosa como um todo no Brasil. Entretanto, é possível verificar situações que representaram violações a essa mesma liberdade, atentando contra a ordem constitucional.

Alguns exemplos[18] que ganharam grande repercussão nacional, confirmando que na articulação de medidas houve erros tantos nas medidas tomadas por agentes públicos quanto nas declarações proferidas por figuras públicas. O primeiro exemplo que se declina é do Prefeito de Porto Alegre, Nelson Marchezan Jr. Em razão, talvez, da pressão que sofreu por ser negligente com a reabertura das Igrejas, respondeu aos fiéis que as Igrejas queriam abrir "por um motivo torpe, que é reunir pessoas para faturar".[19] A postura adotada por ele, via decreto, foi de proibição completa das atividades religiosas, permitido, posteriormente, depois de muita pressão social, o acesso às dependências para atividades de assistência social ou para gravação e transmissão de cultos on-line, desde que com equipe reduzida,[20] para, apenas ao final da pandemia, permitir os cultos e, pasmem, prevendo duração máxima, como se o Prefeito fosse autoridade também espiritual e pudesse definir quanto tempo pode durar uma liturgia sagrada.[21] É importante ressaltar que, antes da publicação do Decreto municipal 20.535/2020, houve caso de igrejas interditadas, com grande destaque na mídia local, pelo simples fato de estarem realizando um culto para transmissão virtual.

Outro mau exemplo foi a Portaria 254 de 2020 de Santa Catarina que apesar de liberar atividades religiosas, determinava como a ceia (liturgia das igrejas cristãs) deveria acontecer, com os elementos pré-embalados para uso pessoal – desrespeitando o significado eucarístico desse momento.[22] Também em Santa Catarina, na cidade de

---

18. Outros exemplos podem ser acessados na obra: DURAND, Rafael. *Os impactos da pandemia de Covid-19 sobre o Direito de liberdade Religiosa*: liberdade de culto, laicidade e laicismo no Brasil. Campina Grande: Plural, 2022.
19. VIEIRA, Thiago Rafael. REGINA, Jean Marques. As igrejas querem abrir para faturar: desrespeito à fé e à democracia. *Gazeta do Povo*. Disponível em: https://www.gazetadopovo.com.br/vozes/cronicas-de-um-estado-laico/as-igrejas-querem-abrir-para-faturar-desrespeito-a-fe-e-a-democracia/. Acesso em: 09 nov. 2020.
20. Artigos 19 e 20 do Decreto municipal 20.534/2020. Disponível em: https://bit.ly/2JL5P4R. Acesso em: 09 nov. 2020.
21. "Art. 3º Ficam alterados o *caput* e os incs. I e II e incluído o parágrafo único ao art. 19 do Decreto 20.625, de 2020, conforme segue:
    "Art. 19. Fica permitida a realização de missas, cultos ou similares, observadas as regras de higienização dos arts. 22 e 25, observadas, cumulativamente, as seguintes condições:
    I – limite máximo de 250 (duzentas e cinquenta) pessoas concomitantes;
    II – lotação não excedente a 30% (trinta por cento) da capacidade máxima de ocupação prevista no alvará de proteção e prevenção contra incêndio.
    Parágrafo único. *As cerimônias deverão ter duração máxima de 50 (cinquenta) minutos cada*. Texto de Decreto 20.711. de 1º de setembro de 2020. Disponível em: https://leismunicipais.com.br/a/rs/p/porto-alegre/decreto/2020/2071/20711/decreto-n-20711-2020-altera-os-1-e-3-do-art-8-o-5-do-art-13-o-caput-e-os-incs-i-e-ii--do-art-19-inclui-o-paragrafo-unico-ao-art-19-e-revoga-o-8-do-art-13-todos-do-decreto-n-20625-de-23-de--junho-de-2020-para-alterar-dias-e-horarios-de-funcionamento-do-comercio-restaurantes-e-shoppings-centers-missas-cultos-ou-similares.
22. VIEIRA, Thiago Rafael. REGINA, Jean Marques. A "McHóstia" e a derrubada do muro que nos protege da barbárie. *Gazeta do Povo*. Disponível em: https://www.gazetadopovo.com.br/vozes/cronicas-de-um-estado-laico/mchostia/. Acesso em: 03 nov. 2011.

Forquilhinha, irmãs foram interrompidas e impedidas de orar dentro da própria residência.[23] Aliado às dimensões continentais do Brasil e à sua federação de três níveis, que resulta na competência compartilhada tanto dos Estados quanto dos municípios, nos termos que recentemente decidiu o Supremo Tribunal Federal,[24] as formas de lidar com as liberdades dos brasileiros, especialmente a religiosa, tiveram suas variantes.

Por mais que o Decreto federal 10.292/2020 tenha incluído as atividades religiosas como essenciais, no inciso XXXIX do Decreto federal 10.282/2020 percebe-se que as determinações do Ministério da Saúde devem ser observadas – texto do próprio inciso incluído, que está de acordo com o PIDCP e com a Constituição brasileira.

Um exemplo adequado da correta aplicação da preservação da liberdade religiosa junto com medidas de refreamento de contágio do vírus foi o Estado de São Paulo, onde – inicialmente – não aconteceu restrição de caráter impositivo à liberdade de cultos, já que o Município e o Estado tomaram as igrejas por parceiras do poder público, adotando apenas a edição de orientações de saúde pública que deveriam ser observadas pelas organizações religiosas (distanciamento social de 2 metros, utilização de máscaras, álcool em gel, proteção dos grupos de risco que foram orientados a não participar das atividades da igreja etc.). Todavia, mesmo assim, o Estado de São Paulo acabou decretando,[25] de forma temporária, a interrupção dos cultos. Esse decreto foi desafiado pelo PSD por meio da ADPF de 811. O Relator, ministro Nunes Marques, reabriu as igrejas no Brasil, que puderam celebrar a Páscoa, mas, em tempo recorde, o Plenário do Supremo julgou o mérito da ação, revogando a decisão liminar e mantendo as igrejas fechadas por 9 a 2.[26]

CONCLUSÃO

O objetivo final das liberdades civis fundamentais é o florescimento humano a partir de uma vida digna, daí a dignidade da pessoa humana ter o caráter de metaprincípio. A restrição de qualquer direito fundamental implica diretamente em mitigação da dignidade humana e de seu florescimento, logo deve ser evitada. No catálogo de liberdades/direitos fundamentais se destaca a liberdade religiosa.

---

23. VIEIRA, Thiago Rafael. REGINA, Jean Marques. A "McHóstia" e a derrubada do muro que nos protege da barbárie. *Gazeta do Povo*. Disponível em: https://www.gazetadopovo.com.br/vozes/cronicas-de-um-estado-laico/mchostia/. Acesso em: 03 nov. 2011.
24. ADI 6341, decisão: O Tribunal, por maioria, referendou a medida cautelar deferida pelo Ministro Marco Aurélio (Relator), acrescida de interpretação conforme à Constituição ao § 9º do art. 3º da Lei 13.979, a fim de explicitar que, preservada a atribuição de cada esfera de governo, nos termos do inciso I do art. 198 da Constituição, o Presidente da República poderá dispor, mediante decreto, sobre os serviços públicos e atividades essenciais, vencidos, neste ponto, o Ministro Relator e o Ministro Dias Toffoli (Presidente), e, em parte, quanto à interpretação conforme à letra b do inciso VI do art. 3º, os Ministros Alexandre de Moraes e Luiz Fux. Plenário, 15.04.2020 (Sessão realizada inteiramente por videoconferência – Resolução 672/2020/STF).
25. Decreto 65.563, do Estado de São Paulo, de 12 de março de 2021.
26. Estivemos sustentando oralmente a manutenção das restrições às igrejas de acordo com a análise trifásica, sem sucesso.

A religião para os brasileiros, além do caráter privado (fórum interno) possui um caráter público, visto que registrada nos principais momentos da história nacional, mantendo-se nos dias de hoje desde o pavilhão nacional até o nome iuris de centenas de cidades brasileiras. A importância da religião está presente em tratados internacionais e, para os brasileiros, na CRFB/88, em diversos dispositivos. A Constituição brasileira protege o âmbito interno da crença, bem como externo (art. 5º, VI) e, principalmente assegura o funcionamento livre e sem embaraços dos cultos e igrejas em solo nacional (art. 19, I).

O âmbito de proteção do fenômeno religioso no Brasil encontra ressonância na laicidade colaborativa brasileira que além de separar as coisas da fé e do Estado e assegurar a liberdade religiosa, também tem uma postura positiva (benevolente) com a fé e com ela colabora em prol do bem comum, tudo isso com igual consideração a todas as religiões. Tal Estado da Arte é o *tom* que deve ser levado em consideração por qualquer agente político quando da imposição de restrições a quaisquer dos desdobramentos da liberdade religiosa.

Ainda, qualquer medida restritiva somente pode ser efetivada quando: a) os controles democráticos existentes falharam; b) existência de lei prévia autorizativa; c) necessidade urgente de proteção da segurança, ordem, saúde e moral públicas ou direitos e liberdades dos demais e, como falamos antes, d) a medida restritiva é adequada e razoável. Com a implementação de tais requisitos, passa-se a análise trifásica da restrição, qual seja:

1º controle: As medidas restritivas devem ser controladas, protegendo-se o mínimo possível dos direitos fundamentais em colisão para que: (a) a medida de restrição seja adequada, ou seja, pela medida, é possível alcançar o fim pretendido; (b) a medida de restrição seja necessária, ou seja, a opção deve ser sempre aquela menos gravosa e (c) a medida restritiva tenha proporcionalidade entre os meios utilizados e os fins desejados (razoabilidade ou justa medida).

2º vedação à insuficiência: O agente que está restringindo um direito fundamental deve: (a) verificar se a medida adotada é eficaz para proteger o bem protegido; (b) questionar se existem outros meios de proteção mais eficientes e menos interventivos em bens de terceiros e (c) investigar o impacto das ameaças e dos riscos remanescentes após a efetivação das medidas restritivas em face de ponderar a preservação dos outros direitos pessoais ou coletivos.

3º proteção ao núcleo essencial: A medida deve ser implementada de forma a proteger do núcleo essencial dos direitos fundamentais em colisão, sendo o núcleo essencial aquela parcela de seus conteúdos, sem a qual o próprio direito perde a sua mínima eficácia.

Nesse cenário, a liberdade de culto se mostra como essencial, visto que o culto é um elemento litúrgico encontrado em todas as religiões. O culto – individual ou coletivo – é central a religião, deslocando a liberdade de culto, um dos desdobramentos da liberdade religiosa, como parcela essencial de sua eficácia. Restringir a liberdade de culto ao arrepio da análise trifásica é uma violação direta a dignidade humana. Infelizmente foi o que aconteceu no período de pandemia no Brasil (Porto Alegre, São Paulo, Santa Catarina etc.), até mesmo pelo STF, na ADPF 811. Agora, pós-pandemia, pode ser mais fácil verificar tais excessos, que sirva de lição para o futuro que nos aguarda.

REFERÊNCIAS

ALVES, Othon Moreno de Medeiros. *Liberdade Religiosa Institucional*: Direitos Humanos, Direito Privado e Espaço Jurídico Multicultural. Ceará: Fundação Konrad Adenauer, 2008.

DURAND, Rafael. *Os impactos da pandemia de Covid-19 sobre o Direito de liberdade Religiosa*: liberdade de culto, laicidade e laicismo no Brasil. Campina Grande: Plural, 2022.

FERREIRA FILHO. Manoel Gonçalves. *Curso de Direito Constitucional*. 22. ed. São Paulo: Saraiva, 1995.

GANDAVO, Pero de Magalhães. *Tratado da Terra do Brasil*: história da província Santa, a que vulgarmente chamamos Brasil. Brasília: Senado Federal, Conselho Editorial, 2008. Disponível em: https://bit.ly/387cJvp.

HERVADA, Javier. *Escritos de Derecho Natural*. Segunda edición ampliada. Pamplona: Ediciones Universidad de Navarra, 1993.

KUIPER, Roel. *Capital moral*: o poder de conexão da sociedade. Brasília, DF: Editora Monergismo, 2019.

LINCOLN, Abraham. *Speech in Soldiers' National Cemetery at Gettysburg*. Gettysburg: The Gettysburg Address, 1863. Disponível em: https://www.loc.gov/exhibits/gettysburg-address/.

SARLET, Ingo Wolfgang. *A eficácia dos direitos fundamentais*. 10. ed. Porto Alegre: Livraria do Advogado Editora, 2009.

UNIDAS, Nações. Declaração Universal dos Direitos Humanos. Paris, 1948. Disponível em: https://www.unicef.org/brazil/declaracao-universal-dos-direitos-humanos.

VIEIRA, Thiago Rafael; REGINA, Jean Marques. *A Contribuição do Cristianismo para a Liberdade*. São Paulo: Unipro Editora, 2023.

VIEIRA, Thiago Rafael. *A importante distinção das liberdades de crença e religiosa e a efetividade de seus âmbitos de proteção na laicidade colaborativa Brasileira*. Mestrado em Direito Político e Econômico, São Paulo: Universidade Presbiteriana Mackenzie, 2022, 182 f. Disponível em: https://dspace.mackenzie.br/handle/10899/30585.

VIEIRA, Thiago Rafael. REGINA, Jean Marques. A "McHóstia" e a derrubada do muro que nos protege da barbárie. *Gazeta do Povo*. Disponível em: https://www.gazetadopovo.com.br/vozes/cronicas-de-um-estado-laico/mchostia/.

VIEIRA, Thiago Rafael. REGINA, Jean Marques. A live de Bolsonaro com líderes religiosos foi um ataque ao Estado laico? Crônicas de um Estado Laico. *Gazeta do Povo*. https://www.gazetadopovo.com.br/vozes/cronicas-de-um-estado-laico/a-live-de-bolsonaro-com-lideres-religiosos-foi-um-ataque-ao-estado-laico/.

VIEIRA, Thiago Rafael; REGINA, Jean Marques. *ONU*: Agenda 2030, e a liberdade religiosa? Porto Alegre: Editora Concórdia, 2022.

VIEIRA Thiago Rafael; REGINA, Jean Marques. *Direito Religioso*: questões práticas e teóricas. 3. ed. São Paulo: Edições Vida Nova, 2020.

VIEIRA, Thiago Rafael; REGINA, Jean Marques. *Direito Religioso*: orientações práticas em tempos de Covid-10. 2. ed. São Paulo: Edições Vida Nova, 2020.